苏州工业园区年鉴 2024

SUZHOU INDUSTRIAL PARK YEARBOOK

苏州工业园区档案管理中心　编

苏州新闻出版集团

古吴轩出版社

图书在版编目（CIP）数据

苏州工业园区年鉴. 2024 / 苏州工业园区档案管理
中心编. -- 苏州 : 古吴轩出版社, 2024. 11. -- ISBN
978-7-5546-2454-8

Ⅰ. F427.533-54

中国国家版本馆CIP数据核字第2024788WR2号

责任编辑：李爱华
见习编辑：伊　然
装帧设计：胡　冰
责任校对：任佳佳
责任照排：许红珠

书　　名：苏州工业园区年鉴（2024）
编　　者：苏州工业园区档案管理中心
出版发行：苏州新闻出版集团
　　　　　古吴轩出版社
　　　　　地址：苏州市八达街118号苏州新闻大厦30F
　　　　　电话：0512-65233679　　　邮编：215123
出 版 人：王乐飞
印　　刷：南京凯德印刷有限公司
开　　本：889mm×1194mm　1/16
印　　张：19.75　　插页：44
字　　数：756千字
版　　次：2024年11月第1版
印　　次：2024年11月第1次印刷
书　　号：ISBN 978-7-5546-2454-8
定　　价：180.00元

如有印装质量问题，请与印刷厂联系。025-84713186

《苏州工业园区年鉴（2024）》编审人员

主　　审　　邹小伟

主　　编　　顾振伟

副 主 编　　曹吉超

编　　辑　　曹吉超　　杨晓君　　顾程超　　顾明筠

特约编辑　　哈幸凌　　戴国兴　　严浩翔

特约审稿　　哈幸凌　　戴国兴　　严浩翔

《苏州工业园区年鉴》编辑部地址：江苏省苏州市苏州大道东 328 号档案大厦 A 区 20 楼

邮政编码：215028　　　电话：0512-66683688　　　传真：0512-66683689

《苏州工业园区年鉴（2024）》分目审稿人员

（按姓名笔画排序）

马　新	王之喆	王子潇	王文苏	王永强	王丽君	王　迎
王　洁	王喆人	毛卫平	毛艳萍	卢宇涛	卢根泉	叶　莱
叶　滢	叶晓兰	史晓峰	冯小玲	冯恒莉	朱叶彬	朱岸欣
朱　虹	朱晓园	朱　翔	刘晓玥	刘竞侬	刘浩章	安钰兰
许海欧	孙　可	孙伟晔	孙淑清	李巧云	李　钊	李　越
肖　雄	时应征	时晶莹	吴中华	吴　军	何嘉茜	邹　斌
邹李莉	沈　良	沈　贤	沈　鹃	沈　曦	宋　莹	张　艺
张　弘	张华卿	张　全	张南南	张　夏	张晓燕	张　嘉
陆　启	陈文龙	陈志宏	陈　宏	陈忠平	陈金兰	陈　恺
陈　涛	邵炳泉	林健聪	郁琳琳	季　豪	金　波	周　宇
周云峰	周辰晓	单小辉	孟莉艳	赵员秋	赵　亮	赵晓莉
胡　伟	侯绍继	施亚东	姚凌骏	袁德刚	贾成柱	顾德强
钱科峰	殷春花	郭　靓	黄怡洁	曹黎丰	盛　吉	崇银凤
葛　欣	董　婧	蒋　晶	韩　冷	韩　佳	程　芳	傅　强
臧黎慧	戴海军					

编辑说明

一、《苏州工业园区年鉴》是由苏州工业园区档案管理中心编纂的年度资料性文献，于2013年首次出版，每年出版一卷，本卷为第12卷。

二、《苏州工业园区年鉴（2024）》以马克思列宁主义、毛泽东思想、邓小平理论、"三个代表"重要思想、科学发展观、习近平新时代中国特色社会主义思想为指导，坚持辩证唯物主义和历史唯物主义的立场、观点和方法，系统记述2023年园区自然、政治、经济、文化、社会和生态文明等方面的基本情况以及各行各业取得的新成绩、新经验，旨在为社会各界了解园区、研究园区、建设园区提供基本资料。

三、本卷年鉴记述起讫时间为2023年1月1日至12月31日。为保持内容资料的完整性、连续性，根据记述需要，部分内容适当上溯或下延。

四、本卷年鉴依据本行政区域经济社会发展特点，参照相关分类标准，采用分类编排法，设类目、分目、条目3个层次，条目标题加【】标识。为进一步体现时代特征、园区特点、年度特色，本卷年鉴在类目设置、内容结构上作了部分调整。卷首图片设置数读园区2023、开放创新的世界一流高科技园区和非凡园区30年3个专题。卷内设置28个类目，分别为特载、大事记、苏州工业园区概览、中新合作、中共苏州工业园区工作委员会　苏州工业园区管理委员会、苏州工业园区人大工作委员会　苏州工业园区政协工作联络委员会、中共苏州工业园区纪律检查工作委员会　苏州工业园区监察工作委员会、人民团体、法治、科技创新、经济管理、开放型经济、主导产业、新兴产业、服务业、合作共建园区、城市建设与管理、生态建设、教育、文化、卫生、体育、就业与社会保障、社会事务、应急管理、功能区、街道、附录。卷末附索引。共设分目173个，收入条目1028个、图片144张、表格52张、视频资料19份。

五、本卷年鉴主体内容、图片资料均由园区各供稿单位指定专人负责撰写或提供，并经各单位主管领导审核。部分条目和图片由年鉴编辑部整理、采编。综合统计资料由园区统计部门提供。全书提及的"增长"或"下降"百分比数据，除特殊说明外，均指"比上年增长"或"比上年下降"数据。

六、本卷年鉴已在"园区史志"微信小程序上架，便于读者随时查阅。

行政区划面积
278平方千米

常住人口
116.99万人

户籍人口
62.69万人

地区生产总值
3771.46亿元

规模以上工业总产值
6982.84亿元

实际利用外资及港澳台资
19.51亿美元

进出口总额
862.06亿美元

固定资产投资完成额
654.01亿元

社会消费品零售总额
1173.1亿元

一般公共预算收入
411.1亿元

一般公共预算支出
293.7亿元

年末金融机构存款余额
7030.9亿元

年末金融机构贷款余额

6362.9亿元

城镇居民人均可支配收入

92593.3元

国家高新技术企业（新认定）

1073家

国家级科技型中小企业（新认定）

4623家

国家级专精特新"小巨人"企业（新增）

56家

国家级重大人才引进工程入选者（新增）

55人

省"双创计划"人才（新增）

68人

省级科技企业孵化器（新认定）

8家

省级众创空间（新认定）

16家

省级以上研发机构（新认定）

134家

上市企业（新增）

5家

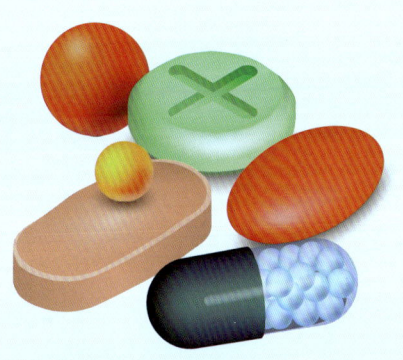

一类新药临床批件（新增）

159张

　　2023 年是全面贯彻党的二十大精神的开局之年。园区坚持以习近平新时代中国特色社会主义思想为指导，全面落实中央和省、市决策部署，深入学习宣传贯彻党的二十大精神和习近平总书记对江苏、苏州工作重要讲话指示精神，并与学习贯彻习近平新时代中国特色社会主义思想主题教育紧密结合，引领推动园区现代化建设新征程开好局、起好步。园区在国家级经济技术开发区综合发展水平考核评价中实现"八连冠"，全年实现地区生产总值 3771.46 亿元，一般公共预算收入 411.1 亿元，规模以上工业总产值 6982.84 亿元，固定资产投资 654.01 亿元，社会消费品零售总额 1173.1 亿元，进出口总额 862.06 亿美元，实际利用外资及港澳台资 19.51 亿美元。

❶ 2023 年 1 月 31 日，苏州工业园区落实"敢为、敢闯、敢干、敢首创"精神动员会暨作风效能建设大会召开
　　　　　　　　　　　　　　　　　　　　　　　　　　　　（园区新闻中心　供稿）

❷ 2023 年 1 月 12 日，博世新能源汽车核心部件及自动驾驶研发制造基地项目签约
　　　　　　　　　　　　　　　　　　　　　　　　　　　　（园区新闻中心　供稿）

❸ 博世汽车部件（苏州）有限公司员工使用虚拟现实技术进行生产控制　（园区经发委　供稿）

苏州工业园区宣传片

BOSCH
SIP
博世新能源汽车核心部件及自动驾驶
Bosch New Energy Vehicle Core Components and Automated Driving
研发制造基地项目签约活动
R&D and Manufacturing Base Project Signing Ceremony
中国·苏州
Suzhou · China
2023.1.12
博世
苏州工业园区
2

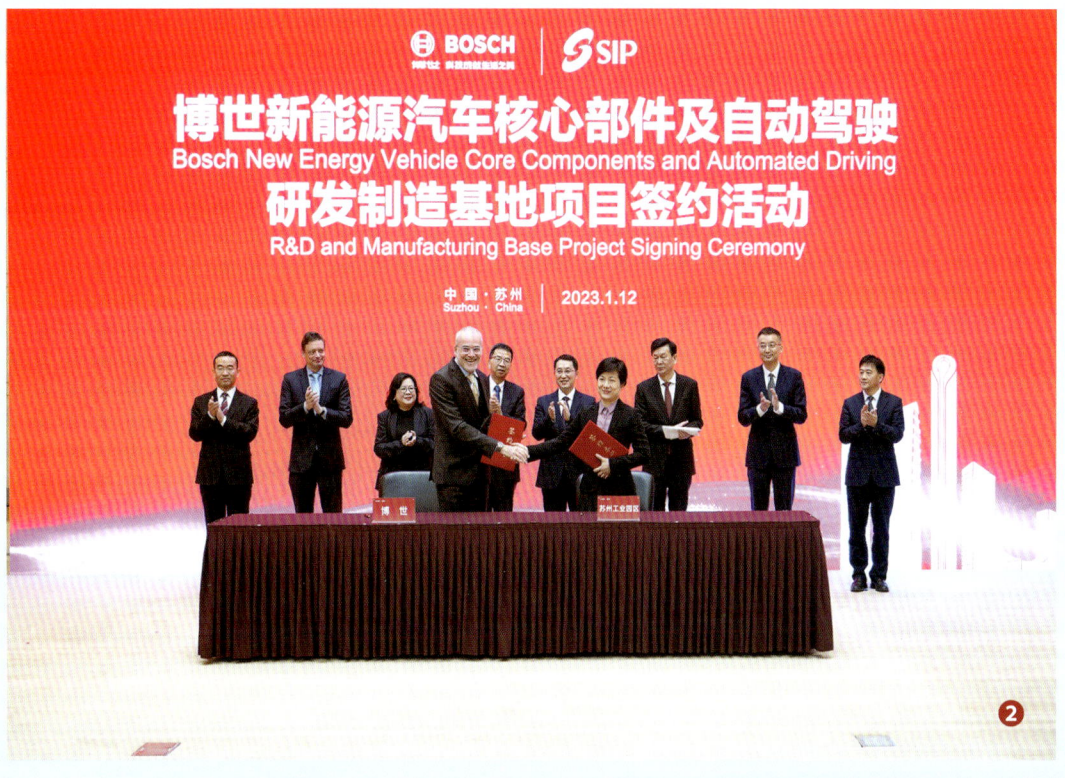

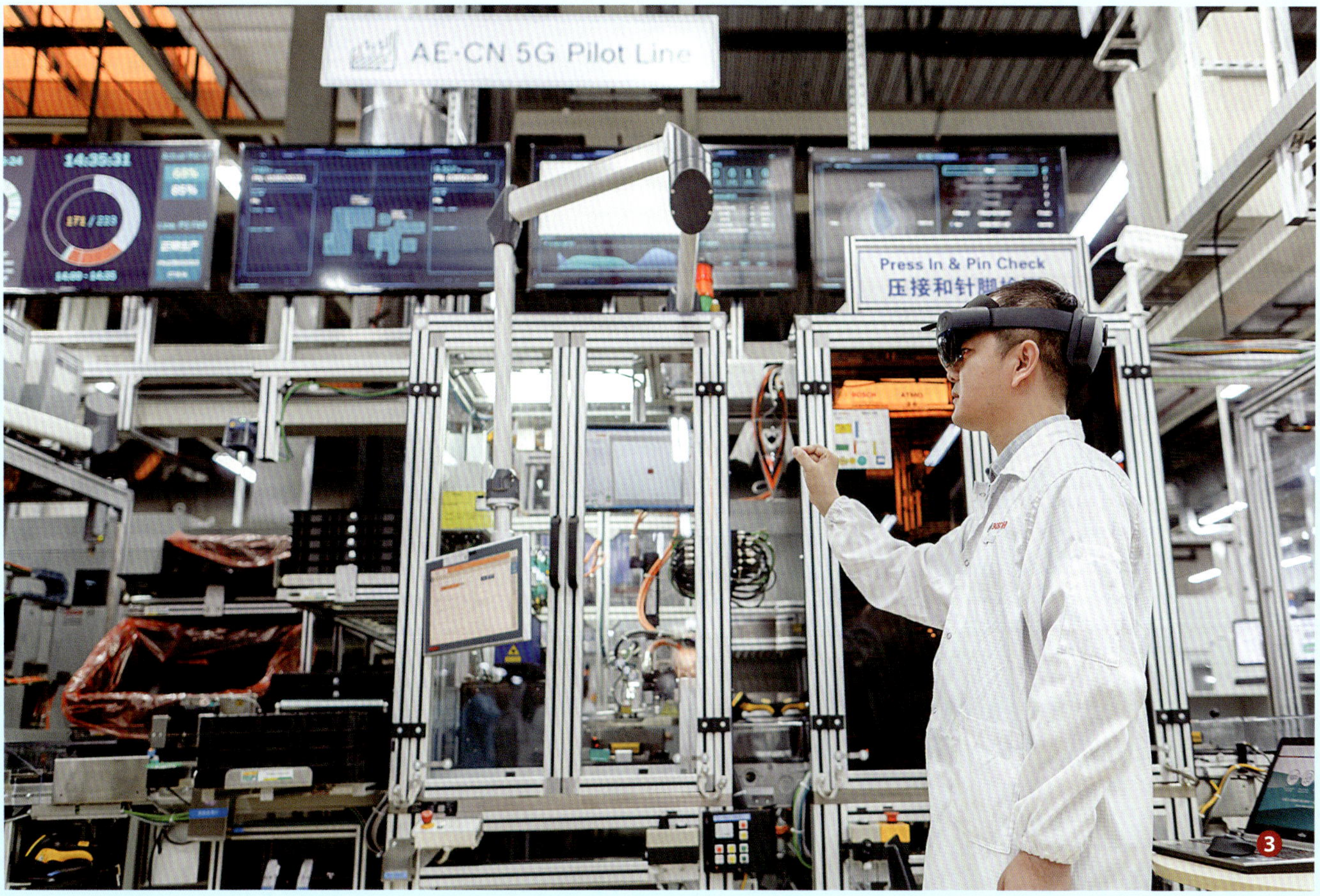
AE-CN 5G Pilot Line
14:35:31
Press In & Pin Check
3

一流的产业新区

❶ 苏州生物医药产业园　　　　　　　　　　　　　　　　　　　　　（谢旭东　摄）

❷ 苏州人工智能产业园　　　　　　　　　　　　　　　　　　　　　（科技公司　供稿）

❸ 苏州纳米城　　　　　　　　　　　　　　　　　　　　　　　　　（谢旭东　摄）

❹ 建设中的园区企业总部基地　　　　　　　　　　　　　　　　　　（半岛度假区　供稿）

蒙古
Mongoli
买遍全球
Syria
SYRIA IMPORT PAVILION
叙利亚进口馆
欢迎
Greenland
第五届进博会
1

苏州自贸片区
公共法律服务中心
苏州国际商事法庭
苏州工业园区人民法院
自由贸易区法庭
新加坡国际仲裁中心
苏州工作委员会
新加坡国际调解中心
苏州工作委员会
苏州自贸片区
产权检察保护中心
苏州仲裁委员会
苏州自贸片区庭审中心
苏州自贸片区
争议解决中心
苏州市第十七届人大常委会
基层立法联系点
苏州工业园区
法治宣传教育中心
（法治化营商环境宣传教育中心）
中共苏州工业园区
律师行业委员会
江苏省苏州市中新公证处
苏州工业园区星衡平
民商事中立评估和调解中心
苏州工业园区
银十金融调解中心
苏州工业园区管理委员会
行政复议委员会办公室
江苏省法学会
破产法学研究会
苏州市涉外法治研究中心
对外经济贸易大学
涉外法治研究院苏州分院
苏州大学王健法学院
企业法律研究与服务中心
wework
恒泰商置
中国（江苏）自由贸易试验区苏州片区法律服务中心
China (Jiangsu) Pilot Free Trade Zone Suzhou Area Legal Service Center
2

一流的开放名区

① 2023年1月20日,进博集市首进苏州开业仪式在园区久光百货商场举行　　　（园区新闻中心　供稿）

② 2023年4月11日,中国（江苏）自由贸易试验区苏州片区法律服务中心启用　　　（园区新闻中心　供稿）

③ 2023年5月19日,上海机场苏州城市航站楼项目启用　　　（园区新闻中心　供稿）

④ 2023年5—11月,园区与新加坡贸工部联合实施赴新加坡实地培训,包括城市规划建设、自贸区建设、医疗卫生、数字经济、生物医药、金融创新、综合管理7个主题团组。图为2023年10月,金融开放与创新发展主题培训团组在新加坡培训　　　（园区自贸区制度创新局　供稿）

❶ 建设中的苏州自贸商务中心 （恒泰集团 供稿）

❷ 2023年11月2—4日，第五届中新（苏州）数字金融应用博览会在园区举行 （园区金融发展局 供稿）

❸ 2023年11月6日，第六届虹桥国际经济论坛"探寻国际数字治理之道 同创数字产业发展之机"分论坛暨数字贸易创新高端对话在上海举行 （园区新闻中心 供稿）

❹ 2023年12月20日，长三角国际空港苏州航空货运中心首单通航 （高贸区 供稿）

一流的开放名区

❶ 2023年2月17日，第31期自贸会客厅之车企座谈会举行　　　　　　　　　　　　　　　（园区新闻中心　供稿）

❷ 中新数字贸易集聚区——阳澄数谷　　　　　　　　　　　　　　　　　　　　　　　　（金鸡湖商务区　供稿）

❸ 2023年3月1日，第13届中国国际纳米技术产业博览会在苏州国际博览中心开幕　　　　（园区新闻中心　供稿）

一流的创新园区

❹ 2023年7月24日，第30批国家企业技术中心拟认定名单公示，苏州华兴源创科技股份有限公司入围公示名单，图为该公司外景

（园区科创委 供稿）

❶ 2023年10月18日，中国（苏州）集成电路产才融合发展大会暨金鸡湖科学家论坛启动 （园区新闻中心　供稿）

❷ 苏州实验室 （园区科创委　供稿）

❸ 苏州南医大创新中心 （园区科创委　供稿）

❹ 苏州系统医学研究所 （谢旭东　摄）

一流的创新园区

SZS Wishes You A Happy Spring Festival
2023 新春快乐

❶ 2023年2月5日，苏州交响乐团新春音乐会&苏青交首演 （苏文投集团　供稿）

❷ 2023年4月22日，苏州工业园区第十三届阅读季启动。作为配套活动之一，"姑苏上河人间值得"江南繁华街市同期开市 （园区新闻中心　供稿）

❸ 2023年10月21日，第二届中法文化艺术周开幕 （园区新闻中心　供稿）

❹ 2023年12月，苏州芭蕾舞团《天鹅湖》首演 （苏文投集团　供稿）

❺ 2023年3月12日，第十二届苏州环金鸡湖半程马拉松举行 （金鸡湖商务区　供稿）

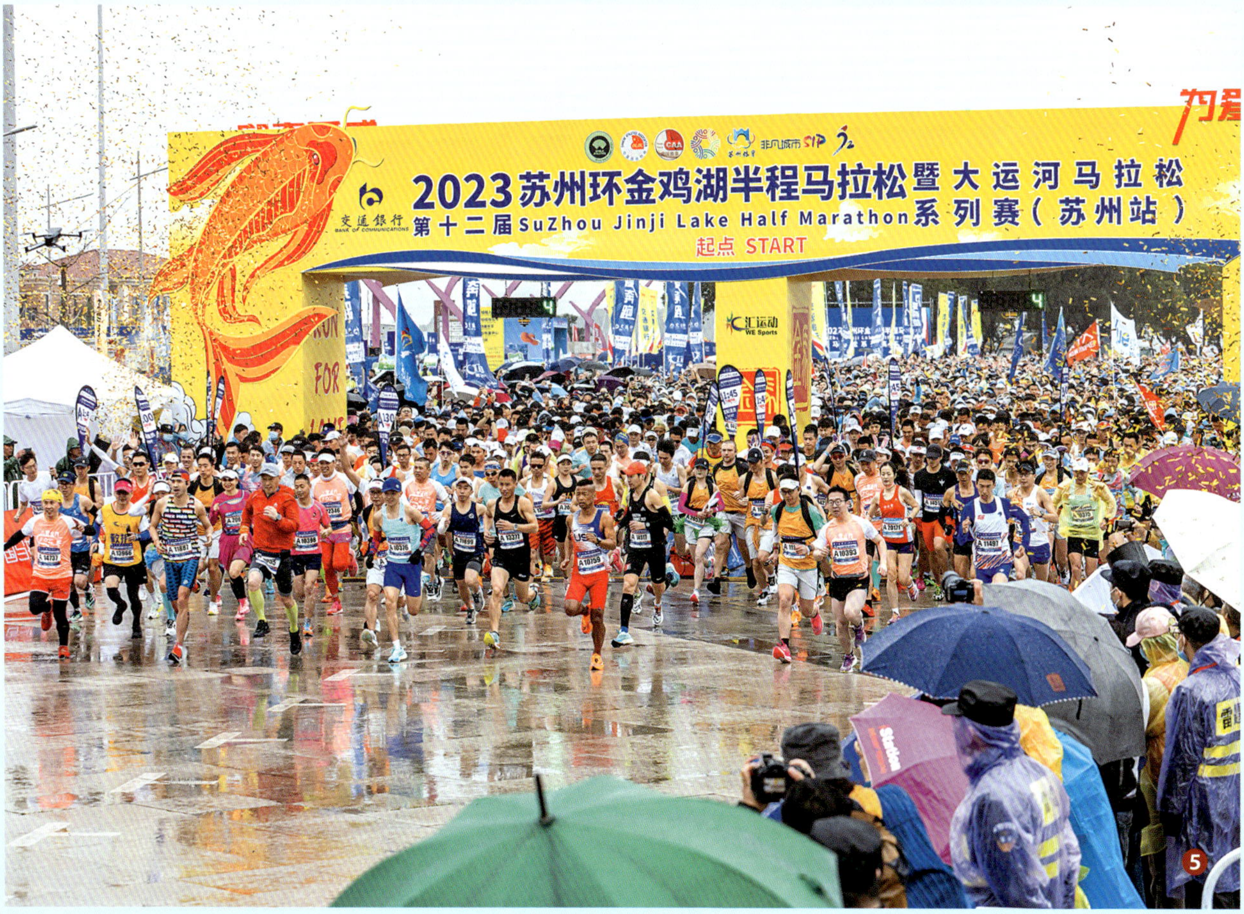
2023苏州环金鸡湖半程马拉松暨大运河马拉松
第十二届SuZhou Jinji Lake Half Marathon系列赛（苏州站）
起点 START
交通銀行
BANK OF COMMUNICATIONS

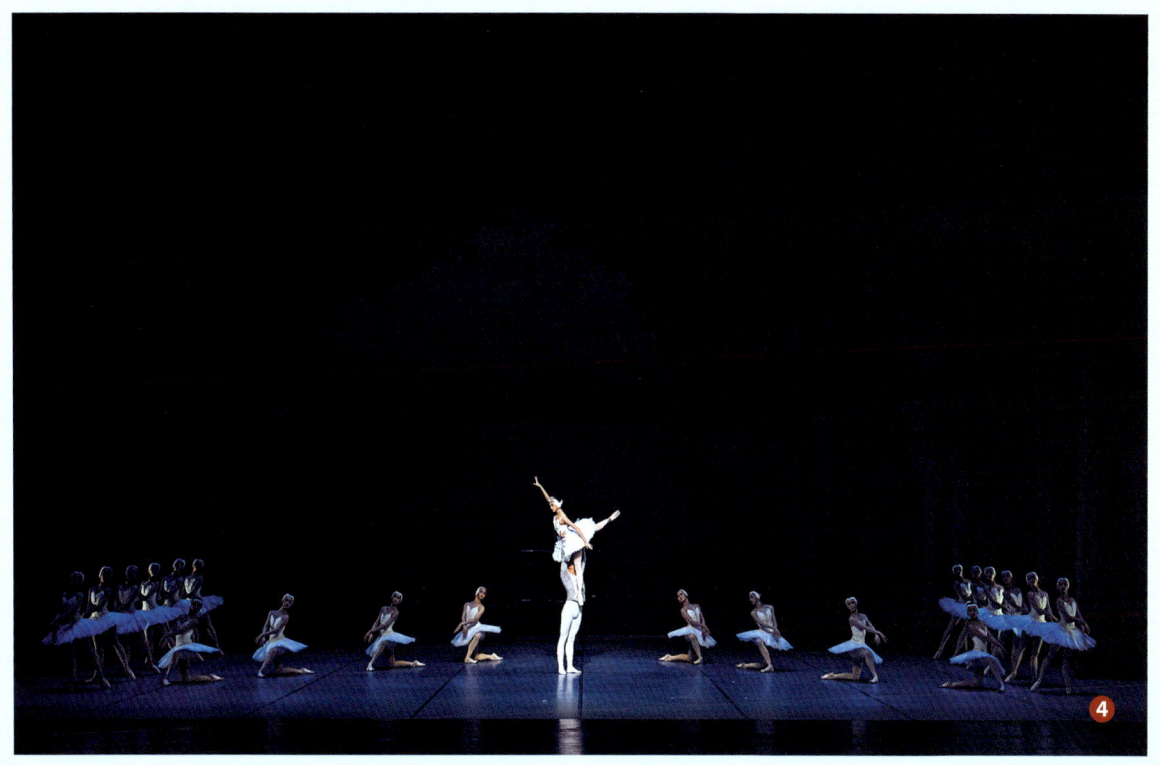

① 2023年道达尔能源苏迪曼杯世界羽毛球混合团体锦标赛
TotalEnergies BWF Sudirman Cup Finals 2023

① 2023年5月14—21日，2023年苏迪曼杯世界羽毛球混合团体锦标赛在苏州奥体中心举行　　　　（新时代集团　供稿）

② 2023年10月13—15日，第十四届金鸡湖帆船赛举行　　　　（园区新闻中心　供稿）

③ 阳澄半岛风光　　　　（冯雁军　摄）

④ 建设中的金鸡湖右岸街　　　　（吴明　摄）

一流的中心城区

❶ 2023年7月27日，2023年"环保不止一夏"公益夏令营走进清源华衍水务水质中心
（清源华衍水务　供稿）

❷❸ 2023年6月24日，苏州轨道交通11号线开通，与上海轨道交通11号线无感换乘同步启动。图为唯亭街道泾上社区居民试乘轨道交通11号线　　（唯亭街道　供稿）

❹ 度假区风景　　（半岛度假区　供稿）

一流的中心城区

苏州工业园区是中国和新加坡两国政府间首个旗舰型合作项目。1994年2月经国务院批准设立，辖区面积278平方千米（其中中新合作区面积80平方千米），常住人口约116.99万人。开发建设30年以来，园区写就了一部气势磅礴的改革史诗，绘就了一幅具有"强富美高"鲜明标识的姑苏繁华图。累计实现税收1.1万亿元、进出口总额1.6万亿美元、全社会固定资产投资超过1.15万亿元，在国家级经济技术开发区综合考评中实现"八连冠"，经济密度、创新浓度、开放程度跃居全国前列，探索形成的"开放、创新、圆融、共赢"的"园区经验"成为苏州改革开放和现代化建设的"三大法宝"之一。经历了翻天覆地变化的苏州工业园区，是中国特色社会主义伟大实践的生动案例，是中国改革开放伟大成就的生动缩影。2023年7月，习近平总书记亲临江苏考察，调研的第一站就是园区，指出"苏州工业园区在科技创新、高质量发展上确实是走在前列"，表示苏州工业园区"值得看，看了让我对实现高水平科技自立自强有了底气"，勉励园区"继续扩大国际合作，努力打造开放创新的世界一流高科技园区"。

园区开发建设30周年宣传片

❶ 环金鸡湖初期规划手绘图（1994年）

❷ 现代大道金鸡湖大桥（2023年）　　　　（陈雨禾　摄）

❶ 1992年初，邓小平视察南方，发表了借鉴新加坡经验的重要讲话。1992年9月，时任新加坡内阁资政李光耀率团访问中国，积极呼应邓小平讲话，表达了中新合作共同建立工业园区并以该园区为载体借鉴新加坡经验的意向。此后，中新双方围绕合作开发事宜进行了多次协商和实地考察，最终确定选址苏州。图为1993年5月，时任新加坡内阁资政李光耀（左一）率团访问苏州为苏州工业园区选址

❷ 1994年2月11日，国务院下发《关于开发建设苏州工业园区有关问题的批复》，同意江苏省苏州市同新加坡有关方面合作开发建设苏州工业园区

❸ 1994年2月26日，《中华人民共和国政府和新加坡共和国政府关于合作开发建设苏州工业园区的协议》《中华人民共和国江苏省苏州市人民政府和新加坡共和国以裕廊镇管理局为代表的新加坡政府机构关于借鉴运用新加坡经济和公共管理经验的协议书》《关于合作开发苏州工业园区商务总协议》3项重要协议在北京签署

❹ 1994年5月12日，中国—新加坡苏州工业园区首期开发启动典礼举行

中华人民共和国国务院

国函〔1994〕9号

国务院关于开发建设苏州
工业园区有关问题的批复

江苏省人民政府：

你省《关于报送苏州工业园区项目建议书的请示》（苏政发〔1993〕156号）和《关于苏州工业园区项目建议书中软件方面若干问题的补充报告》（苏政发〔1994〕2号）收悉。现批复如下：

一、同意你省苏州市同新加坡有关方面合作开发建设苏州工业园区。苏州工业园区的开发建设要充分发挥苏州市的有利条件和优势，量力而行，实事求是，讲求实效。要按照建立社会主义市场经济体制的要求，将苏州工业园区建设成为与国际经济发展相适应的高水准的工业园区。经过积极探索和努力，既出物质文明成果，又出精神文明成果，

❷

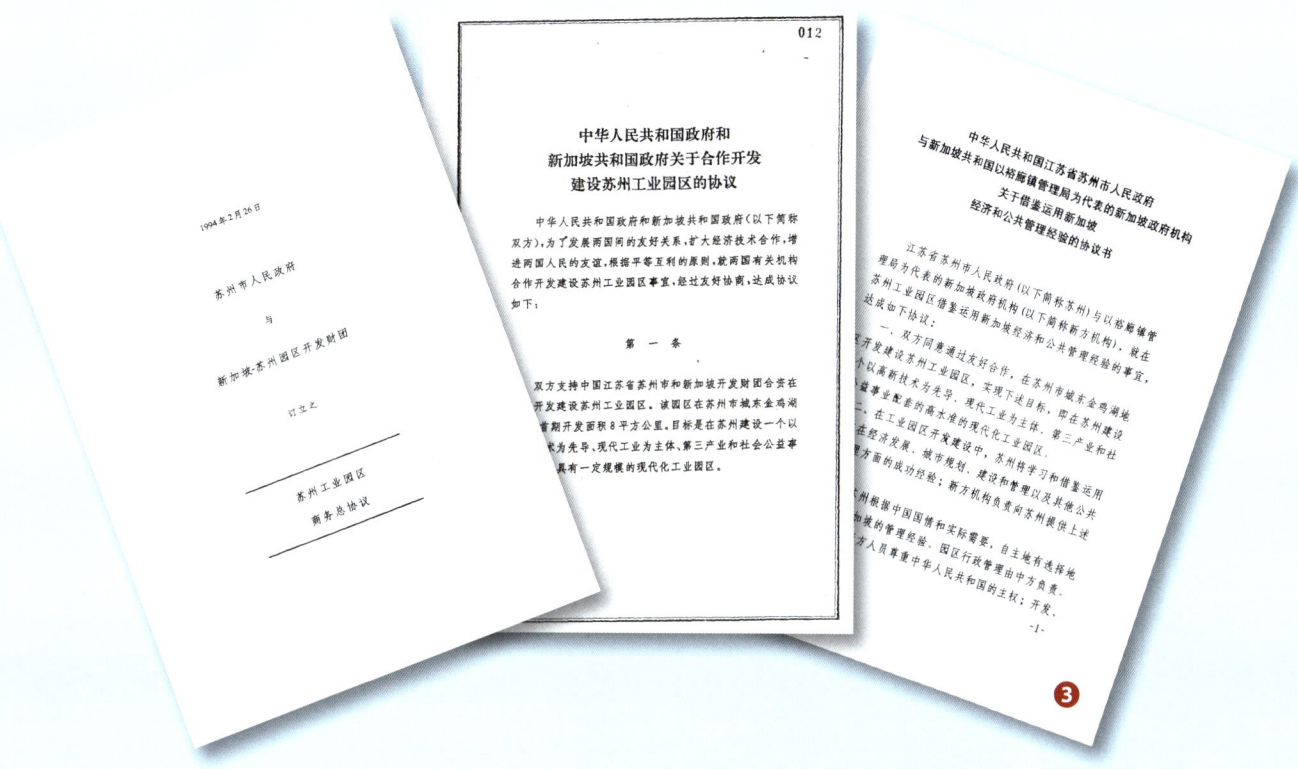

❶ 1995年5月22日，苏州工业园区第一家投产企业——力斯顿（苏州）听力技术有限公司正式投产

❷ 1997年底，首期8平方千米基础设施建设基本完成。图为1995年5月，苏州工业园区第一条交通干道——金鸡湖路通车

❸ 苏州工业园区借鉴新加坡公共管理经验，将社区管理、商业服务、社会事业等集中于一个公共建筑，服务周边居民。图为1998年5月30日，苏州工业园区首个邻里中心——新城邻里中心开业

❹ 1997年，苏州工业园区推进从"应试教育"向"素质教育"转化，明确小学教学的改革与发展应以实施素质教育为方向。图为1998年9月，苏州工业园区中新合作区内首个学校——新城花园小学启用

❺ 1999年6月28日，中新双方工作小组在新加坡签署《关于苏州工业园区发展有关事宜的谅解备忘录》，确定从2001年1月1日起，中新苏州工业园区开发有限公司实施股比调整，中方财团股比由35%调整为65%，中方承担公司的大股东责任

❶ 2000年4月27日，国务院批准设立苏州工业园区出口加工区，为全国首批15家出口加工区试点之一。图为设立之初的园区出口加工区

❷ 2001年3月23日，苏州市委、市政府召开苏州工业园区加快开发建设动员大会，二、三期的开发正式启动，园区进入大动迁、大开发、大建设、大招商、大发展阶段

❸ 2003年，苏州工业园区主要经济指标达到苏州市1993年的水平，相当于十年再造了一个新苏州。图为建设初期的苏州独墅湖科教创新区

❹ 2005年，苏州工业园区相继启动制造业升级、服务业倍增和科技跨越计划，为后续转型升级奠定基础。图为2005年4月23日，博世技术中心（苏州）有限公司开业

❶ 2006年，经国务院批准，中新合作区规划面积扩大10平方千米，为苏州工业园区推进自主创新和现代物流等生产性服务业发展提供了更大的发展空间。图为苏州园区港 　　　　　　　　　　　　　　　　　（章　晨　摄）

❷ 2009年，苏州工业园区开发建设15周年，取得了地区生产总值超1000亿元，累计上缴各种税收超1000亿元，实际利用外资折合人民币超1000亿元，注册内资超1000亿元"四个超千亿"的发展成就。图为2009年10月9日成立的中国科学院苏州纳米技术与纳米仿生研究所

❸ 2010年，在转型升级"三大计划"基础上，苏州工业园区先后提出生态优化、金鸡湖双百人才、金融翻一番、纳米产业双倍增、文化繁荣、幸福社区等"九大行动计划"，形成转型升级的完整体系。图为2011年5月24日，苏州纳米城首期开工典礼

❶

❶ 2013年，苏州工业园区确立争当苏南现代化建设先导区的发展目标，全面实施撤镇改设街道，高水平推进区域一体化发展，开启深化推进改革创新的新征程。图为2012年12月26日，苏州工业园区娄葑、斜塘、唯亭、胜浦街道成立大会

❷ 2014年，苏州工业园区开发建设20周年，国务院批复同意苏州工业园区等8个高新技术产业开发区建设苏南国家自主创新示范区。图为园区创意产业园

❸ 2015年9月，国务院批复同意苏州工业园区开展开放创新综合试验，要求探索建立开放型经济新体制，构建创新驱动发展新模式

中华人民共和国国务院

国函〔2015〕151 号

国务院关于苏州工业园区开展
开放创新综合试验总体方案的批复

江苏省人民政府、商务部：

你们关于苏州工业园区开展开放创新综合试验总体方案的请示收悉。现批复如下：

一、同意在苏州工业园区开展开放创新综合试验。原则同意《苏州工业园区开展开放创新综合试验总体方案》（以下简称《方案》），请认真组织实施。

二、要按照党中央、国务院的决策部署，紧紧围绕加快实施创新驱动发展战略，主动对接自由贸易试验区并积极复制成功经验，探索建立开放型经济新体制，推动产业结构迈向中高端水平，提升在全球价值链中的地位，更好地培育参与国际经济技术合作与竞争新优势，加快建设开放引领、创新驱动、制度先进、经济繁荣、环境优美、人民幸福的国际先进现代化高科技产业新城区，成为构建开放型经济新体制的排头兵，为国家级经济技术开发区转型升级创新发展提供经验。

三、要发挥中国—新加坡苏州工业园区联合协调理事会及中方理事会机制优势，协调解决《方案》实施过程中遇到的重大问题和政策诉求。国务院有关部门要按照职责分工，落实相关工作

❸

❶ 2016年起，苏州工业园区战略性布局人工智能产业，打造国内领先、国际知名的人工智能产业集聚中心，布局国家级人工智能创新中心，建设产业公共服务平台。图为2016年9月21日，微软苏州新大楼启用

❷ 2017年，苏州工业园区在全国经济技术开发区综合考评中蝉联第一，在全国高新技术产业开发区排名第五，并跻身科技部建设世界一流高科技园区行列。图为2017年11月11日，苏州中心启用　　（赵雪屯　摄）

❸ 2018年，商务部向全国推广苏州工业园区开放创新综合试验的11项举措，园区在国家级经济技术开发区综合考评中实现"三连冠"，入选江苏改革开放40周年先进集体。图为2018年9月1日，苏州奥林匹克体育中心开园　　　　　　　　　（陈雨禾　摄）

① 2019年8月，国务院批准设立中国（江苏）自由贸易试验区，其中苏州片区（面积60.15平方千米）全部位于苏州工业园区

（查正风 摄）

② 2019年12月20日，中新苏州工业园区开发集团股份有限公司在上海证券交易所挂牌上市

③ 2020年12月30日，苏州市独墅湖医院启用

④ 2021年4月，科技部复函，支持江苏省、苏州市以及苏州工业园区建设国家生物药技术创新中心、国家第三代半导体技术创新中心、国家新一代人工智能创新发展试验区。图为2021年4月19日，"一区两中心"建设推进大会召开

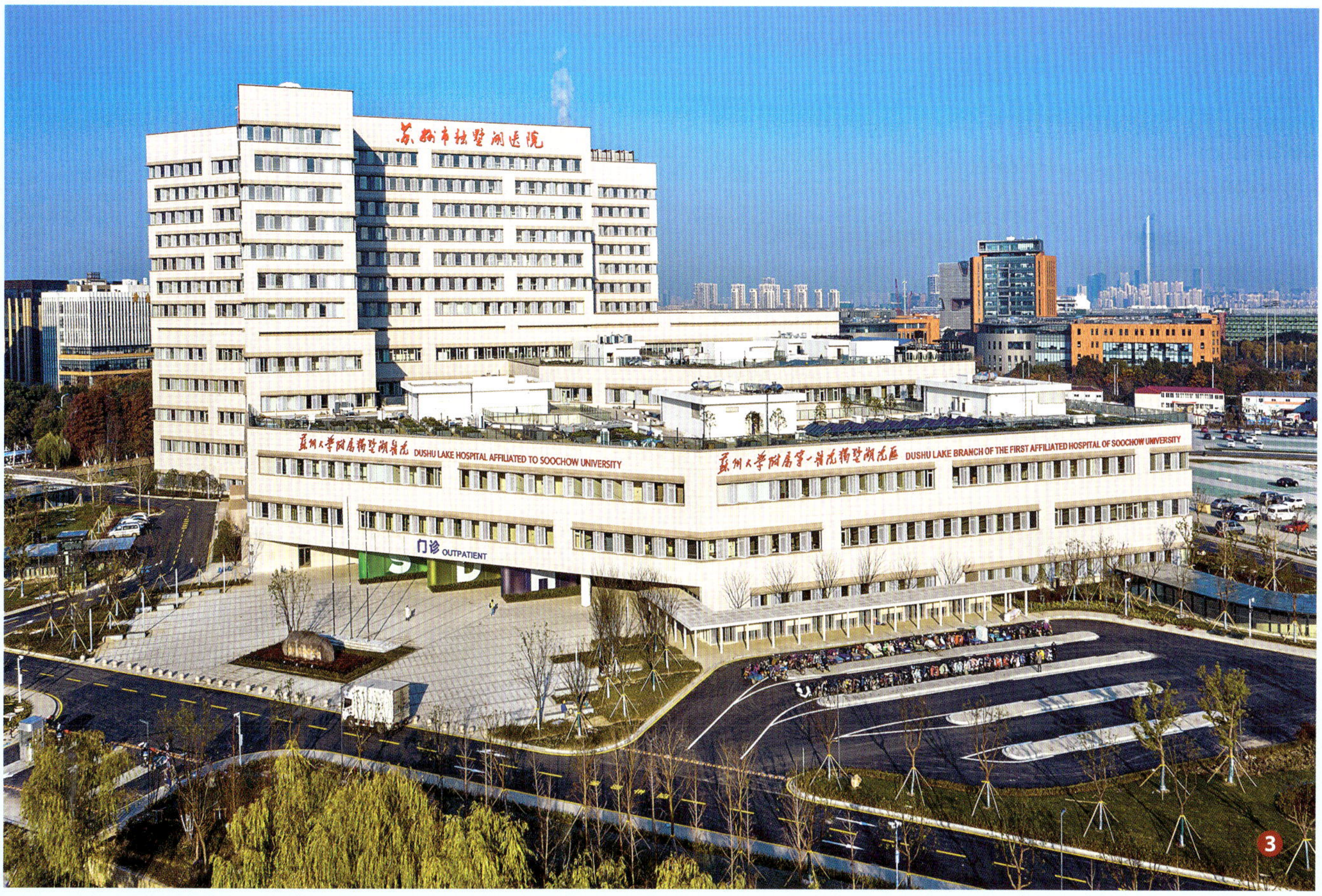

苏州市独墅湖医院
苏州大学附属独墅湖医院 DUSHU LAKE HOSPITAL AFFILIATED TO SOOCHOW UNIVERSITY
苏州大学附属第一医院独墅湖院区 DUSHU LAKE BRANCH OF THE FIRST AFFILIATED HOSPITAL OF SOOCHOW UNIVERSITY
门诊 OUTPATIENT
3

SIP
国家生物药技术创新中心
国家第三代半导体技术创新中心
国家新一代人工智能创新发展试验区
建设推进大会
中国·苏州
2021年4月19日
4

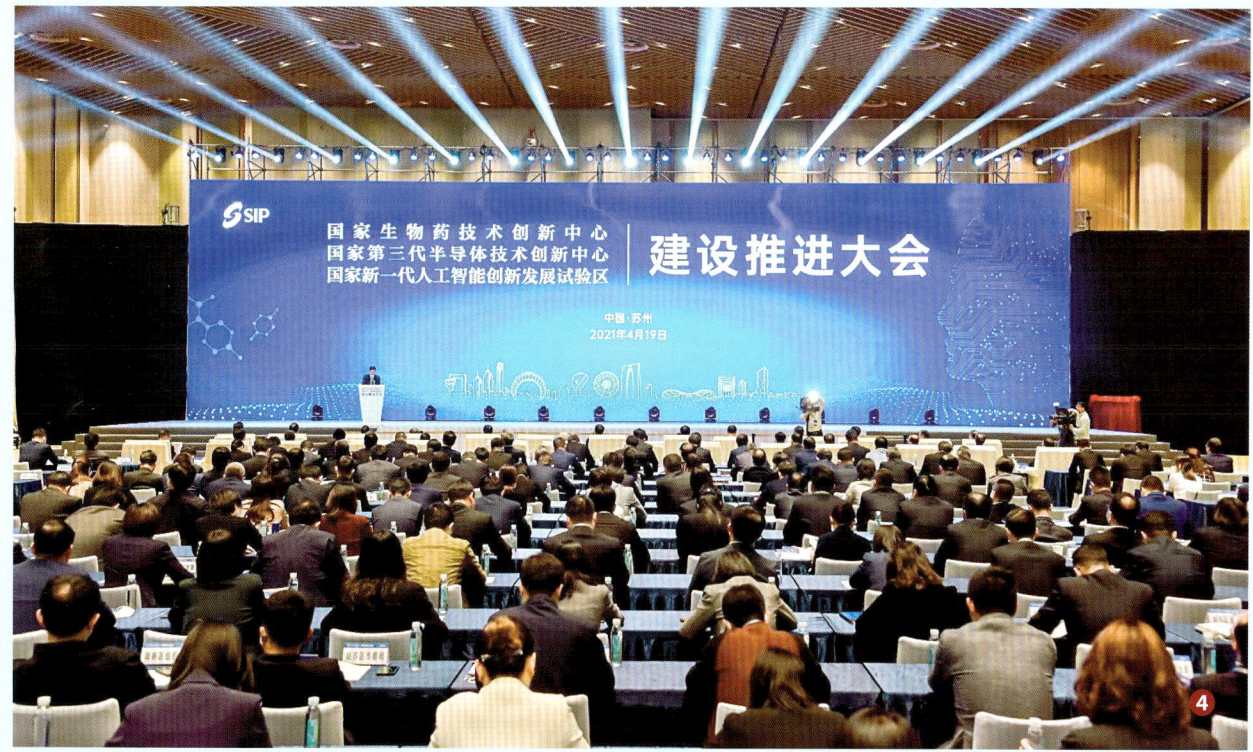

❶ 2022年7月，中共苏州市委、市政府印发《关于支持苏州工业园区建设世界一流高科技园区的意见》，支持苏州工业园区建设世界一流高科技园区，在开放创新、综合改革方面发挥试验示范作用。图为2022年12月31日，金鸡湖隧道主线正式通车

❷ 2023年，苏州工业园区成为全国开放程度最高、发展质效最好、创新活力最强、营商环境最优的区域之一，在国家级经济技术开发区综合考评中实现"八连冠"。图为2023年9月2日，加快建设开放创新的世界一流高科技园区推进大会召开

本专题图片除署名外由园区档案管理中心提供

审 图 号：图港王审（2024）040号
编制日期：2023年12月
编制单位：图测作息科接股份有限公司

目 录

中共苏州工业园区工作委员会 苏州工业园区管理委员会

苏州工业园区人大工作委员会
苏州工业园区政协工作联络委员会

中共苏州工业园区纪律检查工作委员会
苏州工业园区监察工作委员会

人民团体

经济管理

开放型经济

主导产业

新兴产业

服务业

合作共建园区

城市建设与管理

生态建设

教　育

文　化

卫　生

体　育

就业与社会保障

社会事务

应急管理

功能区

街 道

附 录

索 引

Main Contents

Special Articles

Milestones

Overview of Suzhou Industrial Park

China–Singapore Cooperation

CPC SIP Working Committee
SIP Administrative Committee

The SIP Working Committee of the Standing Committee of Suzhou Municipal People's Congress SIP CPPCC Work Liaison Committee

CPC SIP Working Committee for Discipline Inspection SIP Working Committee of Supervision

People's Organizations

Rule of Law

Technical Innovation

Economic Management

Open Economy

Major Industries

Emerging Industries

Service Industries

Jointly-constructed Parks

Urban Construction

Ecological Construction

Education

Culture

Health

Sports

Employment and Social Security

Social Affairs

Emergency Management

Functional Area

Sub-district

Appendices

Index

特　载

"把中国式现代化的美好图景一步步变为现实"
——习近平总书记考察江苏纪实

江苏，汇通江淮之气概、畅达黄海之辽阔，以占全国1%的陆域面积、6%的人口，创造了10%以上的经济总量，在我国改革开放和社会主义现代化建设全局中具有重要地位。

2023年3月5日，十四届全国人大一次会议开幕当天，习近平总书记来到他所在的江苏代表团参加审议，发表重要讲话，勉励江苏"在高质量发展上继续走在前列"。

时隔4个月，7月5日到7日，习近平总书记赴江苏苏州、南京等地考察调研，并听取了省委和省政府工作汇报。这也是党的十八大以来，总书记第四次来到江苏。

"江苏一直是我的关注点、调研点和研究点，早在正定工作时，我就曾到江苏调研过。我对这里的关注，始终是进行时。"

此次考察中，习近平总书记要求江苏在推进中国式现代化中走在前、做示范，谱写"强富美高"新江苏现代化建设新篇章，同时要求各地全面把握中国式现代化的科学内涵和本质要求，立足实际，发挥自身优势和特色，稳步前进，把中国式现代化的美好图景一步步变为现实。

"中国式现代化关键在科技现代化"

苏州城东，金鸡湖畔，苏州新地标"东方之门"高耸入云，见证了这座古老历史名城的现代蝶变。

5日下午，习近平总书记刚刚抵达苏州，即乘车前往苏州工业园区。车窗外，视野所及，高楼大厦鳞次栉比，生动诠释着这座"创新之城，非凡园区"的澎湃活力。

20世纪90年代，一项中国和新加坡政府间的重要合作项目——中新苏州工业园区落地苏州。

近30年来，姑苏城外的水田鱼塘发生沧桑巨变，成为一座现代化高科技园区：集聚近2500家国家级高新技术企业、62家上市企业，累计创造近1.5万亿美元的进出口总值，在商务部国家级经济技术开发区综合发展水平考评中实现"七连冠"。

三十而立，巨变之中，亦有不变。

工业园区展示中心，一块展板吸引了习近平总书记的目光。

展板上印着3张图片：一张是1994年园区成立时的手绘规划图，另外两张分别是2012年和2022年拍摄的园区实景。今昔对比，实景照片同规划图惊人地相似。

"我们在城市建设和产业发展过程中，始终坚持一张蓝图绘到底。"园区负责同志介绍说。

180吨级新能源电驱动系统，可折叠卷曲柔性屏，硅立方浸没液冷计算机，纳米真空互联实验站……展厅里，苏州在高端装备制造、新一代信息技术、纳米新材料、生物医药等领域的"明星产品"琳琅满目，总书记边走边看。

在一款国产人工心脏——"植入式左心室辅助系统"前，总书记停下脚步，仔细察看运行原理。当听到已有100多位病人用上了这个设备，最早一例患者目前已使用6年多，总书记十分高兴。

2023年全国两会期间，习近平总书记参加江苏代表团审议时，寄语江苏要"着力打造具有全球影响力的产业科技创新中心"。如今，苏州工业园区瞄准这个目标，细化了到2025年的行动方案和具体指标。

总书记勉励道："我国经济要往上发展，实现高质量发展，成为一个经济强国，就要靠科技。我曾讲，要把苏州工业园区建成具有国际影响力的科技创新中心。你们承担着这样的历史使命，既重大又光荣。"

苏州工业园区展示中心　　　　　　　　　　　　（园区档案管理中心　供稿）

位于园区内的苏州华兴源创科技股份有限公司，是中国科创板第一家上市企业。精耕于半导体检测设备，这家企业在细分领域赛道上跑出了核心竞争力。

走进企业研发车间、光电实验室，尖端仪器设备旁一张张年轻面孔让习近平总书记十分欣慰："都很有朝气啊！"

"是什么学校毕业的？""工作几年了？""学什么专业的？"总书记亲切询问。

企业负责人介绍，公司员工平均年龄只有32岁。他们还以年轻人为主力成立了一个"珠峰事业部"，加快核心技术攻关，勇攀科学技术高峰。

"你们在这里做的正是攀登高峰的工作，很有意义。年轻人可以施展你们的才华，好啊！"

听到总书记的鼓励，大家报以热烈掌声。

面对朝气蓬勃的企业员工，习近平总书记说："国家要实现科技自立自强，你们生逢其时，正是大显身手的时候，一定要把握历史机遇。将来，你们一定会为自己对民族复兴所作的贡献而自豪！"

7日上午，在听取江苏省委和省政府工作汇报时，习近平总书记谈及此行感受，认为苏州工业园区在科技创新、高质量发展上确实是走在前列："值得看，看了让我对实现高水平科技自立自强有了底气。"

"中国式现代化关键在科技现代化。"习近平总书记对江苏寄予厚望，希望江苏在科技创新上率先取得新突破，打造全国重要的产业科技创新高地，使高质量发展更多依靠创新驱动的内涵型增长。

"建设中华民族现代文明，是推进中国式现代化的必然要求"

2023年6月，习近平总书记在文化传承发展座谈会上，首次阐释"建设中华民族现代文明"的重大命题。

一个多月后，习近平总书记来到古城苏州，实地考察古城保护和文化传承并深刻指出，建设中华民族现代文明，是推进中国式现代化的必然要求，是社会主义精神文明建设的重要内容。

一座姑苏城，半部江南诗。

从春秋伍子胥建阖闾大城至今，苏州已有2500多年建城史。时间流淌，这座城市的历史和文化记忆得以保存延续。

6日上午，习近平总书记来到位于苏州古城东北隅的平江历史文化街区考察调研。

展板上，一幅刻制于南宋年间的《平江图》，清晰展示着古苏州的平面轮廓和街巷布局。

总书记走近前，仔细察看。

城门排列、街巷纵横、水道交错，历经岁月沧桑，如今的姑苏古城与《平江图》里的整体布局基本一致。一头是古城最高点，始建于南朝梁时的北寺塔，另一头是苏州工业园区拔地而起的摩天大楼，二者穿越时空、遥相呼应。

沿着石板路，总书记走进古街巷。小桥流水，河街相邻，白墙黛瓦，移步换景，正是典型的江南水城风貌。

在街边一家商铺内，总书记见到了苏绣代表性传承人卢建英。一架绣绷、一副眼镜、一枚钢针、一缕丝线，心静如水地飞针走线之间，一幅"太平鸟"图案栩栩如生。

卢建英深研刺绣技艺30多年。她向总书记展示了自己分别和母亲、女儿合作的两幅作品："已经传到第四代了，女儿是学绘画设计的，也爱这行，可以结合传统进行创新。"

"这样一个作品，要花费多长时间？"总书记问。

"有的要一年。"卢建英说。

总书记十分感慨："中华文化的传承力有多强，通过这个苏绣就可以看出来。像这样的功夫，充分体现出中国人的韧性、耐心和定力，这是中华民族精神的一部分。"

习近平总书记信步走进文创商品店内，向商家询问有哪些热销商品、价格多少、生意如何。

非遗传承人乔兰蓉正在店内制作桃花坞木版年画，见到总书记来了，热情邀请总书记体验一下。将颜料均匀平刷在雕版上，再小心套印在画稿上……一幅苏州地区极具代表性的年画作品《一团和气》跃然纸上。总书记说："《一团和气》年画寓意很好，我们要推动形成一团和气的社会氛围！"

当地负责同志告诉总书记，苏州除了苏州园林、大运河苏州段两项世界文化遗产，还有七项世界非物质文化遗产。

"哪七项？"总书记感兴趣地问。

"昆曲、古琴、宋锦、缂丝、香山帮传统建筑营造技艺、苏州端午习俗、碧螺春。"

"住在这里很有福气，古色古香，到处都是古迹、到处都是名胜、到处都是文化。'百步之内，必有芳草'，这句话可以用在这里。"总书记说。

街边小广场上，几棵大樟树下，当地居民和游客们边品茶边欣赏评弹表演。

"上有呀天堂，下呀有苏杭，城里有园林，城外有水乡……"吴侬软语，百转千回，韵味悠长。一曲《苏州好风光》唱完，总书记带头鼓起掌来。

"我慕名而来，昨天看了苏州工业园区，今天又来看了苏州的优秀传统文化。苏州在传统与现代的结合上做得很好，这里不仅有历史文化的传承，而且有高科技创新和高质量发展，代表未来的发展方向。平江历史文化街区是传承弘扬中华优秀传统文化、加强社会主义精神文明建设的宝贵财富，要保护好、挖掘好、运用好，不仅要在物质形式上传承好，更要在心里传承好。"

"坚守实体经济、构建现代化产业体系"

80岁的刘韵洁院士头发已经花白，但谈起正在从事的科技事业却饱含激情。他难以忘记8年前同总书记的那次见面：2014年12月13日，习近平总书记在南京市考察江苏省产业技术研究院，听取了刘韵洁院士关于研发工作的汇报。

6日下午，在位于南京市江宁区的紫金山实验室，再次见到习近平总书记，刘韵洁院士十分激动："我们以十年磨一剑的坚持，初步攻克了一系列核心技术。"

习近平总书记仔细听取最新情况介绍，对科研团队取得的进展给予充分肯定。

紫金山实验室还集聚了国内较早研究6G的科研团队。

了解到这个团队通过推进关键技术攻关，不仅实现传输速率、系统效率大幅提升，还实现了关键技术的自主可控，习近平总书记十分高兴。

总书记叮嘱当地负责同志："要把握机遇、再立新功，一心一意做好这件事。党中央会关注和支持你们。"

构建现代化产业体系，企业的主体地位至关重要。

在听取江苏省委和省政府工作汇报时，习近平总书记进一步强调，要把坚守实体经济、构建现代化产业体系作为强省之要，在强链补链延链上展现新作为。

近年来，南京致力于打造智能电网国家先进制造业集群，已经拥有该类企业达1200家，产业规模占全国市场80%。

6日下午，总书记来到其中一家代表性企业——南瑞集团有限公司考察。

企业展厅里，特高压输电技术、电网调度自动化系统、电网安全稳定装置及控制系统、巨型水电站监控系统及装备……企业负责人介绍核心产品、技术，如数家珍。

这位负责人告诉总书记，世界装机容量第七的金沙江乌东德水电站、世界装机容量第二的白鹤滩水电站、世界规模最大的河北丰宁抽水蓄能电站，都广泛应用了他们的产品。

总书记勉励企业负责人："你们企业对国家整个电网系统安全、效率、智能化，发挥了很大作用，要继续办好。"

在企业智能制造生产区，热情的员工们围拢过来，向总书记高声问好。

"大家在这里工作满不满意？"

"满意！"

"都有下一步去努力奋斗的目标吧？"

"有！"

看到大家意气风发、朝气蓬勃，习近平总书记的话语充满期待：

"我们说大器晚成，大器是什么？就是那些最好的东西、最高精尖的东西，这些东西都不是一下子可以做成的，都要下很大的功夫，甚至要用毕生精力。希望大家立志高远、脚踏实地，一步一步往前走，以十年磨一剑的韧劲，以'一辈子办成一件事'的执着，成就有价值的人生。"

（来源：新华社，2023年7月9日）

金鸡驿06馆 （许仁杰 摄）

苏州工业园区开发建设30周年综述

苏州工业园区（简称"园区"）是中国和新加坡两国政府间首个旗舰型合作项目。1994年2月经国务院批准设立，辖区面积278平方千米，其中，中新合作区80平方千米，区域总人口超过130万人。

开发建设30年来，园区认真落实中新两国领导人的期望要求，特别是学习贯彻习近平总书记两次重要指示精神，牢记嘱托，感恩奋进，高质量发展不断迈上新台阶，累计实现税收1.1万亿元、进出口总额1.6万亿美元、全社会固定资产投资超过1.15万亿元，在国家级经开区综合考评中实现"八连冠"。

30年来，园区坚定不移走好"开放路"，全方位开放格局更加彰显。服务中新关系新定位，推动项目合作向科技创新、绿色发展、数字经济、共建"国际化走廊"等领域拓展，累计实际利用外资超过400亿美元，集聚跨国公司总部机构140家，获联合国"2023年度全球杰出投资促进机构奖"。融入长三角一体化、长江经济带发展，参与高质量共建"一带一路"，推进合作园区建设，园区经验、园区模式不断辐射推广。

30年来，园区坚定不移打好"创新牌"，国际化创新动能更加强劲。推动科技创新与产业创新深度融合，依托苏州实验室全力构建实验室体系，高水平建设国家生物药技术创新中心、第三代半导体技术创新中心、新一代人工智能创新发展试验区，强化企业创新主体地位，深化与大院大所、中外名校合作，金融服务不断完善，创新策源能力持续

增强。

30年来，园区坚定不移建好"产业链"，高端化产业特色更加鲜明。因地制宜发展新质生产力，新一代信息技术、高端装备、人工智能、新能源等产业集群快速发展，纳米新材料、生物医药及高端医疗器械、高端科技仪器入选国家先进制造业集群，规模以上企业"智改数转"实现全覆盖，入选国家新型工业化产业示范基地，加快培育ESG、低空经济等新增长点。

30年来，园区坚定不移下好"改革棋"，现代化治理体系更加完善。发挥开放创新综合试验、苏州自贸片区等平台优势，扩大制度型开放，率先探索生物医药全产业链开放创新，建设苏州国际数据港。完善境外人员入境居住、医疗、支付等生活便利制度，营造市场化、法治化、国际化一流营商环境。

30年来，园区坚定不移办好"民生事"，高品质现代新城更加靓丽。坚持以人为本，"一张蓝图绘到底"，统筹布局生产、生活、生态空间，成为全国首批智慧城市试点。深入实施中新社会治理合作试点，扩大教育、医疗、文化等优质服务供给，城镇居民人均可支配收入约为全国平均水平的1.8倍，成为居住者幸福、创业者自豪、投资者向往的魅力之城。

园区的发展，是中国特色社会主义伟大实践的生动案例，是中国改革开放伟大成就的生动缩影。30年发展，园区积极探索开放与创新融合、创新与产业融合、产业与城市融合的发展模式，"借鉴、创新、圆融、共赢"的园区经验成为苏州改革开放和现代化建设的"三大法宝"之一。

站在新的发展起点上，园区将牢记习近平总书记"继续扩大国际合作，努力打造开放创新的世界一流高科技园区"的殷切嘱托，认真落实两国领导人指示要求，不断深化中新合作，进一步全面深化改革，持续借鉴新加坡先进经验，努力建设具有世界聚合力的双向开放节点、具有重要影响力的区域科技创新高地、具有全球竞争力的现代产业高地、展示中国式现代化的开发区治理样板，推动园区走在新时代改革开放的最前列。

2023年9月19—20日，第十二届中国医疗器械产业大会在园区举行
（生物公司　供稿）

（园区自贸区制度创新局）

大事记

1月

3日 金鸡湖右岸区域（文化水廊）项目开工暨园区2023年一季度重大项目集中开工仪式举行，开工项目89个，总投资557亿元，年度计划投资201亿元。

4—15日 燕京啤酒2022"中国足协杯"八强赛、半决赛和决赛在园区举行。

5日 新加坡贸工部副常任秘书兼软件办主任林慧贞考察园区国际商务合作中心（新加坡）。

7日 中国医学科学院系统医学研究院/苏州系统医学研究所第二届理事会第二次会议在园区召开。

9日 苏州独墅湖科教创新区（东区）首个九年一贯制学校——苏州市吴中区星泽实验学校项目开工仪式举行。

11日 苏州光格科技股份有限公司研发生产基地项目开工仪式举行。

△ 江苏省住房城乡建设厅公布2021年度省级示范物业管理项目名单，园区7个项目入选。

12日 博世新能源汽车核心部件及自动驾驶研发制造基地项目签约活动举行，总投资超10亿美元。

13日 商务部公布2022年国家级经济技术开发区综合发展水平考核评价结果，园区排名第一，实现"七连冠"。

△ 亿滋食品（苏州）有限公司入选全球"灯塔工厂"。

17日 园区区块链产业发展推进大会召开。会上，区块链测评中心揭牌，首批政务区块链应用场景优秀案例获表彰，"金鸡湖链"白皮书同期发布。

△ 江苏省工业和信息化厅公布2022年江苏省绿色工厂（第三批）入围名单，园区20家企业入选，占全市入选企业数的22%。

18日 中环南线园区段一期工程主线高架通车。

20日 进博集市首进苏州开业仪式在园区举行。

28日 江苏省工业和信息化厅公示2023年省智能制造示范工厂名单，园区企业太极半导体（苏州）有限公司、友达光电（苏州）有限公司、苏州易德龙科技股份有限公司入选。

29日 中新昆承湖园区项目开工仪式在常熟高新区举行，52个项目集中签约，总投资180亿元。

31日 园区落实"敢为、敢闯、敢干、敢首创"精神动员会暨作风效能建设大会召开，会上通报2022年综合考核结果，表彰79家先进集体、73名标兵和551名先进工作者。

2月

1日 在苏州市数字人民币试点推进会暨年度总结大会上，园区获评数字人民币试点工作先进板块，发展指数评价排名全市第二，8个数字人民币创新场景入选数字人民币全国首创场景，金鸡湖商圈入选"十大数字人民币使用示范商圈"。

3日 苏州市独墅湖医院临床检测中心获得中国合格评定国家认可委员会（CNAS）医学实验室认可证书，认可领域覆盖临床血液、体液、生化、免疫、分子、微生物和输血7个专业，是园区首家获得该资质的三级综合医院的医学实验室。其中，输血是苏州市医疗机构中第一家获得该资质认可的检验专业。

6日 由园区企服中心牵头起草的全市首个惠企政策服务地方标准《惠企政策全链服务规范》发布。

7日 亿滋苏州端到端"灯塔工厂"揭幕。

△ 园区生态环境局（水务局）获评水利部2022年度"公民节约用水行为规范"主题宣传活动优秀组织单位。

8日 苏州市委书记曹路宝会见新加坡驻沪总领事蔡簦合一行，进一步深化苏州与新加坡合作。

△ 苏州市委依法治市办公室、市司法局与对外经济贸易大学法学院、对外经济贸易大学涉外法治研究院签署合作共建协议，共同成立苏州市涉外法治研究中心暨对外经济贸易大学涉外法治研究院苏州分院，并入驻苏州自贸片区法律服务中心。这是中国首家涉外法治研究机构在地级市设立的首个涉外法治研究分院。

△ 在科技部火炬高技术产业开发中心公布的全国169个国家高新区最新一轮评价中园区综合排名第四。

9日 园区生物药品制品制造创新型产业集群获批国家级创新型产业集群。

△ 国家药监局发布2023年1月份批准注册医疗器械产品清单。园区企业苏州中天医疗器械科技有限公司的颅内取栓支架、苏州创澜生物科技有限公司的"新冠+甲乙流"联合检测试剂盒和苏州恒瑞宏远医疗科技有限公司的远端通路导管3款三类医疗器械入选。

10日 第二届硬科技生态大会暨产业投资论坛在园区举行。

13日 2023苏州市集成电路产业创新集群建设推进会暨苏州工业园区集成电路产业创新集群发展推进大会召开。

14日 园区数智运营工业互联网平台、神彩科技工业互联网标识解析二级节点服务平台、慧工云IN3制造运营工业互联网平台入选2022年工业互联网试点示范公示名单。

17日 深聪半导体（江苏）有限公司在园区开业。

18日 "赖声川大讲堂""丁乃竺的会客厅"两大文化品牌活动举行。

△ 清谱科技（苏州）有限公司总部启用。

△ 中国科学院苏州纳米技术与纳米仿生研究所纳米真空互联实验站二期建设项目通过总验收。

19—23日 苏州代表团赴新加坡开展经贸投资促进与合作交流活动。

21日 园区"一网通办"创新研讨会暨政务服务数字化联合创新中心成立仪式在东沙湖基金小镇举行。

23日 江苏赛腾医疗科技有限公司研发的ECMO（体外心肺支持辅助设备）附条件应急获批上市。

24日 2023年数字孪生城市高峰论坛在园区召开。

△ 园区企业苏州壹达生物科技有限公司以"全自动免疫治疗细胞制备系统的研发及产业化"项目在2022年全国颠覆性技术创新大赛总决赛中获最高奖项——"优胜奖"。

25日 第十届"创业江苏"科技创业大赛数字经济专项赛颁奖仪式在园区举行，15个优质项目获奖。

26日 苏州市轨道交通11号线（原S1线）工程通过项目工程验收。

27日 园区智能车联网产业创新集群推进大会召开。

3月

1日 第十三届中国国际纳米技术产业博览会开幕。开幕式上，2023年中国MEMS十大园区报告发布，园区位列榜首；国家第三代半导体技术创新中心（苏州）"揭榜挂帅"项目指南发布；20个重大项目现场签约。

2日 园区科技领军人才企业伯桢生物科技（苏州）有限公司类器官技术产业创新中心揭牌。

△ 2023第三届中国MEMS创新创业大赛路演在苏州国际博览中心举行。

9日 园区慈善总会换届大会暨第四届一次理事会举行，相关单位现场捐赠1580万元，累计募集超过2亿元。

12日 交通银行2023第十二届苏州环金鸡湖半程马拉松暨大运河马拉松系列赛（苏州站）举行。

14日 博格华纳PDS苏州研发中心暨二期厂房启用。

18—19日 2023年第八届易贸生物产业大会EBC暨易贸生物产业展览在园区举行。

25日 博世新能源汽车核心部件及自动驾驶研发制造基地奠基。

△ 国家重点研发计划"智能传感器"重点专项"MEMS传感器芯片先进封装测试平台项目"启动会举行。

27日 园区领军创投成立十周年暨"领军伙伴计划"发布。

28日 跨国企业服务贸易合作交流会在园区召开，园区管委会与国际注册专业会计师公会签署战略合作备忘录。

29日 2023苏州市春季楼宇经济高质量发展推进会暨苏州工业园区楼宇经济品牌发布会举行。

△ 园区"中法爱墙"结婚登记户外颁证基地启用仪式暨结婚登记集体办证活动举行。

30日 儒拉玛特亚太总部开业。

△ 苏州久泰精密技术股份有限公司总部大楼奠基。

4月

18日 苏州市委常委、园区党工委书记沈觅与新加坡贸易及工业部副常任秘书兼软件办主任林慧贞共同主持召开2023年园区第一次中新软件会议。

△ 胡润研究院公布2023全球"独角兽"榜，园区5家企业入选，占全市的50%。

19日 数字苏州建设工作推进大会在园区召开。"园区审管执信平台金融预警模型"获评2022年苏州市数字政府优秀案例。

20日 园区管委会与苏州银行全面战略合作协议签约仪式举行。

△ 苏州润迈德医疗科技有限公司研发的冠状动脉功能测量系统通过国家创新医疗器械特别审批通道获批

上市,是全球首个非介入IMR系统。

21日 2023大苏州最佳雇主评选启动盛典举行,最佳雇主实训基地项目同步启动。

24日 以"筑金融生态 展科创蓝图"为主题的2023年园区科技金融创新服务大会召开。

25日 荣旗工业科技(苏州)股份有限公司在深圳证券交易所上市。

26日 石川岛寿力回转科技制造(苏州)有限公司开工仪式举行。

27日 苏州市2022年度高质量发展总结表彰会议召开,园区获评2022年度县级市(区)综合考核第一等次。

5月

6日 由苏州国际科技园牵头规划建设的独墅湖数字经济产业园封顶。

△ 李公堤入选文化和旅游部长江主题国家级旅游线路。

7日 胜科纳米(苏州)股份有限公司总部大楼封顶。

9日 江苏自贸区苏州片区"保服通"保税服务平台上线。

△ 第六届进博会苏州工业园区推介会举行。

13日 园区深化教育综合改革推进会暨星海教育集团、星湾教育集团高质量发展授牌仪式举行,标志着集团化办学高质量发展改革试点启动。

14—21日 2023年苏迪曼杯世界羽毛球团体锦标赛在苏州奥体中心举行。

17日 2023年度"赢在苏州·创赢未来"国际创客大赛(苏州工业园区海外直通赛)暨金鸡湖路演中心英国专场活动举行。

19日 上海机场苏州城市航站楼项目启用仪式举行,苏州城市航站楼首款数字藏品同期发布。

△ 园区获评江苏省智慧教育样

板区培育区域。

21日 以"情系苏州·共筑梦想"为主题的苏州发展大会在苏州国际会议酒店开幕,"情系园区 圆融共赢"园区专场活动同期举行。

△ 2023年道达尔能源苏迪曼杯世界羽毛球混合团体锦标赛决赛在苏州奥体中心举行。

22日 园区2023年二季度产业用地更新现场推进会召开。一批更新项目集中开工,一批项目集中签约,维力医疗科创园同期开园。

26日 苏相合作区2023年二季度重点项目集中签约及开工活动举行。

30日 第五届中国苏州江南文化艺术·国际旅游节开幕仪式在园区举行。

6月

1日 苏州独墅湖科教创新区(东区)工作推进会在吴中区角直镇召开。

△ 园区管委会(苏州自贸片区管委会)印发《苏州工业园区2023年营商环境建设方案》。

2日 苏州市首个集体用餐配送单位食品安全工作管理站在园区揭牌。

6日 芯弦半导体(苏州)有限公司开业。

△ 园区携手中国意大利商会、伽利略集团旗下NABA学院(米兰新美术学院)在园区跨国企业联合创新中心共同举办中意工业设计沙龙。

12日 园区4家企业(工厂级2家、车间级2家)入选2023年度苏州市5G全连接工厂项目名单。

16日 园区外卖行业联合工会第一届第一次会员代表大会召开。

△ 苏州微创关节医疗科技有限公司研发的锆铌合金股骨头通过国家创新医疗器械特别审批通道获批

上市。

17日 第十五届中国国际药物信息大会暨2023DIA中国年会在园区举行。

19—20日 2023中国(苏州)"独角兽"企业大会在园区召开。

22日 2023中国电信"hello 5G"杯金鸡湖端午龙舟赛活动举行。

25日 苏州首个大型综合租赁生活社区——恒泰·东延四季公寓在园区开业。

25—27日 2023全球人工智能产品应用博览会在园区举行。

28日 草鞋山遗址考古工作站揭牌仪式举行。

28—29日 "纪念草鞋山遗址考古发掘50周年"学术研讨会举行。

30日 金鸡湖隧道星湖街匝道、长乐街匝道开放通行,标志着金鸡湖隧道全线所有出入口全部开通。

△ 吴淞江生态廊道(园区段)项目开工。

7月

1日 江苏省民政厅发布《关于公布2022年度江苏民政数字化转型"最佳应用"名单的通知》,园区项目"'知社区'助力社区智治"获2022年度江苏民政数字化转型"最佳应用"提名奖。

1—5日 第十三届江苏书展在苏州国际博览中心举行。

2日 园区首届应急产品展示与对接会举行,52家企业参会。现场,中国安全生产科学研究院应急产业落户园区。

3日 罗杰斯curamik®高功率半导体陶瓷基板项目签约落户园区。

4日 贝康医疗与全球顶尖生育集团Genea在园区签署战略合作协议,Genea Biomedx四大创新产品在大中华区首发。

△ 《联合早报》定格百年摄影中国展巡展首站在园区开幕。

△ 江苏省民政厅发布《关于公布2021—2022年度江苏基层社会治理创新成果奖和提名奖获奖项目的通知》，园区项目"'知社区'构建社区智治新模式"获2021—2022年度江苏基层社会治理创新成果提名奖。

5日 中共中央总书记、国家主席、中央军委主席习近平考察园区展示中心，了解高科技园区建设和发展情况；考察苏州华兴源创科技股份有限公司，了解企业科技创新情况。

10日 国务院印发《关于做好自由贸易试验区第七批改革试点经验复制推广工作的通知》，苏州自贸片区"应用电子劳动合同信息便捷办理人力资源社会保障业务"案例入选，在全国复制推广。

10—12日 第十五届苏州国际精英创业周园区分会场系列活动举行。

11日 园区高技能人才工作推进会暨第十三届高技能大赛项目发布会召开。

△ 由园区人力资源开发有限公司承办的"2023年苏州国际精英创业周园区分会场海外创新人才供需对接会"举行。

12日 第四届全球生物医药前沿技术大会暨展览会在苏州国际博览中心开幕。

14—16日 第十二届苏州文博会在苏州国际博览中心举行。

15日 园区与苏州大学战略合作第十次工作会议召开。

△ SEW电机智能工厂一期投产暨二期开工仪式举行。

16日 "2034杯"第三届小学生足球大会总决赛在苏州奥体中心体育场举行。

19日 德国莱欣诺中国研发中心及高端产业化基地开工仪式举行。

20日 新加坡福智霖中国区总部在园区新加坡苏州商务中心开业。

22日 园区在第三届中国城市高质量发展与国际合作大学发布的《中国城市高质量发展评估报告》中获评"2023高质量发展十大标杆园区""2023高质量发展营商环境最佳园区"。

24日 苏州光格科技股份有限公司在上海证券交易所科创板上市。

△ 2023年（第30批）国家企业技术中心拟认定名单公示，苏州华兴源创科技股份有限公司入围公示名单。

28日 鸿信中国区总部在园区新加坡苏州商务中心开业。

31日 苏州茵络医疗器械有限公司研发的Inno-Xmart静脉支架系统通过国家创新医疗器械特别审批通道获批上市。

8月

4日 2023第十届大苏州最佳雇主颁奖盛典在园区举行。

5日 2023中国家庭帆船赛·苏州独墅湖站启航仪式在园区月亮湾举行。

7日 大型工业纪录片《智造中国》首映仪式暨高质量发展与先进制造大会在园区举行。

△ 苏州国家历史文化名城保护区、姑苏区和园区联合开展"重走总书记考察路线、共织苏州古今'双面绣'"主题活动。

10日 卡赫清洁技术（苏州）有限公司暨卡赫全球研发中心在园区开业。

△ "星池一号B星"搭载谷神星一号运载火箭，在酒泉卫星发射中心发射升空，成功入轨。"星池一号B星"所搭载的轻型光学相机由园区科技领军人才企业苏州吉天星舟空间技术有限公司和椭圆时空（北京）科技有限公司联合研制。

15日 新加坡航空入驻苏州城市航站楼。

△ 国家药品监督管理局批准信达生物制药（苏州）有限公司申报的托莱西单抗注射液（商品名：信必乐）上市，这是中国首个自主研发的PCSK9抑制剂。

16日 苏州清科创新中心揭牌仪式在园区举行。

△ 跨越沪宁铁路桥涵工程（杨明路下穿铁路立交改造）首桩开钻，标志着该项目正式启动。

17日 芬兰斯凯菲尔电子（苏州）有限公司亚太区智能制造基地启动仪式举行。

18日 天臣国际医疗科技股份有限公司开业20周年暨总部基地奠基活动举行。

28日 国内日化美妆行业首个垂直领域的AI模型——"妆舟"发布。

30日 中国—阿拉伯国家动漫产业论坛在园区开幕。

9月

1日 苏州市生物医药产业科技镇长团暨苏州工业园区第十六批科技镇长团见面会召开。

2日 加快建设开放创新的世界一流高科技园区推进大会召开。会上，《苏州工业园区扩大国际合作打造开放创新的世界一流高科技园区行动计划》发布，苏州工业园区—淡马锡中新生命科学园项目启动，苏州华兴源创科技股份有限公司申报的国家企业技术中心等国家级重大科技创新平台揭牌。

△ 国家生物药技术创新中心、国家第三代半导体技术创新中心（苏州）总部在园区开工建设。

6日 苏州实验室总部基地开工。

8日 普方生物制药（苏州）有限公司收到用于药物临床前研发的氯化钠注射液，标志着"研易达2.0"在全省首单落地。

11日 园区管委会与上海临港

经济发展（集团）有限公司签署战略合作协议。

13日 第二届江苏产学研合作对接大会暨苏州工业园区纳米技术产业专题对接会在园区举行。

14日 侨界大讲堂——从Labless看全球半导体芯片行业发展趋势主题分享活动在苏州纳米城举行。

17日 苏州禧华妇产医院落成仪式举行。

△ 苏州·苏州工业园区开放创新投资交流会在德国杜塞尔多夫举办，苏州工业园区国际商务合作中心（杜塞尔多夫）揭牌。

19—20日 以"破界与创新，国产医疗器械的复苏与重塑"为主题的第十二届中国医疗器械产业大会在园区举行。

20日 苏州德信芯片科技有限公司高端功率器件晶圆研发生产项目奠基仪式举行。

△ 阿迪达斯苏州自动化配送中心X启用仪式举行。

△ 苏州中科集成电路设计赋能中心启用仪式举行。

△ 北京市通商律师事务所苏州分所揭牌仪式暨通商赋能创新与并购重组论坛在园区举行。

22日 苏州金鸡湖电影星光大道启用仪式举行，第36届中国电影金鸡奖（苏州）初评工作同期启动。

10月

1日 2023年全国跆拳道俱乐部联赛（江苏站）在独墅湖体育馆开幕。

9日 第六届中新国际科技交流与创新大会在新加坡国立大学苏州研究院开幕。

△ 园区管委会与新西兰梅西大学签署新一轮合作备忘录。

10日 海德鲁铝业（苏州）有限公司四期开业，P60汽车型材生产线

启用。

△ 苏州浩辰软件股份有限公司在上海证券交易所科创板上市。

12日 苏容电气总部基地在园区奠基。

13—15日 2023第十四届"城际内湖杯"金鸡湖帆船赛举行。

14—23日 苏州交响乐团赴阿尔及利亚进行国际巡演。

16日 园区获颁联合国"2023年度全球杰出投资促进机构奖"，为中国唯一获奖单位。

17日 恩德斯豪斯中国区高端流量仪表制造基地奠基仪式举行。

△ 九识（苏州）智能科技有限公司与新加坡职总平价合作社签署合作备忘录，双方将就新加坡首个高级别自动驾驶城市配送项目的落地运营展开合作。

△ 全球先进制造研究所十五周年庆活动在园区举行，德国卡尔斯鲁厄理工学院中德再制造技术创新中心揭牌成立。

18日 园区综合保税区智能网联无人车海关通关验放首单仪式举行。

△ 中国（苏州）集成电路产才融合发展大会暨金鸡湖科学家论坛启动。

19日 东曜药业全球研发服务中心落成仪式举行。

△ 迪诺拉中国制造中心扩建项目竣工暨在华30周年庆祝活动举行。

19—21日 以"高水平创新 高质量发展"为主题的2023中国生物技术创新大会召开。会上，中国生物医药园区竞争力排行榜发布，园区综合竞争力位居第二，产业竞争力位居第一。

21日 普洛斯环普·苏桐112国际科创园开园仪式举行。

21—28日 2023第二届苏州金鸡湖中法文化艺术周活动举行。

25日 赛峰短舱维修服务（苏州）有限公司开业仪式举行。

25—27日 第五届全国宽禁带半导体学术会议在园区召开。

26日 苏州自贸商务中心项目西塔封顶。

△ 园区首个拿地即开工的集体经济项目合创产业园开工仪式举行。

△ 企查查科技股份有限公司乔迁活动举行，全球总部启用。

27日 埃斯维亚洲总部二期暨亚洲研发中心启用仪式举行。

30日 旺山旺水创新药研发中心开工仪式举行。

△ 唯亭人力资源产业基地暨阳澄南岸零工市场启用仪式举行，这是园区首家零工市场。

31日 哈金森亚洲材料技术中心签约落户园区。

△ 三星半导体全球分拨中心项目完成结构封顶。

11月

2日 苏州独墅湖科教创新区（东区）佐诗精密项目、妙益科技、合创产业园3个项目实现"五证齐发"。

2—4日 第五届中新（苏州）数字金融应用博览会暨2023金融科技大会在园区举行。

2—5日 第十五届全国免疫学学术大会在园区举行。

3日 维伟思医疗总部基地开业典礼在苏州生物医药产业园5期举行。

4—5日 2023"苏州奥体杯"第四届青少年游泳挑战赛暨第一届长三角青少年游泳挑战赛在园区举行。

6日 NVB（下一代兽医生物制品）2023研发与产业化高端论坛第三期在园区举行。

7日 礼来苏州制药湖东制造工厂十周年活动举行。

8日 3E·数字智造园三期项目开园。

△ 苏州纳米城在第六届中国国际进口博览会暨2023长三角G60科

创走廊高质量发展要素对接大会上被授予"长三角G60科创走廊产融结合高质量发展示范园区"称号。

△ 耐斯达总部基地开工仪式在园区举行。

△ 园区首家全民终身学习中心在斜塘民众服务中心启用。

9日 精材半导体（苏州）研发中心在园区启用。

10日 2023年度游戏IP生态大会在园区举办。现场，园区管委会与中国音像与数字出版协会签署战略合作协议，中国游戏IP研究中心揭牌。《2023年度移动游戏IP产业发展报告》同期发布。

13日 HADO ARENA江苏首店在园区圆融时代广场开业。

△ 罗氏诊断亚太仪器生产基地在园区开业。

14日 2023第十二届金鸡湖创新创业大赛总决赛在园区举行。

15日 首届区域国有人力资源机构高质量发展大会在园区举行。

16日 AI精准医学论坛暨世华医学实验室落成仪式举行。

16—17日 金鸡湖现代服务业大会暨2023年（苏州）石油化工金融衍生品创新发展大会在园区举行。

17日 力森诺科材料（苏州）有限公司封止材第二工厂竣工仪式举行。

△ 大金机电设备（苏州）有限公司二十周年活动举行。

18日 第五届非凡园区文化艺术·旅游节暨桃花岛焕新颜启动仪式举行。

21日 西卡集团亚太区研发中心开业仪式举行。

22日 苏州药明泽康生物科技有限公司自主研发的PD-L1抗体试剂通过国家优先审批通道获批上市，这是国内首个用于宫颈癌适应症的PD-L1药物伴随诊断试剂。

23日 耐立克新适应症获批发布会暨全国首批发货仪式举行。

△ 施耐德（苏州）变压器有限公司二十周年庆暨二期厂房投运仪式举行。

24日 2023年江苏省"独角兽"企业和"瞪羚"企业评估结果发布，全省"独角兽"、潜在"独角兽"和"瞪羚"企业分别为50家、311家和811家，园区分别入选5家、70家和182家，3项均列全省第一。

25日 2023中国足协杯决赛在苏州奥体中心开赛。

28日 大健云仓科技（苏州）有限公司新楼启用活动举行。

29日 松下生产科技二期工厂奠基仪式举行。

30日 中环南线—星塘街立交正式开通。

△ 江苏北人智能制造科技股份有限公司与平安国际融资租赁有限公司战略合作协议签署。

12月

4日 园区金鸡湖教育集团揭牌暨星海、星湾、金鸡湖教育集团委员会成立仪式举行。

6日 博世与园区签署扩大产业合作协议。

△ 园区入选国家首批碳达峰试点园区。

7日 中共中央政治局常委、国务院副总理丁薛祥在天津会见新加坡副总理兼财政部长黄循财，并共同主持中新双边合作联委会第十九次会议、中新苏州工业园区联合协调理事会第二十四次会议、中新天津生态城联合协调理事会第十五次会议和中新（重庆）战略性互联互通示范项目联合协调理事会第七次会议。

8—10日 2023中国体育文化博览会和中国体育旅游博览会在苏州国际博览中心举行。

9日 安踏国际一体化运营中心暨创建碳中和示范基地项目在园区开工。

12日 苏州四季酒店在园区开业，总建筑面积约2.8万平方米，是江苏省首家四季酒店。

△ 2023金鸡湖经济论坛在园区举行。

14日 江苏省商务厅发布《省商务厅关于认定江苏省第十四批跨国公司地区总部和功能性机构的通知》，园区8家企业入选（其中地区总部3家、功能性机构5家），占全省的近28%、全市的42%。

△ 江苏省工业和信息化厅发布《关于江苏省2023年专精特新中小企业和2020年度专精特新企业复核通过企业名单的公示》，园区182家企业获认定，增量和总量均位居全市第一，另有12家企业通过复核。

16日 江苏教育现代化30年探索与教育强国建设会议召开，园区获评"江苏教育现代化先行区实践基地"。

18日 2023年度江苏省工业软件优秀产品和应用解决方案推广名单公布，园区12家单位入选，位列全市第一。

20日 知行汽车科技（苏州）股份有限公司在香港交易所上市。

△ 霍尔果斯自贸区发展大会暨苏州—霍尔果斯自贸片区双区联动投资促进会召开。

△ 长三角国际空港苏州航空货运中心揭牌启用仪式举行。

21日 思瑞浦微电子技术（苏州）有限公司开业投产仪式举行。

22日 园区首家街道级联名书房"星塘书屋"启用仪式举行。

23日 苏州轨道交通3号线、11号线贯通运营。

24日 首届人文经济苏州论坛在中国人民大学苏州校区举行。

27日 自贸商务中心项目（暂定名）、新裕大厦项目（暂定名）封顶仪式举行。

28日 园区在2023年国家级经济技术开发区综合发展水平考核中排名第一，实现"八连冠"。 （园 鉴）

苏州工业园区概览

自然地理

【位置面积】 苏州工业园区隶属江苏省苏州市,位于苏州古城以东,距上海约80千米。园区行政区域面积278平方千米,其中中新合作区规划面积80平方千米。园区的境域范围:西以东环路为界,与姑苏区接壤;北以阳澄湖为界,与相城区、昆山市为邻;东以界浦河为界,与昆山市接壤;南以吴淞江和独墅湖为界,与吴中区为邻。

【地形地貌】 园区位于长江三角洲太湖平原之东,属太湖低洼平原,地势平缓,由西北向东南略微倾斜,南部群力村一带地势较低,高程仅2.5米。园区属冲积湖平原地质区及基岩山丘工程地质区,除表层土层经人类活动而堆积外,其余均为第四纪沉积层,坡度平缓,一般呈水平成层、交互层或夹层,较有规律。地质特点为地势平整,地质较硬,地耐力较强。区内土地承载力每平方米20吨以上,土质以黏土为主。园区属无地震区,历史上从无地震、台风和其他重大自然灾害的记载。园区位于太湖流域阳澄淀泖区,境内有省级骨干河道4条,其中娄江、吴淞江为主要排洪河道。境内列入《江苏省湖泊保护名录》的湖泊有6个,为阳澄湖、青剑湖、金鸡湖、沙湖、独墅湖、镬底潭。园区河网总体自然水势是由西北向东南。　　（园　鉴）

【气候水文】 园区属亚热带海洋性季风气候,四季分明,春秋季短,冬夏季长,气候温和,雨量充足。年平均气温17.2℃,月平均气温以7、8月份为最高,在28.5℃—29.5℃;1月份最低,月平均气温为4℃—5℃。日最高气温41.2℃,日最低气温-9.8℃。年平均日照时数1747小时,年平均无霜期244天。平均年降水量约1200毫米,最大年降水量1974毫米(2016年),最小年降水量600毫米(1978年),年际变化大;年内分配不均,多年平均汛期5—9月降水量730毫米,占60.8%。降水特点是春夏之交多梅雨,夏末秋初多台风,即6月中旬至7月中旬易受梅雨侵袭,7月下旬至9月多热带气旋暴雨,易造成洪涝灾害;秋冬季常持续干旱。园区周边有京杭运河苏州(二)站、阳澄湖湘城站、陈墓荡陈墓站。苏州(二)站原位于苏州环城河觅渡桥处,后迁移至澹台湖枢纽外侧京杭运河处,修正后多年平均水位2.92米,历史最高水位4.37米,历史最低水位2.1米。湘城站多年平均水位3.01米,历史最高水位4.31米,历史最低水位2.22米。陈墓站多年平均水位2.89米,历史最高水位4.33米,历史最低水位2.19米。

（宋　雷）

历史人文

【建置沿革】 商末,园区境域属勾吴。春秋战国时,先后属吴、越、楚。秦始皇二十六年(前221年),吴地设吴县,园区境域属吴县,直至唐初。唐武则天万岁通天元年(696年),析吴县东部和北部置长洲县,园区境域入长洲县版图。宋熙宁二年(1069年)王安石变法后,县以下实行乡都制。园区境域分属长洲县金鹅乡(金栖里)等8个乡(里)。清雍正二年(1724年),析长洲东南置元和县,园区境域绝大部分入元和县版图。清宣统三年(1911年),辛亥革命后,吴县、长洲、元和3县合并为苏州。1912年1月,苏州改为吴县。园区境域归属吴县。1928年12月,江苏省设立苏州市,与吴县分治,园区境域少部分属苏州市,大部分属吴县。1952年8月,苏州市郊区人民政府成立,园区境域中的娄葑乡境域大部分属郊区,其余斜塘乡、跨塘乡、唯亭乡、胜浦乡境域仍属吴县。1994年,上述各乡先后撤乡建镇。1994年2月,国务院批准设立苏州工业园区。1994年4月,郊区娄葑乡和吴县斜塘镇、跨塘镇、唯亭镇、胜浦镇划归苏州市政府直接管辖,由园区管委会行使行政管理职能。上述5个乡镇部分被划入中新合作开发区,通称"中新合作区"，未划入的部分通称"周边地区"或"周边乡镇"。2005年底，园区境域包括中新合作区和娄葑、唯亭、胜浦3个镇。2012年底，撤销娄葑、唯亭和胜浦3个镇，建立娄葑、斜塘、唯亭、胜浦4个街道。2021年底，设立金鸡湖街道。　　（园　鉴）

【文化遗产】　作为"江南文化"重要发祥地之一，园区承载着悠久的历史记忆，珍藏着璀璨的文化遗产。草鞋山遗址见证了吴地6500余年灿烂文明，被誉为"江南史前文化标尺"；以姜思序堂国画颜料制作技艺为代表的非物质文化遗产项目，历经时光雕琢依然熠熠生辉。园区不断加强文化遗产研究保护利用工作，赓续历史文脉，坚定文化自信，让中华优秀传统文化生生不息。

物质文化遗产。园区有文物保护单位6处，分别是全国重点文物保护单位草鞋山遗址，江苏省文物保护单位斜塘土地庙及永安桥，苏州市文物保护单位乙未亭、肖特义士殉难纪念碑、张士诚墓和琼姬墩。

草鞋山遗址位于园区阳澄湖大道与唯胜路交叉口，毗邻华谊兄弟电影世界。该遗址是新石器时代文化遗址，经过多次考古发掘研究，发现其丰富的文化内涵和考古价值。它是江南地区迄今为止所发现的文化

发展序列保存最完整的遗址，发现迄今中国最早有灌溉系统的古水稻田，出土迄今所知中国年代最早的纺织品实物，首次在中国史前墓葬中出土玉器。2013年，入选第七批全国重点文物保护单位。2018年完成编制《草鞋山遗址保护规划》并通过国家文物局评审，保护总面积约40.2万平方米；其中保护范围为东起东港河以西，西至司马泾河（原西港河）以东，北起阳澄湖大道南侧，南至面店河北岸，面积19.9万平方米；建设控制地带为东起东港河东岸，西至司马泾河（原西港河）西岸，北起阳澄湖大道北侧，南至横泾港南岸，面积20.3万平方米。2022年，草鞋山考古遗址公园入选第四批国家考古遗址公园立项名单。2023年，草鞋山考古遗址公园先后获评2023年度江苏省"最美公共文化空间"、2023年度江苏省科普教育基地、2022年度园区宣传思想文化工作创新奖。"数字草鞋山"文旅元宇宙应用被评选为2023苏州市数字政府优秀场景案例。

斜塘土地庙及永安桥位于园区原斜塘镇旺墓村（古称王墓市），现中国科学技术大学苏州高等研究院北侧。土地庙为南宋厅堂建筑，其建筑结构、风格与苏州玄妙观三清殿相似。据传北宋末年，北方兵祸蔓延，民众不堪其苦，纷纷南下，斜塘地处苏州东郊，

王墓又临近大运河，水陆便利。北方民众避战乱于江南，暂时栖身于王墓。待宋金议和，南宋称臣，苟安于东南一隅，南逃民众返乡无期，但思乡不断，于是募金建造土地庙。永安桥是一座明代梁式三孔石板桥，全桥长26米，中间桥洞宽4米，桥面最高处在正常水位时距水面4米，桥身古朴，结构独特，呈南北走向，横跨旺墓港，桥洞两侧桥柱呈一定角度向外倾斜，使桥洞形如扇子，优美开阔，设计利于承受重力，倾斜中求稳定。500多年间，永安桥虽处水陆要冲，但桥身仍然稳固、坚实，系苏州地区完整保存下来少有的古桥之一，对研究江南地区古代桥梁建筑具有重要价值。2002年，斜塘土地庙及永安桥入选江苏省文物保护单位。保护范围北至西泾河北10米，西、南至界墙外15米，东至小桥东10米；建设控制地带为保护范围外20米。

乙未亭位于园区唯亭老镇状元泾桥西堍，占地面积198平方米。始建于宋至和二年（1055年），重建于清道光十五年（1835年）。亭坐北面南，建筑面积10.96平方米。木梁石柱，阔一间，进深半间，歇山造半亭，亭内置立《浚阊至和塘记事碑》一座，碑体完整，青石制。1986年3月25日被公布为吴县文物保护单位，1994年划归园区，现为苏州市文物保护单位。2021年，唯亭街道启动乙未亭修缮及周边环境整治工作，对乙未亭本体进行揭顶维修，对亭内碑体进行清理及保养，对门厅及周边环境进行整治和优化。2022年，乙未亭修缮及周边环境整治工程完工。2023年，乙未亭修缮及周边环境整治工程通过专家验收。

肖特义士殉难纪念碑位于园区江滨公园。罗伯特·肖特为美国华盛顿州人，1930年到中国，1931年6月任国民党空军学院教官。1932年"一·二八"淞沪之战爆发，肖特志愿协助十九路军作战，2月22日下午肖

2023年10月28日，第二届草鞋山文化节丰收嘉年华活动举行
（园区新闻中心　供稿）

特单机迎击6架敌机，寡不敌众，被击坠于高垫浮漕巷水中，英勇牺牲，时年27岁。当年7月，吴县各界人士集资在殉难处立碑纪念，后原碑倒塌破损。1985年9月，吴县人民政府拨款重建于高垫江海随粮王庙宅基，纪念馆同时竣工。肖特义士殉难纪念碑是苏州仅存的几处抗日战争文物之一，纪念馆紧邻吴淞江，位于江滨公园内，作为国际主义教育基地，具有较强的纪念意义。

张士诚墓位于园区南施公园，墓地原来在斜塘镇盛墩村，1960年被列为吴县文物保护单位，1995年因行政区划调整，改为苏州市文物保护单位。张士诚（1321—1367），小名九四，泰州白驹场（今属盐城大丰区）人，以驾船运盐为业。元至正十三年（1353年），因不堪富户凌辱，率众杀诸富户，率苦役、盐丁万余人起义。次年，据高邮，称诚王，号大周，年号天佑。在高邮击败元丞相脱脱所率大军后，由南通渡江至常熟。至正十六年（1356年）二月攻占平江（今苏州），并在此建都，后称吴王。至正二十七年（1367年）七月朱元璋率军攻占平江，张士诚被俘，押解至金陵（今南京）后自缢身亡。

琼姬墩位于园区金鸡湖街道环洲路，原墩高约10米，底部面积约200平方米。传说为两千多年前春秋时期吴王夫差女儿琼姬的葬地。1986年，因曾有新石器时代的穿孔石斧和宋代文物出土，该墩被定为县级文物保护单位。1995年，因行政区划调整，改为苏州市文物保护单位。2005年，经市文物局同意进行全面的抢救性考古调查，初步断定为新石器时代即良渚文化（距今5300—4300年前）至崧泽文化时期（距今6100—5300年前）的人工堆筑的土台，没有发现传说中的吴王或张士诚时期的遗物。目前采取绿化保护措施，现状良好。

非物质文化遗产。园区8个项目入选国家、江苏省、苏州市级非物质

姜思序堂国画颜料　　　　　　（园区宣传和统战部　供稿）

文化遗产保护名录。其中，姜思序堂国画颜料制作技艺、吴地宝卷（胜浦宣卷）入选国家级名录，胜浦水乡传统妇女服饰、胜浦山歌、四经绞罗织造技艺、传统铜器锤揲技艺4个项目入选江苏省级名录，胜浦连厢、苏州缂丝织造技艺2个项目入选苏州市级名录。有江苏省级传承人1人，苏州市级传承人5人，区级传承人13人。5处场馆被列为苏州市非物质文化遗产代表性项目保护单位。

姜思序堂是全国著名的国画颜料品牌。明代末期，苏州进士姜图香后裔中出了一位画家，善于制色，一时艺林传誉。清乾隆年间，姜氏在苏州阊门内都亭桥设铺面，开始转向国画颜料的专门制作与专业经营。因姜图香这一宗支的堂名为"思序堂"，所以该铺以"姜思序堂"命名。姜思序堂作为一家生产中国画颜料的老字号，制作的中国画颜料、书画印泥名闻四海。其颜料产品有着浮现光泽、轻细若尘、入水即化、与墨相融、着纸能和、经久不变的特点，一直深受广大书画家青睐。2011年，姜思序堂国画颜料制作技艺被列入第三批国家级非物质文化遗产名录；2017年，苏州姜思序堂国画颜料有限公司被江苏省商务厅认定为江苏老字号；2019年，苏州姜思序

堂国画颜料有限公司被商务部认定为国家级非物质文化遗产保护单位。

胜浦宣卷是江南宣卷支流之一，江南宣卷分太湖流域的苏州宣卷和杭州湾的四明宣卷。"文化大革命"后苏州市内的宣卷几乎销声匿迹，而胜浦宣卷保存至今。2007年，胜浦宣卷入选苏州市第三批非物质文化遗产代表性项目名录；2009年，胜浦宣卷入选江苏省第二批非物质文化遗产代表性项目扩展项目名录；2014年，胜浦宣卷与同里宣卷、锦溪宣卷、河阳宝卷捆绑申报的吴地宝卷，入选国家级非物质文化遗产代表性项目名录扩展项目名录。

胜浦水乡传统妇女服饰历史悠久，文化内涵丰富，是胜浦水乡妇女长期劳动生产和实践的产物，其历史传承和文化价值十分珍贵。其特征为：头梳鬌鬌头，扎包头，上身穿大襟衣、拼接衫，下身穿拼接中长裤，腰束褴裙、襦腰、腿裹卷膀，脚穿船形绣花鞋，俗称"九件套"。2007年，胜浦水乡传统妇女服饰入选苏州市第三批非物质文化遗产代表性项目名录；2009年，胜浦水乡传统妇女服饰入选江苏省第一批非物质文化遗产代表性项目名录扩展项目名录。

胜浦山歌是吴语山歌的支系之

一，是胜浦劳动人民在长期的生产和生活中创作、完善的一种口头艺术形式，因流传在胜浦境域，故称胜浦山歌。胜浦山歌分"歌"和"谣"，有委婉清丽、温柔敦厚、含蓄缠绵、隐喻曲折的特点。2007年，胜浦山歌入选苏州市第三批非物质文化遗产代表性项目名录；2009年，胜浦山歌入选江苏省第二批非物质文化遗产代表性项目名录扩展项目名录。

四经绞罗组织稳定，有轻、薄、透等特点，其织造技艺独特，有别于常规的丝绸织造技术。其无筘织造技术，通过铰综将经线绞缠，纬线穿插织造，使经线相互呈铰链状固定。又以四根经线为一组，两根绞经，两根地经，四根纬纱为一循环。2013年，该织造技艺入选苏州市非物质文化遗产代表性项目名录；2016年，入选江苏省非物质文化遗产代表性项目名录；2017年，入选苏州市非物质文化遗产代表性项目第一批濒危项目名录。

锤揲大约在唐代中期由锤揲金银器皿进化为锤揲铜器。锤揲是指将材料熔铸为铜块后，用锤揲打成坯材，通过反复操作，将其锤锻成理想的厚度。锤揲制作出来的物品有材料薄、重量轻的特征，采用该工艺制作的物品重量是浇筑物品重量的三分之一。锤揲技艺特点为：形态各异的物品无需模具，即可制作，且无需打磨、抛光，就能使物品表面光滑，内外纹理清晰，并保持铜器的原色。锤揲技艺制作分为整体无缝成型和焊接成型两种。2013年，传统铜器锤揲技艺入选苏州市非物质文化遗产代表性项目名录；2023年，入选江苏省第五批非物质文化遗产代表性项目名录扩展项目名录。

打连厢是胜浦民间常见的传统舞蹈，又名"金钱棍"，北方称为"霸王鞭"或"花棍"。胜浦连厢具有鲜明的地方特色，表演人数不限，表演时，演员们穿戴水乡特色服饰，用连厢棒敲击身体四肢、肩、背各部位，发出"嚓、嚓"的节奏声，清脆悦耳，边唱边舞。2013年，胜浦连厢入选苏州市第五批非物质文化遗产代表性项目名录扩展项目名录。

缂丝，又名"刻丝"，意思是"用刀刻过的丝绸"，是中国独有的古老丝织工艺品。缂丝是以生蚕丝作经线，彩色熟丝作纬线，采用通经断纬的技法织成的平纹织物。缂丝与一般织物不同，在于"织纬"有别。一般织物均为通经通纬之作，而缂丝则为通经断纬之作。一般织物的花纹为规则变化，所有纬线必须通过全面经线，织物表面花纹清楚可分，反面则浮纬掩盖，花纹杂乱不清，且织物厚实。缂丝纬线则非通梭所织，仅纬线设色部分通过图形范围内的经线，然后回转，在预定之图案内来回穿梭，至完全表达出图案之形状为止。而未通过纬之经线部分，则由其他图形所需的设色纬线穿越织成。故所织成之花纹，颜色正反两面相同，而左右方向相反。因其纬线回转的地方，彼此不相关联，故图案形状周围留下锯齿之空隙，像是雕镂刀刻出来的，且织物匀薄。2013年，苏州缂丝织造技艺入选苏州市非物质文化遗产代表性项目名录。

（季己辰）

区划人口

【行政区划】　至2023年底，园区下辖娄葑、斜塘、唯亭、胜浦、金鸡湖5个街道，设有178个社区。　　（薛旭宁）

【人口】　2023年底，园区常住人口116.99万人。户籍人口626902人，增加6670人，增长1.08%；流动人口808852人，增加74893人，增长10.2%。全年出生人口3966人，减少368人，出生率为6.33‰；死亡人口3120人，增加758人，死亡率为4.98‰。全区人口自然增长率为1.35‰。金鸡湖街道、娄葑街道、唯亭街道、胜浦街道、斜塘街道人口自然增长率分别为4.00‰、-4.35‰、1.10‰、3.55‰和-0.31‰，人口自然增长率最高的是金鸡湖街道。全区迁入9820人，迁出4318人，人口机械增长5502人，机械增长率为8.78‰。金鸡湖街道、娄葑街道、唯亭街道、胜浦街道、斜塘街道人口机械增长率分别为4.42‰、10.03‰、16.49‰、12.37‰和6.84‰，人口机械增长率最高的是唯亭街道。　　（褚沛雯　曹伟薇）

表1　园区户籍人口情况（2023年）

单位：人

区　域	合　计	男	女
金鸡湖街道	236427	116066	120361
娄葑街道	103504	49838	53666
唯亭街道	108210	52534	55676
胜浦街道	74432	36522	37910
斜塘街道	104329	50960	53369
总　计	626902	305920	320982

（褚沛雯）

收入与消费

【居民收入】 2023年，园区常住居民人均可支配收入92593.3元，增长4.3%，城镇化率100%。"十四五"以来，常住居民人均可支配收入年平均增速约5.1%。

【居民消费】 2023年，园区常住居民人均消费支出57169元，增长6.5%。"十四五"以来，常住居民人均消费支出年平均增速约8.9%。 （褚沛雯）

经济与社会发展

【概况】 2023年，园区实现地区生产总值3771.46亿元，增长5.9%；一般公共预算收入411.11亿元，增长6.1%；规模以上工业总产值6982.84亿元；固定资产投资654.01亿元，增长25.4%；社会消费品零售总额1173.1亿元，增长6.9%；进出口总额862.06亿美元；实际利用外资及港澳台资19.51亿美元。园区在国家级经济技术开发区综合发展水平考核评价中实现"八连冠"。

【产业发展】 2023年，园区新一代信息技术、高端装备制造两大主导产业加快升级，生物医药及大健康、纳米技术应用及新材料、人工智能及数字产业三大新兴产业实现产值4000余亿元。生物医药产业竞争力居全国第一，纳米新材料、生物医药及高端医疗器械入选国家先进制造业集群，被评为全球五大纳米技术集聚区之一，园区成为国家新型工业化产业示范基地。加快推进制造业"智改数转网联"，新增全球"灯塔工厂"1家，各级智能车间累计300余家，数量均居省、市第一。46个省、市重点项目完成投资246亿元，如期完成"3年2万亩"产业用地更新攻坚任务。新增省级总部8家，累计67家，占全省的17%。出台新能源"新三样"（新能源汽车、锂电池、光伏电池）、ESG（环境、社会、治理）产业发展行动计划，成立集成电路产业公司、产业园及总规模50亿元的产业基金，高水平运作国家工业母机产业投资基金。获评首批国家级碳达峰试点园区。

【科技创新】 2023年，园区加速布局战略科技力量，苏州实验室、国家生物药技术创新中心、国家第三代半导体技术创新中心（苏州）总部基地开工。新增全国重点实验室3家、国家企业技术中心1家、国家级科技企业孵化器6家、省市级创新联合体9家、省级人才攻关联合体3家。入库科技型中小企业4623家，认定高新技术企业1073家，有效数近2800家。新增国家级专精特新"小巨人"企业56家，累计85家，占全市的21%；入选中国"独角兽"企业5家、潜在"独角兽"企业49家，占全省的30%以上。新增上市公司5家，累计66家。高层次人才总量达6.3万人，研究与试验发展经费支出占地区生产总值比重达5.16%，保持全市第一。万人有效发明专利拥有量210.45件，获批省知识产权保护示范区。

【深化改革】 2023年，园区巩固扩大开放优势，持续深化中新合作，加快建设中新"国际化走廊"，园区新加坡国际商务合作中心、新加坡苏州商务中心累计集聚项目132个，中新绿色低碳产业园、中新生命科学园等标识性项目落地，中新苏州医学中心启动建设。项目招引成效显著，全年引进1亿元以上项目188个，总投资约1079亿元，50亿元以上项目数位列全市第一，园区作为中国唯一获奖单位获颁联合国"2023年度全球杰出投资促进机构奖"。深入推进改革创新，高水平推进苏州自贸片区建设，新增各类制度创新案例40项，其中全国复制推广3项、全省复制推广10项。出台支持批发业高质量发展、核心产业国际分拨中心建设等系列政策，推动数字贸易、跨境电商、离岸贸易等新业态新模式发展。制订国企高质量发展三年行动计划，完善"1+N"国资监管制度体系，国资国企运营质效不断提升。持续优化营商环境，"审管执信"获评全国深化改革典型案例，园区获"中国政府采购—优化营商环境卓越奖"。

【社会民生】 2023年，园区城市活力不断增强，成功举办苏迪曼杯世界羽毛球混合团体锦标赛、EDC雏菊电音嘉年华、苏州环金鸡湖半程马拉松、端午龙舟赛、帆船赛等活动，带动人气商气，金鸡湖商圈竞争力、辐射力不断提升，景区接待游客数超过疫情前水平。环金鸡湖综合提升、阳澄南岸创新城、吴淞湾未来城加快推进，金鸡湖右岸中环广场、文华酒店、当代美术馆等项目全面开工；环青剑湖活力提升、吴淞江生态廊道等工程稳步推进。社会民生持续改善，有序推进民生实事项目40个；组建星海、星湾、金鸡湖教育集团3个，中、高考成绩继续领跑全市，获评一批国家级教学成果奖；独墅湖医院通过三级综合医院评定，星塘医院整体建成投用，星海医院改扩建基本竣工，深入实施"1+11+X"公立医联体赋能计划，5个街道综合为老服务中心全部投用。统筹发展和安全，实施社会治理现代化三年行动计划，安全生产、信访工作等全面加强，社会保持和谐稳定。

（陈忠平）

中新合作

综　述

2023年，园区坚持"合作中有特色、学习中有发展、借鉴中有创新"理念，持续深化各领域务实合作，当好中新友好合作"探路者"和"传播者"，开创中外经济技术互利合作新模式。全年组织实施赴新培训7批次189人次。围绕现代服务业等领域开展课题研究2项。印发《苏州工业园区2023年借鉴合作工作要点》，推动实施10个标识性、50个全领域全方位中新合作项目。设立中新绿色低碳合作联委会，推动中新绿色数码港等项目落地，园区管委会与新加坡裕廊集团签订关于深化数字绿色领域合作的谅解备忘录，中新青年实习交流计划在园区率先启动。配合做好江苏省代表团、苏州市代表团访新，新加坡贸工部部长等高级官员访苏，新方第四批官员代表团赴苏等交流服务工作。举办中新合作服务贸易创新论坛、中新青年发展论坛等活动。依托中新企业家面对面平台，举办中新法律服务业沙龙、中新绿色低碳沙龙等活动8场，定期走访服务新加坡企业。

双边贸易。2023年，园区与新加坡贸易额为17.6亿美元，下降19.3%。其中，出口8.2亿美元，下降25.8%；进口9.4亿美元，下降12.6%。

表2　园区与新加坡贸易出口前五大类产品情况（2023年）

序　号	产品名称	出口（万美元）	增　长
1	电机电气设备、电视音像设备及零部件	38368.8	−36.4%
2	机器、机械器具及零件	13634.1	−26%
3	光学、计量、检验、医疗设备及零件	12577.4	−29.3%
4	有机化学品	6478.6	7491.1%
5	塑料及其制品	3002.9	−37.8%

表3　园区与新加坡贸易进口前五大类产品情况（2023年）

序　号	产品名称	进口（万美元）	增　长
1	电机电气设备、电视音像设备及零部件	60285.3	−15.4%
2	光学、计量、检验、医疗设备及零件	10123.1	7.2%
3	塑料及其制品	8342.5	−31%
4	杂项化学用品	4259.4	−6%
5	珍珠、宝石、贵金属、仿首饰、硬币	3883.6	49046.4%

（吴　昊）

双边交流。2023年，苏州与新加坡高频互动，苏州市委、市政府主要领导访问新加坡，新加坡贸工部部长颜金勇、驻华大使陈海泉、永续发展与环境部兼人力部高级政务部长许宝琨、贸工部副常任秘书林慧贞等访问苏州。第五届中新（苏州）数字金融应用博览会、中新青年发展论坛、中新青年实习交流计划等活动举行。依托中新企业家面对面平台，举办中新法律服务业沙龙、中新绿色低碳沙龙等活动8场。新加坡贸工部第四批官员代表团，新加坡企业发展局、科技研究局、知识产权局、陆路交通管理局、海事及港务管理局及裕廊集团等政府部门到苏州交流。新加坡淡马锡控股、通商中国、吉宝企业、盛裕集团、新加坡在华留学生协会、新加坡新跃社科大学等企业、机构到苏州探讨合作，双方交流合作内涵不断丰富。全年新方政府部门访问苏州16批次，新方企业、机构到苏州商务考察20批次。

（牛炳秉 吴昊）

协调会议

【中新软件会议】 2023年4月18日，2023年第一次中新软件会议在园区召开。市委常委、园区党工委书记沈觅与新加坡贸工部副常任秘书兼软件办主任林慧贞共同主持会议。会上，园区党工委副书记、管委会主任林小明通报关于园区发展、中新合作和开发建设30周年主题活动筹备情况，双方讨论软件培训工作和官员交往事宜，并就深化数字经济、绿色发展、金融创新等领域合作进行交流，达成多项共识。9月25日，2023年第二次中新软件会议在园区召开。市委常委、园区党工委书记沈觅与新加坡贸工部副常任秘书兼软件办主任林慧贞共同主持会议。会上，园区党工委副书记、管委会主任吴宏通报中新苏州工业园区联合协调理事会第二十四次会议报告起草情况，双方就园区开发建设30周年庆祝活动整体情况、重要成果筹备情况，以及软件培训与深化官员交往事宜展开交流，并在绿色发展、生物医药、数字经济等多个领域达成发展共识。

【新加坡—江苏合作理事会第十七次会议】 2023年10月9日，新加坡—江苏合作理事会第十七次会议在新加坡召开。省委书记信长星、新加坡总理公署部长兼财政部和国家发展部第二部长英兰妮共同主持会议。会上，双方围绕共建"一带一路"、科技创新合作、园区发展等专题展开研讨，签署理事会会议纪要和新苏产业创新合作、凯德南京金融城发展基金、中新绿色数码港等合作协议16个。副省长方伟、新加坡永续发展与环境部兼人力部高级政务部长许宝琨分别做会议总结。

【中新苏州工业园区联合协调理事会第二十四次会议】 2023年12月7日，中新苏州工业园区联合协调理事会第二十四次会议在天津召开，中共中央政治局常委、国务院副总理丁薛祥，新加坡副总理兼财政部长黄循财共同主持会议。双方全面梳理总结中新务实合作进展情况，围绕"一带一路"合作、经贸和可持续发展合作、创新合作、金融合作、公共卫生和人文交流合作、国家级双边合作项目等充分交换意见，规划下阶段合作方向和重点。双方一致同意推动高质量共建"一带一路"，持续做大做强陆海新通道，深化第三方市场合作，打造重点合作项目升级版，拓展数字经济、海洋能等领域合作，构建多元互动人文交流格局，共同维护多边贸易体制。园区管委会与新加坡裕廊集团关于深化数字绿色领域合作的谅解备忘录纳入会议成果。双方将以园区阳澄数谷、新加坡榜鹅数码园区为实施平台，进一步拓展两地数字绿色园区开发建设与运营管理、数字技术与产业领域的合作机会，推动和促进前沿数字技术、平台与解决方案的互通共享，为两地企业、高校、研究机构开展数字技术解决方案与业务创新合作提供更为数字化、便捷的通道，打造可快速成长的更高价值的数字化合作项目。

（牛炳秉）

互学互鉴

【借鉴新加坡经验培训班】 2023年5—11月，园区与新加坡贸工部联合实施赴新加坡实地培训项目，组织包

2023年4月18日，第一次中新软件会议在园区召开 （园区新闻中心 供稿）

括城市规划建设、自贸区建设、医疗卫生、数字经济、生物医药、金融创新、综合管理7个主题团组，每个团组学习培训7天，189名学员参加培训。学员们通过课堂授课、实地参访等形式与新加坡政府部门高级官员、高等院校资深专家、机构企业代表进行深入交流，学习新加坡最新发展经验。

（牛炳秉）

【中新知识产权国际人才培养项目】2023年9月5日，第四届中新知识产权国际人才培养项目在新加坡启动。项目为期5天，包含3场专题授课和3场实践教学。园区高科技企业与知识产权服务机构的近20名知识产权负责人参训。学员实地探访亚马逊网络服务公司、南洋理工大学语音实验室、新加坡国立大学技转中心与孵化中心等企业和机构，通过借鉴交流拓宽高质量发展思路，推动知识产权成果高效转化。

（吕依）

【新加坡代表团到苏州交流】2023年10月31日至11月12日，新加坡贸工部委派官员代表团到苏州开展为期10天的交流。代表团由新加坡贸工部、通讯及新闻部、国家研究基金会、资讯通信媒体发展局、裕廊集团等机构的12位官员代表组成。代表团通过主题交流、实地参访等形式，详细了解苏州及园区发展情况，并与苏州及园区的政府部门、代表性企业机构进行务实探讨。

（牛炳秉）

合作项目

【概况】2023年，园区继续加强与新加坡各相关部门、机构、企业对接，加快布局和推进具有前瞻性、示范性的合作项目。印发《苏州工业园区2023年借鉴合作工作要点》，推动实施10个标识性、50个全领域全方位

中新合作项目。围绕绿色发展、数字经济等领域，谋划合作路径，设立中新绿色低碳合作联委会，推动中新绿色数码港等项目落地。园区管委会与新加坡裕廊集团签订关于深化数字绿色领域合作的谅解备忘录，中新青年实习交流计划在园区率先启动。

【绿色发展领域合作】2023年，园区管委会与新加坡裕廊集团签订关于深化数字绿色领域合作的谅解备忘录，探索打造中新绿色低碳合作示范项目。新建元控股集团与新加坡吉宝公司、盛裕集团合作开发首个标杆性绿色低碳产业园，系统引入新加坡节能脱碳、绿色建筑等技术和解决方案，发挥中新绿色合作探路作用。在绿色领域商业合作方面，中方财团、中新苏州工业园区绿色发展有限公司与新加坡胜科集团、益阁集团开展新能源、新环保领域合作。两地企业、机构开展广泛资源对接，加快推进碳平台等领域合作。

【数字经济领域合作】2023年，园区探索加快跨境数据流动、贸易便利化、数字身份认证等方面合作，争取授权开展符合《数字经济伙伴关系协定》（DEPA）框架精神的数字贸易领域先行示范。联合新加坡裕廊集团开展智慧园区开发运营合作，探索绿色化和数字化互学互鉴、互联互通。对标新加坡工业智能指数（SIRI）体系，助力亿滋食品（苏州）有限公司获评全球"灯塔工厂"。

【科技创新领域合作】2023年，园区深化生物医药产业国际化合作，中新生命科学园项目揭牌启动。新科研企业合作中心深度链接新加坡全球创新联盟资源，截至年底，累计引进新加坡项目30个。园区与新加坡国立大学深化联合创新与人才培养合作，新加坡国立大学苏州研究院举办第六届中新国际科技交流与创新大会。南洋

高科技创新中心"太创"跨境孵化器新增落户企业4家。园区5个项目参加中国长三角（江苏）—新加坡产业创新合作计划。

【跨境投资领域合作】2023年，中新双方加快建设中新"国际化走廊"，园区新加坡国际商务合作中心二期建设加快推进，新加坡福智霖中国区总部、新加坡鸿信会计（税务）师事务所中国区总部入驻新加坡苏州商务中心。截至年底，园区新加坡国际商务合作中心和新加坡苏州商务中心累计集聚项目132个。

【企业服务领域合作】2023年，园区推动营商环境提升，新加坡航空入驻苏州城市航站楼。依托中新企业家面对面平台，继续开展常态化服务，举办中新法律服务业沙龙、中新绿色低碳沙龙等活动8场。加强以企业为主体的中新技术需求对接，集聚新加坡创新资源。加强对新加坡友人服务，围绕通信、就医、出行等方面，谋划新加坡商旅便利包。

（牛炳秉）

【社会治理领域合作】2023年，园区围绕社会治理体系和治理能力现代化的关键领域和重点环节，出台《苏州工业园区2023—2025年中新社会治理合作试点计划实施方案》，以"互鉴互动、务实有效、创新示范和促进发展"为根本原则，通过中新双方借鉴、交流、共建和培育，统筹推进第四轮中新社会治理16个重点合作项目。开展"理想·护航灯"法治护航项目，聚焦园区重点产业领域，加强知识产权保护，优化法治营商环境；打造"救这么办"智慧民生项目、"SIP安全360"一体化监管平台、推动"一网通办"向"一网好办""一网智办"迈进，提升智慧政务工作质效；构建多种模式互补，社会配套齐全的养老服务圈，营造儿童友好园区氛围，优化健康职场生态，健全社会关爱帮扶体系；打

造师训智造之家,交流未来人才培育理念,以"读吧SIP"项目作为"书香园区"新的着力点,将文化融入城市角落,推出"阅读+"创新品牌,发挥文化柔性治理作用;首创圆融指数体系,精准评估园区社会治理生态,建立健全法治社工分阶认证制度,持续激发法治社工的内生动力,培育优化社区干部队伍,助力基层社会治理。

(叶 茱)

【中新青年发展论坛】 2023年7月10日,中新青年发展论坛在园区举行。论坛以"汇聚青年力量 携手创新发展"为主题,旨在推动引领中国、新加坡两国青年参与中新高质量合作发展。中国与新加坡各领域青年代表100余人参加。中新创新创业领域专家围绕"数字技术创新赋能青年发展"主题做主旨演讲,中新创业青年代表分享数字领域成长案例。论坛现场举行中新青年创业项目签约仪式,全国青联、江苏省青联、苏州市政府、园区和新加坡全国青年理事会代表共同为"中新青年发展论坛"揭牌。中新青年在领导者交流营活动中实地考察园区,强化两国青年在创新创业、

文化教育、社会工作等领域交流合作,扩大青年国际交流影响。

(周 静 牛炳秉)

【中新青年实习交流计划】 2023年7月28日,中新青年实习交流计划启动会在园区举行。新加坡驻华大使陈海泉,新加坡教育部副常任秘书邱明,中国人力资源和社会保障部国际司副司长吕玉林,江苏省人力资源和社会保障厅副厅长张宏伟,苏州市政府副市长查颖冬,园区党工委副书记、管委会主任林小明等出席。会上发布37家园区企业提供的79个实习岗位。中新青年实习交流计划是中新两国领导人就加强中新人文交流打造的重点活动。2019年,中新两国签署《中华人民共和国政府与新加坡共和国政府关于青年实习交流计划的协议》。2023年,中国人力资源和社会保障部选择园区作为中新青年实习交流计划率先实施地区。

【第五届中新(苏州)数字金融应用博览会】 2023年11月2—4日,第五届中新(苏州)数字金融应用博览会暨2023金融科技大会在苏州国际博

览中心举行。大会以"加快数字化转型,释放数据要素价值,提升数智化服务能力"为主题,举办开幕式主论坛1场、平行论坛14场、数字金融项目路演24场、供需对接1场,围绕金融科技发展热点领域及金融行业信息科技领域重点工作,分享优秀实践经验,探讨数字化转型路径与未来发展趋势,为推动数字经济健康发展贡献智慧和力量。其间,新加坡金融科技协会与苏州市金融科技协会签署合作备忘录。

(牛炳秉)

【第六届中新合作服务贸易创新论坛】 2023年11月6日,第六届中新合作服务贸易创新论坛在国家会展中心(上海)举行。作为虹桥国际经济论坛"探寻国际数字治理之道 同创数字产业发展之机"分论坛,该届论坛由商务部、江苏省政府、全球服务贸易联盟主办,江苏省商务厅、苏州市政府、园区管委会承办。论坛围绕数字技术、服务贸易、数据治理、跨境流通等议题进行高水准、跨领域、专业化的探讨,旨在推动构建数字贸易全球合作新格局。园区在中国国际进口博览会期间展示服务贸易发展特色和成果,探寻服务贸易创新发展新路径。中国工业经济学会会长、中国社会科学院大学教授、国务院原副秘书长江小涓发表主旨演讲。中国信息通信研究院(简称"中国信通院")总工程师敖立结合园区探索实践,现场发布数字市场高水平开放研究成果。新加坡国立大学李光耀公共政策学院亚洲竞争力研究所(ACI)所长张保罗,北京师范大学法学院博士生导师、中国互联网协会研究中心副主任吴沈括,高通公司中国区董事长孟樸发表主题演讲。一批知名企业与机构代表就"对接国际标准,数字化赋能国际贸易与投资"展开对话。

(吴 昊)

2023年7月28日,中新青年实习交流计划启动会在园区举行

(园区新闻中心 供稿)

中共苏州工业园区工作委员会
苏州工业园区管理委员会

党政机构

【中共苏州工业园区工作委员会】
1994年2月，国务院批准设立苏州工业园区。1994年5月，中共苏州工业园区农村工作临时委员会成立。1995年2月，中共苏州工业园区工作委员会成立，为市委派出机构，中共苏州工业园区农村工作临时委员会同时撤销。中共苏州工业园区工作委员会代表市委，对园区和周边地区实行党的领导和监督。2021年12月31日，苏州工业园区党工委加挂中国（江苏）自由贸易试验区苏州片区党工委牌子。

【苏州工业园区管理委员会】 1993年11月23日，苏州新加坡工业园区筹备委员会（中新合作工业园区筹备委员会）成立。筹备委员会下设苏州新加坡工业园区开发股份有限公司（筹）、苏州新加坡工业园区软件综合办公室、苏州新加坡工业园区农村工作办公室。1994年7月5日，苏州新加坡工业园区筹备委员会、苏州新加坡工业园区软件综合办公室分别更名为苏州工业园区管理委员会（筹）、苏州工业园区借鉴新加坡经验办公室。1995年2月14日，鉴于苏州工业园区管理委员会和中新苏州工业园区开发有限公司已正式建立，原苏州工业园区管理委员会（筹）、苏州新加坡工业园区农村工作办公室和苏州新加坡工业园区开发股份有限公司（筹）自行撤销。1995年2月21日，苏州工业园区管理委员会挂牌，代表苏州市政府对园区及周边地区行使行政管理职能。根据中国法律法规和上级行政部门的授权，自主地行使行政管理权和经济管理权；自主地、有选择地借鉴新加坡经济和公共管理经验；监督检查园区经济发展规划的实施；制订并组织实施园区周边地区经济和社会发展规划；加强社会管理职能，创造良好的社会发展环境，保证园区经济和建设的正常运行。2021年12月31日，苏州工业园区管理委员会加挂中国（江苏）自由贸易试验区苏州片区管理委员会牌子。　　（周　静）

组织工作

【概况】 2023年，园区坚持以习近平新时代中国特色社会主义思想为指导，学习贯彻党的二十大精神和习近平总书记考察江苏、苏州重要讲话精神，全面落实省委、市委决策部署，深入开展学习贯彻习近平新时代中国特色社会主义思想主题教育，实施基层党建"强基增效工程"，不断增强党组织政治功能和组织功能，推动主题教育见行见效，政治引领走心入心，主体责任落实到位，以高质量党建赋能高质量发展。全年发展党员402人。截至年底，园区有基层党组织2500个，其中"两新"党组织1250个；党员54552人，其中"两新"党员27236人。

【学习贯彻习近平新时代中国特色社会主义思想主题教育】 2023年，园区党工委把开展好主题教育作为年度首要政治任务，牢牢把握"学思想、强党性、重实践、建新功"的总要求。9月12日，园区启动第二批学习贯彻习近平新时代中国特色社会主义思想主题教育，分层分类抓好150个参学单位、2400余个党组织、215名县处级以上领导干部、5万名党员和3000余名流动党员理论学习。深化"四下基层"制度，全覆盖走访社区和"四上"企业，组织"解剖式、蹲点式、体验式、网络式"调研1500次，收集采纳基层建议1145条，制定检视整改措施767条。通过现场解决、跟踪转办等形式解决各类问题1665个，针对群众关切的关键小事制定对策1533条，出台政策文件44份，化解信访积案59件，完成整改措施767条。

【学习宣传贯彻党的二十大精神】 2023年，园区组织开展基层党组织书

记学习贯彻党的二十大精神集中轮训培训班，坚持从严办班，按照上级确定的统一标准，周密编制轮训方案，包括星级党组织书记示范班、机关党组织书记合办班、各街道党组织书记班等18期，确保基层党组织书记轮训全覆盖。各基层党组织邀请上级领导干部、专家学者、"百姓名嘴"等为党员群众开展理论宣讲，全年开展宣讲活动300余场，覆盖党员5万余人。将学习贯彻党的二十大精神同传承"园区经验"相结合，创新采用"红色艺术烘托+典型事迹引领"形式，举办园区学习贯彻党的二十大精神沉浸式艺术党课，探索党员教育新模式，推动党的二十大精神入心入脑。

【"强基增效工程"系列文件出台】2023年，园区先后出台《苏州工业园区关于深入开展基层党建"强基增效工程"的实施意见》《苏州工业园区基层党组织规范化建设指导规程（试行）》《苏州工业园区直属党（工）委书记基层党建工作责任清单》《苏州工业园区关于优秀社区党组织书记区街共管的实施办法（试行）》，对基层党建工作进行系统部署，进一步推动基层党建强基础、增实效。

【"两新"组织管理机制优化】2023年，园区继续推进提升"两新"组织"双有"比例，从业人员100人以上有党组织、50人以上有党员比例分别达到91.6%和90.9%。按照"管业务必须管党建、管生产经营必须管党建"权责一致原则，明确功能区"两新"组织党建职能，将街道"两新"党组织划转至相应功能区，并做好相关机构和人员保障。

【党员"政治生日"试点】2023年，园区组织部试点党员"政治生日"，在园区智慧党建"星平台"上创新推出政治生日卡模块，具备生日贺卡模版、背景音乐素材、画像模型、发送预览

等功能。全年向2803名机关、事业单位党员发送祝福，有效增强党员身份意识和责任意识，受到党员广泛好评。

【流动党员管理】2023年，园区常态化排摸核查，做好各渠道流动党员的分配管理，包括各地发函流动党员、全国平台流动党员、红色管家问卷调查流动党员等，收集整理各基层党组织报送的流动党员数据及基本情况，做到底数清，全年排摸流动党员2578人，开展流动党员服务活动375次，做精做细流动党员管理。截至年底，园区在各级党群服务中心、家门口的服务点设立流动党员报到站276个，组建流动党支部31个。

【"光荣在党50年"纪念章颁发】2023年，园区向健在的截至2023年7月1日党龄达到50周年、一贯表现良好的191名党员颁发"光荣在党50年"纪念章，向老党员表达党组织的关爱和温暖，不断增强党员的荣誉感、使命感和归属感。

【机关党建系列活动】2023年，园区组织部在全体机关党组织中开展"弘扬红旗渠精神"机关党建专题培训班，通过"关键少数"引领学、"深入宣讲"传导学、"实地探访"深度学、"以学促用"巩固学等形式，将"红旗

渠精神"学习内化。动员机关党员参与"苏州中心海棠服务站"轮值活动。创新组织机关党员参与"红七月"主题党日，采取"必修+自选"的方式将学习内容"菜单化""自助化"，举办活动18场，覆盖机关党组织20个，参与机关党员近600人。

【"红色管家"】2023年，园区推进"红色管家"工作法，不断提升党建引领城市基层治理效能。采取定时间、定主题形式，开展"百场服务进社区"活动1497场次，惠及居民10万余人次。177个社区党组织立项实施627个为民服务项目，以党建热度提升民生服务温度。加强社区党组织引领下居委、业委会、物业的"三方共治"，新增"红色物业"省级示范点3个、市级示范点5个。招募红管先锋4200余人，制定社区走访清单、服务清单和共享清单，开展校社联合走访、海棠先锋大走访，收集解决居民诉求8000余件。截至年底，"红色管家"服务平台关注用户18万余人，收集解决居民诉求办结率为99.7%。

【产业链党建工作】2023年，园区以"生态圈"思维推动产业链党建，打造"红色产业云联"党建品牌。召开产业链党建工作推进会，发布《关于加强党建引领助推产业链发展的实

2023年12月20日，苏州工业园区产业链党建工作推进会召开

（园区组织部　供稿）

施意见》,组建9个产业链党委,创新"以大带小、以上带下、以内带外"的组织设置形式,新建引领型、伙伴型、赋能型党组织108个。以党建力量整合政府、市场、社会力量,打造政务服务、金融服务、市场服务、人才服务、中介服务、群团服务"六务融合"模式,构建企业全生命周期服务体系,开展"午间一小时"对接会70余场,解决项目申报、金融需求等诉求1200余件。园区生物医药产业链党建获评长三角城市群基层党建创新案例,园区生物医药产业竞争力升至全国第一。

【外卖行业党建"星骑士"项目】 2023年,园区以外卖行业党建省级试点建设为契机,推动行业党建与行业发展、基层治理深度融合。推出"星骑士"十大服务项目,开展骑手暖心关爱和技能培训活动1861场,服务25426人次。设立"星骑士"驿站322个,增设"星骑士"停车位167个,发布"星骑士友好商家"120个,骑手进出小区绿色通道开放率超过90%。"星骑士"平台3800余名注册骑手提报反馈治理工单9万余件。评选表彰"优秀平台"5个、"先锋骑手"15人。开展骑手职业技能大赛,2名选手入选省级比赛。东沙湖党群服务站入选"苏骑先锋"示范驿站。"'星骑士'平台赋能社会多元化治理项目"获2023数字中国创新大赛党建赛道第二名,获人民网、《中国城市报》关注报道。

【环金鸡湖楼宇党建】 2023年,园区落实《环金鸡湖楼宇党建三年行动规划（2022—2024年）》,以"先锋楼长"服务机制为核心,全方位、立体化打造"金鸡湖楼宇荟"党建品牌。截至年底,环金鸡湖楼宇党建共同体成员单位60余家,实现38幢"亿元楼"全覆盖。定期召开共同体联席会议,党建资源、组织资源进一步优化整合,携手共建单位发布"楼里海棠"共建

服务项目。新增先锋楼长20人,年内走访楼宇企业近2000家次,协调解决楼宇企业、职工诉求500余件;开展政策宣传、惠企服务、产业招商等活动近60场次,助力楼宇经济高质量发展。

【自贸区党建】 2023年,园区聚焦长三角毗邻区党建,与上海机场集团、港航集团等开展党建合作,打造长三角毗邻区沪苏国际空港党建综合体。聚焦推动科技创新,联合华兴源创成立"科技自立自强"行动支部,开展政策创新等专项活动;聚焦惠企服务,完善优化"党建+企业问题清零"机制,"唯企关爱工作室"实体挂牌并开展系列推介活动,"政关企"各支部开展面对面咨询答疑500次,为沛嘉医疗等企业解决各类通关问题20余个。聚焦数字赋能,发挥"政关企"三方党建合作平台优势,推动长三角数字物流综合服务平台正式运行,数字异地货站实体收运功能再升级,苏州自贸片区与苏南硕放国际机场正式联动,全面提升苏州自贸片区物流贸易便利化水平,打造自贸区党建"金字招牌"。

【央地党建联建】 2023年,中方财团党委依托央企资源优势,围绕"五联五促"共建机制,深化"新能汇·央地党建合作共同体"建设,发挥联结央地合作的平台作用,将"赋能科技创新、促进开放合作、引领产业发展"作为共同体建设的重要战略任务。截至年底,中方财团与20余家央企单位建立战略合作关系,合作项目总投资额超过135亿元,合作分布式光伏项目累计200MW,合作设立产业基金规模超过80亿元,着力打造落实重大战略的标杆、创新发展的标杆和国企党建的标杆。

【商圈党群服务平台】 2023年,园区创新搭建"苏州中心海棠服务站""海

棠夜市——天幕活力站"等商圈党群服务平台,打造国企党建惠民新平台。"苏州中心海棠服务站"轮值活动发动近1000名不同领域的在职党员,开展文旅、科普、健康、教育等惠民服务活动20场,惠及群众7万余人次。"海棠夜市——天幕活力站"整合18家一级国企党委资源,开展文化体验、知识科普、政策咨询、爱心义卖等特色服务活动16场,覆盖党员群众5000余人次。

【基层党建排查整顿】 2023年,园区组织部开展基层党建排查整顿工作,对照党章党规和往年巡视巡察情况,通过自查、互查、抽查等形式,对所有基层党组织开展2轮全覆盖排查,推动基层党组织全面进步、全面过硬。11月,园区组织部联合园区国资党委,结合年初全面排查整顿、年中全面清查整治等问题情况,针对18家一级国企党委开展基层党建专项排查整顿,通过互评互查等形式,发现问题80余个,及时反馈问题单位纠错整改,不断提高国企党建规范化水平。

【党建阵地建设】 2023年,园区组织部通过实地走访、把控进度、统一验收、互评互学,打造玲珑湾社区党群服务中心、苏州奥体中心体育类党建阵地、"小而美"科创企业党建阵地、时尚舞台商圈新业态党群服务中心等14个党建阵地。创新建设"两新"党组织共用阵地"李成春党建工作室",引领"两新"党组织高质量发展。

【基层党组织书记项目】 2023年,园区组织部采取"立项审批+月报+中期考核+总结评比"全流程监督评价方式,围绕党建引领自贸区建设、科技创新、基层治理等主题,实施2300余个基层党组织书记项目,按照项目化运作、品牌化建设、全域性提升思路,推动党建工作与中心工作相结

合、与难点工作同步攻坚。对19个直属党（工）委书记项目进行综合评审，评选出示范项目和优秀项目各5个。

【苏州"园区经验"教育基地建设】
2023年，园区组织部继续推进苏州"园区经验"教育基地建设。该基地位于园区管委会第一处办公旧址，以激励园区党员干部发扬传承"园区经验"、提振"二次创业"精气神为目标，展示园区30年开发建设历程，讲述"园区经验"精神内涵。年内，园区组织部以专家论证会、个别访谈、上门拜访等多种形式组织开展多轮展陈方案论证，广泛征求党建专家、展陈专家、老领导等意见建议，链接挖掘各级相关单位展陈资源。截至年底，展陈方案设计、办公旧址房屋修缮和内装工作如期完成。

【基层党组织星级评定】 2023年7月，园区组织部启动第五轮基层党组织分类晋级工作。全区19个直属党（工）委下属1982个基层党组织申报参与分类晋级，申报数占全区党组织数的80%，增长15%。经过集中审查，结合"线上+线下""专家+大众"多维评审，368个党组织晋位升星，四星级及以上党组织占比提升至34%，评选出标兵党组织18个、五星级党组织89个、四星级党组织317个，降星通报党组织7个，树立奖优罚劣导向，奋勇争先内生动力进一步激发。

【"两新"组织党务工作者资格等级认证】 2023年11月23日，园区开展2023年度"两新"组织党务工作者资格等级认证工作。截至年底，新增申报资格认证108人（初级72人、中级36人）。经材料审核、集中培训和考试，75人（初级42人、中级33人）符合认证要求。新认证初级41人、中级20人，进一步强化"两新"组织党务工作者队伍建设。　　（周　静）

人才工作

人才会客厅

【概况】 2023年，园区贯彻落实中央和省委、市委人才工作会议部署，围绕园区建设"四个一流"目标任务，重点推动对上政策争取，加大人才引育留用力度，为建设开放创新的世界一流高科技园区提供人才支撑。

强化党管人才。明确园区党工委人才工作领导小组"双组长"制，建立项目化任务清单，压实各成员单位责任。围绕海外引才开展专题调研，强化人才政治引领和政治吸纳，华兴源创成为学习习近平总书记重要指示精神实境课堂，马瑜婷等3人获评苏州杰出人才奖，党管人才实践案例获评苏州市干部教育优秀案例。

聚力人才引育。出台《重点产业核心人才团队专项奖励办法》，全年接洽海外项目近2000个，其中200个项目获评园区科技领军项目。第十二届金鸡湖创新创业大赛吸引海外项目1400个；人才引领产业创新集群发展大会签约项目359个；集成电路产才融合大会吸引全球1000余名集成电路领域人才参会；金鸡湖路演中心举办活动82场，吸纳项目643个。推进"iDream"人才招引总入口建设，引进海外高层次人才106人。全年立项科技领军人才项目340个。出台《"引博育匠"人才支持计划》，新建纳米新材料创新集群博士后联合中心，新增博士后129人；58人入选"江苏省卓越博士后计划"，占全市的60%；39人获中国博士后科学基金资助，增长86%；在读专业硕士3000余人。举办第十三届园区高技能大赛，新增高技能人才1.33万人，居全市第一。推动中新两国青年实习计划；承办"校园苏州日"中国科学技术大学专场活

动；线上运营"职选园区"抖音号，关注用户5.1万个。

优化人才生态。出台《苏州工业园区优化人才服务若干举措》，加强人才落户、安居优居、教育医疗等各类政策保障。承办苏州市高品质人才社区建设现场推进会，推进"一湾一岛多点"高品质人才社区建设，南岸新地人才社区全面落成，新增东延四季等人才公寓1930套。实体化布局9家"人才会客厅"，继续打造"才聚金鸡湖"服务品牌，联合16家机关和15家科技服务机构开展政策宣讲、投融资对接、创业经验分享等活动95场。全年入选国家级重大人才引进工程专家55人，占全市近1/3；入选省"登峰人才"6人，占全市的2/3；入选省"双创计划"人才（含团队）68人，占全市的1/3以上。省"双创计划"人才、姑苏创新创业领军人才、园区领军人才项目中，海外人才占比分别为78%、81%、68%，海外引才落地率居全省第一。

【"职选园区"校园引才活动】 2023年，园区组织春秋两季"职选园区"校园引才活动，承办"校园苏州日"武汉引才专列、合肥校企对接园区专场活动，线上结合"职选园区"抖音直播平台开展直播带岗，线下设置5条产业专线，在全国38所重点高校举办56场招聘会，服务企业385家次，收到简历3.8万余份。

【"iDream"园梦人才平台】 2023年，园区继续推进"iDream"园梦人才平台建设，进一步完善平台功能，强化对接成效，拓展合作资源。全新发布网页版2.0，排摸园区重点企业2000余家，编制发布《2023苏州工业园区博士人才需求手册》，发布高层次岗位需求652个，举办对接活动5场，引进高层次人才106人，进一步发挥平台助企引才功能。

表4　园区入选市级及以上高层次创新创业人才情况（2020—2023年）

单位：人

序　号	名　称	2020年	2021年	2022年	2023年
1	国家级重大人才引进工程专家	13	29	44	55
2	江苏省"双创计划"人才（含团队）	44	33	40	68
3	姑苏创新创业领军人才	77	93	103	121

2023年2月16日，"才聚金鸡湖"人才服务品牌发布　（园区企服中心　供稿）

【"才聚金鸡湖"人才服务品牌发布】 2023年2月16日，"才聚金鸡湖"人才服务品牌发布，推出"1+4+N"人才服务体系，涵盖"政务直通车""智汇合伙人""领军研学社""人才会客厅"4个模块，同时联动项目路演、资源对接、平台赋能等N项服务，全力护航人才企业落地成长。

【金鸡湖创新创业大赛】 2023年4—11月，第十二届金鸡湖创新创业大赛举行。金鸡湖创新创业大赛是为服务国家人才战略而搭建的海内外高层次人才创新创业平台，由中国创业人才投资中心、海外高层次人才专家联谊会主办。该届大赛进一步聚焦集成电路、智能制造等硬科技赛道，吸引1400余个项目报名参赛，21个海内外项目进入决赛，深圳黄鹂智能科技有限公司获得一等奖。在总决赛活动现场，特别设置新加坡优秀项目展示区，以赛为契机，集中展示来自新加坡

的前沿技术和创新产品，促进中新两地产业与资本的合作。

【苏州国际精英创业周园区分会场活动】 2023年7月11—12日，2023年（第十五届）苏州国际精英创业周园区分会场暨人才引领产业创新集群发展大会在金鸡湖国际会议中心举行。该活动包括1场主活动、中新青年发展论坛和第四届全球生物医药前沿技术大会等8场分项活动，涵盖论坛、路演、对接、参访等多种形式。活动期间完成359个项目签约落地，总投资30亿元，线上线下参与15万人次。

【"苏苏有礼　非凡园区"人才服务月】 2023年7月19日，"苏苏有礼　非凡园区"人才服务月启动，发布"游""食""展""学""创"5条人才体验主题线路。半岛樱咖"人才会客厅"揭牌，通过举办多元化主题系列活动，进一步发挥联系服务人才阵地功能，激发人才

创新创业活力，营造近悦远来的人才生态。

（周　静）

机构编制管理

【党政机构调整】 2023年，园区进一步优化党政机构设置。园区卫健委加挂园区疾病预防控制局牌子；园区教育督导室调整为园区教育局内设机构，职业教育管理职能由科教创新区划转至园区教育局，进一步理顺教育督导、职业教育管理体制机制。完成功能区、街道"两新"职能调整。金鸡湖街道"三整合"改革（基层整合审批服务执法力量改革）通过验收。

【事业单位机构调整】 2023年，园区进一步优化事业单位设置，设立园区水务管理中心，强化水务水利机构编制保障。根据园区教育事业发展需要，撤销翰林小学，优化文景学校机构设置及施教区划分；撤销星海实验中学，分设星海实验初级中学和星海实验高级中学；设立园区锦溪幼儿园。制定园区药品管理中心（省药监局审评核查苏州分中心）"三定"文件。进一步明确事业单位机构规格和领导职数。完成公办高中机构规格及中小学校级职数核定。

（周　静）

宣传工作

【概况】 2023年，园区宣传部门立足园区党工委、管委会中心工作，围绕

全面贯彻落实党的二十大精神，持续筑牢意识形态阵地，巩固壮大主流思想舆论，不断提升公民道德素质和社会文明程度，守护网络空间安全，为全面推进中国式现代化园区新实践，加快建设开放创新的世界一流高科技园区提供思想保证和精神力量。园区党工委中心组开展集体学习研讨7次、专题学习会9次。完成"百名局长百场宣讲"26场，开展基层党员冬训，组织基层理论宣讲活动300余场。启动"文明园区幸福YE"主题活动，围绕纳凉电影等主题开展活动280余场。开展"清朗2023"网络专项活动，持续营造良好网络生态。

【意识形态工作】　2023年，园区宣传部门按照省委巡视要求，配合完成意识形态专项检查各项任务。根据巡视反馈意见研究制定整改方案，指导督促各单位整改落实。学习贯彻全省《党委（党组）意识形态工作责任制问责实施细则》，指导各级党组织、领导干部明责、尽责、担责。落实全市意识形态工作基层建设年各项任务，夯实基层意识形态工作基础。制定园区党工委意识形态工作责任制2023年度主要职责任务、责任清单，指导各单位制定意识形态工作责任"两份清单"。召开园区党工委意识形态工作联席会议，分析意识形态领域情况，推动解决问题。园区党工委会议专题研究意识形态工作，专题听取意识形态领域情况，定期向市委报告意识形态工作。在园区党工委2023年第一轮、第二轮巡察中分别对4家、6家单位开展意识形态专项检查。

【理论武装】　2023年，园区学习领会习近平文化思想，结合园区实际，继续在建设中华民族现代文明上探索新经验。开展理论学习中心组学习，重点围绕学习习近平总书记参加十四届全国人大一次会议江苏代表团审议时重要讲话精神、习近平总书记考察江苏重要讲话重要指示精神和《习近平著作选读》第一卷、第二卷等权威学习材料开展集体学习。园区党工委中心组发挥示范引领作用，全年开展集体学习研讨7次、专题学习会9次。完成"百名局长百场宣讲"26场，开展基层党员冬训，组织"众说'园'理"、百姓名嘴等基层理论宣讲活动300余场，推动习近平新时代中国特色社会主义思想深入人心。

（季己辰）

【舆论引领】　2023年，园区宣传部门围绕园区党工委中心工作，在各级各类新闻媒体刊发园区报道4000余篇，其中《人民日报》、新华社、中央电视台等国家级媒体400余篇，省、市重点媒体头部报道600余篇。组织重点采访报道约40次，保障日常新闻活动近500次；组织召开新闻发布会（通气会）10余次；在境内外重要外宣平台发布重点报道近100篇，配合开展外宣大型活动3次，海外媒体账户日均发稿不少于2篇；"学习强国"平台签发稿件700余篇；《联播苏州：创新之城 非凡园区》播出近150期。以自有媒体平台为支撑，"苏州工业园区发布"微信公众号、微博号日均发布分别不少于5条和9条，组织主题活动10余次，"苏州工业园区发布"微信公众号推出新栏目《金鸡报晓》；园区管委会网站编辑发布新闻稿件约9000篇，外文（英、日）编译稿日均不少于8篇；月度选题策划推出融媒体原创精品佳作近30部；融媒体平台系统完成展示页面和内容的全面更新。借助习近平总书记考察园区的重大契机和历史机遇，央视新闻、新华社、《人民日报》等媒体所属网站、客户端、微信公众号、微博号等传统媒体及新媒体平台刊发一系列大范围、高声势、持续性的园区相关报道；中央、省、市各级媒体持续刊发涉园区调研相关报道1396篇，其中中央媒体587篇、省级媒体293篇、其他媒体516篇。

（凌　彦）

【网络综合治理】　2023年，园区继续推进网络综合治理体系建设，统筹网络发展和安全。开展"清朗2023"网络专项活动，整治自媒体造谣传谣、恶意炒作现象，规范重点流量环节网络传播秩序，持续营造良好网络生态。创新网络举报和网络辟谣工作，开展"利民护企"网络侵权举报系列宣传活动，为8家企业解决网络谣言困扰问题。辅导思必驰、同程旅游、智慧芽等企业大模型通过算法备案，其中思必驰东风大模型（DFM-2）为全省首个通过双备案的大模型。面向企查查、大禹网络、同程旅游等互联网龙头企业开展《中华人民共和国网络安全法》《中华人民共和国数据安全法》《中华人民共和国个人信息保护法》普法宣传，针对未成年人、老年人等重点群体和网站平台从业人员开展新技术、新应用普法活动12场，不断提升管网治网能力。

【新时代文明实践阵地建设】　2023年，园区优化新时代文明实践阵地建设，创新打造水坊路新时代文明实践示范圈，整合、统筹、提升文明生态资源，让文明可体验、可互动、可感受。成立苏州中心肯德基、自贸区工地2个新时代文明实践点及6个示范集宿区新时代文明实践点。启动"文明园区幸福YE"主题活动，围绕纳凉电影、非遗体验、静好书香等主题开展活动280余场。集中开展"移风易俗主题宣传月"活动，以群众文化汇演、积分兑换、宣讲活动等方式，劝导居民破除陈规旧俗、树立文明新风。依托新时代文明实践站所，开展分布式暑托班，145个办班点开展课程1737场次。

【文明城市创建】　2023年，园区依托"513"工作机制（"5"是建立每日巡查、每周督查、每月现场会议、双月通报、季度点评5项工作推进机制，节点化推动创建工作；"1"是建立培训调研机制，研究解决创建新任务老难题的方法和路径；"3"是建立每周简报、点对点约谈、年度考核3项督查机制，形成高位高压推动创建态势，奖优惩劣激发创建工作激情）和"四化"工作法（领导管理常态化、重点难点项目化、职责责任清单化、考核督查网格化），落实各部门职责，通过举办专场培训，开展第三方测评、专项督查以及"文明街区"评选等，强化责任落实，常抓问题治理。继续开展"文明园区 净美家园"主题实践活动，围绕提高社会现代文明程度，调动各方面资源，在老旧小区及楼道、农贸市场及周边、背街小巷、轨交出入口这些"城市里子"治理提升中注入更多文明元素，营造文明有序的城市环境。挖掘运用好草鞋山遗址、非遗技艺等公共文化资源，把江南文化传承弘扬与公益广告制作刊播、文明行为宣传引导相结合，将文明城市建设工作融入百姓生活，推动居民群众主动参与文明建设。园区在全市文明城市建设常态督查中居市区第一。

【社会主义核心价值观弘扬】 2023年，园区系统谋划先进典型选树，以季度为单位遴选发布园区时代新人及新时代好少年，建立先进典型库，全年涌现各行各业好人49人。获评"江苏最美人物"1人、"江苏好人"2人、"新时代江苏好少年"1人、"苏州时代新人"4人、"新时代苏州好少年"4人。组织开展2020—2022年度园区文明单位、文明社区、文明校园评选工作，评选文明单位89个、文明社区75个、文明校园23个。推进市级及以上文明单位常态化管理，近50家文明单位与新时代文明实践所站结对共建。

【志愿者工作】 2023年，园区有注册志愿者25万余人、注册志愿者团队1900余支，开展志愿服务5万余次，志愿服务时长700余万小时。园区宣传部门指导园区金鸡湖马拉松和金鸡湖端午龙舟赛成立赛事志愿服务团队，招募志愿者3252人，参与志愿服务5600余人次，志愿服务时长3.55万小时。开展"学习雷锋 情暖园区""志愿同行 文明园区""园区新时代文明实践主题摄影大赛""小小志愿者主题夏令营"等品牌活动，宣传和普及志愿服务理念。园区志愿者协会三届二次理事会、三届二次会员大会召开，审议并通过理事会成员变更相关决议，完成协会年检。 （季己辰）

【媒体融合发展】 2023年，园区宣传部门保障各项重点活动宣传，分类分层次推进主题宣传，推出各类媒体报道500余篇，其中中央、省、市级媒体头部报道100余篇；制作发布专题报道30余个，制作融媒体作品30余部，组织专题新闻采访行动20余次。"苏州工业园区发布"微信公众号推出新栏目《金鸡报晓》，推出"春、夏、秋、冬"四季版面，以晨间新闻的形式进行高质量、多样化、创新化的资讯发布，发布推文近200篇，总阅读量近300万人次；"苏州工业园区发布"视频平台配备专人，制订内容发布计划和用户增加年度指标；增强"苏州工业园区发布"微博平台、园区政务网站传播功能；以月度选题策划为抓手，制作推出"寻找传承人"、金马赛事、中法文化艺术周等系列视频，互动2万余次，点击量30余万人次。推进新形势下外宣工作，全年策划组织协调参与有影响力的外宣活动10场，刊发外宣报道100余篇，海外自媒体平台账户年增用户10%以上。 （凌 彦）

统战工作

【概况】 2023年，园区把学习宣传贯彻党的二十大精神与贯彻落实中央、省委、市委统战工作会议精神结合起来，确保各项部署要求落地落实，做好基层统战工作。坚持党的领导，召开园区党工委统战工作领导小组会议、统战工作会议、民族宗教工作领导小组会议各1次。园区党工委召开专题会议4次，主要领导对统战有关工作批示3次。制定并落实年度政党协商计划、园区党工委领导与党外人士联系交友制度。加强新时代园区基层统战工作，形成斜塘街道"星侨会"、娄葑商会"三环家园"、"文化润教"实践研学等一批创新项目。

【民主党派工作】 2023年，园区有中国国民党革命委员会、中国民主同盟、中国民主建国会、中国民主促进会、中国农工民主党、中国致公党、九三学社7个民主党派组织，均已成立园区基层委员会。园区创新启动民主党派到市域合作区和街道考察调研工作，报送《参政议政直通车》4期，相关意见建议28篇。开展2023年度统一战线调研课题工作，园区各民主党派和相关团体发挥自身优势，完成调研报告31篇。园区统战部门支持各民主党派开展"凝心铸魂强根基、团结奋进新征程"主题教育。举办园区纪念中共中央发布"五一口号"75周年专题活动，重温多党合作历史。全年支持各民主党派开展新春送福、健康义诊、科普讲座等社会服务活动，支持民盟、民建、民进园区基层委员会完成换届工作。

【党外知识分子和新的社会阶层人士统战工作】 2023年，园区统战部门指导园区党外知识分子联谊会（简称"园区知联会"）、园区新的社会阶层人士联合会（简称"园区新联会"）召开年度理监事会议和会员大会。召开新的社会阶层人士统战工作联席会议，回顾2023年度园区新的社会阶层人士统战工作开展情况，并对下阶段工作提出建议。指导园区知联会、园区新联会针对困难群体开展"爱心汇聚情暖重阳""点亮困境儿童微心愿"等社会服务活动。

【侨务工作】 2023年，园区围绕"同心聚才"工作，以园区侨界联合会（简称"园区侨联"）、园区欧美同学会、园区侨商投资企业商会（简称"园区侨商会"）等团体为抓手，继续打造面向出国和归国留学人员"金鸡归巢"工作品牌，建立"就学+就业"全周期服务机制。成立全省首个中外合作办学高校欧美同学会（西交利物浦大学欧美同学会）和全市首批产业载体欧美同学会（苏州国际科技园欧美同学会、苏州生物产业园欧美同学会、苏州纳米城欧美同学会）。指导园区侨商会完成换届。融合多方资源，举办产业协同交流活动和服务出国和归国留学人员活动。线上线下推广"海归Check-in"微信小程序，汇集园区海归"归录表"。指导园区侨商会走进仁爱学校开展社会服务活动。

【民族宗教工作】 2023年，园区有朝鲜族、满族、回族、蒙古族等51个少数民族户籍人口约1.2万人，有少数民族流动人口约1.9万人。有宗教团体4个，分别为佛教协会、道教协会、天主教爱国会和基督教三自爱国运动委员会。有赋码宗教活动场所8处，分别为重元寺、积善寺、报恩寺、玉皇宫、崧泽道院、天主堂、独墅湖基督教堂、基督教青剑湖聚会点。园区以铸牢中华民族共同体意识为主线，因地制宜推进"石榴抱籽　圆融同心"民族工作品牌创建工作。斜塘街道获评江苏省第二批民族团结进步示范区、第三批全省"红石榴家园"，娄葑街道葑谊社区、唯亭街道、胜浦街道获评苏州市民族团结进步创建示范基地。创新探索宗教中国化园区实践，以"文化润教"为抓手，不断增强宗教界"四个意识"和"五个认同"，促进宗教和中华优秀传统文化融合，全年举办各类活动7次，参与群众500余人次。深化"双基培训"机制，开展面向街道、社区、网格的民族宗教专题讲座、政策法规宣传、知识竞赛等活动，组织开展各级各类"双基培训"15次，参训1100余人次。探索宗教行政执法模拟演练，通过融入沉浸式的角色扮演，让基层民族宗教干部看得懂、学得会、用得上，有关做法被上级吸收推广，《江苏苏州工业园区"四化"推进基层宗教工作教育培训》《苏州工业园区实践创新推动民宗普法工作走深走实》等文章分别在《中国宗教》《江苏民族宗教》等杂志登载。

【"家在苏州　香约半岛"在苏香港同胞联谊活动】 2023年5月13日，"家在苏州　香约半岛"在苏香港同胞联谊活动举行。活动现场，"家在园区"香港同胞联谊会联谊品牌发布，100余名香港同胞同游田园、共叙乡情，进一步加深苏港两地沟通交流，拓展合作空间，激发在苏香港同胞扎根苏州、创新创业的热情。　　（季己辰）

台湾事务

【概况】 2023年，苏州工业园区台湾事务办公室（简称"园区台办"）学习贯彻习近平总书记关于对台工作的重要论述和新时代党解决台湾问题的总体方略，贯彻落实中央、省、市对台工作相关部署要求，做好台商服务，打造亲商"金字招牌"，不断丰富"园区经验"内涵，进一步提升台商台胞的获得感、体验感，助推台资企业转型升级和高质量发展。

【经贸合作】 2023年，园区系统布局创新链、产业链、资金链、人才链，针对以台资集成电路企业为骨干的特色集成电路产业链集群，出台《苏州工业园区关于加快发展集成电路产业的若干措施》，营造台资企业发展良好生态，助力集成电路设计业高质量发展。鼓励台资企业与苏州企业深度合作，调动各类公共服务平台、金融服务机构、专业服务机构协同服务积极性，开展各类惠企服务，帮助台资企业链接技术、客户、用地用工、人才招引等方面资源，推动台资企业与苏州企业在产业链、供应链和项目方面的合作。

【交流交往】 2023年，园区台办协助举办苏州发展大会、中国（苏州）电子信息博览会、海峡两岸青年文化月园区分会、台湾青年苏州尖端科技探索营、台湾大学生实习等活动。鼓励和支持两岸青年携手推动两岸传统文化创造性转化和创新性发展，以碧螺春为媒介加强两岸茶行业的信息沟通和人才交流，深化两岸交流与合作。统筹涉台文化资源，发挥草鞋山文化遗址江南史前文明等中华传统文化桥梁纽带作用，通过文化交流增进了解、增信释疑，深化两岸同胞的情感认同，实现心灵契合。推动苏州大学港澳台办公室和园区台湾同胞投资企业协会、园区青年创新创业者联合会合作，在推荐学生实习见习、政策宣传、校外导师团活动等方面整合资源、优势互补，实现产学研深度融合，助力更多两岸青年留在园区、扎根园区。

【服务平台建设】 2023年，园区台湾同胞投资企业协会进一步优化协会引领和服务职能，激发各行业及专业委员会活力，确保协会各会员单位有利发展，努力把协会建成会员之家、会员之友。提升"苏园宝岛人"台资企业联系微信群活跃度，及时收集并协调解决台资企业发展困境以及台胞就学、就医、就业等事项。　　（季己辰）

外事工作

【概况】 2023年，苏州工业园区外事办公室（简称"园区外办"）坚持党管外事，深化开放合作，进一步优化夯实"大外事"格局，守牢涉外管理安全防线。重点保障新加坡—江苏合作理事会第十七次会议、第六届进博会配套活动中新合作服务贸易创新论坛、中意文化交流节、中法文化艺术周等重大活动，完成涉外礼宾接待134批3483人次，接待各国使领馆人员50批，有效服务国家对外交往大局和地方经济社会发展。依

托国际融合服务中心打造省、市涉外服务标杆项目和示范窗口，继续推出外籍人士工作生活服务便利化创新举措，助力区域国际化水平进一步提升。

表5　园区重大外事活动情况（2023年）

时　间	活动内容
4月18日	2023年第一次中新软件会议
5月14—21日	2023年道达尔能源苏迪曼杯世界羽毛球混合团体锦标赛
5月19—21日	第二届金鸡湖景区中意文化交流节
9月25日	2023年第二次中新软件会议
10月21—28日	第二届苏州金鸡湖中法文化艺术周
11月6日	第六届中新合作服务贸易创新论坛（上海）
12月7日	中新苏州工业园区联合协调理事会第二十四次会议（天津）

表6　园区重要外宾到访情况（2023年）

时　间	国　家	外宾姓名和职务	活动内容
2月3日	意大利	意大利驻沪总领事Tiziana D'Angelo（安缇雅）	会见
2月26日	日　本	日本驻华大使馆垂秀夫、驻沪副总领事森佑一郎	会见
3月1日	芬　兰	芬兰驻华大使Leena-Kaisa Mikkola（莱娜-凯萨·米科拉）	参加美卓奥图泰二期扩建启动仪式
3月29日	乌兹别克斯坦	乌兹别克斯坦高等教育与科学创新部副部长Shahlo Turdikulova（沙赫洛·图尔迪库洛娃）	参加国际医药创新产业合作论坛
3月30日	德　国	德国驻沪总领事Pit Heltmann（贺德满）	参加儒拉玛特亚太区总部开业活动
4月1—3日	新加坡	新加坡贸工部部长颜金勇、新加坡驻沪总领事蔡簦合	会见
4月18日	新加坡	新加坡贸工部副常任秘书兼软件办主任林慧贞	2023年第一次中新软件会议
6月14—16日	瑞　士	瑞士驻华大使H.E. Juerg Burri（白瑞谊）、瑞士驻沪总领事Sacha Bachmann（邵凯文）	参加"如此瑞士·苏州"活动
9月2日	新加坡	新加坡永续发展与环境部兼人力部高级政务部长许宝琨、新加坡驻沪总领事蔡簦合、通商中国主席李奕贤	参加"加快建设开放创新的世界一流高科技园区推进大会"
9月20日	美　国	硕腾公司全球首席执行官Kristin Peck（白芮婷）	会晤
9月20日	美　国	阿迪达斯集团全球首席财务官Harm Ohlmeyer（哈姆·奥梅尔）	阿迪达斯苏州自动化配送中心X开业仪式
9月25日	新加坡	新加坡贸工部副常任秘书兼软件办主任林慧贞	2023年第二次中新软件会议
9月27日	瑞　士	罗氏集团董事会主席Severin Schwan（施万）、全球首席执行官Thomas Schinecke（施楠珂）	参观园区展示中心
10月17日	美　国	微软全球资深副总裁Golaf Salim（高拉夫·萨林）	参加微软苏州十周年暨二期大楼启用活动

续表

时　间	国　家	外宾姓名和职务	活动内容
10月21日	法　国	法国驻沪总领事Joan Valadou（王度）	参加赛峰短舱维修服务（苏州）公司开业活动
12月5日	加拿大	加拿大驻沪总领事Dave Murphy（穆大纬）	参加"加在苏州"加拿大商务交流活动日
12月7日	英　国	英国驻沪总领事Matt Burney（包迈岫）	参加牛津大学高等研究院（苏州）五周年活动

【党管外事机制建设】 2023年，园区外办依托"外事工作委员会+涉外联席会议+外事联络员网络"的"大外事"格局，常态化对园区外事活动进行主动协调、从严把关，加强对重大涉外项目、活动的统筹保障力度，严格落实重要涉外事项预报和请示制度，确保园区党工委对全区涉外工作的领导与统筹。灵活开展专题培训、全体会议、分领域专题会议、政策辅导等活动，强化外事联络员扎口外事工作的经验和能力，推动构建上下贯通、执行有力、步调一致的工作体系。

【开放合作】 2023年，园区外办发挥外事工作的窗口、桥梁和增值作用，进一步深化改革开放，扩大国际合作。提升中新合作广度和深度，配合打造中新生命科学园、中新净零碳园区等标志性、代表性合作项目，探索中新合作向全市域、全领域、全方位拓展。全年审批因公出国自组团108批540人次，参加上组团、市组团9批12人次，到新加坡、阿联酋、日韩、欧美等22个国家（地区）执行招商引资、招才引智各类任务。率先完成外交部APEC商旅卡新系统升级，并在全省首先启用，全年新办卡225批439人次，是2019年的4倍，更大力度助力企业"走出去"。

【涉外管理与服务】 2023年，园区外办坚持总体国家安全观，加强涉外管理督促指导，针对国际化要素集聚、涉外活动集中的功能区和部门开展座谈交流、案例辅导20余次。聚焦园区企业、机构和个人海外利益保护，进一步健全国外公民和机构安全保护机制、海外风险研判和协同处置机制，妥善处置涉外突发事件2起。继续打造"一核引领、多点联动"的国际融合服务新模式，依托国际融合服务中心集中办结涉外政务服务21089例。在城市航站楼、国际医疗机构、国际学校等涉外场景设立"融服站"12家，创设"融·大讲堂Lecture""融·交流汇Link""融·语言桥Language""融·印象集Record"4个特色子品牌，开展政策解读、语言文化和社交沟通等系列品牌活动30余场，服务外籍人士工作生活服务便利化相关举措在《苏州信息》刊发。

（顾新亚）

老干部工作

【概况】 2023年，园区落实新时代离退休干部党的建设要求，以"四敢"担当推进党建引领、作用发挥、精细服务，完成全年目标任务。截至年底，园区有离休干部5人，平均年龄89.67岁；退休干部1900人。

【离退休干部党建工作】 2023年，园区老干部局继续打造乐龄（异地）党建工作品牌，完成3个离退休党支部换届选举，成立第10个乐龄（异地）党支部，打造"一支一品"，承办全市老干部党建工作推进会。园区管委会机关退休一支部获评第二批全省"六好"离退休干部示范党支部，斜塘街道海德社区（乐龄）异地党支部、金鸡湖街道馨悦社区（乐龄）异地党支部获评苏州市首批"六好"离退休干部示范党支部。园区管委会机关退休一支部书记潘云官、胜浦街道星辰南社区乐龄（异地）党支部书记杨建民获评苏州市首批"四强"型党组织书记。

【离退休干部作用发挥】 2023年，园区老干部局整合老干部宣讲资源，推进"银发讲坛"送课下基层项目，开展"银发讲坛"项目走进宿迁活动，全年为街道、社区、企业送课33场。发挥小白楼党性教育实践基地"老干部顾问团"长效机制；完成园区选送项目——《银发"老漂族"的趣事》创意短片视频拍摄；开展银发人才挂点联系社区项目，鼓励老干部帮助社区开展垃圾分类、文明城市创建等工作100余次。胜浦街道星辰南社区乐龄（异地）党支部书记杨建民获评苏州市"最美老干部志愿者"，斜塘街道翰林缘"楼道改造"志愿服务项目获评苏州市"最佳老干部志愿服务项目"。

【离退休干部服务管理】 2023年，园区老干部局全面落实离退休干部各项政治待遇，组织召开老干部情况通报会，开展节日走访、住院慰问等关心关爱工作。做好"致敬·聚力"暖心行动，完善离休干部医疗服务"三有一落实"工作，65名在园区居住的离休干部完成新一轮家庭医生签约服务。推进老干部阵地建设，强化"乐龄讲堂"学习服务功能，开设书法、摄

影、形体、声乐等兴趣班100次，举办专题讲座3期。 （周　静）

党校工作

【概况】 2023年，中国共产党苏州工业园区工作委员会党校（简称"园区工委党校"）成立，与园区培训管理中心合并运行，实行两块牌子一套班子。园区工委党校作为园区干部教育培训主阵地，坚持加强政治能力建设，将理论教育与党性教育贯穿始终，深入学习贯彻落实党的二十大精神，突出习近平新时代中国特色社会主义思想主课地位，巩固主题教育成果，举办相关班次16期。完成143个项目180期培训及服务任务，培训学员17422人次。开发以基础课程、专业课程、拓展课程为主体的课程体系框架和课程库，满足学员能力提升及培训项目要求。

【干部培训】 2023年，园区加强干部队伍政治能力建设，将理论教育与党性教育贯穿始终。举办"区管干部学习贯彻党的二十大精神轮训班""全省机关党组织书记学习贯彻习近平新时代中国特色社会主义思想主题教育示范培训班"等16期。推动"政治三力"实训课程优化完善，联合苏州大学马克思主义学院完成15个正反面案例和园区优秀案例集汇编，并在专业化能力提升培训班，教育系统青干班、青训营，园区管委会新员工入职培训班中讲授。坚持把政治训练贯穿干部成长全周期，党的理论教育和党性教育的课时比重不低于总课时的70%，其中党性教育课程比重不低于总课时的20%。围绕履职能力提升，注重培训针对性与有效性相结合。组织实施各类培训项目143个（180期），覆盖学员17422人次。分层分类精准实施主体班培训，为期半年的

专业化干部能力提升培训班聚焦科技金融、专业招商、规划建设、综合管理4个发展重点领域，突出专业知识更新、专业能力训练、专业品格塑造、专业精神养成；专题班聚焦应急管理、医疗卫生等社会治理和民生服务等领域，采取集中授课集中参访的模式，着重提升理论水平、拓宽发展视野、补足短板弱项、增强履职能力；业务班聚焦各单位岗位职责要求、最新政策法规、实际操作规范以及干部应知应会等内容，注重知识迭代更新及专业技能提升方面。针对2023年巡视巡察反馈意见，举办"党建引领国有企业高质量发展"培训班，提升国企干部政治站位和政治能力素养。探索教学方法创新，提高教学研究水平与管理能力。专业化干部能力提升培训班全程引入行动学习法，建立内外部导师制度，通过聚焦发展"选题"，找到问题所在；集思广益"破题"，持续提升改进；群策群力"解题"，优化工作方法，将"望闻问切"四步工作法贯通于工作、成长与学习始终，6个月时间圆满完成12项攻坚任务。通过班级辅导员跟班、组工观察团跟训，改革传统学员管理模式，纪实记录学员表现，形成60份"一人一表"干部培训成长档案，清晰展现学员性格特质、能力素质、学习态度等培训立体画像，综合运用教、学、练、测等多元化方式，促进学员专业能力提升和干训教学管理的双向赋能。开展科技创新管理课程体系构建，开发以基础课程、专业课程、拓展课程为主体架构的课程体系，满足不同学员能力提升、不同项目培训实施需要。推进"园区经验"课程体系打造，构建"一核四维"课程框架，围绕中国式现代化园区新实践核心工作，不断挖掘"园区经验"新的时代内涵。录制商务部全国边（跨）合区人才线上课程3门，协助研发"落实党管人才原则的实践与思考——苏州工业园区人才工作案例""干将"精品课1门，开发微课2

门，并在中组部组干院2023年全国县委常委、组织部部长任职培训班、全省人才工作者培训班等项目中讲授。推进领导干部上讲台制度，27位领导干部完成授课。以全产业链视角编撰开发更新产业教学图谱，导入学习导图和表格200余张、教学课程217门、现场教学点45个，完成知识产权服务业、医疗器械产业、集成电路产业3本数字教学图谱开发，同步开展数字教材建设，在知识产权保护总体可控前提下，集成线上学习、测试、评价等教学环节，实现教学的数字化转型。

【科研资政】 2023年，园区工委党校围绕科研能力建设，参与各类项目申报，获批市、区级课题6项，加强与市委党校、区外党校、高等院校和基层单位的科研协作和交流。《苏州工业园区数字政务改革新路径研究》课题项目入选苏州市社会科学基金项目（应用对策类）并结项。参与市委党校各项评选工作，园区工委党校获评全市党校系统优秀科研管理工作者1人，获评优秀科研成果三等奖1人，全市党校系统教学竞赛三等奖1人，并获得"新时代新思想宣讲团讲师"称号。在环太湖发展研究中心2023年年会上，《基于熵权法的环太湖地区绿色发展水平比较研究》获评优秀论文奖并进行现场交流。《苏州工业园区"产城人"融合发展的经验及启示》论文在《苏州党校》刊发。与市委党校和各区县党校、《苏州日报》理论评论中心等机构保持联系，报送"中国式现代化的苏州故事"3个案例，刊发《加强企业主导　推动产学研深度融合》外宣文章等。 （张　全）

行政审批与政务服务

【概况】 2023年，园区以打造"审批效率最高、办事流程最简、服务感受最

好、政务环境最优"的政务服务为目标，完善"1+5+5+35+N"政务服务体系（1个区级政务服务大厅、5个分中心、5个街道便民服务中心、35个社区便民服务站、N个"先锋站"和"融驿站"）。园区经营主体超过18万户，省、市重点项目开工率100%，多项改革经验被中国网、《新华日报》《苏州日报》等媒体刊载。"审管执信"模式入选中国改革年度案例奖并被省委主要领导批示，"企业风险计算器"入选全国数字化监管优秀案例、2023年高质量发展营商环境优秀案例、江苏省数字政府创新发展优秀案例等，"免证园区"获市委、市政府批示，"15分钟政务服务圈"获评2023年度园区法治为民办实事优秀项目，"政务服务体验官制度"入选苏州市机关党建服务高质量发展实践案例。

【政务服务效能提升】　2023年，园区聚焦企业群众"急难愁盼"，一体化推进"一件事""一网通办""免证园区"等综合改革，就近办、帮代办、尽快办、线上办、融合办体系不断完善，群众办事体验感和政务营商便利度稳步提升。制定"放管服"改革、"一网通办"等工作要点，开展园区2022年度营商环境调研，形成政务服务营商环境"借鉴清单"和"提升报告"。优化"15分钟政务服务圈"体系，新设综保大厦、纳米城等6个基层政务服务"先锋站"和金浦小镇、阳澄银座2个"融驿站"，累计建成6个"先锋站"和23个"融驿站"。组建园区首批"政务营商环境体验官"队伍，制定《基层政务服务先锋站点运行管理办法》，下沉企业登记、环保、建设等高频业务，累计办件量占全区商事登记业务总量的一半。创新"线上+线下"服务模式，线下设置"帮代办专区"，提供"肩并肩帮办"；线上开设"智能帮办专区"，实现远程帮办直达。继续推进"免证园区"改革，截至年底，归集60余类电子证照资源，拓宽社会化场景应用，老

年人通过"电子身份证"实现在苏州奥体中心刷脸亮证。推进26个省级"一件事"，牵头编制2023年园区特色"一件事"清单，累计上线"人才租房"等81个"一件事"主题，其中能办40个、会办41个，进一步提升"一次办"能级。

（潘晖婧）

【一站式亲商服务】　2023年，园区一站式服务中心围绕审批服务效能提升，打造政务服务"最美窗口标杆"，全年受理各类业务47.6万件，顾客满意度保持在98%以上。大厅服务方面，优化窗口布局，设置"潮汐窗口"，缓解业务高峰期大厅排队等候现象；推行"6Plus"大厅优化提升计划，从"党建、创新、智能、氛围、监督、标准化"六个方面提升大厅能级；依托"融易办"微信小程序，全面推行线上取号，让办事群众省时更省心；将ISO9001贯标工作与政务服务有机融合，全面实现窗口建设、窗口服务和服务行为标准化。在经济事务领域，在全省率先实现营业执照省内"通办通取"，实现"个转企"直接变更，推行关联企业"集中登记"，出台《关于进一步提升技术贸易便利化的若干措施》，推动固定资产节能审查、投资项目备案等高频业务实现"智能填表、智能审批"。全年新登记经营主体2.8万户，增长20.2%，存量

经营主体超过18万户；新增固定资产投资项目1397个，投资总额1367亿元，增长4.3%。在项目建设领域，全面推行产业项目"拿地即开工"，推动博世自动驾驶、三星半导体分拨中心等26个项目实现"拿地即开工"，从签署土地合同到领取施工许可证平均8.7个工作日，审批效率全省领先，发布园区产业项目规划报批文件编制指南和优秀案例。推动建设工程规划许可、规划核实等业务全程网办；上线排水许可、建设用地规划许可智能辅助申报系统，以技术赋能持续提升申报便利度。全年发放施工许可证739张，施工面积2000.7万平方米，工程造价429.7亿元，分别增长7%、17.4%和23.4%。在社会事务领域，深化涉企经营许可"证照分离"改革，聚焦社会组织登记、人力资源服务许可等业务，推行证明事项告知承诺制改革；简化人力资源服务许可审批材料，落实许可证长期有效政策，推动人力资源业务备案等4项业务全流程网办。全年审批营业性演出活动13000余场，增长18.2%；审批特殊工时、劳务派遣等各类业务2000余件。

（钱诚艳）

【"一网通办"与"审管执信"】　2023年，园区继续夯实数字底座，升级"一网通办"平台，优化36项国际版预约

2023年2月21日，苏州工业园区政务服务数字化联合创新中心成立
（园区行政审批局　供稿）

31

功能，上线"可信身份认证""养犬管理"等业务40余项，升级"人才服务""供需对接"等专区10余个，全年线上办件量135万余件。截至年底，"一网通办"累计用户超过85万人。发布全国首个《政务服务"全程网办"平台建设规范》地方标准，275个事项实现"全程网办"，在省内率先实现政务服务100%可网办。持续拓展智能助审服务，新增外国人邀请函、养老机构设立备案等9个智能审批业务。开展知识库建设，优化用户空间，发布园区首个政务服务数字人"小易"。成立政务服务数字化联合创新中心，与上海市普陀区等地开展"跨省通办"，实现与12个省区市323个地区互联互办。全面深化"审管执信"闭环管理，发布第二批"审管执信"全链清单，打造"企业智搜""我的监管库"等模块，全国首创"企业风险计算器"，开发"教培机构特色计算器"。会同纪检部门构建"权力运行数据铁笼"，推动金融集资诈骗、教培机构风险等计算结果闭环管理。聚焦违章建筑、物业管理、流动摊贩等开展专题数据分析，构建数据赋政新模式。

一网通办
伴你同行

（潘晖婧）

【公共资源交易管理】 2023年，园区公共资源交易中心继续完善"最省心"交易模式，依托技术创新应用，不断优化服务，促进公共资源交易高质量发展。全年交易2827个标段，增长13.67%，交易金额470.3亿元，增长2.29%。其中，建设工程招投标标段641个，增长18.27%；中标金额331.62亿元，增长15.36%。政府采购标段881个，增长2.2%；交易金额25.96亿元，增长17.16%。国有企业采购标段1099个，增长21.84%；交易金额28.3亿元，增长14.86%。集体企业采购标段157个，增长18.05%；

交易金额2.07亿元，增长31.47%。发布49宗土地使用权出让成交信息，增长2.08%；交易金额82.35亿元，下降33.55%。全省首创"开放式电子保函"，运用证书链技术实现电子保函验真功能，开启更方便、全开放和低成本的保函模式。在全市率先完成4起不同预算单位在预算批复后自主合并采购的实践，实现采购提效降本。制定采购需求标准化模板，提高需求规范性并保障个性化需求，推进采购需求标准化建设。继续开展"连心桥"和"集采交底"系列活动，上门为招标人和采购人提供服务。发布《关于进一步优化供配电项目和泛光照明项目招标方式的通知》和《关于加强招标项目初步发包方案管理的通知》，进一步明晰招标规则，规范招标行为。发布《关于优化工程建设项目的发包管理的通知》，改直接发包备案为事后监管，简化发包流程。"投标文件区块链存储平台"入选园区首批政务区块链应用场景最佳案例，电子营业执照应用及区块链存储平台作为江苏省案例入选国务院推进政府职能转变和"放管服"改革协调小组优化营商环境专题组《全国优化营商环境简报》第190期。

（韩　程）

民生实事

【概况】 2023年，园区确定实施民生实事项目40个，其中新增项目27个、续建深化项目13个。截至年底，均全面完成或超过年度目标进度。

【教育文体项目】 2023年，园区八中重建工程（二期）和泾园幼儿园重建项目完工并交付使用。园区南部市民中心于12月完工，建筑面积约3.53万平方米，建设包括室外广场、图书馆、培训教室、多功能厅、剧场、体育馆、办公区等。唯亭街道青春家园社区、

娄葑街道泾园南社区通过儿童友好社区验收，为儿童打造15分钟社区生活圈。苏州当代美术馆加快推进，8号楼内外装完成施工，其余单体幕墙玻璃施工进行中。

【就业创业项目】 2023年，园区推进实施职业技能提升行动计划，扩大技能培训规模，提升培训质量，全年完成培训6.1万人次。提供就业岗位25万个，其中针对户籍居民、高校毕业生提供就业岗位1.5万个。就业岗位和技能提升培训均超额完成年度目标。

【社会保障项目】 2023年，园区实现省、市两级"15分钟医保服务圈"各街道100%覆盖，为621户老年人家庭进行适老化改造，为1600户老年人家庭安装烟雾报警器，为2090户老年人家庭进行卫生间防滑改造。胜浦街道养老服务中心和唯亭街道养老服务中心建设有序推进。

【医疗卫生项目】 2023年，星塘医院二期建成并于10月启用，星海医院改扩建项目于12月竣工，苏州市独墅湖医院二期项目于12月出"正负零"。

【人居环境项目】 2023年，官渎社区（东区）、官渎社区（西区）、徐家浜一村和徐家浜北二村4个老旧小区改造项目全部完工。星都街小游园、星海公园、胜浦石榴园改造项目及湖东邻里中心南侧活动场地景观提升项目完工。东环路沿线片区综合提升改造等项目加快推进。

【便民利民项目】 2023年，园区完成15个停车场（合计422个泊位）及25条道路（合计960个泊位）改造，以"园易停"为代表的园区智慧停车综合管理平台一期建设完成并正式投运。新建公交候车亭118个，升级改造老旧电子站牌112个。　（褚沛雯）

企业服务

【概况】 2023年，园区企业发展服务中心（简称"园区企服中心"）依托"政策总入口"对接11个机关近700项授权业务，服务企业超过10万家次，增长27.2%；服务人才1.2万余人次；办理各项业务5.4万余个，增长15%；兑现资金66.4亿余元；解决企业融资需求78亿余元；举办政企交流活动400余场。发布《惠企政策全链服务规范》地方标准，获评苏州市民营经济工作贡献突出单位，为园区唯一。

综合政策服务。"政策总入口"平台集中展示政策1025个，增长228%；生成智能政策定制报告3.1万份，增长1923%；推送政策申报信息205万条。聚焦科技攻坚、人才服务、助企转型升级，"独角兽"企业、"瞪羚"企业、省级人才、国家级专精特新"小巨人"企业等新增数均位居全市第一。

科创金融服务。建设国家级科技金融创新服务中心，构建"一分一池一平台+两基金"服务体系。"创新积分贷"为81家企业授信7.2亿元；风险补偿资金池规模扩大至10亿元；"园易融"平台累计解决融资需求670亿余元。引导基金累计决策设立参股子基金46支，规模130亿余元，累计投资园区企业244家次。领军创投管理基金规模约20亿元，在投项目186个，在投金额9.06亿元；科创基金在投项目89个，在投金额5.4亿元。

特色人才服务。招才引才方面，举办"金鸡湖路演中心"引才路演、青创赛、"星聚营"，搭建"人才+资本+产业+服务"一体化平台。育才留才方面，打造"才聚金鸡湖"人才服务品牌，线上推出"金鸡湖创无忧"微信小程序，为新落地人才企业提

"金鸡湖创无忧"微信小程序发布

供数字化创业指引和服务指南。

资源赋能服务。针对企业共性需求，整合高频涉企服务，打造"园易联"平台，推出"园区数字企服"微信小程序，并推出全国首个企业年度服务报告。聚焦企业个性化服务，针对不同阶段、不同类型的企业需求，分类实施"领军启航计划""领军伙伴计划""上市苗圃工程"等精准服务。

平台惠企服务。畅通企业诉求渠道，依托热线、公众号、官网、"诉求快递"平台，联动5个功能区、25个机关形成服务合力。全年受理诉求3.3万余件，办结率100%，企业满意度99.7%。联动企业密集度高、服务需求量大的产业载体，合作共建"益企家"企业服务联络站6个，辐射产业园区20余个。

【金鸡湖路演中心】 2023年，金鸡湖路演中心以路演为切入点，依靠产业、投融资、大院大所、载体、社会化服务机构等资源"蓄水池"，建立贯穿"引才""聚才""兴才"全流程人才服务链，赋能企业迅速成长，对接中美创新中心、中澳创新中心、新加坡A-star、牛津大学、挪威创新署等9家海外人才机构，与长三角国家技术创新中心、清华大学、南京大学、中国药科大学、上海大学等12家国内高校院所建立合作关系。全年举办引才路演26场（其中美国、英国、新加坡等海外4场），吸引参加项目212个（其中27个人才项目获评各级领军人才项目，2个项目获评国家级人才项目）。联合81家基金机构，举办生物医药、人工智能、节能环保等行业融资专场5场，吸引区内36家人才企业参加，对接意向投资金额11.2亿元，3家企业完成签约融资，落地投资金额近1.5亿元。

【"上市苗圃工程"】 2023年，园区继续发挥科技创新资源、金融资源、专业服务资源集聚优势，推进"上市苗圃工程"，系统性打造企业上市培育体

系。在服务资源集聚方面，吸纳近80家IPO机构、投资机构、产业机构，苗圃党建联盟帮助33家苗圃企业在线开具无违规证明389份。在课程体系搭建方面，"3+N"课程（苗圃领创营、金牌董秘班、团队训战营3个精品班及N个模块课、班级活动等）因材施教，惠及学员2200人次。在赋能体系创新方面，推出"苗圃2.0"计划，构建"一伙伴一专区四平台"综合赋能体系；首推数字化赋能上市服务，建立IPO资源数据库；开展产业对接服务，组织产业对接交流及沙龙活动，促成产业合作13项；帮助108家苗圃企业对接投资机构，协助4家企业获得股权融资2.3亿元，"苗圃贷"为138家企业解决融资需求20亿元。全年新认定苗圃企业345家，培育上市企业5家。

【"总部连线"之"探索制造业数字化转型新路径"活动】 2023年2月9日，园区企服中心联合友达数位、微软中国举办首场"总部连线"之"探索制造业数字化转型新路径"活动，为总部企业快速连接各类资源要素，协助企业合作共赢。30家企业代表参加线下活动，750余位嘉宾在线观看。现场，参会企业代表参观友达集团打造的智能制造馆、5G互联馆、友达数位馆、友达智汇馆、艾聚达馆五大展馆。友达数位、微软中国专家围绕友达数位基于低代码的单元数字化战略、基于Azure的AI及大数据工业场景最佳应用实践、微软商业解决方案、基于典型转型场景的Power Platform关键能力解析等多个主题进行分享。

【领军创投成立10周年暨"领军伙伴计划"发布仪式】 2023年3月27日，领军创投成立10周年暨"领军伙伴计划"发布仪式举行，投资机构、银行、科研院所、上市公司、外资企业负责人及专家学者等120余人参会。"领军伙伴计划"作为园区首个特色投资赋能生态品牌，面向领军创投被投、

2023年3月27日，领军创投成立10周年暨"领军伙伴计划"发布仪式举行
（园区企服中心　供稿）

拟投企业，搭建具有园区特色的投资赋能生态体系，以资金链带动生态新发展，提供专业化、精准化生态服务。截至年底，"领军伙伴计划"吸纳国内知名投资机构及银行61家、产业服务机构20家。年内，创新推出首个投贷联动金融产品"领军宝"，为47家企业解决债权融资需求5.5亿元；集聚投资机构51家，帮助企业解决股权融资需求约50亿元；举办"芯链芯"及"智造+"专项产业对接论坛2场、产业链对接龙头行活动2场，开展"一对一产业对接"14项，串联200余家企业上下游需求，促成7项；联动7个招商部门，成立园区首个招投联盟，以资引找，协助招引落地园区项目20个。

领军创投
10周年宣传片

【"园易联"产业创新集群融合发展服务平台升级发布会】 2023年3月29日，"园易联"产业创新集群融合发展服务平台升级发布会举行。升级后的"园易联"平台以"聚资源、搭平台、解诉求、促合作"为服务宗旨，以园区企服中心为集群服务中枢，对内加深服务深度，对外拓展资源链接广度，联动园区部委办局、高校、科研院所、行业协会、金融机构、服务机构等多元化服务伙伴，打造涵盖"技术转移、共享平台、产业合作、产业载体、产业人才、惠企政策、产业融资、专业机构"在内的八维服务体系，推出创新活力秀、开放共享日、载体对接会、"总部连线"、"人才会客厅"、金鸡湖路演、政企面对面、金融畅享汇、创业百宝箱九类线下品牌活动，配套InnoLink创新需求服务平台、资源共享平台、"园易融"、"创无忧"、金鸡湖路演中心、产业合作平台、SIP载体网、"政策总入口"、"园易检"、"企业服务超市"等10个线上服务平台，实现园区产业创新集群生态下企业创新资源诉求"一平台联办"。

【数字文化菁英共生计划第三期启动】 2023年6月15日，园区数字文化菁英共生计划第三期启动。现场，园区数字文化"1+N"合作伙伴计划发布，并为首批合作机构授牌。该计划通过挑选优质的金融投资、法律咨询、人力资源、知识产权等服务机构，构建"1"家企业、"N"个服务机构支撑的集成式服务体系，为企业提供精准化、专业化、定制化的服务。第三期计划举办3次品牌活动和对接沙龙，邀请知名专家开展行业分享，通过提前征集区内企业发展需求，创新活动形式，围绕企业出海等特定主题，邀请微软研究院等机构开展私董会和专场对接，提升服务精准度，营造园区文化产业生态。

【"园易链2.0"发布仪式暨绿色节能供应链专场对接会】 2023年9月27日，"园易链2.0"发布仪式暨绿色节能供应链专场对接会在园区南岸新地举行，园区各功能区、相关行业协会及供需双方企业代表60余人参会。现场，"园易链2.0"平台上线，并就绿色节能领域的发展趋势和创新实践开展交流和供需对接。"园易链2.0"围绕制造企业总体需求，集聚园区各方资源和供需信息，打通上下游供应链，为企业提供更加精准、高效的供需对接服务。

【"园贸贷"金融创新产品发布】 2023年12月27日，"园贸贷"金融创新产品发布会举行，各金融机构和企业家代表等60余人参会。该次"园贸贷"金融创新产品优化升级，在原有"关助融""园贸贷"的基础上增量扩面，纳入对内贸企业的金融支持，形成多层次、多维度的政策性贸易金融产品。"园贸贷"金融创新产品有利于促进贸易企业高质量发展，进一步整合金融资源，提升经济活力。现场，中国银行等首批"园贸贷"合作银行与园区企服中心签约。

（陈雅婷）

信访工作

【概况】 2023年，园区信访形势总体平稳，受理各类群众来信、网上信访平台、领导信箱来信、便民事项总量略有增长。受理信访总量23872件次，增长4.4%，网上信访占比超过92%，信访事项及时受理率、按期办结率均为100%。各级两会、杭州亚运会、第六届进博会等重要节点和活动期间信访秩序平稳。继续做好人民建议工作，

全年征集报送人民建议17件,其中获得转化4件,获省委书记批示1件。完成区级人民建议特邀建议人换届,选聘新一届区级人民建议特邀建议人49人。园区信访局获评2023年人民网"网上群众工作民心汇聚单位",报送的人民征集建议获评省信访局一等奖和市信访局优秀奖。

【信访工作责任落实】 2023年,园区党工委领导开展接访、下访149批次,提请党政主要领导包案接访越级进京访、"国治件"、"倒流件"等疑难事项10批次,妥善化解一批反映突出的信访矛盾。开展《信访工作条例》实施一周年集中宣传月活动,引导各级各部门将《信访工作条例》宣传融入日常办信、接访实践,推动信访工作在法治轨道上运行。开展《信访工作条例》宣传咨询活动7场、主题宣讲活动2场,发放宣传材料1500余册,围绕《信访工作条例》施行背景下信访工作的痛点、难点等问题与专家学者、法律实务人员开展交流研讨。

【矛盾排查化解】 2023年,园区统筹各类基层治理力量,建成三级社会矛盾纠纷调处化解平台。5月,园区社会矛盾纠纷调处化解中心启用,全年接处群众来访854批1726人次,平台线上录入23604件,办结率98.7%,居全市第二。11月,园区社会矛盾纠纷调处化解中心提升改造竣工并实体运行后,明确日常管理和绩效考核,落实岗位设置和部门人员进驻,初步实现初信初访化解率、矛盾纠纷调处率、人民群众满意度"三个稳步提升"。通过各类窗口、局办、部门相互联动,发挥社会矛盾纠纷调处体系作用,成功调处多起矛盾纠纷;通过进驻城市灯塔工作室心理辅导室对多名信访老户开展心理辅导,取得良好反馈。

【信访业务流程规范】 2023年,园区信访局进一步规范处办阳光信访平台

各类网上信访、群众来信,注重初次信访件跟进落实和群众满意度反馈,优化智能回访系统,挖掘参评潜力,提升满意率水平,全年初次信访量下降37%,初次信访一次性化解率97%,群众满意率98%。探索和分析新业态新领域的网络投诉,到互联网企业座谈会商信访投诉处办机制;构建园区"数字信访"网络平台,将人民网"领导留言板"纳入信访网络系统,实现"一次不跑、诉求办好"的信访网络流转机制。通过部门协调、提请接访和巡贴督办等提升"寒山闻钟"论坛便民工单处办质量。承办省委第二巡视组巡视园区期间转交的民生类信访件,做到"件件有着落"。

【信访专项工作】 2023年,园区信访局组织开展"第三批国治件重复治理""国家信访局集中交办""群众不满意件再次交办""百日会战""双月攻坚""重点领域信访突出问题"等专项攻坚行动。进一步落实信访工作责任,对各专项行动中交办的案件逐一梳理案情、落实包案领导、明确化解举措、成立工作专班、扎实开展治理。其中第三批"国治件"报结率100%,第一、二批"国治件"和"倒流件"均按节点报结到位。一批有合理成分的信访诉求实体化解,一些久拖不决的信访积案得到推动,大量重点人员得到纾解安抚,对生活确有困难的信访人帮扶救助,对涉法涉诉信访人释法沟通、推动司法进程;落实市委政法委等六部门《关于依法处理信访活动中违法犯罪行为的工作意见》,依法对违法信访人员严肃处理。

【信访秩序维护】 2023年,园区信访局加大各级两会、杭州亚运会、第六届进博会、"一带一路"国际合作高峰论坛等重要节点时期保障力度,落实信息报送、矛盾预警、陆地联勤、实体化专班、应急处置等工作机制。工作专班召开视频工作例会45

次、编发工作简报57期。园区信访形势总体平稳,实现四个"不发生"工作目标。

【园区信访大数据分析系统(二期)试运行】 2023年,园区信访局继续与清华大学数据治理研究中心合作建设的园区信访大数据分析系统(二期)项目建成并上线试运行。该系统通过对民情监测、社情指数专题研究,实时挖掘研判民情热点、风险事项等,实现阳光信访、网络信访、民情民意信息在智能运营中心可视化展示,为信访大数据分析和治理科技赋能。

(孙佳莹)

数字政府建设

【概况】 2023年,园区以"数据治理、系统整合、场景开放、机制优化"为主线,完善数字政府建设工作机制,夯实数字政府基础支撑,开展公共数据"聚通用"攻坚行动,强化数据汇聚治理,筑牢数字安全屏障,推动应用场景开放创新。园区数字政府领域获国家信息中心"2023中国领军智慧城区奖"、智慧中国"2023数字政府特色评选创新案例"、中国信通院"2023年度数字政府业务场景先锋实践"等多项省级及以上荣誉,相关特色实践做法被《苏州市数字政府建设工作专刊》多次录用,创新成果在"学习强国"平台、新华网《科技日报》等多家媒体刊发,"数园区"数字政府特色品牌影响力不断提升。

【数字政府体制机制建设】 2023年,园区参加数字政府领域省、市级地方标准编制,立项省级标准1个,出台市级标准1个,发布《2023年苏州工业园区数字政府建设工作要点》,新增编制或修订发布《苏州工业园区公共数据管理办法》《苏州工业园区数字政府建设

任务管理操作细则》等规范性文件30份。加强数字政府各专班协调统筹，定期召开数字政府各专班沟通协调会。深化"一网通用"等专班工作推进机制，聚焦需求统筹、数据攻坚等重点事项，完善专班会议和任务督办制度。优化数字政府建设任务管理机制和任务需求受理模式，加强任务跟踪推进，围绕"多、快、好、安"等维度优化数字政府任务考核评估方式，赋能加快业务流程优化再造、服务管理模式创新。定期组织召开CDO（首席数据官）大会、数字政府执委办会议及CDO交流会等专项会议18次，统筹推进各项工作。加强首席数字官工作交流，组织学习《苏州市数据条例》等交流培训活动13次，提升首席数字官数字化素养。

【数字化底座能力建设】 2023年，园区优化政务云网基础设施，高效、规范开展运营运维工作，支撑各部门应用系统，完成各项保障任务。提升政务云超算融合能力，构建政务超算管理平台，支撑金鸡湖水环境治理、AIGC探索等场景应用算力调用。强化智能中枢高效赋能，夯实升级"三中台、五类能力、N个服务"的公共支撑体系，以运促健，响应各委办局场景需求，升级优化统一身份认证、RPA机器人流程自动化、OCR识别、电子印章等高频能力。梳理发布296项核心数据资产，技术中台公共能力赋能24个部门70余个应用场景建设，数据中台支撑30个部门120个场景用数需求。园区智能中枢创新成果获中国智慧年会组委会主办的"2023数字政府特色评选创新案例"及"安全规制应用奖"，入选新华网主办的2023年数字经济创新提质优秀案例。

【数据资源建设】 2023年，园区强化公共数据"一本账"管理，场景化推动9个部门23项数据攻坚任务，公共数据编目率增长13%，完成20余个部门296类核心业务数据"一数一源"确

认。健全数据治理体系，组建数据专员队伍，强化数据汇聚治理，全年数字底座新增数据10亿余条，本级数据汇聚量增长22%，上级数据回流量增长23%。加快数据管理机制建设，按需召开数据攻坚专题会，加强供需双方对接。探索"可用不可见"的数据共享创新模式，数据共享效率大幅提升；加强数据活化应用，挖掘攻坚成果价值，拓展多元应用场景，支撑城市生命线、国资载体综合评价等100余个场景的用数需求，赋能场景数量增长21%。

【数字安全】 2023年，园区完善安全管理机制，编制《苏州工业园区公共数据分类分级指引（试行）》，发布政务云网安全防护、应急响应、邮箱管理等管理规范。成立安全专项工作组，制定安全工作清单，开展政务云网加固等工作。强化安全保障能力，引入多项安全技术和设备，扩大系统应用云防护覆盖面。升级防毒墙，扩展威胁情报、漏洞扫描等安全产品特征库，增强安全边界防护能力。常态化开展日常巡检、基线检查、渗透测试等安全工作，逐步构建数字政府数据安全保障能力体系。提升安全防控意识，加大安全宣传力度，围绕安全意识提升、安全法律法规解读、数字政府安全要求等主题，组织开展网络和数据安全专题培训。

【政府网站运行】 2023年，园区管委会门户网站发布信息39974条，其中政府文件216条。聚焦政府重点工作，及时转载党中央、国务院重大决策部署，全年转载上级信息153条，回复公众留言1601条，回应公众关注热点或重大舆情15次。做好上级内容保障工作，完成上级政府网站内容保障报送信息1407条，采用898条，采用率64%。加强场景化专题建设，完成养老服务、人才引进、境外投资等专题搭建，集成相关政策信息和政务

服务。完成全站无障碍与适老化改造，帮助特殊群体更方便、快捷地获取信息。园区管委会门户网站获评2023年国家级经济技术开发区网站第一名、2023年苏州市政府网站综合测评县级市（区）第一名。

【数字政府转型】 2023年，园区推进政务服务"一网通办"、经济发展"一网提优"、城市治理"一网统管"、政府运行"一网协同"四个一体化转型。优化提升"一网通办"，强化政务服务效能提升，聚焦企业群众"急难愁盼"，在全国首创"审管执信"闭环管理模式，向业务部门精准推送许可办件1.46万余件，注册市场主体超过18万户，部门接收率和反馈率超过99%。"'审管执信'闭环管理探索社会治理新模式"入选中国改革2023年度地方全面深化改革县域案例，获评"2023中国领军智慧城区奖"。推动"一网统管"，推进全流程监督指挥系统升级，优化系统性能、业务流程、操作便捷度、应用智慧化等4个方面；加强"一网统管"综合展示平台建设，设计"今日园区""智能应用""圆融指数"3个专题，生动鲜活展示工作成效。推进"一网提优"，升级"经济大脑"，围绕"经济管理、企业服务"2项工作主线，开发建设园区经济管理服务平台，围绕园区"2+3+1"特色产业，统筹构建包括产业链图谱、产业景气指数、上下游监测等一揽子服务能力分析平台，覆盖超过10万家微观主体、80余万个产业运行指标。加快推进"一网协同"，推动一体化协同办公体系建设，升级政务通平台，集成内部办公、党建培训、机关事务服务等政务应用，不断提升机关运行效能。新版政务通汇聚政务系统100余个，跨部门沟通效率提升近60%，公文处理时间缩短约50%。

【应用场景开放创新】 2023年，园区推进大数据辅助决策平台建设，编

制"以数辅政"三年规划，拓展经济运行统计分析、商务区金融风险防控等应用场景，以楼宇运行监测为切入点，形成商用楼宇数据一本账。推进数字孪生创新中心建设，成立创新中心专家库、企业库和元宇宙技术专业委员会，搭建数字孪生底座平台，实现草鞋山元宇宙、中法艺术交流微型元宇宙2.0等应用场景上线。支持和推动各部门开发各类特色应用场景，环保水务一体化平台入选中国信通院2023年全国数字政府先锋实践案例；"星骑士"平台赋能精细化社会治理获2023数字中国创新大赛二等奖；"企业风险计算器"获第六届智慧中国"合法权益保障奖"，入选2023（第六届）高质量发展营商环境优秀案例；"园易融"平台入选全国优秀信用案例。　　　　　（皮亚诺）

档案方志工作

【概况】 2023年，园区档案管理中心加强档案治理体系、档案资源体系、档案利用体系和档案安全体系建设，不断提升地方志和党史工作水平。实施"档建三好先锋"书记项目，讲好园区故事，服务好园区居民，便利好园区企业，成立档案大厦党群服务中心。配合园区党政办做好省巡视组台账资料保障工作，园区档案管理中心党支部晋级园区五星级党组织。举办国际档案日活动，策划"奋进新时代　兰台谱新篇——新时代园区档案事业创新发展"主题展览。开展"微"编研，加大"苏州工业园区档案"微信公众号宣传，以"园区发展三十年的变与不变"为专题，发布"'鉴'识园区""跟着村志看变迁"等系列选题。建设完成固定陈列展厅布展，策划流动布展。《苏州工业园区教育志（1994—2020）》出版发行。园区档案管理中心获评园区"2023年优秀提案承办单位"。全国青年档案工作者学术论文获奖2篇，入选姑苏档案专家2人，增选苏州青年档案人才1人。《苏州工业园区年鉴（2022）》获评全省一等年鉴，入选首批《江苏省情系列影像志》1部，1人获全省档案专业人员职业技能竞赛优秀奖并助力苏州市代表队获团体二等奖，园区社区志编纂工作推进会（季度汇）经验入编《江苏方志动态》。口述历史项目获区重点项目预算绩效评价优秀。

【档案监督指导】 2023年，园区档案管理中心开展档案行政执法检查，编制监督指导操作规程，统筹推进档案工作年度评价、绩效考核和档案室创建工作。开展档案行政执法检查1次，完成127家单位档案工作年度评价、43家事业单位年度考核，指导25家单位建立档案工作制度。完成55家单位档案"四合一"审批备案，实现园区事业单位档案"四合一"备案全覆盖。成立档案工作协作组，开展业务沙龙活动。到恒泰集团等企业项目工地集中开展归档培训，提高城建档案验收效率，促进企业落地投产提速增效。继续开展工程档案分段验收服务，减轻企业竣备验收负担。省档案局、园区重点课题《以服务高质量发展为目标的开发区档案数据治理研究》通过验收。

【档案资源建设】 2023年，园区档案馆接收档案2.76万卷、16.07万件。其中，文书档案6783卷、32245件，专项档案2卷、3302件，婚姻登记档案7322件，出生医学证明档案835件，城建档案20805卷，城建数码照片23507件，CAD电子文件93520件。征集到珍贵历史资料、老照片、实物等7393件。建成影像视频档案人工智能管理平台系统。

【编研工作】 2023年，园区档案管理中心配合园区教育局完成《苏州工业园区教育志（1994—2020）》出版工作，全书80.1万字，是园区首部教育专业志。开展《江苏省情系列影像志》唯亭篇拍摄工作。启动园区旧志清《乾隆元和县志》的点校、整理和出版工作。开展园区街道社区志编纂文化工程项目，推进《怡邻社区志》《吴淞社区志》《新馨社区志》《联丰社区志》等社区志编写工作，园区社区志编纂工作推进会（季度汇）经验入编《江苏方志动态》。《苏州工业园区年鉴（2023）》出版，全书87.2万字。完成《中国商务年鉴》《江苏年鉴》《江苏开发区年鉴》《苏州年鉴》中有关园区部分内容编写。《苏州工业园区大事记精选（1994—2023）》编撰完成。全年编辑《档案信息简报》4期，《苏州工业园区纪事》12期，《苏州工业园区大事记》12期。

2023年12月27日，园区2023年档案开放鉴定终审会议召开

（园区档案管理中心　供稿）

【信息化建设】 2023年，园区档案管理中心继续扩充"民生档案掌上查"平台数据资源，完成婚姻登记档案、出生医学证明档案、独生子女证等民生档案数据治理约23万件，全年服务用户4800余人次。"园区史志"微信小程序新上架《苏州工业园区自然村变迁图志》系列丛书等档案史志成果11册，累计上架28册，约1805万字，全年服务用户近1000人，用户阅读5000余人次。探索馆藏档案开放鉴定新模式，通过引入AI辅助档案开放审核系统完成审核档案54571件，完成"苏州工业园区党工委、管委会"全宗档案开放鉴定工作。继续推进城建档案全过程数字化管理，探索单套制归档的园区经验。

【档案服务利用】 2023年，园区档案管理中心到街道、国企、工地、医院和其他事业单位走访调研、指导服务20余次。开展送"档"进街道、进社区活动，组织专题观摩、交流沙龙、线上线下培训等25场。制作业务工作操作手册，全年培训837人次。把"统筹查档入口，优化档案服务体系"列为主题教育调研课题，梳理园区范围内的工商、人事、婚姻登记、出生医学证明、房产、公积金等档案资源的分布情况，汇总各类查询需求和利用现状，编写《苏州工业园便民查档手册》，丰富"一网通办"的"档案专区"，统筹档案服务入口。"融驿站"政务服务一体机入驻档案大厦，并根据档案查询需求完成改造，打造"档案大厦便民服务站"。园区档案馆全年完成长三角异地查档47人次，服务窗口接待查档4831人次，查阅档案53839卷（件）次。

【"记忆与荣耀"园区口述历史项目】 2023年，"记忆与荣耀"园区口述历史项目基本完成。项目累计采访中方嘉宾78人，录像采访新加坡嘉宾18人；采访音视频总时长约371小时，采访成果文字整理稿约200万字；制作完成专题片30集、综述片1部。

【《苏州工业园区年鉴（2022）》获评全省一等年鉴】 2023年12月，省地方志办公室公布2023年全省年鉴质量评定结果，《苏州工业园区年鉴（2022）》获评一等年鉴。《苏州工业园区年鉴（2022）》全书90.5万字，主体内容分为类目、分目、条目3个层次，设30个类目、170个分目、1093个条目，另有专题图片77张、随文图片142张、表格27张。全面、系统地记载了2021年园区自然、政治、经济、文化、社会和生态文明等方面的基本情况，突出取得的新成绩、新经验，为社会各界了解园区、研究园区及促进园区高质量发展提供基本资料。

（顾明筠）

机关事务管理

【概况】 2023年，园区机关事务管理中心有限公司（简称"机关中心"）开展设备设施巡检128万台次，故障修复1826台次，开展改造、大修项目21项，管控登记外来人员33万人次，完成地毯清洁、地坪清洗、石材养护等近133万平方米，蚊虫消杀60万平方米。日均供餐3600余人次，提供食堂净菜预定、节假日套餐服务近7500批次。承担有关重大活动和重要会议的服务保障任务，全年保障会议服务3713批9.5万人次，接待联络1009批2.5万人次；出车13820台次，安全行驶47.5万千米；园区展示中心接待团队2083批4.03万人次。有序推进市民服务中心建设项目早期介入和老干部活动中心项目原址复建工作，提出方案完善改进建议160条。全年获国家级荣誉6项、省级荣誉6项、市级荣誉6项、区级荣誉16项。

【服务优化】 2023年，机关中心坚持在服务内容升级、服务模式创新、服务触点延伸上做文章，重视用户在不同阶段的差异化需求，第三方满意度测评为95.95分。推进行政中心区域基础设施改造翻新项目，开展园区人民武装部实训基地开荒及派驻日常保洁工作，做好园区社会矛盾纠纷调处化解中心装修工程和临时过渡场地服务，配合市场大厦人力资源办公区域局部装修改造及工商大楼改造"帮带办"服务区和党员活动室，完成园区档案馆库房密集架全面清洁。响应国家"双碳"目标，结合公共机构特点，有序推进屋顶光伏发电建设，全年发电41.5万度，档案大厦获评"江苏省公共机构节能低碳示范单位"。

【企业建设】 2023年，机关中心注重将管理经验积累转化为标准化成果，总结提炼出基于卓越绩效模式下机关后勤服务"六步法"实践经验，主编苏州市《党政机关保洁服务规范》，参编苏州市《党政机关设施设备巡检服务规范》。抓好安全生产工作，严格落实"三管三必须"要求，推进安全风险分级管控和隐患排查治理双重预防机制建设，联合专业机构开展消防、电气等专项及常规安全检查12次，及时有效整改安全问题182条，保持安全生产"零"事故，获评"园区平安企业先进集体"，管辖的现代大厦、档案大厦均获评"园区消防安全管理先进单位"，青年公寓获评"园区示范集宿区"。注重人才培养，优化人才成长生态，组织外派培训、参观学习98批185人次，开展内训师培训12批617人次，职称、技能等级、学历提升34人次。鼓励员工参与专业技能比赛，获园区集中用餐单位食品安全技能大赛一等奖、园区第十三届高技能大赛制冷空调安装维修竞赛项目一等奖和三等奖等。重视技能大师工作室建设工作，在原有4个工作室的基础之上，新

获评苏州市"陈长山数字技能首席技师工作室"。发挥工会、团支部的桥梁纽带作用，进一步激发干事创业精神，年内开展基层走访11批372人次。获评第二十届"全国质量奖"和"全国质量信得过班组""江苏省星级服务现场""江苏省质量信得过班组""苏州市质量奖"等。

【数字化转型】 2023年，机关中心升级"数园区机关后勤"应用项目，完成各类线上用户服务75项，拓展用户需求交流新渠道。市场大厦智慧楼宇数字孪生场景通过6大孪生场景功能实现精细化管理，累计汇聚数据达1800万条，作为园区数字孪生底座建设的先行实践项目，入选中国信通院2023年全国数字孪生技术应用典型实践案例，"建筑智能管理系统"完成计算机软件著作权审批登记。"智能微仓"三期项目升级多码管理，优化物管部门对货物采购、存储、流转、消耗的数据统计及成本管控，申报获批实用新型专利1项。将金蝶财务K3系统升级为EAS系统，启用总账、资产和供应链模块。档案大厦引进智能安防巡检机器人，试点夜间智能巡更模式，探索节省传统安防人力成本新趋势。开展统一门户管理系统建设工作，升级职能管理服务功能，归集信息系统身份认证，实现单点登录以解决中心信息系统分散、数据利用率低的问题。

（王永强）

人民武装

【概况】 2023年，园区人武部门围绕动员援战能力提升，在夯实基础、规范秩序、创新方式、拓展深化上下功夫，不断夯实党管武装、动员支前、支援保障打赢等能力，各项工作稳步推进。

【党管武装】 2023年，园区人武部门协调园区党工委、管委会落实党管武装各项制度、解决武装工作矛盾问题。7月，园区人武部门党支部第一书记宣布任职大会召开，并以此为契机，统一思想，形成共识，立起强武兴武鲜明导向，推动党管武装工作高质量发展。

【后备力量建设】 2023年，园区人武部门抓好年度民兵组织整顿任务，围绕退役军人比例、党员比例和专业对口率等关键指标，调整优化队伍布局，完成基干民兵编建任务，党员比例达到39.5%，退役军人比例达到31.3%，基干民兵分队专业对口率达到100%。抓好民兵组织整顿点验拉动，对全区5个基层武装部进行民兵整组专项检查，并对民兵分队逐个进行抽点拉动。

【基层规范化建设】 2023年，园区人武部门贯彻中央军委《关于全面从严加强部队管理的意见》，持之以恒抓安全保稳定。坚持从一日生活制度严起，从点滴养成抓起，从日常行为规范管起，从严从细正规"四个秩序"，不断提高正规化建设水平。园区人武部门会同园区社会事业局完成人武部门本级规范化建设改造，并对照"四个秩序"要求，配套建立安防设施和相关管理制度。

【兵役征集】 2023年，园区人武部门围绕提升"五率"，加强和改进征兵工作，常态开展征兵宣传活动，基本实现三个"全面覆盖"（人员、时间、地域），组织适龄青年参加兵役登记、体格检查、政治审核等征兵流程。园区建立完善"待岗入伍"长效机制，组织开展义务兵"待岗入伍"预备社工招聘考试。完成年度兵员征集任务，其中大学生占比93.3%。

【练兵备战】 2023年，园区人武部门常态化组织民兵分队轮训，坚持按照新大纲标准和年度训练大纲，有序推进民兵分队训练落实，完成应急、支援2类分队11支分队训练。适应新体制新使命新职能，狠抓备战训练，推进民兵军事训练，履行应急应战职能使命。注重民兵教练员队伍培养锻炼，根据军分区统一安排，组织民兵教练员参加全市"四会教练员"比武考核。组织开展街道应急轮训备勤训练，提高民兵分队成建制组织指挥行动的能力，有效提升战备水平。

【国防教育】 2023年，园区人武部门始终把全民国防动员和教育作为一项长期的基础性工程来抓，坚持把国防教育纳入党委理论学习中心组学习内容、中小学课程体系、全民法治宣传、新兵入伍役前培训等，确保实现国防教育对象、时间、地域、内容、形式、措施全覆盖。派遣民兵完成园区7所高中、4所高校学生军训任务。借助园区双拥主题公园载体和高校征兵宣讲会契机，通过专题国防讲座、国防知识展板、征兵政策宣传单等形式，广泛开展国防教育活动。

【双拥共建】 2023年，园区党工委始终把双拥工作作为事关经济发展和社会稳定的大事来抓，始终把做好拥军优属工作作为夯实人民武装工作的重要基石和支持国防建设的主要纽带予以推进。春节和八一建军节期间，园区党工委、管委会主要领导带队走访慰问驻苏部队及消防救援队伍。全年接收落实10名现役军人子女入学申请。

（薛旭宁）

苏州工业园区人大工作委员会
苏州工业园区政协工作联络委员会

人大工作

【概况】 2023年，苏州市人大常委会苏州工业园区工作委员会（简称"园区人大工委"）在园区党工委领导下，聚焦建设开放创新的世界一流高科技园区目标任务，以主题教育为契机，以"人大工作质效提升年"为抓手，探索开发区人大工作新路径，深入践行全过程人民民主重大理念，不断丰富人民代表大会制度实践特色，获评第三届全国开发区人大系统先进单位。全年召开园区人大工委主任会议15次、人大工委会议5次，听取专项工作报告5次，组织执法检查3次，开展视察调研活动78次。截至年底，园区有全国人大代表1人、省人大代表3人、市人大代表35人、区人大代表99人。

【制度完善】 2023年，园区人大工委进一步健全人大工作机制，完善园区人大工委会议制度。在人大工委主任、副主任已配备情况下增设14名委员。制定《苏州市人大常委会苏州工业园区工作委员会组成人员会议议事规则》等相关规定，召开园区人大工委会议第一次会议，人大工委会议制度正式建立。按照市人大常委会《关于建立开发区人大代表联席会议制度的意见》，园区人大工委制定《苏州工业园区人大代表联席会议制度实施办法（试行）》《苏州工业园区人大代表联席会议议事规则》等相关规定，为园区人大代表联席会议第一次全体会议的召开奠定制度基础。

【经济发展监督】 2023年，园区人大工委围绕财政预算执行，专题听取园区财政审计局关于预算绩效管理情况报告，对财政收支平衡方案、预算绩效管理及政府资源配置等方面提出针对性意见。围绕国有资产管理，专题听取国有资产运营管理情况报告，针对国有资产产业转型升级、发挥国资在导入优质产业资源中的作用等方面提出意见建议。专题调研山姆会员店、比斯特购物村等，了解"保税展示+新零售"、首店经济等商业新业态，支持企业不断创新业务模式，持续激发消费新活力；专题听取自贸区综合协调局工作汇报，就如何繁荣夜经济、有效激发消费需求等提出意见建议，助推活跃园区商业氛围。

【产业升级监督】 2023年，园区人大工委围绕产业转型升级，专题视察调研金光科技产业园、阳澄数谷和阳澄银座、环普苏桐112国际科创园等重点产业用地更新项目，了解项目进展，推动"向存量要资源、以存量促增长"的目标进程，为加快建产业新高地建言献策。

【环境保护监督】 2023年，园区人大工委围绕生态环境保护，以"保护蓝

2023年4月28日，苏州工业园区人大工委第一次会议召开

（园区人大工委　供稿）

天碧水，促进园区生态建设"为主题，专题调研环青剑湖活力提升、东沙湖湿地保护、浅水湾商业区综合改造等项目，提出科学合理的意见建议，推动重点工程建设项目的水土保持、生活污水和企业废水治理及主要河流水环境综合治理取得新成效。

【民生保障监督】 2023年，园区人大工委听取园区经发委关于园区民生实事项目进展情况汇报，实地查看官渎社区老旧小区改造、长乐公园、苏安南社区活动场所、南部市民中心及星海医院改扩建等民生项目，推动项目建设进度，提升工程质量。关注民生重要项目和重点工作，听取园区教育局、卫健委及部分学校关于园区教育发展情况及未来规划、托育服务体系建设等情况汇报。到唯亭街道便民服务中心开展"15分钟医保服务圈"民生实事工作调研，了解公共医疗服务网络建设，促进医保政策更好地落地衔接。到唯亭街道对代表建议"提升既有小区电动汽车充电基础设施建设管理"的办理情况进行督办视察，进一步提高代表建议办理的实效与质量，服务百姓的生活、出行需求。

【法治监督】 2023年，园区人大工委在市人大常委会赋权下，首次开展市人大常委会任命的部分园区法官、园区检察官履职评议工作，建立"两官"评议相关制度，完成履职评议工作。组织开展《中华人民共和国湿地保护法》《江苏省湿地保护条例》贯彻实施的执法检查，督促相关单位严格落实法律法规，推动园区生态环境持续改善。配合市人大常委会相关工委完成《苏州市智能车联网发展促进条例（草案）》《苏州市城市市容和环境卫生管理条例（修订草案）》等有关法律法规的立法调研、立法起草、立法修订等工作，提出修改建议，及时反映园区的相关情况和立法需求，全年收集群众、代表建议130余条。

【代表履职服务与管理】 2023年，园区人大工委开展"牢记嘱托、感恩奋进"学习实践活动及"人大代表讲坛"等活动，组织代表进基层、入网格，开展"两联"工作和"社情民意联系日"活动，引导人大代表到"家"、进"站"、访"点"、入"室"，"亮身份、亮职责、亮作为"，拓展代表联系基层群众和各行各业的范围和深度，广泛收集社情民意，提升意见建议质量，完善反馈落实机制。全年组织代表小组活动125次，专项督查、执法检查和视察调研活动76场次，人大代表"社情民意联系日"活动190场次，参与代表206人次，接待选民722人次，收集群众意见建议556条。组织代表赴井冈山干部培训基地、大别山干部学院及宣城培训基地等开展实训学习，提升代表履职能力。完成调研课题5个，其中《苏州工业园区专精特新企业集群发展研究》《苏州工业园区新能源和智能网联汽车产业集群发展研究》分别获评2023年度苏州市人大优秀调研成果二等奖和三等奖，部分调研报告获园区党工委主要领导批示肯定。推进园区代表之家、代表联络站、代表联系点升级，创新性建立"园区社会组织代表工作室"。按照市"数字人大"建设部署，做好代表履职线上平台建设，对于代表履职的情况以及提出的意见、建议、议案等进行数据化、可视化统计，并在一定范围内给予展示。全年收到代表履职记录1183条，其中学习培训类125条、活动类1058条。

【代表建议意见办理】 2023年，园区人大工委谋划各类活动，组织代表开展视察调研和学习交流，引导代表提出高质量建议意见。推行代表建议意见"五办机制"，通过"园区人大工委主任督办、管委会分管主任领办、人大工委办公室促办、园区党政办催办、管委会各部门承办"，提高建议意见办理质效。园区代表团人大代表提出的34件建议意见，办复率100%、满意率100%。

【园区人大代表出席市、区人代会】 2023年1月3—5日，园区人大工委组织园区代表团101名代表出席姑苏区第三届人民代表大会第二次会议，代表们提出意见建议34件，完成会议各项议程。1月6—9日，园区人大工委组织园区代表团35名市人大代表出席苏州市第十七届人民代表大会第二次会议，代表们提出议案1件、建议6件，助推苏州经济社会高质量发展。（徐　英）

政协工作

【概况】 2023年，园区政协工作联络委员会贯彻落实习近平总书记关于加强和改进人民政协工作的重要思想，围绕努力建设开放创新的世界一流高科技园区的目标任务，发挥专门协商机构作用，履行政治协商、民主监督、参政议政职能，践行和发展全过程人民民主。年内，园区出台《关于加强和改进新时代政协工作的实施意见》，对相关职能部门支持政协开展工作提出具体要求，推动政协工作制度化、规范化、程序化。园区政协工作联络委员会先后对园区新能源汽车零部件和智能网联汽车产业发展、专精特新企业集群发展等课题开展专题研究，就集成电路产业发展、生物医药品包装降本提质等议题协商议政，交办园区管委会提案16件，跟踪督办重点提案3件，会同园区人大工委联合开展民生实事项目推进情况、生态环境和水务工作情况等专项民主监督。各街道政协工作条线开展协商议事活动93次，参与692人次，收集各类建议意见124条。截至年底，园区有全国、省政协委员11人，市政协委员80人，区政协委员51人。

【民主监督】 2023年，园区政协工作联络委员会贯彻落实市政协《关于进一步推动民主监督工作再上新台阶的

表7　园区协商议事室名单（2023年）

类　型	名　称
园区级	苏州工业园区工商联、经济、科学技术界联合协商议事室
	苏州工业园区生物医药产业"有事好商量"协商议事室
街道级	娄葑街道"有事好商量"协商议事室
	娄葑街道基层社会治理实训基地"有事好商量"协商议事室
	娄葑街道创投工业坊"有事好商量"协商议事室
	斜塘街道"有事好商量"协商议事室
	斜塘街道中衡大厦"有事好商量"协商议事室
	斜塘街道淞江民众联络所"有事好商量"协商议事室
	唯亭街道科技城"有事好商量"协商议事室
	唯亭街道北部市民中心"有事好商量"协商议事室
	唯亭街道阳澄湖民众联络所"有事好商量"协商议事室
	胜浦街道"有事好商量"协商议事室
	胜浦街道闻涛苑"有事好商量"协商议事室
	胜浦街道2.5产业园"有事好商量"协商议事室
	胜浦街道滨江苑"有事好商量"协商议事室
	金鸡湖街道方洲民众联络所"有事好商量"协商议事室
	金鸡湖街道水坊路民众联络所"有事好商量"协商议事室
社区级	娄葑街道泾园南社区"有事好商量"协商议事室
	娄葑街道金益社区"有事好商量"协商议事室
	娄葑街道菁仁公寓"有事好商量"协商议事室
	娄葑街道群力社区"有事好商量"协商议事室
	斜塘街道车坊社区"有事好商量"协商议事室
	斜塘街道锦塘社区"有事好商量"协商议事室
	斜塘街道淞涛社区"有事好商量"协商议事室
	斜塘街道海德社区"有事好商量"协商议事室
	斜塘街道东韵社区"有事好商量"协商议事室
	唯亭街道悬珠社区"有事好商量"协商议事室
	唯亭街道戈巷社区"有事好商量"协商议事室
	唯亭街道跨春工业坊"有事好商量"协商议事室
	胜浦街道明胜社区"有事好商量"协商议事室
	胜浦街道凤凰城社区"有事好商量"协商议事室
	金鸡湖街道荣域社区"有事好商量"协商议事室
	金鸡湖街道苏州中心广场社区"有事好商量"协商议事室
	金鸡湖街道高尔夫社区"有事好商量"协商议事室
	金鸡湖街道方悦社区"有事好商量"协商议事室

实施意见》，突出协商式监督特色，重点对年度民生实事项目、"一区两中心"创新能力建设、科技创新载体资源空间梳理和增量布局、阳澄湖南岸创新城建设、金鸡湖右岸改造项目推进等组织委员视察监督，督促项目推进，并提出产业差异化布局、项目配套服务优化等意见建议。探索推动政协民主监督联动人大监督、党派监督及法律监督，拓展立法、财政以及法律协商监督渠道，发挥委员主体作用，强化政协民主监督与其他监督方式协同工作质效。

【"有事好商量"协商议事工作】　2023年，园区政协工作联络委员会强化"协商于民、协商为民"理念，有序推进"有事好商量"协商议事各项工作，围绕园区口袋公园城市微更新、社区义诊服务、新业态新就业群体作用发挥、社区日间照料服务、小区道路改造等民生议题组织协商。全年开展协商议事93次，参与692人次，提出意见建议124条，其中118条意见建议得到转化落实，帮助解决一批群众"急难愁盼"问题，5个案例获评市政协2023年度协商议事优秀典型案例。截至年底，园区有协商议事室35个，其中园区级2个、街道级15个、社区级18个。

【委员提案督办】　2023年，市政协十五届二次会议向园区管委会交办提案4件，其中主办提案1件、协办提案3件，涉及科技创新生态、公共服务平台建设、城市规划建设、现代化建设等内容。园区政协工作联络委员会向园区管委会交办区级提案16件，其中重点督办提案3件，涉及制造业智转数改、文旅融合发展、民营产业园规范提升、民生实事等领域。园区政协工作联络委员会深化提案办理协商，专项监督提案办理情况，重点就民营产业园规范提升、人工智能技术产学研结合等挂钩督办提案开展"回头看"活动，并首次出台优秀提案和优秀承办单位评

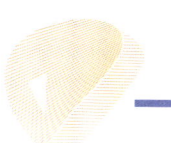

选表彰制度，表彰优秀提案4件、优秀承办单位5家，提案办理质量不断提高，实现提案办复率与满意率100%。

【园区委员出席政协姑苏区三届二次会议】 2023年1月3—5日，园区52名区级政协委员出席政协姑苏区第三届委员会第二次会议，按照界别分布于姑苏区各小组履职，参政议政、履职建言。会议期间，园区组政协委员提交提案24件，转交姑苏区办理2件，转交园区管委会办理16件。

【集成电路产业委员联合工作室揭牌启用】 2023年3月22日，园区政协工作联络委员会集成电路产业委员联合工作室揭牌启用。该工作室是园区政协工作联络委员会联合苏州市政协经农委共同建设，聚集集成电路行业相关领域的市、区两级政协委员7人，整合园区集成电路产业资源优势和骨干委员的专业优势，依托苏州晶方半导体科技股份有限公司的固定场所开展协商议事活动，旨在搭建凝聚共识的"连心桥"，畅通产业发展的"新纽带"。在揭牌当天召开的集成电路产业协商议事活动中，与会的骨干委员结合自身实际，从行业企业、研究机构、资本投资等角度，分析行业现状，共商产业创新发展。与会企业代表从核心元器件本土替代、助力成长型企业交流对接、产业协同发展、专业人才招引培育等方面提出需求和建议。年内，园区政协工作联络委员会研究形成《关于加强苏州市半导体产业链上下游协同一体化发展的建议》《关于苏州市集成电路产业发展的若干建议》等。集成电路产业委员联合工作室获评苏州市政协2022—2023年度优秀委员工作室。

【"书香政协·圆融书房"揭牌启用】 2023年4月6日，园区"书香政协·圆融书房"在园区独墅湖图书馆揭牌启用。该书房为园区首个区级政协书房，融入图书馆读书氛围，融合园区发展经验，融通政协工作特色，带动街道系列委员书吧以阅读、议事、活动等多重功能服务政协委员履职。年内，园区政协工作联络委员会开展中华文明探源读书分享活动，围绕中华文明探源、吴文化保护传承主题，梳理文化脉络、探寻草鞋山江南文化源头。围绕古典诗词文化，结合在地非遗文化"胜浦三宝"开展委员读书活动，通过诗词分享、文化体验品味中华优秀传统文化，坚定文化自信，用书香赓续中华文脉。

【人大政协系统学习贯彻党的二十大精神专题培训班】 2023年7月24—26日，园区人大政协系统赴井冈山开展学习贯彻党的二十大精神专题培训，在园区的36名人大代表、政协委员参加培训。该次培训围绕学习贯彻党的二十大精神，借助井冈山丰富的红色资源，通过专题教学、现场教学、体验式教学、访谈教学等多种形式，让代表委员们重温井冈山革命斗争的峥嵘岁月，学习和传承革命前辈的崇高品质和优良作风。

【科创企业服务委员联合工作室揭牌启用】 2023年9月14日，园区政协工作联络委员会科创企业服务委员联合工作室揭牌启用。该工作室由园区政协工作联络委员会联合苏州市政协经农委共同建设，聚集科技企业孵化、投融资服务、会计法律服务、科技研发等领域的13名市、区两级政协委员，旨在集聚资源、发挥作用，助力科技创

新企业高质量发展。在揭牌当天举办的支持"专精特新"企业外贸发展的协商议事活动中，园区经发委通报园区"专精特新"企业整体情况；园区海关结合数据分析园区"专精特新"企业外贸形势并提出5点建议；与会企业表达探索外贸新模式、"出海"拓展的强烈愿望，并就"走出去"过程中遇到的问题、难点和探索实践进行分享；参会的政协委员、相关机关代表聚焦"专精特新"企业外贸发展与企业代表进行交流探讨。年内，园区政协工作联络委员会研究形成《关于关注支持苏州市"专精特新"企业外贸的建议》《苏州工业园区"专精特新"企业集群发展建议》等。科创企业服务委员联合工作室获评苏州市政协2022—2023年度优秀委员工作室。

【新能源汽车零部件和智能网联汽车产业高质量发展协商议事会】 2023年11月8日，园区政协工作联络委员会新能源汽车零部件和智能网联汽车产业高质量发展协商议事会在科创企业服务委员联合工作室召开，部分委员联合工作室成员和园区相关机关、企业代表出席，交流探讨新能源汽车零部件和智能网联汽车产业创新集群发展。企业代表结合自身发展实际，围绕新能源车路测上牌、车路协同标准化、充换电桩等基础设施布局推广、应用场景拓展、知识产权保护、数据标准化支撑、产业协同发展等话题提出需求。与会政协委员从算力、芯片、人才、服务等方面对助企发展提出建议。年内，园区政协工作联络委员会研究形成《苏州工业园区新能源和智能网联汽车产业集群发展研究》，并获园区党工委主要领导批示肯定。

（陈　岩）

中共苏州工业园区纪律检查工作委员会
苏州工业园区监察工作委员会

综　述

2023年，园区各级纪检组织系统推进"打造人民满意的清廉园区"三年行动计划，以"践行'四敢'作风提升年"为主题，开展学习贯彻习近平新时代中国特色社会主义思想主题教育和纪检监察干部队伍教育整顿，发挥监督保障执行、促进完善发展作用，推进正风肃纪反腐和全面从严治党工作。落实政治监督，园区在全市政治生态监测评估中获评"优秀"等次。围绕自贸区建设、优化营商环境等重大决策，园区各级纪检组织开展监督检查，推动问题整改21个；制定落实《纪检监察机关负责人同下级党组织"一把手"开展谈话工作方案》，开展园区各级党组织"一把手"全覆盖谈话664人次。继续纠"四风"树新风，制定《苏州工业园区风险报备工作操作流程（试行）》，编制《苏州工业园区容错纠错机制典型案例汇编》，实践运用"1+5"容错纠错机制（"1"指的是《关于切实履行监督首要职责为营造干事创业良好环境提供坚强纪律保障工作指引》，"5"指的是《关于深化容错纠错机制实施干事创业廉洁风险报备的工作方案》《关于打击诬告陷害实施采信告知澄清正名的工作方案》《关于在推动构建亲清新型政商关系中加强监督检查的工作方案》《关于发挥纪检监察职能作用维护企业合法权益的工作方案》《关于整治"为官不为"的工作方案》）36件，暖心回访教育28人次；以数字化手段监督构建"亲清"政商关系，全年接收并处理企业诉求161件，处理率100%，企业满意度超过95%，回访率100%。坚持系统施治，一体推进"三不腐"，全年立案查办党纪、政务案件119件，移送司法部门案件5件5人；聚焦规范"两个建议"，出台并落实3方面6条监督措施，刚性落实相关运用机制，推进标本兼治；用好警示教育片《"制"之"度"外》和廉洁文化宣传片《赏园品"廉"》，开展各类警示教育48场；建成"清廉园区"教育实践路线；推进"清廉园区　你我共建"重点项目15个，分层次有序开展"清廉园区　你我共建"廉勤文化建设"四部曲"活动。修订完善《2022—2026年苏州工业园区党工委巡察工作规划》，按时按效开展2023年两轮党工委巡察，发挥"纪巡审"联动作用，放大巡察整改效应。

园区纪工委监察工委继续加强纪检监察队伍建设，坚持把主题教育与教育整顿统筹衔接，推动以学促干、以干践学，不折不扣完成"规定动作"，结合园区实际开展"自选动作"，开展集中研讨学习25次，在学思践悟中强化责任担当。开展"园区纪检铁军实训营"，选派2名干部到苏州市纪委跟班锻炼，抽调5名基层纪检干部到园区纪工委跟班实训，以训代练、

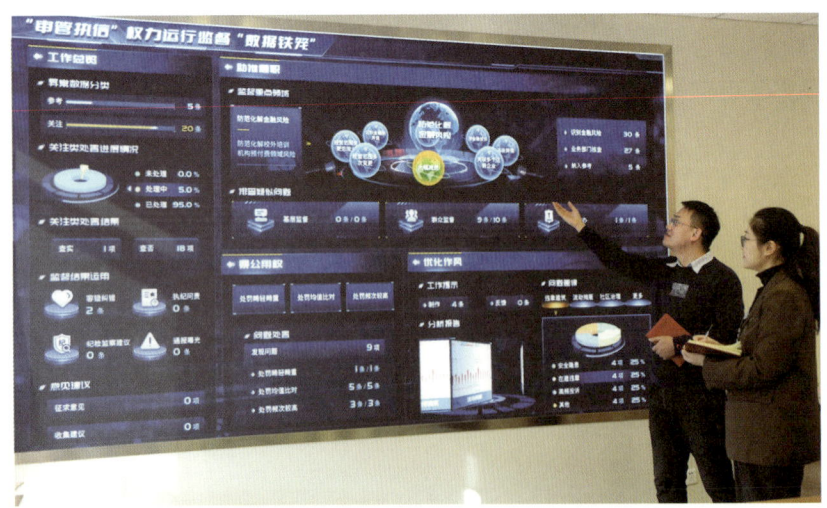

建设中的园区"审管执信"闭环管理权力运行监督"数据铁笼"项目
（园区纪工委监察工委　供稿）

以训提能。组织旁听职务犯罪典型案件庭审，增强在工作中更准确地收集证据、认定事实的意识。印发重点学习材料与阅读书目清单督促开展自学，强化综合运用党章、党规、党纪和法律法规开展工作的能力。组织观看警示教育片、学习有关警示教育通报，组织园区纪检监察干部家属代表"走馆访廉"并开展家访座谈等活动。通过规范新媒体管理、警示通报、签署承诺书、开展谈心谈话等方式，全方位规范园区纪检监察干部网络行为。以开展专项整治为契机，出台《苏州工业园区纪检监察机关涉案财物管理工作指南》《苏州工业园区纪工委监察工委借用人员监督管理办法（试行）》等，强化对薄弱环节的风险管控，健全日常管理监督制度，提高制度的执行力。

园区纪工委监察工委建设"审管执信"闭环管理权力运行监督"数据铁笼"项目，建设"风险计算器"，优化"优化作风"模块，相关经验做法在苏州市纪检监察系统第二届监督建模竞赛中获评"精品监督模型"，被《中国纪检监察报》《新华日报》报道肯定。依托"校外培训机构预付费领域风险预警模型"，开展园区校外培训机构治理问题调研，推动规范预付费管理、强化行政执法、加强信用管理等，监督护航园区教育高地发展。梳理分析"12345"便民服务热线等平台投诉类数据，向主管部门和属地街道制发关于提升园区违法建设治理、社区治理、流动摊点管理等工作提示单，开展相关领域治理整治工作，通过有力监督推进基层治理。　　　　（孟祥威）

重要会议

【**园区党工委2023年第一轮巡察动员部署会**】 2023年2月12日，园区党工委2023年第一轮巡察动员部署会召开。会议传达中央和省委、市委关于巡视巡察工作要求，对2023年第一轮巡察进行动员部署。会议强调，园区各单位要牢记"国之大者"，扛起责任担当，深刻认识做好巡察工作的重要意义；坚守政治定位，发挥利剑作用，继续提升园区巡察监督质效；加强组织领导，坚持严实作风，凝聚合力高标准完成巡察任务。园区党工委2023年第一轮巡察对中新苏州工业园区开发集团股份有限公司、苏州恒泰控股集团有限公司、苏州工业园区国有资本投资运营控股有限公司、苏州中方财团控股股份有限公司4家国企党组织开展常规巡察，并延伸巡察下属国有企业党组织。

【**园区2023年党风廉政建设和反腐败工作会议**】 2023年2月12日，园区2023年党风廉政建设和反腐败工作会议召开。会议传达中央纪委以及省、市纪委全会精神，总结2022年纪检监察工作，部署2023年党风廉政建设和反腐败工作重点任务。会上，与会人员集中观看廉洁文化宣传片《赏园品"廉"》和年度警示教育片《"制"之"度"外》，园区党工委委员、纪工委书记、监察工委主任叶新做《深入学习贯彻党的二十大精神，坚定不移推动清廉园区建设，为全面推进中国式现

代化园区新实践提供坚强保障》工作报告。会议强调，园区各单位要深入学习贯彻党的二十大和中央纪委二次全会精神，增强全面从严治党的思想自觉；准确理解全面从严治党的深刻内涵，增强全面从严治党的政治自觉；坚决落实全面从严治党重点任务，增强全面从严治党的行动自觉。

【**园区"践行'四敢'作风提升年"暨2023年纪检监察重点工作推进会**】 2023年3月10日，园区"践行'四敢'作风提升年"暨2023年纪检监察重点工作推进会召开。会议总结分析"打造人民满意的清廉园区"三年行动计划第一年推进情况，部署"践行'四敢'作风提升年"主要工作，进一步细化纪检监察工作任务。会议指出，开展"践行'四敢'作风提升年"，是深入推进党的自我革命战略思想和全面从严治党战略方针的园区实践，是"打造人民满意清廉园区"的重要路径。会议强调，园区各级纪检监察机关要把"践行'四敢'作风提升年"与纪检监察重点工作有效结合起来，切实以纪检监察工作的新作为推动园区纪检监察工作再上新台阶，以清廉园区建设实效为全面推进中国式现代化园区新实践做出新的更大贡献。

2023年2月12日，苏州工业园区2023年党风廉政建设和反腐败工作会议召开
（园区纪工委监察工委　供稿）

45

【园区纪检监察干部队伍教育整顿动员部署会议】 2023年3月20日，园区纪检监察干部队伍教育整顿动员部署会议召开。会议指出，开展教育整顿是纪检监察机关一项重要政治任务，园区各级纪检组织要深入学习贯彻习近平总书记重要讲话和重要指示批示精神，坚定拥护"两个确立"、坚决做到"两个维护"，全面落实中央、省、市纪委以及园区党工委的部署要求，以严紧细实的精神状态认真组织、周密实施，以彻底自我革命精神，扎实抓好教育整顿。会议强调，开展教育整顿是园区纪检监察干部锤炼党性修养、突破工作瓶颈、提升履职能力的良好契机，要坚持把教育整顿与中央、省、市纪委全会和园区党风廉政建设和反腐败工作会议重要任务部署结合起来，与"打造人民满意的清廉园区"三年行动计划、"践行'四敢'作风提升年"结合起来，与推进纪检监察工作规范化、法治化、正规化结合起来，把教育整顿成果转化为清廉园区建设的实际成效，转化为加快建设"开放创新的世界一流高科技园区"的强大动力。

【市委第四联动巡察组巡察园区纪工委监察工委工作动员会】 2023年4月20日，市委第四联动巡察组巡察园区纪工委监察工委工作动员会召开。会前，市委第四联动巡察组组长高玉宇与园区党工委委员、纪工委书记、监察工委主任叶新见面沟通，传达中央关于巡视巡察工作精神和省委、市委相关部署要求。会上，高玉宇做动员讲话，对做好巡察工作提出要求。市委常委、园区党工委书记沈觅就接受巡察监督、配合和支持巡察工作提出要求。叶新主持会议并做表态发言。

【园区纪检监察干部队伍主题党课暨廉政教育报告会】 2023年8月8日，园区纪检监察干部队伍主题党课暨廉政教育报告会召开，园区党工委委员、纪工委书记、监察工委主任叶新以"以彻底的自我革命精神加强自身建设 在锻造新时代纪检监察铁军中走在前做示范"为题做主题党课、廉政教育报告。会议指出，园区纪检监察系统要深入学习贯彻习近平总书记关于加强纪检监察干部队伍建设的重要论述，剖析违纪违法典型案例，教育引导园区全体纪检监察干部自觉守牢政治红线、纪律高线、廉洁底线，以彻底的自我革命精神锻造纯度更高、成色更足的开发区纪检监察铁军。会议要求，园区纪检监察干部队伍要做到政治上凝心铸魂，在践行绝对忠诚上走在前做示范，进一步感悟思想伟力，对标先进榜样、坚决做到"两个维护"，把监督保障学习贯彻习近平总书记对江苏、苏州和园区的重要讲话精神作为首要政治任务，督促细化实化举措，确保贯彻落实不偏向、不走样；作风上求真务实，在坚守清廉本色中走在前做示范，坚持廉洁用权、克己奉公、尚俭戒奢、艰苦奋斗，正心修身、行有所止；业务上赋能聚力，在勇于担当作为中走在前做示范，将以学促干作为根本指向，把主题教育、教育整顿焕发出来的学习、工作热情转化为攻坚克难、干事创业的强大动力，推进纪检监察工作规范化、法治化、正规化，推进政治监督具体化、精准化、常态化，坚决打赢反腐败斗争攻坚战持久战，为中国式现代化的园区新实践提供坚强保障。

【园区党工委2023年第二轮巡察动员部署会】 2023年9月7日，园区党工委2023年第二轮巡察动员部署会召开。会议深入学习贯彻习近平总书记关于巡视工作重要论述，落实中央和省委、市委、园区党工委关于巡视巡察工作部署要求，对2023年第二轮巡察进行动员部署。会议指出，园区单位要提高站位、压实责任，切实增强做好巡察监督工作的责任感使命感；要把握关键、精准发力，提升巡察监督工作针对性实效性；要同题共答、同频共振，全面构筑巡察监督工作向心力、凝聚力。园区党工委2023年第二轮巡察共组建1个巡察组，对园区投资促进委员会（投资促进局）、自贸区综合协调局、自贸区制度创新局、苏州新时代文体会展集团有限公司、唯亭街道、胜浦街道6家单位党组织和60家社区党组织开展常规巡察，并延伸巡察下属党组织。

【市委第四联动巡察组向园区纪工委监察工委反馈会】 2023年11月3日，市委第四联动巡察组向园区纪工委监察工委反馈巡察情况。市委巡察组组长高玉宇分别向园区党工委委员、纪工委书记、监察工委主任叶新以及领导班子反馈巡察情况，市纪委副书记、市监委副主任王辉斌就履行主体责任、抓好整改工作提出要求。市委常委、园区党工委书记沈觅出席会议并讲话，叶新主持会议并做表态发言。

（孟祥威）

监督执纪

【群众身边腐败和不正之风整治】 2023年，园区纪工委监察工委围绕群众关心的民生领域，开展医药领域腐败问题集中整治，梳理问题线索19件，立案10人，纠治突出问题，推动构建风清气正的行业氛围。通过上下联动、一线调查，推进政务便民服务、养老服务、学校食材采购、安全生产第三方服务、失地农民补贴等领域专项监督，破解难题、疏通堵点、消除盲区，推动职能部门健全完善制度规定，保障幼有所育、学有所教、劳有所得、病有所医、老有所养、住有所居、弱有所扶的园区实践，不断改善人民生活、增进人民福祉。

2023年11月9日，清廉园区创新实践论坛暨"清廉园区　你我共建"重点项目交流会举行
（园区纪工委监察工委　供稿）

【不敢腐、不能腐、不想腐一体推进】
2023年，园区纪工委监察工委持之以恒正风肃纪反腐，探索一体推进"三不腐"融会贯通的有效路径。深化整治国有企业、民生服务、行政执法等领域腐败问题，坚持"系统查、查系统"，深化彻查窝案串案，遏制增量、清除存量。全年立案查办党纪、政务案件119件，移送司法部门案件5件5人。制发纪检监察建议书19件，推动被建议单位在作风建设、廉政风险防范等方面，建立健全相关制度40余项。聚焦规范"两个建议"，出台并落实3方面6条监督措施，刚性落实相关运用机制，推动以案促改、举一反三，推进标本兼治。用好警示教育片《"制"之"度"外》和廉洁文化宣传片《赏园品"廉"》，以正反结合推动廉洁教育入脑入心，开展各类警示教育48场。以李公堤廉勤文化馆为主阵地，建成"清廉园区"教育实践路线，因地制宜培育"红浦清风"廉洁书场和家风文化长廊、国资国企特色廉洁文化主题阵地群等，不断拓宽园区廉洁文化阵地载体。推进"清廉园区　你我共建"重点项目15个，分层次有序开展"清廉园区　你我共建"廉勤文化建设"四部曲"活动76场，覆盖机关、国企、学校、社区等单位2772人。

【专项监督】　2023年，园区纪工委监察工委继续提升监督质效，更好服务园区高质量发展。坚持抓早抓小、防微杜渐，综合运用"四种形态"处置563人次，其中第一、第二种形态占比97.2%，继续由惩治极少数向管住大多数拓展。开展主动约谈493人次，参加监督单位民主生活会或专题组织生活会62次，把监督寓于日常、严在经常。深化"监督护航·助企敢干"专项行动，以数字化手段监督构建"亲清"政商关系，全年接收并处理企业诉求161件，处理率100%，企业满意度超过95%，回访率100%，为园区经济运行率先整体好转、持续优化营商环境提供监督保障。

（孟祥威）

党风廉政建设

【"两个维护"重大政治责任落实】
2023年，园区纪工委监察工委把坚定捍卫"两个确立"、坚决做到"两个维护"落实到纪检监察全过程各环节，园区在全市政治生态监测评估中获评"优秀"等次。从严落实"第一议题"学习制度，及时跟进学习习近平总书记重要讲话和重要指示批示精神，组织理论中心组学习18次，突出抓好《论党的自我革命》《习近平关于党风廉政建设和反腐败斗争论述摘编》及新修订的《中国共产党纪律处分条例》的学习贯彻。以开展主题教育和教育整顿为重点，深学习、实调研、抓落实，班子成员带头学习宣讲纪检监察干部队伍主题党课暨廉政教育报告，讲授主题教育专题党课，带动园区纪检系统学习贯彻，强化将成果转化为纵深推进党风廉政建设和反腐败斗争具体实践。

【管党治党政治责任落实】　2023年，园区纪工委监察工委协助园区党工委制订2023年度全面从严治党主体责任清单和个人清单，协调召开园区党工委领导班子警示教育专题民生生活会，推动管党治党主体责任工作落细落实。加强对"一把手"和领导班子落实全面从严治党责任、履职用权等情况的监督，制定落实《纪检监察机关负责人同下级党组织"一把手"开展谈话的工作方案》，开展园区各级党组织"一把手"全覆盖谈话664人次，以上率下压实政治责任。聚焦推动落实习近平总书记考察江苏、苏州重要指示精神，围绕自贸区建设、优化营商环境等重大决策，督促、指导各级纪检组织开展监督检查，推动问题整改21个，确保政令畅通。全年审核回复党风廉政意见5632人次，提出暂缓或否定性意见14人次。

【作风建设成果巩固】　2023年，园区纪工委监察工委贯彻落实中央八项规定精神，纠治"四风"树新风，不断巩固拓展园区风清气正的政治生态。全年查处党员干部违反中央八项规定精神问题案例11件12人，问责2件，查处群众身边腐败和作风问题5件6人，通报曝光"一把手"违规吃喝典型案例1件。制定《苏州工业园区风险报备工作操作流程（试行）》，编制《苏州工业园区容错纠错机制典型案例汇编》，推动容错纠错机制相关工作流程规范化，营造干事创业良好环境。全年实践运用"1+5"容错纠错机制36件，暖心回访教育28人次。

（孟祥威）

巡察工作

【概况】 2023年，园区党工委巡察工作领导小组学习贯彻习近平总书记关于巡视工作的重要讲话和指示批示精神，按照中央和省委、市委巡视巡察工作的总体部署，坚守政治巡察定位，立足园区实际，以省委巡视整改新成效推动高质量发展，修订和完善《2022—2026年苏州工业园区党工委巡察工作规划》，按时按效开展2023年两轮党工委巡察，发挥"纪巡审"联动作用，压实责任，放大巡察整改效应，继续探索开发区巡察监督"园区路径"，把巡察成果转化为推动改革、促进发展的动力。

【省委巡视整改】 2023年，在省委巡视进驻前，园区纪工委监察工委组建督查组对各单位配合省委巡视准备工作、巡视巡察反馈意见整改落实等情况开展"回头看"，确保十三届省委巡视反馈指出的13个方面38个问题真改、实改、改到位。在省委巡视驻点期间，园区纪工委监察工委配合园区党工委成立巡视联络工作领导小组，

牵头做好驻点联络保障工作，统筹协调推进各专项工作组工作，保障省委巡视工作顺利开展。在省委巡视反馈后，园区纪工委监察工委协助园区党工委抓好省委巡视整改落实工作，协助召开研究落实巡视整改专题会议、巡视整改专题民主生活会等，针对省委巡视反馈园区5个方面24个问题，统筹协调21家牵头单位制订90条整改措施，从严从实从细督促整改进展。截至年底，省委巡视反馈园区的24个问题中，2个问题整改落实到位，剩余22个问题均取得明显整改成效，并按既定时间节点有序实施。

【市委联动巡察整改】 2023年，在市委联动巡察期间，园区纪工委监察工委提交《苏州工业园区纪工委监察工委工作综合汇报》等报告6篇，推动为民办实事项目3个，做好与市委联动巡察组联络对接服务保障工作，33名纪检干部参与谈话，接受市委联动巡察有关材料调阅等工作，提交市委联动巡察组台账资料130余卷。在市委联动巡察反馈后，园区纪工委监察工委全面梳理、逐项分析巡察反馈的4个方面28个问题，细化建立问题清单、任务清单、责任清单，研究制订62条整改措施，层层落实责任，推动形成上下"一盘棋"、左右"全链接"、合力抓整改的工作格局，确保整改真到位、实到位。截至年底，市委联动巡察组反馈的28个问题中，1个问题整改落实到位，剩余27个问题均取得明

显整改成效，并按既定时间节点有序实施。

【政治巡察】 2023年，园区党工委巡察工作领导小组聚焦"1+7"工作清单（1指的是紧扣习近平总书记重要讲话和重要指示批示精神贯彻落实工作清单，持之以恒抓好落实；7指的是围绕巡视巡察、审计、督查、生态环保、安全生产和自然灾害、网络舆情、群众信访等七大领域重点问题，形成"七张问题清单"，以体系化、机制化、标准化方式推动各项工作落实），细化任务书和作战图，修订和完善《2022—2026年苏州工业园区党工委巡察工作规划》，采取"一托二"方式按时按效开展2023年两轮党工委巡察，对3个机关、5家国企、2个街道及所辖60个社区党组织进行巡察监督，同步开展选人用人和意识形态专项检查，督促发现的103个方面292个突出问题均整改到位。

【园区党工委巡察整改】 2023年，园区纪工委监察工委系统梳理巡察国企发现的"三公"经费管理、国有资产管理、党的建设等5个方面16类113个共性问题，形成《关于园区党工委巡察园区国企有关共性问题情况报告》，督促落实共性问题整改，推动国企及时健全完善制度、堵塞漏洞，强化制度落实。对2022年园区党工委巡察反馈的106个突出问题，推动制订整改措施260条，整改完成率100%，形成制度机制63项。

（孟祥威）

人民团体

苏州工业园区总工会

【概况】 2023年，苏州工业园区总工会（简称"园区总工会"）围绕思想政治引航、创新建功聚力、服务创优暖心、扩面固本强基、改革建设提质五项工程，提升工会工作整体水平。召开园区工会第二次代表大会和园区总工会二届一次全委会，选出委员35名、经审委员会委员7名和新一届工会领导班子成员。召开2023年"五一"国际劳动节庆祝大会，组织劳模工匠"双进"讲师团走进企业和校园开展劳模工匠精神宣讲会5场。完成重点企业建会任务42家，创新小微企业和灵活就业人员个人入会机制，开通"园工惠"网上入会平台，新增会员1.2万余人。截至年底，全区有各类工会组织10644家，会员66万余人。园区总工会获全省县级工会规范化"一县一品"建设示范单位称号，为全市唯一获奖单位。园区获苏州市产改工作评价考核第一等次。

【组织建设】 2023年，园区总工会加强工会系统党的建设，深化"党建带工建"工作机制，创新落实"县级工会加强年"专项工作，获苏州市唯一全省县级工会规范化"一县一品"建设示范单位称号。做好新就业形态劳动者工会工作，联合园区外卖行业党委成立园区外卖配送行业联合工会，覆盖饿了么、美团等9家外卖配送平台企业的3051名外卖配送员。创建贝壳苏州职工之家（苏州链家中海国际店）和饿了么工会户外劳动者之家两家"苏州市新就业形态劳动者职工之家示范点"。完善工会经费和资产管理，对346家工会组织和重点项目开展经费审查审计工作，全年返还小微企业上缴工会经费约1200万元。

【产业工人队伍建设改革】 2023年，园区总工会牵头召开园区产业工人队伍建设改革第四次联席会议暨工作推进会，组建由指导员、联络员和执行员构成的专兼结合的75人工作队伍，完成产改工作服务中心阵地和金鸡湖工匠学院阵地建设，创新推出"1+2+3"园区产改工作服务体系和试点单位成效评价激励机制，开展打通产改在基层落地见效的"最后一公里"路径调查研究，助推产改工作在基层落地见效。园区"社会组织助力产改"工作获市委办发文在全市推广，并获得中华全国总工会关注和认可。

【技能人才培育】 2023年，园区总工会主办包含10个主题竞赛项目的第三届"技承匠心"职业技能竞赛，产生园区五一劳动奖章获得者14人，指导和支持"新建元"杯企业职工安全生产和劳动保护技能竞赛等6场。新

2023年4月28日，苏州工业园区2023年"五一"国际劳动节庆祝大会召开
（园区新闻中心　供稿）

建金鸡湖工匠学院并正式投入运行，年内评选出"苏州工业园区技能工匠"100人、"五小微创新"项目100个、"新技术课程"10门、"优秀师徒评选"20对、"产教融合优秀项目"4个。组建一支包含40名高技能人才的"星期天工程师"师资队伍，开展"园工会大讲堂"12期、"高技能人才研习社"4期、"星期天工程师技能课程"20场，通过线上课程以及线下培训方式服务园区企业100余家，惠及企业职工2500余人。

【职工关爱帮扶】 2023年，园区各级工会开展促进稳岗就业"春风行动"，举办线下"2023年度'春风行动'"专场招聘会12场，参与企业260余家，提供优质岗位3912个。园区总工会持续做好困难职工帮扶救助工作，年度救助困难职工家庭18个，申报职工大病医疗救助120余人；投入金额约10万元，为1000余名外卖员赠送互助互济保障，为近500名园区各级劳模、困难职工家庭赠送2023年"江苏医惠保1号"补充医疗保险；结合"冬送温暖"工作，投入近400万元，开展"3+N"关爱行动，即送一份慰问金、送一份温情年货礼包、帮助实现一个新年微心愿和提供N个"贴心送"服务（包括送健康、送岗位、送教育、送法律、送文化、送和谐、送心理辅导、送普惠福利以及其他帮扶服务），惠及职工10万余人。

【集体协商】 2023年，园区总工会继续联合园区人社局对区域内2000余家重点企业进行和谐指数测评和法律体检，举办园区首届集体协商竞赛。深化区域性行业性工资集体协商，推动博世汽车部件（苏州）有限公司工会签订园区首份"企业技能提升、技术创新（专项）集体合同"，该公司职工专利申请数量增长137%。全区累计签订综合集体合同企业880家、工资专项集体合同企业792家、女职工专项集体合同企业826家、劳动安全卫生专项集体合同企业811家。

【职工普惠】 2023年，园区总工会开展夏季安康"送清凉、送安全、送法律"活动，向一线职工派送包含安全生产、劳动法律法规、职工维权手册等宣传资料的"安全文化大礼包"8000份。开展一线职工疗休养，成功申报市级职工疗休养基地7个，年内组织41批次2010人次参加一线职工疗休养，投入经费360余万元。成功申报省级幸福企业1家、市级幸福企业3家，命名"爱心妈咪小屋"16家和职工心灵小屋8家，成功申报"妈妈驿站"14家、康乃馨服务站15家，获评市级职工亲子工作室2家。

【职工思想引领】 2023年，园区各级工会广泛开展"中国梦·劳动美"五一系列主题宣传活动，举办"听党课、走基地、看发展"园区职工二十大精神学习系列教育活动12场，组织劳模先进职工代表1000余人观看弘扬"两弹一星"功勋科学家艰苦奋斗精神的芭蕾舞剧《壮丽的云》。举办工会干部基本业务培训班2期，300余名新任职工会干部参与培训并取得上岗资格证书。加强工会特色工作、创新亮点宣传，被中工网、《新华日报》《江苏工人报》等省级以上平台宣传报道29次，引力播等市级平台宣传报道9次。党群融合推动新建斜塘文体活动中心、时尚舞台新业态驿站等8个教育服务阵地。

【和谐劳动关系构建】 2023年，园区总工会继续完善由园区人社局、总工会、司法局、应急管理局等多部门共同参与的"大调解"机制，共同促进和谐劳动关系建设。联合园区人社局制定《合作推进和谐劳动关系建设的工作方案》，通过开展薪酬调研、和谐指数测评和打造多元化调解队伍，形成劳动领域安全同抓、和谐劳动关系共建的有效联动机制。成立区级维护劳动领域政治安全工作协调领导小组并形成工作机制，对全区140余名领取补贴的非公企业工会干部开展专项摸底筛查；常态化做好专项排查化解工作，配合完成大同电工（苏州）有限公司清算解散工作，完成300余名职工的遣散补偿工作。 （周 静）

中国共产主义青年团苏州工业园区工作委员会

【概况】 2023年，园区发展共青团员1660人，累计2.79万人。截至年底，园区有基层团（工）委66个、团总支

2023年5月3日，园区开展五四运动主题团日 （园区新闻中心 供稿）

部93个、团支部2101个。中国共产主义青年团苏州工业园区工作委员会（简称"园区团工委"）贯彻落实习近平总书记关于青年工作的重要思想，开展团员和青年主题教育，深化基层组织改革，推动青年发展型城市建设，组织动员团员青年扛起"魅力园区 奋斗在我"的青春担当，推动全区共青团工作提质增效。全年实施书记项目17个，新建"青年学习社"5个，服务青年群体3000余人次。

【组织建设】 2023年，园区团工委发挥园区大部门制体制运行优势，坚持党建带团建，健全团的各级组织体系，组织开展基层团组织书记"双述双评"工作，围绕中心和青年所需实施书记项目17个。全年新建"两新"领域团组织125个、社会领域团组织180个。总结提炼的产业园团建"五个一"工作法获共青团中央书记处第一书记肯定。

【载体建设】 2023年，园区团工委聚焦科技创新和文化传承，继续优化"生命之源""农耕文化"等青年学习社路线。围绕商圈楼宇、青年人才、"三新两企"等新建"青年学习社"5个、"青年学习社"线路1条，打造园区高端制造与国际贸易区政关企青年之家等"园区示范性青年之家"10个。

【青年创新创业服务】 2023年，园区团工委立足数字经济时代产业创新集群建设需要，举办青年人才创新发展论坛，创新打造"园青论坛"品牌，链接智库专家、行业"大咖"、头部企业等资源，赋能青年创新创业人才成长发展。依托独墅湖青年创新创业港举办青年创业大赛、独墅湖创业咖啡等活动，为创新创业青年提供专业化服务平台和高质量展示窗口。

【青少年思想引领】 2023年，园区团工委深入学习贯彻党的二十大精神，开展团员和青年主题教育，覆盖团支部2099个。组织SIP"890"青年讲师团和各级团组织书记带头讲团课410余场，开展线下青年大学习36场，推出线上微团课8期，打造集课后延时服务、"向社区报到"、校外实践基地于一体的"红领巾学习圈"，引导青少年不断坚定"四个自信"。

【青少年关爱帮扶】 2023年，园区团工委引导辖区内爱心企业参与困境青少年和外来务工子女关爱帮扶工作，启动"逆风飞翔·相伴成长"2.0版本，新建"梦想小屋"6间，打造"青春护航、法伴成长"青少年维权品牌，构建"政府主导、民政牵头、部门配合、家庭尽责、社会参与、全民关爱"的青少年立体关护新局面。

【青年发展型城市建设】 2023年，园区团工委提档升级青年人才驿站13个，推出"来园区 寓见你"交友联谊品牌，联合多部门开设青少年暑托班民生实事项目179个，举办团建助企青春市集，上线"SIP青乐惠"生活服务平台并推出"青享卡"专属文娱体验及消费折扣，不断丰富青年"8小时外"生活圈，打造青年发展型城市区域标杆。

【新兴领域青年发展服务】 2023年，园区团工委发挥区域文化产业资源集聚优势，强化园区数字文化青年联盟建设，举办数字文化青年论坛、数字文化青年"青春活力季"等主题活动，选址金浦九号文化产业园打造"新兴向浦"青年学习社路线，从资本对接、创业培训、社群构建等方面为新兴领域青年创业创作提供全链式服务。

【社区青春行动】 2023年，园区团工委深入开展社区青春行动，实施"青YOUNG社区"工程，与苏州大学8个院系52个团支部达成长期合作，1700余名大学生团员以跟班实践、项目合作、活动参与等方式，活跃在5个街道181个社区，街道团的力量增长76%，形成具有"园区特色"的大学生进基层报到模式。

【基层团组织改革】 2023年，园区团工委全面落实《苏州工业园区共青团基层组织改革实施方案》18项改革举措，联合园组织部共同出台《苏州工业园区关于落实党建带团建、队建工作的实施方案》，印发《关于实施苏州工业园区"青YOUNG社区"工程方案的通知》《2023年度苏州工业园区共青团工作评估方案》，构建团建工作"1+N"制度体系，多渠道选优配强团的工作力量，多途径调动筹措团的资源，增强共青团的组织力、引领力、服务力和大局贡献度。 （周 静）

【中新青年发展论坛】 （参见第19页）

苏州工业园区妇女工作委员会

【概况】 2023年，园区有功能区、街道、社区妇联164个，直属系统、事业单位妇联19个，"三新"领域妇联69个，其他各类妇女组织1204个，累计建设妇女儿童中心、妇儿之家、"妇女微家"等各类阵地216个。苏州工业园区妇女工作委员会（简称"园区妇工委"）聚焦妇联组织政治性、先进性、群众性提升，深化"巾帼心向党、巾帼建新功、巾帼暖人心、改革再出发"四大行动，从思想引领、妇女发展、妇儿权益、家庭家教家风、儿童友好等方面推动妇联工作提质增效，"SIP·她时代"妇女工作品牌内涵持续丰富。全年接待国务院妇儿工委、全国妇联、省妇联调研考察5次。

【妇女思想引领】 2023年，园区妇工委实施巾帼大学习、大宣讲、大宣传计划，深入推进"牢记嘱托 感恩奋进"主题教育活动，在"园区妇工委"微信公众号开设"她享学"线上学习专栏，依托"园木兰直播间"打造"园木兰宣讲汇"线上宣讲品牌，凝聚妇女思想共识。全区各级妇联组织开展教育培训、线上领学、读书分享等学习活动20余场、线上线下巾帼大宣讲活动231场，举办纪念三八国际妇女节主题活动、"温柔的力量"巾帼人物光影艺术展等各类主题宣传活动6场，带动全区妇女参与2万余人次。

【妇女创新创业服务】 2023年，园区妇工委继续深化科技创新巾帼行动、巾帼创业就业促进行动，出台《苏州工业园区关于支持女性科技人才发展的若干措施》。推动园区女企业家协会成立，实施"巾帼园梦·她创未来""巾帼智造·创新有我"两大品牌项目，搭建女性人才"慧创社"、女性创新创业实训营两大赋能成长平台，试点建设女企业家服务工作站、女企业家协会"慧客厅"、女性人才公寓等服务阵地。全年举办产学研对接、创新创业大赛、政策宣讲咨询、女性人才招聘等活动20场次，推荐9名女性人才获评全国、省、市级荣誉，2家单位获评"江苏省女大学生创业就业实践基地"。

【妇女儿童权益维护】 2023年，园区妇工委常态开展妇女儿童维权工作，建立园区妇女儿童权益保护联席会议机制，联合园区法院、检察院等部门出台《关于办理涉家庭成员侵害未成年人案件的实施细则（试行）》等文件。推动园区婚姻家庭纠纷调解委员会成立，依托园区社会矛盾纠纷调处化解中心建设区级婚姻家庭调解工作室，建设园区妇女儿童权益保障中心，推进"守护家庭""巾帼守护者联盟护航计划""我助妇儿康·双护课堂""一户一策"等维权项目。全年开展妇儿普法宣传35场次，为1785户家庭提供婚姻辅导、家事调解。

【家庭文明建设】 2023年，园区妇工委宣传"好家庭典型"，开设"她最美"线上宣传专栏讲述最美家庭的感人故事，组织开展"寻找最美家庭"活动。开展"好家风活动"，挖掘区域家教资源、依托家教阵地，协同推进家庭教育服务，推动"家庭教育指导服务中心园区分中心—街道家庭教育指导服务工作站—社区家长学校"三级服务体系建设及阵地建设，凝聚协同育人强大合力。年内，新增省级荣誉家1户、市级荣誉家庭6户，寻访园区"最美家庭"10户、园区"最美家庭提名家庭"9户，推出文明寻脉等家风家教亲子研学路线4条，组织开展家风文化季系列活动20余场，征集《习近平走进百姓家》主题征文80余篇。

【儿童友好园区建设】 2023年，园区妇工委加快推进儿童友好园区建设，推动儿童友好园区领导小组会议召开，争取儿童友好园区建设专项经费配套，通过会议督办、实地督导、项目验收等方式完成儿童友好园区建设任务42项，推出"与园区'童'成长"儿童友好四大主题系列活动。指导泾园南社区等3个社区获"苏州市儿童友好社区"命名、园区金鸡湖学校等3所学校获"苏州市儿童友好学校"命名。打造苏州文化艺术中心儿童友好示范剧场、阳澄湖农耕社教儿童友好实践基地等示范点32个，开展自然、艺术、科普研学和夏令营活动9场次。

【品牌项目创新】 2023年，园区妇工委探索实施"创新生·她互联——园木兰直播间"项目，通过搭建直播平台、打造直播空间、开设直播课堂、开展直播助企等方式，提供学习培训、成长发展、时代建功的平台，先后举办直播培训、直播讲座等活动5场，服务女性1200余人次。联合园区外事办公室实施"国际她力量"中外女性融合发展项目，通过搭建"她共享"服务咨询平台，开展"她共建"家庭融合活动，实施"她共创"互助成长行动，凝聚外籍女性力量，助力园区国际化社区治理创新。

【典型选树】 2023年，园区妇工委选树女性先进典型，弘扬先进事迹，传递榜样力量，获全国三八红旗集体等国家级荣誉1个，江苏省三八红旗手、红旗集体等省级荣誉5个，苏州市三八红旗手、红旗集体、巾帼建功标兵、巾帼文明岗、最美巾帼科技人物等市级荣誉24个，表彰园区三八红旗集体、三八红旗手、妇女工作先进集体、妇女工作先进个人、"妇女微家"示范点等先进典型50个。在全国、省、市各类女性先进个人典型选树中，女性科技工作者入选比例占60%。

【纪念三八国际妇女节系列活动】 2023年3月，园区妇工委开展纪念三八国际妇女节113周年系列活动，以"激扬巾帼志，燃梦绽芳华"为主题，开展纪念三八国际妇女节113周年主题活动、三八暖心关爱、女性专场招聘会、三八维权周、女性联盟迎春茶话会、女性科技人才政策宣讲会、巾帼大宣讲女大学生专场、"温柔的力量"光影艺术展等一系列活动，营造浓厚节日氛围，激励女性为园区高质量发展贡献巾帼力量，展示园区女性投身现代化建设的实践和成果。 （周 静）

苏州工业园区科学技术协会

【概况】 2023年，苏州工业园区科学技术协会（简称"园区科协"）召开科协第二次代表大会，选举产生新一届科协领导机构。推动7家重点科技企业成立企业科协。完成国家海外人才离岸创新创业基地（苏州工业园区）相关建设情况评估，履行园区管委会作

2023年12月8日，苏州工业园区科协第二次代表大会召开

（园区新闻中心　供稿）

为省海创联联席会长单位相关职责，配合国际科学家苏州峰会相关活动。园区获评江苏省科普教育基地6个（含复评）、苏州市第25批科普教育基地1个、"十四五"第二批苏州市科学教育综合示范学校3个，获评2022年度苏州魅力科技人物2人、团队1个。

【海外智力服务工作】 2023年，园区科协完成国家海外人才离岸创新创业基地（苏州工业园区）相关建设情况评估，新加坡国立大学苏州研究院、苏州工业园区国际商务合作中心（新加坡）被上级科协肯定为离岸基地2.0版本。中美生物医药创新中心等3家单位入选省级海外人才离岸创新创业基地。通过市科协关于落地项目展示厅建设补助及50个海外离岸创新中心产业化项目成果绩效评估。配合苏

州市国际科学家苏州峰会相关活动，支持新英格兰医学前沿医学AI发展论坛等精英周重要海智活动，"2023金鸡湖创新创业大赛"获省科协立项资助。履行园区管委会作为省海创联联席会长单位相关职责，会同市科协与欧洲技术转移联合会在中德智能制造论坛上签订三方协议。

【科普阵地建设】 2023年，思必驰科技股份有限公司"对话式人工智能科普展示馆"、科大讯飞（苏州）人工智能展示馆、园区青少年活动中心、草鞋山考古遗址公园获评江苏省科普教育基地。苏州文化艺术中心、园区图书馆复评入围江苏省科普教育基地。苏州工业园区东方华夏心血管健康研究院的心血管健康科普基地获评苏州市科普教育基地。园区东延路实验学

校、园区朝前路实验学校、园区外国语学校获评"十四五"第二批苏州市科学教育综合示范学校。

【企业科协建设】 2023年，园区科协推动苏州金螳螂建筑装饰股份有限公司、苏州纳微科技股份有限公司等7家重点科技企业成立企业科协，思必驰科技股份有限公司、苏州金螳螂建筑装饰股份有限公司科协获评市示范企业科协。推荐沛嘉医疗科技（苏州）有限公司张一、中国科学院苏州纳米技术与纳米仿生研究所张斑、苏州亚盛药业有限公司杨大俊团队分别当选2022年度苏州魅力科技人物和团队。

【科普活动】 2023年，园区科协实施"基层科普行动计划"、"小小生命科学家"培养计划等，联合中国科学院苏州纳米技术与纳米仿生研究所推出纳米科普展，扩大科普地图品牌影响力。发挥头部科创企业作用，实施科普基地开放共享工程，纳入科普地图单位20余家，包括园区青少年活动中心智造之家、苏州协鑫未来能源馆等国家级科普基地，以及信达生物制药（苏州）有限公司、思必驰科技股份有限公司等新兴产业领军企业。配合园区妇工委推动儿童友好园区建设，完成典型活动案例等储备项目工作。会同园区教育局、青少年活动中心举办2023年度园区青少年科技嘉年华活动。

表8　园区获评市级及以上科普教育基地情况（2023年）

序　号	基地名称	机构名称	类　型
1	对话式人工智能科普展示馆	思必驰科技股份有限公司	省　级
2	科大讯飞（苏州）人工智能展示馆	科大讯飞（苏州）科技有限公司	省　级
3	苏州工业园区青少年活动中心	苏州工业园区青少年活动中心	省　级
4	草鞋山考古遗址公园	苏州工业园区公共文化中心	省　级
5	苏州文化艺术中心	苏州文化艺术中心	省　级
6	苏州工业园区图书馆	苏州工业园区公共文化中心	省　级
7	心血管健康科普基地	苏州工业园区东方华夏心血管健康研究院	市　级

【"领军人才话科普"系列讲座】 2023年，园区科协联合园区人才办，会同中国科学院苏州纳米技术与纳米仿生研究所、苏州系统医学研究所等大院大所专家学者开展"领军人才话科普"特色活动，先后组织专家走进园区景城学校、苏州中学园区校、钟悦社区等，为社区居民和青少年举办科普讲座。科大讯飞（苏州）科技有限公司AI研究院科学家、高级研究员何山博士在科协第二次代表大会上做《认知智能大模型技术解读及最新进展》专题报告。　　（余文军）

苏州工业园区工商业联合会（苏州工业园区总商会）

【概况】 2023年，苏州工业园区工商业联合会（简称"园区工商联"）围绕园区党工委中心工作，以促进"两个健康"为靶点，以提升园区营商环境为重点，召开园区工商联四届二次执委会议，增强会员队伍生机与活力，促进园区民营经济高质量发展。

【调查研究】 2023年，园区工商联坚持围绕园区民营经济发展中的重点、难点问题开展调研，以解决问题为导向开展各类活动。先后走访苏州维力医疗科创园及民营企业180余家，协助62家企业解决实际困难和问题69件。针对企业普遍存在的环保、税务、

2023年9月15日，2023年苏州工业园区"法治护航"专项行动企业合规主题培训举行
（园区宣传和统战部　供稿）

行政审批等问题，组织开展"圆融季汇通"活动4场，参加企业近320家，助力企业健康发展。

【培训服务】 2023年，园区工商联关注民营企业人士健康成长。举办"长风破浪·奋发有为"主题活动，组织80余名企业家到上海参访学习，帮助企业高效可持续发展。举办民营企业高层管理人员培训2期，邀请相关专家讲授新时代中国经济发展与企业转型、组织管理与人才队伍建设等内容，累计参训人员200余人。

【品牌服务】 2023年，园区工商联继续深化和创新服务品牌，将"法治护航""融易护航"和"绿色护航"加入"同心护航"品牌矩阵中，形成9个服务子品牌，共同为企业生产经营保驾护航。创新打造"同心联盟"品牌，围绕园区产业发展大局，聚焦民企产业升级，打造"智能制造联盟""产业融创联盟"和"服务贸易联盟"，提升企业竞争力。先后举办品牌活动16场，主题包括用工招聘、银企对接、"智改数转"等，受益企业500余家。

【新一代民营企业家培养】 2023年，园区工商联强化新一代民营企业家培养工作。与园区青年创新创业者联合会签署共建协议，创新打造"青企航"品牌及服务站，在企业全生命周期内提供安全生产、知识产权等主题业务服务，通过推动站点"下沉"，提升企业的体验感、满意度。举办青年企业家交流会、"法治进民企"宣讲会、第二期"园青论坛"等活动6场，惠及新一代民营企业家220余人。（季己辰）

政法委与综治

【概况】 2023年,园区政法委聚焦维护社会稳定、市域社会治理现代化试点、平安园区、法治园区建设各项重点任务,忠诚履职、担当作为,为园区高质量发展营造良好的平安稳定和法治环境,为建设开放创新的世界一流高科技园区贡献政法力量。

【平安园区建设】 2023年,园区政法委开展社会治安重点地区和治安突出问题排查整治工作,完成东港新村、联丰广场、吴淞打工楼等挂牌项目整治14个。推进严重精神障碍患者监护服务管理工作,全年未发生严重精神障碍患者肇事肇祸案件。开展"无诈社区""无诈机关(单位)""无诈校园""无诈企业"建设。坚持和发展新时代"枫桥经验",开展"枫桥式社区"建设,社区达标率100%。组织开展"平安校园""平安企业""平安医院"等系列平安创建,评选表彰企业122家、学校15所、金融机构16家、医院6家、寄递单位6家及工作人员54人。开展群众安全感专题调研,制定落实整改方案,2023年全省群众安全感测评中,园区群众安全感99.5%,位居全市第一。

【法治园区建设】 2023年,园区政法委加强法治园区建设,牵头实施"关爱民生法治行"活动项目27个。新建法律援助站点5个,联合园区人社局挂牌成立苏州市首家MCN机构人民调解委员会和劳动争议调解委员会,全年园区各级人民调解组织成功调解矛盾纠纷2.7万余件。编制并部署推动"八五"普法规划实施,开展群众性法治文化惠民活动560余场。全区建成省级法治文化特色园1个、省级法治文化建设示范点5个、市级法治文化建设示范点32个。园区管委会被评为苏州市重大行政决策程序制度落实优秀单位、参与政府立法工作优秀单位、行政复议案件受审理工作优秀单位。高质量建设运营苏州自贸片区法律服务中心,引驻法律服务机构40余家,集聚与涉外经济关联度高的法律服务机构9家。建成"理想·法律服务机构孵化器",首批引育新型调解组织5家,全年受理调解案件7732件,调解成功2881件,履行金额8787万元。推动园区律师协会与新加坡律师公会在新加坡—江苏合作理事会第十七次会议上签署法律服务业合作交流谅解备忘录,实现中新法律服务业合作交流常态化。加强涉外法律服务队伍建设,多人入选全国、江苏省和苏州市涉外律师人才库。园区法学会建立园区法律咨询专家库,遴选40名法

学会员入库,聘任11人为园区首批首席法律咨询专家。开展"百名法学家百场报告会"专题讲座4场,受众1000余人。完善"会员之家"建设,多人获评"苏州市首届优秀青年法学家""2022—2023年度法学会优秀会员"称号。

【安全稳定工作】 2023年,园区政法委围绕"防风险、保安全、护稳定、促发展"总体要求,完成全国两会、杭州亚运会等重大活动期间维稳安保任务。高效运行社会风险合成处置机制,常态化开展日研判、周分析、月报告制度,召开各类研判会246次,处置化解不稳定因素205件,稳步推进市、区两级重大涉稳事项挂牌督办案件处置化解20件。优化重大风险"一函两单"工作机制,发挥"审计师库"和"律师库"专家作用,开展穿透审计,推动重大涉稳事项依法平稳处置。强化重点突出领域风险防范,出台《苏州工业园区预付式消费领域风险防范化解处置工作方案》,建立"事前""事中""事后"风险防范完整体系。强化数字赋能机制建设,依托"民意速办""御盾"等管理研判系统,对各类涉稳风险、治理难题进行建模分析,推动社会稳定工作向高效化、智能化转变。统筹抓好维护政治安全、人民防线等工作,确保社会大局持续稳定。

【扫黑除恶斗争】 2023年，园区持续开展常态化扫黑除恶斗争，整体谋划高位推进，制发指导性文件13个，编发简报12期，出台督导问题整改落实方案、"无黑园区"建设重点工作推进计划，明确7项11条整改措施、4项7条建设要求，压紧压实各地各部门工作责任。全年接收办理线索62条，办结率93.55%，成案率58.06%，办结率和成案率分别增长18%和32%；完成审判恶势力犯罪团伙案件1件8人，移送起诉涉恶犯罪案件2件，处置涉恶案件财产约632万元。回顾总结信息网络、自然资源、交通运输、工程建设等四大行业领域整治成效，加快推进教育、金融放贷、市场流通等新三大重点行业领域整治工作；发挥"三书一函"作用，及时堵塞行业监管漏洞，政法系统各部门发出"三书一函"26份，获评苏州市常态化扫黑除恶斗争优秀"三书一函"3篇、江苏省高级人民法院优秀司法建议1篇。娄葑街道"劳务'黑中介'综合治理"项目、市场监管局"全力打造'无黑市场'建设升级版"项目获评2023年苏州市"无黑城市"建设优秀实践项目。开展《中华人民共和国反有组织犯罪法》集中宣传月活动，组织以案释法、"谁执法谁普法"、"我参与我知晓"等活动，发放应知应会读本1900余份、宣传折页3.9万余份、围裙10万余份、手提袋4.5万余份，推送微信、短信覆盖约166.49万人次，营造扫黑除恶浓厚氛围。

【社会治理现代化建设】 2023年，园区持续推进市域社会治理现代化。制定实施《苏州工业园区社会治理现代化"补短板、强体系、防风险、提能力、固根基、争一流"三年行动计划（2023—2025）》，重点推进落实主要举措22条。加强三级社会矛盾纠纷调处中心（工作站）建设运行，区、街道、社区三级社会矛盾纠纷调处中心（工作站）全面实体化运行，全年受理调处案件1.9万余件，办结率99%以上。建立健全网格工作机制，全区划分4134个微网格，配备微网格联络员4293人，全年上报简易工单20.6万余件，现场核查工单6000余件，上报社情民意2.3万余件。

【政法队伍建设】 2023年，园区政法委深入开展习近平新时代中国特色社会主义思想主题教育，主持调研课题7项，制订整改措施34项。强化党建引领，组建政法委党总支，设立政法委机关、司法局、指挥中心支部3个，深入开展书记项目、党建结对共建活动，挂牌成立网格员急救培训基地。全面贯彻《中国共产党政法工作条例》，深化政治忠诚剖析、政治督察，纪律作风督查巡查，完善理论中心组学习、重大事项请示报告、系列会议等制度，政法干警政治轮训实现全覆盖，新增习近平法治思想教育基地、检察院政治忠诚教育馆2个市级政治忠诚教育馆。巩固深化政法队伍教育整顿成果，推动党工委主要领导、纪委书记、政法委书记、政法各单位纪检组长为政法干警讲党课，组织政法干警集中收看反腐专题片、旁听职务犯罪庭审，完成政法系统领导干部交流轮岗任务，落实街道司法所双重管理制度。深化网格治理、信访矛调、社矫安帮等业务培训，推动年轻干部上挂下派，办好第二期信访维稳攻坚专班。涌现出全省法院金融审判工作先进集体、全省"十佳检察文化品牌"、2023年人民网"网上群众工作民心汇聚单位"以及全国公共法律服务工作先进个人、知识产权保护工作先进个人、全省优秀法官等一批先进集体和先进个人。

（叶　莱）

法治政府建设

【概况】 2023年，园区深入学习贯彻习近平法治思想，贯彻落实党中央、国务院印发的《法治政府建设实施纲要（2021—2025年）》，按照省、市关于法治政府建设的决策部署，紧扣园区发展主题，以解决法治领域突出问题为着力点，推进依法行政，加快建设法治政府。园区管委会被评为苏州市重大行政决策程序制度落实优秀单位、参与政府立法工作优秀单位、行政复议案件受审理工作优秀单位。

【政府职能履行】 2023年，园区贴近产业一线需求，织密"就近办"矩阵，以"15分钟政务服务圈"为抓手，布

2023年9月8日，2023中国仲裁周苏州专场暨阳澄南岸法治论坛活动举行
（园区政法委　供稿）

局综保大厦、纳米城等"基层政务服务先锋站"6个，新设金浦小镇、阳澄银座"融驿站"2个，下沉企业登记、环保、建设等高频业务，更多服务事项实现"家门口、一次办"。深化重点领域审批改革，服务重大项目早落地、早开工、早投产，25个项目实现"拿地即开工"。全省率先实现营业执照省内"通办通取"，园区市场主体总数累计18万余户。发布全国首个《政务服务"全程网办"平台建设规范》地方标准，升级"一网通办"三端，新上线可信身份认证、养犬管理等业务40余项，升级人才服务、供需对接等专区10余个。与上海市普陀区等地开展"跨省通办"，实现与12个省区市323个地区互联互办。深化"审管执信"改革，强化数据赋能闭环管理应用场景，在全国首创企业风险计算器。完善"双随机、一公开"监管联席会议机制，完成条线监管事项认领工作，推进跨部门联合监管常态化。将跨部门联合双随机监管开展情况纳入营商环境绩效考核指标，建立工作通报制度。高质量建设运营苏州自贸片区法律服务中心，引驻法律服务机构40余家，形成国际化法律服务"生态圈"。打造"理想·月月谈""理想·大讲堂"等交流品牌，启动"理想·护航灯"公益法律服务项目，成立"理想·上市企业法务联盟"。举办2023中国仲裁周苏州专场暨阳澄南岸法治论坛活动。推动园区律师协会与新加坡律师公会在新加坡—江苏合作理事会第十七次会议上签署法律服务业合作交流谅解备忘录，实现中新法律服务业合作交流常态化。

【规范性文件管理】　2023年，园区严格履行法定程序，出台《苏州工业园区关于进一步加强业主委员会履职能力建设的指导意见》等实践急需规范性文件。按时向上报备规范性文件，依法接受上级监督审查。开展规范性文件清理100余份，完成现行有效规范性文件集中统一公开。建设规范性文件数据库，推动文件集中动态管理。组织规范性文件管理业务培训，召开合法性审查业务交流会，发布常用条文标准表述50余项，提高规范性文件制定水平。

【重大行政决策管理】　2023年，园区将编制《苏州工业园区国土空间总体规划（2021—2035年）》等项目纳入园区管委会重大行政决策管理，遵循法定权限和程序作决策。全面评估两项超高层建筑项目重大行政决策的实施效果，保证决策的执行质量。相关街道依法论证幼儿园改造等重大行政决策，提高决策的科学性、民主性和合法性。实行起草机构和园区司法局双重合法性审查机制，确保园区管委会合同签订主体适格、内容程序合法。将土地征收程序等法律事务纳入合法性审查范围。

【行政执法监督】　2023年，园区全面推进道路交通安全执法领域突出问题专项整治，开展重点领域行政执法案卷评查专项行动，评查15家单位70余件案卷。编印《行政执法工作手册》，发布《行政执法告知参考指引》《行政执法规范用语参考指引》，打造可操作性强的执法指引。发挥典型案例在执法实践中的示范指导作用，精选发布创新执法方式保障"企业敢干"等行政执法典型案例2批13件，促进执法机关规范办案。实地督察斜塘、唯亭、胜浦3个街道和园区人社局、卫健委、交警大队3个执法机关，推动执法机关严格规范公正文明执法。落实包容审慎柔性执法，规范行政裁量权基准适用，常态化推进证明事项告知承诺制，优化企业、群众办事体验，全力提升服务效能。严格认定行政执法主体资格，加强执法人员资格全方位管理。构建线上、线下相结合的培训模式，实现执法人员全员轮训。

【行政权力制约监督】　2023年，园区编制发布政府信息公开年报，规范信息发布工作，印发《关于进一步加强政府网站和政务新媒体信息发布内容审查的通知》。构建政民互动交流，开展调查征集7次、在线访谈4次，及时回应社会关切。打造政策解读专栏，制作多形式政策解读20余条，汇编政策解读合集83篇，累计浏览量突破10万人次。聚焦政府重点工作，全年转载党中央、国务院重大决策部署142条。深化政策基础库建设，推进"一网通看"养老场景化专题上线，完成部门政府信息公开专栏建设，提升政府信息公开的全面性和系统性。建设完善园区信用平台—政务诚信功能模块，助力提升园区政务诚信水平。开展"诚信宣传进机关"活动，促进政务服务重点领域公职人员守信践诺，提升政府公信力。

【行政复议和诉讼案件审理】　2023年，园区行政复议案件结转22件，新发生159件。新发生案件中，受理124件，增长58.97%；审结159件，调解、申请人自愿撤回行政复议申请等实质性化解纠纷53件，行政复议机关实质性化解案件率33.33%，按期结案率100%，经园区管委会行政复议案件未发生败诉。继续深化府院良性互动，召开行政复议行政应诉与行政审判联席会议，成立行政争议协同化解工作站。严格落实《苏州市行政复议和行政应诉案件过错责任处理暂行办法》，建立过错责任处理机制。园区各行政机关一审行政应诉案件95件（含2022年结转15件），其中，原行政机关单独应诉78件（含2022年结转13件）、复议机关单独应诉1件、共同应诉16件（含2022年结转2件），园区管委会本级行政应诉案件未发生败诉，行政机关负责人出庭应诉率100%。

（姜　慧）

公　安

【概况】 2023年，苏州市公安局苏州工业园区公安分局（简称"园区公安分局"）根据市公安局党委和园区党工委、管委会总体部署，围绕"五个一流"目标，全面推动"市县主战、派出所主防"改革，强化防风险、保安全、护稳定、促发展措施落地见效，坚决守住"六个不发生"底线，完成多次重大安保警卫任务，先后承接全国经侦工作会议、全省警卫基层基础工作现场会参观点任务，多项创新务实举措得到肯定。数字孪生安保指挥系统获江苏省公安科技创新大赛三等奖；智能网联综合管控平台、数据安全防护、综合交通信号控制系统等3个项目获2023年市公安局科技强警奖，园区公安分局获评全市公安机关"科技应用示范标杆单位"，被授予科技强警组织奖。

【安保维稳】 2023年，园区公安分局完善警种合署办公、最小作战单元、所队联巡联控等勤务运行模式，"主战主防"改革效应释放，落实"1、3、5分钟"快速反应机制和常态化武装巡逻工作，按警情等级形成战斗力互补，构建就近调警、梯次增援的路面联勤联处快反机制。高效处置各类突发性事件50起。完成重要警卫51批次和大型赛事活动安保任务520场次，确保敏感节点"零进京、零非访、零滋事"。全年化解事项304件，销号挂牌督办不稳定因素11件，多起重大敏感涉稳事项转为持续平稳，不稳定因素预警率增长41%，化解率增长33%。严格活动安全许可和审批，落实安全监管措施，细化安保方案和应急预案，完成大型活动安保任务477次，超2019—2022年总和的386次。

【打防犯罪】 2023年，园区公安分局推进"减量控大""百日攻坚"专项行动，持续开展"两卡"专项治理，打击整治电信网络诈骗黑灰产，全力抓金主、打平台、断资金，实现打击治理电信网络诈骗犯罪"两降两升"工作目标；成功劝阻1113人，劝阻金额2834万元；在云南边境抓获回流犯罪嫌疑人52人。打造本地追逃特色模型，抓获历年逃犯31人，抓获潜逃20年逃犯2人，其中命案逃犯1人。侦破非法获取国家秘密专案、"8·9"专案等重特大案件。自主开发联侦快破平台，搭建传统侵财前科人员静态人像库和涉案警情数据库，对打击传统侵财犯罪成效显著，破案率51.9%，增长5.8个百分点。

【惠企便民】 2023年，园区公安分局推进综合窗口建设，设立区级综合窗口1个和派出所综合窗口5个，整合多警种政务服务事项，方便群众就近办、一窗办，提升三级综窗服务效能。联合园区经发委，创新推出"养犬年检一件事"，实现养犬登记电子证照化，并自动延期，为群众提供无感体验，累计服务管理768张。以国际融合服务中心为核心，推出"双中心一体化"服务模式，在国际化社区、国际化景区、外资企业、国际学校、苏州城市航站楼等涉外场景设立"国际融合服务站"11个，与基层派出所推进"一核多点"的国际融合服务新模式。

【智慧警务】 2023年，园区公安分局打造"数智园警"平台系统，建设执法车载智能助手应用，优化处警流程，对接警内容进行预警和流程引导，增强数字警员智能服务能力，赋能维稳、接警、核警等警务工作。将数字孪生技术全方位移植到音乐喷泉广场，实现场景全景立体式呈现，开发完善人流量短时、长期的预测模型，生成不同场景下针对性预案，有效提升音乐喷泉现场多维全面监测能力、科学决策水平和安保实战效能。全方位统筹警种侦查手段和内外数据资源，孵化侦查领域的数据模型和技战法应用，提升技术支撑能力。推进危险化学品单位技防智能化升级改造，开展危险化学品智慧平台二期建设，完成辖区41家存储50千克以上易制爆危险化学品从业单位的现场安装工作。

（曹伟薇）

【交通管理】 2023年，园区公安分局交警大队（简称"园区交警大队"）获评公安部表彰的全国交警系统100个党建带队建设示范单位、"江苏省工人先锋号"。

事故接处。全年接报各类交通警情139962起，其中伤人道路事故11895起，受伤14205人，致死41人，交通事故死亡率3.53人/10万人，事故处理中心受案交通事故16584起，"8+X"平台调处交通事故37096起。

违法整治。全年开展各类交通违法整治行动136次，出动警力7480人次，回复解决民生关切问题23328起，查处各类交通违法行为206342起，其中机动车违法46579起、非机动车和行人违法159763起。

交通优化。全年现场勘查650次，专题研究67次，消除隐患632处，优化交通组织275项，新增停车位375个；开展47次专题方案调研落地，信号配时优化2484次，处理交通拥堵、事故等影响交通运行事件2407起。

源头管控。全年完成11家校车单位100辆校车和102名驾驶人建档工作，432条校车运行线路勘验，216张校车标牌审核制作；完成287家客货运企业注册及驾驶人备案，160家重点单位安全责任书签订；开展现场检查3177家次，驾驶人教育743人次，发放安全告知单1925份，开具隐患整改通知书1148份，发送提示短信337282条、微信152条。

车驾管服务。园区驾驶人注册46.6万人，机动车注册38.6万辆，电动自行车注册71.5万辆。车管分中心办理各项业务21.7万件；车辆查验审核51241笔、转移登记审核17760笔、新车受理和免检审核25816笔、机动车检验审核87545笔；接待"科目一"考试50427人次、驾证审验学习1309人次、满分学习2851人次。

安全宣传。全年开展"三进"走访及各类宣导活动1200余次，参与群众9万余人次。"苏州园区交警"微信公众号发帖829篇，参与制作电视新闻56条，工作信息录入市级媒体543次、省级媒体27次、央级媒体23次、"学习强国"平台2次。园区交警大队原创拍摄的《园警说》定格动画系列短视频获评年度公安部道路交通安全文化作品短视频类三等奖。公安部道路交通安全研究中心决定于东延路实验学校、天域幼儿园、尚城幼儿园试点建设全国首批3家"少年儿童交通安全教育创新实践基地"。（曹　健）

检　察

【概况】 2023年，苏州工业园区人民检察院（简称"园区检察院"）维护社会公正和人民群众合法权益，与北京大学犯罪问题研究中心共建基层涉企法律研究实践基地。在全国首创"检速达"风险防控机制，入选江苏自贸区第四批创新实践案例。全年办理案件2349件，获全省"十佳检察文化品牌"等集体荣誉15项、全国知识产权保护工作先进个人等个人荣誉29项。检察工作被《检察日报》、最高人民检察院微信公众号报道56次。

【刑事检察】 2023年，园区检察院针对教育整顿期间人民群众反映强烈的"有案不立、压案不查、有罪不究"等问题，加强法律监督工作。监督立案、追捕追诉的犯罪嫌疑人中，被判处3年以上有期徒刑的人数增长115.4%。依托"侦查监督与协作配合办公室"，

与公安机关共同开展挂案清理行动，监督撤案53人，解除部分当事人长期处于刑事诉讼中的困境。对判决不当的，提出抗诉4件，均被再审改判，努力做到公平公正、罚当其罪。在办案中自行发现线索，对一起吴中区司法工作人员充当卖淫场所"保护伞"的滥用职权案立案侦查。该案系"两反"转隶后，苏州市检察院交基层院直接立案侦查的第一起司法工作人员职务犯罪案件，推动政法队伍正本清源。对一起危险废物排放量难以查清的污染环境案件，率先激活兜底条款，提起刑事附带民事公益诉讼，被中央电视台等媒体报道。

【民事和行政检察】 2023年，园区检察院办理民事裁判结果监督案件26件，其中涉及虚假诉讼6件，对其中2件可能涉及行政违法和刑事犯罪的线索依法移送有关单位处理。探索依靠检察机关自行侦查获取的客观证据构建指控体系，依法对一名涉及2起民事诉讼和3起民事仲裁裁决执行、案值1000余万元的虚假诉讼案件被告人提起公诉，发挥震慑作用，维护司法权威。在民事执行领域一体化办理拒不执行判决、裁定刑事案件13件，同步对其中涉及的执行送达、执行决定等问题发出检察建议6件。办理行政生效裁判、行政审判程序违法等各类监督案件173件，在办理行刑衔接案件中，依法对其中109名被不起诉人移送有关行政机关予以行政处罚，防止"一放了之"。

【公益诉讼】 2023年，园区检察院践行"检察官作为公共利益的代表"职责使命，围绕生态环境和资源保护、国有资产、食药安全等领域，通过诉前磋商、发出检察建议、提起公益诉讼等方式，推动受损公共利益得到修复。全年办理公益诉讼案件57件，提起刑事附带民事公益诉讼3件，均得到法院判决支持。针对一起被告人酒

后从16楼抛掷2辆婴儿车、9件厨房用品的高空抛物刑事案件，在全省率先探索提起刑事附带民事公益诉讼。对全区近3年来的高空抛物投诉开展公益诉讼调查分析，推动开展专项整治。

【未成年人合法权益保护】 2023年，园区检察院深入贯彻《中华人民共和国未成年人保护法》和《中华人民共和国预防未成年人犯罪法》，从严惩治侵犯未成年人权益的犯罪案件29件30人。办理未成年人犯罪案件27件33人，对其中有挽救可能的14人做出附条件不起诉决定，对4人做出相对不起诉决定。对12名罪错未成年人开展帮教，助力未成年人成长。原创微电影《青春协奏曲》在全省检察机关首届"三微"作品评选中获优秀作品奖。在办理一起公安机关以介绍未成年人卖淫移送的案件中，追捕追诉2人，对其中1人变更罪名为刑罚更重的强迫卖淫罪，对其中2人追加认定强奸罪，严惩犯罪行为。

【知识产权司法保护】 2023年，园区检察院坚持"保护知识产权就是保护创新"理念，办理侵犯知识产权犯罪案件15件25人，知识产权保护研究成果入选全市社科应用研究优秀成果。面对科创企业知识产权尤其是商业秘密易受侵害的现状，树立"企业进入无人区，司法也要进入无人区提供相应保护"的理念。依法成功办理2起侵害国内生物医药和全球光模块通信领域龙头企业商业秘密案，在缺乏司法先例、认定存在分歧的情况下，分别对企业内部员工和高管"以不正当手段获取商业秘密"提出新的认定思路，被最高人民检察院纳入指导性案例库。办理1起复制国内某知名文化创意品牌企业玩具案件，依法加强文化产业保护，入选最高人民检察院依法惩治侵犯著作权犯罪典型案例。首创"检速达"风险防控机制，提醒涉

企风险隐患，入选江苏自贸区第四批创新实践案例。　　　（季天矯）

法　院

【概况】 2023年，苏州工业园区人民法院（简称"园区法院"）围绕"公正与效率"永恒主题，按照"以审判工作现代化服务保障中国式现代化"工作思路，在执法办案、服务发展、司法为民、队伍建设等方面持续发力。全年新收各类案件33008件，增长21.29%；审执结各类案件33300件，增长21.28%；员额法官人均结案661件，继续居全市法院首位。30名干警获评全省优秀法官、全省法院打击整治养老诈骗专项行动先进个人等，"标准化+数字化"办案机制入选江苏自贸区第四批改革试点经验，全国首创的法治社工分阶培养和评定体系经验获评苏州市改革典型案例。

【刑事审判】 2023年，园区法院依法严惩各类犯罪，刑事审判庭新收刑事案件921件，审结924件1062人。常态化开展扫黑除恶工作，审结涉恶势力案件1件8人。全面梳理分析辖区非法讨债放贷的恶势力犯罪新动向、新变化以及反映出的普遍问题，向园区金融发展局发出《关于统筹推进金融放贷领域整治工作的司法建议书》，该司法建议获评全省法院扫黑除恶优秀司法建议、全市打黑除恶"三书一函"评比三等奖。就办理"两卡"犯罪中发现的问题向市场监管部门、金融机构发送司法建议书20份。与园区市场监督管理局签订关于深化市场流通领域专项整治合作协议，推动市场流通领域专项整治高效开展。打击涉众型经济犯罪，稳妥推进非法集资陈案处置工作，审结省级挂牌督办的"雍芝真公司非法集资案"等非法集资刑事案件18件32人，涉案标的额66.35亿元。建立健全刑事审判庭与执行局在打击相关犯罪行为方面的协调配合机制，全年判处拒不执行判决、裁定等犯罪案件13件。

【民事审判】 2023年，园区法院审理涉教育、就业、医疗、住房等民生案件2789件。开展第5期、第6期"社区治理法治实训"，培训法治社工174人，覆盖全区5个街道170余个社区，初步实现"法治社工全覆盖"，为园区打造"枫桥式社区"筑牢队伍基础。借鉴新加坡调解员分阶认证体系的经验，在全国首创"法治社工分阶培养和认定体系"，联合园区社会事业局出台《苏州工业园区法治社工分阶培养及评定办法》，努力培养一支沉在基层、冲在一线的矛盾纠纷预防和化解队伍。相关工作获评2023年度苏州市改革典型案例。发布《社区治理法治指引》，围绕业主权益、物业服务、婚姻家庭等5个领域的50个社区常见法律问题，由资深法官编写解纷指南，成为社区化解矛盾纠纷的实用"小红书"。健全类型化案件多元解纷途径，向各类调解组织和平台分流案件22405件，成功化解7587件，成功率34%。深化价格争议调解工作机制，与省质检院等单位签订汽车消费维权合作协议，国家发展改革委和最高人民法院先后开展实地调研4次，并在园区召开全国价格争议纠纷调解现场交流会，向全国推广工作经验，1个案例获评全国法院司法技术优秀案例成果一等奖。深化"五一匠审"劳动争议品牌建设，发放《用工风险法律提示书》和《用工法律体检自查表》255份。

【少年及家事审判】 2023年，园区法院少年及家事审判庭新收案件3411件，审结3424件。严厉打击侵害未成年人犯罪，审结涉未成年犯罪30件31人。进一步深化诉调对接，"家和"调解中心全年处理家事案件1071件、普通民事案件577件，家事案件调撤率69%。联合园区妇工委在全区开展家庭教育指导工作站建设，扩大法律服务志愿者队伍。组成专家智库，由智库专家与调解员、法官，针对侵害妇女儿童及特困群体权益类的案件开展联合调解、跟踪心理疏导、家庭教育。加强未成年被害人的心理疏导和监护人的亲职教育工作，发放家庭教育指导令2份、人身保护令2份。与园区妇工委共同编印守护家园第二季案例集，针对特困群体在重阳节前夕开展"法护夕阳红"老年人权益保护专题活动。连续第13年开展青少年法治夏令营，3名法官受聘"法治副校长"，开展法治校园行活动7次。与园区妇工委、教育局联合启动"无忧计划"，共同预防家暴和性侵等严重侵害妇女儿童的行为。打造"三八维权周""青春护航，法伴成长"等普法品牌，与多家单位联合开展模拟法庭、观摩庭审、法治问答等活动，开展各类普法讲座7次、模拟法庭5次、现场法律咨询7次，参与群众2000余人。少年及家事审判庭获评省三八红旗集体。

【金融审判】 2023年，园区法院新收金融案件4798件，审结4961件，结案标的额42.06亿元。借助"苏州中小微企业司法金融纾困联动平台"调撤案件43件，涉及中小微企业36家，帮扶中小微企业化解金融纠纷，维护市场主体合法权益。常态化走访金融机构，就担保法律知识及地方金融风险治理等开展普法宣传，为金融行业健康发展保驾护航。组织邀请社会各界人士走进自贸区法庭，开展"法治护航一流营商环境建设"等活动，主动接受社会监督，接待各类参观、调研70余次。围绕集约化改革实践和金融机构司法新需求撰写调研报告2篇。参与金鸡湖街道"邻里善治"共

2023年7月28日，园区法院干警到自由水岸社区开展反诈普法宣传活动
（园区法院　供稿）

建项目，联手为社区居民发放医、学、服、文、银、商、法等"惠民大礼包"；常态化开展金融普法工作，党员法官进社区进行反诈普法宣传。组织听民意访民情活动3次，听取意见建议9条。金融审判庭获评全省法院金融审判工作先进集体。

【商事审判】　2023年，园区法院新收商事案件2576件，审结2601件。破产和强制清算案件逐年增加，全年受理破产和强制清算案件206件，审结190件，增长167.61%。审结破产案件涉及企业资产合计约11.38亿元，普通债权人15325人，职工债权人1416人；化解债权总金额约106.98亿元，其中金融债权18.76亿元、职工债权0.62亿元、税收债权3亿元；盘活土地面积9.41万平方米，房产面积19.21万平方米。推进破产案件重整和解，全年审结重整、和解案件22件，化解债权总金额42.48亿元，涉及债权人2450人，安置职工205人，引入投资额10.75亿元。深化"执破融合"工作机制，完善"执破融合"配套制度，通过破产程序化解诉讼案件3073件、执行案件3802件，挽救企业22家。在第壹制药破产重整案中，精准识别该

企业拥有47个发明专利以及核心产品占有较大市场份额的优势，创新引入"共益债"帮助其解决预重整期间融资问题，成功招募新投资人并获得3.55亿元投资，助力这家百年制药企业脱困重生，该案获评江苏法院"执破融合"优化法治化营商环境典型案例。建立破产管理人实训基地，制

"执破融合"典型案例《对话》

定《破产管理人实训基地实施方案》《破产管理人实训基地实施细则》《破产管理人实战手册》等规范性文件。

【知识产权审判】　2023年，园区法院新收各类知识产权案件1375件，审结1456件，结案标的额2186.6万元。妥善审结海的公司与武汉精测公司商业诋毁纠纷案，该案例获评全国法院系统2023年度优秀案例分析民事三等奖；在审理"小木匠"园林建筑模型著作权侵权案中，通过总结裁判思路和理念撰写的《建筑拼接模型玩具的作品属性及著作权保护边界》刊载于《人民司法》。知识产权纠纷协同调解中心化解知识产权纠纷682

件。发布《服务保障数字经济时代产业创新集群融合发展方案》，服务保障园区集成电路、生物医药和纳米技术应用产业创新集群融合发展。围绕民营企业司法需求，发布《司法保护民营企业高质量发展十大举措》及十大典型案例。连续多年常态化发布《知识产权司法保护白皮书》及典型案例，全面介绍知识产权案件审理情况、特色审判机制，以及司法服务保障苏州自贸片区高质量发展的创新举措。联合市知识产权局举办苏州市知识产权经理人沙龙，邀请20家企业的知识产权负责人参与；召开女性企业家代表座谈会等，通过现场座谈、答疑，解决企业经营中的实际需求。

【行政审判】　2023年，园区法院转变工作思路，与管辖法院建立常态化沟通机制形成有效合力，以优化诉前调解为抓手，推动行政争议实质性化解，助推园区政府法治建设。受理诉前行政非诉审查案件21件，苏州市中级人民法院、姑苏区法院、吴中区法院推送的诉前调解案件140件，处理完毕156件，成功化解11件，处理完毕非诉审查案件21件，被申请人均主动予以履行。与园区司法局、吴中区法院联合召开行政复议行政应诉与行政审判府院联席会议，与园区司法局联合召开行政复议应诉工作专题会议，构建良好的信息共享、问题会商工作机制。每年发布行政审判白皮书，向党委政府报送行政审判年报，健全诉讼态势分析研判机制，通过司法大数据为党委政府提供决策参考。撰写的涉园区行政机关案件年度分析报告，得到园区党工委主要领导批示。受园区司法局、房地产交易中心、综合行政执法局等行政执法部门邀请就规范行政执法进行专题授课，培训执法人员500余人次；参加相关部门行政处罚案件专家评审会，为依法行政建言献策。

【案件执行】 2023年，园区法院新收各类执行案件19979件，结案19814件，其中新收首执案件10078件，执结案件10126件，执行到位标的13.99亿元。执结恢复案件1344件，办结保全案件8120件。案件执行"标准化+数字化"机制被评为江苏自贸区第四批全省推行改革试点经验，1个案例被最高人民法院主要领导点名表扬，6个案例获评全国法院系统优秀案例分析、省法院公报参阅案例、全省法院优秀执行实施案例等。做好执行信访实质性化解，在设定每周承办人接待日、局长接待日的基础上，建立团队专人接听电话制度、创建专门管理终本案件微信号。按照"有信必复"要求，对待当事人的来信来访，做到全部回复和落实。打击拒执犯罪，移送涉拒执案件线索14件，判决13件13人，1个案例入选全市法院打击拒执典型案例。加强执行联动，与园区公安、交警等部门深化联动机制，解决"查人扣车难"问题。持续开展优化法治化营商环境行动，园区法院执行局获评全省"优化法治化营商环境执行年"1+4专项行动先进集体。

【智慧法院建设】 2023年，园区法院为提升当事人诉讼体验度，突出系统集成，完善"融e审"智慧庭审模式，借力大数据、区块链等前沿技术，构建内外网多平台融合的庭审新模式，实现"空间+网间+系统"全融合，举证、质证、笔录签名全面数字化。嵌入"语音打点"技术无缝庭审录像回看，并可进行无书记员庭审。研发"融e执""融e调""融e管"平台，实现音视频驾驶舱功能，逐步推进虚拟法庭应用。该项工作被最高人民法院"智慧法院进行时"微信公众号作为"成果巡礼"予以介绍。依托"审判辅助事务集约化平台"的集约化工作入选《江苏法院2023年司法改革案例选编（七）》。完成基层治理司法指数协同平台二期建设，提升数据主动推荐服务和深度挖掘应用能力，为社会治理、审判管理、情况反映、执行协作等提供数据支撑，上线运行并向社会发布，与行业主管部门、街道社区形成合力，提升区域社会治理整体水平，并整合各方面力量，为法院审判执行工作中查人找物、纠纷化解提供协作。在该基础上探索司法劳动关系和谐指数，进一步丰富指数平台内容和评价、治理覆盖面，相关工作获第一届"未来杯"江苏智慧法院创新事例一等奖。

（韦 玮）

司法行政

【概况】 2023年，园区司法局坚持以习近平法治思想为指引，推动法治园区、法治政府、法治社会一体建设，打造一流法治营商环境，维护社会稳定，推进各项工作扎实开展。重点打造苏州自贸片区法律服务中心并实体化运营，为市场主体提供全方位、全覆盖、全链条、全生命周期的法律服务。园区司法行政系统获省级荣誉2项、市级荣誉12项。

【公共法律服务】 2023年，园区新建独墅湖、淞源、虹桥、吴淞、欧典社区法律援助联络点5个。园区"12348"热线接听量12912人次，接听率98.36%，群众满意度98%；受理法律援助案件1479件，常住人口万人受援率近万分之十三。强化法律援助队伍建设，组织园区法律援助律师30余人集中培训学习，总结汇总案件办理、卷宗制作等方面存在的问题及经验，形成法律援助案件承办注意事项近100条，年度案件优良率位居全市第二。推行"一社区一法律顾问"制度，园区社区法律顾问提供现场服务2000余人次，开展法治讲座727场，其中开展社区法律顾问万场讲法活动263场，法治讲座覆盖8800余人。

【社区矫正与安置帮教】 2023年，园区司法局新接收社区矫正对象208人，解除社区矫正对象201人，在矫246人，未出现脱管漏管现象。实施"社矫安帮争先提优年"活动，组织社区矫正案件专项评查、"减假暂"案件专项评查，1个未成年人社区矫正案例获评全市未成年人保护优秀案例优胜奖。启动社矫安帮实训项目，作为"一区一品牌"项目推进，提升社矫安帮工作规范化水平。园区司法局在苏州市社区矫正业务技能"大练兵 大比武"竞赛中获优秀参赛队一等奖，2名社区矫正业务骨干分获个人演讲比赛二等奖、业务实操比赛三等奖。开展"春节送暖""六一护苗""金秋助业助学"专项帮扶行动，为1名刑满释放人员推荐安置就业。

【人民调解】 2023年，园区各级人民调解组织开展矛盾纠纷排查5500余次，成功调解矛盾纠纷27751件，调解协议涉及金额31039.89万元，调解协议申请司法确认273件。印发园区《践行"枫桥经验"深化"非诉服务"十二项具体举措》，动员各街道组织开展"万名调解员入网格进万家"活动，常态化开展"拉网式""滚动式"排查。指导推进企业人民调解组织规范化建设，联合园区人社局挂牌成立苏州市首家MCN机构人民调解委员会和劳动争议调解委员会，成立企业调解组织10个。联合园区法院、妇工委，成立园区婚姻家庭纠纷人民调解委员会。成立行业性专业性调解组织5个、标准化家事调解社区工作室130个。组织开展人民调解员等级评定工作，评出三级、四级人民调解员62人，二级人民调解员10人。

【律师工作】 2023年，在园区注册的律师事务所59家（其中百人所4家）、执业律师1421人，营收超过7

亿元。完成律师事务所和律师业务审批743件，开展律师行业日常监管工作，引导律师行业健康发展。指导园区律师协会开展青年菁英律师训练营和律师事务所主任能力提升培训，培育全国优秀律师和省优秀律师各1人、市优秀律师22人，培育市领军型律师5人、骨干型律师13人、成长型律师7人，培育园区金鸡湖高端服务业人才1人；入选全国、省、市涉外律师人才库的律师分别为6人、9人和15人。开展2023年园区法律服务业高质量发展项目申报，对15家律师事务所20个项目给予奖补支持。与新加坡律政部、新加坡律师公会联合举办"中新企业家面对面"法律服务业主题沙龙，组织律师代表团参加"新加坡公约周"活动，推荐园区律师出席第三届中国—新加坡国际商事争议解决论坛，推动园区律师协会与新加坡律师公会在新加坡—江苏合作理事会第十七次会议上签署法律服务业合作交流谅解备忘录，实现中新法律服务业合作交流常态化。指派律师参加园区党工委、管委会领导接访，参与法院诉前调解、劳动仲裁案前调解、提供法律援助等，引导律师行业发挥职业优势，提供公益法律服务。

【普法宣传】 2023年，园区推动"八五"普法规划实施，完成"八五"普法中期评估验收。印发《苏州工业园区领导干部应知应会法律法规清单制度（试行）》，参与苏州市开展的国家工作人员法治素养问卷测评，园区参与测评总人数6486人，位列苏州市第一。全年开展群众性法治文化惠民活动560余场。依托苏州自贸片区法律服务中心，建立园区法治宣传教育中心，被命名为苏州市第二批政法系统政治忠诚教育馆、苏州市法治文化建设示范点。全区建成省级法治文化特色园1个、省级法治文化建设示范点5个、市级法治文化建设示范点32个。开展2023年优秀法治文化作品征集评比活动，征集法治书画作品900余幅，丰富园区法治文化作品库。印发《苏州工业园区关于开展"普法惠企"系列活动实施方案》，组织开展"普法惠企"系列活动。充分挖掘、培育、运用好典型案例，向社会公众普法，娄葑街道"三大优势打造'法治娄葑'宣教品牌"案例被全国司法行政案例库录用。动态更新管理设置社区"法律明白人"，全区有"法律明白人"2011人，"一格两人"覆盖率100%。

【苏州自贸片区法律服务中心】 2023年4月11日，苏州自贸片区法律服务中心正式启用，园区管委会、苏州自贸片区管委会联合出台建设规划，打造立足园区、覆盖苏州市、辐射长三角、在全国有影响的法律服务新高地。苏州自贸片区法律服务中心被列入省委全面依法治省委员会2023年工作要点，获评2021—2023年度江苏省法治建设创新项目，被《法治日报》《新华日报》《江苏法治报》等媒体专题报道，并亮相《新闻联播》《东方时空》。搭建公共支撑、法律服务、关联服务、数字赋能四大能力集群，重点打造习近平法治思想宣教基地、涉外法治建设基地、优质法律服务供给基地、一站式争议解决基地、数字赋能法治实践基地五大基地，并加速引育高端法律服务机构40余家。着力建设涉外法律服务集聚示范区，引驻涉外经济关联度高的机构9家，打造"理想"系列法律服务品牌矩阵，建成"理想·法律服务机构孵化器"，首批引育新型调解组织5家，全年受理调解案件7732件，调解成功2881件，履行金额8787万元；深化"产业链+法律服务"，打造"理想·护航灯"项目，首期与园区生物产业发展有限公司合作，推荐6家优秀律师事务所与生物医药产业园40余家企业配对，制定企业全生命周期法律服务图谱，搭建"法务之家""法律服务驿站""法律流动课堂"三大载体，构建法律服务"一号产业"新机制。全年走访生物医药企业32家，现场解答并收集法律诉求170余项，为生物医药企业提供年度"一对一"专业法律服务；成立"理想·上市企业法务联盟"，加入上市企业及拟上市企业40余家。打造"理想·月月谈""阳澄南岸法治讲坛""理想·大讲堂"等交流品牌，其中"理想·月月谈"法律服务交流品牌获评全省2023年度党建书记项目优秀奖。全年举办专题交流活动近40场，线下吸引近3000人参加，线上吸引120余万人参与。

苏州自贸片区法律服务中心简介

（余 婧）

科技创新

综　述

2023年，园区围绕开放创新的世界一流高科技园区建设目标，坚持科技创新为第一动力，全社会研发投入占地区生产总值的比重增长到5.16%，新增发明专利授权4825件，增长24.61%，万人有效发明专利拥有量210.45件。新增国家级重大人才引进工程专家55人、江苏省"双创计划"人才（含团队）68人、姑苏创新创业领军人才121人。全年获批上级重点科技项目1000余项；新入库科技型中小企业4623家，增长17%；新认定国家高新技术企业1073家，有效数近2800家。苏州实验室总部基地、国家生物药技术创新中心、国家第三代半导体技术创新中心（苏州）总部大楼开工，国家新一代人工智能创新发展试验区核心区建设稳步推进。新增科技项目1146个，增长7%。

产业分布方面，新增生物医药及大健康、纳米技术应用及新材料、人工智能及数字三大重点产业项目933个，占比约81%。其中，生物医药及大健康产业项目269个，纳米技术应用及新材料项目195个，人工智能及数字产业项目469个。全年引进的科技项目受市场化资本青睐，带资落户项目142个，占新增项目的12%；获融资的园区领军（创业类）项目155个，主要集中在生物药研发、集成电路产业领域。产业化进展较快，全年营收300万元以上项目83个，占新增项目的7%；园区领军（创业类）项目中217个（占比74%）预计将在1年内实现产业化，其中112个（38%）预计落地1年内营收超1000万元。路芯半导体、海光信息、清研精准、纵苇科技、利驰数字科技、高测清洁能源科技、国科测试、尚柔新能源等一批产业带动性好、创新水平高、人才引领强的项目成功落地。

苏南国家资助创新示范区建设方面，园区积极发挥示范带动作用，持续提升综合创新实力，各项工作取得新的成果。重大创新平台加速建设，苏州实验室、国家生物药技术创新中心、国家第三代半导体技术创新中心（苏州）总部基地开工，新增国家企业技术中心1家、全国重点实验室3家、国家级科技企业孵化器6家、省市级创新联合体9家、省级人才攻关联合体3家，创新策源功能进一步增强。企业创新主体加速壮大，入库科技型中小企业4623家；新认定国家高新技术企业1073家，有效数近2800家；新增国家级专精特新"小巨人"企业56家，累计85家，企业梯队建设成效进一步提升。高端人才加速集聚，新增国家级重大人才引进工程专家55人，顶尖人才集聚效应凸显。新一代信息技术、高端装备制造两大主导产业加快升级，生物医药及大健康、纳米技术应用及新材料、人工智能及数字三大新兴产业势能持续提升。（吕　依）

2023年9月2日，国家生物药技术创新中心、国家第三代半导体技术创新中心（苏州）总部大楼开工活动举行　　　　　　　　　（园区科创委　供稿）

科技载体

【苏州生物医药产业园】 苏州生物医药产业园是园区孵化和发展生物医药产业的高科技载体。截至2023年底，苏州生物医药产业园入驻生物医药高科技创新企业620余家，在境内外上市企业24家（其中3家企业两地上市）。2023年，园内企业吸引社会资本投资61亿元，累计融资1060亿余元，形成新药创制、医疗器械、生物技术、大健康等产业集群，成为近3.5万名高层次研发人才集聚、交流、合作的创新产业生态圈。冷泉港亚洲会议中心等项目使苏州生物医药产业园成为全球生命科学领域的学术和产业交流中心。载体建设方面，苏州生物医药产业园五期C区、D区项目相继交付使用，新增载体建筑面积25万平方米。四期A区项目大部分厂房结构封顶，四期B区、五期E区项目现场施工完成并启动整体调试验收工作，五期A区项目结构封顶，八期A区项目（国家生物药技术创新中心）开工建设。新药研发方面，年内新增79个品种125张新药临床默示许可证；新增获批上市新药7款（含进口一类新药4款），累计41款，其中8款为一类新药，8款为进口一类新药，累计进入医保名录药品15款。新增三类医疗器械产品注册证39张、二类证32张；创新医疗器械特别审批方面，累计15家企业23个产品入围，占全市的50%以上。招才引智方面，截至2023年底，园内集聚国家级人才引进工程人才115人、江苏省"双创计划"人才（含团队）160人、姑苏创新创业领军人才（含团队）287人、园区领军人才565人。年内，苏州生物医药产业园获评苏州市医教研产融合发展示范单位、2023第七届医疗健康投资卓悦榜年度医疗健康产业园区、华医榜2023中国生物医药科技创新价值榜最具成

2023年7月20日，苏州纳米城在2023世界半导体大会暨南京国际半导体博览会上获评2022—2023年度中国集成电路高质量发展优秀园区

（纳米公司　供稿）

长性生物医药园区。　　　（牟文华）

【苏州国际科技园】 苏州国际科技园是苏州市科技创新、知识创新和企业孵化的重要载体，分9期开发建设，规划建筑面积超200万平方米。截至2023年底，苏州国际科技园建成载体面积123.71万平方米。其中，一期至四期科技新天地建筑面积32.58万平方米，五期创意产业园建筑面积49.34万平方米，七期人工智能产业园建筑面积26.29万平方米，八期独墅湖数字经济产业园建筑面积15.5万平方米。2023年，独墅湖数字经济产业园封顶，人工智能产业园二期项目完成地下室主体结构施工。苏州国际科技园建设国科数据中心、超级计算中心、软件评测、集成电路设计、"IT+BT"融合创新中心等公共技术平台体系。截至年底，苏州国际科技园累计孵化企业5000余家，在园企业730余家，引进培育市级以上人才233人，包括国家级重大人才引进工程专家40人、江苏省"双创计划"人才60人、姑苏创新创业领军人才133人。苏州国际科技园获评江苏省现代服务业高质量发展集聚示范区、第二批长三角G60科创走廊科技成果转移转化示范基地、2023年度最佳集成电路园区。　　　　（倪悦岚）

【苏州纳米城】 苏州纳米城是园区发展纳米产业的核心载体，包括苏州纳米城I区总部、II区纳米健康产业园、III区第三代半导体产业园、IV区微纳科创园（在建中）、V区恒泰制造·苏州纳米城、VI区国家第三代半导体技术创新中心（苏州）总部基地（在建中）。截至2023年底，苏州纳米城投用载体建筑面积近84万平方米，在建载体近77万平方米，是全球最大的纳米技术应用综合社区。2023年，苏州纳米城I区企业总部基地（D1、D2地块）竣工交付，建筑面积9.2万平方米；I区国家第三代半导体技术创新中心研发与产业化基地（B2地块）封顶，建筑面积11.7万平方米；III区第三代半导体产业园2号厂房、I区24幢洁净室完成项目改造；IV区微纳科创园、VI区国家第三代半导体技术创新中心（苏州）总部基地，I区E2E4地块陆续开工，新开工建筑面积近65万平方米。截至年底，苏州纳米城入驻企业550余家，上市企业5家，认定国家高新技术企业130家，引进院士团队8个，培育市级以上人才300余人。年内，苏州纳米城获评中国智能传感器十大园区（3年蝉联首位）、中国集成电路高质量发展优秀园区（连续3年获评）、苏州纳米科技协同创新中心（国家级）成果转化基地、长三角G60

科创走廊产融结合高质量发展示范园区、江苏省留学回国人员创新创业示范园、园区纳米技术应用众创社区（省级）、江苏省知识产权工作站、江苏省模范职工之家。　　　（王　帆）

创新平台

【重大创新平台】 2023年，园区持续布局创新策源平台，苏州实验室、国家生物药技术创新中心及国家第三代半导体技术创新中心（苏州）总部基地开工建设，顺利入轨运行，有序推进技术攻关、平台建设、生态营造等任务实施。推动思必驰建设语言计算国家新一代人工智能开放创新平台，发布全省首个通过备案的大模型，累计发布应用场景95个。苏州系统医学研究所联合建设的重大疾病共性机制研究全国重点实验室和免疫与炎症全国重点实验室，以及苏州南医大创新中心联合建设的生殖医学与子代健康全国重点实验室等3个实验室获批建设，苏州华兴源创科技股份有限公司获批国家企业技术中心。加强产业关键核心技术攻关和创新成果转化，组织申报国家重点研发计划项目30个，新立项省、市科技计划项目500余个；推动思必驰入选省创新联合体，创新策源功能进一步增强。

国家生物药技术创新中心。聚焦核酸药物、细胞和基因治疗、新型抗体药物等生物药重点领域，在关键核心技术攻关、公共技术平台建设、高端人才引培及生态营造等方面主动出击，致力于成为世界一流的生物药技术创新中心。2023年，国家生物药技术创新中心总部基地开工建设，技术攻关、平台建设、生态营造等有序推进。在核心技术攻关方面，梳理并形成核酸药物、细胞和基因治疗、新型抗体药物、偶联药物等关键技术攻关

榜单，设立专项研发资金，牵头组织实施"Bio-MAX揭榜挂帅计划"，分批发榜，其中核酸药物技术攻关完成立项39个，细胞疗法"揭榜挂帅"技术攻关完成立项89个。在重大平台建设方面，自建核酸药物技术创新平台投用，牵头成立苏州生物药联合创新研究院，与苏州系统医学研究所合作"细胞与基因治疗研发与转化平台"完成共建协议签订，推动中国科学院苏州纳米技术与纳米仿生研究所建设类器官药物筛选创新平台。在高端人才集聚和创新网络建设方面，以"联合研究院"为核心，以"揭榜挂帅"项目为牵引，汇聚共建单位高端人才、创新创业人才，打造一支1000余人的海内外人才团队，积极发挥"集聚—链接—辐射"效应，与近30家国内外单位开展合作共建，促进国内外创新要素互联互通和共享共用。

国家第三代半导体技术创新中心（苏州）总部。以关键技术研发为核心使命，进一步推动中国第三代半导体产业发展，形成立足长三角、辐射全国的技术融合点和产业创新的辐射源。2023年，国家第三代半导体技术创新中心（苏州）总部基地开工建设，组织参与10项国家、省、市重点研发项目攻关等，获批江苏省第三代半导体产业技术创新联合体、江苏省人才攻关联合体。面向关键应用领域在全国合作共建31家联合研发中心、协同创新中心，累计布局核心专利301件，引进高层次人才40人，引进孵化企业47家。材料生长创新平台和测试分析与服役评价平台为国内企业及机构提供定制化服务126家，器件工艺平台与16家龙头/上市企业、实验室合作共建国产化装备验证平台。助力企业联合研发的首台国产化MOCVD成功投用，完成微米级芯片制程工艺验证，成功研发RGB Micro-LED芯片，实现GaN基Micro-LED的全彩显示。

国家新一代人工智能创新发展试验区。积极推动人工智能与实体经济

深度融合，发挥人工智能在经济转型和高质量发展中的重要作用。推动思必驰语言计算国家新一代人工智能开放创新平台前瞻布局语言计算关键共性技术，构建以大模型为核心的人工智能服务平台，发布江苏省首个通过大模型备案和算法备案双备案的人工智能大模型；启用中科集成电路设计赋能中心，围绕流片代理、物理设计、人才培训等方面，加强平台服务能力。"IT+BT"融合创新中心聚焦"AI+制药""AI+精准医疗"等前沿赛道。截至年底，累计引进创新项目及生态伙伴近40家，项目累计融资额超24亿元；围绕"AI+制造、医药、金融、文旅"等重点领域，累计发布应用场景清单103项，遴选标杆示范项目30个。举办全球人工智能产品应用博览会等重大展会活动、信创生态周系列活动，推动资金、人才、技术交流汇聚，构筑产业创新生态。

姑苏实验室。由市政府和园区管委会共同出资创建，以打造未来产业科技创新基地为首要任务的重要科技平台。实验室自启动建设至2023年底，累计设立并运行各类项目49个，其中国家、省、市科技计划项目14个，企业委托横向项目6个，定向攻关项目28个。在国际高水平期刊上发表文章84篇，参与编写国家标准1项、团体标准2项，出版著作1部，"固态纳米孔DNA测序仪"项目获首届全国颠覆性技术创新大赛总决赛优胜奖。打造高水平科研团队，博士学历人数占比30%，获批江苏省博士后创新实践基地。

纳米真空互联实验站。由中国科学院苏州纳米技术与纳米仿生研究所按照世界首个国家重大科技基础设施标准建设，集材料生长、器件加工、测试分析为一体的纳米领域重大科学装置，建成超高真空互联管道203米，互联大型设备超40台（套）。2023年2月，纳米真空互联实验站

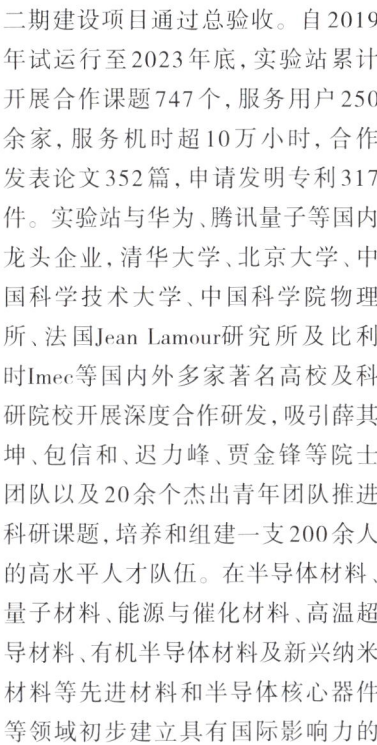

二期建设项目通过总验收。自2019年试运行至2023年底，实验站累计开展合作课题747个，服务用户250余家，服务机时超10万小时，合作发表论文352篇，申请发明专利317件。实验站与华为、腾讯量子等国内龙头企业，清华大学、北京大学、中国科学技术大学、中国科学院物理所、法国Jean Lamour研究所及比利时Imec等国内外多家著名高校及科研院校开展深度合作研发，吸引薛其坤、包信和、迟力峰、贾金锋等院士团队以及20余个杰出青年团队推进科研课题，培养和组建一支200余人的高水平人才队伍。在半导体材料、量子材料、能源与催化材料、高温超导材料、有机半导体材料及新兴纳米材料等先进材料和半导体核心器件等领域初步建立具有国际影响力的科技创新能力。

【公共平台】 2023年，园区聚焦国家前沿技术创新及产业关键共性需求，积极布局建设一批重大公共技术平台。自建核酸药物技术创新平台投入运行，推进与科研院所、知名机构、龙头企业等合作建设类器官药物筛选创新平台、细胞与基因治疗药物中试及商业化平台、蛋白质科学研究及产业化平台、"IT+BT"融合创新中心平台、生物制品检验检测平台等，努力构建完善的协同创新平台网络。

核酸药物技术创新平台。该平台由国家生物药技术创新中心自筹建设，聚焦核酸药物临床前研究，为核酸药物研发创新企业提供关键共性技术攻关"一站式"孵化服务。2023年5月，核酸药物技术创新平台启动并投入运行，围绕mRNA及小核酸技术开发与产业关键共性需求，打造基于分子生物学研究、体外药代动力学研究、核酸药物包封技术研究、理化性质分析的公共技术创新平台。场地面积2300平方米，计划总投入约2.5亿元，可容纳20个项目开展研究。年

内，为炫景生物、传信生物等33家企业提供165批次委托测试、仪器设备租赁等技术服务。

"IT+BT"融合创新中心平台。该平台通过引进和孵化以IT技术为支撑的生命健康创业项目，构建交叉融合的创新生态圈，提供专业的载体平台及扎实的科学孵化服务，致力于成为中国首家信息科技（IT）及生物科技（BT）交叉融合的创新孵化中心。中心总建筑面积约3万平方米，自投入运营以来，引进以百图生科为代表的创新项目和生态伙伴近40家，入驻易慕峰生物、沃生生物、朗睿生物等多家生物科技企业，项目累计融资超过24亿元，获得知识产权33件。打造"BT/IT"系列直播课、姑苏"BT/IT"技术论坛、Wonder Science等品牌栏目，搭建融合创新的互动生态。

生物制品检验检测平台。由国家生物药技术创新中心与苏州市药品检验检测研究中心合作共建，旨在为区域企业提供生物制品法定检测和外包检验检测服务，改善企业药品"异地检测"等问题，服务生物医药产业高质量发展。开展药品检验检测相关的法律法规培训和药械不良反应宣传、传统药物鉴别、用药知识科普等宣传活动，营造良好产业发展氛围。平台自2021年10月投入运营以来，先后通过2次CMA扩项评审，生物制品检测参数拓展至100项，技术能力基本覆盖生物制品生命周期各个阶段的方法开发与检验检测。2023年，完成634批（件）生物制品和40份临床生物样本的检测、45家企业1470个房间的洁净环境监测，为20家创新型生物药企业解决多项技术难题，为50余家次企业提供技术咨询、方法指导等技术服务。

【孵化平台】 2023年，园区深入落实《苏州工业园区科技创业孵化载体建设行动计划（2022—2025）》和《苏州工业园区科技创业孵化载体管理

实施细则》，加大对科创孵化载体的顶层规划和扶持力度，持续优化"国家—省—市—区"载体培育体系和"众创空间—孵化器—加速器—产业园"全链条孵化体系。加强科技载体认定备案工作，加大力度开展国家、省、市级科技创业孵化载体申报辅导工作。全年新增国家级科技企业孵化器6家，入选数量占全市的40%、全省的16%，创历史新高，总数增至17家。新增省级科技企业孵化器8家、市级科技企业孵化器5家、省级众创空间16家，均列全市第一。不断提升科技载体运营服务能力。依托纳米技术应用众创社区，组织12家科技创业孵化载体联合申报江苏省创业企业孵育计划项目，连续两年获上级财政最高档资金支持（500万元）。持续推动国资科技载体加快规划建设和存量产出效益提升，统筹推进载体供需匹配。积极参与长三角"双创"示范基地联盟建设，与上海市杨浦区和安徽省天长市就"长三角创业一件事"进行签约，深化"双创"示范基地合作。园区科技企业孵化器、众创空间等科技创业孵化载体加速量质并举发展，构建高能级大孵化集群，激发高质量发展动力，助力园区在国家经济技术开发区、高新技术产业开发区考评中争先进位。

（吕 依）

科技企业

【概况】 2023年，园区不断强化科技企业主体地位，壮大创新企业集群，科技型中小企业入库4623家，占全市的18%，位列第一；国家高新技术企业认定1073家，有效数近2800家。入选中国"独角兽"企业5家；入选中国潜在"独角兽"企业49家，占全省的超30%；入选江苏省"独角兽"企业5家；入选江苏省潜在"独角兽"企业70家，占全市的40%，位列第一；入选苏

州市"独角兽"培育企业98家，占全市的44%，位列第一；入选江苏省"瞪羚"企业182家，占全市的44%，位列第一；入选苏州市"瞪羚"企业223家，占全市的25%，位列第一。新增科创板上市企业3家，累计20家，约

占全市的37%。加强企业研发机构建设，对上加强汇报沟通，对下加大挖掘动员力度，全年新增省级以上研发机构134家、省级工程技术研究中心84家、省级企业技术中心43家，其中新认定全国重点实验室3家、国家企业

技术中心1家。鼓励引导企业加大研发投入，全面落实创新激励政策，为区内企业减免所得税89.46亿元，增长33.05%，享受研发费加计扣除企业数和研发费用规模连续多年位列全市第一。

表9　园区入选中国"独角兽"企业名单（2023年）

序　号	企业名称	序　号	企业名称
1	企查查科技股份有限公司	4	苏州为度生物技术有限公司
2	苏州艾博生物科技有限公司	5	苏州镁伽科技投资有限公司
3	新光维医疗科技（苏州）股份有限公司		

表10　园区入选中国潜在"独角兽"企业名单（2023年）

序　号	企业名称	序　号	企业名称
1	苏州信诺维医药科技股份有限公司	26	士泽生物医药（苏州）有限公司
2	知行汽车科技（苏州）股份有限公司	27	苏州艾凯利元生物科技有限公司
3	二元（苏州）工业科技有限公司	28	苏州锐明新药研发有限公司
4	科望（苏州）生物医药科技有限公司	29	苏州血霁生物科技有限公司
5	苏州赞荣医药科技有限公司	30	星锐医药（苏州）有限公司
6	天康制药股份有限公司	31	映恩生物制药（苏州）有限公司
7	礼进生物医药科技（苏州）有限公司	32	芯三代半导体科技（苏州）股份有限公司
8	苏州速通半导体科技有限公司	33	苏州华毅乐健生物科技有限公司
9	苏州宜联生物医药有限公司	34	苏州博萃循环科技有限公司
10	苏州博腾生物制药有限公司	35	苏州清研精准汽车科技有限公司
11	江苏中新瑞光学材料有限公司	36	苏州异格技术有限公司
12	拓创生物科技（苏州）有限公司	37	苏州圣因生物医药有限公司
13	苏州艾利特机器人有限公司	38	楷拓生物科技（苏州）有限公司
14	长风药业股份有限公司	39	苏州诺洁贝生物技术有限公司
15	苏州维伟思医疗科技有限公司	40	典晶生物医药科技（苏州）有限公司
16	江苏赛腾医疗科技有限公司	41	传信生物医药（苏州）有限公司
17	普方生物制药（苏州）有限公司	42	苏州威迈芯材半导体有限公司
18	强一半导体（苏州）股份有限公司	43	思纳福（苏州）生命科技有限公司
19	九识（苏州）智能科技有限公司	44	镭昱光电科技（苏州）有限公司
20	海思盖德（苏州）生物医学科技有限公司	45	苏州颐坤生物科技有限公司
21	苏州艾科脉医疗技术有限公司	46	多玛医药科技（苏州）有限公司
22	苏州赛普生物科技股份有限公司	47	苏州齐禾生科生物科技有限公司
23	苏州睿芯集成电路科技有限公司	48	苏州新格元生物科技有限公司
24	苏州领慧立芯科技有限公司	49	家里泉健康科技（苏州）有限公司
25	彩科（苏州）生物科技有限公司		

表11 园区入选江苏省"独角兽"企业名单（2023年）

序 号	企业名称	序号	企业名称
1	企查查科技股份有限公司	4	苏州为度生物技术有限公司
2	苏州艾博生物科技有限公司	5	苏州镁伽科技投资有限公司
3	新光维医疗科技（苏州）股份有限公司		

表12 园区入选江苏省潜在"独角兽"企业名单（2023年）

序 号	企业名称	序 号	企业名称
1	苏州信诺维医药科技股份有限公司	32	苏州赛普生物科技股份有限公司
2	苏州大禹数字文化科技集团有限公司	33	苏州心岭迈德医疗科技有限公司
3	知行汽车科技（苏州）股份有限公司	34	苏州睿芯集成电路科技有限公司
4	苏州极目机器人科技有限公司	35	苏州领慧立芯科技有限公司
5	二元（苏州）工业科技有限公司	36	苏州宇测生物科技有限公司
6	源卓微纳科技（苏州）股份有限公司	37	彩科（苏州）生物科技有限公司
7	科望（苏州）生物医药科技有限公司	38	士泽生物医药（苏州）有限公司
8	苏州赞荣医药科技有限公司	39	苏州沙砾生物科技有限公司
9	同宜医药（苏州）有限公司	40	勤浩医药（苏州）有限公司
10	苏州立禾生物医学工程有限公司	41	苏州锐明新药研发有限公司
11	苏州千机智能技术有限公司	42	苏州鑫康合生物医药科技有限公司
12	度亘核芯光电技术（苏州）有限公司	43	苏州血霁生物科技有限公司
13	天康制药股份有限公司	44	苏州引航生物科技有限公司
14	礼进生物医药科技（苏州）有限公司	45	星锐医药（苏州）有限公司
15	苏州速通半导体科技有限公司	46	芯三代半导体科技（苏州）股份有限公司
16	苏州宜联生物医药有限公司	47	苏州苏映视图像软件科技有限公司
17	苏州博腾生物制药有限公司	48	苏州华毅乐健生物科技有限公司
18	江苏中新瑞光学材料有限公司	49	江苏百赛飞生物科技有限公司
19	苏州汉骅半导体有限公司	50	苏州博萃循环科技有限公司
20	苏州艾利特机器人有限公司	51	苏州清研精准汽车科技有限公司
21	长风药业股份有限公司	52	江苏阿诗特能源科技股份有限公司
22	苏州汉天下电子有限公司	53	苏州异格技术有限公司
23	新美光（苏州）半导体科技有限公司	54	仁景（苏州）生物科技有限公司
24	苏州维伟思医疗科技有限公司	55	苏州派迅智能科技有限公司
25	江苏赛腾医疗科技有限公司	56	苏州诺洁贝生物技术有限公司
26	普方生物制药（苏州）有限公司	57	苏州培风图南半导体有限公司
27	强一半导体（苏州）股份有限公司	58	传信生物医药（苏州）有限公司
28	苏州慧工云信息科技有限公司	59	苏州新芽基因生物技术有限公司
29	英诺维尔智能科技（苏州）有限公司	60	苏州威迈芯材半导体有限公司
30	苏州威达智科技股份有限公司	61	苏州中瑞宏芯半导体有限公司
31	九识（苏州）智能科技有限公司	62	成川科技（苏州）有限公司

续表

序　号	企业名称	序　号	企业名称
63	安益谱（苏州）医疗科技有限公司	67	苏州门海微电子科技有限公司
64	思纳福（苏州）生命科技有限公司	68	多玛医药科技（苏州）有限公司
65	镭昱光电科技（苏州）有限公司	69	苏州齐禾生科生物科技有限公司
66	苏州旺山旺水生物医药股份有限公司	70	以诺康医疗科技（苏州）有限公司

【科技企业培育】 2023年，园区强化企业科技创新主体地位，瞄准"科技型中小企业—国家高新技术企业—'瞪羚'企业—'独角兽'企业—上市企业"梯队，构建全链条全层级培育服务体系，形成后备体系和培育梯队。对入库企业进行重点监测、精准指导，破解企业"成长烦恼"；支持企业通过建设高水平研发创新平台、承担国家科技项目、建设创新联合体等路径，加大知识产权投入、核心技术攻坚；聚焦企业摸排挖掘和申报材料辅导重点发力，通过邮件、电话、公众号等多种方式全方位宣传发动。　　　　　（吕　依）

2023年5月24日，清研精准创新中心成立　（园区科创委　供稿）

【科技企业上市】 2023年，园区新增上市科技企业5家。知行汽车科技（苏州）股份有限公司在香港联合交易所主板挂牌上市。荣旗工业科技（苏州）股份有限公司在深圳证券交易所创业板挂牌上市。苏州光格科技股份有限公司、苏州盛科通信股份有限公司、苏州浩辰软件股份有限公司在上海证券交易所科创板挂牌上市。
　　　　　　　　　　（顾　诚）

【园区3家实验室获批全国重点实验室】 2024年3月，经科技部批复，苏州系统医学研究所联合建设的重大疾病共性机制研究全国重点实验室和免疫与炎症全国重点实验室，以及苏州南医大创新中心联合建设的生殖医学与子代健康全国重点实验室等3家实验室获批全国重点实验室，占全市的3/4。园区进一步培育创新驱动核心动能，集中配置优势资源，为企业自主研发创新提供硬核支撑。

【清研精准创新中心成立】 2023年5月24日，园区企业苏州清研精准汽车科技有限公司战略委员会成立暨创新中心成立。创新中心持续加大研发投入，真正实现从检测技术到检测服务再到数据服务全闭环，保持行业领先地位，进一步助力园区新能源汽车产业高质量发展。清研精准是由清华大学苏州汽车研究院孵化、定位于打造智能电动汽车全生命周期检测平台的高新技术企业。

【华兴源创获批国家企业技术中心】 2023年7月24日，2023年（第30批）国家企业技术中心拟认定名单公示，江苏省7家企业入选（其中苏州市2家），园区企业苏州华兴源创科技股份有限公司名列其中。国家企业技术中心是国家为鼓励企业创新发展，发挥企业在产业技术创新中的主体作用而设立的国家级研发平台，是对企业创新能力强、创新机制好、具有行业领先的技术创新能力和水平的权威认可。苏州华兴源创科技股份有限公司依托国家级技术中心，聚焦检测技术，加大力度进一步攻克"卡脖子"问题，持续增加研发投入，打造更具国际影响力的技术研发平台，开发更具核心竞争力的高新技术产品。
　　　　　　　　　　（吕　依）

【园区3家企业入选上证科创板100指数成分股】 2023年8月7日，上海证券交易所上证科创板100指数上线，园区企业苏州华兴源创科技股份有限公司、博瑞生物医药（苏州）股份有限公司、苏州东微半导体股份有限公司入选该指数成分股。科创板100指数从科创板50样本以外选取市值中等且流动性较好的100支证券作为样本，主要编制方案要素与科创板50指数保持一致，全面反映科创板中等市值证券的整体表现。
　　　　　　　　　　（顾　诚）

【园区9家企业在"创业江苏"科技创业大赛总决赛获奖】 2023年9月26日，第十一届"创业江苏"科技创业大赛暨第十二届中国创新创业大赛江苏赛区总决赛在无锡举行。园区9家企业获奖，占全市的64.3%，其中生物医药领域占全市的100%、全省的50%。园区获奖企业分别是翠鸟视觉（翠鸟视觉低视力助视器的研发与产业化）、珂纳医疗科技（苏州）有限公司（基于半导体技术的高密度阵列超声换能器芯片的研发与产业化）、朗捷睿（苏州）生物科技有限公司（代谢检查点调节剂治疗重大慢性疾病原创药物研发及产业化）、华碧光能科技（苏州）有限公司（卷对卷柔性大面积钙钛矿薄膜太阳能电池的研发）、海思盖德（苏州）生物医学科技有限公司（小梁网微支架引流系统）、信安生物技术（苏州）有限公司（基于多肽和高分子聚合物的药物递送系统）、芯弦半导体（苏州）有限公司（新一代汽车与能源逆变电控核心芯片研发与产业化）、苏州神曦兴盛生物医药有限公司（基于原位转分化技术的开创性神经再生疗法研发及产业化）、图灵深视（苏州）科技有限公司（图灵鉴定）。

（吕　依）

科技人才

【概况】 2023年，园区对标更高标准，从人才的高频服务需求及企业成长的不同阶段出发，加大政策扶持力度，做实做细科技人才工作，引育更多高层次人才。园区科技领军人才创新创业工程新增立项支持项目337个，其中重大领军项目4个，累计支持人才项目2602个，领军企业累计注册资金超过730亿元。新增市级及以上科技领军人才项目272个，增长42%，各级人才项目立项数均创历史新高，居全市第一。其中，新增国家级重大人

才引进工程专家55人，新增入选江苏省"双创计划"人才（含团队）68人，新增入选姑苏创新创业领军人才121人。园区的饶毅团队入选苏州市顶尖人才团队，占全市的1/3；重大创新团队入选8个，占全市的4/5。

【科技人才引进和培育】 2023年，园区组织100余家企业参与"创业江苏""第十二届中国创新创业大赛"等活动，9个项目在"创业江苏"总决赛中获奖，占全市的64%。围绕海外人才归国创业，建好人才制度软环境，构建科学精准的人才评价机制，提供法律风险排查、知识产权预警及保护等服务，解决海外人才落地"最后一公里"问题，提升人才服务力度。围绕项目管理，全年组织上级人才项目现场考察、中期检查、项目验收、兑现核查等848项。实时给予企业帮扶，全年兑现启动资金、房租补贴、产业化成长奖励等2亿余元，涉及企业400余家。走访人才企业100家，收集、流转企业诉求205条，办结率100%。启动领军启航计划，针对新立项的园区领军企业、人才，聚焦初创企业产业化发展，为人才量身定制模块课程，帮助企业走上发展快车道。

【科技领军人才工作】 2023年，园区以金鸡湖科技领军人才工程为抓手，发布"第十七届科技领军人才申报"政策，重点选拔符合园区产业发展方向，技术具有领先性、突破性的高端人才。全年立项科技领军项目337个，其中三大新兴产业项目占比80%，引进院士领衔项目5个。强化与科技招商工作的联动，精细化人才招引机制，对新引进的科技招商项目，制定"一人一策"方案。持续开展"青创赛"系列赛事，引进青年创新创业人才，通过"以赛代评"，吸引集聚青年人才项目落地发展，在生物医药及大健康、纳米技术应用及新材料、人工智能及数字等新兴产业领域不断释放创新动能，锻造园区引才品牌力，提升引才聚才吸引力，全年举办领域赛5场，立项青年人才23人。强化多元化人才激励，通过薪酬奖励、评优评先等给予人才激励。受理企业撷英申报，218家企业650人次通过初审，拟奖励金额6105万元；组织企业申报苏州市高端人才奖励，累计审核483人，其中境外高端人才179人、关键技术骨干304人。跟进领军项目落地签约进度，通过半月通报方式压实招商部门主体责任。截

2023年6月10日，第十七届第一批科技领军人才答辩评审会举行

（园区科创委　供稿）

至年底，2023年第一批立项项目落户率50%。

【金鸡湖青年人才创新创业大赛】 2022年8月30日至2023年11月29日，金鸡湖青年人才创新创业大赛举行。大赛包含10个专场领域赛，评选46个获奖项目，其中25个项目落户园区，15个项目申报姑苏青年领军人才。智宠制药—基于"CRISPR+AI"的全球首家宠物创新药平台项目获一等奖；先进生物医学吸附技术及治疗重症疾病精准血液净化产品产业化项目、植物合成重组蛋白项目获二等奖；单细胞分辨的高灵敏空间转录组芯片产业化项目、创新药药物代谢及药物动力学研究综合服务平台建设项目获三等奖。

【园区1名科技人才和1个科技团队获评2022年度苏州魅力科技人物及团队】 2023年5月30日，苏州市第七个"5·30全国科技工作者日暨2022年度苏州魅力科技人物及团队颁奖典礼"活动举行。园区沛嘉医疗董事长张一获评2022年度苏州魅力科技人物，亚盛医药杨大俊团队获评2022年度苏州魅力科技团队。 （吕　依）

科技交流合作

【概况】 2023年，园区进一步优化绩效评估方案，围绕共建院所产业化项目落地、人才评选和引进、知识产权创造和应用、生态营造和开放共享等方面，强化共建机构管理。根据《苏州工业园区共建研发机构管理办法》，对园区共建机构发展情况进行绩效评价，经材料收集、数据审核、实地走访，并经第三方审计机构审核确认，完成绩效评估。同时，建立与绩效评估结果挂钩的资金管理制度。根据绩效考核结果，按照不同发展阶段给予相应资金支持。

【国际科技合作】 2023年，园区持续深化拓展科技交流合作，通过中新苏州工业园区联合协调理事会等机制，与新加坡科研局、知识产权局等深化合作，在科技研发、产业创新、知识产权等领域取得一批合作成果。新加坡科研局在园区设立苏州合作中心，成为在新加坡以外设立的首个分支机构，累计引进落地新加坡优质项目23个。推动冷泉港、牛津大学等国际一流科研机构及院校开展学术交流。

【对接服务上海科创中心建设】 2023年，园区主动融入长三角一体化、沪苏同城化，与上海医药临床研究中心、中国商飞等深化战略合作；主动对接上海医药临床研究中心资源，构建全链条产业发展生态，加强两地生物医药产业资源和平台对接。联合上海技术交易所，进一步加强长三角科技要素交易中心建设，以生物医药管线资产为核心，积极开展知识产权技术要素转移转化。推动资本要素向实体经济流动，通过专利质押实现融资14.92亿元。成立生物医药概念验证中心，搭建沪苏高校院所生物医药成果转化创新服务平台。

【展示交流平台搭建】 2023年，园区持续举办冷泉港亚洲分会、中国医药创新与投资大会、苏州国际生物医药产业博览会、中国国际纳米技术产业博览会、全球人工智能产品应用博览会等标志性展会，打造国际交流平台。

【微软苏州创新中心与园区新三年合作启动】 2023年3月22日，微软创新赋能暨生态加速计划—苏州人工智能产业创新中心（简称"微软苏州创新中心"）与园区新一轮合作启动仪式暨首期"支点加速营"开营活动举行。其间，微软苏州创新中心与园区为期3年的新一轮合作启动，签约项目12个。微软苏州创新中心将通过功能创新、技术创新、产业创新、科技创新、政策创新调动优质资源，加快推动产业链、资金链、创新链、人才链融合，发掘更多优秀项目。

【2023新苏企业合作对接交流会】 2023年6月9日，2023新苏企业合作对接交流会在新科研企业合作中心举行，进一步促进新加坡企业与在苏企业深度沟通交流，开展科技创新合作，推动双方产出更多合作成果。活动设置分享和自由交流环节，促进新苏双

2023年9月11—15日，2023年冷泉港亚洲系列学术会议在园区举行

（园区科创委　供稿）

方开展更深层次、更宽领域、更大力度的科技交流与合作。　（吕　依）

科技创新环境

【科技政策】　2023年，园区编制《苏州工业园区人工智能大模型创新发展行动计划》，开展医疗器械、细胞疗法、新能源、集成电路设计等领域产业图谱研究，有序开展生物医药及大健康、纳米技术应用及新材料、人工智能及数字三大新兴产业科技成果转化、知识产权保护、科技金融等课题研究，在"学习强国"《苏州信息》等刊发报道70余篇。加强对上政策争取，对接科技部、国家发展改革委，"创新积分500企业"园区入围222家，增加106家，位列全国133家试点高新技术产业区第六。《全社会多元投入和开放使用的国家重大科技基础设施建设营运机制——纳米真空互联实验站开放试点》获评国家发展改革委2023年全面创新改革任务揭榜实施试点。充分利用中新苏州工业园区联合协调理事会，全面梳理深化开放创新综合试验工作方案、中新苏州工业园区联合协调理事会第二十四次会议政策、自贸区制度创新案例等，报送科技条线创新政策50余条。深化新兴产业研究，报送科技部、工业和信息化部关于争创未来产业先导区，以及现代化产业体系及体制机制创新等汇报材料。积极推进全省首批碳达峰碳中和区域重大科技示范项目，有序推进建设子项目8个，顺利通过省科技厅中期检查。

【科技金融】　2023年，园区持续深化知识产权金融创新，搭建知识产权金融"一站式"服务平台，优化知识产权金融服务流程。园区科技金融创新服务中心揭牌，深入推进科技金融创新服务中心建设，按照"自主、开放、融合"的原则，构建"一分一池一平台+两基金"科技金融创新服务体系。截至年底，园区风险补偿资金池规模扩大至10亿元，为1000余家企业解决融资需求49亿元，"创新积分贷"专项金融产品累计授信6亿余元，"一行一品"特色科技创新金融产品日趋丰富；持续加大股权投资，科创基金累计决策项目104个，金额6亿余元。投资项目知行汽车港股上市，成为港股智能驾驶第一股。启动领军伙伴计划，链接投融资及产业服务资源，围绕投融资对接和产业对接深度服务被投及拟投企业；引导基金新增决策参股子基金5支，新增签约子基金2支，累计参股子基金41支，撬动社会资本总规模约121亿元，累计投资园区项目195家，投资金额31.6亿元；推动管线质押融资、药品专利链接保险等多个全国首创知识产权金融举措落地。完成知识产权质押融资132笔，帮助企业融资22.89亿元，是上年的2.83倍。

园区科技金融创新服务中心

【专利服务】　2023年，园区启动实施高价值专利培育库计划，在全省率先开展《高价值专利培育工作规范》贯标试点，获批建设省知识产权保护示范区。新增发明专利授权4825件，增长24.61%；新增PCT国际专利申请1032件，占全市的36.01%；万人有效发明专利210.45件；万人高价值专利拥有量103.97件，是全市的2.5倍；技术合同成交额238亿元，位列全市第一。在第二十四届中国专利奖评选中，园区获奖9项，占全市的1/4。开展知识产权强企培育，新增国家知识产权示范企业3家、国家知识产权优势企业4家，总数位列全市第一。推进企业海外专利布局，依托国家知识产权信息服务网点以及知名知识产权服务机构，支持企业开展海外专利预警42次。

【科技成果转化】　2023年，根据《苏州工业园区共建研发机构管理办法》，园区加强实施共建机构绩效考核结果运用，强化创新资源导入与科技成果转化能力。发布《苏州工业园区科技成果转化政策》，对科研机构、企业等给予最高1000万元的资金支持；推动技术合同登记，截至年底，园区技术合同成交额238.17亿元，列全市第一。围绕重点产业推进概念验证中心建设，园区2家单位获评市级概念验证中心项目，占全市的50%；升级发布"园易联"品牌，依托共建机构、高校的科技成果及技术服务能力与企业开展对接服务，举办技术沙龙、技术对接、开放日等活动20场，促成产学研合作200余项。　（吕　依）

经济管理

宏观经济调控

【经济运行分析】 2023年，园区加强经济运行分析和指导服务，抓招商抓项目、稳工业稳外贸、扩投资促消费。全年实现地区生产总值3771.46亿元，增长5.9%；一般公共预算收入411.1亿元，增长6.1%；规模以上工业总产值6982.84亿元；固定资产投资654.01亿元，增长25.4%；社会消费品零售总额1173.1亿元，增长6.9%；进出口总额862.06亿美元；实际使用外资及港澳台资19.51亿美元；城镇居民人均可支配收入9.26万元。

【产业发展】 2023年，园区规模以上工业总产值6982.84亿元，形成新一代信息技术、高端装备制造两大2000亿元级集群和生物医药及大健康、纳米技术应用及新材料、人工智能及数字3个1000亿元级集群，集聚博世汽车、旭创科技、信达生物等一批100亿元级企业。数字化转型不断加速，累计实施智改数转网联项目3000余个，实现规模以上企业"智改数转网联"全覆盖。绿色低碳水平不断提升，建成一批绿色工厂和"近零碳"工厂，园区入选首批国家碳达峰试点园区。两业融合（先进制造业和现代服务业融合）程度不断加深，具有园区特色的制造业服务化转型体系基本形成，规模以上企业服务化转型比例达到70%。

【项目投资】 2023年，园区落实重点项目建设领导小组工作机制，强化产业项目全生命周期管理，逐季举办重大项目推进会。加强帮代办服务，审批部门优化审批流程，要素部门加强服务保障，推动项目开工、建设、投用进度。重点项目进展良好，46个省、市重点项目完成投资246亿元，投资完成率126.4%；259个重点项目有序推进，超额完成目标任务。民生实事项目有序推进，教育文体、就业创业、社会保障、医疗卫生、人居环境、便民利民6个方面29项40个项目进展顺利，基本完成年度目标任务。争取上级政策资金，组织申报城市燃气管道等老化更新改造中央预算内资金，帮助苏州港华燃气有限公司获得投资补助614万元；发行地方政府专项债项目7个，获批资金超过11.5亿元；兑现市、区两级有效投入奖补资金约5.8亿元，惠及企业290余家，促进企业增资扩产，提振企业投资信心。

（褚沛雯）

国有资产经营管理

【概况】 2023年，园区国有企业资产总额2513亿元，净资产947亿元，实现营业收入211亿元，净利润53亿元，平均净资产收益率6%，实现纳

2023年10月14日，苏州工业园区国有企业高质量发展工作会议召开

（投控公司 供稿）

税总额26亿元，上缴国有资本收益10.31亿元，保持稳健发展态势。

【国有企业改革】 2023年，园区加强顶层设计，出台《苏州工业园区国有企业高质量发展三年行动计划》，开展对标世界一流企业价值创造行动，制定《国有企业改革深化行动方案》。优化分类管理，根据主责主业和功能定位将国有企业分为商业一类4家、商业二类11家、公益类3家，深化分类改革、分类发展、分类考核、分类监管。强化考核导向，优化考核指标、完善考核细则，将国有企业考核首次纳入园区高质量发展综合考核体系，提高党建考核分值占比，推动国有企业更好融入和服务全区高质量发展。注重调查研究，开展载体运营、厂房租金、金融股权投资、基金投资、人才结构和基金小镇运营、"工业上楼"等专项调研。推进与集体经济互动发展，发挥国有资本和国有企业带动作用，服务富民增收和公共服务均衡化，统筹资源与集体经济组织开展合作，建设联创产业园、泾园邻里中心、中新娄葑新能源公司等合资合作项目6个。

【国有资本运作】 2023年，园区固定资产投资强度再创新高，全年推进建设项目76个，总建筑面积916万平方米，总投资634亿元；计划完成投资118.7亿元，实际完成135亿元，完成年度计划的113.7%。国有企业负责的苏州东站、金鸡湖右岸提升改造工程、阳澄数谷、阳澄银座和苏州实验室等重大工程和重点项目全面推进，"压舱石""顶梁柱"作用持续发挥。合作发展稳步推进，中新生命科学园项目、来福士广场等项目取得进展，新引进大硅片项目，合作园区项目稳步推进，国有企业累计参与跨区域合作园区11个，总面积360平方千米。加速产业平台和载体供给，成立集成电路公司，建设"一核多区"集成电路产业园，建成科研与厂房类载体807万平方米。产业基金效能持续凸显，新设立园区产业投资基金二期、集成电路天使种子基金和成长基金，运营管理国家工业母机基金。截至年底，国有企业投资基金176支，总认缴规模2680亿元，国有企业认缴杠杆率5.4倍。资产证券化有序推进，累计发行1单公募REITs、11单类REITs，总规模183亿元。分类引导国有企业信用评级计划，新增AAA信用主体国有企业2家，AAA信用主体国有企业增至8家。

【国有企业监管】 2023年，园区出台《全面加强国有企业监管实施意见》，印发或修订业务外包、品牌库、国企内审、国企采购、载体租赁、集体资产等管理办法和指导意见14项，现行适用国资管理文件68件，以《全面加强国有企业监管实施意见》为核心，涵盖各重点监管领域配套性文件的"1+N"监管制度体系更加巩固。内控内审全面加强，以上级巡视巡察反馈问题为导向，科学制定内控内审发展规划，认真落实年度审计计划，开展"三重一大"决策制度执行、产业载体租赁、投资后评价、国有企业采购、人力成本专项审计，对企业经营形成有力外部监督。信息化监管得到加强，借力园区"经济大脑"和园区企服中心平台，开发国企载体管理系统，强化统计分析，推进规范管理，提高运营和监管效率。安全生产常抓不懈，深化国有企业安全生产信息化平台建设，制定厂房、租赁住房、商业楼宇、酒店、建设工程、专项管理指引手册6项。全年国资层面开展各类专项检查7次、专题宣讲和主题培训10次，各级国企开展安全培训5500余场、应急演练1660余次，日常检查超过1.2万次。

（顾诗雨）

【中新苏州工业园区开发集团股份有限公司】 2023年，中新苏州工业园区开发集团股份有限公司（简称"中新集团"）实现营业收入36.57亿元、净利润15.3亿元，归母净利润13.62亿元，净资产收益率9.91%。获评园区2023年度经济贡献突出企业（总部经济）。中新合作方面，持续推动园区新加坡国际商务合作中心和新加坡苏州商务中心建设。园区新加坡国际商务合作中心累计签约包括中资企业海外总部、新加坡科技创新孵化项目、国际化科技创新项目等100余个，为园区引进高质量科技企业30余个；新加坡苏州商务中心累计签约项目30余个。招商亲商方面，重点引进博世新能源汽车核心部件及自动驾驶研发制造基地、英特格拉生命科学中国首个生产基地、英佰达医疗器械研发制造等外资产业化项目，推进IHI寿力苏相新工厂、芬兰美卓奥图泰二期等开工建设，东曜药业全球研发中心等项目启动。累计为园区招引项目约2500个，落地科技类项目580余个，引进注册外资约190亿美元，引进注册内资约1600亿元。载体服务方面，园区内自有载体入驻企业460余家，其中世界500强企业20家、高新技术企业78家、规模以上工业企业73家，为园区企业创新发展提供有力的载体保障。规划建设方面，跨区重点项目星塘街南延工程和清宁路、书影街等道路建成通车。斜塘基础设施项目全面启动建设，嘉延路建成通车。唯亭实验小学、文景路地块学校、左岸明珠地块学校、星湾学校东校区扩建等学校代建项目交付使用。苏州城北路改建工程（园区段）获评江苏省"扬子杯"优质工程奖。国际教育方面，苏州新加坡外籍人员子女学校2023届毕业生成绩优异，名校录取率实现新突破，平均分远超全球IBDP平均水平。融入区域发展战略，园区开发运营项目运营良好。苏锡通科技产业园跨江融合发展迈上新台阶，中新苏滁高新技术产业开发区成为滁州对外开放的窗口和长三角一体化区域合作典范，获评安徽省首批、滁州市唯一的省级制造业数字化转型示范园区。中新嘉善现代产业园全面启动商住区开发建设，正式迈入产城融合高质量发展的新阶段。中新昆承湖园区项目进展顺利。苏银产业园、中新海虞花园城、中新·鸷山桃花源等"走出去"项目稳定运行。区中园业务进一步完善布局架构，新落地太仓璜泾、南通华封和常熟昆承湖园区内的中新创智岛3个项目。两翼板块协同发展，联动赋能园区开发运营主业。在产业投资方面，累计认缴外部市场化基金47支，认缴总金额近42亿元，拉动各园区项目投资总规模近605亿元。基金所投项目中国家级"专精特新"项目增至160个，上市、已报会和拟报会项目92个。科创直投方面，累计直接投资科技项目36个，合计投资金额5.56亿元，拉动总投资58.6亿元。绿色发展方面，围绕国家碳达峰碳中和"3060"目标，强化园区绿色赋能。绿色发电业务以分布式光伏为近期主攻方向，电站资产规模稳步扩大。绿色减排业务方面，能源类减排业务稳妥推进协同合作平台打造，实现节能低碳。环境类减排业务做精做优，污泥处置项目获评生态环境部首批工业园区减污降碳协同增效典型案例，餐厨垃圾处置项目挂牌江苏省城市生活垃圾分类科普教育基地。绿色服务业务方面，提升绿电交易服务能力，与国网苏州城研院、园区供电公司开展战略合作，推动园区碳普惠体系发展完善。持续发展城市公用事业，提供安全可靠民生保供服务，助力提升营商环境。

（蔡　晓）

【苏州新建元控股集团有限公司】2023年，苏州新建元控股集团有限公司（简称"新建元控股集团"）实现利润总额16.74亿元，纳税总额9.69亿元，资产总规模超530亿元。行使集团作为园区七大重点项目建设指挥部成员单位职责，加快推动新建元数智湾产业园、汇智湾产业园等项目建设。

引入空中客车中国研发中心、华质科仪生物技术（苏州）有限公司等总部型、研发型项目；苏宿工业园区招引签约项目总投资额超21亿元；苏贵产业园区做好品牌输出与软件转移服务。在金融资本运作方面持续创新，成功发行首单10亿元优质企业债，首期邻里中心REITs完成续发，打通循环新模式；成功发行李公堤1—3期两单类REITs产品，进一步盘活优质存量资产，提升综合运管能力。在数字政务、数字城市、数字基建、数字金融、数字生活等方面有效作为，承接园区数字政府建设任务69个，备案完成率100%，支撑"免证园区"建设和"一网通办"迭代，全过程支持智能交通世界大会、地球克隆计划大会、数字孪生发展论坛等高能级会议举办。助力园区老旧商业街区改造更新，全年实现7个城市微更新项目竣工交付。新城邻里中心焕新开业，首次实现"一店双开"，推动邻里中心"数实融合"落地。截至年底，区内运营邻里中心项目19个，在建项目4个。全力打造iDream园梦高层次人才平台、国际人才合作项目，落实"青春园区"人才支持计划，不断探索直播招聘、高端猎聘等人才招聘新方式。全年为1万余家次企业提供人力资源服务。

（李　俊）

【苏州元禾控股股份有限公司】2023年，苏州元禾控股股份有限公司（简称"元禾控股"）实现营业收入27.2亿元，归属母公司净利润18.2亿元。年内，元禾控股获评清科2023年中国创业投资机构六强。新增基金管理规模99.5亿元，其中外部募资83.4亿元。直接投资项目144家次，投资金额47.6亿元（其中园区企业43家次，投资金额8.2亿元）；投资子基金17只，投资金额14.8亿元；新增培育上市企业15家，累计投资培育上市企业106家，其中科创板46家。设立园区集成电路产业投资发展有限公司，挂牌"SIP集成电路产业园"；设立园区集成电路天使基金和成长基金，通过投招联动推进苏州禾芯半导体有限公司、上海登临科技有限公司等一批项目投资；举办中国（苏州）集成电路产才融合发展大会暨金鸡湖科学家论坛；推进海光信息技术（苏州）有限公司、苏州禾芯半导体有限公司、江波龙电子（苏州）有限公司等落地园区。组织召开全国首届工业母机技术产业投资大会，国家工业母机创新研究院揭牌；工业母机产业投资基金和国家工业母机创新研究院启动战略合作。与通信产业龙头共建"S-Lake先进技术发展中心"，聚焦集成电路、新材料等科技领域技术孵化；与亚盛合作，培育小分子创新药及国际先进生物科技项目，注册落地盛禾众创空间，完成建设并投入使用，首批4个项目入驻。东沙湖基金小镇通过省发展改革委特色小镇验收，揭牌成立小镇发

2023年10月18日，中国（苏州）集成电路产才融合发展大会暨金鸡湖科学家论坛启动仪式在园区举行
（元禾控股　供稿）

展服务中心科教创新区（东区）分中心；组织开展第十二届金鸡湖创新创业大赛、保险资金股权投资工作交流会、母基金专委会现场会议等重要活动；新增入驻基金67只，新增基金管理规模506亿元，累计基金规模3803亿元，全年实现税收15.2亿元；推动小镇三期建设，完成办公楼桩基施工和三期酒店管理公司遴选。推进产业招商，通过投招联动、对接载体资源、扩展大赛项目等方式，招引阶梯医疗、睿理新能、固上电子等30个项目落户园区；海外创新中心推荐28人获评各级人才，其中国家级人才4人；累计推荐110人获评园区领军人才，其中53个项目在园区落地。苏州科技商学院经市政府批准落地东沙湖基金小镇，由元禾控股负责运营。承接外部重要课题，完成中国证券投资基金业协会委托的创投行业"投早投小投科技"课题研究。通过保贷租理等方式，为112家苏州企业提供3.4亿元债权支持；推出"招商落户贷"2.0版，为25家新落户的初创企业和创业人才提供6000余万元授信融资支持；拓展供应链保理业务，落地10单保理业务授信。 　　（储　蕾）

【苏州新时代文体会展集团有限公司】
2023年，苏州新时代文体会展集团有限公司（简称"新时代集团"）实现国资考核营业收入3.36亿元，增长51%；经营净现金流3819万元，增长16%。年内，新时代集团获评园区文明单位、档案工作优秀单位。新时代集团旗下苏州奥体中心自开业后首次实现"一场两馆"自负盈亏。全年举办大型体育赛事、演艺活动130余场，吸引观演观赛超55万人次，为苏州各行各业带来直接经济效益17.35亿元，总产出效益40.87亿元，税收收益1.24亿元，对旅游六大要素产生14.7亿元的拉动效应。组织举办苏迪曼杯世界羽毛球混合团体锦标赛、全国青年羽毛球锦标赛、2023"中国足协杯"决

赛、中甲联赛、"2034杯"全国小学生足球大会总决赛、王者荣耀挑战者杯等赛事，举办多场明星演唱会。举办全民健身活动48场，接待消费客流61万人次，培训学员2.5万人次，高标准打造自主IP赛事，"苏州奥体杯"青少年游泳挑战赛拓展至长三角区域。苏州奥体中心获评江苏省体育产业示范单位，"夜经济"主题活动入选全省体育消费场景典型案例。苏州文博商务旅游发展有限公司有效统筹"四湖两河"水上项目发展，打造水上运动"新名片"，优化水上旅游航线，推出智能化无人驾驶船舶，举办"城际内湖杯"金鸡湖帆船赛、中国家庭帆船赛、江苏省青少年帆船联赛、水上运动嘉年华暨苏州市大众体育联赛等水上赛事。苏州文博诺富特酒店承办各类宴会、会议活动314场，获评2023年旅行社评论奖。园区智选假日酒店获评洲际集团最佳财务表现奖第一名。苏州城市航站楼开通东航、国航、南航等9家航空公司业务，累计服务出行旅客2.4万人次。园区北部市民中心开展"青橙"系列活动1400余场，服务百姓超100万人次，被认定为苏州市体育服务综合体，入选江苏省公共文化服务高质量发展十佳案例和省级示范物业管理项目。合并独墅湖文体中心，成立园区独墅湖文化体育发展有限公司，全年承接和举办各类赛事、文体活动290余场，服务学生和市民200万人次，获评江苏省第六批体育服务综合体。工程建设有序推进，金鸡湖右岸景观提升、轨道交通6号线苏胜路站地下连通道等项目加快推进。金鸡湖环湖驿站、昆山足球场、昆山奥体中心一期、漕湖文体中心等场馆的代建、咨询工作得到肯定，漕湖文体中心工地获评江苏省建筑施工标准化星级工地和江苏省优秀"智慧工地"。（张　祎）

【苏州恒泰控股集团有限公司】　2023年，苏州恒泰控股集团有限公司（简称"恒泰集团"）实现营业收入29.68

亿元，完成固定资产投资37.6亿元。楼宇、商业、产业三大招商中心成立并运行，相继举办招商发布会及重大项目签约活动。恒泰集团获评AAA信用主体等级，融资实力、发展动力进一步增强。四期类REITs成功发行，规模4亿元，创全国类REITs产品历史利率最低，公租房（菁英公寓）公募REITs实现产权型申报。累计投资基金4只，规模超7亿元。写字楼新增出租面积8万平方米，新引入总部经济、头部企业及上市企业30家。理想创新大厦自贸片区法律服务中心、清科创新中心启用。苏州中心全年新开首店品牌55家，获评苏州市首店引进贡献奖，社零纳统入库金额超37亿元。星悦汇获园区品牌建设、业态创新两项奖励。W酒店房均收益居苏州市五星级酒店市场前列，SOL37美食酒廊打造潮流新地标；盛捷公寓出租率稳居同级别公寓市场首位。高新区科技城星悦里、吴江凯旋生活广场、吴中太湖中心MALL相继开业。产业载体去化10.5万平方米，新增及扩租企业78家。累计腾退落后产能2.3万平方米，腾退低效企业24家。恒泰智造·苏州纳米城五区一期启用，二期完成设计方案优化，亭南产业园、天亿达产业园稳步推进更新准备工作。实体优租房出租率93.8%，租金收入2亿元，动态安置新签人才5200人；虚拟优租房新增补贴发放1万余人；东延四季公寓、瑞华四季公寓两个长租房项目先后开业，服务人才5000余人，东延四季公寓全口径出租率66%，瑞华四季公寓开业3月内出租率56%。优租房、长租公寓开展各类活动53场。自贸商务中心、新裕大厦实现主体结构封顶，阳澄创新总部园完成桩机及围护工程。完成苏州东站站房实施方案，获取H地块，完成A/B地块出让、S1地块划拨手续，S轴地下方案与铁路同步完成初步设计。城市更新加快推进，西部市民中心、胜浦行政中心完成控规调整及设计方案

优化；青剑湖商业广场完成概念方案初稿；东振路商业街开展方案设计；莲花商业街完成微更新方案。全年代建区内新兴产业载体、城市更新项目22个，总投资额159亿余元，总建筑面积280万平方米；市政代建项目46个，总投资额53亿余元。微软二期、生物医药产业园五期A1、A2、B地块和金光产业园基础设施二期/三期、阳澄银座核心区景观工程等项目竣工交付，国家生物药技术创新中心、国家第三代半导体技术创新中心、环青剑湖景观提升工程、吴淞江生态廊道景观工程（园区段）等项目开工建设，苏州纳米城四期、E2、E4、B2及人工智能产业园二期等项目加快实施。

（徐丽丽）

【苏州中方财团控股股份有限公司】
2023年，苏州中方财团控股股份有限公司（简称"中方财团"）合并总资产448亿元，增长10%；合并净资产229亿元，增长6.2%；净资产收益率13.68%；合并净利润17.5亿元；本部净利润4.4亿元，增长5.7%。中方财团及旗下投资平台获评"投资机构软实力排行榜产业型LP TOP20""投中2023年度最佳有限合伙人TOP30"等；旗下中鑫新能源获评"领跑中国可再生能源'光伏百强'优秀服务机构""EESA最优生态合作伙伴奖""北极星杯优秀雇主企业"等。为园区获评国家发展改革委"首批碳达峰试点园区"做出贡献。园区行政中心分布式光伏项目投运；完成园区重点路段2万余盏路灯节能改造；操盘分布式发电市场化交易；牵头开展省科技厅园区"双碳"重大示范项目课题研究；苏州市碳达峰碳中和服务联合会揭牌，举办多场具有影响力的绿色低碳活动；完成园区碳普惠体系下首单碳交易，成为苏州虚拟电厂生态圈首批成员单位。亮相加快建设开放创新的世界一流高科技园区推进大会，与新加坡胜科围绕新能源项目举

行战略签约。新能源项目遍及全国23个省区市，全年新增并网近400兆瓦，打造重庆长安汽车、中孚实业等大容量标杆项目。公司持有分布式光伏电站容量超800兆瓦，在同类企业中处于第一梯队。围绕"一号产业"，设立中鑫璞康基金；推动宏芯气体、宜明生物、必扬医药等被投企业落地园区。5亿元规模的双碳基金亮相苏州市新能源产业创新集群推进大会，5亿元规模的数字经济产业基金于年底基本完成终关。推动微电子二期基金募集工作。在数据中心、云计算、生物技术、存储、5G等硬科技赛道，旗下基金管理公司新增投资项目21个，金额约3亿元。阿特斯、苏州规划院、知行汽车等6家投资企业成功上市。截至年底，中方财团累计直投项目20余个，投资基金49只，辐射基金总规模330亿元，累计实现IPO企业38家。持续开展新能源项目合作，与央企旗下公司累计合作分布式光伏体量200余兆瓦。与中兵装集团首次合作的重庆长安汽车项目顺利并网，是中国西南地区已建成项目中单体最大的分布式光伏项目；与招商局集团合作的南通招商局重工项目并网，是招商局集团首个分布式光伏项目。在基金投资方面，与中信集团合作的中信聚信·惠科三期基金在筹备中。

（计丽娜）

【苏州工业园区科技发展有限公司】
2023年，苏州工业园区科技发展有限公司（简称"科技发展公司"）合并营业收入突破8亿元，获评"江苏省现代服务业高质量发展集聚示范区""第二批长三角G60科创走廊科技成果转移转化示范基地""2023年度最佳集成电路园区"。截至年底，科技园入驻企业数量730余家，累计培育企业5000余家，引进培育市级及以上人才233人，包括国家级人才40人、省"双创计划"人才60人、姑苏创新创业领军人才133人，形成人工智能、软件和

互联网、集成电路设计3个重点产业集群。科技园企业光格科技、盛科通信、浩辰软件、知行科技上市，累计培育上市公司20家。全年新增园区领军项目59个，引进重大项目12个（包含国家工业信息安全发展研究中心江苏分中心、高精度厘米级北斗定位项目天硕导航、AOI光学外观检测设备智翼博科技、AI+脑疾病诊断智能检测系统复睿智能、车规级电控专用芯片国产替代芯弦半导体等）。新增省级及以上"专精特新"企业17家，新增省、市级"独角兽"和潜在"独角兽"企业26家。新认定国家高新技术企业105家，增长13%。园内企业研发投入近40亿元，增长49%。新增市级及以上人才项目46个，其中国家级人才项目12个，为上年度的6倍。思必驰发布全省首个本土培育且通过中央网络安全和信息化委员会办公室备案的百亿参数语言大模型DFM-2，企查查研发的"一站式企业信用信息平台"获评吴文俊人工智能科技进步奖，新华三和博云的工业互联网平台入选工业和信息化部2023年新一代信息技术与制造业融合发展示范名单，峰之鼎、瀚川科技入选2023年度省重点工业互联网平台，7家企业入选2023年省大数据产业发展试点示范项目，占全市的40%。国家新一代人工智能创新发展试验区以人工智能赋能实体经济转型升级为主线，坚持市域一体推进，布局专业科研平台，中科集成电路设计赋能中心正式成立，思必驰语言计算国家平台累计完成开放核心技术64项，4项技术获国际竞赛第一名，"IT+BT"融合创新中心引进以百图生科为代表的创新项目和生态伙伴30余家。试验区累计发布应用场景清单103项，举办应用场景对接系列活动32场，举办新品发布、走进大企业等产业赋能创新生态活动300余场，助推49个应用场景对接落地。完成园区首个人工智能体验馆建设，举办第五届全球人工

智能产品应用博览会、第十二届吴文俊人工智能科学技术奖颁奖典礼暨2022中国人工智能产业年会、第二届硬科技生态大会、第二届中国生物计算大会、2023年医疗器械创新周等活动。成立跨境投资部和科技园侨联，带领30余家投资机构和园区企业出访韩国、日本、荷兰和德国等地，举办园区推介及对接活动，推进韩国和荷兰商务中心选址工作，协助知至科技、赛美特等4家企业完成ODI备案，以跨境合作方式招引工研拓芯、光韵达、海通机器人等项目。加快基金布局和招投联动机制建设，累计19只基金通过上级部门审批，完成对17只基金的出资。合作基金累计完成77个项目的返投，吸引社会资本超过80亿元。稳步推进载体建设，新增建成面积3.45万平方米，在建载体面积超过41万平方米。独墅湖数字经济产业园封顶，微软二期工程正式投运，人工智能产业园二期项目完成地下室主体结构施工，四期人才公寓更新改造、俐马西地块项目、金尚路项目、港田路项目有序推进。探索国资民企合作的产业用地更新模式，新签正得利硬科技产业园项目，合作载体金文茂盛产业园封顶，旭创光电产业园完工，累计合作面积超过60万平方米。

（倪悦岚）

【苏州工业园区生物产业发展有限公司】 2023年，苏州工业园区生物产业发展有限公司（简称"生物公司"）完成固定资产投资16.29亿元，实现营业收入4.25亿元、利润总额1.14亿元，为园区贡献税收1.21亿元。获评2020—2022年度园区文明单位、园区2022年度先进集体、科教创新区2023年度先进集体、园区国资2022年度安全生产先进单位等。苏州生物医药产业园新落户项目114个，包括泰励生物、必扬医药、维亚臻等一批创新型企业，思埃然、索特医疗、普合锐智等一批高端医疗器械企业以及泰澧生物、纽迈生物等优质CRO/CDMO项目。人才引进方面，新增国家级重大人才引进工程专家12人、省"双创计划"人才31人、姑苏创新创业领军人才35人、园区领军人才57人。创新产品方面，新增79个品种125张新药临床默示许可证；新增获批上市新药7款（含进口一类新药4款），累计41款，其中8款为一类新药、8款为进口一类新药，累计进入医保名录药品15款。新增三类医疗器械产品注册证39张、二类证32张；创新医疗器械特别审批方面，累计15家企业23个产品入围，占全市的50%以上。载体建设方面，苏州生物医药产业园五期C区、D区项目相继交付使用，新增投用面积25.3万平方米，累计151.91万平方米。在建载体总建筑面积195.6万平方米，包括三期C区、四期A、B区、五期A、E区、六期、七期、八期（国家生物药技术创新中心）项目。产业生态营造方面，举办2023国家生物药技术创新中心学术大会、第十二届DeviceChina中国医疗器械产业大会，举办专家论证会、企业座谈会、技能培训会、临床试验项目对接会、跨国交流对接活动等，打造专业交流平台，推动项目落户。在临床研究与产学研方面，拓展对接全国16家医疗机构，协助70家企业对接医疗机构资源，举办临床相关活动13场。联合行业智库、研究院共同撰写并发布行业研究《细胞疗法行业白皮书》《RNA疗法行业白皮书》《穿越周期，拨云见日》。拓展对接19所国内高校（含新对接兰州大学、哈尔滨工业大学、中国科学技术大学、东南大学4所院校）开展包括实训中心共建、研究生联合培养、卓越工程师培养、人才招引、产业活动等合作。举办校园招聘会、双选会6场，服务企业200余家，吸引2500余名学生参会。化学试剂工（临床试剂工）行业评价规范通过省人社厅验收并发布，生化检验员国家职业技能标准开发工作稳步推进。国家生物药技术创新中心发布细胞疗法"揭榜挂帅"技术攻关项目指南并立项支持42个项目，以詹启敏院士为领军人才获批省产业科技创新领军人才计划；集聚100余人的专家顾问团队，全职和兼职研发人员规模超800人；核酸药物技术创新平台正式运行，细胞制备平台启动建设；成立国创中心苏州大学分中心、南京临床研究与转化分中心、苏州临床研究与转化分中心、细胞治疗药物临床研究分中心，与上海交通大学、浙江大学、中国科学技术大学等签署战略合作协议，构建协同开放创新网络；作为科技部和省科技厅的战略智库，承担多项生物医药领

2023年11月8日，2023国家生物药技术创新中心学术大会在园区召开
（生物公司 供稿）

域战略咨询和调研报告任务。推动生物医药产业综合服务中心、园区特殊物品风险评估中心建设，持续开展"研易达""研易购"、生物医药工程职称自主评审等工作。　　（牟文华）

【苏州纳米科技发展有限公司】 2023年，苏州纳米科技发展有限公司（简称"纳米公司"）实现营业收入3.25亿元，净利润2453万元，完成固定资产投资13.7亿元。纳米公司建设运营的苏州纳米城获评中国智能传感器十大园区（3年蝉联首位），连续第3年获评中国集成电路高质量发展优秀园区，获评苏州纳米科技协同创新中心（国家级）成果转化基地、长三角G60科创走廊产融结合高质量发展示范园区、江苏省留学回国人员创新创业示范园、园区纳米技术应用众创社区（省级）、江苏省知识产权工作站、江苏省模范职工之家；成立纳米新材料产业创新集群博士后联合中心，有在站博士后300余人。苏州纳米城全年引进落户注册项目146个，投资总额超100亿元，累计注册资本7.6亿元，注册资本1000万元以上项目25个；获评53个园区领军人才项目，增长23%，其中重大领军项目2个，占园区的50%。新增国家级专精特新"小巨人"企业8家，增长267%；各级"独角兽"企业（含潜在）14家，增长82%；各级"瞪羚"企业25家，增长104%。新认定国家高新技术企业57家，新增发明专利513件。新获评国家级人才8人、省"双创计划"人才5人、姑苏创新创业领军人才16人。公司基金规模增加3.5亿元，新增投资项目近30个，投资金额超8亿元；英华特、中芯集成绍兴2个参投项目上市；连续第2年投资收益超过1000万元，累计实现投资收益8300万元。胜科纳米（苏州）股份有限公司进入科创板问询阶段，苏州同心医疗科技股份有限公司完成上市辅导，苏州桐力光电股份有限公司

进入上市辅导阶段，20多家企业进入上市梯队。苏州敏芯微电子股份有限公司、苏州晶湛半导体有限公司、苏州纳维科技有限公司等总部大楼投用；胜科纳米（苏州）股份有限公司总部大楼封顶；苏州国科测试科技有限公司、苏州艾捷博雅生物电子科技有限公司等总部开业。苏州中科先进技术研究院关于"全程诊疗信息的跨中心互联管理与响应体系研究"项目入选国家重点研发计划"主动健康和人口老龄化科技应对"重点专项；苏州吉天星舟空间技术有限公司张刘团队的"高时效、高几何、高光谱空间光学遥感卫星载荷技术的研发及产业化"项目获评全国颠覆性技术创新大赛总决赛优胜奖；苏州慧闻纳米科技有限公司获评2023世界传感器大会能源领域传感器杰出贡献奖。国家第三代半导体技术创新中心（苏州）召开第一届理事会；集成应用研发总部大楼正式投用；承担、参与国家级研发项目1项、省级重点项目2项；发布揭榜挂帅项目5个，新增9家联合研发中心，开展关键技术攻关7项；采用与国内半导体设备厂家联合研发的首台国产MOCVD设备，首炉试生长产出高质量GaN外延片，是国创中心（苏州）开放式建设创新研发平台的成功探索实践。　　（王帆）

【苏州工业园区金鸡湖酒店发展集团有限公司】 2023年，苏州工业园区金鸡湖酒店发展集团有限公司（简称"酒店集团"）实现营业收入4.47亿元。经营方面，推进集团会员体系的构建和自有营销平台的打造，完成招标、签约、程序开发、会员等级与权益等工作。金鸡湖大酒店线上营业收入超2600万元；微信商城营业收入1431万元，增长69%；获评2022—2023年度红丝绒数字营销创新巅峰榜全国百强酒店、可持续发展先锋酒店等。金鸡湖凯宾斯基大酒店加大抖音平台开发力度，制定创意营销策

略，年度交易总额超1350万元。产品方面，金鸡湖大酒店注重菜品研制创新，推广"适时而食"餐饮文化理念，举办内蒙古美食节等餐饮推广活动27次，推出市场受欢迎度较高的围炉煮茶、盲盒下午茶等产品；金鸡湖凯宾斯基大酒店举办欧洲商会啤酒节、湖畔婚礼秀等活动；独墅湖世尊酒店打造"樱花道"网红打卡点，推出樱花主题相关产品，形成新的营业增长点；阳澄湖澜廷酒店推出一系列创新餐饮新品，应季推出粽子礼盒、大闸蟹销售等产品；金鸡湖高尔夫俱乐部坚持会员权益优先原则，实现会籍销售1.12亿元，通过举办会员冠军赛等赛事活动、调整球场专卖店产品结构等众多创新举措，获评金鸡湖商务区风采企业奖。品牌建设方面，受托管理的观园琉苏酒店和漕湖琉苏酒店均超额完成预算收入；金鸡湖酒店管理咨询有限公司成功中标苏相合作区永昌泾水街精品酒店项目和常熟西泾岸历史文化街区更新改造项目；开展园区酒店品牌矩阵提升工程，做好自有"琉金"品牌的升级焕新，完成"琉园""琉廷"等精品酒店品牌注册工作。安全生产方面，完成签定集团及各成员单位全员安全生产责任书1500余份；组织开展安全生产综合检查5次、专项检查10次，发现各类隐患1065处，均整改到位；组织开展安全生产月和消防宣传月系列活动，开展安全生产培训14次。党建方面，酒店集团党委推进与园区职业技术学院党委、常熟城投党委、市公交集团园区公司党总支结对共建，加强与同程旅游集团党委交流互动；更新完善集团党建阵地建设，夯实集团党员教育基础保障；参加国资党委"天幕活力站"党群服务、百场服务进社区等活动，组织年度无偿献血活动。廉政建设方面，制定《金鸡湖酒店集团廉政鉴定管理办法（试行）》《金鸡湖酒店集团高级管理人员履职准则》，切实提高党员、干部履职尽责能力；组织开

展新任职人员集体廉政谈话、廉政专题培训，参观学习况公祠等廉政基地等活动，开展廉政教育活动14次。

（张鲁彦）

【苏州工业园区市政服务集团有限公司】 2023年，苏州工业园区市政服务集团有限公司（简称"市政集团"）城市维护项目支出11.3亿元，完成率100%。全年完成城市维护项目招标117个，中标金额20.94亿元。签订合同361份，合同金额25.8亿元；管理在执行合同598个。年内，市政集团获评2022年苏州市"生态环境保护工作"先进集体、木沉港泵闸通过"江苏省精细化管理二级工程"认定。城市维护业务管理方面，市政集团推进"城维全域一体化"，强化管理与维护。全面推广"城维项目工资监管平台"保障工人权益。"城维业务综合管理系统"访问量49897次，产生业务数据10471条，完成运维148次，修改系统各类漏洞69次，系统优化79次。市政设施方面，完成修补沥青路面18.57万平方米，维修人行道11.95万平方米，平侧石4.7万米，疏通雨水管网997千米，管网视频检查20千米，清理检查边井24万次，运送污泥4240吨，木栈道维修与见新1.7万平方米，油漆及墙面涂料修复26万平方米，防汛防台应急演练22次。环境卫生方面，负责环卫保洁道路946千米、高架112千米、公园65座、公共卫生间190座。道路机械化保洁覆盖率92%。清理偷倒垃圾1150立方米，冲洗污染路面12299千米，清理卫生死角919处，清理积存垃圾524吨。打造湖西CBD"席地而坐"示范区。垃圾分类方面，全年转运生活垃圾38.7万吨，转运委外处理渗滤液560吨，收运处置大件垃圾1.5万吨，收运有害垃圾58.6吨，其中无害化处置58.6吨，收运处置厨余垃圾17万吨。绿化方面，市政集团绿化管养面积4449万平方米，接管乔灌木约157万棵。全年补种乔灌木10253棵，补种各类灌木、色块、地被57万平方米，清理绿化垃圾1.8万吨，浇水136万吨，园区城市绿化养护管理获苏州市综合考核第一。机电设施管理方面，完成路灯维修1.7万杆，景观灯维修2.68万盏，电源抢修1164次，喷泉水景维修1370次，东方之门字画放映804场。路灯平均亮灯率为99.34%。水利管理方面，打破区域壁垒，统一养护考核标准。全年引水7亿立方米，入湖5亿立方米，河道清淤13万立方米，驳岸维修1436米，打捞白色垃圾557吨、水草水葫芦1.5万吨，打捞蓝藻9942船次、藻水藻浆2.13万吨，分离藻泥36.7吨，投放鱼苗500万尾。代建代管方面，管理金鸡湖右岸南区景观提升工程、积水点改造及微更新项目12个。公共服务管理方面，完成公共停车无人值守二期智能化改造项目，16个公共停车场、960个路内泊位实现无人值守运行。园区率先实现全市公共自行车异地通借通还。公交业务方面，新辟优化公交线路10条，开通定制专线2条、通学专线3条。截至年底，新惠巴士运营公交线路27条，线路总长233.3千米，年行驶总里程980.6万千米，年客运量768.2万人次。

（赵琳）

【苏州工业园区城市重建有限公司】 2023年，苏州工业园区城市重建有限公司（简称"重建公司"）实现营业收入22.8亿元，增长24.6%；实现利润3.65亿元，净利润2.78亿元，完成固定资产投资79亿元。更新产业用地，完成陶丽西、敬运镀锡板、联建科技、唯亭电力、东港钢材城等11宗项目收购，盘活土地69.67万平方米。推动金融模式创新，园区工业载体提质增效投资基金首期募资30亿元，全年完成CALL款3.9亿元。推进产业载体建设130万平方米，完成南岸新地一期、新扬产业园、新达产业园、可利首开区等新建和改造，竣工交付运营载体近50万平方米。推进苏相合作区产业载体项目升级与新建，3E数字智造园三期交付使用。拆除车坊卫生院等13个项目，完成金光产业园四期土地回购、拆除及拍卖，腾地总面积241万平方米。加快上市企业产业园、阳澄数谷等产业园区道路设施建设，实施管廊工程2个、道路20余条、景观绿化项目4个。推进建设重大项目和民生工程97个，金鸡湖隧道全线和南湖路快速路东延暨中环南线（园区段）二期工程通车，星塘街立交竣工通车，星塘医院改建完成，苏州市疾控中心新址启用，胜浦供电抢修用房、姑苏实验室改造、园区消防救援指挥中心、苏州纳米城C项目洁净室改造启用，职教园区新建、园区八中重建（二期）等9所学校竣工交付使用。推动苏州实验室总部基地建设，娄江大道（沪宁高速—朱街）、胜浦路高中开工建设。新投入运营载体53万平方米，运营产业载体规模117万平方米，导入企业100余家，东吴证券数字化创新中心、华为F5G应用中心等潜在"独角兽"企业和园区领军企业集聚，3E产业园引进苏州纳希微、斯太姆科车辆等重点产业发展领域企业9家。南岸新地获评2023年度中国产业运营商50强和城市更新高质量发展促进工程产业社区示范项目，承办苏州国际精英创业周及苏州文博会工业园区分会场暨首届苏州文化主理人大会等。

（尹文倩）

【苏州物流中心有限公司】 2023年，苏州物流中心有限公司（简称"物流中心"）实现营业收入2.79亿元。年内，物流中心获评2023年江苏省创新示范物流企业、2023年省级示范物流园区10强、江苏省现代服务业高质量发展集聚示范区等。公司5个重点建设项目均主体封顶。落实商务托管登记工作，全年注册商务托管企业273家；1家企业申报园区领军人才项目。子公司得尔达公司围绕"四化两协同"数字化能力建设，依托得尔达EBC管理系统构建信息数据流程应用共享互联互通，完成山姆超市跨境电商一至三期定制化专项服务系统对接，实现保税跨境新零售在苏州自贸片区的首次运作；运用"数字孪生"技术，自主研发和部署"指尖物流"小程序、AGV项目系统对接；持续探索低代码、无代码工具和数字化转型设计研究，推出钉钉平台嵌入高德出行功能、VR前台展示和物流哨兵计划，助推企业管理数字化水平；运用ABC技术持续赋能智慧物流服务平台，突出"人工智能联合实验室"能级功效，重点推进AI识别物流行为预警应用场景、全链路可视化（一期）项目、智慧物流服务平台与中信保平台数据交互项目建设。加快推动产业链和创新链融合发展，累计创造发明专利26件，智慧物流工程技术研究中心项目获批2023江苏省级工程技术研究中心，EBC管理系统被中国交通运输协会评选为2023年度中国物流数字化建设创新实践先锋；履行"双碳"物流三年行动计划，获得首张绿色电力证书，推进AGV一期项目、"油改电"二期项目。综合物流业务完成进出口总额93.69亿美元，比上年增加36.21亿美元。聚焦跨境电商延伸产业链，以"跨境电商协同中心+海外仓"为核心引领，助力跨境电商领跑外贸新业。山姆会员商店跨境电商新零售项目落地协同中心，年度操作5853票，货值约250万元。加快构建全程生物医药供应链服务，走访园区生物医药企业40余家，重点跟进艾博生物GMP项目。探索"医药共享仓"服务，主动寻求综合物流服务的创新突破，围绕物流供应链延伸服务，推动现代物流业的快速发展。重点培育"国际采购代理"金融服务、"新三样"贸易服务、"走出去"技术输出服务，其中，内蒙巴彦淖尔冷链物流园项目完成咨询服务协议签署、冷链设备安装。持续推进制度创新，苏州自贸片区设立后，

公司累计报送和参与13项制度创新案例。

（胡 克）

【**苏州阳澄湖半岛旅游发展有限公司**】
2023年，苏州阳澄湖半岛旅游发展有限公司（简称"半岛公司"）推动各项主营主业取得突破，旅游主要数据实现较大增长。接待游客873.6万人次，增长91.2%；旅游收入47.98亿元，增长68.3%。重点盘活区域内闲置资产，阳澄农庄商业街引进"半岛体育公园"项目，打造集足球运动公园、品牌IP赛事、洲际逸衡酒店、产业总部办公于一体的"体育+"综合体，球场项目开工建设。重元寺商业街着手打造"重云巷宿集"项目，引入"大乐之野""秀隐"等国内头部民宿品牌和米其林餐厅、潮牌酒吧、滑板体验中心等业态，项目完成产证办理和房屋租赁协议签订。半岛公司通过多样新颖活动策划和营销手段，不断提升游客数量及度假区品牌声誉。举办主题活动8场，其中2023EDC雏菊电音嘉年华活动吸引观众近6万人，带动商业旅游消费超过2亿元，实现线上与线下消费超过15亿元，成为业界口碑与票房双收的标杆性IP。策划半岛烟花秀活动6场（春节2场、夏季3场、跨年1场），每场活动吸引观众超3万人次。完善"惠游园区"平台功能，实现全场景融合互联，为用户提供更加

多样便捷的选择；策划推出"惠游园区YE"、文旅消费补贴、"八八"惠游节等活动。"惠游园区"平台新增用户53.35万个，累计115万个；新增交易额2065万元，累计6378万元。探索创意策划、线上直播、达人探店等营销方式，通过官方微信小程序、视频号、小红书号、抖音号等自有媒体矩阵，增加曝光量和活跃度，自有渠道曝光量230万人次。完成企业总部基地以新名称"阳澄银座"系列亮相，成立阳澄银座"企小导"工作站。开展专项整治工作，现场巡查120余次，协调各部门解决"停车难、停车乱"问题，整治海湾加油站、金螳螂文化项目周边环境问题及恒泰四季公寓、中欧校友总部大厦、理想创新大厦等项目周边秩序。统筹推进恒泰E地块奠基仪式、赛芯电子开工仪式、科特总部大楼奠基仪式等活动。完成企业走访50次，走访企业100余家，形成报告45篇，及时发现并处置"中塬黄金""航诚科技"等涉嫌非法集资企业。

（曹丽君）

【**苏州独墅湖科教发展有限公司**】2023年，苏州独墅湖科教发展有限公司（简称"科教公司"）实现营业收入2.58亿元，增长27%，完成预算的100%；实现利润1860万元，增长15%，完成预算的116%。产业服务

阳澄湖半岛度假区风光　　　　　　　　　　　（半岛公司　供稿）

方面，获评江苏省科技企业孵化器考核A类、江苏省中小企业公共服务三星级示范平台载体、江苏省留学回国人员创新创业示范园等。引进科技企业147家，申报市级及以上人才54人次，获评20人，其中国家级重大人才引进工程专家5人、省"双创计划"人才4人、姑苏创新创业领军人才11人。与牛津大学研究院、新国大研究院、蒙纳士大学苏州校区、西浦国际商学院等院校机构共同组织各类海外高校线上创业推介活动。纳米大学科技园（简称"纳大园"）引进企业中获评中国"独角兽"企业1家、中国潜在"独角兽"企业2家、江苏省"独角兽"企业1家、江苏省潜在"独角兽"企业8家、江苏省"瞪羚"企业22家，获评省级研发机构11家、市级研发机构24家，新认定国家高新技术企业55家，16家企业获得融资8.5亿元。娄葑街道委托纳大园运营的联创产业园引进科技企业17家，除等待电力增容的2幢厂房外，其余10幢厂房出租率达到90%。纳大园协助完成科教创新区（东区）合创产业园及吴东智造园前期规划设计、功能定位等工作，2个项目于11月开工建设。为满足姑苏实验室和苏州实验室发展需要，科教公司共腾退面积7万余平方米，腾退企业170家，并保持优质企业零流失。人才培训方面，科教公司就业培训指导中心完成各类培训项目321个，开展自主培训5.6万余人次；干部培训业务打造"湖畔花开""园启沙盘"两大自主品牌课程，进一步提升核心竞争力；加强院校联动，助力产学研融合发展，提升人才创新创造活力，全年举办就业类活动50场，参加企业1121家，提供岗位超过23400个。教育项目方面，科教公司教育拓展部举办英国剑桥大学修学营和中外儿童国际融合夏令营，承办星海中学"生命科学课程实验项目"和景范中学"西浦慧湖药学院动手实验营"。与西安交通大学苏州研究院启动国际

教育平台，合作开展"海外优才班"，全年招生130余人，新增收入200余万元。与苏州领科学校合作开发人工智能科研课程，参与学生均被世界排名前50位的名校录取。留学申请与科研课程再创佳绩，2023年递交申请约400份，超95%的学生被世界排名前100位的大学录取。以园区国际融合服务中心为载体，打造外事服务专业品牌。全年接受咨询和办理出入境及人才业务2.1万余件，组织各类调研、接待、活动167场；新拓展和落成"融园站"6家，累计12家，覆盖生活、教育、文化、医疗、交通、旅游等涉外场景。院校服务方面，科教公司院校工作部组织"慧聚独墅湖"大学生科技文化节、廉勤文化进校园、慧湖之夜文艺汇演等活动18场。举办湖畔论坛5期，吸引听众1500余人次。打造全新品牌"独墅湖城市艺术客厅"，举办展览4场，组织"慧湖小剧场"活动2场。组织留学生文化与实践活动6场；组织区域心理健康相关讲座、活动4场，完成新生心理测评597人。组织高校教师岗前培训及考试，开展高校教师资格认定2次。举办技术转移、校企合作活动1场。后勤保障方面，科教公司商业载体新增品牌商户8家，商户总数174家，商业载体整体出租率超过92%。学生公寓入住总规模超过3.1万人；芭菲人才公寓服务区域教职工约530人，接待国际留学生800人，承接商务培训类团队112个，为5225名住户申请虚拟优租房补贴，惠民总金额425万元。完成与通信运营商在全部公寓的通信服务合作，实现多家运营商网络精细化运营和聚合服务，慧湖通后台支撑功能不断优化。科教公司科服物业获评江苏省物业服务行业50强企业优秀提名奖。科教公司资产管理部推进实施单项提升改造工程近50项，零星维修项目约1300项，不断提升设备设施运行质量，确保各载体安全稳定运营。安全生产方面，科教公司独立设置安全

监管部，编制修订安全生产制度文件19件，建立完整的应急管理体系。组织两会期间、安全生产月、消防安全月等各项安全防范工作，开展安全教育、安全培训、安全检查、应急演练等活动。组织开展专项、综合、日常等各类安全检查102次，覆盖公司所有项目及载体，发现问题约1500项，完成整改1450项，未整改事项严格执行挂牌督办、闭环管理；全年组织安全生产培训20次，参与1200余人次；组织开展消防、防汛、电梯困人、泳池溺水、自救互救等应急演练50次，参与1500人次。

（朱　熹）

财　政

【概况】　2023年，园区财政部门加强统筹协调，做好收入组织工作，持续优化支出结构，进一步规范政府债务管理，提升政府采购监管和服务措施。推动预算绩效管理工作，加强民生资金保障，优化财政服务举措，支持高水平科技自立自强。全年完成一般公共预算收入411.1亿元，位居全市第二，增长6.1%；税比（税收收入占一般公共预算收入比重）91.3%，位居全市第一。一般公共预算支出293.7亿元，增长7.1%。

【财政运行】　2023年，园区财政部门加强税收协同共治，分析研判收入形势，组织调度财政收入。加大政府性基金、国资预算与一般公共预算统筹力度；加强结余结转等财政存量资金清理，用于保障园区重点支出。优化财政支出结构，兜牢"保基本民生、保工资、保运转"底线。加强预算执行管理，督促主管部门落实预算执行主体责任。推进预决算公开工作，提高预决算信息透明度。做好中央转移支付执行动态监管工作，提高转移支付资金管理使用的规范性、安

全性和有效性。做好政府债务管理相关工作，政府债务整体风险可控；争取债券资金，保障园区重大项目的建设。

【财政改革】 2023年，园区财政部门持续优化政府采购监管和服务措施，强化采购文件专家论证制度创新实践，全国首编正负面清单式的政府采购文件编制指引入选江苏自贸区第四批改革试点经验并在全省推广，综合信用数据在"园采贷"领域运用获评园区年度十大信用应用场景优秀案例。做好总预算会计改革，实现"双功能""双基础""双报告"的总会计核算，加强总会计数据分析应用，为政府决策提供支持。推进财政电子票据管理改革，落实往来结算票据、罚没电子票据改革举措，进一步扩大电子票据种类；将教育收费和代收费缴费全面纳入非税收入收缴系统管理，进一步扩大非税征缴场景应用。优化畅通财政支出数字人民币支付渠道，不断提升数字人民币支付比例，拓宽财政领域数字人民币应用场景。

【财政管理】 2023年，园区财政部门推动预算绩效管理工作，对179个预算部门和单位全面开展预算绩效管理，推动开展部门自主重点评价，创新绩效管理方式，加强结果应用，绩效管理工作连续四年在苏州市财政条线考核中排名第一。牵头制定园区政府购买服务管理制度，严把预算准入关口，强化购买流程和服务管理，完善财政管理体制机制。对区内代理记账机构开展现场检查，探索信用监管模式，加强代理记账行业诚信建设。制定并出台《财政投资项目风险问题清单（2023）》和《财政预算绩效目标管理风险提示清单（2023）》，夯实建设单位和预算单位项目管理和预算绩效管理主体责任。建立健全政府投资基金相关制度，重点围绕政府投资基金的"募、投、管、退"四个方面开展专项检查，持续筑牢政府投资基金监管体系。按授权落实好国有资本监管相关工作，履行国资监管职责。

【民生保障】 2023年，园区财政部门继续做好民生领域财政保障工作，加大对教育、就业、社保等民生重点领域财政资金投入力度，民生支出占一般公共预算支出的80.79%。支持深化义务教育"双减"、中小学课后服务等工作，全年一般公共预算教育经费62.7亿元，增长14.57%。落实积极的就业政策，发放稳岗返还资金2.64亿元，一次性扩岗补助2000万元，加快职业技能提升专账资金执行进度，提技能、促就业、防失业。足额按时发放征地退休人员各项补贴资金，组织安排社保基金决算、执行、调整、编制工作，配合做好医保基金改革相关工作，护航人民群众生命健康。

（倪弋菁）

税 务

【概况】 2023年，国家税务总局苏州工业园区税务局（简称"园区税务局"）贯彻落实上级部署要求，统筹改革发展，发挥职能作用，把握"稳"与"进"，服务大局彰显作为。全年依法依规组织各项税费收入1311.5亿元，完成全年税收工作任务。

表13　园区税务收入分项目情况（2023年）

项　目	累　计			
	收入额（万元）	上年同期（万元）	增长额（万元）	增　长
一、总收入	13114502	12344105	770397	6.24%
（一）税收	7459246	6767609	691637	10.22%
其中：中央级税收	3708867	3321161	387706	11.67%
省级税收	−110173	−222092	111919	50.39%
地市级税收	134954	107404	27550	25.65%
区县级税收	3725597	3561136	164461	4.62%
1.国内增值税	3208906	2564577	644329	25.12%
其中：直接收入	2498441	1837577	660864	35.96%
免抵调库	710464	727000	−16536	−2.27%
留抵退税	−314780	−635141	320361	50.44%
2.国内消费税	13579	13252	327	2.47%
3.营业税	3	259	−256	−98.84%

续表

项　目	累　计			
	收入额（万元）	上年同期（万元）	增长额（万元）	增　长
4.企业所得税	2370570	2209517	161053	7.29%
5.个人所得税	972528	1025788	−53260	−5.19%
6.城镇土地使用税	28398	31341	−2943	−9.39%
7.城市维护建设税	231671	198572	33099	16.67%
8.印花税	71848	53863	17985	33.39%
9.土地增值税	131809	209922	−78113	−37.21%
10.房产税	216409	201800	14609	7.24%
11.车船税	5379	5362	17	0.32%
12.车辆购置税	30016	27154	2862	10.54%
13.耕地占用税	5183	1565	3618	231.18%
14.契税	170701	222466	−51765	−23.27%
15.环境保护税	2244	2169	75	3.46%
（二）非税	2603051	2785821	−182770	−6.56%
其中：1.教育费附加费	98855	84728	14127	16.67%
2.地方教育费附加	65930	56488	9442	16.72%
（三）社保	3041052	2781322	259730	9.34%
（四）其他（职业年金）	11153	9353	1800	19.25%
二、园区一般公共预算收入（含非税）	3770473	3472138	298335	8.59%
三、苏州市一般公共预算收入	3743939	3441150	302789	9%
四、海关代征"两税"	1329855	1272558	57297	5%
五、出口退税	1156300	1284000	−127700	−10%
六、个税手续费退税	−16097	−12724	−3373	−27%

【纳税缴费服务】 2023年，园区税务局针对纳税人满意度低的短板弱项，优化纳税服务，做优"精"与"细"，营商环境持续改善。统筹推进便民春风行动5批次、营商环境创新试点改革和降低市场主体制度性交易成本措施133条，100万元版以上发票审批通过率由37%提升至近90%，新办纳税人首次核定专票、普票满足度达到99.58%。办税服务厅平均办理时长由8.5分钟下降至1.9分钟，简易处罚线下办理比例由68.96%降低至

6.49%，不动产一体化办理全流程由40分钟提速至5分钟，企业整体发票满足度、企业注销时长等指标位居全省前列。"增值税数据集成服务"项目入选江苏自贸区第四批改革试点经验，在全省复制推广。35个事项被纳入"免证园区2.0"，6个事项被纳入园区"刷脸办"清单，在"全市通办"的基础上315个事项被纳入"全省通办"，全面推广上线环保税申报智能预填，上线"往期更正申报""非居民纳税人跨境纳税"等新场景。创新税企

沟通征纳互动新机制，向纳税人精准推送提醒信息167.5万余人次，推送率100%。通过"问办协同""远程帮办"解决纳税缴费人诉求4546条，增长24.17%。组织开展"问需求　优服务"座谈、企业走访、走流程等活动，回应并持续改进220余条意见建议。持续开展专精特新"小巨人"企业、小微企业和个体工商户服务月及新时代"枫桥式"税务所创建等活动。全面落实《国家税务总局江苏省税务局关于进一步健全大企业税收服务和

管理新格局的实施方案》，推动签订全省首份"税收合作遵从备忘录"。为重大项目、重点企业贴身提供优质的团队化、项目化、个性化服务，协助推动颐高、宏尚矿业、埃安汽车等重大项目落地，苏州实验室等重点项目按期开工。

【税收征管改革】 2023年，园区税务局对表对标抓好任务落实，健全"滴灌式"宣传，依托网格化服务，完成9.8万余户纳税人数电发票上线和去"三专"（专印纸质、专用设备、固定版式）等工作；建成"三个中心"（征纳沟通中心、任务管理中心、数据处理中心），推动税费服务和监管工作提质增效；贯彻落实中共中央办公厅、国务院办公厅印发的《关于进一步深化税收征管改革的意见》，5C监控评价段位整体提升，通过国家税务总局江苏省税务局中期评估验收。聚焦聚力提升执法效能，坚持"四能四不要"工作法（税务人能做的，不要纳税人缴费人做；机关能做的，不要基层做；系统能做的，不要人工做；集成能做的，不要分散做），优化执法监管任务工作统筹机制，推送111批次11573户次（原始数据40236户次）任务，分析过滤率71.24%。探索"以数治税"，固化本地数据功能菜单33项，为执法监管服务等提供数据响应和支持。加强土地出让金等非税收入管理，平稳落实园区职工基本医疗保险单位缴费费率上调要求，"优化调整社会保险费申报缴纳流程"上线，首月申报户数和员工人数均超99.9%，居全省第一。

【税收法治建设】 2023年，园区税务局持续推进重大风险防范化解，遵循"守"与"用"，依法治税稳步推进。坚守规范执法基线，落实权责清单和"三项制度"，开展税收执法规范化专题调研，推进规范公正执法；累计建立内控指标58项，构建税收管理类风险指标体系框架；妥善处理税务

行政诉讼14件，加强沟通协调，原告主动撤回9件，诉讼矛盾化解率超6成。坚守税务监管底线，各类风险应对入库成效1.68亿元，增长240.4%。不断提升跨境税源管理水平，组织入库非居民税收收入46.16亿元，收入总量列全省第三位。坚守税种管理防线，持续加强货物和劳务税风险防范，建立发票风险快速应对机制，通过部门联动、大数据分析，及时遏制发票风险苗头。开展企业重组、政策性搬迁等企业所得税复杂事项审核，完善股权转让个人所得税全链条动态监控管理。加强部门协作，实现耕占税全面动态监控。对国家税务总局重点关注的"应清算"（房地产开发项目全部竣工、完成销售的，整体转让未竣工决算房地产开发项目的，直接转让土地使用权的）和"855项目"（已竣工验收且已转让的房地产建筑面积占整个项目可售建筑面积的比例在85%以上，达到清算条件满5年的可清算项目）强化过程管控，按期完成31个土地增值税重点项目清算。

【税务风险防控】 2023年，园区税务局持续强化底线思维，强化源头治理，强化监督执纪问责，夯实各类责任。强化监管防范税收风险，推进完善一体化综合监督体系建设，制定年度监管事项清单，确定监管事项清单26个，重点监管领域8个。加强内控监督管理，开展执法风险自查自纠和"一案双查"等专项监督工作。常态化精准化打虚打骗，推进积案清理工作，维护税收秩序，全年结案194户，查补1.71亿元，入库1.32亿元，人均立案数量、查补金额、入库金额均位居全省前列。专注风险应对提高质效，依托辅助系统执法监管任务统筹模块优化机制，推行智能化、实体化、集约化的工作方式，风险管理专业化应对团队取得7375万元总成效。一般应对完成422户（其中注销

373户），入库3560万元，调减增值税留抵77万元，调减亏损14834万元。完成发票受托协查任务1012条，入库525万元。完成11701条自然人异议申诉处理，护航个税汇算。坚持依法处理税务行政争议，全年应对行政诉讼14件，应对省局行政复议10件，审理本级行政复议7件（含上年结转2件）。依规做好重大税务案件审理，全年受理30件，审结27件（含上年结转5件），在审8件；审结案件中，退回补充调查3件，维护纳税人合法权益。

【税收赋能发展】 2023年，园区税务局坚持稳字当头、稳中有进，为经济社会高质量发展增劲赋能。组织收入量质齐升，优化组织收入工作机制，全年组织各项收入1311.5亿元，其中税收收入745.9亿元，增长10.2%；贡献地方公共财政预算收入377亿元，增长8.6%，税收总量继续位居全市首位，税比继续保持全市第一。落实好延续和优化实施的税费优惠政策，做好"一政策一方案"精准推送等工作，全年新增减税降费及退税缓税缓费81.6亿元，其中，新增减税降费50.1亿元，增值税留抵退税31.5亿元。推进海关特殊监管区增值税一般纳税人资格试点工作，园区备案试点企业37户。成功续签友达单边APA，为26户企业办理再投资递延纳税，吸引再投资20.63亿元。优化出口退税工作机制，办理出口退税115.6亿元，平均办理时效进一步压缩至0.67个工作日。371户企业享受高新技术企业所得税减免31.95亿元，5092户企业享受研发费加计扣除优惠357.58亿元，户数和金额分别增长7.06%和33.95%。在省内首次明确税务局在纳税人保税维修资格认定中的职责，出台《苏州自贸片区开展保税维修的工作方案》，园区4户企业开展保税维修业务。"快易捷"服务获评园区2023年度营商环境十大人气案例。

2023年11月22日，园区税务局组织税务干部到苏州百拓生物技术服务有限公司辅导研发费用加计扣除等税收优惠政策 　　（园区税务局　供稿）

《税收服务生物医药创新企业发展分析》等3篇报告被《国际税收》录用，"国外资本市场相关个人所得税制度及启示研究"获评全国税务系统优秀课题。7篇分析报告得到园区党工委、管委会主要领导的肯定性批示。

（陆建林）

审　计

【概况】　2023年，园区审计部门进一步完善审计全覆盖机制，推进常态化"经济体检"，加大对专项资金、基金投资等重点领域审计力度，不断拓展审计监督广度和深度，揭示存在问题，排查风险隐患，推动政策完善。全年开展各类审计项目33个，对24名领导干部开展经济责任审计或离任交接核查，推动领导干部履职尽责。

【审计全覆盖】　2023年，园区审计部门加大监督力度，不断提高审计工作质效。加大专项资金、政府投资基金、三大产业公司基金投资等重点领域审计力度，查找存在的突出问题、共性问题，提高财政资金使用绩效。按照上级审计机关安排，对苏相合作区等单位开展审计监督，及时揭示问题并深入分析原因，促进"走出去"项目规范健康发展。针对领导干部权力规范运行，在经济责任审计中探索完善纪巡审联动协作机制。严肃财经纪律，关注在采购管理、执行中央八项规定及其实施细则精神等方面存在的典型性问题，助力营造风清气正的良好环境。

【投资审计】　2023年，园区审计部门加强重大投资项目审计监督。对独墅湖医院二期开展预算执行情况审计，完成财政投资项目设计变更情况的专项审计调查，完成苏州评弹学校和星湾学校西校区等项目的竣工决算审计。全年完成结（决）算审核工程项目357个，核减建设资金3.66亿元，增长25.78%。对园区主要从事公共工程开发的建设单位开展风险清单培训，围绕政府投资项目建设全过程、各阶段的关键环节和重点事项针对性提出预防措施，发挥好审计监督的纠偏及帮促作用。

【内部审计】　2023年，园区审计部门加强指导监督，全力提升内部审计工作水平。制定年度内部审计工作要点，指导内部审计机构做好内管干部三年轮审规划，推动构建园区内部审计全覆盖机制。开展研究型内部审计，组织撰写的12篇内部审计科研论文获江苏省内部审计理论研讨优秀论文一等奖，获奖质量和数量连续多年位居全市前列。

【审计整改】　2023年，园区审计部门增强服务大局的主动性，监督与服务并重。加大整改落实督促指导力度，对2018年至2022年审计报告反映问题整改情况开展专项督查；建立专人与被审计单位对接整改机制，促进被审计单位建立健全制度40余项。制定并出台《预算执行审计风险提示清单（2023）》，对预算管理、专项资金管理等方面常见的29个风险点、46种表现形式进行提醒，有针对性地提出36项预防措施，推动各单位增强风险防范意识。持续深化纪巡审协作机制，通过巡审同步、先审后巡、先巡后审等方式实现项目协同，在巡审同步中推进共研共享，召开纪巡审协作联席会议，联合园区纪工委监察工委、园区党政办开展审计整改督查，形成协同联动的大监督格局。　（倪弋菁）

统　计

【常规统计工作】　2023年，园区规范和完善各专业年定报统计工作。截至年底，园区有在库"四上"企业3050家，其中工业企业1098家、服务业企业836家、贸易企业797家、建筑业企业227家、房地产企业92家、固定资产投资项目659个。完成各单位2022年统计年报以及2023年定报的上报工作，确保数据上报及时、准确，无漏报、迟报行为。开展统计执法检查、数据质量核查等工作，其中省统计局执法检查企业71家、市统计局执法检查企业20家；做好各专业指标数据的查询回复，及时提供规模以上工业企业强审等各类凭证，平均每月回复上级查询近1000条。完成人口抽样调查（1187户）、住户调查（150户）、劳动力调查（176户）、采购经理调查（505家）、工业生产者价格调查（54家）、新设立小微企业调查（13家）等各项调查工作，做好每月报表催报和数据审核查询工作。围绕居民人均可支配收入、人均消费支出、常住人口等统计指标，加强调查员培训辅导，不断提高调查数据质量。

【统计监测分析】 2023年，园区加强统计月报等常规性统计资料和年度统计资料的编撰工作，按时上报、如期公布相关统计数据，及时做好信息报送工作。围绕园区经济社会发展的中心工作和宏观经济形势，紧密跟踪经济运行各项指标，及时做好监测跟踪，每月撰写地区生产总值监测汇报、项目管理协会数据快报，并就短板弱项指标、经济运行中存在的问题提出下阶段工作建议。围绕园区规模以上工业增加值情况、"四上"单位调库工作情况汇报等热点问题，研究并撰写专题分析报告，为领导决策提供参考。

【统计业务指导】 2023年，园区建立工业经济例会机制，加强产值调度频次，做到"以旬保月、以月保季、以季保年"；建立重点企业领导挂钩制度，做好重点企业挂钩联系和产值提升工作；加强数据分析研判，及时分析数据走势，重点关注数据波动较大的企业，确保数据填报质量；加强对园区规模以上工业企业行业结构、产值与增加值增速内在关系的研究分析，探索持续提升增加值增速的可操作性，做好产品行业结构调整；每月做好税库开票收入数据比对，确保数据应统尽统。做好重点企业统计辅导和走访服务，关注权重较高的互联网

软件信息业、租赁商务服务业和科研技术服务业三个行业及其重点企业情况，及时了解企业经营情况和政策诉求，提升企业发展信心；优化工作方法和技巧，引导企业科学合理做好财务决算工作，提高数据报送效率；持续强化数据排摸和监测，做好与税务开票收入比对，及时梳理企业数据异常情况，对同比、环比变化过大的企业，查找原因，辅导企业正确填报统计数据。园区经发委与相关部门共同开展贸易、建筑业、劳动工资等相关企业培训，提高企业重视程度；加强建筑业企业管理，提高建筑业企业纳统积极性，商议存量住宅网签和纳统事宜，提高商品房销售指标；做好各行业工资发放指导和指标统计工作，分行业召开指标推进和培训会议，确保数据应统尽统；排摸园区大型商业综合体内达标或拟达标法人单位，辅导企业及时申报入库。

（褚沛雯）

价格管理

【价格水平】 2023年，园区对照《关于苏州市2023年价格调控目标责任制的实施意见》明确的工作要求，完成相关目标任务。全年零售企业及集贸市场主副食品价格控制在市定目标之内，其中，特等粳米、特一面粉、一级豆油平均价格分别为7.28元/千克、6.18元/千克、12.33元/升，均控制在市级预期调控目标的7.5元/千克、7.2元/千克、15元/升内；猪后腿肉平均价格为31.46元/千克，控制在市级预期调控目标的40元/千克内；鲜菜平均零售价格涨幅为-0.2%，控制在市级目标的30%以内。园区居民生活用管道天然气和自来水价格实行"同城同价"，城乡居民用电价格严格执行省定标准，城市公交、医疗服务、中小学教育、幼儿园保育价格执行

省、市规定收费标准。

【价费环境优化】 2023年，园区对实行政府定价、政府指导价管理的95家行政机关、企事业单位开展2022年度收费巡访，组织各收费单位完成江苏省收费动态监管系统的线上填报工作，各单位现行收费项目、收费标准、收费依据、收费范围均符合相关政策规定；各单位对国家和省明确取消、停止征收和降低、减免收费标准或调整收费标准的文件规定均执行到位，无擅自立项、提高收费标准、扩大收费范围、搭车收费行为，无国家、省已公布取消的行政事业性收费擅自转为经营服务性收费行为。依照园区"气热价格联动机制"完成蓝天热电采暖季燃气蒸汽调价工作，参照市发展改革委测算结果完成东吴热电燃煤蒸汽调价工作。强化价格监测预警分析，对园区6家农贸市场、2家超市和4家邻里中心123种主副食品价格进行监测分析。维护市场价格秩序，开展水电气领域及行业协会商会涉企收费专项检查，推动惠企降费政策落地。

（褚沛雯）

【商品房销售价格调控及申报】 2023年，园区新建商品住宅成交均价39513元/平方米，增长9.08%，新建商品住宅价格同比平均指数104.6，对全市房价稳定起到积极作用。全年办理新建商品住宅价格备案35批次。

（於 恒）

【价格监管】 2023年，园区市场监管局聚焦民生领域价格问题，开展校外培训机构、电动自行车、宠物诊疗机构等专项检查。联动治理教育培训收费，与教育主管部门开展学校和学科类校外培训机构综合督导，抽查学校（幼儿园）3家、学科类教育培训机构9家，确保"双减"工作落实落细。与园区经济发展促进中心协作，对区内12家宠物医院、诊所开展联

合检查。加强与民政部门的联动合作，对区内登记注册的殡葬服务机构开展明察暗访，检查殡葬服务经营户10家、医院太平间1家，现场规范明码标价不合规经营户6家。开展治理"反向抹零"价格违法行为专项检查，检查经营主体32家，对其中4家责令改正。规范政府部门及下属单位、行业协会商会、中介机构收费行为，全面清理供水供电供气供暖行业违规收费。加大转供电环节价格监管力度，督促转供电主体退费186.49万元，惠及终端用户500余家。全年立案查处价格违法案件23件，罚款38.82万元，没收违法所得53.82万元，退还多收价款535.78万元。

（吴　玥）

市场监督管理

【概况】　2023年，园区市场监管局围绕"一个大市场、两个强国、三个监管、四个安全"工作着力点，全面贯彻落实新发展理念，以高标准监管推动高质量发展。园区连续第5年获评全市食品安全工作先进地区，连续第3年获评全市质量工作先进地区，连续第2年获评全市公平竞争审查工作先进地区。园区市场监管局获评法治苏州建设先进集体，质量与标准化、食品药品安全、投诉举报等多项工作受到苏州市市场监督管理局通报表扬。金鸡湖商务区分局被命名为第21届全国青年文明号，"打造工作管理站集群　构建食品安全多元化治理新格局"入选中国工商出版社2023食品安全社会共治展示案例。

【市场秩序规范与监管】　2023年，园区持续完善市场监管机制，加强事中事后监管。推进企业年报和信息公示，95739家企业完成年报公示，公示率96.9%。清理规范长期停业未经

营企业，吊销营业执照1232张。推进"双随机、一公开"监管，完成省、市、县三级检查任务193项，检查企业5743家，其中部门联合检查1390家，在园区本级制定任务中占比52.3%，跨部门联合监管进一步加强。创新开展全景信用风险分级分类监管，联合园区人社局采取"双信用+双随机"方式抽取检查对象1000家，提升差异化监管精准度。探索实施触发式行政处罚信用修复创新试点，对满足一定条件的行政处罚数据主动触发信用修复流程，发送指导短信153条。规范网络交易经营行为，报送年度电商平台经营者数据3097条，开展涉疫药品和医疗用品、清理整治非法警用装备、互联网销售危险化学品、售卖长江流域非法捕捞渔获物等专项监测，监测各类主体3000余家次，处理违法线索23条。开展园区广告业统计，引导、支持广告企业申报2023年度广告产业发展奖励、补助两类项目，10家广告企业10个项目入选，奖补经费73.2万元。办理"三品一械"广告审批1583件，增长41.5%，其中医疗器械广告1538件、药品广告36件、保健食品9件。加强格式合同监管，开展电商平台规则专项审核，涉及重点电商服务协议、隐私政策、注册规则等文件22份，提出整改意见47条，均落实整改。

【执法稽查】　2023年，园区以民生领域案件查办"铁拳"行动为重点，严厉打击市场监管领域违法行为，查办案件658件，入选典型案例21件。开展打击侵犯知识产权和制售假冒伪劣商品工作，以电动自行车、食品、服饰等为重点，保证流通领域质量安全。严厉打击侵权假冒行为，销毁侵权假冒产品近4.5万件。倡导绿色消费，开展茶叶过度包装专项治理行动，引导100余家经营户自觉履行主体责任。开展医药领域腐败问题集中整治工作，排查相关经营主体143家次。围绕"医疗美容""阳澄湖大闸蟹"等多

类场景，开展场景式分类行政指导10场次。培育商业秘密保护示范基地2家、指导站（维权联系点）1家、示范点企业33家，其中上市公司协会入选第一批省级商业秘密保护示范基地。创新推出商业秘密保护"诊断体检"服务，从五大维度给出商业秘密保护建议，为62家企业提供线上"问诊"服务。创新建立公平竞争审查社会监督员制度，开展公平竞争审查线上培训并纳入领导干部学习培训项目，《苏州工业园区五部门协力优化营商环境》在《江苏法治报》刊登。开展打击传销和规范直销活动专项工作，备案直销会议7场次，发放宣传海报400余份。开展"师徒一对一，精准传帮带""稽查微课""以案释法典型案例评选"等活动，不断提升执法效能。

【消费维权】　2023年，园区紧扣"提振消费信心"年主题，持续强化消费维权工作，营造安全、放心消费环境。完善消费者权益保护体系，畅通投诉举报渠道，全年接收各类投诉举报116682件。上线"苏州工业园区消保委"微信公众号，组织消费案件庭审公开日活动，开展消费教育进校园，受众超10万人。在苏州中心世纪广场举办"3·15"主题活动，联合久光百货、诚品生活、时尚舞台等经营主体推出"3·15"主题促消费活动。园区消保委联合园区法院、江苏省产品质量监督检验研究院、苏州市价格认定局共同签订消费者权益纠纷诉调对接四方合作协议，建立专家参与调解、法官与专家协同合作机制。推行线下购物无理由退货承诺制，无理由退货承诺商户9458家，实现消费者退货20042笔，退货金额1046.11万元。开展数字人民币宣传，支持数字人民币无理由退货商户5023家。14家单位获评2022年度苏州市消费者满意单位，26家单位获评园区2022年度消费维权先进单位，26人获评园区2022年度消费维权先进个人。

【质量监督】 2023年，园区进一步完善质量治理体系，健全质量发展组织，实现4个功能区和苏相合作区质量发展委员会、质量赋能站全覆盖。制定并发布《苏州工业园区质量奖评定管理办法》，修订质量品牌和标准化奖励政策，发放各级奖励资金1107万元。苏州三星电子有限公司进入第五届中国质量奖提名奖公示名单，1家企业获评市长质量奖，1家企业获评苏州市质量管理优秀奖，13家企业获评苏州市质量奖；2家企业通过"江苏精品"品牌认证，2家企业通过"苏州制造"品牌认证；2家企业获评江苏省质量信用AAA级，2家企业获评江苏省质量信用AA级，109家企业获评江苏省质量信用A级。组建苏州市纳米技术应用产业质量创新联合体，提高质量与创新链、产业链融合发展水平。获批开展CCC免办便捷通道试点，全年CCC免办惠及企业125家，免办产品货值金额2.2亿元。开展小微企业质量管理体系认证提升行动，帮扶10家小微企业解决质量发展难题。围绕燃气器具、电动自行车、电线电缆、防爆电气、儿童用品、油品等重点工业品开展质量监管专项行动20余次，对9大类25种商品开展产品质量监督抽查79批次。推动燃气具相关产品生产销售企业、工业产品生产许可证企业、强制性产品认证获证组织落实工业产品质量安全"两个规定"。对33家重点产业链骨干企业开展检验检测需求调研，对6家检验检测机构开展"双随机、一公开"监督检查，联合园区生态环境局、公安分局等部门，对辖区13家机动车检验机构开展全覆盖检查。全年发放省级检验检测机构资质认定证书21张。

表14　园区获评各级质量奖企业名单（2023年）

序　号	企业名称	所属行业	奖项名称
1	苏州三星电子有限公司	制造业	中国质量奖提名奖
2	苏州华兴源创科技股份有限公司	制造业	苏州市市长质量奖
3	福耀玻璃（苏州）有限公司	制造业	苏州市质量管理优秀奖
4	苏州苏试试验集团股份有限公司	制造业	苏州市质量奖
5	苏州迅镭激光科技有限公司	制造业	苏州市质量奖
6	友达光电（苏州）有限公司	制造业	苏州市质量奖
7	中材科技（苏州）有限公司	制造业	苏州市质量奖
8	苏州苏大维格科技集团股份有限公司	制造业	苏州市质量奖
9	度亘核芯光电技术（苏州）有限公司	制造业	苏州市质量奖
10	八方电气（苏州）股份有限公司	制造业	苏州市质量奖
11	中衡设计集团工程咨询有限公司	服务业	苏州市质量奖
12	启迪设计集团股份有限公司	服务业	苏州市质量奖
13	苏州工业园区科桥餐饮服务有限公司	服务业	苏州市质量奖
14	苏州市东吴保安服务有限公司	服务业	苏州市质量奖
15	企查查科技股份有限公司	服务业	苏州市质量奖
16	苏州工业园区机关事务管理中心有限公司	服务业	苏州市质量奖

表15　园区通过"江苏精品""苏州制造"品牌认证企业名单（2023年）

序　号	企业名称	获证产品	认证名称
1	苏州电瓷厂股份有限公司	高电压架空线路用交、直流盘形悬式瓷绝缘子	"江苏精品"认证
2	捷达消防科技（苏州）股份有限公司	消防车	"江苏精品"认证
3	大悦创新（苏州）医疗科技股份有限公司	盆底肌治疗仪	"苏州制造"品牌认证
4	苏州苏试试验集团股份有限公司	电动振动试验系统	"苏州制造"品牌认证

表16　园区获评江苏省质量信用AAA、AA级企业名单（2023年）

序　号	企业名称	信用等级	序　号	企业名称	信用等级
1	伟创力电子技术（苏州）有限公司	AAA级	3	苏州华兴源创科技股份有限公司	AA级
2	江苏美的清洁电器股份有限公司	AAA级	4	苏州通富超威半导体有限公司	AA级

【标准化工作】　2023年，园区企事业单位参与制定的178项国际标准、国家标准、行业标准发布，其中国际标准3项，61个项目获得286.46万元市级财政资助，获资助金额居全市第一，园区本级发放标准化奖励资金403.42万元。电标院华东分院获批承担江苏省人工智能标准化技术委员会秘书处工作，牵头开展江苏省人工智能领域标准化工作，承担区块链测评服务业标准化试点。组建苏州市人工智能产业标准化联盟和苏州市纳米新材料产业标准化联盟。园区2名参赛选手在苏州市标准化人员职业技能竞赛中分别获三等奖和优胜奖。生益科技标准工程师获2023年IEC 1906奖。开展企业标准自我公开申明监督检查，对19项2022年自我公开申明的园区企业标准开展评价，并落实不合格企业标准的后处理，推动企业标准水平提升。加强标准宣传培训，举办《卓越绩效评价准则》（GB/T 19580—2012）宣传，开展纳米技术标准化工作培训，配合医疗器械标准管理中心举办医疗器械标准综合知识培训。

【计量管理】　2023年，园区制定并发布《苏州工业园区关于深入推进计量工作的实施意见》，明确到2025年和2035年的计量工作具体发展目标和量化指标。对22家规模以上仪器仪表企业开展调研，开展计量服务中小企业行动，帮扶中小企业25家，帮助企业解决计量技术问题12个。受理苏州自贸片区计量器具型式批准6项，准予许可5项；受理企业最高计量标准器具申请42项，准予许可42项。对集贸市场、超市、加油站、眼镜店等30个民生计量重点场所开展现场检查，对10家年耗能超过1万吨标准煤的重点用能单位开展能源计量审查，开展法定计量检定机构专项检查。围绕食品、日用品等与群众生活密切相关的商品进行定量包装商品净含量计量检定，抽查月饼、茶叶、化妆品等6种商品30批次。对园区4家较大规模的家居建材市场内22家店铺558个在售用水器具水效标识进行抽查。

【特种设备安全监管】　2023年，园区登记在用特种设备55505台（不含气瓶和压力管道），增长7.8%，有特种设备使用单位4375家、生产单位83家、气瓶和移动式压力容器充装站点10个。全年开展特种设备现场检查1601家次，发现并整改隐患2657处，处理相关投诉举报98起，下达"特种设备安全监察指令书"119份，查封违法违规特种设备18台（套），查办案件59件，罚没金额223.49万元。建设园区电梯数字化监管平台，完成超设计年限压力容器延期使用规范课题研究，举办特种设备作业人员技能竞赛，开展"特种设备企业主体责任推进年"、重大事故隐患排查整治、城镇燃气安全整治等各类专项行动。压实特种设备生产使用单位主体责任，督促4278家单位落实《特种设备生产单位落实质量安全主体责任监督管理规定》《特种设备使用单位落实使用安全主体责任监督管理规定》，落实率97.8%。突出民生领域特种设备安全监管，开展液化石油气气瓶充装单位专项整治，清除液相阀门带转换接头的50千克"气液双相"气瓶337只，开展电梯维保质量抽查和老旧电梯安全评估。加强高危、易发事故特

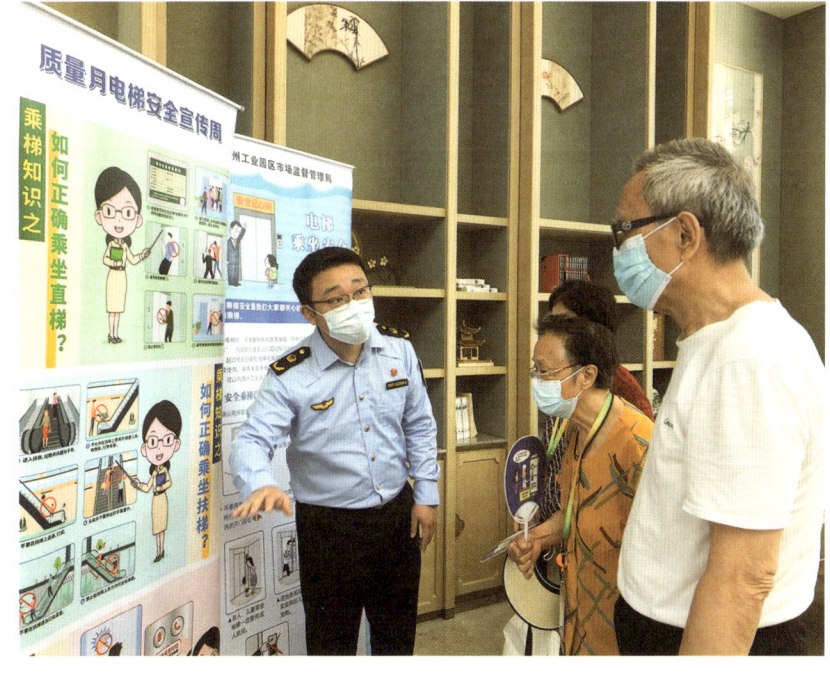

2023年6月2日，园区市场监管局旅游度假区分局安全宣传活动走进养老社区
（园区市场监管局　供稿）

种设备安全监管，联合江苏省特种设备安全监督检验研究院苏州分院对600家重点单位开展现场检查，在国庆假期前邀请技术专家对华谊影城内所有大型游乐设施逐一"把脉问诊"。做好重大活动、重点时段安全保障和极端天气安全防范指导，保障各类重大活动31场。全年未发生特种设备安全事故，特种设备安全形势持续平稳。

【食品安全监管】 2023年，园区根据上级部署建立分层分级、层级对应，督导督查、精准防控、备案备查、责任到人的食品安全工作机制，压紧压实属地管理责任。许可准入的食品经营单位13211家，其中食品生产企业71家、食品小作坊24家、食品销售单位5076家、餐饮服务单位7064家、单位食堂967家。全年落实食品安全专项经费1736.3万元。园区342名包保干部完成包保督导31722家次。发放食品经营许可证4829张，注销1121张，小餐饮备案138件；承接食品生产许可，受理食品生产许可15家次；全面实施预包装食品销售备案，办理备案603份。加强网络餐饮服务、校园食品安全、乳肉制品生产经营企业监督管理，组织开展学校食堂及周边食品安全、婴幼儿配方乳粉、反食品浪费等专项检查30余次。开展法定检测11179批次，抽检率为9.72批次/千人，合格率为98.61%；开展食品安全行政快检4643批次，合格率为99.31%；指导农贸市场完成自检22.13万批次，合格率为99.99%；食品抽检不合格处置率为100%。查办一般程序案件288件、简易程序案件178件。建成14家食品安全工作管理站，覆盖123家学校及托幼机构食堂、24家集体用餐配送单位、620家社会餐饮和食品销售单位，形成多业态食品安全管理站集群。升级食品安全综合协调系统，打造"一级政府、两级管理、三级网络"的食品安全体系。2家

集体用餐配送单位获评2023年度苏州市食品安全"十佳"集体用餐配送单位，2家农贸市场获评2023年度苏州市食用农产品食品安全追溯先进单位，2家食品安全工作站获评2023年度苏州市精品食品安全工作站，3家餐饮单位获评2023年度苏州市餐饮质量安全提升先进单位，6家食品经营单位获评2023年度苏州市特殊食品诚信经营规范单位。

食品安全
社会共治

【药品安全监管】 2023年，园区办理药品和医疗器械相关许可事项2090件，增长35.9%，其中省级赋权事项278件（医疗器械临床试验备案263件、药品互联网信息服务审批15件）、市级赋权及委托事项1812件（药品企业经营许可199件、医疗器械相关审批1613件）。检查药品、医疗器械及化妆品经营使用单位1600余家次，责令整改113家次，移交稽查处置11件，对308家零售药店、1家疾防机构和24家疫苗接种单位（含集中、临时接种点）实现检查全覆盖。开展苏州市麻醉药品和精神药品零售使用、江苏省医疗器械质量安全、化妆品"一号多用"违法问题等专项行动，完成药品抽样84批次。做优生物医药产业服务，指导企业做好申报注册准备，助推产品获批上市，走访药品医疗器械企业136家，解决问题120余个。协助举办第六届药品安全与监管博士后论坛，配合省药监局审核查验中心开展各类检查650余家次，派出检查员、观察员1100余人次。举办各类线上、线下培训10余场，协助举办4期实训。新增医疗器械产品注册证270张，占全市的36.9%，其中三类医疗器械注册证94张，占全市的52.8%；二类医疗器械注册证176张，占全市的31.8%。5款产品进入国家创新医疗器械审评审

批特殊通道，3款产品作为创新医疗器械获批上市，2款产品进入江苏省第二类医疗器械创新产品注册程序。药品方面，新增5家药品生产企业，新增11个批准文号，包括1个一类创新药托莱西单抗注射液；新申报一类新药上市许可申请16件，一类新药临床试验申请168件，其中上市许可申请涉及6个品种16个规格，是上年的两倍。

【CCC免办便捷通道在园区落地】 2023年4月25日，CCC（强制性产品认证）免办便捷通道在园区落地，园区威特立创能科技（苏州）有限公司获得首张便捷通道CCC免办证明。全省仅南京、苏州两地开辟此便捷通道，两市7家企业被列入便捷通道白名单，其中园区4家。白名单企业可以"自我承诺、自助填报、自动获证"，全年可为每家企业节省办理时间超过60天，极大提高进口产品通关效率。自2020年园区成为全国唯一一落实承接办理CCC免办证明权限的区县后，园区市场监管局累计受理免办申请4152件次，发放证明4114张，惠及企业242家，免办货值金额14亿元。

【苏州首个集体用餐配送单位食品安全工作管理站成立】 2023年6月2日，苏州首个集体用餐配送单位食品安全工作管理站在园区揭牌成立，园区24家从业单位加入其中，进一步强化前哨作用和决策支撑，为集体用餐配送行业打造起交互共享、科技赋能、示范创建的食安平台。工作管理站通过政企合作共同推动集配企业"强基工程"，以科技引领打造"智慧厨房"新格局；通过交叉互查和经验共享，提升集体用餐配送单位的自身管理水平；通过联合开展党群共建、培训教育、反食品浪费宣传和社会公益等活动，引导全社会共同提升食品安全意识。园区集体用餐配送单位营养健康示范屋同步投用。

【苏州市纳米新材料产业标准化联盟成立】 2023年8月24日，苏州市纳米新材料产业标准化联盟成立会议暨纳米新材料企业标准化工作对接会在苏州纳米城召开，苏州市纳米新材料产业标准化联盟正式揭牌成立，会议发布苏州市纳米新材料标准体系。该联盟旨在打造成员单位之间信息共享、培训、交流、合作的平台，促进联盟资源的有效利用，推动纳米新材料领域标准的研究、研制和推广，加强联盟与国内外标准化组织、产业联盟等相关机构的联系，推动标准成果转化为行业、国家或国际标准。

（吴 玥）

知识产权管理

【专利保护】 2023年，园区不断提升知识产权保护和服务能力，加强对外知识产权合作。全年新增发明专利授权4825件，增长24.61%，万人有效发明专利拥有量210.45件。完善知识产权保护平台建设，推动苏州市知识产权国际服务平台启动运营，知识产权纠纷协同调解中心实体化运营，发布《苏州工业园区2022年度知识产权司法保护白皮书》；依托上海技术交易所最高法知识产权鉴定中心，搭建园区知识产权司法鉴定服务平台；建立商业秘密保护协作联动机制，推进商业秘密保护"一园一站一点"示范建设，打造企业商业秘密检察保护"双百"平台，打造商业秘密"事前防范"样本；加强与新加坡知识产权局国际合作司、世界知识产权组织（WIPO）仲裁与调解上海中心等机构沟通，探讨在园区引入国际化知识产权纠纷仲裁调解机制，学习海外知识产权纠纷新思路、新方法。"免疫球蛋白结合蛋白及其应用"等9个项目入选中国专利奖，2个项目入选江苏省专利奖，11个项目入选苏州市优秀专利奖。

表17 园区入选中国专利奖名单（2023年）

序 号	获奖项目	申报单位	奖 项
1	免疫球蛋白结合蛋白及其应用	苏州纳微科技股份有限公司	银奖
2	一种电容式触控传感器的制作方法及其产品	苏州维业达科技有限公司	优秀奖
3	一种戊糖化合物的中间体及其制备方法	博瑞生物医药（苏州）股份有限公司	优秀奖
4	水带收取与铺设消防车	捷达消防科技（苏州）股份有限公司	优秀奖
5	金属锂—骨架碳复合材料及其制备方法、负极和二次电池	中国科学院苏州纳米技术与纳米仿生研究所	优秀奖
6	微波炉的食物解冻控制方法及微波炉	江苏美的清洁电器有限公司	优秀奖
7	一种车用驱动电机系统效率分布的设计方法	金龙联合汽车工业（苏州）有限公司	优秀奖
8	一种用于超声扫描的生成变迹值的方法和装置	飞依诺科技股份有限公司	优秀奖
9	便携式彩色超声诊断仪	飞依诺科技股份有限公司	优秀奖

表18 园区入选江苏省专利奖名单（2023年）

序 号	获奖项目	申报单位	奖 项
1	一种半导体超级结功率器件及其制造方法	苏州东微半导体股份有限公司	银奖
2	电容式麦克风	苏州敏芯微电子技术股份有限公司	优秀奖

表19 园区入选苏州市优秀专利奖名单（2023年）

序 号	获奖项目	申报单位	奖 项
1	报文存储方法、报文出入队列方法及存储调度装置	苏州盛科通信股份有限公司	一等奖
2	自动测试设备的触发实现方法及自动测试设备	苏州华兴源创科技股份有限公司	一等奖
3	一种用于抗体药物偶联物的药物毒素PNU-159682的制备方法及其中间体	联宁（苏州）生物制药有限公司	一等奖
4	基于超声图像的双边内中膜的测量方法及系统	飞依诺科技股份有限公司	一等奖

续表

序　号	获奖项目	申报单位	奖　项
5	一种功率MOSFET器件	苏州东微半导体股份有限公司	二等奖
6	一种智能立体库及其使用方法	苏州艾隆科技股份有限公司	二等奖
7	半导体发光器件及其制造方法	苏州晶湛半导体有限公司	二等奖
8	新型抗PD-L1抗体	基石药业（苏州）有限公司	二等奖
9	一种可多挡变速调节的中置电机	八方电气（苏州）股份有限公司	二等奖
10	多路数字信号传输的编解码电路	苏州纳芯微电子股份有限公司	二等奖
11	一种透明导电膜的制作方法、透明导电膜和触控屏	苏州维业达科技有限公司	二等奖

（吕　依）

【商标监管】 2023年，园区新增注册商标11097件，累计有效注册商标117517件；新增马德里商标26件，累计239件。加强商标品牌培育和保护，举办"商标有战略，送法进企业"专题活动，140人次参加。开展年度国际商标奖励申报工作，申请奖励20.5万元。抽取281家市场主体开展商标代理机构、商标使用行为、集体商标等双随机检查，进一步加强商标服务机构监管，规范商标使用行为及商标印制行为。3家企业和1个联盟协会入选首批"千企百城"商标品牌价值提升行动名单。 （吴　玥）

【版权保护】 2023年，园区新增一般作品登记2655件，增长13%；新增软件作品登记13215件，增长17%，数量连续多年位列全市第一；机关与企业的软件正版化率进一步提高。为鼓励版权确权，园区向登记量符合要求的企业发放奖励资金，2021—2023年累计惠及企业1237家。举办"数字文化建设与版权保护运用"主题活动，通过政策解读、专家聘任、主题分享等环节，促进版权企业创新发展。园区版权局与园区法院、检察院开展版权保护合作共建，建立行政管理和司法保护的有效衔接。由园区报送的"苏州王某涉嫌侵犯软件著作权案"入选江苏省打击侵权盗版十大典型案件（苏州市唯一入选案件）、苏州市版权保护和"扫黄打非"十大典型案例。47家重点版权企业参与申报国家、省、市级版权项目；12个项目入选省、市版权奖励计划，入选数量增长33%。 （季已辰）

表20　园区入选首批"千企百城"商标品牌价值提升行动名单（2023年）

序　号	申报企业名称	商标品牌
企业商标		
1	飞依诺科技股份有限公司	VINNO
2	苏州艾隆科技股份有限公司	IRON 艾隆科技
3	苏州华兴源创科技股份有限公司	HYC
区域商标		
4	苏州工业园区自主创新医疗器械联盟协会	独墅联盟

（吴　玥）

表21　园区入选省、市版权奖励计划名单（2023年）

序　号	单　位	项　目	荣　誉
1	网经科技（苏州）有限公司	—	江苏省版权示范单位
2	苏州大禹数字文化科技集团有限公司	—	
3	苏州工业园区若态科技有限公司	《Nanci囡茜二十四节气》等——文创产品转化项目	江苏省优秀版权作品产业转化重点培育项目

续表

序　号	单　位	项　目	荣　誉
4	苏州工业园区美柯乐制版印务有限责任公司	精品出版物智能化提升技改项目（二期）	江苏省省级现代服务业（新闻出版）发展专项资金
5	苏州印刷总厂有限公司	精品包装生产线绿色智能化升级改造项目	
6	苏州奥拉动漫科技有限公司	三维动画《奇奇和努娜》系列	苏州市重大版权推广运用项目
7	苏州不知动漫有限公司	《思无邪》原创国产3D动画	
8	苏州五十一区网络科技有限公司	《桃源深处有人家》国风手机游戏	苏州市优秀版权奖一等奖
9	苏州更广科技文化传播有限公司	系列微网剧《面若桃花》	苏州市优秀版权奖二等奖
10	苏州奥拉动漫科技有限公司	《奇奇和努娜》系列动画	
11	苏州锐景文化科技有限公司	奶油兔等原创IP文创和数字衍生品	
12	苏州亿歌网络科技有限公司	亿歌《杜拉拉升职记》手机游戏V1.0	

（季巳辰）

自然资源管理

【概况】 2023年，园区持续提升用地服务水平，加强用地资源统筹，缓解用地供需矛盾，助推产业转型升级和产业提质增效。全年完成12个征地批次、1个独立选址，面积204.19公顷；供地419宗，面积311.95公顷，保障重点产业和基础设施项目土地供应；加快低效用地腾挪，收回土地131宗，面积160.2公顷，消化批而未供土地167.67公顷。开创性探索工业用地预告登记，保障城市低效用地再开发项目推进。

【建设用地供应】 2023年，园区提升用地服务水平，推进重点产业项目落地，支持民生项目用地，强化国土资源保障。全年供应土地419宗，面积311.95公顷。其中，住宅用地14宗51.35公顷、商服用地6宗8.97公顷、产业用地46宗118.92公顷，完成土地划拨354宗8.85公顷，实现土地合同金244.94亿元。基础设施方面，有效保障环金鸡湖驿站、中央河人行桥、右

岸中区市民广场、水阁路东延等金鸡湖右岸重点项目用地要素。产业用地方面，确保博世、桑田科学岛科创中心、安踏国际等多个重大产业项目落地。优化临时用地审批流程，提高审批效率，保障项目施工用地，办理临时用地项目190个10.03公顷。

【土地利用】 2023年，园区加强用地资源统筹，缓解用地供需矛盾，助推产业转型升级和产业提质增效，提升用地集约化利用水平。加强国有土地资产管理，规范国有土地租赁网上交易行为，在原出让系统中新增租赁模块，实现园区首宗国有建设用地使用权网上公开挂牌租赁，强化国有土地租赁业务的全过程管理。进一步完善产业用地资源动态更新机制，产业用地资源信息向各功能区、各招商部门（含国企）可持续开放，动态更新，提供透明权威的土地资源信息。优化产业项目限时供地机制，梳理关于招商亲商会决策后超期未供地项目情况，推进过会供地进程。强化产业项目用地供后监管，多举措加快供而未用地块处置，对即将达到合同约定开工时间仍未开工的项目，建立提

前3个月下发"催开工通知书"的预警机制，监管项目抓紧开发建设，督促企业做到"拿地即开工"。

【土地保障】 2023年，园区完成约173.33公顷建设用地增量上图（含增列项目清单14个），保障苏州实验室和苏州东站重点区域等项目的空间需求。完成界浦河西中新大道南片区、东方大道南星塘街东片区、出口加工区B区片区等14个片区625.77公顷成片开发方案审批，全面保障园区住宅和产业项目用地报批需求。做好项目落地保障服务，优保重保2023年度42个省、市重大项目用地，其中，3个省级重大项目均保障完成，保障率100%；39个市级重大项目保障完成37个，保障率95%，居全市前列。全年获批12个征地批次、1个独立选址，面积204.19公顷。完成征地区片综合地价实施评估，区片价维持不变。

【低效存量土地资源管理】 2023年，园区加快低效用地腾挪，收回土地131宗160.2公顷。联合园区动迁部门加快推进企业用地回购，下发11批企业用地回购抄告单，涉及土地27宗。落

实金光集团自持41.74公顷地块更新工作，提高园区土地资源要素配置效率和产出效益，丰富低效用地再开发案例。超额完成《苏州市产业用地更新"双百"行动工作方案》要求指标，更新用地135.2公顷，完成目标任务的103%。研究园区节约集约用地先进做法，推荐园区优秀产业用地更新项目省级节地模式典型案例，其中，原达运精密改造更新项目（新达产业园）入选省自然资源厅印发的《工业用地节地模式（技术）先进典型案例》，获全省通报推广。全年核付各功能区、街道动迁回购及退地补偿款项398笔，金额69.82亿元。完成企业资产移交18家，资产拍卖13家；完成拆除15家，拆除建筑面积15.9万平方米，腾退净地37公顷。规范土地二级市场转让（含股权变更），完成土地转让（含股权变更）备案23宗104.47公顷。加快批而未供消化，全年消化批而未供土地167.67公顷。

【土地储备】 2023年，园区土地储备监管库上报新增收储土地141.54公顷，入库土地供应84.7公顷，剩余新增入库土地56.84公顷。参与土地收储和前期开发等重点项目土地平整工程，完成31宗地块的净地工作，开展13宗地块出让前的考古勘探，完成数谷三期地块考古发掘工作。

【智慧国土云平台】 2023年，智慧国土云平台完成临时用地管理、耕地保护、大数据分析、综合监管、移动端、一网通办等功能的适应性调整和完善。完成动迁回购业务模块的开发并挂接抄告单；升级预申请与项目生成系统的网上申请对接工作，完成文件对接；完成各类业务统计、数据汇总、空间成果导出70余次；完成数据服务新增或更新115个；完成图层权限或菜单权限配置120个。提供技术支撑，日常巡检6个数据库服务器、8个应用服务器、2个文件服务器；解决用户日常使用问题55次；新增用户42人，系统全年访问量17万余次。

【不动产登记】 2023年，园区通过线上途径打通服务企业群众"最后一公里"，可通过"苏易登"App客户端在线完成存量房买卖转移登记、夫妻间转移、更名、挂失、遗失补证等业务。通过信息化创新，符合电子档案单套制归档的不动产，通过"苏易登"平台办理抵押注销登记时，可实现全流程、全电子化、全天候智能审批及登簿，可实现申请即注销。与多部门协同搭建"不动产登记综合受理平台"，实现线下一窗办理存量房买卖合同网签备案、房地产交易税费申报、不动产登记、水电气过户业务，真正实现买房"一件事一次办"。开创性探索工业用地预告登记，保障城市低效用地再开发项目顺利推进。完成2023年度集体土地确权登记成果更新汇交，汇交集体土地2319宗3415公顷。

（於　恒）

总部经济培育

【概况】 2023年，园区依托全省唯一总部经济集聚区优势，做好总部企业培育，不断完善总部生态，进一步促进总部企业高质量发展。全年新增省级跨国公司地区总部和功能性机构8家、市级总部21家，新增数量排名全市第一；新增园区级总部12家。截至年底，园区有经省、市、区三级认定的总部企业212家，继续位居省、市第一方阵，其中，省级总部企业67家，占全省的17%；市级总部企业149家，占全市的27%，居全市第一，部分总部企业同时获得多级认定。 （褚沛雯）

【清谱科技总部启用】 2023年2月18日，清谱科技（苏州）有限公司总部启用，加速推进质谱系统小型化研发与产业化创新成果更快更好落地。清谱科技成立于2014年，致力于发展全球领先的质谱分析技术与产品，与国内外一流科学家合作推动质谱技术创新与应用开发，建设质谱即时化学检验及脂质组学发展的技术与产业生态。清谱科技推出多款便携式质谱产品、原位电离离子源以及脂质双键定位分析系统，为医疗诊断、公共安全、现场监管、科学研究等领域提供全球领先的解决方案。

【久泰精密总部大楼奠基】 2023年3月30日，苏州久泰精密技术股份有限公司总部大楼奠基。项目位于吴淞

2023年3月30日，苏州久泰精密技术股份有限公司总部大楼奠基仪式举行
（科教创新区　供稿）

江畔上市企业产业园南区,占地面积1.53万平方米,总建筑面积4.7万平方米。项目建成后主要用于生产通信设备模切产品,预计年产量100亿个,进一步扩大市场占有率,提高园区消费电子行业影响力,促进相关行业快速发展。久泰精密成立于2003年2月,主要开发和销售消费电子功能性器件、结构性器件、3C智能装配自动化设备等产品。经过近20年发展,久泰精密已经成为行业内龙头企业,市场占有率比重逐年攀升,主要客户均为消费电子行业龙头企业。

(瞿小飞)

【儒拉玛特亚太总部开业】 2023年3月30日,儒拉玛特亚太总部在园区开业。德国儒拉玛特集团成立于1962年,是全球领先的工业自动化装配系统集成供应商。项目总投资约2000万美元,涵盖办公大楼、生产车间、研发空间等功能,负责捷克、印度、合肥、常州等多家公司的总体经营决策管理及研发职能,并进一步加大研发投入、扩大生产规模,推动企业在多元化、数字化、全球化方向发展,预计投产后年产值超过8亿元。(田珺妍)

【空中客车中国研发中心启用】 2023年4月14日,空中客车中国研发中心启用仪式在苏州2.5产业园举行。空中客车中国研发中心将利用长三角地区的航空和氢能产业链优势,专注于提供制造创新、电气化、客舱体验以及新技术的研发服务,以数字化、智能化为引领推动航空航天产业转型升级,旨在聚集高端人才,推动航空航天产业发展。另外,该研发中心将对有前瞻性技术和良好市场前景的科研创新项目进行培育,孵化航空航天产业领域科技创新企业。

(田珺妍 朱 玲)

【阳澄银座产业发展推进会举行】2023年5月12日,阳澄银座产业发展推进会在恒泰理想创新大厦举行,该活动由园区企业总部基地建设指挥部、半岛度假区管委会主办。企业总部基地以"阳澄银座"这一新名称正式亮相发布,标志着该区域开启产业服务高地建设的新阶段。活动现场,阳澄银座区域正式揭牌,并举行集中签约仪式,总投资约6亿元的拿地项目及一批楼宇入驻企业共同签约。截至年底,恒泰理想创新大厦、中锐具美大厦、中欧校友总会和联东U谷4座大楼入驻企业100余家。

(曹丽君)

【华质生物总部暨原位质谱亚太卓越中心启用】 2023年5月19日,华质科仪生物技术(苏州)有限公司总部暨原位质谱亚太卓越中心启动仪式在苏州2.5产业园举行。华质生物是一家为用户提供实时性生化分析总体解决方案的前沿机构,重点围绕原位质谱系统硬件及软件的开发推广,为临床检验、药物研发、食品安全、生命科学、空间组学、法检物证、生化预警、材料化工、农林牧渔、生态环境等领域提供行业方案、人员培训、技术指导、方法开发、数据分析及结果发布等一站式服务。

(朱 玲)

【新光维医疗全球总部及研发生产基地启用】 2023年6月2日,新光维医疗全球总部及研发生产基地在园区启用。基地集总部管理、研发、生产、销售、培训、产品展示与体验等功能于一体,全方位提升新光维医疗的综合实力,使其在提供创新和优质产品的同时,加快内外部专业人才的培训,助力中国内窥镜行业水平提升与自主发展。

(吕 依)

【血霁生物总部开业】 2023年7月20日,苏州血霁生物科技有限公司总部新址开业,主要用于血小板体外再生的研发与产业化,推进血小板技术创新临床应用,填补全球市场空白。血霁生物园区博士后孵化站授牌,企业分别和洛加大苏州先进技术研究院、南京昕瑞再生医药科技、苏州极客基因进行战略合作签约,为加快园区细胞治疗领域发展注入新动力。

(瞿小飞)

【SIG中国区总部开业】 2023年7月28日,新加坡鸿信中国区总部在园区新加坡苏州商务中心开业。新加坡鸿信会计(税务)师事务所(简称"SIG")是新加坡经济发展局和企业发展局推荐的合作伙伴之一,且获ACRA颁发的许可证书,为企业提供落地新加坡、布局东盟的专业服务,打造企业在中国和东南亚之间双向投资的服务桥梁。自成立以来,SIG成为1000余家企业的业务合作伙伴,协助企业融入新加坡商业生态,开拓东南亚市场。SIG中国区总部的设立,将进一步为中新企业双向跨境投资提供专业服务,借助园区中新合作平台,协助新加坡企业落地园区,为中国企业赴新加坡提供全方位专业服务,加速推动两地项目、资金、技术、人才等要素流动与对接合作。 (蔡 晓)

【赛芯电子总部大楼奠基】 2023年8月9日,苏州赛芯电子科技股份有限公司总部大楼奠基。项目位于阳澄银座瑞华路东、莳亭大道北,占地面积约6300平方米,规划总建筑面积约3.5万平方米,总投资2亿元,建设集实验室、研发中心、营销中心、综合管理等功能于一体的赛芯电子企业总部。赛芯电子成立于2009年,是一家专业的集成电路设计企业,致力于为客户提供性能优良、集成度高、一致性好、尺寸小、综合性价比高的锂电池保护方案和电源管理方案,产品广泛应用于智能穿戴设备、便携加热设备、移动电源等消费电子领域。

(曹丽君)

【苏州清科创新中心揭牌】 2023年8月16日,苏州清科创新中心在苏州恒泰理想创新大厦揭牌成立。中心以促进城市产融发展为核心,致力于打造创投机构与科创企业特色集聚地,助力园区更好推动科技创新和产业创新对接,形成新的集聚效应和增长动力。

(徐丽丽)

【天臣国际医疗总部基地奠基】 2023年8月18日,天臣国际医疗科技股份有限公司总部基地奠基。项目占地面积2.67万平方米,建筑面积15.6万平方米,总投资8亿元,包括研发中心、生产基地、配套设施等。建成后预计每年新增200万套各类创新医疗器械,产值10亿元,税收超8000万元,成为打造患者全生命周期管理发展战略的重要载体,助推园区医疗器械产业发展再上新台阶。 (瞿小飞)

【科特总部大楼奠基】 2023年9月27日,园区科特建筑装饰有限公司奠基仪式在半岛度假区举行,公司企业总部落户阳澄银座。总部大楼位于园区莘亭大道北、瑞华路东、莲心路西,总投资2.65亿元,占地面积8467平方米,总规划建筑面积3.7万平方米。科特公司成立于2003年,致力于建筑幕墙及室内装饰行业。公司秉持"以科技为最、创特色精品"的经营宗旨,成长为中国建筑装饰行业中的优秀企业,曾获评全国装饰行业百强、江苏省十强等,取得数十项实用新型专利,是建筑装饰行业的高新科技企业。

【中欧校友总部大厦投用】 2023年9月,位于阳澄银座的中欧校友总部大厦正式投用。中欧校友总部大厦项目占地面积1.18万平方米,总建筑面积约9.2万平方米,项目由两栋塔楼和裙楼组成。T1幢塔楼为地上4F—18F,定位为总部办公楼;T2幢塔楼为地上9F—20F人才公寓和4F—8F研发办公;裙楼为1F—3F,定位为校友中心。秉承高标准、高品质、环境友好的绿

2023年11月8日,苏州耐斯达总部基地开工仪式举行 (科教创新区 供稿)

色建筑理念打造,项目荣获LEED金奖认证。项目是中欧国际工商学院校友总会为践行"服务校友、回馈中欧、奉献社会"的宗旨而发起,初心是为中欧校友、校友企业和校友组织搭建一个资源汇聚、信息共享、沟通交流、增进友谊、投资合作、创造价值、协同发展、合作共赢的平台。 (曹丽君)

【东曜药业全球研发服务中心开业】 2023年10月19日,东曜药业全球研发服务中心开业仪式在园区举行。东曜药业全球研发服务中心总建筑面积2.5万平方米,作为东曜药业全球总部,承担研发及办公功能,其中核心实验区包含细胞培养工艺开发、纯化工艺开发、细胞建库、分析方法开发及质量控制实验室。全球研发服务中心整合公司的科研资源和优秀人才,将进一步强化公司CDMO业务的技术研究、工艺开发、质量研究等能力,夯实全方位的药品开发及生产布局,为CDMO业务拓展提供更为坚实的保障。

(蔡 晓)

【园区认定第七批总部企业】 2023年10月,为推进总部经济高质量发展,根据《苏州工业园区促进总部经济高质量发展的若干意见》,园区完成

第七批总部企业认定工作,荣旗工业科技(苏州)股份有限公司等12家总部企业入选。 (褚沛雯)

【耐斯达总部基地开工】 2023年11月8日,苏州工业园区耐斯达自动化技术有限公司总部基地开工。该项目占地面积8600平方米,建筑面积2.9万平方米,定位为研发及生产基地。建成投用后预计年产智能装备500套以上,产值5亿元,助力企业在逆变器、毫米波雷达、智能摄像头等智能制造装配领域保持领先地位。

(瞿小飞)

"专精特新"企业培育

【概况】 2023年,园区做好"专精特新"企业培育和申报工作,新增国家级专精特新"小巨人"企业56家,累计85家;新增省级"专精特新"企业182家,累计430家;新增区级"专精特新"中小企业130家。促进企业与金融机构深度合作,对符合条件的"专精特新"企业信用贷款给予贴息支持,累计为"专精特新"企业提供信贷支持超30亿元。

表22　园区入选国家级专精特新"小巨人"企业名单（2023年）

序 号	企业名称	序 号	企业名称
1	景昱医疗科技（苏州）股份有限公司	29	天聚地合（苏州）科技股份有限公司
2	天臣国际医疗科技股份有限公司	30	迅芯微电子（苏州）股份有限公司
3	苏州明皜传感科技股份有限公司	31	苏州智绿科技股份有限公司
4	苏州万龙电气集团股份有限公司	32	源卓微纳科技（苏州）股份有限公司
5	苏州赛芯电子科技股份有限公司	33	中瀚新材料科技有限公司
6	创耀（苏州）通信科技股份有限公司	34	卓越（苏州）自动化设备有限公司
7	苏州东微半导体股份有限公司	35	伊顿电气有限公司
8	苏州星诺奇科技股份有限公司	36	江苏元泰智能科技股份有限公司
9	思瑞浦微电子科技（苏州）股份有限公司	37	苏州超集信息科技有限公司
10	苏州同元软控信息技术有限公司	38	维思普新材料（苏州）有限公司
11	苏州赛谱仪器有限公司	39	苏州法特迪科技股份有限公司
12	苏州晶湛半导体有限公司	40	江苏盖亚环境科技股份有限公司
13	苏州引航生物科技有限公司	41	苏州迪泰奇自动化科技有限公司
14	苏州极目机器人科技有限公司	42	捷达消防科技（苏州）股份有限公司
15	苏州纳芯微电子股份有限公司	43	苏州光格科技股份有限公司
16	苏州西山生物技术有限公司	44	度亘核芯光电技术（苏州）有限公司
17	苏州驿力机车科技股份有限公司	45	苏州威达智科技股份有限公司
18	苏州苏纳光电有限公司	46	苏州创易技研股份有限公司
19	苏州华太电子技术股份有限公司	47	苏州桑泰海洋仪器研发有限责任公司
20	苏州苏大维格科技集团股份有限公司	48	苏州康代智能科技股份有限公司
21	苏州工业园区耐斯达自动化技术有限公司	49	斯丹德汽车系统（苏州）有限公司
22	强一半导体（苏州）股份有限公司	50	苏州韬盛电子科技有限公司
23	苏州海格电控股份有限公司	51	奥美凯聚合物（苏州）有限公司
24	爱发科电子材料（苏州）有限公司	52	苏州为度生物技术有限公司
25	苏州远创达科技有限公司	53	科大讯飞（苏州）科技有限公司
26	网经科技（苏州）有限公司	54	苏州银蕨电力科技有限公司
27	诺莱特电池材料（苏州）有限公司	55	苏州厚朴传感科技有限公司
28	苏州益而益电器制造有限公司	56	苏州汉骅半导体有限公司

【"专精特新"政策指引】 2023年，园区坚持企业主导与政府引导相结合的方式，定期组织"专精特新"企业"汇计划"活动，覆盖"产业汇""金融汇""人才汇""服务汇""技术汇"五个方面。其中，"产业汇"编制"专精特新"企业产品服务目录，鼓励链主企业、总部企业、上市企业发挥引领作用，与"专精特新"企业建立战略合作机制，推动创新链、产业链、资金链、人才链深度融合；"金融汇"通过"专精特新"企业专场路演等活动，创造整齐对接平台，提供融资渠道，成为企业高质量发展的"强心剂"；"服务汇"通过汇集政府服务资源，针对各级"专精特新"企业不同发展阶段的特点和需求，为企业提供精准服务。坚持分层分类分级指导，坚持动态管理和精准服务，强化政府引导、汇聚各方资源，为"专精特新"企业提供专业化、精细化、特色化、新颖化的服务。

【"专精特新"梯度培育体系构建】 2023年，园区持续推进"专精特新"企业梯度培育库建设，发展和培育一大批专注于细分市场、聚焦主业、创新能力强、成长性好的专精特新"小巨人"企业，按照各级评价要求，建立梯队培育体系。截至年底，园区有储备企业900余家，其中，国家级"小巨人"企业后备库300余家、省级"专精特新"企业后备库400余家；对储备库企业免费开展申报诊断工作。对606家国家级"小巨人"企业和省级"专精特新"企业申报重点企业完成两轮摸排和辅导，确保"应报尽报""应辅尽辅"，园区省级"专精特新"中小企业新认定数量和通过率均创新高，居全市第一。

【服务平台建设】 2023年，园区进一步健全"专精特新"企业服务体系，助力中小企业发展。通过举办培训、游学等活动提升企业综合素质，帮助企业掌握政策导向、行业动态和市场趋势。加强服务平台建设，获批国家级中小企业公共服务示范平台1家，省级示范平台累计23家（其中有效期内18家），引导中小企业公共服务平台不断集聚服务资源、完善服务功能，促进"专精特新"企业创新发展。

（褚沛雯）

信用体系建设

【概况】 2023年，园区秉持"创新引领、信用赋能、以用促建、合作共赢"思路，围绕"构建以信用为基础的新型监管机制"试点任务方向，推进试点建设方案制定、信用信息平台完善、信用应用场景推广、诚信文化宣传等工作，进一步发挥信用在提升政府治理效能、优化营商环境方面的基础性作用。

【信用信息平台建设】 2023年，园区公共信用信息共享平台（简称"园区信用平台"）归集65大类1426.03万

条数据；"信用园区"网站公示"双公示"行政许可信息10.77万条、行政处罚信息1.81万条。园区信用平台优化升级，开发建设信用监管专区，创新推出"信用+双随机"、行业信用专题库、信用监管看板等应用，支持各部门各领域开展分级分类信用监管。园区信用平台归集29个部委办局35大类283.9万条公共信用信息，增长9.37%，其中社会法人信用信息156.3万条。全年受理各类信用查询报告287份，各类信用审查16.7万家次，增长25.78%，主要应用于项目申报、评优评先、招标投标、资质认定、信用调查等方面133个业务事项。

【信用应用场景建设】 2023年，园区制定并发布《苏州工业园区构建以信用为基础的新型监管机制试点实施方案》，明确4项重点建设任务，实施9个信用监管示范工程，推进45项信用应用场景项目。截至年底，信用应用场景任务完成37项。评选园区年度信用场景应用优秀案例10项，以点带面推进各领域信用场景应用。"'信用白名单'破解小微企业融资难"等3个项目获评第五届"新华信用杯"全国优秀信用案例，"'企业信

用码'——打造企业信用身份证"项目获评江苏省社会信用体系建设工作创新项目，4个项目入选苏州市社会信用体系建设典型案例，4个项目获评苏州市"信易+"场景示范场景和优秀场景。

【信用宣传工作】 2023年，园区加强信用宣传工作，"苏州工业园区信用"微信公众号发布信用相关资讯183篇，"信用园区"网站发布信用资讯310篇。推进"企业诚信领跑计划"实施，发动65家信用优质企业参与，举办企业信用管理实务、信用标杆企业参访、信用风险防范等主题活动15场，评选出年度诚信领跑企业15家。开展"守信助跑行动"，为园区130余家"诚信领跑企业"、守信红名单企业和信用评价A类企业提供1500余项次优质服务。组织"诚信润泽园区，诚心共筑未来"主题"诚信宣传周"活动，通过开展信用宣传进社区、进学校、进商圈、进企业、进机关系列活动，引导园区企业、商户、居民和政务工作人员在生产经营、社会交往、政务活动中遵守职业道德，提升知信、守信、用信意识，促进园区社会信用体系建设高质量发展。

（褚沛雯）

2023年11月24日，园区诚信宣传进企业之"诚心向党　与信同行"主题活动举行

（园区经发委　供稿）

开放型经济

综 述

2023年，园区在国家级经济技术开发区综合考评中实现"八连冠"，跻身科技部建设世界一流高科技园区行列。全年实现进出口总额862.06亿美元，实际使用外资及港澳台资19.51亿美元。强化政策支撑，加强跨国公司总部经济及外资研发中心政策宣导，联合市级部门举办专场政策宣讲会，覆盖近60家企业，鼓励外资企业叠加功能。聚力建设全省首个且唯一的外资总部经济集聚区，加速外资总部企业引育及能级提升，促进外资企业转型升级，新认定省级总部企业8家、市级总部企业11家、苏州市外资研发中心63家、外资开放式创新平台3家、江苏省获免退税资格的外资研发中心3家。截至年底，136家外资企业被认定为省、市、区各级总部机构，其中省级67家，约占全省的17%、全市的30%；66家外资研发中心获市级认定，其中24家获进口研发用品、设备免退税资格认定，占全省的33%、全市的近70%。搭建全方位企业服务，为外资总部企业构建专用档案、专设窗口、专业平台、专属菜单、专员服务"五专"服务体系。建立企业诉求解决常态化工作机制，组织多场重点外资总部企业交流会，以实地走访

等形式开展外资企业服务月工作，闭环解决外资企业反馈问题，实现服务对象"全覆盖"。优化外资企业高管出行、医疗、文体旅、金融支付等配套服务，提供国际化、便利化、人性化的苏式工作生活新体验。对上争取面向短期入境外籍人士的移动支付工具（Su-Pay）升级扩面。赋能企业创新发展，强化制度创新，促进要素安全自由流动。推动"研易购"（购买研发或临床用对照样品登记管理办法）升级，打通企业临床试验对照样品采购堵点；落地"研易达2.0"（生物医药研发用物品进口"白名单"制度）解决生物医药研发用物品进口难题；探讨智能制造类企业数据出境安全合规便利化方案，推动绿点科技形成苏州市首个数据合规出境案例。助力企业叠加高附加值业务功能，探索向价值链微笑曲线两端延伸，推动赛峰集团落地短舱保税维修服务。梳理挖掘外资企业开放创新样本，专题宣传报道20余家重点外资企业典型经验，复制推广企业成功成长路径。开展"自贸会客厅"品牌活动，加深外资总部企业中国区高管、专家学者、政府相关人员等的互动交流，助推跨国公司与园区创新要素深度融合。扩大国际开放合作，在建设具有世界聚合力的双向开放枢纽方面，深度融入虹桥国际开放枢纽建设，启用国内机场首个异地值机和行李托运的跨省区市异地城

市航站楼——上海机场苏州城市航站楼；在扩大国际合作方面，按照国家、省、市各级要求，牵头谋划、推进园区开发建设30周年商务条线重点工作。园区建成并运行苏州自贸片区生物医药公共服务1.0平台。升级保税服务平台，助力企业合规管理，提升贸易便利化水平。在全省率先开展入境特殊物品联合监管机制试点，罗氏诊断、药明巨诺获批首批试点企业，并完成首批产品进口。持续开展"研易达1.0"创新试点，截至年底，23家企业完成79个研发项目的498批次产品备案。

10月16日，在联合国贸易与发展会议（UNCTAD）主办的2023年世界投资论坛上，园区管委会因在促进国际投资及经济园区可持续发展方面的突出贡献，获颁联合国"2023年度全球杰出投资促进机构奖"，为中国唯一获奖单位。世界投资论坛由联合国贸易与发展组织发起，是国际投资和发展领域级别最高、规模最大的全球盛会。全球杰出投资促进机构奖是联合国贸发会议独立评选的奖项，是联合国在投资界的最高大奖。经过评审团对全球50余个国家和地区申报奖项独立周密评选，园区成功摘得奖项，受邀参加联合国2023世界投资论坛及颁奖仪式。2023年，园区新设外资及港澳台资项目309个，1亿元以上重点签约项目188个，总投资1079亿

元，投资总额位居全市第二；50亿元以上项目数位居全市第一；产业集群和新兴服务业项目签约总额1093亿元，位居全市第一。

（吴　昊　田珺妍）

中国（江苏）自由贸易试验区苏州片区

【概况】　中国（江苏）自由贸易试验区苏州片区（简称"苏州自贸片区"）于2019年8月26日经国务院批准设立，总面积60.15平方千米（含苏州工业园综合保税区5.28平方千米），在中国（江苏）自由贸易试验区（简称"江苏自贸区"）总面积中占比超过50%，全部位于园区范围内，涵盖苏州工业园区高端制造与国际贸易（简称"高贸区"，核定面积37.16平方千米）、苏州工业园区金鸡湖商务区（简称"金鸡湖商务区"，核定面积11.01平方千米）、苏州独墅湖科教创新区（简称"科教创新区"，核定面积10.14平方千米）、苏州阳澄湖半岛旅游度假区（简称"半岛度假区"，核定面积1.84平方千米）等功能区的核心区域。功能定位为建设世界一流高科技产业园区，打造全方位开放高地、国际化创新高地、高端化产业高地、现代化治理高地。自设立以来，苏州自贸片区围绕"打造开放型经济发展先行区、实体经济创新发展和产业转型升级示范区"的战略定位以及"一区四高地"（建设世界一流高科技产业园区，打造全方位开放高地、国际化创新高地、高端化产业高地、现代化治理高地）的功能定位，对标DEPA（《数字经济伙伴关系协定》）、CPTPP（《全面与进步跨太平洋伙伴关系协定》）等国际高标准经贸规则，勇担"探路、引领、突围"的责任，发挥中新合作的独特优势，高标定位、高点起步、系统谋划、强势推进，致力于把自贸试验区的含金量转变为

发展的高质量。苏州自贸片区设立后，累计引进外资项目5100余个，实际利用外资及港澳台资超过400亿美元，104家世界500强企业在区内投资项目174个。截至2023年底，苏州自贸片区累计形成全国、全省首创及领先的制度创新成果210个，其中13个在全国复制推广，48个在全省复制推广。苏州自贸片区加速成为全国制度创新最活跃、开放底色最鲜明、产业优势最突出、创新动能最强劲、营商环境最优越的自贸片区之一。

【产业转型】　2023年，苏州自贸片区继续做强主导产业，深化高端制造全产业链保税模式改革，扩大"关证一链通"、长三角一体化查验协同试点范围，推动省级出台支持自贸区企业开展保税维修的政策。发展特色新兴产业，深化生物医药全产业链开放创新，打造"研易X"系列制度创新体系，推出研发用物品进口白名单制度（"研易达2.0"），实施购买研发或临床用对照样品登记管理办法（"研易购2.0"）。特殊物品风险评估中心、生物医药产业综合服务中心揭牌运行。截至年底，园区集聚生物医药企业2500余家，香港联合交易所上市企业数量、顶尖人才数量、近3年新获批一类新药临床批件数量、现有发酵罐总容量、近3年企业融资总额等5项指标均占全国20%以上，生物医药综合竞争力位列全国第一方阵。培育新业态新模式，推动服务贸易创新发展，在全国首创地方全口径服务贸易统计方法。打造跨境电商、数字贸易、保税检测、保税研发、保税维修集聚高地，苏州自贸片区继海南自贸港之后，成为第二个获国家支持发展新型离岸国际贸易的地区，开发全国首个新型离岸国际贸易综合服务平台。

【开放合作】　2023年，苏州自贸片区发挥中新苏州工业园区联合协调理事会平台优势，加快共建"国际化走

廊"。截至年底，园区新加坡国际商务合作中心和新加坡苏州商务中心累计集聚项目132个，生物医药、数字经济、绿色发展等领域合作全面拓展。举办第六届中新合作服务贸易创新论坛。主动融入和服务长三角一体化、沪苏同城化以及虹桥国际开放枢纽建设，深化与中国国际进口博览局、国家会展中心等机构合作，实现与上海优势互补、分工合作、错位发展。苏州城市航站楼正式启用。坚持高质量引进来与高水平走出去并举，全年依托国家级境外投资平台、长三角境外投资促进中心，支持192家企业向26个国家和地区投资234个项目，中方协议投资额10.18亿美元。继续提升投资贸易便利化水平，设立全省首家外商独资经营性职业技能培训机构，对上争取面向短期入境外籍人士的移动支付工具（Su-Pay）升级扩面，扩容苏州国际互联网数据专用通道。在全国率先开展长三角一体化布控查验协同试点，获海关总署在全国复制推广；苏州自贸片区"通关查验互通互认实现'水水中转'新突破"入选长三角自贸试验区十大制度创新案例。上线便利企业关税查询的"经贸规则计算器"和"保速通""货站直提"等一批新举措落地见效。推动外资转型提升，截至年底，园区累计有经省、市、区三级认定的总部企业212家。其中，省级总部企业67家，占全省的17%；市级总部企业149家，占全市的27%；部分总部企业同时获得多级认定。

（吴　昊）

【改革创新】　2023年，园区系统谋划深化改革工作，园区全面深化改革委员会召开会议8次，出台《苏州工业园区2023年度深化改革工作要点》，推进年度重点改革任务40项，开展重点改革任务落实情况督查2次。发布2022年度苏州工业园区优秀改革案例14项，组织开展2023年度改革典型案例评选。上报国家级改革试点9

项、省级改革试点 18 项、上报市级改革试点案例 50 项、营商环境典型案例 8 项，园区"审管执信"闭环管理案例获评中国改革 2023 年度案例，园区首创法治社工分阶培养和评定体制推进基层社会治理法治化发展等 2 项案例获评苏州市改革典型案例。《苏州改革》刊载推介园区改革经验 4 次，数量位居全市第一。　　　　（陈忠平）

【制度创新】　2023 年，园区制定《苏州自贸片区 2023 年工作要点》，开展年度优秀案例评选。苏州自贸片区新增全国、全省首创及领先的制度创新成果 40 个，其中 3 个在全国示范推广，10 个在全省示范推广。截至年底，苏州自贸片区累计形成全国、全省首创及领先的制度创新成果 210 个，其中 13 个在全国复制推广，48 个在全省复制推广，126 个经验案例在全市复制共享。

【营商环境优化】　2023 年，苏州自贸片区落实省、市营商环境工作部署，以市场主体需求为导向，聚焦市场主体办事创业的难点痛点堵点，一体推进政策、市场、政务、法治、人文"五个环境"打造市场化、法治化、国际化一流营商环境。

政策环境。制定并出台《苏州工业园区 2023 年营商环境建设行动方案》。总结提炼"满意园区"营商品牌，推出 2023 年"营商环境进行时"漫画宣传案例，开展年度营商环境十大最受欢迎案例评选。围绕重点领域强化政策供给，服务数字经济发展，印发《数字园区建设 2023 年工作要点》《服务保障数字经济时代产业创新集群融合发展方案》。出台《苏州工业园区公共数据管理办法》，在完善公共数据工作机制、提升公共数据共享质效、保障数据全生命周期安全等方面，做出系统性、针对性和可操作的规定。

市场环境。全面落实市场准入及外商投资准入负面清单，降低市场准入门槛。推动"知识产权纠纷协同调解中心"实体化运营。推广创新积分贷，通过"资金池+银行+担保机构"或"资金池+银行"风险分担模式，对依据创新积分遴选入库的科技企业，实行"见分即贷"。通过开展政策宣传、召开提前申报专项推进会议等多项措施进一步压缩进出口整体通关时间。

政务环境。创新基层政务服务先锋站模式，为企业提供就近、贴心的政务服务。发布产业项目规划报批文件编制指南和优秀设计案例，修订"拿地即开工"操作流程。推进"一件事"改革，深化"免证办"，约 3.6 万名学生在网上提交入学报名申请材料，不见面审批率近 80%。1200 余项业务可网办，其中近 300 项业务实现全程网办。依托"一网通办"自助服务终端与上海、浙江、安徽等 12 省 323 个地区实现互联互办。

法治环境。制定《苏州工业园区行政规范性文件制定和监督管理规定》，在全市率先编印合法性审查工作手册，建立文件自查自审工作制度。开展全区规范性文件集中清理 2 次，及时废止和宣布失效规范性文件。深化"执破融合"机制运行，实施关于执行监管和强制管理两项机制，快速清退"僵尸企业"。健全中小投资者权益保护诉讼服务机制，建立涉中小投资者权益诉讼服务"绿色通道"。结合企业信用综合评价等级与省市场监管信息平台分级分类结果，开展风险分级分类跨部门联合监管，打造包容审慎的监管环境。根据"A 类近零打扰、B 类适当抽取、C 类加大比重、D 类全部覆盖"原则，采取"双信用+双随机"方式抽取 1000 家检查对象，提升监管精准度。

人文环境。深化"圆融同心大讲堂""同心护航"品牌内涵，举办活动、论坛、讲座等 10 余场，参加企业 500 余家次，为园区民营企业发展营造更优营商环境。苏州实验室、国家生物药技术创新中心、国家第三代半导体技术创新中心（苏州）总部基地开工建设，新增全国重点实验室 3 个、国家企业技术中心 1 个、国家级科技企业孵化器 6 个。金鸡湖综合提升、阳澄南岸创新城、吴淞湾未来城建设加快推进，金鸡湖右岸中环广场、文华酒店、当代美术馆、摩天轮改造四大项目全面开工；环青剑湖活力提升、吴淞江生态廊道等工程稳步推进。高端人才加速集聚，高层次人才总量 6.3 万人，新增国家级重大人才引进工程专家 55 人，增长 25%，占全市的 1/3，累计 343 人；打造"才聚金鸡湖"人才服务品牌，推进高品质人才社区建设，新建人才公寓 1930 套。

【上海机场苏州城市航站楼启用】2023 年 5 月 19 日，上海机场苏州城

2023 年 5 月 19 日，上海机场苏州城市航站楼启用

（园区自贸区综合协调局　供稿）

市航站楼启用，成为全国首个以数字化手段实现多元化空地联运功能的跨省城市航站楼，也是全国覆盖航线航班最多的异地城市航站楼。上海机场苏州城市航站楼坐落于园区圆融时代广场天幕东街18栋，定位于集航空服务、城市展示、商务服务为一体的多功能城市会客厅，可提供一站式值机、行李预安检及托运、旅客快捷安检、接送机等服务。

【"应用电子劳动合同信息便捷办理人力资源社会保障业务"入选自贸区第七批改革试点经验】 2023年6月24日，国务院发布《关于做好自由贸易试验区第七批改革试点经验复制推广工作的通知》，苏州自贸片区"应用电子劳动合同信息便捷办理人力资源社会保障业务"制度创新成果获复制推广。苏州自贸片区于2020年在全国率先制定并发布电子劳动合同标准，对订立电子劳动合同的主体身份认证、电子签名技术、合同订立过程、第三方服务平台以及电子劳动合同的查询、存储和证据保存等方面进行详细规定，进一步规范和引导企业签订行为，降低企业成本。该创新成果首创合同数据政企接口，进一步方便企业一键报送合同信息，同时实现劳动者社会保险登记，大幅提升政府服务效能。

【园区自贸试验区建设领导小组第五次全体会议】 2023年11月29日，园区自贸试验区建设领导小组第五次全体会议召开。会议传达学习党中央、国务院关于自贸试验区工作的重要指示和最新要求及全国和省、市有关会议精神，听取有关工作情况汇报，研究部署苏州自贸片区建设工作。会议指出，要深入学习贯彻习近平总书记考察苏州、园区重要讲话精神，围绕深入实施自贸试验区提升战略，更好发挥中新合作独特优势，继续坚持以制度创新为核心，大胆试、大胆闯、自

主改，全力建设一流自贸试验区。

（吴　昊）

项目招引

【概况】 2023年，园区进一步强化拼抢意识，全力推进项目洽谈落地，引进一批优质产业项目。包括博世新能源汽车核心部件、罗杰斯高功率半导体陶瓷基板项目、矽品科技Fan-Out高端扇出封装项目、赣锋锂电华东基地动力电池项目、江波龙电子（苏州）有限公司等规模型产业项目；罗氏诊断亚太仪器生产基地、巴可医疗苏州、Joimax医疗中国区总部及研发制造基地等外资高质量项目，奥林巴斯、英特格拉等全球医药细分领域龙头企业将海外首个投资项目落地园区；淡马锡中新生命科学园、凯德产业城市更新与中心城市建设项目、新加坡凯德集团来福士综合体项目、音昱中国区总部、香港应科院长三角成果转化中心、港科大校友创新中心等新加坡和中国香港科创服务业资源；中铁建工华东区域总部、埃斯维亚洲总部二期暨亚洲研发中心、布鲁克纳包装机械研发制造总部、维亚臻中国研发中心、TUV莱茵苏州地区运营基地、哈金森亚洲材料技术中心、新中纽科创中心等总部及功能中心项目。全力服务项目建设运营，通富、矽品、迈百瑞等省、市重大（点）项目开工建设；德信高端功率器件晶圆厂、赛峰集团全国首家短舱维修工厂、恩德斯豪斯中国区高端流量仪表制造基地、日立仪器全自动生化分析仪扩建项目、SEW电机智能工厂二期、莱欣诺中国研发中心及生产基地、美卓奥图泰二期工厂等开工建设；博格华纳PDS苏州研发中心暨二期、SEW电机智能工厂一期、阿迪达斯苏州自动化配送中心X、海德鲁（苏州）四期、儒拉玛特亚太总部、康德瑞恩亚太研发制造总部基

地、新光维医疗全球总部及研发生产基地、BBS卓越（苏州）数字化研发中心医疗研发制造基地、芬兰斯凯菲尔亚太智能制造基地、松下中国技术研修中心、微创康瑞苏悦康复医疗中心、空中客车中国研发中心、卡赫全球研发中心、中磊电子智能制造中心等投产投用。

（田珺妍）

【博世新能源汽车核心部件及自动驾驶研发制造基地签约】 2023年1月12日，博世新能源汽车核心部件及自动驾驶研发制造基地在园区签约。博世集团是世界500强企业、全球第一大汽车技术供应商，项目总投资超10亿美元，是博世集团在中国最大的单笔投资。主要围绕新能源汽车核心部件，包括商用车电动化所需的配备新一代碳化硅功率模块单元的电驱产品、新一代智能集成制动系统IPB2.0、智能解耦制动系统，以及博世中国高阶智能驾驶解决方案在内的多款自动驾驶核心技术进行研发和生产。

（田珺妍　蔡　晓）

【亿滋食品入选全球"灯塔工厂"】 2023年1月13日，亿滋食品（苏州）有限公司获得世界经济论坛认证，入选全球"灯塔工厂"。这是全球零食饼干行业第一家端到端"灯塔工厂"，是该批次江苏省唯一入围的工厂，也是继强生苏州、博世苏州后，园区获评的第三家"灯塔工厂"。世界500强亿滋苏州工厂有全自动化生产线13条，利用人工智能、3D打印和大数据分析等第四次工业革命技术，通过数字化赋能，准时交货率提高18%，交货时间缩短32%，将线性供应链转变为整合智能的供应生态系统。

（褚沛雯　田珺妍）

【大华继显获批江苏省首个外商独资基金管理公司QDLP试点项目】 2023年3月13日，大华继显获批江苏省首个外商独资基金管理公司QDLP

试点项目，并被授予试点基金额度2亿美元。新加坡上市公司大华继显是新加坡三大银行之一——大华银行集团旗下的证券公司，是东南亚最具规模的券商之一。合格境内有限合伙人（QDLP）对外投资试点是指经过批准的试点基金管理企业，在中国境内面向合格境内有限合伙人募集资金并设立试点基金，运用自有资金进行境外投资的制度安排，对于促进对外金融开放、探索资产跨境资产配置具有重要意义。

【巴可医疗开业】 2023年3月29日，巴可（苏州）医疗科技有限公司在园区开业。比利时巴可集团是全球领先的视频和显示解决方案供应商，在医疗领域，巴可医疗显示器的全球市场占有率超过33%，中国市场占有率接近20%。项目总投资3500万美元，打造集研发、生产、销售于一体的综合基地，提供医疗诊断显示系统、手术室显示系统等高端医用影像产品和一体化解决方案，达产后年产值7亿元。

【奥林巴斯中国医疗器械生产研发基地项目签约】 2023年4月24日，奥林巴斯中国医疗器械生产研发基地在园区签约。奥林巴斯（OLYMPUS）创立于1919年，是消化道内窥镜领域的领导者，内窥镜产品在全球市场占有率超过70%，内窥镜装置、系统及周边器具的中国地区销售额多年保持稳定增长。该项目是奥林巴斯首次在中国设立医疗器械产品的生产研发基地，也是首次将核心产品放到日本以外地区生产。项目初期总投资约6000万美元，将持续强化拓展制造和研发功能，打造成为奥林巴斯集制造、研发、采销及解决方案为一体的综合型全球战略基地。

【罗杰斯curamik®高功率半导体陶瓷基板项目落户】 2023年7月3日，罗杰斯curamik®高功率半导体陶瓷基板项目落户园区。罗杰斯成立于1832年，是工程材料行业的全球领导企业。项目规划总投资1亿美元，首期投资3000万美元，计划2024年建成投用。项目投产后，园区将成为罗杰斯总部之外全球唯一拥有集团全部产品研发制造的基地。

【SEW电机智能工厂一期投产暨二期开工】 2023年7月15日，SEW电机智能工厂一期投产暨二期开工活动举行。SEW集团是全球电机、减速机、电子类产品和技术的龙头企业，也是德国工业4.0核心技术和产品的供应商。电机智能工厂项目总投资2亿余美元，投产后将助力SEW集团在园区的产值突破100亿元。投产的一期工厂投资近6亿元，采用先进的自动化生产设备、智能物流仓储输送系统和信息化管理系统，具备年产150万台高效电机制造能力。开工建设的二期工厂投资7亿余元，预计2024年底投入使用，引入德国先进的智能化技术和产品进行本土化生产，为中国智能装备制造产业升级提供系统解决方案。

【莱欣诺中国研发中心及生产基地开工】 2023年7月19日，德国莱欣诺中国研发中心及生产基地在园区开工。德国莱欣诺集团是全球领先的专用设备制造商，在多功能设备市场份额超过50%，是细分领域的隐形冠军企业。项目总投资2500万美元，是集团在欧洲以外的首个研发制造基地，将打造成为集研发、生产、办公、展示、培训、服务等功能于一体的现代化产业基地，助力莱欣诺集团进一步深耕中国市场。

【卡赫全球研发中心开业】 2023年8月10日，卡赫全球研发中心在园区开业。德国卡赫集团是全球清洁设备与行业解决方案的隐形冠军。该项目是卡赫集团德国研发中心以外的第一个海外研发中心，建筑面积1.3万平方米，承载卡赫中国及全球市场的产品技术研发，重点聚焦机器人、电池等高科技领域，搭建本地创新研发合作生态，进一步赋能全球产品创新能力，助力卡赫集团扎根中国市场。

（田珺妍）

【英特格拉生命科学制造基地与测试中心签约】 2023年9月4日，美国医疗科技公司英特格拉生命科学集团在华首个制造基地与测试中心签约落户园区，总投资1250万美元。英特格拉生命科学集团创立于1989年，总部位于美国新泽西州普林斯顿，是纳斯达克上市企业。公司致力于以创新的医疗解决方案提高医疗技能和治疗效果，并在神经外科及再生医学等领域制定多项行业新标准。公司所生产

2023年4月24日，奥林巴斯中国医疗器械生产研发基地项目在园区签约

（园区投促委 供稿）

的神经外科产品、手术器械和伤口护理产品遍及全球各地的医院重症监护室及手术室。在知名医疗器械行业网站Medical Design & Outsourcing最新发布的榜单中，公司被认定为"2023年医疗科技领域最具影响力领导者"之一。该项目是英特格拉在华设立的首个集生产、测试、服务等为一体的制造基地，将引入更多具有创新性的医疗科技解决方案。（田珺妍 蔡 晓）

【德信芯片高端功率器件晶圆研发生产项目奠基】 2023年9月20日，德信芯片高端功率器件晶圆研发生产项目在园区奠基。该项目由东微半导体和苏州固锝合资设立，总投资50亿元，在园区建设高端功率器件晶圆研发生产基地，研发生产高端功率器件，主营产品包括高可靠性FRD、MEMS以及以光储、车载电子为主要应用场景的其他大功率、高可靠性功率半导体器件。项目一期固定资产投资14亿元，规划以6英寸为主的量产产线，达产产量7万片/月。

【阿迪达斯苏州自动化配送中心X开业】 2023年9月20日，阿迪达斯苏州自动化配送中心X开业。该中心总投资约10亿元，是阿迪达斯近5年来在中国的最大一笔投资。该中心开业标志着阿迪达斯在数字化、智能化、可持续物流供应链的重要进展，也将为集团全球供应链物流建设提供领先样本。

【BBS卓越（苏州）数字化研发中心&医疗研发制造基地落成】 2023年10月20日，BBS卓越（苏州）数字化研发中心&医疗研发制造基地落成暨卓越苏州20周年庆活动在园区举行。德国BBS是全球领先的一站式智能制造解决方案供应商，专注于自动化生产和测试设备、工业数字化软件领域。项目投资超过1亿元，扩大产能并新引入数字研发和医疗事业部，充分利

用自动化控制技术、工业物联网技术、数字孪生技术和大数据分析技术，实现生产数据共享、可视化生产过程、生产工艺改进和优化等创新性业务的全方位解决方案，未来5年可新增产值超10亿元。 （田珺妍）

【赛峰短舱维修服务（苏州）公司开业】 2023年10月25日，赛峰短舱维修服务（苏州）有限公司开业。世界500强赛峰集团是世界领先的高科技制造企业，赛峰短舱维修服务（苏州）有限公司是集团在中国的第一家短舱维修工厂，是园区首个专门从事航空产业全球保税维修项目，在工厂布局、设备技术、人员培训等方面代表最先进水平，能够为空客A330ceo、A320neo机队提供短舱和反推装置维修服务，同时拥有维修商飞C919的短舱及提供航线可更换件（LRU）能力，填补东亚、太平洋和大洋洲地区空白，将成为亚洲地区大型短舱部件仓储维修服务基地。 （田珺妍 蔡 晓）

【罗氏诊断亚太仪器生产基地开业】 2023年11月13日，罗氏诊断亚太仪器生产基地开业。世界500强瑞士罗氏集团创立于1896年，是全球领先的生物医药企业，在诊断领域持续排名全球第一位。该基地在园区开展全自动样品处理系统、体外诊断分析设备等先进诊断仪器设备的本土化制造和测试，实现仪器设备产品的首次本土化生产，是集团优化全球供应链、更好服务中国市场的又一重要战略布局。

【西卡亚太区研发中心开业】 2023年11月21日，西卡亚太区研发中心开业。瑞士西卡集团是建筑和工业制造领域的行业领导者，在全球100余个国家建有300余家生产基地。西卡（中国）有限公司是集团在亚太区最重要的战略布局。西卡亚太区研发中心践行环保节能理念，屋面系统、地坪系统、幕墙系统、建筑装修全面使

用西卡产品解决方案，项目引入更多先进技术和产品，进一步强化总部功能及高端人才引育，持续加强为客户提供系统解决方案的技术能力。

【易福门国内首个智能传感器生产和研发基地签约】 2023年12月6日，园区管委会与易福门电子（ifm electronic）达成合作意向。易福门是电子传感器的领先制造商之一，也是全球十大工业传感器品牌，产品包括传感器、状态监测系统、图形处理器、工业通信设备等。易福门在园区设立国内首个智能传感器生产和研发基地，打造工业4.0标准的标杆示范项目，申请德国可持续性建筑认证体系金牌认证。

【安踏国际一体化运营中心开工】 2023年12月9日，安踏国际一体化运营中心暨创建碳中和示范基地项目开工。项目总投资超过10亿元，引入行业领先的数字化技术和智能化设备，集进口分拨、销售结算、数字化运营、智能仓储、展示体验等为一体，投产后预计可实现每年超过1亿件的出库能力，支撑超过500亿元流水的生意规模，升级品牌零售，提升消费者体验，实现全渠道销售物流模式的新突破，进一步提升运营效率和服务质量，助力集团发展升级和全球化战略。 （田珺妍）

招商渠道拓展

【概况】 2023年，园区积极拓展招商渠道资源，举办国内外投资促进活动近300场，组织招商人员参加各类行业展会论坛，拓展国内渠道资源。进一步强化拼抢意识，赴海外和国内重点城市小分队招商，海外招商104批次350人次，邀请罗氏董事会、执委会全体成员等诸多跨国公司总部高管到园区考察，持续深化与外国商协会沟

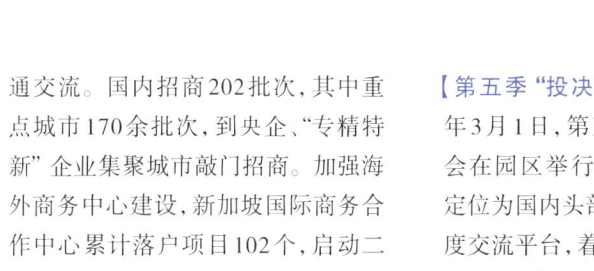

通交流。国内招商202批次，其中重点城市170余批次，到央企、"专精特新"企业集聚城市敲门招商。加强海外商务中心建设，新加坡国际商务合作中心累计落户项目102个，启动二期项目。东京、香港国际商务中心与多家开放创新平台及协会机构建立常态化联系，实现境内外产业创新资源融合互促；杜塞尔多夫商务中心揭牌并实体化运作。

【SIP×iPARK中日生物医药产业创新合作交流会】 2023年1月17日，SIP×iPARK中日生物医药产业创新合作交流会举行。活动中，中日双方代表企业分享跨境合作的心得与诉求，并就中日双边资源对接展开讨论。活动促成10组双边企业进行一对一深入交流与对接，并有多家企业表示希望进一步探讨合作。

【园区（香港）开放创新交流会】 2023年1月19日，园区（香港）开放创新交流会举行，这是园区2023年首场境外招商说明会。会上，招商小分队聚焦苏港合作，重点介绍园区开放创新和产业发展情况以及"走出去""引进来"的双向投资促进举措，40余名香港企业代表参会。活动进一步扩大园区在香港的影响力，将园区的产业基础、亲商服务、扶持政策等优势向企业代表进行全方位介绍，助力园区与香港企业全方位对接合作。

【苏州开放创新发展投资情况说明会】 2023年2月22日，苏州开放创新发展投资情况说明会在新加坡举行。中国驻新加坡大使馆代表，新加坡贸工部等政府机构代表，新加坡商会、协会、商界和企业界代表等参加活动。现场，集中签约园区产业投资、科技创新、专业服务、跨境投资合作项目30个。活动进一步深化中新合作，推动双方合作向全市域、全领域、全方位拓展。

【第五季"投决荟"投资峰会】 2023年3月1日，第五季"投决荟"投资峰会在园区举行。"投决荟"系列峰会定位为国内头部企业家与投资家的深度交流平台，着重聚焦"新制造、新健康、新一代信息技术、新能源新材料、新消费、新金融"等六大领域，逐步成为国内高规格、高质量的企业家投资家峰会之一。该次"投决荟"峰会邀请50名具有影响力和代表性的上市公司、"独角兽"企业高管以及顶级投资机构负责人，推动头部企业负责人与园区开展精准对接和建立可持续合作伙伴关系，有效拓展招商渠道。

【普华永道数字化转型主题沙龙】 2023年3月7日，普华永道数字化转型主题沙龙在园区举行。普华永道是全球领先的专业服务机构，活动邀请苏州及长三角地区的50余家代表性企业与行业协会高管代表参会。围绕智能工厂、研发创新、数据治理等内容展开交流分享，共同探讨数字化转型策略，助力企业降低运营成本、提升制造质量、增强研发创新力，加快推动园区经济结构转型升级、产业高质量发展。

【中意工业设计沙龙】 2023年6月6日，中意工业设计沙龙在跨国企业联合创新中心举行。活动旨在推动中国与意大利两国企业在园区深化合作，进一步带动区内企业重视工业设计发展，不断提高自主创新能力，促进产业转型升级。活动现场，与会嘉宾围绕"工业设计国际前沿趋势""NABA工业设计合作案例"等主题进行分享，中国企业与意大利企业面对面畅谈，搭建起中意企业友好合作的友谊桥梁。

【第十五届中国国际药物信息大会暨2023DIA中国年会】 2023年6月17日，第十五届中国国际药物信息大会暨2023DIA中国年会在园区举行。

药物信息协会年会是全球最具声誉和影响力的生物医药研发领域学术会议。该次活动以"创新照亮中国药物研发未来"为主题，全球新药研发者、监管机构、行业专家学者进行交流探讨，开设讨论专题15个、分会场130场。

【加快建设开放创新的世界一流高科技园区推进大会】 2023年9月2日，加快建设开放创新的世界一流高科技园区推进大会在园区举行。会上，签约落地一批重大产业项目，总投资500亿余元。项目来自世界500强、国内外行业领军企业、领军团队，集中在新一代信息技术、生物医药、智能制造、绿色新能源等战略性新兴产业，业态涵盖区域总部、研发服务、先进制造、科技创新、现代服务等领域，为园区加快建设开放创新的世界一流高科技园区注入新动能。

【慕尼黑、苏黎世企业开放创新合作交流活动】 2023年12月5日，园区投资促进考察团一行到德国、瑞士开展创新合作交流活动，深化与欧洲重点企业交流，加快与欧洲先进产业集群对接。考察团分别在慕尼黑、苏黎世举行企业开放创新合作交流活动，布鲁克纳、大陆汽车、康美包、莱欣诺、库特勒等30余家产业龙头企业、高校院所、行业协会的总部高层管理人员参会，探索开放创新发展新机遇。

【中国—新加坡跨境投资合作暨专业服务机构与企业面对面分享沙龙】 2023年12月5日，中国—新加坡跨境投资合作暨专业服务机构与企业面对面分享沙龙在园区新加坡国际商务合作中心举行。活动中，相关人员介绍园区最新发展情况和双向投资优势，新加坡福智霖、渣打银行、新加坡立杰律所分享跨境投资落地实务、金融服务及法律合规及风险防范。机构律所、会计师事务所及ESG相关服务机构以及企业的40余名嘉宾参会交流。活动重点宣传新加坡专业服务机构通过园区拓展长三角业务和布局的优势，为双向投资企业与新加坡专业服务机构搭建交流合作平台。（田珺妍）

对外及港澳台贸易

【概况】 2023年，园区完成进出口总额862.06亿美元，下降20.0%，进出口规模居苏州第二位。其中，出口427.59亿美元，下降18.4%；进口434.47亿美元，下降21.6%。机电产品进出口756.99亿美元，下降21.6%，其中出口386.39亿美元，下降20.1%。高新技术产品出口242.3亿美元，下降29.2%，占出口总额的56.7%。加工贸易进出口额433.02亿美元，下降22.9%。其中，来料加工完成54.73亿美元，增长6.5%；进料加工完成378.29亿美元，下降25.9%。一般贸易进出口额262.73亿美元，下降9.8%。

【数字贸易】 2023年，园区服务进出口额84.1亿美元，增长5.4%，占全市的38%，其中可数字化交付的服务贸易额占服务进出口额的68%。园区数字贸易总额位居全市第一。数字贸易顶层设计方面，出台《苏州工业园区数字贸易高质量发展三年行动计划（2024—2026）》；推动中新数字贸易合作，推动《关于在苏州工业园区开展数字贸易合作的谅解备忘录》在园区开发建设30周年之际签署。数字贸易营商环境方面，完善"服贸通"数据跨境专线，上线"苏数通"数据跨境公共服务平台，协助企查查、绿点科技、海管家、同程网络、阿迪达斯5家企业通过中央网信办数据出境安全评估，协助诚品书店等36家企业通过中央网信办个人信息出境标准合同备案。创新项目集聚方面，推动数字应用、技术研发、共享服务、人工智能等新项目在中新数字贸易集聚区——阳澄数谷集聚。杭州颐高、数风科技、尚隐科技等数字贸易链条企业入驻，中国电子、联仁健康等国内龙头企业表达入驻意向，数据服务全链条企业逐步集聚，为企业开展国际业务提供有力保障。制度创新方面，推动苏州自贸片区数据跨境流动负面清单进展；与新加坡资讯通信媒体发展局（IMDA）共同推动数字提单试点，成功落地2单，数字提单系统进入场景应用阶段，成为中新数字贸易合作的重要成果；支持海管家整合国际物流可视化追踪、航运数据通道等智慧物流平台，安全有序开展国际航运信息交换。

表23　园区主要产品出口情况（2023年）

序　号	产品类别	出口额（万美元）	增　长
1	机器、电子产品、电气设备及零件	3299742	−23.3%
2	车辆、航空器、船舶及运输设备	169490	34.6%
3	贱金属及其制品	134270	0%
4	纺织原料及纺织制品	58489	−17.6%
5	纸浆、纸、纸板及其制品	17492	−16%
6	光学、检测、医疗设备、钟表及乐器	275628	−6.6%
7	塑料及其制品、橡胶及其制品	81771	−10.6%
8	化学工业及其相关工业产品	144707	11.9%
9	杂项制品	34716	6.8%
10	石料及其制品、陶瓷玻璃及其制品	15743	−16.8%

表24　园区出口主要国别（组织）情况（2023年）

序　号	国别（组织）	出口额（万美元）	增　长	序　号	国别（组织）	出口额（万美元）	增　长
1	美　国	580272	−7.6%	5	新加坡	82392	−25.8%
2	韩　国	424384	−35.4%	6	墨西哥	85519	−17.0%
3	日　本	275508	−14.9%	7	欧盟组织	658856	−3.7%
4	德　国	110224	−12.4%	8	东盟组织	708123	−20.0%

【跨境电商】 2023年，园区完成跨境电商进出口额18.74亿元，增长50.9%，46家企业备案开展业务。园区跨境电商贸易以制造业企业跨境出口为主，跨境电商出口企业前10强中有9家具有制造业背景，包括科瓴电器、若态科技、贝昂智能、益而益电器、黑猫清捷和金龙汽车等，产品涵盖园林工具、家用电器、文创产品等，形成"美好生活"家居办公特色产业带。其中，若态科技、科瓴电器、益而益电器、克斯宝德4家企业获评2023年度江苏省重点培育和发展的跨境电商知名品牌，约占全市获评企业总数的50%。跨境电商配套资源进一步集聚，园区9家企业在全球10个国家通过自建或租赁方式建立自营海外仓54个，海外仓面积100万余平方米，海外仓数量、面积占全省的比重分别为19%和26%。西窗科技、筬创科技、三十六计、大海星橙等企业为跨境电商企业"品牌出海"提供包括店铺运营、人才培训、广告营销等服务。大健云仓作为跨境电商B2B平台，具备提供大件商品海外仓储及配送核心能力，在纳斯达克上市，成为园区跨境电商第一股，平台入驻近1000家制造业企业和近6000家海外经销商。龙头标杆项目引育初显成效，推动颐高集团苏州跨境电商产业园落户阳澄数谷，集聚优质资源打造跨境电商"众创空间+孵化器+加速器+企业总部"的链条式产业生态。设立三人行跨境电商产业园，截至年底，引进相关企业近50家。山姆会员商店正式开展跨境电商新零售业务，引进美妆、保健、母婴等品类产品近170个，企业日均销售额约2.5万元。

【离岸贸易】 2023年，园区开展新型离岸国际贸易业务16.3亿美元，增长4.7%，约占全市的50%以上；78家企业开展业务，企业数量增长约50%，其中43家企业为首次开展。离岸国际贸易聚集效应持续加强，离岸贸易业务

2023年6月29日，园区山姆会员商店跨境电商新零售首发业务启动仪式举行
（园区自贸区综合协调局 供稿）

整体呈存量业务收紧、增量业务逆势上扬的态势，业务量稳中有升。优化并出台《促进新型离岸国际贸易高质量发展引导资金实施细则》，对企业、银行机构、从业人员全方位支持；及时开展2023年度新型离岸国际贸易高质量发展引导资金兑现工作，鼓励存量企业做大做强，提升各方积极性。积极开拓新项目，召开新型离岸国际贸易重点项目推进会，协调菘蓝、金利金铅集团等重点项目，推动中材进出口集团到园区交流并促成集团与得尔达公司开展业务合作谈判。协同园区CBD招商中心多次到上海对接路易达孚、lululemon等有国际影响力的龙头企业，推动苏州宏尚、通富超威等项目落地开展业务，其中苏州宏尚开展内贸业务13亿元，离岸贸易业务顺利开展；通富超威带来离岸贸易业务增量超过1亿美元。协同联动招商，2023年度离岸国际贸易引导资金细则中引入对银行及从业人员的奖励，在项目前期引入过程中加强离岸贸易政策宣讲力度，交通银行引荐苏州麦果、澜熙资源、金利金铅集团等项目。持续创新挖掘离岸贸易企业资源，依据企业经营业务与离岸贸易的相关性，多轮筛选形成可进一步对接的企业清单供园区CBD招商中心接洽。

【园区山姆会员商店跨境电商新零售项目启动】 2023年6月29日，园区山姆会员商店跨境电商新零售项目启动仪式举行。在全国45家山姆会员商店中，园区山姆会员商店率先试水，通过"现场体验、线上下单、极速配送"，让消费者拥有更加优质快捷的购物体验，消除消费者网购"看不见、摸不着"的顾虑，为传统跨境电商发展带来新的活力。截至年底，园区山姆会员商店跨境新零售产品170个，涵盖美妆护肤、保健品、母婴用品、酒水、轻奢时尚等多个品类。项目整体销售保持稳定增长，日均订单量50余笔，客单价提升显著，总销售额近500万元。

（吴 昊）

对外及港澳台经济合作

【概况】 2023年，园区192家企业在新加坡、美国等国家和中国香港等地区投资项目234个，新批境外投资额10.18亿美元。其中，港澳台项目39个，投资额0.72亿美元；共建"一带一路"沿线国项目84个，投资额3.81亿美元；区域全面经济伙伴关系协定（RCEP）成员国项目106个，投资额

表25　园区境外投资重大项目情况（2023年）

序　号	境外企业（机构）名称	国家（地区）	行　业	境内投资主体名称	境内协议投资额（万美元）
1	极兔国际快递有限公司	开曼群岛	商务服务业	苏州善思奇田管理咨询合伙企业（有限合伙）	23124.72
2	越南璨宇光电责任有限公司	越　南	通信设备、计算机及其他电子设备制造业	苏州璨宇光学有限公司	12000
3	OPTIZ TECHNOLOGY PTE. LTD.	新加坡	通信设备、计算机及其他电子设备制造业	苏州晶方光电科技有限公司	6930
4	吉纳（澳大利亚）生物医学控股有限公司	澳大利亚	研究与试验发展	苏州贝康医疗股份有限公司	4046.97
5	圣因生物公司	开曼群岛	研究与试验发展	中新苏州工业园区创业投资有限公司	3200
6	同宜医药	开曼群岛	医药制造业	苏州通和二期创业投资合伙企业（有限合伙）	2550
7	万机创科（香港）有限公司	中国香港	研究与试验发展	兴盟生物医药（苏州）有限公司	2500
8	园丰国际有限公司	中国香港	商务服务业	苏州工业园区产业投资基金（有限合伙）	2000
9	宜明（麻省）细胞生物科技有限公司	美　国	医药制造业	宜明（苏州）细胞生物科技有限公司	2000
10	德国飞空泰克服务有限公司	德　国	专用设备制造业	苏州斐控泰克技术有限公司	1743.64
11	马来西亚鼎泰	马来西亚	工艺品及其他制造业	苏州卓英伟诺科技有限公司	1700
12	泰励生物	开曼群岛	医药制造业	苏州聚明中和方泽创业投资合伙企业（有限合伙）	1649.51
13	半导体集成系统（新加坡）有限公司	新加坡	计算机服务业	赛美特科技有限公司	1550.55
14	瑞可达能源股份有限公司	美　国	专用设备制造业	苏州瑞可达连接技术有限公司	1500

4.64亿美元。按投资主体类型看，民营企业占据境外投资主体地位，投资项目数194个，协议投资额6.72亿美元，占比65.99%；外资企业投资项目数21个，协议投资额2.3亿美元，占比22.62%；国有及国有控股企业和集体企业投资项目数8个，协议投资额1.16亿美元，占比11.39%。按产业类型看，第一产业投资项目数1个，为农、林、牧、渔服务业，协议投资额3万美元，占比趋近于0；第二、三产业境外投资保持总体均衡，第二产业投资项目数74个，主要集中在通信设备、计算机及其他电子设备制造业、医药制造业等行业，协议投资额4.79亿美元，占比47.02%；第三产业投资项目数148个，主要集中在研究与试

验发展、商务服务业等行业，协议投资额5.39亿美元，占比52.98%。

【服务对外投资企业发展】　2023年，园区探索开放型经济发展道路，高水平"引进来"与"高质量"走出去齐头并进。截至年底，园区677家企业在61个国家及地区投资1070个项目，中方协议投资额累计167.55亿美元。明确海外利益保护主体责任，按照《苏州工业园区关于进一步落实风险研判工作机制的通知》要求，园区外办和园区自贸区综合协调局（商务局）牵头组织园区投促局、人社局、公安分局、网信办、国安站等单位围绕海外利益保护主题开展专项风险研判工作。建立服务"走出去"企业解纷纾

困机制，通过举办"跨境月月谈"主题活动，建立政府、企业、专业服务机构对话机制，为跨境投资企业答疑解惑。联合市委网信办、市外办、园区党政办、园区宣传和统战部、园区税务局等举办"'围炉企话·信服苏州·利民护企'网络普法宣贯""企业跨境业务如何迎接数字经济立法浪潮的挑战"等活动，通过与跨境投资企业座谈交流，为跨境投资企业纾困解难。指导企业做好风险防范工作，坚持企业外派人员"季季报"机制，要求企业做好境外人员、财物"双保障"工作，及时为风险地区的项目做好风险提示、预警工作。截至年底，园区40家企业共外派357名员工，在外人员未受到人身伤害或财产损失。

（吴　昊）

海关监管

【概况】 2023年，苏州工业园区海关（简称"园区海关"）围绕海关总署12项重点工作和8项重点任务，以"五项工程"建设为抓手，推动各项工作开拓创新、稳中有进。驻娄葑办事处统计分析科获评全国巾帼文明岗，驻唯亭办事处查验中心获评全国青年文明号，驻唯亭办事处查检科党支部获评全国海关党建示范品牌。

【通关监管】 2023年，园区海关处理报关单82.9万份，下降4.8%；监管进出境货值542.6亿美元，下降13.4%；监管进出境货物125.3万吨，增长13%；签发出口原产地证书4.5万份，货值23.7亿美元；入库税款149.3亿元，增长3.3%。

【外贸分析】 2023年，园区实现外贸进出口总值6069.7亿元，下降15.1%；规模分别占全省和全市进出口总值的11.6%和24.8%，占比减少1.5个和3个百分点；增速较全省和全市低11.9个和10.5个百分点。其中，出口3010亿元，下降13.5%；进口3059.7亿元，下降16.7%。

【检验检疫】 2023年，园区海关严防非洲猪瘟、松材线虫、红火蚁等重大动物疫病疫情传入，截获动植物疫情34批次，增长209%，首次截获北美普通肉食螨。进出口食品拟证788份，下降14.9%；进出口化妆品拟证2479份，增长7.2%；签发伴侣动物检疫证书145份，增长21.6%；加大进出口商品检验查发力度，不合格商品检出743批次，增长64.4%。

【改革创新】 2023年，园区海关在全国首创园区综保区智能网联无人车，解决园区综保区"小件、高频"进出区痛点难点。推动全国首个"数字人民币+特许权使用费申报"应用场景落地，实现苏州市财税关库银业务全场景覆盖。长三角国际空港苏州航空货运中心启用。优化升级"智贸诊断器"，扩大适用商品范围至园区进出区排名前100个税号，推广应用至加工贸易备案环节，注册使用企业70家，诊断数据66万条。推动"关证一链通"扩维增效，2家试点企业开展加工贸易残次品销毁处置14批次，降低企业税负成本约1460万元，压缩处置时间1600小时。建设生物医药公共服务平台，实现货物精准定位和远程视频互动。推动生物医药研

发用物品进口"白名单"制度试点方案落地，保障全省首单"白名单"研发药品顺利通关。打通入境特殊物品联合监管试点运行全流程，完成全省首批进口试点任务。实行进口研发（测试）用未注册医疗器械分级管理，助力23家企业495批次涉诉未注册医疗器械顺利进口，涉及研发项目78个。

【稳外贸促发展】 2023年，园区海关充分利用RCEP政策优惠，签发RCEP项下出口原产地证书3879份，帮助企业享受关税优惠1725万元。开展集中信用培育6次，惠及企业260余家，助力10家企业通过高级认证，数量居南京海关关区第二。推动5家企业纳入"企业自查结果认可模式"改革试点，盘库时间缩短70%，提高产值9420万元。升级园区港水水中转模式，集装箱运抵报告"即到即发"，节约物流费用5%。推进山姆跨境电商"网购保税进口+实体新零售"项目，累计验放货物419.3万元。建成江苏省首个海关"无尘查验室"，集成电路等高新技术货物可直接在监管区完成查验，服务辖区5家集成电路企业，验放货物3000余万元。设置生物医药集中查验平台，有效减少货物包装开拆成本，平均查验时间由3—5天缩短至0.5天，服务生物医药企业12家。打造苏州自贸片区"保服通"保税服务平台，应用范围扩展到园区综保区内企业，对接企业诉求500余个。推动自贸区保税维修政策落地，进出口货值6002万元，增长59.4%。扩大"关心助企"服务品牌影响力，开办主题培训27期，惠及企业近1400家。深化企业问题清零机制，解决业务疑难问题19个，企业满意度100%。成立"枫桥经验"工作室，妥善处理12家企业违规受罚问题。

2023年12月20日，长三角国际空港苏州航空货运中心首单通航仪式举行
（园区海关 供稿）

（李京天）

主导产业

综　述

2023年，园区新一代信息技术和高端装备制造业两大主导产业集聚规模以上工业企业745家，增加69家，占全部规模以上工业企业总数的63.9%；实现产值4871.6亿元，占规模以上工业总产值的74.8%。其中，产值100亿元以上企业4家、50亿元以上工业企业17家、10亿元以上工业企业104家。

智能化改造数字化转型网络化联接。持续升级智能制造伙伴计划，深化政策宣讲、场景开放、供需对接、深度诊断、人才培训、金融支持六大服务内容，全方位赋能制造业转型升级。2021年伙伴计划开展后，累计举办政策宣讲活动100场，300余家制造业企业获评各级智能制造示范荣誉，12家企业通过国家智能制造能力成熟度模型（CMMM）三级评估，占全市的近70%；分行业、分规模举办供需对接会近150场，带动智能化改造数字化转型投资额超200亿元；面向全国范围遴选专业服务商近20家，免费为园区1500家企业提供智能制造深度诊断服务；举办"伙伴计划高管培训"等活动30余场，覆盖企业近800家；企业通过"智能制造贷""先进制造贷"获得放款近30亿元，享受贴息近3000万元。

"5G+工业互联网"融合发展。以国家级"5G+工业互联网"融合应用先导区建设为目标，不断强化基础建设、平台能力、公共服务、融合应用和创新生态。截至年底，园区建设5G基站5893个，万人基站数全国领先。神彩科技、二元工业建成环保、美妆工业互联网标识解析二级节点，标识注册量突破21亿个，解析量突破6亿个。金光产业园正式启动5G产业园专网建设；50余家工业企业进行5G内网改造，13家企业获评国家、省、市级5G工厂；300余家企业获评各级智能工厂、智能车间；100余家企业获评各级智能制造、工业互联网优秀服务商；工业和信息化部"5G+工业互联网"二十大典型应用场景在园区深度覆盖。

（褚沛雯）

新一代信息技术产业

【概况】 2023年，园区以半导体与集成电路、新型显示、光子、智能车联网等领域为重点的新一代信息技术产业实现产值2429亿元，占规模以上工业总产值的37.32%。集聚规模以上企业196家。产值1亿元以上的企业138家，占比70.4%；产值5亿元以上的企业66家，占比33.7%；产值10

亿元以上的企业48家，占比24.5%；产值50亿元以上的企业13家，占比6.6%。产值增长超过20%的企业38家，占比19.4%；产值增长超过100%的企业9家，占比4.6%。半导体与集成电路产业规模超过880亿元，在微机电系统（MEMS）和第三代半导体领域特色鲜明，形成"设计—制造—封测"+"专用设备和材料"的完整产业链。新型显示产业围绕"原材料—面板—模组—整机—设备"链条，聚集华星光电、友达光电等全球顶尖液晶面板生产企业。光子产业在光模块、光器件制造等环节积蓄实力，培育旭创科技、度亘光电等一批代表企业。智能车联网产业引育苏州金龙、博世、知行科技、九识智能等一批知名企业，入选江苏省首批车联网和智能网联汽车高质量发展先行区。

【园区集成电路产业公司、产业园、产业基金成立】 2023年1月，园区组建集成电路产业投资发展有限公司，下设产业投资部、产业招商部、产业服务部，形成产业增量招引和存量服务的专门力量。SIP集成电路产业园同期启动建设，首期载体建筑面积1.6万平方米，吸纳优质企业，开展行业培训、路演等公共服务，截至年底，有意向入驻单位19家。成立总规模50亿元的集成电路产业基金，包含主投早

表26　园区入选苏州市新型显示行业应用示范案例名单（2023年）

序　号	企业名称	案例名称	申报领域
1	苏州新维度微纳科技有限公司	基于纳米压印技术的浮雕型光波导AR镜片的制备	工业生产领域和智能交通领域
2	新光维医疗科技（苏州）股份有限公司	超高清内窥镜摄像系统	体育健康领域
3	苏州梦想人软件科技有限公司	增强现实（AR）工业知识服务数字化解决方案	工业生产领域
4	苏州海赛人工智能有限公司	数字孪生机房及AR巡检管理平台	工业生产领域
5	沃尔特电子（苏州）有限公司	基于边一云智能的冲击区域智能限员系统研制与应用	安全应急领域
6	苏州广电智能科技有限公司	车载无线超高清显示系统	智能交通领域
7	苏州广电移动传媒有限公司	苏州应急广播多媒体显示终端	广播电视领域

期项目的天使基金和偏向成长型项目的成长基金，截至年底，决策投资项目近10个。　　　　（褚沛雯）

【苏州中科集成电路设计赋能中心启用】 2023年9月20日，苏州中科集成电路设计赋能中心启用。该中心是中国科学院计算技术研究所和园区管委会联合打造的集成电路设计业示范平台，旨在打造涵盖"设计软件—物理设计—流片代理—芯片测试—人才培养—合作交流"全链条服务体系，引领和带动园区集成电路产业创新发展。启动仪式上，集成电路产业人才基地建设正式启动；集成电路设计"创芯"服务联盟、中科ICC—华大九天联合EDA中心、中科ICC—泰瑞达测试工程服务中心、中科ICC—华兴源创联合测试实验室同期揭牌。

（瞿小飞　常祯）

【园区集成电路产业核心团队专项奖励政策发布】 2023年10月17日，为强化企业科技创新主体地位，发挥企业核心骨干在产业发展中的引领作用，园区发布《苏州工业园区重点产业领域核心团队成员专项奖励实施办法（试行）》《苏州工业园区集成电路产业领域核心团队成员专项奖励实施办法操作细则（试行）》同日发布，

对园区集成电路规模以上企业年度产值、营收、进出口总额等方面实现一定规模及增速的企业，给予其核心团队相应的资金奖励，进一步激发集成电路产业领域创新创造活力，推进园区集成电路产业高质量发展。

（褚沛雯）

【首届中国（苏州）集成电路产才融合发展大会】 2023年10月18—19日，由工业和信息化部人才交流中心、市政府指导，园区管委会主办的首届中国（苏州）集成电路产才融合发展大会暨金鸡湖科学家论坛举行。该届大会以"产才融合　创芯未来"为主题，50余名专家学者、700余家企业代表参会，学术和产业界专家做主题报告，举办圆桌论坛2场，共同探讨集成电路产业与人才深度融合的创新之路。会上，《集成电路产业人才岗位能力要求》发布，园区管委会与工业和信息化部人才交流中心合作签约，双方围绕产业资源导入、产业人才对接、产业融合赋能等方面开展更多实质性合作；SIP集成电路产业园被授予"苏州市数字经济特色产业园"，SIP集成电路产业园生态合作计划启动；一批重大项目签约落户；园区集成电路产业人才政策发布。

（褚沛雯　周　静）

【园区7个案例入选苏州市新型显示行业应用示范案例】 2023年12月6日，园区"增强现实（AR）工业知识服务数字化解决方案"等7个案例入选2023年度苏州市新型显示行业应用示范案例。全市有15个案例入选，园区入选数量占据总量的近一半，位居全市第一。

（褚沛雯）

高端装备制造产业

【概况】 2023年，园区高端装备制造产业作为两大主导产业之一，涵盖汽车及零部件、工业母机、航空航天及低空经济、高端仪器等重点产业链。集聚规模以上企业549家，实现产值2442.6亿元，下降1.1%，占规模以上工业总产值的37.5%。

【汽车及零部件产业】 2023年，园区拥有汽车及零部件相关企业260余家，涵盖传统汽车、新能源汽车以及智能网联汽车等细分领域，规模以上工业产值1175亿元，增长6%，其中新能源汽车重点企业产值规模超过300亿元，智能车联网核心企业产值超过120亿元，产业呈现显著的"电动化、智能化、网联化"发展趋势。产

业基础较为扎实，基本形成整车、零部件及配套、汽车电子、新能源系统、智能网联解决方案等领域的全产业链布局，集聚金龙、博世、华为、知行等一批重点企业。基础设施不断完备，建成充电站239座、充电桩2594个；5G信号基本实现全覆盖，建设智能网联道路94.8千米，联网信号机超800套、电子警察路口450个；在金鸡湖景区周边正式运营网联公交、无人小巴、无人售卖、无人清扫等应用场景，无人出租Robotaxi项目完成建设并开展道路测试，自主代客泊车AVP场景正式开放用户体验。政策体系日益完善，发布《苏州工业园区车联网和智能网联汽车产业发展三年行动计划（2023—2025）》《苏州工业园区智能网联汽车道路测试与示范应用管理实施细则》等相关政策，入选首批江苏省车联网和智能网联汽车高质量发展先行区。

【工业母机产业】 2023年，园区集聚工业母机相关企业117家，实现规模以上工业产值158.7亿元，分别占全市工业母机企业数量与产值的25%和20%。主要涵盖核心零部件制造、整机装备制造等环节。在工业母机核心产业——金属切削机床领域，园区集聚新代科技、上银科技等上游功能

部件重点企业，主营数控系统、传动系统等核心零部件业务；中游整机制造领域引育埃斯维、维嘉科技等重点企业，市场占有率稳步提升；汽车、航空航天等产业链下游应用场景丰富，新锐合金、阿诺精密等配套企业快速发展。

【航空航天及低空经济产业】 2023年，园区集聚航空航天产业链相关企业100余家，其中60家入选全市航空航天产业优选企业培育库，7家企业入选中国商飞供应商名册。全产业规模近100亿元，业务涵盖发动机系统、机体结构件、检验检测维修、工业设计软件、通航机场运营等领域。引进通用电气航空、新宇航空、赛峰发动机、普美航空、豪梅特等一批知名跨国公司，培育联佳精密、千机智能、黑云智能等一批优秀民营企业，形成外资和内资融合发展的良好态势。集聚中科院空天信息研究院苏州创新研究院、上海技术物理研究所苏州研究院、微电子所苏州产业技术研究院等创新平台，为园区航空航天产业发展提供有力支撑。低空经济作为航空航天产业在低空领域的具体实践，全年直接业务（无人机、通用航空）营收规模约6.2亿元，涉及领域主要为低空制造、低空飞行，具备开展低空保障、综合

服务的基础，并在特种无人机、无人机库和通用航空运营服务等领域具备一定的产业发展优势。

【高端仪器产业】 2023年，园区围绕先进医疗器械及设备、电子信息仪器、智能测控系统及装置等高端仪器产业，集聚相关企业700余家，规模以上工业营业收入超过350亿元。先进医疗器械及设备领域创新活跃，建有生物医药及高端医疗器械、纳米新材料两大国家先进制造业集群，产品主要集中在体外诊断器械、数字影像设备、康复与生命支持类设备和智能可穿戴设备等领域。科学仪器领域基础扎实，产品集中分布于试验分析仪器、光学仪器和光通信设备、传感器等重点领域。工业自动化仪表与智能测控装置全面布局，产品主要集中在工业自动化仪表、智能控制系统装置、高效节能工业控制设备等领域。

【园区21家企业获各级首台（套）重大装备认定】 2023年，园区21家企业入选省、市、区三级首台（套）重大装备认定名单，其中江苏省首台（套）重大装备2项、苏锡常首台（套）重大装备6项、园区首台（套）重大装备13项，区内自主创新装备制造企业的获得感和积极性进一步增强。

表27　园区入选省、市、区三级首台（套）重大装备认定名单（2023年）

序　号	级　别	单位名称	装备名称
1	江苏省	江苏赛腾医疗科技有限公司	体外心肺支持辅助设备（STM001）
2	江苏省	华澳科技（苏州）股份有限公司	130″蒸锅平移式巨型轮胎硫化机（LLP-B3400×18000）
3	苏锡常	金龙联合汽车工业（苏州）有限公司	海格KLQ6606、KLQ6656系列智能网联商用车
4	苏锡常	苏州维嘉科技股份有限公司	高密微孔超高速PCB钻孔机（Hyper D6CMS）
5	苏锡常	苏州金峰物流设备有限公司	GD-1型高速多层多功能交叉带智能分拣系统
6	苏锡常	苏州镭明激光科技有限公司	LFL-AB1210全自动晶圆激光背金开槽设备
7	苏锡常	苏州瀚川智能科技股份有限公司	一次圆柱电池智能制造装备
8	苏锡常	苏州天弘激光股份有限公司	多芯多模态动力电池模组成组生产线TH-MZX6000-1
9	园　区	苏州同心医疗科技股份有限公司	植入式左心室辅助系统（CH-VAD）
10	园　区	苏州天成涂装系统股份有限公司	60JPH保险杠喷涂线

续表

序　号	级　别	单位名称	装备名称
11	园　区	苏州派迅智能科技有限公司	等离子喷涂氢能电池片智能仓储系统（PX-FXD-DLZPT）
12	园　区	若名芯半导体科技（苏州）有限公司	12英寸单片式最终清洗机（C-CUBE-Ver.01）
13	园　区	江苏亚威艾欧斯激光科技有限公司	高效高精度折叠OLED激光异形切割设备（YLMS-5104）
14	园　区	苏州富鑫林光电科技有限公司	CELL自动画质外观检查AOI设备
15	园　区	苏州中门子工业炉科技有限公司	ZMZ851型辊底式DX保护气氛无氧等温球化退火炉
16	园　区	苏州沃特维自动化系统有限公司	高精度密栅零应力互联光伏自动化成套设备（MGS-2000）
17	园　区	中材科技（苏州）有限公司	50MPa站用储氢瓶式容器组（ZHPG 20-485-1000-50/45）
18	园　区	苏州晶拓半导体科技有限公司	集成电路专用臭氧发生器（ODS-SL623LSF-NEJ）
19	园　区	新光维医疗科技（苏州）股份有限公司	具有3D功能的4K医用内窥镜摄像系统（ES-CS4K100/100C）
20	园　区	苏州慧利仪器有限责任公司	6英寸自动水平相移干涉仪（Hool L6600A）
21	园　区	苏州艾思兰光电有限公司	激光洗膜机（S-TMCS-500）

（褚沛雯）

【美卓奥图泰二期工厂开工】 2023年3月1日，芬兰美卓奥图泰机械重工二期工厂开工。美卓奥图泰苏州公司于2008年在园区成立，主要开发、组装生产矿山和冶金机械设备、能源和环保相关设备、过滤机、过滤系统及相关零配件，并提供相关售后服务及技术咨询等，是全球骨料、矿物加工和金属冶炼行业可持续技术、系统解决方案和服务的先行者。美卓奥图泰机械重工二期工厂扩建项目面积约5000平方米，工厂扩建后可让中国本地产能增加一倍，为客户提供高质量的过滤机产品，还可为浮选机驱动机构与磨机衬板更换设备的生产装配提供充裕空间。

【博格华纳PDS苏州研发中心暨二期厂房启用】 2023年3月14日，世界500强企业美国博格华纳PDS苏州研发中心暨二期厂房正式启用。博格华纳总部位于美国密歇根州奥本山市，是致力于提供内燃机、混合动力和电动汽车清洁高效驱动系统解决方案的全球领先供应商。苏州二期厂房及研发中心总建筑面积2.2万平方米，进一步完善博格华纳电机控制器的本土化供应，推动电驱动业务发展，提升生产工厂的设备自动化水平至90%以上，实现设备100%联网，投产后年产能将实现180万台功率电子控制单元的生产能力。该研发中心专注于电力电子、逆变器和DC/DC转换器等产品的全方位设计，并结合本土Viper功率模块（硅基IGBT模块和碳化硅基MOSFET模块）测试的开发，致力于打造全球第二大Viper生产基地。

（蔡　晓）

【第29届智能交通世界大会】 2023年10月16—20日，第29届智能交通世界大会在园区国际博览中心举行，园区Robotaxi、无人小巴等多个智能网联场景在会场周边运营展示。智能交通世界大会是由亚太、美洲、欧洲地区智能交通国际组织发起的国际会议，是智能交通领域最具影响力的综合性国际会议，被称为智能交通界的"奥运会"。该届大会以"智能交通　美好生活"为主题，包含论坛、展览、技术和文化交流等活动。亚太、欧洲、美洲智能交通协会负责人、多位国内外顶级专家出席大会并做专题报告，44个国家和地区的交通主管部门、高校、科研机构、企事业单位的1.2万名国内外交通运输领域的专家、学者、科技工作者、媒体朋友等社会各界人士参会（其中国外注册代表1000人）。

【首届工业母机技术产业投资大会】 2023年11月24日，由工业母机产业投资基金联合国家工业母机创新研究院主办的首届工业母机技术产业投资大会在园区召开。大会旨在探讨工业母机技术突破、产业发展、投资机遇，加强产业生态链接，共同推动国内工业母机产业高质量发展。会上，与会专家做专题报告，国家工业母机创新研究院揭牌，工业母机产业投资基金和国家工业母机创新研究院启动战略合作。工业母机领域重点企业负责人、投资人、专家学者等300余人参会。

（褚沛雯）

新兴产业

综 述

2023年，园区聚焦生物医药及大健康、纳米技术应用及新材料、人工智能及数字三大新兴产业。园区牵头推动的国家先进制造业集群——生物医药和高端医疗器械、纳米新材料揭牌。三大新兴产业总产值保持稳步增长，突破4000亿元。生物医药及大健康成果加速涌现，新药研发领域，新增纳入国家医保目录新药5款，累计17款；新增一类新药临床批件159张，占全省新增的23%，累计721张。高端医疗器械领域，取得二、三类医疗器械注册证1650张，新增三类医疗器械注册证96张，占全省新增数的23%，累计获批上市创新医疗器械产品16款；累计进入国家医疗器械创新产品审批"绿色通道"29个，占全省的43%。纳米技术应用及新材料创新优势加速显现，新增科创板上市企业1家、国家专精特新"小巨人"企业16家、省级企业技术中心7家、省工程技术研究中心11家，获评江苏民营企业创新100强企业6家、省科学技术奖5项、中国专利银奖1项。国家先进制造业集群通过工业和信息化部验收，获评中国100强产业集群、长三角G60科创走廊产融结合高质量发展示范园区，在"2023中国MEMS传感器十大园区"中位列榜首。人工智能及数字产业生态圈加速形成，集聚人工智能相关企业1700余家，成为全省乃至全国人工智能产业重要增长极。推动思必驰建设语言计算国家新一代人工智能开放创新平台，发布全省首个通过备案的大模型；启用中科集成电路设计赋能中心，围绕流片代理、物理设计、人才培训等方面，加强平台服务能力；拥有市级及以上研发、工程、技术中心215个，其中省级及以上97个。 （吕 依）

生物医药及大健康产业

【概况】 2023年，园区生物医药及大健康产业集聚相关企业2000余家，实现产值1523亿元，综合竞争力位居全国第二，产业竞争力跃居全国第一。生物药品制品制造创新型产业集群获批国家级创新型产业集群。以园区为核心的苏州市生物医药产业集群在国家发展改革委发布的第一批国家战略性新兴产业集群评价结果中获评"优秀"等级，是全省唯一获评该等级的产业集群。全年园区上市PD-L一类抗体药销售约49亿元，约占全国的40%；生物医药管线境内外授权合作交易数53件，约占全国的30%。累计获得细胞与基因治疗领域临床批件25个，约占全国的20%。信达生物、艾博生物、新光维医疗等近50家生物医药企业入选2023年未来医疗100强榜单。生物医药企业中，有"独角兽"（准）企业61家，上市企业24家，40余家企业进入上市梯队，上市入库培育企业100余家。

【园区5款药品纳入国家医保目录】 2023年1月18日，2022年版国家医保药品目录公布，园区新增5款药品纳入国家医保药品目录。它们分别为苏州亚盛药业有限公司的耐立克（中国首个且唯一获批上市的第三代BCR-ABL抑制剂，伴有T315I突变的慢粒唯一治疗药物）、再鼎医药（苏州）有限公司的擎乐（一种酪氨酸激酶开关控制抑制剂，通过双重作用机制来调节激酶开关和活化环，从而广泛抑制KIT和PDGFRα突变激酶）、东曜药业有限公司的朴欣汀（一款抗血管内皮细胞生长因子单克隆抗体，可以特异性地与VEGF结合，阻断VEGF与其受体结合）、盛世泰科生物医药技术（苏州）有限公司的特立氟胺片（一种具有抗炎作用的免疫调节剂，长期服用疗效确切、安全性好，是国内外指南推荐的多发性硬化治疗一线药物）和博瑞制药（苏州）有限公司的舒美仑（一款能够有效预防治疗流感的药品），园区创新药研发驶入快车道，赋能生物医药产业高质量发展。 （吕 依）

【苏州旺山旺水参与联合研发的口服新冠药获批上市】 2023年1月29日，由苏州旺山旺水生物医药有限公司联合中国科学院上海药物研究所、中国科学院武汉病毒研究所、中国科学院新疆理化技术研究所、中国科学院中亚药物研发中心/中乌医药科技城（科技部"一带一路"联合实验室）、君实生物共同开发的一类创新药氢溴酸氘瑞米德韦片（研发代号VV116）获批上市，用于治疗轻、中度新型冠状病毒感染（COVID-19）的成年患者。苏州旺山旺水生物医药有限公司主要负责药物研发及原料药生产，临床前研究显示，VV116对包括奥密克戎在内的新冠病毒原始株和突变株表现出显著的抗病毒作用，且无遗传毒性。

（吕　依　常　祯）

【长三角地区首个ECMO产品获批上市】 2023年2月23日，江苏赛腾医疗科技有限公司研发的ECMO（体外心肺支持辅助设备）附条件应急获批上市，这是第三款获批的国产ECMO产品，也是长三角地区首个获批上市的ECMO设备。ECMO产品在救治危重症患者时发挥重要作用，该次获批的产品由赛腾医疗自主研发，具有完整自主知识产权，加上其便携式、低功耗、高可靠性的特点，产品的适用性较为广泛。赛腾医疗ECMO产品的成功获批，填补江苏省医药产业在该领域的空白，进一步推动高端医疗救护设备的国产化。

（吴　玥）

【园区6家上市企业纳入沪港通】 2023年3月6日，上海证券交易所公布"首批新增调入沪港通下港股通股票名单"，该次被纳入沪港通和深港通的18A公司共有24家，园区开拓药业、亚盛医药、基石药业、康宁杰瑞、圣诺医药和沛嘉医疗等6家生物医药企业入选，占比25%。沪深港通为香港联合交易所和上海证券交易所、深圳证券交易所的合作计划，使香港和内地投资者可以通过本地交易所的交易和结算系统来交易对方市场的证券。

（吕　依）

【国产IMR检测设备获批上市】 2023年4月，苏州润迈德医疗科技有限公司研发的冠状动脉功能测量系统（caIMR）通过国家创新医疗器械特别审批通道获批上市（国械注准20233070520），这是该公司继冠状动脉血流储备分数测量系统（caFFR）后通过绿色通道获批上市的第二款创新医疗器械，也是全球首个非介入IMR系统，实现国产IMR检测设备零的突破。"IMR"即微循环阻力指数，是用于评估微循环障碍的指标，在冠心病诊疗过程中具有重要的临床意义。润迈德公司研发的这款产品完全颠覆传统，无需压力导丝、血管扩张剂，无需改变手术习惯，通过血管造影图像、TIMI血流速度、实时主动脉压力以及优化的流体力学算法，即可在平均5分钟内得出IMR值。这一创新技术较之以往更加安全、高效、简便，为冠脉微循环评估提供更加实用的临床检测手段。

（吴　玥）

【沛嘉医疗合作产品Trilogy实现经股主动脉瓣系统在亚洲地区首次植入】 2023年5月12日，沛嘉医疗科技（苏州）有限公司与JenaValve合作的产品Trilogy完成亚洲首次经股主动脉瓣置换介入治疗，对该系统全球化应用进程具有重要的里程碑意义。Trilogy为自膨胀式经股动脉TAVR瓣膜系统，其独有的定位键设计可夹持原生瓣叶，降低瓣膜位移及瓣中瓣等并发症手术风险。2020年1月，该系统获得FDA突破性器械认定，2021年5月获得用于治疗主动脉瓣反流和主动脉瓣狭窄的CE认证，成为全球首个获批治疗重度主动脉瓣反流（AR）和重度主动脉瓣狭窄（AS）双适应证的TAVR瓣膜系统。

（常　祯）

【园区8家企业入选2022年生物医药产业潜力地标企业培育名单】 2023年5月17日，市工业和信息化局公示2022年生物医药产业潜力地标企业培育名单，苏州17家企业入选，其中园区企业8家。分别是苏州旺山旺水生物医药股份有限公司、派格生物医药（苏州）股份有限公司、盛世泰冬生物医药技术（苏州）有限公司、勤浩医药（苏州）有限公司、苏州晶云药物科技股份有限公司、苏州玉森新药开发有限公司、苏州景昱医疗器械有限公司和苏州雅睿生物技术股份有限公司。潜力地标企业普遍具有领先的技术水平和创新能力，在细分赛道拥有显著的竞争优势和活力潜能，是创新发展的"排头兵"和"生力军"。（吕　依）

【沛嘉医疗创新产品TaurusTrio进入"绿色通道"】 2023年5月26日，沛嘉医疗科技（苏州）有限公司TaurusTrio经导管主动脉瓣系统通过国家药品监督管理局（NMPA）创新医疗器械特别审批申请"绿色通道"，这是沛嘉医疗在结构性心脏病领域第五款进入创新医疗特别审批"绿色通道"的产品。TaurusTrio经导管主动脉瓣系统是一种治疗严重的症状性主动脉反流（AR）的经股TAVR系统。该系统独有的定位键设计可夹持原生瓣叶，降低瓣膜位移及瓣中瓣等并发症手术风险，其独特的支架切割工艺实现流入端致密骨架设计，提供锚定与有效封堵；流出端超大网孔，配合输送系统实现对合缘对齐，进一步保障假体瓣膜植入无位移、密封效果及冠脉再介入。

【国家生物药技术创新中心核酸药物技术创新平台启动】 2023年5月30日，国家生物药技术创新中心核酸药物技术创新平台启动并投入运行。该平台由国家生物药技术创新中心自筹建设，场地面积约2300平方米，总投入约2.5亿元，围绕mRNA及小核酸技术开发与产业关键共性需求，打造基于分子生物学研究、体外药代动力学研究、核酸药物包封技术研究、理化性质分析的公共技术创新平台，为核酸药物研发创新企业提供关键共性技术攻关"一站式"孵化服务。（常祯）

【全国首单药品专利链接保险落地园区】 2023年6月18日，全国首单药品专利链接保险落地园区。园区科创委联合园区企服中心、长三角科技要素交易中心、中国太保产险苏州分公司，为园区4家原研药企的8件药品专利提供法律费用保险保障，帮助原研药企降低药品被仿制过程中潜在的知识产权维权成本。药品专利链接是一种起源于美国的高标准知识产权保护制度，逐步在日本、欧洲等国家广泛被采用。 （吕依）

【中荟医疗C-Wave血管内冲击波导管及发生器系统获批上市】 2023年8月15日，苏州中荟医疗科技有限公司自主研发的C-Wave血管内冲击波导管及发生器系统获国家药品监督管理局批准上市，成为首个上市的国产冲击波系统，也是全球第二个上市的血管腔内碎石术（IVL）类产品。C-Wave血管内冲击波导管及发生器系统是全球首创的360°全扇面钙化冲击波系统，具有全自主知识产权，拥有专利50余件，其中发明专利30件、PCT和软件专著各1件。 （常祯）

【园区生物医药产业竞争力升至全国第一】 2023年10月19—21日，2023中国生物技术创新大会举行。开幕式现场，中国生物医药园区竞争力排行榜发布，苏州工业园区综合竞争力保持第二，产业竞争力跃居第一，稳居全国第一方阵。该大会以"高水平创新 高质量发展"为主题，重点围绕政策服务、科技创新、生物经济三大内容，通过主题报告、专题分会、闭门研讨会、成果展示等形式，全面展示生物技术领域最新进展，深入探讨生物技术创新及

产业发展趋势，共谋生物技术发展路径，推动中国生物产业高质量发展。会上，《2023中国生命科学与生物技术发展报告》《2023中国临床医学研究发展报告》《2023中国医疗器械科技创新发展报告——生物医用材料》和《2022中医药发展报告》4部权威医学报告新书同期发布，为行业发展提供学术支撑。

【百济神州小分子创新药物全球产业化基地启用】 2023年11月16日，位于园区的百济神州小分子创新药物全球产业化基地启用。基地建筑面积约5万平方米，全面建成后年产固体制剂10亿片/粒，具备商业化规模和临床用药的柔性生产能力，能够快速实现大、小分子自主研发管线由实验室到临床产品生产再到商业化生产的高质量转化，是全球极少数能实现新药产业化的集成基地。 （吕依）

【耐立克新适应症获批发布会暨全国首批发货仪式举行】 2023年11月23日，苏州亚盛药业有限公司耐立克新适应症获批发布会暨全国首批发货仪式在园区举行。耐立克是亚盛药业原创一类新药及全球层面同类最佳药物。该次耐立克新适应症获得批准用于治疗对一代和二代酪氨酸激酶抑制剂（TKI）耐药或不耐受的慢性髓细胞白血病慢性期（CML-CP）成年患者。
（吕依 常祯）

【药明泽康自主研发的PD-L1抗体试剂获批上市】 2023年11月24日，药明泽康自主研发的PD-L1抗体试剂（免疫组织化学法）通过国家优先审批通道获批上市。这是国内首个用于宫颈癌适应证的PD-L1药物伴随诊断试剂，拥有独立自主知识产权。该产品的获批填补了国内空白，打破该类国外诊断试剂在国内市场的垄断，满足临床急需，为晚期宫颈癌患者提供治疗的新选择，标志着中国在免疫治疗和精准医学领域实现重大突破。 （常祯）

纳米技术应用及新材料产业

【概况】 2023年，园区纳米技术应用及新材料产业集聚相关企业近1300家，实现产值1557亿元，区域产值稳居全国第一。产业重点聚焦微纳制造、第三代半导体、纳米新材料、纳米大健康等重点领域，在高性能微球材料、先进半导体材料、高端芯片研发等10余个"卡脖子"关键技术领域取得重大突破。累计培育纳米技术应用及新材料上市企业16家，在高性能微球材料、国内MEMS芯片、新能源汽车充电桩芯片等细分赛道实现科创板上市第一股。国家第三代半导体技术创新中心（苏州）总部启动建设，完成材料生长创新平台、测试分析与服役评价平台建设，成立纳米产业概念验证中心、长三角第三代半导体知识产权联盟、江苏省第三代半导体产业技术创新联合体、国产装备联盟，举办第十三届中国国际纳米技术产业博览会。园区蝉联"MEMS传感器十大园区名单"榜首，实现"三连冠"。 （吕依）

【第八届国际第三代半导体论坛暨第十九届中国国际半导体照明论坛】 2023年2月8—10日，第八届国际第三代半导体论坛暨第十九届中国国际半导体照明论坛在园区举行。论坛以"低碳智联·同芯共赢"为主题，汇集全球产业链智囊，举办活动30余场次，全面展现第三代半导体产业链前沿技术进展及产业发展"风向"，搭建行业企业全方位交流合作方式与平台，为推动园区乃至苏州的第三代半导体相关产业发展注入新动能。

【纳米真空互联实验站二期建设项目通过验收】 2023年2月18日，中国科学院苏州纳米技术与纳米仿生研究所纳米真空互联实验站二期建设项

目通过总验收。纳米真空互联实验站是中国科学院苏州纳米技术与纳米仿生研究所按世界首个国家重大科技基础设施标准在建的，集材料原位生长、器件加工、测试分析为一体的材料领域重大科学装置。

（吕依常祯）

【第十三届中国国际纳米技术产业博览会】 2023年3月1—3日，第十三届中国国际纳米技术产业博览会在园区举行。该届纳博会聚焦微纳制造、第三代半导体、纳米新材料、柔性印刷电子、纳米压印、分析测试、纳米大健康等热门领域，汇聚众多全球顶级专家、行业领军。该届大会设主报告1场、专业论坛11场、行业报告344场、大赛2场、"会、展、赛、奖、发布"五位一体，展区面积2.2万平方米，参展、参会企业2000余家，汇聚全球最新纳米技术产品和创新应用2200余件，参会嘉宾25795人，包括19名国内外院士和300余名高校研究院所、上市公司、知名企业机构专家，现场对接意向项目130个。会上，纳米技术应用产业概念验证中心、长三角第三代半导体产业知识产权联盟揭牌，《2023中国MEMS产业发展与十大高质量园区报告》、国家第三代半导体技术创新中心（苏州）揭榜挂帅项目指南发布，签约纳米重大招商项目20个。

（吕依王帆常祯）

【恒泰智造·苏州纳米城V区启用】 2023年3月28日，恒泰智造·苏州纳米城V区在阳澄南岸创新城启用。项目占地约12.67万平方米，总建筑面积约22万平方米，总投资超过8亿元，由纳米公司与恒泰集团共同运营。项目以智能制造为引领，聚焦新一代信息技术、高端装备、微纳制造、纳米医疗器械等新兴产业领域，打造智慧创新特色产业集群。该产业园分两期开发建设，首期入驻项目包括热象纳米、艾飞克机电技术、镭陌科技、普锐

2023年3月1—3日，第十三届中国国际纳米技术产业博览会在园区举行
（园区新闻中心 供稿）

沐电子、瑞孚特新材料、鑫业诚智能装备等企业。 （吕依王帆）

【第三代半导体关键装备国产化专题研讨会】 2023年5月17日，第三代半导体关键装备国产化专题研讨会在园区召开。研讨会旨在探讨国产装备的发展之路，加速核心零部件的国产化进程，推动国产装备在第三代半导体领域的突围。研讨会重点围绕"第三代半导体关键装备国产化"展开，9名国产装备龙头企业代表分别从各自的优势装备角度介绍在第三代半导体工艺制程中的最新研发和应用进展。

【纳米新材料产业创新集群博士后联合中心成立】 2023年7月11日，在2023年（第十五届）苏州国际精英创业周园区分会场暨人才引领产业创新集群发展大会开幕式上，纳米新材料产业创新集群博士后联合中心成立。这是园区在全省首设纳米新材料产业创新集群博士后联合中心，联合中国科学院苏州纳米所、纳米公司、苏州大学纳米学院等7家纳米新材料相关科研机构和企业，聚焦"靶向引才、联合培养、协同攻关、助力转化"4项建设任务，激发青年博士后人才创新活力，博士后在站人数304人。

【国家第三代半导体技术创新中心（苏州）总部基地开工】 2023年9月

2日，苏州纳米城VI区国家第三代半导体技术创新中心（苏州）总部基地开工。该总部基地位于桑田科学岛核心区域，建筑面积20.9万平方米。桑田科学岛定位为"一基地、两中心、三示范"。"一基地"指的是科技创新策源基地，"两中心"指的是国家生物药技术创新中心、国家第三代半导体技术创新中心（苏州），"三示范"指的是产学研融合发展示范区、产业制度创新示范区、国际科技创新合作示范区。国家第三代半导体技术创新中心（苏州）作为"两中心"之一，将致力于打造核心产业展示区和未来创新中心示范标杆。园区精心绘制产业蓝图，广泛集聚资源要素，着力优化产业生态，积极构建创新平台，力争建成国内一流，世界领先的国家第三代半导体技术创新中心，打造国家先进纳米创新产业集群。

（王帆）

【第五届全国宽禁带半导体学术会议】 2023年10月25—27日，第五届全国宽禁带半导体学术会议在园区举行。科研院所、高校、行业领域相关企业的近700名专家、学者参会。会议围绕材料生长、分析表征、相关装备技术，以及宽禁带半导体在光电子、功率电子的应用，在前沿交叉领域的进展等主题展开交流探讨，推动宽禁带半导体材料与器件的学术研究、技术

进步、产业发展，赋能第三代半导体产业创新发展。　　（吕　依）

【**吉天星舟宽视场光学相机随"星池一号"发射入轨**】2023年12月4日，苏州吉天星舟空间技术有限公司宽视场光学相机随"星池一号第二组A/B星"在酒泉卫星发射中心由长征二号丙Y75运载火箭发射升空，卫星顺利进入预定轨道，与地面建立稳定的测控连接，发射任务取得成功。吉天星舟研发生产的宽视场光学相机作为一款超大视场空间光学载荷产品，地面像元分辨率优于200米，幅宽大于1200千米，具有低成本、轻量化、超长拍摄时长等优点，有效满足超宽幅引导成像及高时效全球云层分布探测需求。　（常　祯）

人工智能及数字产业

【**概况**】2023年，园区围绕以人工智能为引领的新一代信息技术产业，重点聚焦人工智能、软件和信息服务、集成电路设计等领域，推进人工智能与实体经济深度融合，实现产值1006亿元，集聚相关企业1700余家。全年新增人工智能领域上市企业5家，累计20家；新增各级"独角兽"（含培育）企业10家，累计64家；新增各级"瞪羚"（含培育）企业26家，累计213家，成为全省乃至全国人工智能产业重要增长极。关键技术产品创新优势加速显现，"卡脖子"技术取得突破，华兴源创、艾信医疗、知行科技入围工业和信息化部"人工智能产业创新任务揭榜挂帅"潜力单位；麦迪斯顿、飞依诺、维伟思医疗入围工业和信息化部"人工智能医疗器械创新任务"揭榜单位。

【**园区3个产品入选2022年工业软件优秀产品名单**】2023年1月13日，工业和信息化部公布2022年工业软件优秀产品名单，江苏省5个产品入选，其中苏州3个产品均来自园区。分别是苏州同元软控信息技术有限公司的同元系统仿真验证软件（MWORKS.Sysplorer）V5.1、苏州浩辰软件股份有限公司的浩辰CAD平台软件V2023和苏州千机智能技术有限公司的复杂曲面数控加工编程与仿真软件［UltraCAM］（CAM V2.0）。（吕　依）

【**2023全球人工智能产品应用博览会**】2023年6月25—27日，2023全球人工智能产品应用博览会在园区举行。该届智博会聚焦工业视觉、工业软件、智能网联、生物计算、算力网络、元宇宙等热门领域，汇聚众多全球顶级专家、行业领军人才，举办高规格开幕式暨主论坛1场、权威年度报告发布2个、主题论坛16场、AI创新创业大赛2场。国内外院士20余人出席博览会，参会、参展的人工智能相关企业2000余家，观众5万余人。大会发布《新一代人工智能发展年度报告（2022—2023）》和《中国城市人工智能发展指数报告（2022—2023）》两大年度产业发展报告；启动申报人工智能前沿创新奖——祖冲之奖，面向全球挖掘和奖励人工智能基础研究和应用创新的杰出成果。园区招商签约人工智能重大项目20个，项目涉及工业软件、人工智能芯片、高精度传感器、高端半导体设备、机器人等领域，为园区人工智能产业创新集群增添新鲜血液。

（吕　依　常　祯）

【**信息技术应用创新生态周系列活动**】2023年6月27—30日，信息技术应用创新生态周系列活动在园区举行。活动围绕"Modelica暨装备数字化、国产CAM软件技术创新应用、国产工业软件生态发展、智能制造领域职教信息技术创新"4个主题，邀请院士专家、企业代表、相关学者，围绕产业供给、行业应用、生态建设、人才培养等方面展示发展成果、交流心得体会、探讨发展路径，共同推动产业高质量发展。中国商飞、中国核动力研究设计院、中国空间技术研究院、上海交通大学、哈尔滨工业大学、北京航空航天大学、南京航空航天大学等机构代表1000余人参加活动，对接生态伙伴300余家。　　　　（吕　依）

【**思必驰"DFM-2语言大模型"发布**】2023年7月12日，思必驰科技股份有限公司"DFM-2语言大模型"发布。该人工智能通用大模型将对话式AI创新技术与综合全链路技术相结合，提升AI软硬件产品的标准化能力和语音交互场景（DUI）平台的规模化定制能力，满足智能汽车、智能家居、消费电子，以及金融、轨交、政务等数字政企行业场景客户的个性化需求，赋能产业升级。

【**异格技术首颗FPGA芯片点亮**】2023年9月19日，苏州异格技术有限公司首颗FPGA测试芯片点亮，创造FinFET工艺国内FPGA芯片最快点亮记录。该测试芯片基于先进工艺制程，重点验证芯片架构、核心模块的功能与性能及自主知识产权EDA工具，为异格技术FPGA高端芯片的设计与量产打下坚实基础。　　　　（常　祯）

【**工业软件产品测试平台发布**】2023年9月21日，工业软件产品测试平台发布活动在园区举行。工业软件集成验证与攻关平台、信息技术应用创新认证公共服务平台正式发布。该平台由国家工业信息安全发展研究中心承建，围绕关键国产软硬件产品，面向航空、航天、汽车和机器人等重点领域应用需求，搭建典型应用场景的产品适配认证环境与工业软件测试验证环境，为企业提供本地化便捷的国家级集成攻关、适配认证和咨询服务，为全面推进工业软件产业创新集群融合发展提供有力支撑。

（吕　依）

服务业

综　述

2023年，园区实现服务业增加值1911.8亿元，占地区生产总值的51.9%，按可比价增长8.4%。生产性服务业增加值1343.7亿元，占服务业增加值的70.3%，生产性服务业和生活性服务业维持7∶3格局。城市活力不断提升，全年社会消费品零售总额1173.1亿元，增长6.9%；新增入库贸易类企业253家、服务业企业197家；新招引各类品牌首店150余家。9家企业入选江苏省现代服务业高质量发展领军企业，占全市的35%；7家企业入选苏州市首批新兴服务业领军，累计44家，占全市的43.1%。现代服务业与先进制造业融合发展程度不断加深，新增省级两业融合试点企业4家，占全市的21%；6家企业获评省级或市级服务型制造示范，累计57家。半岛文旅产业项目等16个省、市服务业重点项目计划投资85.8亿元，实际完成投资124亿元，年度计划投资完成率144.5%。持续推进安踏国际运营中心、企业总部基地二期等项目建设。苏州生物医药产业园服务业集聚区获评第二批省级现代服务业高质量发展集聚示范区。

园区服务贸易稳中有升，进出口规模持续扩大。根据市商务局口径，园区完成服务进出口84.1亿美元，增长5.4%，占全市的38%，规模保持全市第一，增幅全市第二。其中，服务出口46.9亿美元，增长3.2%。服务对外输出能力不断增强，知识密集型服务进出口占比68%。推动服务贸易创新发展，累计7个案例入选国务院深化服务贸易创新发展试点最佳实践案例，占全国的6%。第六届中新合作服务贸易创新论坛举办，围绕数字技术、服务贸易、数据治理、跨境流通等议题，为推动构建数字贸易全球合作新格局，进行高水准、跨领域、专业化的探讨。中国国际进口博览会期间，展示园区服务贸易发展特色和成果，探寻服务贸易创新发展新路径。为推动数据出境安全、有序、合规、便利化流动，"苏数通"数据跨境公共服务平台1.0版上线，集政策发布、申报指引、申报管理、咨询服务于一体，赋能数字贸易企业更加高效便利、安全合规地开展跨国合作、开拓海外市场。

园区会计服务外包示范基地注册会计师事务所43家，其中全国100强会计师事务所21家，全年行业业务收入9.84亿元，增长12.48%；行业从业人员1902，其中执业注册会计师515人。截至年底，专业服务行业党委下属支部25个，党员411人，完成行业党委换届选举大会，召开行业优秀青年代表座谈会，凝聚行业青年奋斗共识。推动上海国家会计学院与市财政局达成战略合作协议签约，协议中明确"加强苏州工业园区会计服务外包示范基地建设"，上海国家会计学院会计行业诚信教育基地和会计师事务所数字化转型实训基地落户园区。加大行业优质机构引育力度，江苏华星会计师事务所再次入围全国会计师事务所100强，完善并提升示范基地载体的配套服务，推进专业服务业产业集群的进一步发展。加强行业人才培养，联合市注协开展注册会计师专题培训，参训注册会计师250余人；承办市财政局企业财务管理能力提升培训，园区"瞪羚"企业、"独角兽"培育企业、创新创业领军人才企业、专精特新"小巨人"企业、"苗圃"企业等120余名财务负责人参训。先后集结多家100强会计师事务所合伙人组成财税专家团走进苏州国际科技园和园区企服中心，为近100家企业送上财税热点难点专题讲座、座谈交流等服务，深度服务产业发展。通过实地走访和线上交流相结合的形式，对区内近20家专业服务机构展开调研，进一步了解专业服务业行业动态。开展专业服务业典型案例征集和评选活动，宣传专业中介机构服务区域经济社会发展的实践经验。鼓励行业高端人才申报苏州市会计专家库，推动行业专家参政议政，调动行业专家参与决策咨询的积极性。

（褚沛雯　吴昊　倪弋菁）

表28　园区入选第二批江苏省现代服务业高质量发展领军企业名单（2023年）

序　号	企业名称	所属领域	申报类型
1	苏州艾隆科技股份有限公司	现代物流机械制造	龙头型
2	同程网络科技股份有限公司	软件和信息服务计算机运用	龙头型
3	胜科纳米（苏州）股份有限公司	非金属材料	龙头型
4	苏州苏试广博环境可靠性实验室有限公司	商贸服务	龙头型
5	中衡设计集团股份有限公司	建筑装饰	龙头型
6	苏州极易科技股份有限公司	计算机运用	创新型
7	苏州优乐赛供应链管理有限公司	交通运输	创新型
8	苏州信亨自动化科技有限公司	商贸服务	创新型
9	苏州不木网络科技有限公司	计算机运用	创新型

表29　园区入选首批苏州市生产性服务业领军企业名单（2023年）

序　号	企业名称	所属领域	申报类型
1	同程网络科技股份有限公司	信息技术服务	规模型
2	天聚地合（苏州）科技股份有限公司	信息技术服务	规模型
3	大健云仓科技（苏州）有限公司	现代供应链	创新型
4	苏州协鑫新能源运营科技有限公司	节能环保	创新型
5	科锐数字科技（苏州）有限公司	信息技术服务	创新型
6	江苏益友天元律师事务所	商务服务	创新型
7	容诚会计师事务所（特殊普通合伙）苏州分所	商务服务	创新型

（褚沛雯）

金融业

【概况】 2023年，园区围绕建设"双一流、新中心"发展定位，推进服务实体经济、防控金融风险、深化金融改革各项重点任务。金融类机构方面，全市超过90%的银行分行、近70%的保险分公司和证券分公司落户园区。新增金融类机构270家，累计1820家。其中，行业协会3家；持牌类金融机构189家，包括银行50家、保险公司58家、证券公司55家、期货公司22家、信托公司1家、金融租赁公司1家、公募基金1家、财务公司1家；准金融机构1628家，包括各类私募基金1562家、担保公司5家、保险经纪代理公司14家、小贷公司5家、典当公司8家、融资租赁公司23家、商业保理公司8家、金融服务机构3家。信贷规模方面，存款余额7030.9亿元，增长5.8%，占全市的13.1%；存款新增385.2亿元，占全市的6.2%。贷款余额6362.9亿元，增长10%，占全市的12.1%；贷款新增579.0亿元，占全市的10.6%。企业上市方面，新增境内外上市企业5家，累计66家，上市总数占全市的25%，居全市第一。

【股权投资机构】 2023年，在园区注册的股权投资机构1562家，管理资金总量超过4000亿元，备案基金规模占全市的近50%、全省的近20%。东沙湖基金小镇入驻投资管理团队316家，设立基金694支，入驻债权融资机构7家，累计基金规模3803亿元，入选江苏省首批省级特色小镇。

表30　园区持牌金融机构明细（2023年）

序　号	类　别	单位名称
1	银行（50家）	国家开发银行、平安银行、恒丰银行、浙江泰隆商业银行、渤海银行、常熟农商行、无锡农商行、江南农商行、兆丰国际商业银行、汇丰银行、渣打银行、友利银行、星展银行、三菱日联银行、三井住友银行、瑞穗银行、企业银行、南洋商业银行、摩根大通银行、华侨银行、合作金库商业银行、国民银行、富邦华一银行、东亚银行、大华银行、张家港农商行、首都银行、浙商银行、工商银行、中国银行、建设银行、交通银行、苏州银行、江苏银行、中信银行、浦发银行、华夏银行、光大银行、民生银行、宁波银行、上海银行、招商银行、农业银行、江西银行、南京银行、邮政储蓄银行、兴业银行、广发银行、浦发硅谷银行、北京银行

续表

序　号	类　别	单位名称
2	保险公司（58家）	东吴人寿保险、人民财产保险、中国人寿保险、中国人寿财产保险、太平洋人寿保险、友邦保险、英大泰和财产保险、阳光财产保险、天安人寿保险、天安财产保险、富德财产保险、生命人寿保险、国联人寿保险、合众人寿保险、恒安标准人寿保险、华农财产保险、华泰财产保险、华泰人寿保险、建信人寿保险、交银康联人寿保险、凯本财产保险、利安人寿保险、陆家嘴国泰人寿保险、美亚财产保险、农银人寿保险、平安养老保险、前海人寿保险、日本财产保险、瑞泰人寿保险、三星火灾海上保险、安盛天平财产保险、百年人寿保险、东京海上日动火灾保险、长安责任保险、招商信诺人寿保险、中宏人寿保险、中美联泰大都会人寿保险、平安健康保险、平安人寿保险、太平财产保险、中国出口信用保险、太平人寿保险、平安财产保险、中信保诚人寿保险、太平洋财产保险、中银三星人寿保险、德华安顾人寿保险、泰康养老保险、泰康人寿保险、横琴人寿保险、光大永明人寿保险、中华联合财产保险、太平养老保险、紫金财产保险、北大方正人寿保险、招商局仁和人寿保险、瑞众人寿保险、中汇人寿保险
3	证券公司（55家）	东吴证券、中信建投证券、中信证券、光大证券、东海证券、德邦证券、国泰君安证券、红塔证券、东北证券、山西证券、财通证券、广发证券、诚通证券、渤海证券、华林证券、五矿证券、湘财证券、东方财富证券、中国银河证券、国元证券、西南证券、万和证券、上海证券、粤开证券、联储证券、招商证券、信达证券、国投证券、国都证券、国信证券、国海证券、华福证券、南京证券、中国中金财富证券、中泰证券、平安证券、国金证券、中航证券、浙商证券、东兴证券、华宝证券、开源证券、甬兴证券、国盛证券、世纪证券、华泰证券、第一创业证券、金元证券、国联证券、兴业证券、海通证券、申万宏源证券、中国国际金融股份有限公司、民生证券、银泰证券
4	期货公司（22家）	东吴期货、东海期货、光大期货、国联期货、海通期货、华泰期货、南华期货、南证期货、新湖期货、新纪元期货、中信期货、海证期货、上海东证期货、信达期货、金瑞期货、前海期货、恒力期货、中融汇信期货、神华期货、方正中期期货、九州期货、东证期货
5	信托公司（1家）	苏州信托
6	金融租赁公司（1家）	苏州金融租赁
7	公募基金（1家）	苏新基金
8	财务公司（1家）	创元集团财务

表31　园区新增上市企业情况（2023年）

序　号	企业名称	上市时间	登陆板块	股票代码
1	荣旗工业科技（苏州）股份有限公司	2023年4月25日	深圳创业板	301360
2	苏州光格科技股份有限公司	2023年7月24日	上海科创板	688450
3	苏州盛科通信股份有限公司	2023年9月14日	上海科创板	688702
4	苏州浩辰软件股份有限公司	2023年10月10日	上海科创板	688657
5	知行汽车科技（苏州）股份有限公司	2023年12月20日	香港交易所主板	01274.HK

（华立晟）

【东沙湖基金小镇入选首批省级特色小镇】 2023年1月19日，江苏省发展改革委公布首批省级特色小镇命名名单，东沙湖基金小镇成为首批20家省级特色小镇之一。东沙湖基金小镇位于园区东部，总体规划面积3.96平方千米，其中核心区1.6平方千米，是全省唯一经省发展改革委正式命名的金融类特色小镇。小镇以服务实体经济为根本，以创新人才战略为引领，吸引一大批国内一线知名私募基金机构，并通过机构投资和社会资本反哺，形成良性闭环的"资本+科技"创投生态体系。集聚包括天使投资、创业投资、产业投资、证券投资、REITs基金等各类创新资本，打造成为全国标杆性基金集聚发展新高地。截至年底，累计设立基金694支，集聚基金3803亿元。

（储蕾）

【苏新基金管理有限公司落户】 2023年2月6日，江苏省首家公募基金——苏新基金管理有限公司落户园区。苏新基金由苏州银行股份有限公司、新加坡凯德基金、园区经济发展有限公司联合组建，注册资本1.5亿元。苏新基金将协同苏州银行和其他本土金融机构，以产品设计创新、融合国际国内两个平台的资源等多种方式，深化新苏两地金融合作创新，实现存量资产增值，对于园区、苏州市乃至江苏省的经济高质量发展和产业转型升级具有十分重要的意义。

（金思燕）

【《苏州工业园区关于做优做强上市公司实施参天计划的若干意见》出台】2023年2月13日，《苏州工业园区关于做优做强上市公司实施参天计划的若干意见》出台。参天计划聚焦园区上市公司做优做强，以企业主导、政府引导、风险可控为原则，以做强主业、做高产值、做大市值为方向，引导上市公司加强垂直整合、优化治理水平、提升核心竞争力，加快成为创新业务、核心技术、紧缺人才、产业资本等核心要素汇聚的高端平台。进一步推动上市公司深耕园区，提升产出贡献，为产业创新集群建设注入活力，为开放创新的世界一流高科技园区建设提供支撑。 （华立晟）

上市公司
参天计划

【海通证券股份有限公司苏州分公司开业】2023年3月21日，海通证券股份有限公司苏州分公司开业。海通证券股份有限公司成立于1988年，是国内成立较早、综合实力较强的证券公司之一。分公司的设立将进一步提升在园区市场的服务能级，助力园区金融集聚高地建设。 （金思燕）

【深交所苏南企业服务基地揭牌】2023年6月1日，深圳证券交易所苏南企业服务基地在园区揭牌。该基地作为深交所重点企业培育基地之一，是深交所在地化服务地方资本市场的重要枢纽。基地发挥"行业+区域"协同优势，紧密对接"苗圃工程""参天计划"，开展投融资路演、董秘任职前考试、行业研讨会等特色活动，为园区企业更好嫁接深交所优质资源提供快车道。 （华立晟）

【北京银行苏州分行揭牌】2023年6月7日，北京银行股份有限公司与苏州市政府签署全面战略合作协议，北京银行苏州分行揭牌。北京银行成立于1996年，是中国规模最大的城商行，也是国内19家系统重要性银行之一。北京银行苏州分行将在总行数字化转型战略的指引下，全力打造成为数字化分行、生态分行、文化金融示范分行、投行驱动型分行、数字人民币分行和低碳分行，成为全行数字化转型的试验田和领跑者，助力园区实体经济高质量发展。 （金思燕）

【跨境金融服务平台境内运费外汇支付便利化应用场景落地】2023年7月4日，中国银行苏州分行协办跨境金融服务平台境内运费外汇支付便利化应用场景启动仪式在苏州自贸片区举行。该应用场景是外汇局江苏省分局和苏州市中心支局结合苏州地区境内运费外汇支付业务的实际情况，针对银行、企业应用需求开展多轮调研，在园区管委会、园区税务局的支持下，率先实现跨境金融服务平台境内运费外汇支付便利化应用场景在苏州自贸片区上线。

【《苏州工业园区关于深入推进上市苗圃工程的实施细则》出台】2023年8月2日，《苏州工业园区关于深入推进上市苗圃工程的实施细则》出台，园区金融发展局推出上市苗圃工程2.0版本，推进优化苗圃企业入库标准、加强苗圃企业动态管理以及提升上市苗圃工程培育体系三大举措。截至年底，上市苗圃工程升级后新认定入库企业327家，年内助推5家企业上市，累计培育上市企业32家。 （华立晟）

【2023第六届地球克隆大会暨园区数字经济推介活动】2023年8月18日，第六届地球克隆大会暨园区数字经济推介活动在园区举行。该大会聚焦数字孪生中国、智能驾驶、元宇宙AIGC等热门领域，举办主题演讲1场、前沿专业论坛6场、行业报告80余场，一批新技术、新产品、新应用集中亮相。大会由新建元控股集团旗下数字科技有限公司组织召开，城市、交通、水利、能源、工业、智能驾驶、AI、元宇宙等领域的1000余家企业及机构代表2000余人参会。 （赵 玮）

【《关于进一步推进苏州自贸片区金融业高质量发展的若干措施》出台】2023年10月20日，《关于进一步推进苏州自贸片区金融业高质量发展的若干措施》出台。措施旨在进一步推动苏州自贸片区金融高质量发展，加快建设更高水平的区域金融中心高地和长三角产业资本中心核心承载区，强

2023年3月21日，海通证券股份有限公司苏州分公司开业
（园区CBD招商中心 供稿）

化金融服务经济社会功能,提升金融产业能级和创新能力,有力支撑开放创新的世界一流高科技产业园区建设。

【"数字金鸡湖"App上线"钱包快付"应用】 2023年10月24日,"数字金鸡湖"App上线"钱包快付"应用,全面支持线上支付、线下支付、线下收款三大数字人民币支付场景,实现数字人民币聚合支付与数字人民币支付的互联互通和数字消费应用场景多元化。截至年底,"数字金鸡湖"App数字人民币开户量30万余户,注册会员85万余人,圆融商管旗下6个商业载体商户及苏州中心商户、园区车企等800余家商户入驻,覆盖苏州中心和时代广场两大核心商圈超过95%的商户,开展各类数字人民币营销活动带动园区数字人民币交易额超过5亿元,拉动社会消费品零售总额近20亿元,有效推动数字人民币消费与平台线上线下使用场景的快速链接。 (华立晟)

【恒丰银行科创金融创新实验室揭牌】 2023年11月4日,在第五届中新(苏州)数字金融应用博览会闭幕式上,恒丰银行科创金融创新实验室揭牌。该实验室的设立旨在加快实施恒丰银行创新驱动战略,提升对长三角一体化国家战略的服务能力,抢抓数字经济时代全国试点扩面和创新发展机遇,加快研发新技术和新产品,提升该行在数字经济时代的竞争力。 (金思燕)

【"园易融"平台入选全国信用优秀案例】 2023年11月13—15日,在第五届中国城市信用建设高峰论坛上,"园易融"平台入选全国信用优秀案例。"园易融"作为园区管委会搭建的一站式综合金融服务平台,旨在依托大数据和智能化技术,链接资金供给侧与需求侧,实现企业融资的精准对接和主动服务。平台自2020年启用以来,入驻包括银行、基金、担保、保险、融资租赁等9类金融机构280余家,汇聚金融服务顾问近700人,上架14款政策性金融产品和150余款普惠金融产品,累计为2500余家企业解决融资需求约600亿元。 (华立晟)

【苏州纽尔利新兰股权投资合伙企业(有限合伙)落户】 2023年12月5日,苏州纽尔利新兰股权投资合伙企业(有限合伙)在园区落户。该项目是苏州纽尔利资本管理有限公司发起设立的合格境外有限合伙人(QFLP)基金,基金认缴出资总额为1.1亿元,折合约1540万美元,拟投资于医疗健康、新基建新制造、产业互联网与消费科技等领域。 (金思燕)

商贸业

【概况】 2023年,园区商贸业增加值474.62亿元,占服务业增加值的24.8%,占地区生产总值的12.9%。其中,批发和零售业增加值444.19亿元,增长10.4%;餐饮和住宿业增加值30.43亿元,增长17.7%。园区围绕"活力"和"创新"重塑金鸡湖湖东、湖西、湖南三大板块的业态定位,引导重点商业体加快塑造差异化核心竞争力,进一步提升环金鸡湖商圈对年轻客群的吸引力,"90后"和"00后"客群的占比由2021年的30%提升至2023年的52.8%。推动高端资源要素加速汇聚,围绕鼓励品牌落户、业态创新等完善政策体系,并在上海、成都等地举办交流会5场,联动品牌资源100余家。全年园区商业载体招引各类品牌首店150余家,其中江苏首店(含江苏奥莱首店)31家、苏州首店86家,环金鸡湖商圈引领性地位凸显,首店品牌高度聚集。创新"政府引导、市场为主"的合作模式,联合经营主体举办高品质活动20余场,包括米其林美食节、国际精酿啤酒节、金鸡湖咖啡艺术节、苏州中心跨年等活动;推动经营主体活力充分释放,商业载体主办各类促消费活动500余场。根据《环金鸡湖夜市规划方案》打造国际滨水夜经济集聚区,湖东结合天幕焕新和中央河改造加大业态调整,区域夜间经济业态商户20余家;湖西苏州中心通过延长夏季营业时间、跨年不打烊等增强夜间吸引力;湖南李公堤二期持续丰富Live House等娱乐业态,获评全国夜间经济示范街。

表32 园区零售商贸业主要品牌商家名单(2023年)

序 号	业 态	项 目	序 号	业 态	项 目
1	百 货	久光百货	9	购物中心	苏州中心
2		天虹百货	10		龙湖星湖天街
3		新光天地	11		永旺梦乐城
4	大型商超	大润发(金鸡湖店)	12		圆融星座
5		大润发(星塘店)	13		印象城
6		大润发(东环路店)	14		邻瑞广场
7		山姆会员店	15		丰隆汇
8		华润万家	16		奥体中心商业广场

续表

序 号	业 态	项 目	序 号	业 态	项 目
17	购物中心	万科美好广场	26	商业街区	文博iStation
18		诚品生活	27	商业裙楼	现代传媒广场（商业裙楼）
19	商业街区	圆融时代广场	28		恒宇广场
20		李公堤	29		晋合广场
21		月光码头	30		信投星雅汇
22		时尚舞台	31	专业市场	红星美凯龙
23		星海生活广场	32		第六空间国际家居东环店
24		斜塘老街	33		百安居
25		比斯特	34	社区商业	邻里中心（19个项目）

【电子商务】 2023年，园区电子商务网络零售额551.6亿元，占全市的16.17%，位居全市第二。直播电商产业规模持续扩大，网络直播零售额521.2亿元，占全市的22%，位居全市第二。极易电商和大禹网络被认定为2023年度市级直播电商基地。继续举办金鸡湖直播大赛品牌赛事，2023年金鸡湖直播大赛提档升级为苏州市直播技能竞赛，并被列入苏州市"吴地工匠"职业技能系列竞赛活动，直播经济与生产生活加速融合，"直播+生活服务""直播+文旅消费""直播+制造企业""直播+商业综合体""直播+活动+促消费"等模式加速裂变，金鸡湖Live品牌曝光度50亿余次。 （吴 昊）

【李公堤入选国家级旅游休闲街区和旅游线路】 2023年，李公堤先后入选第二批国家级旅游休闲街区和长江主题国家级旅游线路。李公堤通过深入挖掘项目优势，持续整合文旅精选资源，不断推进业态融合创新实践，实现高品质商业载体与多元文化的有益互补，致力于打造国际一流时尚活力文旅商融合特色街区，服务园区商贸繁荣和城市活力提升。 （李石卉）

【新城邻里中心焕新开业】 2023年5月28日，国内首家邻里中心——新城邻里中心整体焕新开业。项目通过"一店双开"、线上线下一体化运营，实现城市有机更新下的文化、商业、服务等多方面焕新。开业期间，新城邻里中心举办"邻里'敢'集"非遗文化主题市集、亲子故事戏剧节、潮流主播探店直播"云逛邻里"，以及邻里生鲜新城菜场"一半诗意 一半生活"李知弥艺术作品展等活动，近100家品牌商户同步在"邻里生活"平台开展上线秒杀、团购等活动，吸引线上、线下近30万人次参与。

【邻里中心入选商务部城市一刻钟便民生活圈典型案例】 2023年8月，由新建元控股集团旗下邻里中心发展有限公司报送的《建设邻里中心 打造社区商业新范式》入选商务部《城市一刻钟便民生活圈典型案例集》，先进建设经验获全国推广。该典型案例集面向全国80个城市征集，60个案例入选，江苏省入选12个案例，其中苏州市4个，入选案例亮点突出、创新性强，具有较强的借鉴意义。 （陈红萍）

【首届苏州米其林食遇美食节】 2023年11月24—26日，首届苏州米其林食遇美食节在比斯特苏州购物村湖畔大道举行。活动集聚北京、上海、广州、杭州4地16家餐厅参与，是米其林"食遇美食节"品牌的首次亮相，也是米其林历届美食节中菜品数量最多、品类最丰富的一次。活动邀请上海米其林二星餐厅荣府宴、广州米其林一星餐厅炳胜公馆、杭州米其林一

2023年2月，李公堤入选国家级旅游休闲街区和旅游线路
（新建元控股集团 供稿）

星餐厅珀、北京米其林一星餐厅芙蓉无双等参与。其中,荣府宴、荣小馆等多家知名餐厅均是首次参加米其林美食节。该次美食节充分践行可持续发展理念,首次倡议不使用一次性塑料制品。活动期间,比斯特苏州购物村客流量6.3万余人次,增长118.7%;销售额5400万元,增长81.8%。米其林食遇美食节的成功举办,是园区积极提升城市消费品质、推动城市活力提升的重磅之举。作为苏州城市"双面绣"中代表现代、时尚、国际的一面,也为米其林指南到苏州发榜奠定良好基础。

（吴　昊）

通信业

【**中国电信股份有限公司苏州分公司园区局**】 2023年,中国电信股份有限公司苏州分公司园区局(简称"园区电信")深入实施"云改数转"战略,以"网+云+AI+应用"满足客户的数字化需求。5G和千兆用户规模保持快速增长,全年建成5G基站1142个、室内网络940个,服务园区天翼用户62万户。为6万余户老用户提速至千兆,千兆用户累计29万户。

服务地方发展。深化政务数字化服务,参与园区城市生命线综合监管系统及运行管理服务平台建设,提升智慧城市监管能级;建设"12345"热线呼叫中心运营服务、园区路内泊位智能化无人值守改造及运维服务,深度参与民生服务;"服贸通"电信带宽总容量达到2G,基于服贸通和天翼云打造契合区内企业需要的"服贸云"数据跨境应用服务,联合合作伙伴推出跨境办公协同产品"外企翼联"服务,助力企业信息化发展。推进企业工业PON全光网智慧工厂建设;联合博世汽车"灯塔工厂"打造5G智改数转创新中心,联合和舰芯片成功申报省级首批"5G全连接工厂",并入选工业和信息化部"5G全连接工厂"标杆企业库。

履行社会责任。应急管理方面,完成园区智慧应急综合管理系统升级服务三期项目,助力该项目成为全国应急项目标杆。智慧社区方面,斜塘街道智慧社区平台完成三期开发,电信物联网AEP平台、自研的智能监控paas平台等完成数据汇聚、快速信息录入、统一管理,保障项目的高效、实时、持久性,为社会治理构建可靠底座。社会服务方面,不定期在各社区、新村、菜鸟驿站等,为居民提供路由器检测、智能手机使用、反诈宣讲等服务;多个营业厅设置爱心驿站,为周边居民、环卫工人提供暖心服务。

（徐葆嫣）

【**中国移动通信集团江苏有限公司苏州工业园区分公司**】 2023年,中国移动通信集团江苏有限公司苏州工业园区分公司(简称"园区移动")推进数智化转型和高质量发展,营业收入超过11亿元,用户规模超过100万户,累计提供就业岗位3000余个。新增移动5G站点967个,其中疑难站点161个。截至年底,园区建成移动5G基站3701个,实现区域全覆盖及高铁、地铁、大型商超等重要场景的优覆盖,每平方千米4/5G基站密度分别为5.5个和4.9个。助力地方经济社会的发展和产业转型升级,获评全国市场质量信用AA级用户满意企业。

服务地方发展。结合园区数智化转型发展需求,推动云网产业链融合,落地实施一网通办、一网通管、企业智改数转等项目1.8亿元,利用信息化手段深度赋能公安、医疗、交通、能源等重点领域,推进实施无人驾驶智慧公交、公安专网沿铁、园区5G教育专网、教育网络建设运维及规划等重大项目,参与园区医疗卫生基础资源建设,为园区卫生健康医疗专区网络构建提供服务支撑。在工业"智改数转"领域,打造华兴源创、九识科技等一批示范项目,在第六届"绽放杯"5G应用征集大赛上获得全国总决赛一等奖。拓展智慧城市、智慧社区等业务,高质量支撑社区安防、垃圾分类、智慧充电、智慧停车、远程医疗等民生需求,促进基层治理体系和治理能力现代化;承建园区智慧停车一、二期工程,完成路内泊位智能化无人值守改造3000余个,园区主要干道沿线公交站台电子站牌改造30余个。配合园区重大活动及赛事,完成重要活动及赛事的重点通信保障57场。

履行社会责任。主动对接街道、社区,将移动便民服务纳入"红色管家"服务资源,以平台抢选的方式为社区提供便民服务。开展"我为群众办实事"活动,落地"反诈"行动、适老化改造、飞线整治、志愿服务等举措20余项。拦截各类涉及诈骗电话3万余次,协助公安部门捣毁诈骗窝点4个,获评园区平安建设先进单位。全年园区移动志愿服务团队开展志愿服务活动200余场,将老年手机课堂、宽带义诊、反诈宣传、便民服务(手机维修、贴膜等)等送到百姓身边;参加园区各街道组织的志愿者服务活动10余次;走进特殊教育学校开展爱心捐赠活动,多次参与为社区"送温暖"活动,园区移动志愿团队成员获2023年度园区"优秀志愿者"称号。与金鸡湖街道党工委联办的"星骑士关爱联盟"项目入选园区社会责任企业优秀案例。

（张文洁）

【**中国联合网络通信有限公司苏州市工业园区分公司**】 2023年,中国联合网络通信有限公司苏州市工业园区分公司(简称"园区联通")新建5G基站344个,累计2663个,完成园区室外5G全覆盖,完成重点商务楼宇、重点商超、政企部门、星级酒店、居民住宅区等口碑场景5G室内深度覆盖。新增覆盖宽带小区28个,覆盖用户2.48万户,宽带覆盖率93%,完成全量老旧光纤到楼小区改造,覆盖区域

100%，全部完成10G无源光纤网络改造，全面具备千兆接入能力。

服务地方发展。以信息化、智能化助推数字园区、数字政府建设，完成规划及参与园区教育政务专网建设，助力园区39所学校数字化转型；参与政务外网统一通信链路资源服务及云统一容灾备份，合力打造园区数字政府基座，助力园区提升数字政府能力；参与园区公安交通违法数据采集、通用视频存储资源服务等3个项目，助力园区打造"智慧+"警务模式。加速助推"5G+工业互联网"融合应用先导区建设，联合友达光电申报数字化工厂项目，并获长三角"5G+工业互联网"大赛决赛一等奖第一名，联合华兴源创参加第六届"绽放杯"5G应用征集大赛获全国二等奖。

履行社会责任。深度参与园区智慧社区建设，落实电动自行车智能充电、垃圾分类监控、环卫车辆信息化监控、高空抛物、老旧小区三网通信通道改造等，实现娄葑、唯亭、胜浦、斜塘4个街道全覆盖，服务辐射社区22个，助力园区街道实现城市治理数字化转型。参与新时代文明建设，与园区组织部共建12个新业态党建之家、骑手加油站，对园区新就业群体提供小燕服务，将骑手的日常生活纳入15分钟党建服务圈。联合园区宣传部开设银铃课堂实践阵地，每月组织开展老年银龄课堂12场，到15个社区开展5G体验、防诈骗宣传、智能终端应用等活动。推进高品质服务责任，对接本地网信部门，为打击治理电信诈骗做好风险防控，履行主体责任，实施本地预警机制护航高质量发展。　（陈逸君）

邮政业

【概况】　2023年，中国邮政集团有限公司苏州市姑苏园区分公司（简称"园区邮政"）履行普遍服务法定义务，强化普遍服务能力投入和质量管控，全程时限全年达标。全年实现收入2.3亿元，规模列全市第一，增长19.17%。

金融业务。截至年底，园区邮政代理储蓄余额规模突破56亿元，资产配置和复杂产品销售能力进一步提升，资产管理规模增长11.76%，列全区第五，期交量收增长14.85%，全年资管保有量列全区第一。生态金融全面加强，累计建成优质场景18个。依托邮政品牌，遵循"优先、优质"服务理念，做好退役军人优待证银行卡的开发激活，全年发展量列全区第二。全区改造网点2个，智能大堂实现全覆盖。

服务地方宣传。为社会提供更为多元化的邮政特色服务，连续第5年举办环保画信大赛，80余所学校5万余名学生参赛。《苏州市生活垃圾分类管理条例》颁布3周年之际，开展垃圾分类宣传进万家活动，投入9个志愿邮路团队、63名邮路志愿者，依托小小快递包裹公益宣传贴，将简约适度、绿色低碳、文明整洁的生活理念传达到各家各户、各行各业，点对点精准覆盖15万余人次。服务苏迪曼杯世界羽毛球混合团体锦标赛，发行纪念邮资明信片。举办"藏富于民"集邮高端品鉴会，分享集藏投资前沿信息，为邮迷打造集邮盛宴。开展"集邮进校园"活动，举办"邮品上的苏州工业园区"为主题的集邮思政课10余次，听课人数1000余人。

【寄递业务】　2023年，园区邮政寄递业务收入占全市邮政寄递总收入的17.9%，提升0.4个百分点。累计上线提供退换货服务寄递业务的街道2个，开发社区团购网格仓3个，车牌、证照寄递及解抵押代办等交管项目服务近1.5万人次。建设苏州中心、国金中心、同程大厦、协鑫广场4个小邮局，着力解决商务商贸区"最后一公里"难题。

【便民服务】　2023年，园区邮政利用投递通达城乡的网络优势，拓展"一件事一次办"项目和跨区域通办寄送等便民服务，通过"群众点单、数据跑路、邮政服务"全面提升企业和群众办事的便利度、获得感。以为企业、群众提供就近便利服务为出发点，将邮政网点建设成提供包括公共事业缴费业务、代收代投、警医邮服务等在内的综合便民服务点。全年完成便民代缴费业务65.6万笔、警医邮业务1.48万笔。　　（芮瑞）

旅游业

【概况】　2023年，园区策划开展文旅品牌活动，持续丰富旅游产品体系；加强旅游平台建设，提升公共服务水平和宣传推广力度，进一步激发文旅消费活力。全年重点旅游景区、度假区接待游客3035万人次，增长86%。36家重点旅游饭店总营收25亿元，增长33%；平均出租率69%，增长34%；平均房价715元，增长22%；接待入境过夜游客24万人次，增长82%。李公堤入选第二批国家级旅游休闲街区、长江主题国家级旅游线路，金鸡湖右岸提升改造项目、比斯特购物村扩建项目获评江苏省重点文旅产业项目，金鸡湖景区获评苏州市文旅信息化培育项目，同程旅游获评苏州市文旅"走出去"项目，惠游园区夜、金鸡湖咖啡节等文旅活动入选"2022—2023年度苏州文旅消费热力榜"。

【旅游资源开发】　2023年，园区培育文旅创新产品及业态，推动金鸡湖、阳澄湖两大旅游板块提质升级，探索商旅文体展多业态融合发展新路径。围绕金鸡湖景区，学习借鉴国内景区优秀公共艺术计划案例，推动设置具有园区特色的公共艺术装置。围绕阳澄湖半岛旅游度假区，加强现有项目精细化管理，引进文旅创新项目，推进文体旅融合业态多样化。围绕金鸡湖、独墅湖等水域，以游船码头合规化工作为主线，全力推动水上繁荣，开通并完善金鸡湖、独墅湖、中央河、斜塘河等多条水上游线，结合周末与节假日举办摩托艇、帆板、动力冲浪板等丰富多彩的水上表演活动。

【旅游品牌活动】 2023年，园区举办第二届金鸡湖景区中意文化交流节、首届金鸡湖咖啡节、金鸡湖文艺快闪、比斯特烟花秀、半岛田园艺术节等旅游节庆活动，做优做精特色活动IP，为市民游客提供现代感、时尚范的高品质文化旅游体验。6—12月，举办"如画园区"名家美术作品邀请展，邀请省、市艺术家到园区进行采风创作，将艺术作品送入旅游景区巡展，将艺术和文化精神分享给市民游客。8月19日，举办第二届惠游园区YE暨SIP暑期消费季活动，打造集合夏日烟花秀、美食夜市、音乐派对等元素的一站式消费场景。11月18日，举办第五届非凡园区文化艺术·旅游节暨桃花岛焕新颜活动，以"遇见艺术之美　共享品质文旅"为主题，结合桃花岛登岛游，推出艺术打卡装置、非遗市集、音乐会等文旅活动，丰富环金鸡湖游览体验。

金鸡湖桃花岛焕新亮相

【惠游园区】 2023年，园区"惠游园区"一站式智慧文旅平台2.0版本上线，新增中英文切换、多终端模式、一网通办服务、旅游数据统计四大功能，实现全场景融合互联，优化市民游客使用体验。常态化做好平台内容运营，不断吸纳优质商户，更新文旅资源信息，策划开展"开盲盒，促消费"、四季文旅补贴、各类主题直播等一系列文旅惠民活动，提升用户活跃度，激发文旅消费活力。全年新增用户57万余人，新增交易额2200万余元。截至年底，平台用户117万余人，平台商户330余

家，总交易额6546万元。　　（季巳辰）

【首条阳澄湖旅游观光线开通】 2023年3月18日，苏州公交集团开通首条阳澄湖半岛假日旅游专线，从比斯特购物村和草鞋山北双向首发，共设置13个站点，途经草鞋山考古遗址公园、浅水湾、重元寺、莲池湖广场、仙樱湖公园、比斯特购物村等半岛度假区热门旅游景点。该专线每逢双休、法定节假日运营，首末班时间为草鞋山北9：30—18：30、比斯特购物村9：30—18：30，发车间隔为每15分钟1班，全程票价2元，90分钟内地铁、公交间换乘可享减2元再享折扣优惠，除常规的投币、刷卡、扫码外，同时支持"惠游园区"微信小程序购票扫码乘车。　　（韩倾海）

【半岛足球公园（逸衡酒店）项目签约】 2023年9月15日，园区阳澄湖半岛重大文旅项目——半岛足球公园（逸衡酒店）项目签约。该项目选址阳澄湖半岛旅游度假区重元寺片区，占地面积7.24万平方米，总投资2.65亿元，包括5片国内最高标准的滨水天然草足球场和逸衡酒店。球场建成后将引入国内外知名足球赛事，满足青少年足球专业化培养、体育文化交流等多方面需求，助力苏州"重点足球城市"建设。逸衡酒店将利用阳澄农庄商业街既有建筑进行改造，规划客房

130间，建设国内首个以足球为主题的品牌酒店，与足球公园项目形成有效联动。
（韩倾海　曹丽君）

【重云巷项目落户半岛度假区】 2023年10月12日，重云巷项目落户半岛度假区，项目占地面积2.83万平方米，总投资2.3亿元，总建筑面积1.02万平方米，依托重元寺商业街既有建筑进行改造。项目计划引入高端民宿"大乐之野""自然与"、英国百年餐饮品牌"Michelle"、国内顶级极限运动专业服务商、杭州亚运会服务提供商"Turnpro"、中国酒吧头部品牌"IPK海岛公园"、中国便利店头部品牌、专业生活服务商"全家FamilyMart"，提供五感六觉体验的生活方式品牌"元馥雅颂"、全球顶级电子音乐节品牌"Transmission"等多个国内知名品牌，打造园区文旅消费新场景。（曹丽君）

会展业

【概况】 2023年，按规模以上会展统计口径，园区会展业各项数据呈增长态势。全年举办规模型会议197次，参会人员136207人次；举办展览52场，面积1201873平方米，参观人员1762753人次；会展业全年实现总收入1.22亿余元，各项指标均居全市前列。（吴　昊）

2023年9月15日，园区阳澄湖半岛重大文旅项目——半岛足球公园（逸衡酒店）项目签约仪式举行
（半岛度假区　供稿）

表33　园区会展业重要活动情况（2023年）

序　号	活动主题	活动时间	主办单位	活动地点
1	第十三届中国国际纳米技术产业博览会	3月1—3日	苏州纳米科技发展有限公司	苏州国际博览中心
2	第五届SME苏州国际机床展	3月16—19日	苏州华博展览服务有限公司	苏州国际博览中心
3	第八届易贸生物产业大会EBC暨易贸生物产业展览	3月17—19日	上海易贸医疗科技有限公司	苏州国际博览中心
4	2023先进技术成果交易大会	3月24—25日	国防科工局、江苏省政府、苏州市政府、先进技术成果长三角转化中心	苏州国际博览中心
5	2023花园大会	3月24—26日	苏州花园集文化传媒有限公司	苏州国际博览中心
6	中国创新药物（械）医学大会暨CMAC年会	4月7—9日	北京石成医学咨询有限公司	苏州国际博览中心
7	2023易派客工业品展览会	4月13—15日	易派客电子商务有限公司、中国石油和石油化工设备工业协会、北京长城电子商务有限公司	苏州国际博览中心
8	2023中国国际非开挖技术研讨会暨展览会	4月19—21日	上海科熙文化交流有限公司	苏州国际博览中心
9	2023阀门世界亚洲博览会暨研讨会	4月26—27日	阀门世界亚洲	苏州国际博览中心
10	2023苏州五一国际车展暨智能网联及未来出行汽车博览会	4月29日至5月3日	苏州市新域展览服务有限公司	苏州国际博览中心
11	2023中国（苏州）国际品牌博览会	5月1—3日	江苏省商标协会	苏州国际博览中心
12	第六届中国国际进口博览会苏州工业园区推介会	5月9日	中国国际进口博览局、国家会展中心（上海）、园区管委会	园区市场大厦
13	第十二届IFMBE亚太区医学和生物工程大会	5月18—21日	中国生物医学工程学会	苏州国际博览中心
14	2023中国（苏州）国际瓦楞节暨2023中国（苏州）国际彩盒节	5月19—21日	中国包装联合会纸制品包装委员会、上海美印文化传播有限公司	苏州国际博览中心
15	Medtec China 2023暨第十七届国际医疗器械设计与制造技术展览会	6月1—3日	英富曼企业管理（上海）有限公司	苏州国际博览中心
16	EAC易贸汽车科技大会	6月6—7日	易贸信息科技（上海）有限公司	苏州国际博览中心
17	中国国际药物信息大会暨2023DIA中国年会	6月16—19日	迪亚恩（北京）医药信息咨询有限公司	苏州国际博览中心
18	2023中国（苏州）"独角兽"企业大会	6月19—20日	苏州市政府、长城战略咨询	苏州国际博览中心
19	2023全球人工智能产品应用博览会	6月25—27日	新一代人工智能产业技术创新战略联盟、苏州市人工智能协同创新中心	苏州国际博览中心
20	第十三届江苏书展	7月1—5日	江苏省政府	苏州国际博览中心
21	2023年（第十五届）苏州国际精英创业周	7月10—11日	苏州市人社局、园区组织部	苏州国际博览中心
22	第十二届中国苏州文化创意设计产业交易博览会	7月14—16日	苏州市政府、江苏省文化和旅游厅	苏州国际博览中心

续表

序　号	活动主题	活动时间	主办单位	活动地点
23	2023 GT Show中国汽车文化及产业博览会	7月21—23日	改联（苏州）展览有限公司	苏州国际博览中心
24	第十五届苏州家具展览会	7月28—31日	苏州得一会展有限公司	苏州国际博览中心
25	首届数字购物嘉年华	8月11—13日	苏州市广播电视总台	苏州国际博览中心
26	2023医疗器械创新展暨医疗仪器设备（苏州）展览会	8月23—25日	杜塞尔多夫展览（上海）有限公司	苏州国际博览中心
27	EESA第二届中国国际储能展览会	8月30日至9月1日	储能领跑者联盟	苏州国际博览中心
28	加快建设开放创新的世界一流高科技园区推进大会	9月2日	园区党政办公室	苏州国际博览中心
29	2023第二届中国生物计算大会	9月3日	苏州播禾科技产业有限公司	苏州国际博览中心
30	中华医学会第二十一次全国精神医学大会暨第十七次全国儿童青少年精神医学大会	9月7—9日	中华医学会	苏州国际博览中心
31	第五届大运河文化旅游博览会	9月22—24日	中共江苏省委宣传部、江苏省文化和旅游厅、江苏省政府外事办公室、江苏省文学艺术界联合会、苏州市政府	苏州国际博览中心
32	第29届智能交通世界大会	10月16—20日	苏州市政府、江苏省交通运输厅、交通运输部公路科学研究院	苏州国际博览中心
33	第五届中新（苏州）数字金融应用博览会	11月2—4日	苏州市金融科技协会与《金融电子化》杂志社有限责任公司	苏州国际博览中心
34	2023中国苏州电子信息博览会	11月9—11日	国务院台湾事务办公室、江苏省政府	苏州国际博览中心
35	中华医学会第30次全国放射学学术大会	11月17—19日	中华医学会	苏州国际博览中心
36	2023中国体育文化博览会暨中国体育旅游博览会	12月8—10日	苏州市政府、国家体育总局体育文化发展中心	苏州国际博览中心
37	长三角教育装备现代化赋能教育高质量发展大会暨首届江苏（苏州）教育装备展	12月15—17日	苏州市节庆会展集团有限公司	苏州国际博览中心

（惠欣愉　吴　昊）

【第五届SME苏州国际机床展】 2023年3月16—19日，第五届SME苏州国际机床展在苏州国际博览中心举行。该届展会以"高端装备，产业标杆"为主题，开设金属切削机床、金属成形机床、工量刃具、机床附件及智能工厂，集结全球智造品牌展商700余家，展会面积4万平方米，参展观众60108人次。国际机床与智能制造高级研修班、中国高端装备产业高峰论坛和激光装备产业发展论坛同期举行。

【第八届易贸生物产业大会EBC暨易贸生物产业展览】 2023年3月17—19日，第八届易贸生物产业大会EBC暨易贸生物产业展览在苏州国际博览中心举行。作为国内极具影响力的生物产业大会，该次大会展览面积4万平方米，吸引国内外生物产业原料、耗材、设备、试剂、服务等400余家参展商参展，参会人数22752人次。同期大会聚焦抗体药物、细胞与基因治疗、核酸药物、IVD等多个热门板块，围绕行业热点、发展趋势、产业技术、人才、项目、开发等内容进行多个主题报告，共同探讨生物医疗领域新未来。

【2023先进技术成果交易大会】 2023年3月24—25日，2023先进技术成果交易大会在苏州国际博览中心举行。该次交易大会是国家国防科技工业局首次与省级政府举办的全国性、综合性、系统性的交易活动，汇

聚10家军工集团、中国工程物理研究院、工业和信息化部7所高校和200余家民营企业的科技成果和技术需求，以及长三角地区三省一市的成果转化引导政策，通过开展成果交易、项目路演、展览展示促进成果双向交易。现场发布先进技术转化成果，签约转化项目45个，先进技术成果转化中心与6家战略合作伙伴开展签约。 （惠欣愉）

【第六届中国国际进口博览会苏州工业园区推介会】 2023年5月9日，第六届中国国际进口博览会苏州工业园区推介会在园区举行。进博局、进博会参展企业、园区各功能区、相关部门及园区重点数字贸易类企业约100名代表参会。企业围绕园区特色产业开展对接，聚焦贸易、消费、供应链、物流等领域合作，在跨境数据流动、贸易便利化、金融科技等领域开展一系列探索，借助进博会平台，获取更多市场合作机遇，助力更多优质企业了解园区、投资园区、落户园区。 （吴 昊）

【Medtec China 2023暨第十七届国际医疗器械设计与制造技术展览会】 2023年6月1—3日，Medtec China 2023暨第十七届国际医疗器械设计与制造技术展览会在苏州国际博览中心举行。作为Informa Markets 旗下Medtech World 全球医疗器械设计与制造品牌系列展览会在中国的一站，该届展会面积3.6万平方米创历史之最，吸引全球22个国家及地区的867家展商参展和30个国家及地区的67785人次专业观众参展。同期论坛邀请80余名监管机构代表、医院和科研院所以及国内外头部与新锐企业的专家学者进行主题演讲100余个，主题会议覆盖3D打印、先进制造、植入介入、高端有源设备、电子及齿科骨科等热门话题。

【第十三届江苏书展】 2023年7月1—5日，第十三届江苏书展在苏州国际博览中心举行。该届书展以"贯彻二十大，奋进新征程"为主题，近400家出版发行单位、8万余种出版物参加主展场，500余家供应商、16万余种出版物参加交易大会。书展期间举办各类阅读推广、行业交流活动270余场，线上线下各类阅读活动超1700场。该届书展主展场线下、线上实现销售2.52亿元。

【第十二届中国苏州文化创意设计产业交易博览会】 2023年7月14—16日，第十二届中国苏州文化创意产业交易博览会在苏州国际博览中心

举行。该届文博会以"数字赋能 创意之都"为主题，聚焦"文化经济"和"融合发展"两大关键词，设立数字文化产业、创意设计服务、文旅融合消费3个展示主题、特色展馆45个，吸引近400家文化创意企业参展，配套举办产业论坛和交流活动10余场。开幕式上，苏州新闻出版集团、苏州广电传媒集团、苏州文化投资发展集团等国有文化企业聚焦主营业务、数字内容、动漫游戏、影视娱乐、文化旅游等10个文化核心领域板块，现场签约重点文化产业项目13个，总投资105.8亿元。

【2023 GT Show中国汽车文化及产业博览会】 2023年7月21—23日，2023 GT Show中国汽车文化及产业博览会在苏州国际博览中心举行。博览会现场展示范围涵盖汽车改装、越野改装、汽车服务和摩托车4个板块，总展出面积超过10万平方米，参展品牌1000余个，展示全品类精品改装车4000余辆，参展观众218574人次。

【2023中国苏州电子信息博览会】 2023年11月9—11日，2023中国苏州电子信息博览会在苏州国际博览中心举行。博览会以"数字赋能、创新制造"为主题，设置电子信息创新集群、两岸先进制造、元宇宙3个主题展区以及半导体及产业应用、电子智能制造和工业互联网、数字新场景3个专业展区，线下参展企业400家。同期举办论坛、产业对洽会等系列活动，进一步推动两岸电子信息产业融合发展。 （惠欣愉）

2023年5月9日，第六届中国国际进口博览会苏州工业园区推介会在园区举行
（园区自贸区综合协调局 供稿）

房地产业

【概况】 2023年，园区新开工商品房206.34万平方米，竣工商品房133.96万平方米，完成商品房销售122.52万

平方米。以党建引领物业行业持续发展，获评"红色物业"省级示范点3个和"红色物业"市级示范点5个。推广使用园区物业公共服务平台及"家园区"App，累计注册并认证用户近26.7万个。建立既有建筑安全管理网格系统，健全房屋安全隐患常态化巡查发现机制，检查自建房等既有建筑11015幢。

【**房产开发与管理**】2023年，园区新开工商品房206.34万平方米，竣工商品房133.96万平方米，完成房地产投资190.5亿元；批准预售商品房126.66万平方米，完成商品房销售122.52万平方米；完成办理9个批次商品房交付使用备案，面积67.85万平方米。指导房地产开发企业规范经营，采取事前提醒、事中监督、事后监管、违规处罚等行业监管方式，持续整治规范房地产市场秩序，保持房地产市场平稳健康发展。 （於 恒）

【**房地产交易管理**】2023年，园区房地产交易管理中心（简称"房产中心"）完成房屋首次登记171件145.22万平方米，存量房转移登记1.19万件131.7万平方米，商品房登记5833件84.73万平方米，他项权利登记6.37万件（含网上抵押及抵押注销办理4.18万件），预告登记7239件116.77万平方米，其他登记8021件268.34万平方米，查封解封登记5977件（其中网上查封解封办件2277件，线上办理率38.1%）。不动产权证书缮证3.73万本，不动产登记证明缮证3.99万本。线下大厅查询完成9539件，自助查询完成7.37万件。完成商品房购房资格审核5833次、存量房购房资格审核1.19万次、存量房交易材料预审1.16万次、存量房房源核验（挂牌审核）1.19万套，对3.8万套房产赋"房源码"，其中机构房产3.72万套、个人房产734套。

降低制度性交易成本。推动金融机构调整存量房托管资金领取模式，

2023年7月7日，东方雅苑交房即发证 （园区房产中心 供稿）

实现过户登簿后托管银行直接完成转账手续，免去客户申请及赴银行现场办理步骤，自动划转存量房托管资金8952笔334.92亿元。推广"带押过户"登记服务模式，通过该模式，卖方可将售房款直接用于还清原贷款，不再需要在过户前"拆借过桥"借钱垫付先还清贷款，还可省去先行办理抵押权注销步骤，切实减少交易成本、减少跑腿次数。全年办理"带押过户"登记服务266笔，化解卖家还贷压力3.81亿元。

创新服务应用场景。扩发电子证照，到招商银行、中信银行等金融机构调研，推动37家银行在园区只申领电子不动产登记证明，进一步方便证书管理。开展数字人民币场景研究，联合农业银行落地苏州市第一笔数字人民币一手住房贷款350万元；推动以数字人民币形式发放贷款334笔5.5亿元。为85家企业提供"交地即发证"服务，涉及土地104宗310.14万平方米；提供85次"交房即发证"服务，涉及房产85套面积1.37万平方米；为3家企业提供"交验即发证"服务，涉及土地3宗。

推动实现"买房一件事"。通过线上途径打通服务企业群众"最后一公里"，群众可在线完成存量房买卖转移登记、夫妻间转移、更名、挂失、遗失补证等业务。通过信息化创新，原申领电子不动产登记证明的抵押权人通过"苏易登"平台办理抵押注销登记时，可实现全流程、全电子化、全天候智能审批及登簿，实现申请即注销的智能秒批。与水电气多部门协同搭建"不动产登记综合受理平台"，实现线下一窗办理存量房买卖合同网签备案、房地产交易税费申报、不动产登记、水电气过户业务，同步完成"一窗受理、集成服务"工作要求，真正实现"买房一件事"一次办。 （李烨凡）

【**房地产市场调控**】2023年，园区编制《苏州工业园区住房发展和住房保障规划（2019—2035）》并经第十次规委会审议通过，对强化未来人口承载力、促进"产城人"融合发展、改善群众宜居水平起到积极作用。调整人才优先购买商品住房政策，人才优先购买商品住房一次性集中认购期调整为不少于3日，通过资格复核的申请人名单公示期调整为1日，进一步助力人才安居园区。制定《苏州工业园区实施"卖旧买新"购房契税补贴操

作细则》，进一步降低交易成本，满足居民改善性住房需求。组织品牌房企参与"家在苏州"住房团购和苏州市"换新购"等专场活动，进一步激发购房潜力，提振楼市成交活跃度。

【物业管理】 截至2023年底，园区累计交付使用住宅项目413个，其中商品住宅276个、动迁小区137个；累计成立业主委员会143个、物业管理委员会227个，业委会（物管会）组建覆盖率89.6%。2023年，园区继续培育"红色物业"示范点，新增省级示范点3个、市级示范点5个，累计建成省、市级示范点17个。开展"加强物业管理，共建美好家园"活动，推动金湖湾花园获评2023年度苏州市"美好家园"住宅小区。推动行业党委下属中海、优尼科物业党支部晋级园区五星党组织。推广智慧物业，推广使用园区物业公共服务平台和"家园区"App，"家园区"App累计注册并认证用户26.7万个，家园码认证17.1万户，完成82个小区物业服务企业选续聘表决、5712项维修资金申请事项表决、1163项业委会决议事项表决、5000项业主报修和维修事项表决。平台在小区公共事务的表决倡议、维修资金的使用中全面发挥公平公正公开作用。全年新增专项维修资金9108.1万元，新增利息收入49214.64万元。审批使用维修资金1398笔（预算审批766笔，结算审批632笔），维修支用付款5079.2万元，累计余额54.73亿元。完成物业服务合同备案18份。东吴服务产业集团（江苏）有

限公司友谊时光大厦等2个项目获评2022年度省级示范物业管理项目；中海物业管理有限公司苏州分公司中海华琚花园等11个项目获评2023年度苏州市市级示范物业管理项目。加强行业监管，开展整治规范房地产市场秩序物业服务领域排查整治工作，组织园区商品住宅物业服务规范化考评并发布年度考评"红黑榜"。开发建设"苏州工业园区物业公共服务平台"2.0版本，全面完善园区商品住宅物业服务规范化考评线上考评模块，实现考评标准统一化、考评过程无纸化、结果生成自动化。依托平台逐步建立商品住宅物业项目"设施设备健康库"，并通过物联网技术实现"全生命周期"监管。修订《苏州工业园区关于进一步加强业主委员会履职能力建设的指导意见》，进一步明确各有关职能部门在物业管理活动中的监督管理职责，推动执法进小区，进一步加强对业委会活动的指导和监督。

【房屋使用安全管理】 2023年，园区规划建设委推进隐患整治，组织落实安全生产风险专项整治巩固提升年行动方案，完成危旧房摸底调查；督促唯亭街道加快推进存在隐患的经营性自建房整治，持续跟踪疑似隐患建筑整治进度，全年完成隐患整治21处，其中D级危房6处。加强动态巡查，督促指导功能区、街道建立既有建筑安全管理网格系统，健全房屋安全隐患常态化巡查发现机制。会同功能区、街道及第三方专业机构出动3306人

次，检查自建房等既有建筑11015幢，未发现严重隐患。对部门、行业监管加强指导；对斜塘、胜浦、唯亭街道开展房屋安全管理业务培训，园区专班每月2次对自建房等既有建筑排查整治情况进行督查。高效办理许可、投诉及备案，全年处理房屋结构改造投诉157件，办结154件；审查房屋结构安全性鉴定报告288份，备案210份；审查房屋结构危险性鉴定报告4份，备案4份。办理拆改行政许可226份，现场抽查拆改许可跟踪闭环情况47件，行政处罚立案2起。积极推进平台建设，结合园区房屋安全数据库建设项目推进园区城市生命线安全工程试点"危旧房屋风险监测"场景建设。房屋安全数据库建设项目完成基础库补充治理、危房场景设备调试工作和物联数据的对接。有序推进既有建筑幕墙安全隐患排查工作，对园区既有建筑幕墙基本信息进行梳理，启动排查服务采购招标程序。

（於　恒）

【新建元建屋蝉联"苏州市房地产年度综合竞争力20强企业"】 2023年6月15日，由苏州市房地产行业协会、苏房网主办的苏州市房协八届二次会员大会、理事会暨苏州市房地产综合竞争力20强颁奖仪式举行，新建元控股集团旗下建屋发展集团有限公司蝉联"苏州市房地产年度综合竞争力20强企业"，并获"苏州房协2022年度优秀会员单位"。该评选作为行业内深具权威与公信力的评选盛会，已连续举办20余年。

（高谦益）

合作共建园区

综　述

苏州工业园区"走出去"项目自2006年起步以来，经历3个发展阶段。第一阶段是2006—2012年，苏州工业园区发展战略由"引进来"转向"引进来"和"走出去"并重，主要以政府主导合作项目为主，实现"软件"整体"打包"的对外输出；第二阶段是2012—2019年，合作从政府主导转向以政府引导、市场主导为主，初步形成立足园区、支撑长三角、服务全国的发展格局；第三阶段从2020年开始，苏州工业园区"走出去"项目进一步拓展升级，落实苏州市域一体化战略，加快"一盘棋"统筹、"一体化"推进。2020年，苏相合作区实体化运作启动。2021年，与吴中区合作共建独墅湖科教创新区（东区），开始"经济区和行政区适度分离"的模式探索。2022年，中新昆承湖园区项目启动建设。截至2023年底，苏州工业园区在国内主要合作共建园区11个，其中，市域统筹合作园区4个，分别是苏州工业园区苏相合作区、苏州独墅湖科教创新区（东区）、苏虞生物医药产业园、中新昆承湖园区；长三角一体化合作园区3个，分别是中新苏滁高新技术产业开发区、中新嘉善现代产业园、苏锡通科技产业园区；省

内南北挂钩合作园区1个，为苏州宿迁工业园区；东西部支援协作合作园区3个，分别是苏银产业园、苏贵产业园区、霍尔果斯经济开发区。苏州工业园区在国内合作园区面积358.1平方千米，各合作共建园区发展取得显著成效，其中，苏州宿迁工业园区在江苏省共建园区考核中实现"十三连冠"，牵头起草的江苏省《共建园区建设指南》正式实施；苏相合作区全年落地1亿元以上项目34个；苏州独墅湖科教创新区（东区）全年开工产业项目11个；中新昆承湖园区完成常熟市首支QFLP基金落地。合作共建园区主动服务长三角一体化发展、落实区域协调发展、江苏省南北挂钩合作等重要战略，发挥苏州工业园区经验辐射作用，促进合作地经济社会发展，为探索国内跨区域合作模式路径提供创新实践案例。

（褚沛雯）

苏州宿迁工业园区

【概况】 2023年，苏州宿迁工业园区（简称"苏宿园区"）实现地区生产总值75.5亿元，增长4.7%；一般公共预算收入10.1亿元；规模以上工业总产值128.5亿元；工业开票销售收入135.1亿元；限额以上批零住餐营业额增长9.1%；规模以上工业高新技术产

业产值占比48.4%；全社会研发投入占地区生产总值比重5.4%；全员劳动生产率20.02万元/人；规模以上工业增加值率增长2.1%；单位工业增加值能耗0.18吨标煤/万元。在江苏省共建园区考核中实现"十三连冠"。

招商引资。举办苏州宿迁"1+5"共建园区联动发展推介会等国内外招商活动13场，拜访企业480余家次，新签约1亿元以上项目17个，总投资86亿元，精密机械、电子信息、新能源新材料三大主导产业占比达94%，其中10亿元以上项目6个，计划总投资62亿元。

产业发展。制定完善招商引资服务专班跟踪进度表、企业帮办专员信息表和部门单位联系服务表，强化投资协议监管，新认定开工项目19个，其中10亿元以上项目4个，13个省、市重大项目全部开工建设，完成投资23.75亿元。新增国家高新技术企业2家，长电科技、聚成金刚石入选宿迁市高新技术企业创新20强，可成科技、聚成金刚石入选宿迁市工业企业贡献10强，聚成金刚石获评国家级专精特新"小巨人"、宿迁市"瞪羚"企业。新增省级星级上云项目10个，接入标识解析企业10家，规模以上企业上云覆盖率48%。新增市级工程技术研究中心5家、省民营科技型企业6家，新增省质量信用AAA级企业2家、AA级1家，建设

CANS认证实验室1个，新增省级新产品新技术5项、有效发明专利12件，天御减振器获评市"绿色标杆"企业，长电科技获评省绿色发展领军企业。举办2023苏州宿迁"1+5"共建园区创新创业大赛，苏宿科创飞地入驻优质科技项目15个，持续激发科创新活力。

拓园发展。拨付拆迁资金2.57亿元，完成民房拆迁261户、企业拆迁6家，完成规划编制27项。实施中心城市重点工程建设项目22个，完成投资14.13亿元，建成道路16千米、河道3千米，完成基础设施投资7.5亿元。

城市建设。完成10项海绵城市工程，建成2个特色鲜明的城市景观小品，完成5项列市空间治理项目。加快推进智慧信息产业园、青年公寓、泓宇广场等配套设施建设，中央商务区健身公园体育综合服务场景入选省体育消费场景典型案例，绿化养护两个标段获评2023年度宿迁市"项羽杯"优质工程奖，创成6个省级垃圾分类达标小区。获评市级"宿迁好人"1名、"最美家庭"8户、江苏省新时代好少年2人、宿迁市新时代好少年2人，文明城市建设指数位列主城区第一。宿迁市苏州外国语实验学校获批2023年度省级城乡建设发展专项资金（绿色建筑）400万元，青年公寓工程获评省建筑施工标准化星级工地；空气质量优良天数比例84.3%。

公共服务。出台义务教育集团化办学实施方案，宿迁市苏州外国语实验学校、阳澄幼儿园建成投用，提供义务教育阶段学位5200余个、学前教育学位540个。创成省优质园1所、市优质园3所，教育集团主持、参与国家和省级课题16项。宿迁市苏州外国语学校中考各项指标稳居宿迁市前列，篮球队U8、U12组连创全省第二佳绩。社区卫生服务中心与金鸡湖卫生服务中心互派17名专家开展交流，建成四级中医馆、市级中医特色科室，挂牌市第一人民医院分院。推动15分钟便民生活圈197个网点布置优化，居民综合满意度达94%。构建线上线下互通的就业服务体系，开展各类招聘活动45场，成立劳动和社会保障研究与创新基地，创成省级金牌劳动人事争议调解组织2个。

深化改革。推进党建引领基层治理体系创新和治理能力提升工程，构建党委领治、五区共治、基层联治工作体系，推出"苏宿合禾"特色共建品牌，创成全市首个省级人力资源产业园和唯一的省级示范步行街，发布全国首个共建园区建设领域地方标准《共建园区建设指南》，跨江融合、区域互补、南北联动推动产业链协同

创新发展经验被《新闻联播》《光明日报》及江苏省委研究室《调查与研究》宣传推广。全面推行二手房"带押过户"，办理全国首个通过电子印章申请商标注册业务，加快建设数字化社会治理指挥中心，一网管全域体系和四大治理工作格局初步形成。

安全稳定。推进重大事故隐患专项排查整治行动，整改重大事故隐患70处，组织"五进"宣传活动16场次，检查生产经营单位2550家次，配强管好9大类5638种应急物资，全年未发生较大及以上和有社会影响的安全生产事故。严控债务、牢守底线，做好"保交楼、保民生、保稳定"纾困资金协调、外来务工人员工资清欠等工作，有效防范化解经济风险。开展信访"百日会战"等专项行动，推动社会治安防控体系提档升级，持续加大涉企犯罪打击力度，重点开展未成年犯罪预防、电信诈骗打击治理，法治建设平安指数和信访办结率、初信初访一次性化解率等位居全市前列，经济社会大局和谐稳定，群众安全感、满意度持续提升。

【3个项目入选2023年江苏省重大项目】2023年2月20日，江苏省发展改革委发布《2023年江苏省重大项目清单》，宿迁聚成超细型钨基金刚石线、宿迁中运深海风力发电系泊系统、南北共建合作试点园区基础设施3个项目入选，为苏宿园区历年之最。宿迁聚成超细型钨基金刚石线项目计划总投资15亿元，2023年完成投资3亿元，占地面积13.2万平方米，全部建成投产后将实现年产金刚石线9000万千米；宿迁中运深海风力发电系泊系统项目计划总投资20亿元，2023年完成投资4亿元，占地面积25.67万平方米，全部建成投产后年产深海系泊系统、深海风力发电设备等产品70万吨；南北共建合作试点园区基础设施计划总投资12.53亿元，2023年建设11.15千米道路、桥梁、河道。

苏宿园区中央商务区健身公园　　　　　　　　（苏宿园区　供稿）

【苏州宿迁"1+5"共建园区联动发展推介会暨首届创新创业大赛】 2023年8月18日，苏州宿迁"1+5"共建园区联动发展推介会暨创新创业大赛启动仪式在苏州举行，签约工业项目15个，协议总投资134.5亿元，签约科创飞地入驻项目8个。12月19日，苏州宿迁"1+5"共建园区创新创业大赛闭幕，30个创业团队经过激烈角逐，最终"超细钨丝金刚线的应用和发展"项目获大赛一等奖，"创造奇妙之旅——'从塑料瓶变成冲锋衣'"等3个项目获二等奖，"新型MOF材料的制备及其在煤层气分离方面的应用"等5个项目获三等奖。

【中央商务区健身公园入选全省典型案例】 2023年9月28日，江苏省体育局印发《关于公布2023年江苏省体育消费场景典型案例的通知》，"苏宿园区中央商务区健身公园全年龄段体育综合服务场景"入选2023年江苏省体育消费场景典型案例。公园占地面积约2.2万平方米，内部设置720米健身跑道、全龄段健身区、综合儿童活动区、平地轮滑场、广场舞区及各类球场（笼式篮球场4组、7人制笼式足球场1组、羽毛球场4组、网球场1组）等6项运动功能，满足周边群众"一站式"运动健身需求，场地建成后，先后被《人民日报》和《新华日报》、"学习强国"平台等主流媒体报道。

【《共建园区建设指南》发布】 2023年10月9日，由苏宿园区管委会牵头编制，江苏省发展改革委、苏州工业园区管委会、宿迁市市场监管局共同起草的江苏省地方标准《共建园区建设指南》（DB32/T 4566—2023）发布，并于11月9日正式实施。苏宿园区2021年底启动标准化建设，将共建园区合作管理运营的经验以标准形式固化。2022年3月，苏宿园区举办以"标准的力量"为题的首期"苏宿讲坛"，并与江苏省标准化研究院、中国标准化研究院开展合作，2022年6月，获省级主管部门批准立项。在江苏省发展改革委、江苏省市场监督管理局专家团队的指导下，历时一年完成《共建园区建设指南》。这是全国首个共建园区建设领域地方标准，不仅为苏宿园区可持续发展提供支撑，还为全省全国共建园区建设和区域协调发展提供可复制可借鉴的规范化遵循和系统化蓝本。

【苏州街入选江苏省示范步行街】 2023年11月2日，苏州街入选江苏省示范步行街，成为宿迁市首条江苏省示范步行街。苏州街总投资5亿元，总建筑面积5.3万平方米，是宿迁市重点民生工程项目，由苏宿园区投资，2019年6月开工，2022年9月28日正式开街。苏州街定位为商旅文特色休闲街区，集商业街区、园林景观、文化社区为一体，通过凝聚水岸主题场景、挖掘商务休闲消费需求、融合宿迁苏州文化精髓，引入苏工苏作馆、书香府邸、雷允上等一批苏州品牌，给消费者带来多元化场景式体验，成为苏宿文化交流的新载体、宿迁特色商业的新标杆、园区形象展示的新名片。

（周冰杨）

苏州工业园区苏相合作区

【概况】 2023年，苏州工业园区苏相合作区（简称"苏相合作区"）完成规模以上工业总产值439.11亿元，增长2.8%；固定资产投资61.14亿元，增长26.5%，其中工业投资41.45亿元，增长23%；一般公共预算收入15.35亿元，增长26.6%；注册外资

苏相合作区
宣传片

及港澳台资1.55亿美元，增长2.6%，实际利用外资及港澳台资1.34亿美元，增长1.2%。

经济发展。全年签约落地项目121个，总投资149亿元。深度挖掘存量资源，加快实施存量企业产值倍增计划，"一企一策"协同60家重点工业企业深挖产值增长点，福耀玻璃、立胜汽车等一批重点企业实现产值大幅增长。福耀玻璃全年实现产值35.66亿元，增长50.3%；立胜汽车实现产值20.11亿元，增长33.8%；创泰合金实现产值52.6亿元。推进123个在建项目加速落地，阿诗特科技、罗杰斯等优质产业项目持续追加投资，IHI寿力压缩技术项目、库迈思中国总部项目等投资1亿元以上的重大外资项目快速集聚，40个重点项目前三季度全部开工。搭建产业数字化、金融服务等生产性服务业平台，与苏州市大数据集团签约落地产业数字化创新中心，揭牌运营东沙湖基金小镇发展服务中心苏相合作区分中心，苏州国家质量基础基地一期项目竣工验收，多个国家级、省级平台入驻。

科技创新。围绕三大主导产业推进企业创新与产业发展，推动福耀玻璃落地多功能汽车玻璃及新技术研发中心，立胜汽车设立立讯集团汽车自动驾驶全球研发中心，空天动力研究院牵头建设创新联合体。全年申报省、市级企业研发机构33个，立项省级企业研发机构9个；入库国家级科技型中小企业179家，认定国家高新技术企业59家，总数159家；新增市级"瞪羚"及"瞪羚"培育企业9家、省级"独角兽"企业1家、市级"独角兽"企业2家。构建"企业+孵化器+加速器"协同创新体系，提升西交漕湖科技园、星空实验室科技企业孵化平台、蒲公英加速器3家科创载体运营和科创项目招引质量，审批科技型项目54个，其中注册项目49个，增长40%。协同推进人才引育，

全年完成各级领军人才申报84项，增长20%，共立项8人次，其中国家级人才4人次。长风药业、海鹰空天材料研究院入选江苏省博士后创新实践基地名单。漕湖区域规模以上工业企业保持"智改数转"100%全覆盖；新增江苏省星级上云企业18家，两化融合试点企业4家，省、市级示范智能工厂（智能车间）8个；易德龙科技获评江苏省智能制造示范工厂；美的清洁电器获评江苏省5G工厂。

城市建设。按照23.5平方千米建设用地规模，持续编制、优化国土空间规划，做好漕湖北岸城市设计，突出产业发展核心，将东南组团由居住组团调整为产业组团，漕湖北岸东侧调整为以"研发+轻型制造"为主的产业社区。基本完成凤北荡路以南动迁工作，盘活土地80.27万平方米，腾道路、碧湖路等8条道路通车，由巷路、兴东路等11条道路开工建设，北桥互通景观二期工程、环漕湖景观启动区绿化工程等4个项目完工。2022年以来，苏相合作区重点推进的配套项目有12个，总投资达96.5亿元。其中，漕湖社会治理中心（消防站）竣工，永昌泾幼儿园、缤纷汇体育公园、尚青景苑、倪家湾花苑人才公寓投用，雅樾澜庭和国资71号、52号地块等在建商品住宅项目稳步推进，永昌汇商业街、漕湖文体中心主体结构封顶，启航时代大厦、漕湖商务中心、苏相实验学校、永昌邻里中心等项目加快推进。完成产业用地更新三年行动计划，重点突破健康城、平保等攻坚项目，2021—2023年累计更新121.07万平方米。

公共服务。持续擦亮"助企赢"服务品牌，收集企业诉求1027项，答复率100%。加快推进"一网通办"，推出"工程建设项目一件事"9大场景式应用，上线"智能填表""智能填报"系统，推出17个"一件事"涉企便民套餐服务。截至年底，存量市场主体2119户，增长24%。加快推进"品质苏相"建设，江苏美的清洁电器获评苏相合作区首家国家级工业设计中心、江苏省质量信用AAA等级认定企业，10家企业入选市级知识产权重点保护名录和商业秘密保护示范点。持续优化工业区停车位设置和公交服务，增加医保专窗及医保自助设备，实现医保报销、异地转诊等15项医保服务"家门口办理"。持续推进漕湖学校和星湾学校教育教学交流，苏相实验学校与星海实验中学合作共建，漕湖学校获评苏州市科技教育特色学校。

【赣锋锂电华东基地动力电池项目签约】 2023年2月27日，赣锋锂电华东基地动力电池项目签约仪式在苏相合作区举行。该项目依托集团总部品牌、技术、资源导入，产品涵盖消费类电池、聚合物小电池、动力电池、储能系统、固态电池5大类20余种，覆盖毫安时至百安时各个级别，旗下产品已进入诸多一线品牌供应链。项目计划在苏相合作区打造华东基地动力电池生产及区域总部，深耕布局全产业链条，规划产能为5GWh新型锂电池及10GWh动力电池系统，达产后预计年产值约70亿元。

【长风药业总部项目奠基】 2023年3月17日，长风药业股份有限公司总部项目奠基仪式在苏相合作区举行。该项目占地面积5.27万平方米，主要研发吸入给药技术，深入开发呼吸系统疾病生态治疗方案，产品主要用于治疗哮喘、慢性阻塞性肺病、鼻炎等疾病。项目建成后，将进一步优化提升苏相合作区营商环境，为经济社会高质量发展注入新的动力。

【兰蒂奇集团苏州新工厂落成】 2023年4月21日，意大利兰蒂奇集团苏州新工厂在苏相合作区落成。该项目投资约3500万欧元，建筑面积3.6万平方米，项目获得LEED黄金级别认证和中国绿色建筑标识GBL二星级认证，新工厂安装建筑物的持续监测系统、屋顶覆盖光伏板等，充分利用可再生能源确保能源效率，满足企业生产需要。项目计划打造集研发、生产、销售为一体的高科技新材料项目，服务于工程聚合物市场。 （卢茜如）

【石川岛寿力回转科技新工厂奠基】 2023年4月25日，石川岛寿力回转科技制造（苏州）有限公司新工厂奠基仪式在苏相合作区举行。该项目由日本重工业巨头株式会社IHI和世界

2023年2月27日，赣锋锂电华东基地动力电池项目签约活动举行

（苏相合作区　供稿）

500强日立集团旗下的美国寿力公司（SULLAIR）共同投资设立，主要从事工业用大型离心压缩系统及设备的生产研发和售后服务。新工厂占地面积约3.27万平方米，建筑面积约2.2万平方米，总投资9000万美元，建设工业用离心压缩系统及设备生产基地，主要生产、销售各类大型离心压缩系统及设备、提供设备售后服务等，预计达产后年销售额超7亿元。　　（蔡　晓）

【立讯集团汽车自动驾驶全球研发中心落户】 2023年7月7日，立讯集团汽车自动驾驶全球研发中心签约落户苏相合作区。该研发中心计划总投入约5.23亿元，核心项目包括基于国产芯片的整车中央计算平台、轻量级智能座舱系统、高性能毫米波雷达等。项目建成后，将在3年内推动产品线达到市场占有率15%以上，与中国智能电动车头部客户以及全球智能电动车和燃油车核心客户展开广泛合作，为苏相合作区经济高质量发展提供有力支撑。

【东沙湖基金小镇发展服务中心苏相合作区分中心揭牌】 2023年9月16日，东沙湖基金小镇发展服务中心苏相合作区分中心揭牌仪式举行。该分中心将通过"线上+线下"综合金融服务，连接资金的需求侧和供给侧，实现企业需求与金融机构服务的高效精准对接，依托东沙湖基金小镇金融对接机制，促进资本与企业互通互动，实现资本、产业、人才的共赢，推动苏相合作区高端制造业加速集聚。活动现场，苏相合作区管委会分别与苏相合作区科创母基金和苏州园丰元航基金合作签约。该次签约的科创母基金总规模15亿元，重点聚焦三大主要产业方向，通过政府母基金杠杆效应，进一步推动产业发展。

【大福自动搬送设备新工厂竣工】 2023年9月21日，大福自动搬送设备（苏州）有限公司新工厂竣工典礼在苏相合作区举行。该项目为大福自动搬送设备（苏州）有限公司继上海、常熟之后在中国建立的第三座自建工厂，占地面积约3.1万平方米，建筑面积约3.7万平方米，建有两层无尘室车间。该工厂采购大福一般环境事业部的自动传送货架，配备与客户相同环境的吊顶半导体展示线、先进的数字展示设备、太阳能发电系统等。项目建成后将主要从事自动化搬运设备、物流设备、控制装置及自动化控制系统的研发、设计、制造。

【3E·数字智造园三期项目开园】 2023年11月8日，3E·数字智造园三期项目开园并完成首批入驻企业签约，苏州东南铝板带、航塑动力控制等9个项目签约入驻。3E·数字智造园由重建公司投资，苏州圆德实际运营，总投资12亿元，占地面积约24.93万平方米，总建筑面积近36万平方米，分三期开发建设。项目一期、二期分别于2015年和2022年建成投用，园内入驻新能源、半导体封测、汽车零部件等关键产业项目，形成整体面向数字智造、智能制造的全产业链布局。三期项目占地面积10.47万平方米，建筑面积19.5万平方米，于2021年9月开工建设。　　（卢茜如）

苏州独墅湖科教创新区（东区）

【概况】 2021年3月，苏州市委、市政府明确建设苏州独墅湖科教创新区（东区），目标是打造科教与高端产业高效协同的示范区、市域统筹创新合作的实验区、生态人文共融的样板区、虹桥国际开放枢纽北向拓展带的标杆区。2022年，苏州独墅湖科教创新区（东区）核心区面积26平方千米，分为高端创新产业集聚区（简称"集聚区"）、高端创新产业协同区（简称"协同区"）、田园生态区。集聚区6.5平方千米以苏州工业园区为主进行开发建设，吴中区协同推进，集聚区经济管理职能由独墅湖科教创新区管委会负责，社会管理职能由斜塘街道负责。集聚区重点发展新一代信息技术、高端装备制造两大支柱产业，加快发展生物医药、纳米技术应用、人工智能三大新兴产业。2022年7月，市委、市政府成立独墅湖科教创新区（东区）工作领导小组，标志着示范区建设工作进入新的阶段。2023年，4家纳统企业实现产值（营收）4.7亿元，8个固定资产投资项目完成投资7.72亿元，4个房地产项目完成投资3.56亿元。

项目招引。集聚区引入供地项目7个，包括安踏体育、产业便利中心等，总投资超90亿元，总占地面积36.67万平方米。累计引入供地项目10个，总投资超205亿元，总占地面积约56.67万平方米。其中，妙益科技、吴东智造、合创产业园3个项目实现"拿地即开工""五证齐发"，项目均聚焦人工智能、高端装备制造等高新技术产业，助力科教创新区（东区）产业创新升级。

征地动迁。集聚区首期启动区完成签约民房5户、清障32处、国有建设用地企业1家，甪直大道以北区域内完成签约民房7户、清障32处、国有建设用地企业9家。

基础设施。集聚区规划范围基础设施建设项目完成投资1.35亿元，新竣工项目3个，在建项目5个。按照"能开尽开"原则，创造条件加速东区路网和河道建设，同时结合入驻产业项目的建设进度，通过局部管网先行等措施，不断完善东区基础配套设施保障水平。

【星泽实验学校项目开工】 2023年1月9日，苏州独墅湖科教创新区（东区）首个九年一贯制学校——苏州市吴中区星泽实验学校项目开工。项目位于甪直镇迎宾西路南侧、东五谷路东侧，占地面积约5.55万平方米，总建筑面积约10.74万平方米，分两期建设。一期工程占地面积3.81万平方米，建筑面积约9.28万平方米，投资约5亿元，包含教学楼、行政楼、食堂、体育馆、地下车库等，规划建设8轨72班，计划于2024年9月投入使用。

【产业便利中心开工】 2023年2月8日，苏州独墅湖科教创新区（东区）重大项目产业便利中心实现"五证齐发"，正式开工。项目由新建元控股集团开发建设，位于滨江路以东、纬二路以南。项目占地面积8万平方米，总建筑面积约23万平方米，分两期建设。一期项目用地约2.7万平方米，建筑面积约6.9万平方米，包含人才公寓、商业配套等，预计总投资约6.1亿元。项目紧邻规划新建轨交线路站点，目标结合TOD开发理念，综合打造居住、商业、便民配套等城市产业服务功能，全方位构筑区域内企业人才集聚高地。

【东沙湖基金小镇发展服务中心科教创新区（东区）分中心揭牌】 2023年5月8日，东沙湖基金小镇发展服务中心科教创新区（东区）分中心揭牌，推动私募基金、基金管理公司等金融机构加快落户。作为东沙湖基金小镇发展服务中心业务的拓展和延伸，科教创新区（东区）分中心可为企业提供"一站式"商事登记注册、备案、年检、政策兑现、试点资格、行业自律等政务服务，给予企业登记注册快捷审批服务、涉税便利化、专属定制服务以及便利化的事中事后监管服务。

【金豪电机开工】 2023年6月2日，金豪电机在苏州独墅湖科教创新区（东区）开工，该项目是苏州工业园区2023年第一个实现"七证齐发"的产业项目。项目用地约2.4万平方米，建筑面积约4.38万平方米，预计总投资约1.8亿元，主要用于高端制造及智能机器人的研发生产，为园区产业创新集群发展增添新动能。

【娄葑合创产业园西区工程开工】 2023年10月26日，苏州独墅湖科教创新区（东区）娄葑合创产业园西区工程开工。项目建筑面积约14.4万平方米，总投资5亿元，主要由5栋地上建筑构成，包含研发办公、高端制造、公共服务等多种功能，未来重点发展高端装备、医疗器械、新材料、数字经济等产业，助力东区产业能级提升，加速集聚特色形成。

【东区城投新索产业园项目一期工程封顶】 2023年12月18日，苏州独墅湖科教创新区（东区）东区城投新索产业园项目一期工程实现主体结构封顶。一期工程规划用地面积4.98万平方米，总建筑面积17.1万平方米，总投资约9.96亿元，预计2024年三季度竣工并投运。项目建成后将引进世界生物医药类高新科技研究企业，推动产业项目集聚，为推进苏州创新创业产业发展提供规模化、综合性的研发、生产基地。

【污水处理厂"拿地即开工"】 2023年12月28日，苏州独墅湖科教创新区（东区）污水处理厂实现"九证齐发"，该项目是"拿地即开工"政策在苏州工业园区市政项目上的首次成功应用。项目建筑面积约1.19万平方米，包括调理池、脱水机房及加氯间、除臭设备以及相应配套设施，污水处理规模达8万吨/天，建成后将大幅提高污水处理能力，为重点产业项目发展及基础设施配套提供高质量保障。

（瞿小飞）

苏虞生物医药产业园

【概况】 2023年，苏虞生物医药产业园（简称"苏虞产业园"）响应苏州市提出的全力打造苏州生物医药及健康产业地标号召，贯彻落实双边合作协调理事会会议精神。全年实现产值8.16亿元，增长24%。实现销售收入9.88亿元，增长26%；纳税4298万元（扣除退税因素），增长3%。

项目引进。优选康羽研发中心扩租项目、鼎辉生物、中诺医药3个生物医药项目签约，涉及创新药研发、生物医药材料、药用辅料等领域，计划总投资约5.5亿元，预计达产后年销售6亿元—8亿元。截至年底，在产、在建、在批项目15个，包括原辅料、制剂研发生产项目7个，CRO、CMO、CDMO项目6个，医疗器械生产、研发项目2个。

推介宣传。对接和参加各类政府性"招才引智"活动及行业会议。联合金融机构、风投机构举办"易成长创未来"生物医药项目投融资系列路演活动，帮助园内企业开展对外合作宣传。参与第八届中国医药创新与投资大会、第十二届中国医疗器械高峰论坛、第二十一届世界制药原料中国展等重要行业会议，收集行业信息，积累客户资源；全年接待及外出拜访100余次，深挖高质量项目信息，形成优质项目"对接—在谈—跟踪"的项目梯队。

开发建设。苏虞医药双创智慧谷二期项目主体土建竣工，项目总投资约1亿元，包括3栋研发生产用房及相关配套辅房，总建筑面积30679平方米。二期项目完工后可提升土地利用率及产出率，满足生物医药中试及产业化项目落户需求。

安全环保。为园内企业提供优质、专业的管理服务，不定期拜访企业，提供EHS管理建议；梳理完善安环管理流程，要求租赁入驻企业设置污水集水井、在线流量仪等环保装备，委托专业机构不定期抽样检测入驻企业污水水质；对租赁重点客户（尤其是新入驻企业）进行隐患排查，有效防止安全环保事故发生；指导园内企业开展试生产活动并针对问题提出解决建议。

营商环境。搭建"企业—园区—政府"之间的服务桥梁，为入园企业提供"一站式"报批服务。对在批项目积极协调、全程服务，对在建项目如期开工、紧盯安全，对在产项目紧密跟踪、掌握动态。在产业配套上，梳理人才和项目政策，指导落户项目立项、报批、运营等；在生活配套上，提供人才公寓保障落户企业高端人才入住需求，开展问卷调查及电话回访等活动，加快客户需求响应速度，提升客户入住满意度。

【百世孚项目奠基】 2023年2月18日，百世孚（常熟）生物材料有限公司奠基仪式在苏虞产业园举行。该项目由江苏百赛飞生物科技有限公司投资建设，投资方总部位于苏州工业园区，是一家专注于创新研发生物材料表面改性技术，开发具有自主知识产权和国际竞争力的高端涂层产品的高新技术企业。公司以技术门槛高的植介入医疗器械表面涂层技术全套解决方案为切入点，创建国内首个涵盖功能性医用涂层全产业链的专业技术服务平台。同时，公司将涂层应用推广到其他健康相关产业领域，推动健康产业多领域产品的创新突破。项目建成后主要将从事医用涂层、检测装备、配套涂层材料耗材以及植介入医疗器械涂层的产业化。项目一期购地1.3万平方米，投资1亿元，建成达产后，预计年产值2亿元以上。

【天马天吉新厂项目开工】 2023年3月27日，苏州天马医药集团天吉生物制药有限公司新厂项目开工奠基仪式在苏虞产业园举行。项目拟规划建设总部基地5.3万平方米，建设国际标准API车间4个、综合制剂生产车间2个，总投资6亿元，预计达产后年销售额超10亿元。天马天吉致力于免疫调节、消炎镇痛、抗生素、抗肿瘤等药物的研发与生产。公司建成新药研发、多肽研发和外包服务以及有机合成等多个平台，生产剂型主要有原料药、小容量注射剂、冻干粉针剂等。

【康羽研发项目扩租】 2023年5月，康羽生命科学技术（苏州）有限公司因发展需要在苏虞医药双创智慧谷扩租约2500平方米载体用于扩建研发中心，预计新增投资约1000万元。公司主要从事小核酸原料药及关键中间体的研发与生产服务。产品主要应用于治疗糖尿病、肿瘤、高血压、丙肝、血栓等疾病。

【纳微科技项目扩建】 2023年10月11日，常熟纳微生物科技有限公司取得施工许可证，开始对原有厂房进行适应性改造。项目计划总投资约3200万元，项目建成后年增产125吨疫苗纯化用微球（50吨聚苯乙烯疫苗吸附微球、50吨聚甲基丙烯酸酯疫苗吸附微球、10吨硅胶疫苗吸附微球、15吨离子交换疫苗吸附树脂）。纳微科技是专业从事高精度、高性能和高附加值微球材料研发和生产的国家高新技术企业，致力于建设世界领先的纳微米球精密制备和应用平台，是世界上能提供较多微球品种与规格的公司之一。通过IS9001：2015质量管理体系认证，一方面解决关键材料卡脖子问题，同时大规模出口高性能色谱填料到欧美、日本、韩国等国际知名制药和色谱企业，成为中国色谱行业的领军企业之一。

【七洲科技获评苏州市新型研发机构】 2023年10月，江苏七洲绿色科技研究院有限公司获评苏州市新型研发机构。七洲科技是江苏七洲绿色化工股份有限公司全资控股的高标准科研中心，项目注册资本6800万元，总投资2亿元，租赁苏虞医药双创智慧谷2500平方米载体。该研发中心的设立目标是成为行业领先的集高端新材料、绿色农药、创新医药为一体的高标准研发平台，为地方引入高端技术人才团队，推动地方经济高质量发展。

【泓德科技项目扩建】 2023年12月26日，常熟泓德生物科技有限公司完成扩建1万平方米新药研发生产车间，投资1.2亿元，建成后新增年研发中试能力8.25吨新药，主要方向为抗肿瘤药物、抗病毒药物、心脑血管治疗药物、治疗老年痴呆药物以及脑营养药物。常熟泓德生物科技有限公司是苏州汉德创宏生化科技有限公司的全资子公司，占地面积3.5万平方米，按照中、美双报要求以及欧美SHE标准建设，能满足客户不同需求批次的中试验证、生产服务。 （王桂玉）

中新昆承湖园区

【概况】 2021年10月，常熟市政府、常熟高新区与中新集团签订《常熟昆承湖沪苏协同创新发展示范区开发合作协议》。2022年9月，三方签署中新昆承湖园区商务总协议，中新集团以轻重资产结合的创新模式深度参与中新昆承湖园区的开发建设，推动苏州金鸡湖与常熟昆承湖的"双湖联姻"，开展两地产业联动、科创协作、园区共建，实现资源共享、优势互补、深度融合。中新昆承湖园区位于常熟高新区西部，规划总面积46.4平方千米，重点规划建设"一湖十岛"，构建"数字科技+新能源"和现代服务业的"2+1"产业体系，形成湖城相拥、产城相融的现代产业园区。2023年1月，中新昆承湖园区正式开工建设。中新昆承湖园区是中新集团在长三角区域继南通、滁州、嘉善项目后落地的又一重要项目，是进一步深化中新合作的重要探索，是积极融入长三角一体化国家战略的重要实践。

招商引资。引进多个国家级专精特新"小巨人"企业、"专精特新"中

2023年1月29日，中新昆承湖园区开工仪式举行　　（园区新闻中心　供稿）

小企业及高新技术企业，完成签约项目6个，协议总投资49.3亿元；新注册项目10个，注册资本合计10.05亿元。围绕产业、科技、人才等，开展推介活动6次。

规划建设。坚持"规划先行""一张蓝图绘到底"的核心理念，各项规划陆续完成编制、批复。水系调整先导工程完工，低碳科技岛中新大道开工建设，昆承湖创新岛、低碳数字产业园、华师大二附实验学校、海吉亚医院等项目加速推进，日航酒店、昆承湖凯悦酒店正式营业。在进行开发建设的同时，中新昆承湖园区充分考虑对原有水系和区域生态的保护，各项规划方案、工程设计均充分体现绿色生态开发理念。

软件转移。贯彻落实"双湖联姻、两区联动、互利共赢"决策部署，全年组织常熟市各板块3批次150人次的软件转移培训，学习借鉴苏州工业园区在生态城市建设、产业升级、高水平产城融合等领域的先进经验；组织1批次20人次赴中新苏滁高新区和南京中新生态岛、南京江北新区实地考察，赋能中新昆承湖园区产城融合高质量发展。

【"春约昆承"中新昆承湖园区招商推介会】 2023年3月1日，"2023中新系合作区产业发展系列推介活动"拉开帷幕，首场活动"春约昆承"中新昆承湖园区招商推介会以线上线下相结合的方式举办，80余家知名投资机构的专业投资人参会，旨在通过与专业投资机构的沟通交流，加强合作，争取更多优质产业项目和人才项目落户。

【面向意大利商会合作企业推介会】 2023年6月27日，中新昆承湖公司和常熟高新区管委会联合意大利商会在中新昆承湖园区举办面向意大利企业的汽车零部件专场招商说明会。活动邀请30余名中国意大利商会合作企业代表参加，旨在加强与中国意大利商会合作企业的沟通交流，争取意大利商会合作企业落户常熟高新区和中新昆承湖园区。中新昆承湖公司在本次活动中获颁"中国意大利商会之友"证书。

【中新昆承湖园区展示中心启用】 2023年6月29日，位于常熟高新区人工智能产业园内的中新昆承湖园区展示中心启用，展示中心面积约700平方米，功能定位为规划建设成果展示。展示中心分为"双湖联姻""湖城相拥""大湖时代""一湖十岛""产城人融合"五个板块，详尽介绍园区合作背景、规划布局和产业体系、发展蓝图等内容，为社会公众集中展现中新昆承湖园区的规划蓝图及发展态势。

【常熟海吉亚医院开工】 2023年8月1日，常熟海吉亚医院项目开工建设。项目占地面积约6万平方米，总建筑面积约16万平方米，规划床位1000张，总投资超10亿元，按照三级规模综合性医院标准建设。一期项目计划于2025年8月投用，建成后将提供肿瘤、血液病、常见病、慢性病和疑难病的诊疗服务，同时为周边群众提供高品质、人性化的医疗保健服务。

【常熟昆承日航酒店开业】 2023年9月8日，由常熟市昆承湖建设投资集团有限公司投资建设、日本大仓日航酒店管理公司运营管理的常熟昆承日航酒店开业。该酒店于2020年5月开工，总投资约8亿元，拥有197间客房，是中新昆承湖园区内第一家开业的五星级高端商务酒店，也是大仓日航酒店管理公司在江苏的第五家酒店，酒店开业为中新昆承湖园区营商环境优化、服务能力提高、城市品质提升增添更多动力和活力。

【中新创智岛详规获批】 2023年9月11日，由中新集团主导编制的《中新昆承湖园区生产智造片区（中新创智岛）详细规划》获常熟市政府批复。作为常熟在新国土空间总体规划标准下第一个获批的片区详规，该规划延续《中新昆承湖园区概念规划与城市设计》所提出的整体功能结构、水绿框架、路网系统，针对生产制造片区进行理念延续、用地细化和管理控制等方面内容的深化，形成"一核两轴三片"的规划结构，构建"绿色创智谷，水乡科技园"，为片区未来发展提供规划依据和重要支撑。

【远毅基金合作签约仪式暨数字医疗圆桌座谈会】 2023年9月26日，远毅基金合作签约仪式暨数字医疗圆桌座谈会在常熟高新区举行。活动旨在进一步促进科技与金融、企业与资本深度融合，发挥金融赋能作用，推动常熟高新区生命健康产业集群式发展。远毅资本三期人民币基金签约落地，将进一步带动区域数字医疗产业集聚。座谈环节，艺柏湾手术机器人、盈视科技、科悦医疗等5家数字医疗企业代表就数字医疗产业发展机遇等话题展开讨论。

【首届常熟昆承湖帆船赛举行】 2023年10月28日，"湖畔现代城杯"2023首届常熟昆承湖帆船赛在昆承湖畔举行，厦门、上海、杭州、南京等城市的8支成人组队伍以及青少年组的20位选手参加，最终来自厦门的船队和来自南京的参赛选手分别获成人团体组和青少年个人组冠军。昆承湖帆船赛以体育赛事为媒，让五湖四海的朋友到常熟感受热情、开放、创新、包容的城市魅力和优越的营商环境。

【常熟昆承湖凯悦酒店开业】 2023年11月8日，常熟市首个超高层酒店地标——常熟昆承湖凯悦酒店开业，该酒店是波司登旗下创威置业全资开发的国际品牌酒店，也是凯悦酒店集团在常熟运营的首家豪华酒店。酒店建筑高度188米，设有289间客房，酒店开业将提升中新昆承湖园区城市能级，让城市更具特色和竞争力。

（钱秋怡）

中新苏滁高新技术产业开发区

【概况】 2023年，中新苏滁高新技术产业开发区（简称"中新苏滁高新区"）实现地区生产总值79亿元，增长12.5%；一般公共预算收入8.3亿元，增长16.1%，税比90.1%；规模以上工业增加值52.5亿元，增长28.1%，均居滁州市第一；实际利用外资及港澳台资8331万美元，占滁州市的

50%。获安徽省高新区创新驱动发展综合评价第八名，连续7年进入安徽省开发区综合考核前30强，入选安徽省创优营商环境改革创新试点，获评安徽省优化营商环境工作优秀单位，入选安徽省首批、滁州市唯一省制造业数字化转型示范园区。

规划扩区。在滁州市新一轮国土空间总体规划（2021—2035年）中，中新苏滁高新区7.6平方千米工业拓展区全部纳入城镇开发边界，其中5平方千米完成控制规划编制，并启动征迁和前期市政基础设施设计工作，为做强产业提供空间支撑。

招商引资。新签约1亿元及以上项目40个，协议总投资224.7亿元，增长47.4%；项目单体投资额5.6亿元，增长40%；高质量项目占比100%。100亿元项目1个，实现新突破，30亿—50亿元项目2个，10亿—30亿元项目4个，其中世界500强企业项目1个、上市公司项目8个、细分行业领军项目12个、"专精特新"项目12个、国家级高新技术项目22个。

营商环境。打造"亭满意·最苏心"营商环境品牌，新增行政审批、行政执法2个"二号章"职能，管理权限、服务范围进一步扩大，项目审批、土地、建设、环保、注册登记等涉企事务在中新苏滁高新区即可闭环办理。一站式服务中心全年办件2.5万件，服务精准度、满意度评价均为100%。持续开展汽车零部件、光伏新能源和营养健康产业链沙龙活动，搭建产业链互动生态圈，协助8家企业签订业务合作协议，14家企业达成初步合作意向。开发上线"园区e贷"金融项目，为155家科技型中小企业提供10亿元授信额度，协助13家企业获批贷款近6000万元。上线中新苏滁企业综合服务平台，搭建企业库、政策库、服务资源库，实现园区奖补兑现申报100%线上受理，全年兑现奖补资金近5000万元。企服中心通过ISO9001质量管理体系认证，获评2023年滁州

市中小企业公共服务示范平台、安徽省中小企业公共服务示范平台、2023年度科技型中小企业资质，初步建立苏滁企业服务标准体系，打造苏滁企业服务标杆品牌。

产城融合。东昇湖假日酒店、亚朵酒店、维也纳酒店正式运营，时代金街、天宫虹街等商业项目投入运营。安师大附属苏滁第二实验小学、第三邻里中心、苏滁科创中心主体封顶。"苏滁时光里"休闲娱乐街区开工建设，同步引进南京河西集团紫金商业公司参与设计方案并运营。时代庄园整体平稳交付，亭城观澜里、苏滁壹号、力高天宫君逸府等在建商住小区加快建设。引进苏滁儿童乐园，年内开园迎客，集聚人气。教师获评市级以上教科研奖30项，涵盖优质课评比、学科大赛、论文比赛等。滁州外国语学校办学影响逐步扩大，中考各项核心指标位列滁州市本级第一。

科技创新。与中科院苏州纳米所签约，打造国家级孵化平台。举办第二届苏滁创新创业大赛，2个项目签约落地；组织企业参加国家、省、市各级创新创业大赛，7家企业获第八届滁州市创新创业大赛暨第十二届中国创新创业大赛滁州赛区选拔赛奖项，其中2家企业获第十二届中国创新创业大赛安徽赛区大赛奖项，1家企业晋级第十二届中国创新创业大赛，占全市晋级总数的25%。博石高科获批国家级专精特新"小巨人"企业（累计3家），乐岁获批省级绿色工厂（累计2家），新认定国家高新技术企业17家（累计95家），16家企业获批省级创新型中小企业（累计34家），沛愉获批省级服务型制造示范企业。开展"青苗计划"上市企业培育，46家企业进入上市后备库。完善人才"引、育、留、用"全链机制，新引进国家级领军人才1人、高层次人才32人（海外全职引才4人）、院士助滁项目1个；胜华波入选"113"团队市级优秀团队；胜华波、精钜获批海智工作站。

【滁宁城铁（滁州段）通车】 2023年6月28日，全国首条跨省城际铁路滁宁城铁（滁州段）通车。滁宁城际铁路线路全长约55.35千米，设站17座，采用市域D型车，设计时速120千米/小时。滁宁城际铁路贯穿中新苏滁高新区，设有3站——苏滁商务中心站、大王郢站、林楼站。滁宁城际铁路是打造南京都市圈通勤交通网，建设全域融合、轨道都市圈的重要基础设施，对于推进滁宁同城化发展、深度融入长三角具有重要意义。

【中新苏滁高新区入选安徽省制造业数字化转型示范园区】 2023年7月10日，安徽省经济和信息化厅发布《关于公布2023年安徽省制造业数字化转型示范园区名单的通知》，将21家园区认定为安徽省制造业数字化转型示范园区，中新苏滁高新区入选，为滁州市唯一入选园区。

【2项工程获安徽省建设工程"黄山杯"奖】 2023年7月25日，安徽省住建厅公布2023年度安徽省建设工程"黄山杯"奖获奖项目名单，中新苏滁高新区2019年第二批市政工程和2020年第二批市政工程获奖。其中，2019年第二批市政工程包含湖州路（九梓大道—子美路）、子美路（滁州大道—经二十五路）等2条道路和2条河道，全长约3.3千米，2020年1月开工，2021年9月竣工；2020年第二批市政工程包含友谊路（徽州路—滁州大道）、仙居街（中新大道—吴公路）、吴公路（滨河北路—苏州路）等3条道路和1条河道，全长约3.6千米，2020年6月开工，2021年12月竣工。

【中新苏滁高新区企业发展服务中心获ISO9001质量管理体系认证】 2023年8月，中新苏滁高新区企业发展服务中心获ISO9001质量管理体系认证，标志着中新苏滁高新区企服中心企业服务质量达到国际认可的标准水平，树立区域标杆企业服务品牌，将为企业提供更丰富、更精准、更优质的服务。

【滁州大道跨清流河大桥工程获中国市政工程最高质量水平奖项】 2023年9月20日，中国市政工程协会发布《关于公布2023年度通过市政工程最高质量水平评价工程的通知》，中新苏滁高新区滁州大道跨清流河大桥工程获奖，是滁州市首次获得该国家级奖项。滁州大道跨清流河大桥工程由中新苏滁（滁州）开发有限公司投资建设，华汇工程设计集团股份有限公司设计、安徽建工路港建设集团有限公司施工总承包。该桥为主跨135米的宽幅矮塔斜拉桥，桥面宽度60.5米，近期双向6车道、远期双向10车道。4个桥塔及斜拉索造型简洁、有力、挺拔，展现中新苏滁高新区及滁州市积极向上、勇于开拓、敢为人先的精神风貌。

【旭合科技一期10GW高效N型电池及组件项目投产】 2023年11月6日，旭合科技一期10GW高效N型电池及组件项目投产仪式在旭合科技滁州基地举行。旭合科技专注高效N型电池及组件技术，量产的高效N型光伏电池达到26%的发电效率，实现业内同类产品最高水平，成为高效N型电池及组件技术的领跑者。该项目于2022年7月落户中新苏滁高新区，同年12月，一期项目动工建设。

【筑医台学术会议中心开工】 2023年11月28日，筑医台学术会议中心项目开工奠基仪式在中新苏滁高新区举行。筑医台学术会议中心毗邻东望湖公园，环境优势独特，区位优势明显。该项目作为筑医台CHD美好医院建设产业共生基地的重要组成部分，致力于打造一个集会议、会展、商务、休闲、餐饮、住宿于一体的学术交流和商务接待中心。项目建筑面积6万平方米，总投资4.5亿元，对标四星级酒店建设标准，预计2026年10月投入使用。

【苏滁聚合大会暨高层次人才创新创业峰会】 2023年12月21日，2023苏滁聚合大会暨高层次人才创新创业峰会在中新苏滁高新区召开。来自全国的创业团队、投融资机构、产业联盟、行业协会、企业代表、服务机构、媒体等120余名嘉宾参加。会上，中新苏滁高新区"智慧大脑"上线，成为安徽省首批、滁州市首个制造业数字化转型示范平台。现场颁发"2023苏

2023年12月21日，2023苏滁聚合大会暨高层次人才创新创业峰会召开
（中新苏滁高新区　供稿）

滁品牌矩阵优秀企业"和"2023苏滁优秀合作金融机构"证书,麦腾孵化器和CRO项目签约,加速推进科技招商成果转化。 (陈 义)

中新嘉善现代产业园

【概况】 2023年,中新嘉善现代产业园(简称"中新嘉善产业园")坚持高质量发展,聚焦一体化协同,以更高标准、更大力度、更实举措,推进产业发展、规划建设、土地征迁、城市运营等。全年完成规模以上工业总产值6.46亿元,固定资产投资20.97亿元,实际利用外资及港澳台资1.32亿美元。

招商引资。聚焦智能传感主导产业,深耕通信电子、新能源等领域,把"链主型"大项目作为"突围"重点,兼顾"专精特新"项目的个性化招引,全年签约落户项目18个,总投资163.5亿元,其中,总投资超10亿元项目4个、总投资超50亿元项目1个、产值超100亿元项目3个、世界500强项目1个;注册项目18个,完成注册资本20亿元,自营载体中新智慧园出租率70%;产业园以智能传感为核心的产业生态链初步形成。全力协助企业高效推进"拿地即开工",12个项目开工建设,12个项目竣工投产。做好企业服务工作,定期走访企业,精准服务解决企业难题;定期举办常态化惠企活动与讲座,持续提高入驻企业的获得感和归属感,筑巢引凤吸引更多优质企业落地生根。

开发建设。征迁腾退方面,以重点项目征迁为目标,将商住区农户征迁纳入县征迁专班机制,有效推进征迁工作,截至年底,企业征迁完成率约94%,农户征迁完成率约65%。全年出让工业用地32.27万平方米、商住地3.27万平方米,首宗商住地3.93万平方米主体封顶,九年一贯制学校启动方案设计,正式迈入产城融合高质量

发展的新阶段。工业区中新大道东、嘉魏路、嘉泽路、振兴路等重点基础设施竣工,魏俞线、新嘉大道一期、嘉鹏路等建设有序推进;商住区基础设施建设进一步加强,嘉西大道、新湖路等基础设施有序推进。抓好园区绿色生态开发,规划顺应自然肌理,尽力保留河道水系原有线型,保护原生水岸环境,节约土地指标,开展水环境专题研究,全面提升园区河系水质。

城市管理。探索高水平城市运营管理经验,利用智慧城市运营管理平台,借助数字化手段,全面提升城市运营管理效率和水平,进一步优化营商环境。城市运营的管理机制和运营机制不断完善,聚焦城市运营管理薄弱环节,与相关职能部门建立有效的沟通和信息机制,重点解决影响环境面貌、市容秩序的痛点、难点问题,围绕魏俞线两侧项目众多和聚集问题,联合行政执法、交通等部门展开专项联动整治。全年处理流动商贩违规占道经营1041起、乱张贴115起、乱堆放78起、机动车和非机动车乱停放2635起。

【剑桥科技光电子产业基地落户】 2023年4月19日,剑桥科技光电子产业基地项目签约落户中新嘉善产业园。该项目规划的产品方案涵盖高速光模块、有线和无线宽带接入终端设备等ICT关键基础支撑设备,主要包括100G、400G、800G等高速光模块及10GPON有线宽带接入终端和Wi-Fi 6/6E/7无线接入宽带终端产品等,预计2025年投产,达产后产值超100亿元。该项目定位为剑桥科技全球生产制造中心及分拨调度中心,将打造成为剑桥科技光电子产业化基地,在剑桥科技业务运营中具有重要战略地位。

【中新嘉善产业园获评长三角生态绿色一体化发展示范区优秀成果案例】 2023年7月30日,长三角生态绿色一体化发展示范区举行开发者联盟全

体成员会议,中新嘉善产业园获评长三角生态绿色一体化发展示范区优秀成果案例。中新嘉善产业园作为长三角一体化发展上升为国家战略后的首个跨区域合作项目,纳入浙江省首批"万亩千亿"新产业平台培育名单,借鉴中新合作先进经验,打造以产兴城、产城融合新典范,将成为长三角一体化高质量发展的新增长极。

【商米科技第二总部项目落户】 2023年10月27日,商业物联网"独角兽"企业商米科技第二总部项目签约落户中新嘉善产业园,是嘉善首个"产、投、研"联动落地的项目。项目计划总投资20亿元,将在中新嘉善产业园设立商米科技运营总部,在祥符荡科创绿谷设立商米科技第二研发总部,以打造全球ToB领域最领先的研发、运营团队和细分市场应用孵化基地为目标,建设商米科技全球运营交付中心、商米及生态合作伙伴研发中心、区域销售中心,项目建成后预计年营收超过100亿元,协同上下游创造就业岗位超过2000个。 (金 艳)

苏锡通科技产业园区

【概况】 2023年,苏锡通科技产业园区(简称"苏锡通园区")实现地区生产总值147.58亿元,增长7.2%,居南通市第二;实现一般公共预算收入13亿元,增长8.8%;企业开票增长19.1%,居南通市第一;限上批发业、零售业、住宿业营业额等指标增幅均居南通市首位。

招商引资。新签约并注册项目96个,包括总投资50亿元的中能创光伏电池及组件、总投资40亿元的强一半导体、总投资10亿元的南通中心枫叶小镇奥特莱斯及总投资3000万美元的桑来斯精密光学镜头等一批重大项目。

145

项目建设。南通中心枫叶小镇奥特莱斯实现当年签约、当年开工。懋略二期、技感二期、强一半导体、OBP体育场馆项目开工建设，联钢二期、辰东新材料、华亦扬项目投产。

营商环境。开展"营商环境提升年"活动，创新制定营商环境优化提升举措"66+18"条。以中外企业交流协会为平台，推进服务经营主体大走访，聚焦通富微电、联钢精密等100余家重点企业匹配最优资源，助力企业增资扩产。

跨江融合。构筑"上海苏南研发、园区转化，上海苏南创新、园区孵化"的发展格局。上海、苏南企业占苏锡通园区项目总数的九成。两获国家科技进步特等奖的神马电力和封装测试行业骨干企业捷捷半导体均在上海、苏南设立企业研发中心。

科技创新。引进科创项目56个，新增认定国家级专精特新"小巨人"企业2家，新增认定江苏省关键核心技术（装备）攻关产业化项目1个，实现零的突破。实现科技型中小企业评价入库92家，申报高新技术企业60家，高新技术企业通过率、科创项目招引转化率均列南通市第一。成立苏锡通人才学会、欧美同学会。3人入选省"双创计划"人才（技感半导体梁猛、辰东新材料李东阵、神马电力陈章兴）。

公共服务。张芝山七期安置房、东部职工公寓二期等民生工程序时推进。茶花路幼儿园、锡通小学二期、江海医院发热门诊建成使用，南兴卫生院完成改扩建，人民医院迁建工程加快实施。

环境质量。深入打好污染防治攻坚战，全年5个市考以上断面水质优Ⅲ比例100%，重点建设用地土壤安全利用率100%，空气质量优良天数比例83.5%，PM2.5年均浓度24.6微克/立方米，居南通市前列。超额完成造林绿化任务，完成省级公益林优化落界工作。

社会治理。依托"1+2+9+N"为核心的区域治理现代化体系，率先在南通市建成"综合执法可视化联动指挥平台"，以数字智治赋能网格化管理。加强食品药品安全监管，保障消费者权益。探索建立"反诈日历""无诈园区"工作模式，形成反诈工作新格局。

【3个高质量建设项目获表彰】 2023年1月30日，南通召开全市项目建设动员大会。捷捷微电高端功率半导体（国内功率半导体器件生产的龙头企业）、厚邦医用材料（医用包装新材料的研发、生产和销售）获评南通市2022年竣工投产十大项目，赛普高端生物耗材研发及产业化（主要从事高端生物医疗耗材研发、生产和销售）获评南通市2022年科技创新十佳项目。

【南通中心奥特莱斯项目签约】 2023年2月13日，苏锡通园区与上海春竹集团签订南通中心奥特莱斯项目投资协议。该项目总投资近10亿元，规划总建筑面积12万平方米，建成后打造集名品时尚购物、文化旅游、儿童娱乐、休闲轻餐饮、南通名品馆及相关配套于一体的商业综合体。项目预计2024年国庆期间开业，预计新增应税销售超20亿元、税收8000万元。

【中新苏通工会获评江苏省"模范职工之家"】 2023年3月28日，江苏省总工会发布《关于表彰江苏省模范职工之家、模范职工小家、优秀工会工作者的决定》，中新苏通科技产业园（南通）开发有限公司（简称"中新苏通"）工会获评"模范职工之家"。作为苏锡通园区的开发建设主体，中新苏通发挥工会作用，服务苏锡通园区产城融合高质量发展，取得良好的社会效益。

【中奥苏通生态园入选江苏省国际合作园区发展案例】 2023年6月21日，江苏省商务厅印发《省商务厅关于印发江苏省国际合作园区发展案例的通知》，苏锡通园区中奥苏通生态园作为在特定国别合作、特定国别项目招引、完善合作机制方面成效突出的典型园区入选，是南通市唯一入选园区。

【中能创光伏项目落户】 2023年11月23日，中能创光伏项目签约落户苏锡通园区。该项目主要从事异质结光伏电池及组件的生产、研发及销售，将建设产能5.2GW异质结光伏电池及5GW异质结光伏组件，总投资50亿元，规划建筑面积169795平方米，预计达产后年销售额100亿元，年税收3亿元。

2023年2月13日，南通中心奥特莱斯项目签约仪式举行

（苏锡通园区　供稿）

【4个高端制造业项目签约落户】 2023年12月26日，美资精密光学镜头、移动通信精密结构件、北斗航天应用装备研发制造和轻质BIPV光伏组件4个高端制造业项目签约落户苏锡通园区。上述项目的投资方均为国家高新技术企业。美资精密光学镜头项目总投资3000万美元，建设年产2000万颗车载视觉系统镜头生产基地；移动通信精密结构件项目总投资5亿元，主要从事手机钛合金电子结构件和精密连接器件的研发和制造；北斗航天应用装备研发制造项目总投资5亿元，致力于将高精度卫星导航、惯性导航、视觉导航以及激光雷达等技术手段进行深度融合，提供高精度的先进智能运动控制方案；轻质BIPV光伏组件项目专注于开发太阳能应用产品和解决方案，项目达产后预计年产值10亿元。　　　　　　（袁　亮）

苏银产业园

【概况】 2023年，苏银产业园推进"三新"和"三都五基地"建设等目标任务，统筹抓好产业发展、项目建设、科技创新、企业服务重点任务。全年完成规模以上工业总产值39.1亿元，固定资产投资35.5亿元，一般公共预算收入1.51亿元，招商引资到位资金45.7亿元。

项目建设。实施各类建设项目32个，总投资393.8亿元，年度计划投资34.3亿元，投资完成率103.5%。宝丰储能电池项目中试线稳定运行，宏基特种石墨新材料等重大项目高效推进，锦洋绿储共享储能电站、华域生物、嘉盛德新材料等项目相继投产。出台项目建设和产业发展奖励办法、帮办代办实施方案等文件，兑付产业发展奖励、产值增长等奖补资金近3600万元。搭建总规模5.01亿元、先期1.01亿元的产业发展基金，以资本

支持带动产业发展。组织开展"就业援助月""春风行动"等活动，为企业解决用工1600余人。提升"E站式"服务中心效能，全年办结各类事项2.7万余件，实时办结率100%。

招商引资。签约瀚川智能制造、因达孚新材料等项目24个，计划投资67.95亿元。宏基特种石墨、华晟异质结单晶、志福光伏组件等一批重点项目加速推进。加快建设海归小镇，围绕产业链布局创新链，推动杜伊斯堡生物科技、华域生物、蓝因生物等8个项目入驻小镇。与宁夏药监局、宁夏医科大学合作共建苏银产业园医疗器械检验公共服务平台和产学研创新创业平台，获批国家"海智计划"工作基地，加快打造自治区"互联网+医疗健康"产业新高地。

创新要素。落地投产自治区第一个新能源汽车智能充换电高端装备制造项目，造出自治区第一块磷酸铁锂储能电池，建成自治区第一个药物和医疗器械CDMO平台，获发自治区第一张药品上市许可持有人药品生产许可证，建成并网银川市第一座电化学共享储能电站。紧扣"创新发展引领市"目标，坚持创新生态、创新平台、创新人才"三位一体"，先后获批"绿电园区"试点、中国创新创业成果交易会成果转化基地。正式运行智慧园区平台，新增高新技术企业1家、科技型中小企业10家，R&D投入强度达到2.1%，创新生态日益浓厚。

安全屏障。统筹发展和安全、发展和环保，贯彻落实"1+37+8"和"1+4"系列文件要求，开展"两个专项"行动、安全生产生态环保"大排查、大整治、大提升"百日攻坚行动，整改安全问题隐患830余处、生态环保问题170余个。加强矛盾化解力度，稳妥处理欠薪等投诉案件920余件，涉及3300人、金额4100余万元。推进川庆公司闲置土地征收事宜，完成景城片区33.35万平方米土地征收工作。

绿色发展。开展"绿电园区"创建工作，获批自治区首批绿电园区试点。强化污水深度处理和再生水高效利用，扩建再生水厂一期二阶段工程，建成污水在线监测平台，创建节水型企业5家。落实"双控"目标任务，强化对园区企业的能源消耗监管力度，支持企业技改降本减耗，全年万元产值能耗0.23吨标准煤，万元产值水耗2.19立方米，一般工业固废综合利用率64.7%，危险废物安全处置率100%。

【苏银产业园获批中国科协"海智计划"工作基地】 2023年4月27日，中国科协正式批准苏银产业园为"海智计划"工作基地，并在2023年海智论坛现场授牌。该次获批的海智基地是全国批准的22家海智基地之一，也是宁夏回族自治区仅有的2个海智基地之一。基地的设立将为苏银产业园吸引海外科技工作者及留学人员归国服务，实现创新引领高质量发展按下"加速键"。

【苏银产业园获批"绿电园区"试点建设园区】 2023年5月9日，宁夏回族自治区发展改革委印发《关于"绿电园区"试点有关工作的通知》，将苏银产业园列为"绿电园区"试点建设园区。苏银产业园加快新能源产业布局，推动以新能源为核心的科技创新产业集聚，探索"源网荷储"协调互动等关键技术应用，为银川市乃至自治区经济高质量发展贡献"苏银"力量。

【锦洋绿储100MW/200MWh共享储能电站项目并网】 2023年6月6日，锦洋绿储100MW/200MWh共享储能电站项目并网，成为银川市首个并网运行的共享储能电站。项目总投资4.1亿元，占地面积2万平方米，储能系统采用集装箱一体化配置，分40个储能单元，同时配套建设一座110千伏升压站，符合银川市"三新"产业

规划和"三都五基地"产业布局。项目建成后将有助于提高新能源消纳能力，缓解高峰供电压力，为苏银产业园试点创建自治区"绿电园区"打下坚实基础，对推动"源网荷储"一体化和多能互补具有示范意义。

【苏银产业园第二季度重大产业项目开工】 2023年6月16日，苏银产业园第二季度重大产业项目开工。该次集中开工项目9个，总投资27.3亿元，年度计划投资5.5亿元，涵盖新能源、新材料、医疗健康、基础设施建设等领域。其中，宏基新材料年产5.3万吨特种石墨项目总投资21亿元，年度计划投资4亿元，产品主要应用于单晶硅直拉石墨热场、多晶硅生产及铸锭，未来可扩展至半导体、高端模具等领域，全部建成后，可实现年产值约34亿元，年纳税约5.5亿元，带动社会就业约500人。

（马鹤仪）

苏贵产业园区

【概况】 2023年，苏贵产业园区实现规模以上工业总产值14.9亿元，规模以上工业增加值3.19亿元。

规划建设。贵阳大数据科创城（苏贵产业园区）管理委员会揭牌，苏贵产业园区纳入贵阳大数据科创城（苏贵产业园区）区域管辖范畴。根据最新的城镇开发边界划定，苏贵产业园区规划面积12.69平方千米，位于贵安新区直管区范围内，按照"适度超前、整体规划、分步实施"的理念进行开发建设，产业规划以电子信息、高端装备制造、新能源、新材料以及纺织工业为主导方向，创新开发机制，开展招商引资、引才引智，拓展东西合作领域，承接中东部产业转移，推动贵安新区产业发展。贵安新区基于新下发的城镇开发边界，将苏贵产业园区纳入大数据科创城整体

规划范围，预计在2024年初完成苏贵产业园区四至范围划定以及产业规划编制。

招商引资。苏贵产业园区加大产业招引力度，聚焦贵安新区三大产业集群，利用贵州省、贵阳市主导产业"一图三清单"制定精准化招商方案，围绕高端装备制造、新能源汽车和电池材料及电子信息制造产业链，摸排产业链上下游，有序推动招商引资工作。苏贵产业园发展有限公司（简称"苏贵产业园公司"）招商团队到长三角、珠三角、成渝地区拜访企业150余家，接待到访企业90余家，在苏州组织召开座谈会2次，协助筹办或牵头组织招商活动3场，牵头对接产业项目近30个，意向投资金额75亿余元。其中，牵头落地项目4个，签约金额6.3亿元。协助贵安新区管委会承办2023数字化转型助推制造业高质量发展（贵州）大会暨中国机械500强研究报告发布会。

党建项目。苏贵产业园公司协助苏州新建元城市发展有限公司党总支深耕"诚心城翼 益路向黔"党建项目，落实"我为群众办实事"活动。党员代表走进贵州省贵阳市开阳县南江乡毛家院村，走访慰问困难群众及看望抗美援朝老兵，并在毛家院村幼儿园开展"筑梦乐园"党建助学活动，为幼儿园添补书籍、雨鞋雨伞、取暖设备等8种100余件物资，以寓教于乐的方式开展"漂流阅读"，用有力行动传递党建温度，续写党建故事。

【"东数西算"产业合作会——贵阳大数据科创城暨服务器产业链招商活动】 2023年5月25日，由苏贵产业园公司联合贵州贵安新区管理委员会承办的"东数西算"产业合作会——贵阳大数据科创城暨服务器产业链招商活动举行，签约项目22个，签约金额6亿元。贵安新区应急电源保障、新能源燃气分布电站设备及移动电源车生产项目落地苏贵产业园区。

【制造业企业专场座谈会】 2023年6月3日，苏贵产业园公司协助贵州省工业和信息化厅在苏州举行贵州省党政代表团制造业企业专场座谈会。座谈会上，恒力集团、长三角集成电路工业应用创新中心、远东股份等企业负责人交流发言，并一致表示贵州资源禀赋突出、工业发展势头强劲、营商环境良好，将进一步深化与贵州的交流合作，加大投资力度、拓展业务布局，为贵州高质量发展做出贡献。

【中国外文局亚太传播中心一行考察交流座谈会】 2023年11月27日，苏贵产业园公司组织中国外文局亚太传播中心一行到苏州新建元城市发展有限公司进行业务考察与交流座谈。座谈会上，苏贵产业园公司向来自长三角区域的10余名企业代表介绍苏贵产业园区相关情况并就贵安新区招商引资相关政策优势进行分享。

（李晓晨）

霍尔果斯经济开发区

【概况】 2023年，苏州市对口支援新疆霍尔果斯口岸前方工作组（简称"苏州援疆工作组"）进一步提升对口援疆工作综合效益，助力霍尔果斯高质量发展。全年安排援疆资金9829万元，涉及援疆项目13个，其中智力支援项目3个、产业支援促进就业项目3个、保障和改善民生项目2个、各民族交流交往交融项目2个、文化教育支援项目3个。苏州援疆工作组获评霍尔果斯市"民族团结一家亲"和民族团结联谊活动先进集体、霍尔果斯市民族团结进步模范集体。

产业援疆。结合霍尔果斯产业发展方向，苏州援疆工作组开展定向精准招商推介活动10余次，为霍尔果斯对接牵线企业近100家。苏州凌度信息科技、江苏知德汽车、苏州世弘汽车

等一批企业在霍尔果斯完成签约并注册，年产值将超过15亿元。商贸物流是霍尔果斯的六大主导产业之首，苏州援疆工作组对接苏州港航集团，提升在霍物流配套服务，新开通哈萨克斯坦科克舍套—霍尔果斯—苏州太仓首发班列，完善江苏中欧（中亚）班列通道布局。以中哈合作中心打造离岸金融中心为契机，依托在苏新中心搭建离岸业务系统并开展业务的4家银行，推动金融业务主体落地。成立由21家单位组成的苏霍产业援疆工作协调小组，搭建产业合作平台，根据企业需求有针对性地提供服务，协助有投资意愿的企业落户霍尔果斯。协调解决苏新载体享受霍尔果斯国资载体政策、易车公司合作中心汽车销售展销渠道等事宜。与苏州溯驭技术有限公司等6家企业签署战略协议，投产后预计每年将产生营收近10亿元。牵头举办全国首个东西部自贸片区联动活动：霍尔果斯自贸片区发展大会暨苏州—霍尔果斯自贸片区双区联动投资促进会。

智力援疆。采取"引进来"与"走出去"相结合的培训方式，先后邀请39名专家到霍尔果斯考察交流。分批次派遣覆盖全学段的教学管理团队、骨干教师、研训员132人次外出考察交流、跟岗学习。链接苏州工业园区教育资源，将其自主研发的信息化管理和学习平台——"易加平台"全部资源向霍尔果斯全体教师、学生开放，从硬件和软件两方面助力霍尔果斯教育高质量发展。协调推动中欧卡航（江苏）物流服务有限公司培训专家团队到霍尔果斯市职业高中开展"报关"课程"送教上门"专项培训服务，培训课程结束后对学员开展综合考核，选拔优秀学员前往企业顶岗实习。推进霍尔果斯技工学校建设，确保援疆建设资金足额及时到位，并根据实际需要及时做出项目变更调整，推进霍尔果斯技工学校建设。

文化润疆。聚焦"法治"主题，开展苏霍两地思政课一体化教学研讨活动，通过开设示范课、专题讲座、听课评课，不断提升霍尔果斯思政课的思想性、系统性、针对性和实效性。组织苏霍两地1000余名学生开展"坚定文化自信 争做家乡推介官"手拉手活动，进一步增强少年儿童民族团结意识。邀请一批知名书法、文化、摄影家到霍尔果斯开展采风活动；邀请苏州市文物专家到霍尔果斯开展交流，在文物鉴定、文物保管等领域进行考察指导。援疆展馆建成启用。

交流交往。推动两地互访，开展各类交流交往活动117批次，参与人员1135人次。在维持原有对接单位基础上，促成太仓港经开区与霍尔果斯经开区建立援助关系，并推动苏州市级机关部门、企事业单位、行业协会等与霍尔果斯相关单位建立联系，打造全方位对接体系。做好人才交流，推动霍尔果斯市委组织部与江苏苏州干部学院达成战略合作协议，针对霍尔果斯干部人才需求提供"靶向聚焦"的精准培训。引进苏州市4名医疗专家、4名教育管理人才到霍尔果斯工作。组织全体援疆干部人才开展"七包联"工作，落实"五个一"要求，定期上门看望慰问结对民族亲戚，通过"古尔邦节"联谊、座谈交流谈心、一对一上门走访慰问等各项活动，解决结对民族亲戚生活中的实际困难，坚定不移把援疆工作打造成加强民族团结的工程。

【中亚班列科克舍套—霍尔果斯—苏州太仓线路开行】 2023年9月9日，在苏州援疆工作组与苏州港航集团沟通协调下，中亚班列科克舍套—霍尔果斯—苏州太仓线路首发仪式在霍尔果斯铁路口岸站换装库举行。该次开行的中亚班列科克舍套—霍尔果斯—苏州太仓线路，将进一步完善江苏中欧（中亚）班列通道布局，提升境外通达性，更好服务国家战略和江苏省经济社会发展，促进与"一带一路"沿线区域的互联互通。全年，该线路开行2列，主要运输货物为锆英砂，货值138万元，货物运至太仓港后，大部分继续海运至泰国林查班。

【霍尔果斯自贸片区发展大会暨苏州—霍尔果斯自贸片区双区联动投资促进会】 2023年12月20日，由苏州工业园区管委会、霍尔果斯经济开发区管委会联合主办，苏州援疆工作组、苏州市社会科学院、苏州工业园区城市发展研究院联合承办的霍尔果斯自贸片区发展大会暨苏州—霍尔果斯自贸片区双区联动投资促进会召开。会议以"线下与线上结合，双边同步直播"的形式，围绕"双区联动服务'一带一路'，苏霍携手助力向西开放"主题，12家企业和3家智库与霍尔果斯相关单位签署战略合作协议。该会议被人民网、新华社等媒体报道，点击量超过100万次。 （刘 宇）

城市建设与管理

城市更新

【动迁工作】 2023年，园区完成动迁签约民房5户、企业7家，移交企业23家，合计腾退土地59.53公顷。累计完成动迁清零暨产业用地更新推进大会77家动迁清零任务中的36家企业和民房签约，完成进度46.7%。开展苏州轨道交通征地协调工作，6号线园区段站点15个，涉及占地协调单位和小区43个，完成协调43个，完成率100%。轨道交通7号线园区段站点10个，涉及占地协调单位和小区36个，完成协调36个，完成率100%。轨道交通8号线园区段站点14个，涉及占地协调单位和小区42个，完成协调42个，完成率100%。

【老旧小区改造】 2023年，园区纳入2022年省计划改造项目的官渎社区东区、官渎社区西区、徐家浜一村、徐家浜北二村项目及2021年结转的宏葑四村改造项目均通过街道预验收，徐家浜8号、竹苑新村、金陵花园改造项目通过验收。纳入2023年省改造计划的东港片区改造项目进场施工。组织开展园区既有多层住宅加装电梯工作，协调各管线单位配合开展增梯管线迁移、统一业主意见、开展方案设计、进行联合审查。截至年底，园

区增梯宣传进小区115次，交付增设电梯3台，另有2台在施工中。

（於 恒）

城市规划

【概况】 2023年，园区坚持规划引领，推进《苏州工业园区国土空间总体规划（2021—2035）》完成市人大常委会审议、省级部门意见修改，编制环金鸡湖景观提升规划、唯亭东区城市更新规划、苏州东站片区控规调整，深化"一主两副"城市发展格局；持续优化控规及城市设计，完成113个局部地块控规和城市设计编制，涉及地块面积449公顷。加强精细化规划管理，发布园区建设工程规划测绘规定（2023年版），取得民航华东空管局对园区片区净空的批复，完成中建财富中心、恒力全球运营总部等项目规划审批工作。开展园区轨道交通线网优化研究、阳澄南岸创新城交通改善研究，推进独墅湖大道快速化改造方案、苏州东站枢纽内部集疏运交通组织方案和东站片区路网交通疏解方案，完善园区综合交通网络体系，支撑园区城市新中心建设。

【国土空间规划编制】 2023年，园区规划建设委深入推进园区国土空间总

体规划编制工作，围绕"新时代改革开放新高地、世界一流高科技园区、苏州城市新中心"的定位和"一流的产业新区、一流的开放名区、一流的创新园区、一流的中心城区"目标，贯彻长三角一体化、上海大都市圈、虹桥国际开放枢纽，构建"一主两副、四片多点"开放协同发展格局。优化资源要素配置，支撑世界一流高科技园区建设，提升苏州新中心服务能级。强化支撑体系，形成完善绿色高效的交通体系，增强安全永续的韧性基础设施。园区国土空间总体规划编制完成草案公示、省自然资源厅及市自然资源和规划局审查、市规委会审议、市人大常委会审议、征求省级部门意见并修改完善等一系列程序，为国土空间总体规划的顺利报批打下坚实基础。

【城市规划设计】 2023年，园区规划建设委结合项目及城市高质量发展需要，聚焦产业发展、民生工程、城市配套等方面，持续优化控制性详细规划及城市设计，对8个批次113个局部地块进行控制性详细规划和城市设计编制，涉及地块面积449公顷。在重要片区层面，完成环金鸡湖景观提升规划、环湖路径提升及蓝绿走廊提升规划、标识提升规划、唯亭东区城市更新规划、阳澄数谷提升规划、桑田科学岛控制性详细规划及城市设计、

苏州东站片区控制性详细规划调整、星港街北延片区控制性详细规划及城市设计。开展苏州独墅湖科教创新区（东区）东方大道以南片区控制性详细规划调整，环青剑湖四地块功能策划、控制性详细规划和城市设计，总部基地功能提升规划，为促进园区重要功能片区的发展提供规划依据。在园区整体层面，为完善园区城市功能，提升人居品质，启动教育设施专项规划、园区公共空间与绿地系统专项规划、邻里中心专项规划、宜居街区及15分钟生活圈专项规划等一系列专项规划；围绕"面向未来的城市新中心"的发展定位，开展城市核心功能研究，并组织开展园区人居环境"双碳"发展纲要等一系列前瞻课题研究，保持规划引领性。

【基础设施规划】 2023年，园区规划建设委加快编制园区综合交通规划，不断完善综合交通网络体系，支撑空间结构优化和城市新中心建设。对接苏州市轨道交通线网规划和第四期建设规划，开展园区轨道交通线网优化研究工作。对接娄葑南区东兴路以南片区等重点片区控制性详细规划编制成果，完善基础设施规划体系。开展创意产业园等重点区域交通改善研究，推出多项交通专项优化措施。开展阳澄南岸创新城、跨青秋浦交通改善研究、城市道路空间规划设计研究，完成交通发展年度报告、综合交通出行特征分析研究等工作。持续推进基础设施储备项目库工作，全年纳入储备库5个批次共45个项目，出库36个项目，缩短基础设施项目空间协调和前期工作时间。深化研究独墅湖大道快速化改造方案，完善园区"四横三纵"快速路网体系。根据通苏嘉甬铁路在苏州东站设站方案进一步优化研究枢纽内部集疏运交通组织方案和东站片区路网交通疏解方案，支撑吴淞湾未来城城市副中心建设。贯彻落实轨道车站与周边地块结建的发展理念，联合苏州市轨道交通集团有限公司推进在建6号线、7号线、8号线轨道站点与周边地块一体化建设，进一步提升轨交换乘便捷性和出行吸引力。开展桑田变电站选址方案研究并确定合理方案，完成苏茜、胜浦变电站等规划方案并批准实施。保障华星光电、矽品科技、通富超威等重大项目电力分支站及通道规划建设。全年完成道路轨道方案审查80项、市政管线综合审查76项、相关规划审批1180项。其中，核发选址意见书172项、规划批准书539项、建设工程规划许可证68项、回函150项、规划核实意见书251项。

【规划实施管理】 2023年，园区加强精细化规划管理，发布《苏州工业园区建设工程规划测绘规定（2023年版）》，研究项目更新的管理及审批模式，考虑商改商的简化程序，同时对洲际酒店项目及李公堤三期改造等改造类非工业项目提供支持。取得民航华东空管局对整个园区片区净空的批复，是民航新规出台后全国首例片区批复，为园区后期发展争取足够的高度空间。加强重点项目规划审批服务保障，与住建部及省、市各部门沟通，完成中建财富中心和恒力全球运营总部2个超高层项目的重大行政决策程序、建设工程规划许可等审批手续。完成建设工程规划审批工作，全年完成方案咨询130件次、规划批准120件次，总建筑面积1157.94万平方米，包括泾园邻里中心、胜浦高中、胜浦医院、唯亭养老服务项目等项目；办理项目竣工规划核实50件次，总建筑面积329.43万平方米，包括启迪大厦、思安街中海超高层、南岸新地一期等项目。

【测绘地理信息行业管理】 2023年，园区规划建设委完成正射影像、水准高程控制网、信息化服务外包、地名地址、公共资源库、城市公共信息服务平台、城市三维模型库、规划管理数据库、综合交通数据库、人防工程数据库、动迁回购专题图、建设监管、规划建设档案库等13个项目的专项运行工作，相应成果投入使用。完成园区1：2000正射影像成果并投入使用。完成全区200千米二等水准路线往返测量和31个二等水准点高程采集，150千米三等水准路线测量，二、三等水准测量数据分析和整体地面沉降分析。完成新增和更新地名3472个、门牌地址170个、建筑物9525幢、法人定位成果29236个，发布地名地址地图服务图层，优化空间解析引擎算法，提高地址查询解析的准确率及效率，完成用地绩效分析报告。全年接收规划审批2215件，装订规划审批档案3630卷，扫描规划审批档案3630卷。档案借阅接待341人次，利用497个项目档案987卷。完成更新建筑三维模型建筑精模1598幢、标准层145222层、房屋产权单元241366户、地表建模11.92平方千米范围、地下空间建模1—5号线44个站点。完成动迁回购地块更新50宗，核对安置房信息统计表5张。完成调查入库人防工程42个，总面积25.1万平方米。

【城市公共信息服务平台】 2023年，园区规划建设委依托园区城市空间资源服务枢纽（城市信息模型基础平台），持续归集地下到地上、二维到三维、基础到专题的园区空间资源，汇聚空间资源图层1200余个。全年城市空间资源服务枢纽服务资源访问量2.04亿次，应用于园区教育局、综合行政执法局等单位30余个。综合访问量居前列的服务资源是基础电子地图、行政分布图、2023影像地图、用地控制、地名地址解析接口等；委外访问量居前列的部门是园区综合行政执法局、港华燃气有限公司、社会治理现代化指挥中心、生态环境局等。年度服务对象新增园区市场监管局，为园区"一网统管"可视化平台、金鸡湖及周边区域水环境综合治理智慧管控系统、网格化监督指挥系统、园区城市生命线安全工程等100余个应用系统提供7×24小时的信息服务。项目运行期间，城市空间资源服务枢纽作为园区空间数字底板，以空间载体为纽带进行数据治理运营，赋能各类应用，相关技术获2023年度江苏省优秀测绘地理信息工程一等奖。

（於　恒）

"一主两副"城市发展新格局构建

【概况】 2023年，园区围绕"四个一流"发展定位，强化落实"一圈一带""环阳澄湖"等重大空间战略，以全域思维深化落实"一主两副"空间新格局。聚焦"提升一个主中心核、打造两个副中心"，统筹城市更新和成片开发，强化产城融合、区域协同，实现创新驱动、能级提升。围绕金鸡湖建设城市主中心，重点导入现代化高端商业载体、国际化金融商务要素，构筑集生活、娱乐、工作于一体的中央活力区，打造苏州金融商务和时尚生活的品质中心；依托城铁园区站建设阳澄南岸创新城副中心，打造环阳澄湖一体发展引领区、长三角总部经济协作联动区、园区产城更新升级样板区；依托苏州东站、桑田岛及苏州独墅湖科教创新区（东区），建设吴淞湾未来城副中心，打造市域一体深度融合的创新联动区和世界一流高科技园区的科学策源区。

【环金鸡湖城市核心区】 2023年，环金鸡湖城市核心区以金鸡湖为核心，提升城市功能，重塑环湖品质。通过景观提升规划、城市空间品质提升、环湖活力提升三大计划，谋划重点项目。湖东通过带状更新，焕发滨湖活力，营造东岸商业文化中心；湖西

开展片区更新研究，谋划协同打造CBD西岸活力中心；湖南开展点状更新，通过城市精细化改造，业态更新，提升滨湖魅力，打造南岸休闲文旅中心。

环湖路径提升规划。滨水公共空间作为环湖空间的"第一圈层"，是市民公共活动的主要载体，对环金鸡湖慢行系统的全面提升，以使用人群的需求为依据，构建散步为主的滨水漫步道、慢跑为主的邻里社区环、观光为主的环湖探索道等连续共享的慢行无障碍体验体系。

环湖蓝绿走廊提升改造。构建园区级步行友好城市，完善"水城"景观慢行系统，以金鸡湖为核心，联系阳澄湖、独墅湖、护城河及斜塘河、吴淞江廊道，选取主要绿道进行景观提升。

环湖驿站服务体系打造。结合现有游客中心及建筑，以15分钟步行圈为标准构建环湖驿站服务体系，规划改造并新建多处驿站，形成完善的服务设施网络，为市民游客提供"休憩、便民、资讯、旅游、应急"五大基本功能，打造未来金鸡湖城市品牌展示的重要窗口。

金鸡湖右岸区域综合提升。东岸商业文化中心将重点打造金鸡湖右岸项目，提升城市品质，项目规划用地约63公顷，沿湖岸线约3.8千米。更新项目主要包括：北区打造艺文休闲融合的滨湖体验空间，构建更多元的国际时尚文化艺术街区；中区结合用地更新打造4个重点项目，包括文华东方酒店、当代美术馆、香港中环商业、摩天轮改造；南区结合城市自然绿肺进行公园改造，让社区生活重归水岸绿地。截至年底，各在建项目按序时进度建设中，其中苏州当代美术馆主体结构完成；中区艺术广场项目推进过街连通道防水施工和地下室结构拆撑；中环商业桩基已完成，A区二道撑完成，外运土方累计28.8万立方米；文华东方酒店底板全部完成，地下室结构全部封顶，部分区域已施工

至地上5层结构；摩天轮项目完成摩天中心轴吊装及焊接。

【阳澄南岸创新城】 2023年，阳澄南岸创新城包括阳澄湖度假区全境以及娄葑北部片区，涵盖阳澄银座、阳澄数谷两大产业园，青剑湖、唯亭、跨塘、娄葑北等居住及产业组团，以及阳澄湖半岛旅游度假区等。该区域规划定位为打造"环阳澄湖一体发展引领区、长三角总部经济协作联动区、园区产城更新升级样板区"。

产业活力提升。重点推进产业用地更新"三年行动计划"，同时加快建设阳澄数谷、阳澄银座两大产业园。阳澄数谷占地面积1.77平方千米，总建筑面积220万平方米，总投资额200亿元。截至年底，在建项目7个，待开工项目3个，竣工项目4个。南岸新地一期、新扬产业园等重点项目竣工投用，南岸新地二期室内装修中，阳澄数谷数智湾一期室内装修和室外景观绿化同步施工中，数智湾二期主体结构施工中，新建元数工坊外立面和室内装修同步施工中。阳澄银座紧邻沪宁城际园区站，规划建设70余栋办公楼宇，总建筑面积310万平方米，总投资额300亿元。截至年底，理想创新大厦、中锐、中欧、瑞华四季人才公寓4个项目投用；在建项目按序时进度全力建设中，其中，苏州自贸商务中心完成超高层东塔主体封顶、西塔屋架钢结构完成约90%，新裕大厦（暂定名），科达项目主体结构均已封顶，联东项目室内装修施工，室外石材铺贴中，加速推进完工。

城市功能完善。重点打造青剑湖城市客厅。环青剑湖景观提升工程围绕"青绿水岸、苏趣青湖"目标定位，通过彰显客厅形象、升级环湖步道、塑造趣味空间、营造生态水岸、完善服务设施、丰富水上活动6个方面对环湖的景观、功能、设施进行整体提升，构建一张激发活力、畅达精彩、拥抱自然、提升形象的园区新名片。截

至年底，星湖街沿线景观绿化施工完成70%，跨星湖街人行天桥下部结构完成50%，2座地库完成桩基及围护结构施工。

基础设施建设。围绕片区发展目标，坚持规划引领，全面强化区内外交通支撑及空间景观提升，包括阳澄湖星济隧道项目、娄江大道的快速化改造及节点完善工程等。阳澄湖星济隧道完成初步设计和生态管控区不可避让论证，开展施工图设计；娄江大道快速化改造桩基施工完成50%。

【吴淞湾未来城】 2023年，吴淞湾未来城核心区范围24平方千米，涵盖苏州东站、桑田科学岛、上市企业产业园北区、苏州独墅湖科教创新区（东区）等区域。协同范围81平方千米，将科教创新区、甪端新区、胜浦以及金光产业园统筹规划。该区域规划定位为"市域一体深度融合的创新联动区、世界一流高科技园区的科学策源区、园区产城协调发展的未来样板区"。

产业活力提升。继续优化创新创业生态，围绕高端要素、高新产业平台，高标准建设产业片区。未来将培育高层级产业，强化产学研一体化，重点建设桑田科学岛、上市企业产业园、苏州东站地区，加快布局一批高水平国家级科创平台与科技企业；重点围绕高教教育组团，包括西交利物浦大学、苏州大学等高校，强化基础研究，为片区产业发展提供人才保障；重点依托姑苏实验室、国家级创新中心等研发载体，打造桑田岛策源中心，协同周边科研机构，强化科创策源能力。截至年底，累计引入供地项目12个，总投资305亿余元，总占地面积85.53万平方米；苏州实验室总部基地、国家第三代半导体技术创新中心、中润港产业园、京隆科技等项目全面开工建设。

城市功能提升。以未来人才需求为导向，打造人才社区，完善服务配套，结合苏州东站、轨道上盖开发，配套人才公寓、教育、医疗、商业等设施，整体塑造面向未来的新型产居格局，包括桑田岛人才公寓、斜塘河南九年制学校、独墅湖医院二期等。截至年底，桑田岛人才公寓、独墅湖医院二期主体结构施工中，斜塘河南九年制学校基本完成外立面施工，开始内部装修。

基础设施建设。重点强化区域跨江通道建设，包括胜浦大桥、车坊大桥改造等，同时提升区域景观环境，以吴淞江未来城段为启动区，打造吴淞江沿线景观提升示范段。截至年底，胜浦大桥主桥完成主体结构施工，园区段引桥桩基施工完成30%；车坊大桥及园区段引桥（星塘街北延工程）建成通车；吴淞江生态廊工程华为滨江区南段完成土方平整和油菜播种。

（於 恒）

基础设施建设

【概况】 2023年，园区新建道路18.2千米，累计1174.78千米。新增永久绿地10.36万平方米，累计4500万平方米。累计建成运行燃气管网约1910千米。推进市政燃气球墨铸铁管升级，累计完成改造61.2千米。苏州轨道交通11号线于6月通车运营，6号线、7号线、8号线园区段车站主体全部封顶，6号线已洞通，7号线盾构施工完成约80%，8号线盾构施工完成99.1%。110千伏青剑、淞泽、白塘、湖心等4座变电站投入运营。

【交通路网建设】 2023年，园区有137个路桥项目和23个绿化项目列入年度计划，完成投资42.97亿元。中环南线二期、金鸡湖隧道主线及匝道、星塘街南延、金光产业园二三期市政道路、听波路西延、东洛巷东延等工程建成通车，通车里程18.2千米；港田路（星华街—星龙街）、永庆路（东方大道—普惠路）、普惠路（松涛街—星宁路）等道路改造相继完工，改造里程10.1千米；娄江快速路四改六完善工程南半幅主线高架拼宽段建成通车，星港街北延、娄江大道快速化、中新大道拓宽改造、胜浦大桥、星汉街北延等跨娄江系列桥梁等城建交通重点工程按计划推进。

【轨道交通建设】 2023年，园区继续实施苏州轨道交通6号线、7号线、8号线、11号线园区段工程建设。6号线园区境内长17.8千米，设站15个，园区投资132.59亿元；7号线园区境内长10千米，设站9个，园区投资68.74亿元；8号线园区境内长18.7千米，设站14个，园区投资141.43亿元；11号线园区境内长4.2千米，设站2个，园区总投资29.23亿元（采用批复的初步设计概算计算）。11号线于6月通车运营，6号线、7号线、8号线园区段所有车站主体全部封顶，6号线已洞通，7号线盾构施工完成约80%，8号线盾构施工完成99.1%。

【公交线网建设】 2023年，园区编制完成2023年度公交线网优化方案。优化线路13条，开辟特色线路16条，日均客流13.05万人次（其中园区公交11万人次，新惠巴士2.05万人次）。配套苏州轨道交通11号线开通优化公交线路，做好轨道交通6号线、7号线、8号线公交配套规划和实施。配合阳澄湖半岛"EDC雏菊电音嘉年华""2023秋季购物节""大运河文博会""阳澄湖半岛烟花秀"等活动，协调苏州市公交集团落实活动公交接驳和疏散工作。开通园区文景实验学校、文景幼儿园通学专线和九龙医院专线。在中秋、国庆期间开行文旅专线3条。

【公交设施建设】 2023年，园区新建候车亭118个，升级改造老旧电子站牌112个。截至年底，园区电子站牌使用覆盖486座。配合土地部门完成东宏路首末站、新沙浜路首末站、莲花停保场腾退搬迁工作，推进玲珑湾首末站（新惠巴士办公地点）装修工程。全年处理报障维修929次，全覆盖巡检52次，实现电子站牌投诉零挂单。

【交通运输安全管理】 2023年，园区规划建设委牵头开展园区交通运输（含汽车维修）领域的安全生产专项整治。通过联合市交通运输部门加强行业监管，运用第三方服务机构加强日常巡查，每季度针对7家道路旅客运输企业、11家道路危险货物运输企业、2家城市公共交通运输企业、1家水路旅客运输企业进行检查，不定期开展道路普通货物运输企业、港口普通货物码头、机动车维修企业的安全生产检查，将发现的问题针对性地辅导整改，并将相应的法律法规、最新的文件要求进行告知。全年对企业辅导检查221家次，发现一般隐患1389处，全部督促整改完成。推进铁路沿线环境整治，全年开展铁路沿线安全隐患专项检查124次，发现隐患35处，均整改销号。 （於 恒）

【公共停车设施建设】 2023年，园区于9月启动公共停车无人值守二期改造项目，于11月底完工，累计完成15个停车场（合计422个泊位）及25条道路（合计960个泊位）改造。以"园易停"为代表的园区智慧停车综合管理平台一期建设完成并正式投运，实现车位信息实时上报、发布，为市民提供精准引导服务，为停车管理赋能。截至年底，"园易停"微信小程序注册用户32.9万个，无感支付订单数量16万笔。"园易停"微信小程序推出公共停车场摇号包月活动，实现14个车场1635个公共停车泊位共享，为1.5万人次提供包月服务，月均参与报名人数近2000人。"园易停"摇号包月活动的开展既盘活闲置停车资源，又将优惠便民停车政策带给广大市民。

【公共自行车管理】 2023年，园区城市管理部门对公共自行车业务实施强化运营管理新举措。配合推进市域一体化，园区率先对全域公共自行车站点进行系统升级，实现苏州大市范围内异地公共自行车通借通还，提升市民出行便捷性。针对苏州轨道交通出入口站点借还车难题，对借还量较大的轨交配套站点进行优化，新增站点桩位11处，共计94根，有效缓解高峰时段的借还车压力。开展设备专项排查检修工作，加大维修人员每日对站点设备的排查力度，成立现场维修队伍，发现问题及时维修并做好记录，确保问题得到迅速响应和有效解决。 （江 滟）

【人防工程建设与管理】 2023年，园区经发委正式设立国防动员处，全年批复人防工程98个，涉及新建面积37.85万平方米；竣工人防工程35个，面积19.73万平方米，新增车位5937个；入库人防易地建设费4263.15万元。园区人防工程控制性详细规划获园区管委会批准，并投入使用。完成园区城市人防综合防护指挥系统一期建设工作。开展"9·18"防空警报试鸣暨演练活动，500余人参加演练，参与人员涵盖居民、学生和专业队伍。 （褚沛雯）

【污水处理】 2023年，园区污水处理总量18141万立方米，增长5.42%，污水排放水质达标率100%。截至年底，建成运行污水管网810千米，污水泵站44座。

【供水】 2023年，园区供水总量17887万立方米，增长3.19%，自来水合格率100%。全年增加自来水企业用户2户，累计8136户（其中个体工商户3478户）；增加居民用户7088户，累计362796户。截至年底，建成运行给水管网1089千米。 （宋 雷）

【供气】 2023年，园区天然气供应量3.58亿立方米，下降7.89%。截至年底，全区有燃气工商用户2916家、居民用户33.7万户，建成运行燃气管网约1910千米。推进燃气管道更新改造工作，其中新建管道49.4千米；市政燃气球墨铸铁管网完成改造31千米，累计完成61.2千米；民用管网老旧管道改造25.2千米，累计投入资金约2.06亿元。出台《苏州工业园区地块红线内小型（临时）工程施工地下燃气管线保护工作要求》。推动商业街燃气"瓶改管"改造，97条街区燃气"瓶改管"户外工程全部完工，投入财政资金7000余万元，引导1028户接驳管道天然气，娄葑、斜塘、胜浦、金鸡湖街道基本消除瓶装液化气餐饮商户。园区相关部门联合成立燃气安全专项整治工作专班，利用"国家燃气安全专项整治工作系统"App深入燃气企业及餐饮、医院、学校等人员密集场所开展燃气使用安全检查，2056家用气场所检查率100%，消除较大以上隐患86处。全年检查燃气企业及其场站设施201处，抽查餐饮等公共场所255家次、燃气工程施工工地31处，发现和消除安全隐患147处。指导各街道走进居民小区开展燃气安全宣传，开展燃气泄漏事故应急救援演练。苏州港华燃气有限公司全年入户检查工商业用户3216家次、居民用户17.01万家次，消除隐患1802处；指导居民更换防鼠咬燃气管4261根，更换问题胶管15.67万根、灶具2.78万台。完成餐饮场所等公共场所用户安装燃气泄漏保护装置和更换金属波纹管。 （於 恒）

【供电】 2023年，园区全社会用电量154.79亿千瓦·时，其中工业用电量92.36亿千瓦·时。最高用电负荷310.75万千瓦，网供最高负荷305.32

万千瓦,完成不停电作业1250次,电压合格率99.98%,配网供电可靠率(ASIA)99.99%,位列全市第一。完成8060项业扩工程投运送电工作,累计申请报装容量956.57兆伏安。为40余项重大活动提供电力保障服务,完成京隆科技、轨道交通桑田站、参天制药等多个省、市重点项目投运工作,打造上市企业产业园和企业总部基地两个开门接电示范区,优化电力营商环境。推进全国首个区域碳普惠体系建设,核发减排量36015吨,累计成交量7132吨,支持园区碳达峰

试点建设。制定《苏州工业园区电力接入工程补贴费用管理工作方案(试行)》,进一步明确供电补贴流程。完成苏州东站500千伏玉车、玉坊输电线路迁改建设;推进金堰路、星湖街、新庆路架空线入地及金光科技产业园3条主要道路电力通道等电力基础设施建设。110千伏青剑、淞泽、白塘、湖心等4座变电站投入运营,110千伏长阳和苏茜变电站启动建设,220千伏兴浦变电站、500千伏车坊变电站超扩处于前期手续办理阶段。

(於 恒 褚沛雯)

【城市照明】 2023年,园区城市管理部门管养路灯7.31万杆15.45万盏、景观灯39.17万盏、箱变389台、水景44座。全年完成路灯维修1.7万杆,景观灯维修2.68万盏,电源抢修1164次,喷泉水景维修1370次,东方之门字画放映804次。路灯平均亮灯率99.34%。

规划引领促发展。聚焦园区阳澄数谷、阳澄银座等4个产业园建设,制定及发布《苏州工业园区四大产业园照明控制性详细规划》。围绕夜景照明架构、照明控制指标、照明指引意

表34　园区基础设施建设情况(2022—2023年)

名　　称	单　位	2022年	2023年
道路面积	万平方米	3436.76	3498.41
道路长度	千米	1150.95	1174.78
桥　梁	座	637	654
绿化面积	万平方米	3100	4500
给水管网	千米	1086	1089
污水管网	千米	809	810
供自来水	万吨/日	65	65
污水处理能力	万吨/日	50	50
供　热	吨/小时	905.6	978
供燃气	万立方米/日	384	384
供气管网	千米	713	709
土　方	万立方米	12779	12779
河　道	千米	404	404

表35　园区公用事业情况(2022—2023年)

指　标	单　位	2022年	2023年
用电量	万千瓦·时	1557659	1547894
其中:工业用电量	万千瓦·时	973492	923556
用水量	万吨	15787	16084
污水处理量	万吨	17209	18141
供热量	吨	1458500	2073600
供燃气量	万立方米	37337	35835
供水量	万立方米	17334	17887

(褚沛雯)

向等核心要素，打造"印象之光""品质之光""科技之光""智慧之光"四大应用场景主题，总体构建"多点支撑、功能互补、协同发展"的夜晚灯光形象，为进一步优化完善四大产业园城市夜间功能、提升园区发展能级奠定基础。

能源合同三期改造。完成路灯合同能源管理第三期项目，包括星湖街、邻瑞广场周边及独墅湖科教创新区在内的48条道路7867盏路灯LED改造。改造完成后，预计总体节电率可达55%，年节电量约390万千瓦·时，年节电效益约260万元。路灯合同能源管理一、二、三期项目累计完成113条道路2.74万盏路灯改造，赋能园区绿色低碳高质量发展走在全市前列。

街道照明计控箱三遥系统改造。完成4个街道329台照明计控箱三遥系统改造，实现全域一体化集中控制管理。改造提升管理效率与精度，优化照明系统，保障市民夜间出行安全。

园区智慧综合杆改造。按照园区统一部署，结合城市更新改造需求，先行启动环金鸡湖综合杆及标识系统提升1200杆，环金鸡湖周边杆件数量减少769杆，充分释放环湖公共空间。

（江 湉）

重点建设项目

【概况】 2023年，园区新开工各类房屋建筑面积798.96万平方米。中环南线二期、金鸡湖隧道主线及匝道、星塘街南延、港田路改造等一批重点项目通车。新鸿基环贸广场、苏州自贸商务中心等在建重点项目按计划推进。娄江快速路四改六完善工程南半幅主线高架拼宽段通车，北半幅施工加快推进；跨娄江断面通行能力改善系列工程全面推进，其中星汉街北延

完成跨娄江主桥施工，华池街北延完成引桥箱涵施工，陆泾路南延、长阳街北延完成娄江南岸桩基施工；娄江大道快速化改造、胜浦大桥等跨区项目开工建设，桥梁下部结构施工全面推进。

【恒力全球运营总部项目】 恒力全球运营总部项目重点打造集商务办公、文旅、居住为一体的城市高端综合体，着力打造以园区为中心的世界领先企业总部。项目占地面积6万余平方米，总建筑面积约68万平方米，其中地上44万平方米、地下24万平方米。西北角主塔建筑高度369米，地上61层、地下4层。主塔及配套裙楼囊括世界500强总部、全球知名奢华五星级酒店及高端办公楼。2023年，项目处于基坑施工阶段。

【中建财富中心项目】 中建财富中心项目为地标性超高层项目，包括办公、酒店式公寓、公寓式酒店等多种业态。项目占地面积1.9万平方米，总建筑面积约41万平方米，其中地上约32万平方米、地下约9万平方米。南区超高层塔楼建筑高度460米，地上99层、地下5层。项目以2500平方米以上大面积总部级企业、创新经济产业选址为主，以金融业、专业服务业为基础，以信息技术、生物医药、新能源、物联网等新兴产业为支撑，重点引入总部级大面积客户项目。2023年，项目处于桩基施工阶段，桩基施工完成约15%。

【新鸿基环贸广场项目】 新鸿基环贸广场项目为公寓、办公、商业综合体项目，建筑面积26.01万平方米，地上68层，高度310米。该项目于2016年6月12日开工。2023年，完成幕墙施工、墙体砌筑、粉刷和精装修施工，地下室车库地坪基本完成，处于室外工程施工阶段。计划于2024年9月竣工。

【苏州自贸商务中心项目】 苏州自贸商务中心项目集科教研发、商务办公、商业、酒店为一体，占地面积7.17万平方米，总建筑面积49.15万平方米，其中地上30.5万平方米、地下18.65万平方米。西主塔37层，建筑高度192.2米；东主塔46层，建筑高度229.6米；地下3层。该项目于2020年9月30日开工。2023年，东主塔、西主塔及裙房主体均封顶。东塔楼二次结构施工至38层，幕墙安装至17层；西塔楼二次结构施工全部结束，幕墙安装至18层。计划于2024年12月竣工。

【园区市民服务中心项目】 园区市民服务中心项目集商务办公、商业为一体，旨在为企业和群众提供便利智能的全聚合、一站式服务。该项目占地面积2.09万平方米，总建筑面积13.7万平方米，地下3层，地上33层，由1座超高层塔楼（高度约160米）及裙楼组成。规划与苏州轨道交通1号线、5号线及规划中的9号线无缝对接。该项目于2021年5月28日开工。2023年，塔楼结构封顶，幕墙安装至25层；裙房封顶，幕墙安装基本完成，正在进行室内精装修、室外管网施工；西南侧轨道交通连通口结构施工完成。计划于2024年7月竣工。

【通苏嘉甬铁路园区段工程】 通苏嘉甬铁路园区段北起阳澄半岛水泽路，南至吴淞江，全长15.55千米，项目总投资103.21亿元。项目于2022年12月开工建设，计划于2027年12月底前建成通车。2023年，园区推动通苏嘉甬高铁先开段各项建设工作，配合市铁路办推进通苏嘉甬高铁项目全线用地、用林报批手续，完成省级公益林调整、森林植被恢复费缴纳。推动通苏嘉甬高铁增设苏州东站变更设计方案批复。完成通苏嘉甬铁路苏州东隧道进口明挖段及1号工作井围护结构和主体结构施工，苏州东站（3号工作井）围护结构施工完成20%。

【金鸡湖隧道工程】 金鸡湖隧道工程西起星海街，东至南施街，全长约5.4千米，总投资60.22亿元。该工程于2018年12月开工建设，2022年12月31日主线通车，2023年6月底全线通车。

【南湖路快速路东延工程（中环南线园区段）】 南湖路快速路东延工程（中环南线园区段）西起苏申外港线大桥，止于吴淞江大桥，总长5.6千米，投资22.46亿元。该工程于2020年8月开工，2023年1月一期主线高架通车，11月全线通车。

【星塘街南延工程】 星塘街南延工程北起普惠路，南至苏同黎公路，采用桥梁型式跨越吴淞江，总长约2千米，双向6车道，其中园区段长1.2千米，总投资约4亿元。该工程于2020年12月开工建设，2023年4月建成通车。

【星港街北延工程】 星港街北延工程北起阳澄湖大道，南至至和西路，总长2.1千米，总投资7.19亿元。该工程于2022年12月开工建设。2023年，项目处于桥梁下部结构施工阶段。计划于2025年10月建成通车。

【娄江快速路四改六完善工程】 娄江快速路四改六完善工程西起大水泾西侧，东至经三路东侧，其中高架桥改造长度0.6千米，双向6车道，在原桥两侧新建拼宽桥，两侧各拼宽3.75米，跨径与老桥保持一致。娄江大道地面道路、桥梁及附属设施同步改造，改造长度0.96千米，总投资2.85亿元。该工程于2022年8月开工建设，2023年12月南半幅高架拼宽段建成通车。计划于2025年6月建成通车。

【星汉街北延工程】 星汉街北延工程北起娄江大道北侧，接在建扬绣路，南至苏虹路，路线全长0.4千米，双向4车道，其中跨娄江主桥为76米钢结构系杆拱桥。娄江大道地面道同步抬高改造，长度0.5千米，总投资2.32亿元。该工程于2022年8月开工建设，2023年完成主体结构施工。计划于2024年6月建成通车。

【娄江大道（沪宁高速—朱街）快速化改造工程】 娄江大道（沪宁高速—朱街）快速化改造工程西起沪宁高速，东至园区与昆山交界。该项目对现有娄江大道进行快速化改造，道路等级为城市快速路，设计速度80千米/小时。全长3.3千米，总投资12.8亿元。该项目于2023年7月开工建设，处于桥梁下部结构施工阶段。计划于2024年底前主线高架具备通车条件，2025年8月全面完工。

【华池街北延工程】 华池街北延工程北起娄江大道，南至苏虹中路，全长0.6千米，双向4车道，同步娄江大道地面道路改造0.44千米，总投资5.4亿元。该项目于2023年2月开工建设，处于桥梁下部结构施工阶段。计划于2025年6月建成通车。

【陆泾路南延工程】 陆泾路南延工程北起至和西路，南至苏虹西路，全长0.9千米，双向4车道，涉及跨娄江桥梁新建，同步抬高娄江大道地面道路0.54千米，总投资3.5亿元。该项目于2023年6月开工建设，完成下部结构施工。计划于2025年6月建成通车。

【长阳街北延工程】 长阳街北延工程南起长阳街与苏虹路交叉口，跨越娄江，北至戈巷街与娄江大道交口。道路等级为城市主干路，设计速度40千米/小时，线路全长1.15千米，总投资8.3亿元。该项目于2023年6月开工建设，处于主体结构及交通导改施工阶段。计划于2025年12月建成通车。

（於　恒）

建设管理

【概况】 2023年，园区规划建设委推进工程审批制度改革，发布优化的《苏州工业园区建设工程消防备案告知承诺制实施方案》，加强建筑市场和招投标乱象治理，落实务工人员管理和清欠工作。抓好建设工程施工质量安全监管，抽查项目7921项次，检查各类重大危险源458个次，遏制各类事故苗头。严格管控建筑工地扬尘，推动"智慧工地"建设、建设工程分段竣工验收，打造一批优质工程和文明工地。

【建筑工程争先创优】 2023年，文缘人才公寓装修项目等4个项目获评国家优质工程奖，苏州中心项目获评中国土木工程詹天佑奖，斜塘民众服务中心等9个项目申报江苏省"扬子杯"优质工程奖，浙商银行苏州分行办公楼等59个项目获评苏州市"姑苏杯"优质工程奖。

【建筑工程安全管理】 2023年，园区新开工各类房屋建筑项目172个，建筑面积798.96万平方米。在监房屋建筑项目592个，建筑面积1991.39万平方米；在监市政类项目71个，造价63.67亿元。园区规划建设委加大安全生产大排查、大整治力度，组织安全生产大检查23次，结合日常巡查抽查项目7921项次，出动5292人次，检查大型机械设备811台次，检查各类重大危险源458个次，通报项目44个次，遏制各类事故发生。持续聚焦重点环节管理，严格危大工程方案编制、论证、审批、执行、验收等环节管控，制定基坑工程应急抢险工作方案，细化起重设备基础管理，强化细化工地"三区"消防要求。开展多样化宣教活动提升本质安全水平，重点围绕"智慧监管"和"智能建造"等组织开展优秀项目观摩会，针对安全问题项目管理人员开展强制培训活动，参与培训327人。开展小型（临时）建设工程安全管理培训，提升参训人员小型（临时）建设工程安全风险识别和隐患排查治理能力，确保网格化管理"不留空白、不留死角"。

【建筑质量管理】 2023年，园区规划建设委加强质量源头管控，推进工程质量检测机构检测能力、诚信行为和质保体系建设，强化混凝土公司管控。高频开展检测机构、混凝土公司检查，对在园区备案的12家混凝土公司进行监督检查4次、抽检材料专项检查21次，对在园区备案的9家检测机构进行综合性检查5次、桩基专项检查3次、桩基现场检测检查4次。推进住宅质量通病治理，开展住宅专项检查3次，实现对在建住宅项目拉网式全覆盖检查，并对在建房地产项目建设、施工、监理单位负责人进行住宅质量通病专项培训，开展园区住宅工程质量通病正反案例观摩。

【建设工程消防管理】 2023年，园区规划建设委完成消防项目审批810个，包括消防设计审查223个、消防验收83个、消防备案290个、消防备案告知承诺制项目214个。召开中建财富中心超高层项目防火设计加强性措施专题研究论证会，召开中环广场、金匙望湖酒店改造等8个重点项目消防设计专家论证会，完成中环广场、新鸿基超高层等重点项目消防设计审查和金鸡湖隧道、中环妇幼保健医院、DK20130295地块中海超高层等重点项目消防验收。发布优化后的《苏州工业园区建设工程消防备案告知承诺制实施方案》，作为全省首个消防验收审批制度改革试点，被写入《江苏省消防条例》和住建部新修订的《建设工程消防设计审查验收管理暂行规定》。贯彻执行《建设工程消防设计审查验收管理暂行规定》《江苏省消防条例》并做好建设工程消防设计审查验收违法行为行政执法工作，全年移交行政处罚案件4件，罚款12万元。开展园区建设工程消防设计审查质量抽查工作。

【扬尘管控】 2023年，园区规划建设委开展施工工地扬尘专项治理，落实项目参建各方主体责任和政府监管责任，完善扬尘控制责任制度。细化"六个百分之百"要求，实现工地喷淋、洒水抑尘设施全覆盖。针对桩基、土方开挖、"后三通"、拆除等工程建立一对一帮扶群，并实地开展"白皮书"宣贯、部门联合检查等行动。加大施工扬尘巡查力度，依托施工扬尘巡查小组，开展扬尘专项检查11次，对15个项目进行通报，通过加大行政处罚力度，倒逼企业落实扬尘防控责任。

【建设工程工资清欠工作】 2023年，园区规划建设委转变工作重心，聚焦排查一批实名制管理漏洞，变被动处置纠纷为主动发现隐患。健全完善解决欠薪问题部门联动、日常管理、应急处置等相关工作机制。创新优化监管形式，推进劳务企业信息归集工作。强化联合巡察行动，联合园区人社局对矛盾易发的28个房地产项目开展多轮专项检查。全年接待务工人员工资上访501起，涉及8134人，金额1.65亿元。

【建设工程招投标管理】 2023年，园区完成建设工程公开招标项目641个，总金额331.6亿元。截至7月，完成直接发包429个，总金额167亿元；合同信息归集标段数1216个（8月，发布《关于优化工程建设项目的发包管理的通知》，取消直接发包备案业务）。全年受理投诉4起，查处围标串标、弄虚作假行为14起，81家企业被计入园区不良信用限制投标，向苏州市上报投标中的失信行为134项。落实园区工程建设项目审批制度改革工作领导小组发布的《关于全面实施桩基先行的通知》《关于进一步优化供配电项目和泛光照明项目招标方式的通知》。发布《关于加强招标项目初步发包方案管理的通知》。增强标后监管，开展建设工程招标投标"双随机"检查、建设工程控制价编制质量检查、建设工程招标投标领域突出问题专项治理等检查。提升监管与服务效能，修正招标文件范本3次。10月制作完成资格预审招标文件范本并在公共资源交易平台上线；开展大培训小宣贯、调研、座谈，确保各类政策落实到位，与园区国资部门开展各种主题的调研和专题宣传贯彻会议16场。

【建筑产业现代化工作】 2023年，园区建筑产业现代化工作完成各项装配式任务指标，完成建设用地规划条件中明确的装配式建筑面积206.3万平方米。新开工装配式建筑面积234.5万平方米。苏州2.5产业园三期施工总承包工程、独墅湖医院二期土建总承包项目、自贸广场土建工程、凤里街南延（松北路—金鸡湖大道）工程入选2023年度苏州市智能建造试点项目。

【竣工模式创新】 2023年，园区规划建设委着眼于服务建设项目全生命周期，梳理堵点难点，制定并印发《苏州工业园区建设工程分段竣工验收实施意见（试行）》，区别于以往竣工验收制度中的"整体验收"，在满足条件情况下，可将项目划分为单位（子单位）工程单独或合并组织竣工验收，助力园区在建项目早竣工、早交付、早投产。印发《关于进一步加强房地产项目管理的通知》，创新住宅工程竣工验收模式，将物业单位纳入竣工验收责任主体，形成全新"六方验收"模式，物业单位对项目进行逐户检查验收，形成物业检查报告，施工单位将提出的问题全部整改闭环。"六方验收"实现工程与物业无缝衔接，有效防范和化解住宅交房问题隐患，保障项目交付品质。

【"智慧工地"监管平台】 2023年6月，园区"智慧工地"管理系统正式上线。以推动"智慧工地"建设为抓手，压紧压实企业安全生产主体责任，督促项目严格落实《苏州工业园区关于全面加强房屋市政工程智慧工地建设的通知》要求，开展"智慧工地"建设并接入园区"智慧工地"监管平台，推动动火在线审批系统。通过应用高位摄像头、物联网、大数据、人工智能等软硬件技术，结合"智慧工地"监管平台，形成远程视频监控、动火审批联动以及AI风险识别处置能力，做到实时发现危险源，快速下发处置指令，在线闭环整改，识别上报重大风险，提升在建工地安全生产风险防范水平。

（於 恒）

综合行政执法

【概况】 2023年，根据省住建厅、市城管局下发关于行政执法规范化建设的有关通知要求，园区综合行政执法局树立以人民为中心的发展理念，立足苏州未来城市新中心的总体定位，持续优化综合执法队伍配置，探索数字技术与城市管理深度融合，推进执法队伍建设、执法监督体系、执法平台应用等工作。全年立案查处各类违法行为31160件，罚款898.21万元。

【城警联动执法】 2023年，园区综合行政执法局与公安、交警等部门继续深化"城警联动"工作，探索新时代要求下城警联动工作新亮点。定期召开成员会议，协调解决工作难题，统筹部署阶段性重点工作，推进园区城市环境专项整治行动。开展视频共享优化取证环节，强化日常联勤巡查，健全社区民警与片区城管之间的沟通协调机制，提高管理精准化水平。城管部门开展联勤巡查，出动执法人员5326人次，园区公安、交

警大队联动出警345人次，城警联合行动中拖移车辆185辆次，教育劝阻违法行为587起，查处违法行为1866起。

【水域执法】 2023年，园区综合行政执法局适应新形势下综合执法需要，拓宽水行政执法领域，细化水行政执法事项，探索4个新案由（将污水排入雨水管网、未办理排水许可证排放污水、向雨水井排放建筑泥浆及擅自在金鸡湖搭建码头），占水行政执法案由的57.1%。对辖区内42家生产建设项目（包括涉水项目）开展执法检查，开具责令限期改正水事违法行为通知书42份，受理举报投诉15起，办结案件21件，其中重大案件2件、一般案件12件、简易案件7件，处罚金额15.8万元。

【商业体控源截污专项整治】 2023年，园区综合行政执法局开展环金鸡湖、独墅湖等周边重点商业体控源截污排查整治工作，排查雨污水管网47.58千米。根据测绘结果，对发现非雨出流和雨污混接的13家商业体现场核查。对非雨出流水为空调冷凝水无需整改的商业体进行普法宣传；对雨污混接的商业体要求整改，并跟踪复查，闭环管理。召集相关单位召开控源截污专项工作会，湖东新街口小商户雨污混接全部完成整改。

【建筑垃圾专项整治】 2023年，园区综合行政执法局继续开展建筑垃圾专项整治行动，针对建筑泥浆运输处置这一薄弱环节重点攻坚，与园区规划建设委、公安、交警、海事等部门共享线索信息，形成打击合力。对建筑泥浆生产、运输、处置各环节违法违规行为从严处罚，依法查封、扣押实施违法行为的工具、机械、设备等，保持零容忍的高压态势，深挖典型案例，形成强监管强执法震慑力。与建筑工地的行业监管部门通力协作、紧密

配合，紧扣执法保障环节聚焦建设工程的新建、扩建、改建和拆除等有关活动。提升建筑工地规范作业、文明施工能力和水平，筑牢施工安全"底线"。全年查处建筑垃圾（工程渣土）类违法案件473件，罚款金额135.87万元。

【重点领域执法监察】 2023年，为深入推进园区综合执法改革和加强综合执法队伍规范化建设，提升综合行政执法队伍形象，园区综合行政执法局制定《苏州工业园区综合行政执法（城市管理）VI系统设置规范（试行）》，指导和保障全区执法队伍办公场所、服饰徽章、标识标牌等有据可依、严谨规范。进一步完善相关制度规范，制定并下发《关于开展苏州工业园区综合执法队伍督察（纠察）工作的通知》《苏州工业园区综合行政执法队伍督察（纠察）工作实施办法》《苏州工业园区综合行政执法人员行为准则及违规处理规定》，推进督察队伍实体化运作，及时发现纠正各类不规范不文明执法行为。对执法车辆、执法记录仪、城市服务站等全区执法队伍通用性需求，统一规范、统一配置，确保工作便利，标准统一。截至年底，配置4G执法记录仪497台，规划设置城市服务站113个（其中利用原有旧岗亭46个，新增点位67个）。

（江 淯）

市容管理

【概况】 2023年，园区城市管理部门围绕打造"干净、整洁、有序、安全和群众满意"的城市环境目标，通过城市管理委员会高位统筹工作机制，推动园区城市管理水平再上新台阶。园区市容市貌常态化管理水平稳步提升，在苏州市年度城市管理工作考核中排名第一，获评年度城市管理工作

先进区称号；娄葑街道、金鸡湖街道获评苏州市市容环境卫生管理红旗街道；斜塘街道仁爱路、唯亭街道成义路获评苏州市城市管理示范路；胜浦街道南榭雨街获评苏州市"城商协作"样板道路；李公堤街区获评"市级精品美丽街区"，葑春街获评"市级美丽街区"；胜浦街道、金鸡湖街道一批商户获苏州市市容环卫责任"星级商户"称号。

【市容环境提升】 2023年，园区城市管理部门牢固树立"以人民为中心"的服务理念，推进各项市容市貌重点工作。

园区毗邻区域一体化环境提升。牵头组织开展娄葑街道东环路、唯亭街道毗邻昆山市、相城区区域，胜浦街道界浦河沿线4个毗邻区域一体化环境提升项目，通过项目化改造更新，提升园区毗邻区域城市界面形象。市委、市人大常委会领导多次对东环路等毗邻区域项目调研，并对整治成效做出高度评价。东环路项目、界浦河项目获评苏州市毗邻区域一体化环境提升示范项目称号。

重点区域市容环境综合整治。以主次干道、背街小巷、农贸市场周边环境、非机动车停放为重点，项目化推进并完成21项重点区域整治工作，显著改善重点区域的市容环境面貌。园区建筑工地周边市容环境"五星管理"获评苏州市重点区域市容环境综合整治提升示范项目称号。

市容环卫责任区制度。通过各板块网格化巡查，做好辖区临街商家、单位市容环卫责任书的签订及张贴工作。建立工作台账清单，落实定期报送机制，及时更新进度情况，实现127条道路6000余家临街商家和单位签约率和张贴率100%。教育整改不履行市容环卫责任行为3.07万起。

园区"美丽街区"专项评价。制定住宅小区、背街小巷、商业街区、农贸市场等10个维度的专项提升方案，常态化组织开展月度"美丽街区"现场测评，完成2023年园区30个"美丽街区"的测评、公示及命名。

市容环境专项督查。通过市容环境专项检查、日常巡查、赴现场"四不两直"，发布工作提示单等方法，常态化开展对全区施工工地、商业街区、重要景点等周边区域市容环境专项督查，实现对5个街道薄弱区域的全覆盖督查，全年完成市级、区级工作提示单300余件，问题整改反馈闭环1700余个，压实板块主体责任，提升园区城市环境面貌。

【环卫管理】 2023年，园区城市管理部门聚焦"净美园区"建设任务，围绕打造苏州城市新中心目标，科学谋划推进环卫保洁工作全域一体化、质效精细化、作业机械化和监管信息化，推动园区环卫保洁高质量发展。

全域一体化管理。在园区全域实行环卫保洁统一项目发包、统一合同管理、统一养护标准、统一作业规范的区域一体化、扁平化管理新模式，全面接管原街道区域的环卫保洁工作，负责环卫保洁道路946千米、高架112千米、公园65座、公共卫生间190座。

环卫作业质效提升。完善大中型洗扫车清洗快车道、轻型扫路车清扫慢车道、微型扫路车清扫人行道的道路机扫体系，重点路段机械化作业率100%。推行洗扫车、洒水车、雾炮车组合式作业，发挥"冲、刷、吸、扫"联合作业的高效能优势，确保路面见本色。建立快速保洁响应机制，增配快慢车道清捡车，对快车道、慢车道、人行道进行快速巡回保洁，缩短垃圾滞留时间。拓展"席地而坐"示范区建设，重点打造业态丰富、商业繁荣、人口密集、面积3平方千米的湖西CBD"席地而坐"大城市客厅，打造精致、精美园区。

装备升级换代。大幅度提高新能源环卫作业车配置比例，引入大、中、小型新能源洗扫车和清洗车，园区上牌新能源保洁作业车辆142辆，配比35%以上，新能源车比例全市领先。试点无人清扫作业，在部分市政道路和公园景区引入智能无人清扫车，实现自主清扫、自动充电。

信息化监管。在原有环卫监管平台功能的基础上优化升级及开发上线新功能约50个，丰富环卫信息化监管平台功能，对环卫作业涉及的人、车、物、事进行全过程管理，实时采集作业位置、作业线路、作业状态等信息，实现对作业过程的全程管理、作业规范性的智能监测、作业质效的精准化考核。

报废公交车升级改造成为"环卫之家"　　　（园区综合行政执法局　供稿）

环卫工人权益保障。加强对环卫工人的人文关怀，通过发放十三薪和春节慰问金、开展免费爱心体检、组织爱心早餐免费发放、购买意外保险等一系列举措，提高环卫工人待遇。将报废公交车升级改造成"环卫之家"，将45座闲置核酸采样亭改造成环卫管理用房，改善环卫工人的工作环境。联合四大国有银行园区机构共同打造环卫工人工资专用账户管理系统，实现对环卫工人工资的银行代发和专项监管，从源头上保护环卫工人切身权益。

【垃圾分类管理】 2023年，园区建立"党建引领、政府推动、部门联动、全面发动、全民互动"工作模式，完善生活垃圾分类投放、分类收集、分类运输、分类处理闭环体系，构建与园区城市经济社会发展相适应的生活垃圾分类治理格局。

政策文件研究制定。结合苏州市行动方案要求及园区实际情况，研究制定园区垃圾分类年度行动方案、评估办法、专项行动方案等文件20份，制定印发机制类文件7份。

过时投放专项整治。制定印发《苏州工业园区"匠心精管绣家园"生活垃圾分类"过时投放"治理攻坚行动方案》，指导街道加大对垃圾乱扔情况治理，各小区因地制宜制定"一区一策"，优化小区投放时间，启动薄弱小区"一对一帮扶行动"。加强考核指导，印发区级考核日报228份，完成市、区两级现场整改照片回复约2.3万张，印发"1V1精准指导报告"12份，出具整改通知单23份，针对17个低分小区开展专项帮扶工作。

垃圾分类宣传引导。制定年度垃圾分类宣传和志愿服务方案。组织开展"马"上分类、你我同行，"环保跑者"、"民生议事厅"、生活垃圾拾捡等垃圾分类主题宣传活动；组织各街道开展垃圾分类"七进"宣传活动80场；开展以"新入职、新入户、新入学

的"三新"人群为重点的宣传活动；围绕志愿服务月、夏季厨余月、机关带头月、城管体验月、红桶行动月等开展宣传引导活动350余次，参与人数4万余人次；组织开展垃圾分类科普之旅6次；邀请苏州市垃圾分类专班到园区为150余名工作人员开展业务培训。全年组织开展各类主题宣传活动175场次、志愿活动14067场次、入户宣传22万户次，宣传报道1262篇。

生活垃圾分类收运。厨余垃圾、有害垃圾、可回收物及其他垃圾按照"四不同"要求进行分类收运。全年收运餐厨（厨余）垃圾17万吨、有害垃圾58.6吨、其他垃圾42.88万吨、大件垃圾1.5万吨。

处置终端平稳运行。星明街中转站全年转运生活垃圾19.4万吨，日均532吨；车坊中转站全年转运生活垃圾19.3万吨，日均529吨。餐厨垃圾处置项目平稳高效运行，全年收运处置餐厨（厨余）垃圾17万吨，收运范围覆盖全区7711户商家、480个居民小区和26个农贸市场。绿化垃圾处置项目全年接收处置园林绿化垃圾0.21万吨。继续开展住宅小区大件垃圾常态化免费收运，全年收运处置大件垃圾1.5万吨，解决市民大件垃圾清运处置难题。唯亭垃圾中转站完成设备安装，胜浦垃圾中转站和建筑垃圾转运中心建设有序推进中。

【户外广告管理】 2023年，园区科学、全面、系统地开展户外广告设施管理，取得新的成效。

商业载体店招标牌和户外广告专项整治提升工作。在园区全域范围规范建筑界面，凸显个性特点，提升店招广告设置水准和安全标准，构建规范、有序、简约、精美、时尚的园区商业载体店招广告新形象。首批34处商业载体店招广告整治提升全部完成。

户外广告专项整治行动。先后开展户外公益广告专项清理行动、户外

灯箱广告整治清理行动、落地广告设施整治清理行动等，对辖区内各类过期、破损、不合规的户外广告设施进行全面整治清理，清理过期招贴画、乱拉乱挂，处置亭棚帐篷，整治拆除陈旧、破损的公益广告1534处；拆除设置久远、陈旧锈蚀、违法设置的户外灯箱广告190座；拆除布局乱、品质差、版面陈旧、设施锈蚀、维护缺失的落地广告设施661块，面积3000平方米。

广告设施数字化监管平台建设。分类分批有序开展商业载体店招广告基础信息录入工作，加强与市级平台的信息互联，为运用信息化平台实现对户外广告和店招标牌设施开展全生命周期的综合管理、加强数字化监管、提高设施安全管理成效夯实基础。

户外广告设施安全鉴定和突发事件应急演练。强化安全监管，细化落实安全管理制度。年初制定并发放"苏州工业园区户外广告安全管理告知书"，5月开展年度大型户外广告第三方安全检测工作，全区大型户外广告检测全覆盖，防范各类隐患产生；督促各街道开展户外广告设施应急演练，强化户外广告设施应急管理。

户外广告设置规范工作。以大型户外广告为重点，持续整治擅自设置、存在安全隐患、不符合规范设置标准的户外广告设施和店招标牌。拆除包括高炮、桥身、电子显示屏、落地式站牌、墙面广告等在内的各类广告150余处，整治清理面积2600平方米，其中拆除高炮、桥身、电子屏等大型户外广告20处。

【公共卫生间管理】 2023年，园区城市管理部门严格执行公共卫生间管理制度，确保一客一保洁、每日消杀，备足消毒液、洗手液，增设急救药箱、雨伞架、售纸机等便民设施。配合市"厕所革命"领导小组办公室在园区布点安装智慧公厕设备，实时监测环境，提升服务质量。落实无障碍设施建设规划，排查改造178座公厕

的210处无障碍服务设施，推动传统公厕向智慧化、无障碍化升级。探索在21座公厕安装小型电热水器（小厨宝）65套，为居民提供冬季洗手"暖心"服务，提升居民满意度与舒适度。

【市政设施养护】 2023年，园区养护道路641条，长度897千米；雨水管长度1447千米，雨水主井5.36万座；各类桥梁853座；公交站台1282座；景观区域硬铺面114.7万平方米；游乐设施226套；景观区域雨水管长度3.6千米；雕塑379座；景观亭、廊架、张拉膜486座。修补沥青路面18.57万平方米，维修人行道11.95万平方米，维修平侧石4.7万平方米，木栈道维修与见新1.7万平方米，油漆及墙面涂料修复26万平方米。

城维全域一体化。完成全域城维提升一张图工作，其中完成沥青路面维修11.94万平方米、人行道维修9.2万平方米，维修平侧石6600米，修复雨水管网2556米，粉刷黄黑线8.8万米，维修公厕32座，更新公交站名牌223套，维修其他零星设施200余次。初步改善原街道区域城市面貌，缩小与中新合作区差距。

独墅湖隧道设备监控系统及消防报警系统升级。设施监控系统方面，针对隧道特性将原有PLC设备升级为新型带涂层套件；完善隧道控制通信方式，升级ACU远程子站为单机控制模式；优化RTU通信模式，减少故障节点；监控中心软件平台同步升级，提升数据处理能力。现场设备箱拆装与无缝割接等技术难题得到解决。消防报警系统升级显著，实现消防手报、声光报警器等设备在不损坏装饰板前提下的多点位安装与布线；新增的IP65防护等级双波长火焰探测器，具备自动探测及污损报警功能，降低火警漏报风险。两大系统均于10月完成现场安装及调试，11月完成联调联试，均达到设计要求。该次升级提升隧道安全管理水平，为公众出行提

供更加安全的环境。

城市生命线安全工程。对11条道路实施探地雷达无损检测和路域快速监测，分析道路病害。选取重要基础设施如娄江大桥、墅浦大桥、青秋浦大桥、独墅湖隧道进行环境与作用、结构响应与变化、超载等智慧监测。截至年底，试点区域完成感知设备布设与综合监管系统建设，确保桥梁倒塌、路面塌陷等风险场景得到全面覆盖，强化城市生命线安全。

【微更新综合改造提升】 2023年，园区城市管理部门开展微更新综合改造项目，取得新成效。

金鸡湖右岸南区景观提升工程。该工程涵盖绿化、道路、游乐设施等多项改造。项目面积6.53万平方米，分两标段施工，自6月进场至年底完成95%工作量。绿化提升4.8万平方米，铺装翻新约1.2万平方米，道路翻新约8300平方米。同时完成5个配套房、2个廊架和6套儿童游乐设施的安装。

积水点改造项目。该项目涵盖10条市政道路雨水管网提升改造及2个雨水泵房增加备用电源。项目完成雨水管道约5.48千米、沥青摊铺约11350平方米，有效提升城市排水能力。

市政设施改造提升。市政微更新项目实施6个，涉铁重大安全隐患抢修工程、部分道路雨水管网改造工程、城市门户项目、雨水窨井整治工程稳步推进，快速路防眩设施安装工程完成进场准备工作，下穿立交整治工程完成招标准备工作。

微更新高压走廊项目。完成胜浦路环境整治与景观提升工程，主要工作包括广泛种植金桂、红枫等灌木和地被植物，更新人行道与桥面，安装遮蔽格栅、施工护栏等景观设施，并制作安装标识、新做树池、铺设侧石等。

微更新木栈道改造工程。完成金鸡湖桃花岛和月亮湾广场两个点位木

栈道改造工程3414平方米，市民休闲更舒适安全。

重要区域道路交叉口车辙路面维修工程。完成星海街、星都街31660平方米路面维修改造。

微更新西北门户项目。完成娄江快速路、娄门路和苏嘉杭高速围合成的三角绿地与京沪—苏嘉杭高速互通桥下绿地重塑。项目占地面积近6万平方米，融合绿化风貌提升与硬景修补。翻新铺装3390平方米，绿化升级近3.8万平方米，为市民提供舒适休闲环境。

微更新阳澄湖莲花堤西侧环境整治。完成阳澄湖莲花堤湿地岛环境微更新整治，整治地块面积约4.5万平方米。对现有植物进行梳理、对湿地进行生态修复、增加草坪地被铺设及水生植物种植等。

【轨道交通站点周边市政景观恢复项目】 2023年，园区城市管理部门推进轨道交通6号线、7号线、8号线周边市政景观恢复项目，标段8个。轨道交通6号线周边完成雨水管道5165米，沥青摊铺39323平方米。轨道交通8号线周边完成雨水管道2710米，沥青摊铺29068平方米。轨道交通6号线周边临时灯迁改第三批约完成50%，轨道交通7号线、8号线周边临时灯迁改约完成40%，完成临时灯迁改86盏。

【示范建筑工地建设】 2023年，园区城市管理部门完善建筑工地周边市容环境治理模式，建立建筑工地周边市容环境"五星管理"机制，实施分级分类管理，得到省住建厅专题调研和肯定。依托网格化监督指挥平台，对建筑工地周边市容环境情况实施日常检查、行政处罚和自我管理等评分管理。根据得分情况赋星，再根据不同星级动态调整管控等级，实现建筑工地管理分级分类、精准施策。开展年度"最美工地"评选工作，10个建筑工地

被评为园区2023年度"最美工地"暨五星工地。 （江 湉）

城市绿化

【概况】 2023年，园区全面推进城维一体化，由市政集团统一管理绿化管养面积4449万平方米，乔灌木约157万棵，道路绿地面积约1650万平方米，公园绿地面积约643万平方米，河道边、防护林、临时绿地面积约2156万平方米。全年补种乔灌木10253棵，补种各类灌木、色块、地被57万平方米，清理垃圾18129吨，浇水136万吨。开放共享绿地18处，总面积约112.91万平方米，为市民提供更多休闲绿地。开展城市微更新，完成长乐公园、星海公园、唯亭升腾公园等18个公园改造提升，推进区域一体化进程，提高市民幸福指数。园区城市管理部门完成界浦河南段复垦用地项目的提升工程，复垦土地面积10.8万平方米。

【园林绿化病虫害防治】 2023年，园区城市管理部门完成植保调查及调查结果总结10次。全年采购花绒寄甲6000管、管氏肿腿蜂5000管、周氏啮小蜂2000蛹、蒲螨2000管、斜纹夜蛾诱捕器120个。对4600棵杨柳树飞絮进行治理，完成6个美国白蛾诱捕器的安装及监测工作。

【绿化养护新技术与新设备应用】 2023年，园区城市管理部门与湖南省长沙市盈峰中联城市环境服务有限公司研发新型绿化洒水车并投入使用。相较于传统绿化洒水车，新型绿化洒水车作业方式多样，适应不同路况，基本覆盖园区绿化分隔带；随车作业人员配置优化，作业人员比例减少2/3，且洒水质量稳定，作业效率提升2至3倍，成本及安全隐患降低。采用自然降雨式洒水，减少对绿植和路面的冲击，减少绿化浇灌污染问题。新型绿化洒水车的使用推进园区绿化作业智能化、人性化进程。8月上旬园区启动绿化养护车辆主动安全车载设备安装工作，截至年底，新安装卡车31辆、水车41辆，均在智慧市政平台登记注册。车辆主动安全防护系统主要在车辆前区、右转盲区、疲劳驾驶、司机行为等方面进行监测，提高作业安全。

【河道围墙边提升工程】 2023年，园区城市管理部门对5个街道的围墙边、河道边及沪宁城际铁路两侧存在绿化缺失、大面积开垦种菜等情况进行统计并分批次改造提升，面积约159万平方米，分两批进行。第一批涉及5个街道，面积95.6万平方米，总投资4880万元，标段4个；9月下旬进场，主要对围墙边、河道边及铁路两侧地块进行清表，表面清理完成后进行覆绿。第二批面积约76万平方米，总投资3024万元，标段2个，完成开展招标前期准备工作。

【城维草花工程】 2023年，园区道路草花工程完成路口草花、花箱和花镜四季种植和更换约2.5万平方米；街道草花工程完成3个季度的种植养护约7000平方米。园区应对重大活动线路保障完成各项突击提升与紧急维修任务，包括独墅湖大道沿线草坪改种草花560平方米，娄跨大桥设置花箱509个，花境营造10处等。在星湖街与现代大道交叉口东北角广场、国宾路入口（金鸡湖大道）、城市广场3处布置国庆花卉造景，使用草花5万棵、花镜植物8000盆。 （江 湉）

2023年10月1日，园区国宾路路口"国庆绿雕"国庆花卉造景花坛 （园区综合行政执法局 供稿）

生态建设

综 述

2023年，园区坚持以习近平生态文明思想为指引，坚决守住生态环境质量"只能更好、不能变坏"和环境安全"两条底线"。PM2.5年均浓度30.1微克/立方米，排名市区第二；空气质量优良天数比率81.1%，排名市区第一。编制《苏州工业园区推进新一轮太湖综合治理行动方案》《苏州工业园区太湖流域涉磷企业专项整治方案（试行）》；《苏州工业园区防洪排涝能力提升专项方案》纳入市级防洪排涝专项规划，并通过水利部太湖流域管理局技术审查；完成《沙湖河湖保护规划》。打好污染防治攻坚战，开展中央和省环保督察信访事项销号，7件重点件销号申请全部上报，24件一般件全部完成验收；强化问题曝光督办，组织市级曝光问题整改，4个问题全部完成整改销号；开展区级问题巡查曝光，交办问题619个，印发督办单15份，曝光问题30期。妥善调处环境信访，受理2186件，信访办结率100%，及时回复率99%。通过举办生态文明培训班、"建设人与自然和谐共生的现代化"巡展，拍摄生态文明讲解

阳澄湖半岛风光

员短视频等，营造生态环境宣传良好氛围。园区入选国家首批碳达峰试点名单，"绿色低碳发展实践"优秀案例入选第28届联合国气候大会江苏主题展。

（宋 雷）

环境质量

【概况】 2023年，园区PM2.5年均浓度30.1微克/立方米，排名市区第二；空气质量优良天数比率81.1%，排名市区第一。2个集中式饮用水水源地水质达到或者优于《地表水环境质量标准》Ⅲ类标准限值，属安全饮用水；全区228个水体实测314个断面优Ⅲ比例96.2%，劣Ⅴ类断面首次实现年度清零。土壤、地下水环境质量总体较好。声环境质量总体保持稳定。

【水环境】 2023年，太湖寺前饮用水源地每月水质均达到或者优于《地表水环境质量标准》Ⅲ类标准限值，其中优Ⅱ类占比75%，年均水质符合Ⅱ类；阳澄湖东湖南饮用水源地每月水质均达到或者优于《地表水环境质量标准》Ⅲ类标准限值，年均水质符合Ⅲ类，属安全饮用水。3个"省考"断面娄江朱家村、阳澄湖东湖南、吴淞江江里庄（与吴中区共考）水质达标率100%，其中Ⅱ类占比66.7%；6个

"市考"断面水质达标率100%，其中Ⅱ类占比50%；11个市级河长制断面水质达标率100%，其中Ⅱ类占比63.6%。228个水体实测314个断面优Ⅲ比例96.2%，达历史最好水平，增长11.4个百分点，比2019年首次开展全覆盖监测时增长42.6个百分点；Ⅴ类断面数降至1个（在整治中），劣Ⅴ类断面全面消除。娄江（园区段）、吴淞江（园区段）均为Ⅱ类，较上年均提升一个类别，优于Ⅳ类水质功能目标；金鸡湖和独墅湖年均水质首次全部达到Ⅲ类，总磷浓度均为0.046毫克/升，分别下降33%和30%，均为历史最优水平；阳澄湖（园区湖面）年均水质符合Ⅲ类，综合营养状态指数（TLI）51，处于轻度富营养状态。

【空气环境】 2023年，园区PM2.5年均浓度30.1微克/立方米，排名市区第二、全市第五；空气质量优良天数比率81.1%，排名市区第一、全市第三。二氧化氮浓度28微克/立方米，二氧化硫浓度8微克/立方米，一氧化碳浓度1毫克/立方米，均达到空气质量二级标准；臭氧浓度170微克/立方米。

【土壤环境】 2023年，园区对10个土壤环境质量点位（包括9个一类建设用地点位、1个农用地点位）和2个地下水点位（阳澄湖二水厂、胜浦泵站）分别开展年度和季度监测。9个

一类建设用地土壤监测点位全部低于《土壤环境质量建设用地土壤污染风险管控标准》风险筛选值，1个农用地土壤监测点位低于《土壤环境质量农用地土壤污染风险管控标准》风险筛选值，均属低污染风险，土壤环境质量总体较好。地下水监测结果均符合《地下水质量标准》Ⅳ类标准，地下水水质保持稳定。

【声环境】 2023年，园区开展覆盖全区域的区域环境噪声监测，设监测点位131个。区域声环境质量昼间时段平均等效声级56.5分贝，增长2.1分贝，达到昼间三级（一般）水平；夜间时段平均等效声级47.5分贝，下降1.7分贝，达到夜间三级（一般）水平。昼间时段有79.3%的测点达到一级（好）、二级（较好）和三级（一般）水平；夜间时段有68.7%的测点达到一级（好）、二级（较好）和三级（一般）水平。园区境内设市级区域噪声点位82个，交通噪声点位36个，道路交通噪声昼间平均等效声级65.5分贝，下降1.2分贝，达到昼间一级（好）水平；夜间平均等效声级59分贝，达到夜间二级（较好）水平。功能区噪声监测共设1类区、2类区、3类区与4a类区4个自动监测点。功能区噪声总体稳定，园区除4a类区的夜间噪声超过声环境质量标准外，其余功能区噪声均达标。除2类区昼间噪声略有下降外，其余声功能区昼间、夜间噪声均有所升高。　　　　（宋雷）

2023年6月5日，苏州工业园区六五环境日主题活动在圆融时代广场举行

（园区生态环境局　供稿）

生态保护

【概况】 2023年，园区开展第三轮生物多样性本地调查，进一步补充完善园区生物多样性本底现状。开展8个重要河湖水生态质量调查与评估，结合30个点位水生境、水环境调查数据，为进一步完善园区水生态质量评估提供数据支撑；组织阳澄东湖南退养区底泥水质专项监测，同步开展水生态治理评估工作，为退养区生态治理决策及治理方案动态调整提供依据和数据支撑。落实土地资源保护责任，优化基本农田保护布局，落实永久基本农田易地代保2488亩，购买补充耕地指标1500亩，落实耕地占补平衡；高质量完成2022年度变更调查工作，开展耕地专项监测和农用地管护调查更新工作；完成江苏省违法违规用地"清零"行动60宗62.2公顷违法用地整改，销号率98.69%。推进土壤调查及修复工作，完成149宗地块的调查工作，完成扬清路北、扬帆路东土壤污染修复工程。 （宋雷　於恒）

【水资源保护】 2023年，园区完成水资源保护各项工作。涉水规划方面，《苏州工业园区防洪排涝能力提升专项方案》纳入市级防洪排涝专项规划，并通过水利部太湖流域管理局技术审查；兼顾河湖保护与城市发展，完成《沙湖河湖保护规划》；统筹谋划《水利水务基础设施空间规划》，保障园区防洪排涝、水环境规划工程建设。水利工程建设方面，将中环东线至华为研究院堤防及护岸作为吴淞江工程示范段施工一标率先实施；高标准完成阳澄湖水源地取水口优化调整工程，水源地达标建设及规范化管理通过省水利、生态环境和住建部门联合验收。河湖长制方面，区级河长签发87项重点河湖"一事一办"任务清单并推进落实；全区各级河长巡河2万余次，发现并处置各类河湖问题3754项；河长办协调解决河湖疑难问题191项。27条"Ⅴ类、劣Ⅴ类"整治任务中，24条通过销号验收，其余3条完成整治工作待验收。推进幸福河湖创建，建立方案会审、过程跟踪、月度通报、资金管理等机制，重点打造中央河等幸福河湖20条，制定工程类措施97项、管理类措施135项；梳理推进40项"微提升"任务，提升交界区域水环境质量。制定河湖长巡查工作流程，明确区级、街道级、社区级及河湖巡查员工作流程图；建立河湖治理议事厅，获《人民日报》专题报道。水资源管理方面，园区用水总量2.36亿立方米，万元国内生产总值用水量5.33立方米，万元工业增加值用水量4.88立方米，用水效率位列全市第一，居全国前列。制定园区建设项目取水许可管理工作手册，完善取水许可与管理流程，对接"一网通办"平台实现在线审批；完成园区14家取水户规范化管理全覆盖。结合北部燃机污水资源化利用项目，开展水权交易试点工作，鼓励企业使用再生水58万立方米。严格落实用水定额管理制度，创建节水载体20家；开展系列宣教活

动，67条特色活动上报至国家节水办活动平台，占全市的56%。水利行业监管方面，制定水土保持审批监管工作手册，定期发布方案编制单位排名，提升审批效率，全年审批水土保持方案96项，其中全程网办35项，现场监管100次。制定园区河道管理范围内建设项目工程建设方案审批指导手册、备案管理要求、批后监管等文件，建立涉河项目"审批—备案—监管"管理制度；区级完成涉水审批9项、施工备案37项；涉河围堰36处，按季度开展全覆盖监管。　　（宋　雷）

【土地资源保护】　2023年，园区完成2022年度土地变更调查工作，调查成果于4月通过部级核查。严格保护耕地，优化基本农田保护布局，落实永久基本农田易地代保2488亩。购买补充耕地指标1500亩，落实耕地占补平衡。保障通苏嘉甬高铁配套用地需求，科学补划基本农田。开展耕地专项监测和农用地管护调查更新工作，提前摸清园区耕地流入流出情况，及时预警违法违规占用耕地问题，为顺利通过耕地保护和粮食安全责任情况的"首考"打好基础。开展农村乱占耕地建房清理整治，实现拆除整改11个0.24公顷。全年核查国家、省下发卫片图斑578个802.68公顷，发现违法用地2个0.6公顷，完善用地手续2个。江苏省违法违规用地"清零"行动涉及园区75宗63.02公顷，其中60宗62.2公顷通过省"清零"行动管理系统销号，销号率98.69%。开展违建别墅问题清查整治专项行动和大棚房专项整治"回头看"工作。推进土壤调查及修复工作，全年委托开展土壤调查地块123宗340.94公顷，完成149宗地块的调查工作。完成扬清路北、扬帆路东土壤污染修复工程，修复效果评估报告已提交园区生态环境局申请评审。　　（於　恒）

【生物多样性调查】　2023年，园区在全省率先启动第三轮生物多样性调查，调查记录物种1689种，包括陆生维管植物761种，陆生脊椎生物178种（两栖动物6种、爬行动物11种、鸟类152种、哺乳动物9种），陆生昆虫311种，水生生物439种（鱼类46种、浮游植物112种、浮游动物116种、底栖动物85种、水生维管植物80种）。其中国家重点保护物种34种，珍稀物种45种，生态指示物种32种。同2012、2018年生物多样性调查结果相比，新记录物种230余种。2022年园区生态质量（EQI）指数为51.11，在生态质量分类中属三类。　　（宋　雷）

节能减排

【概况】　2023年，园区统筹协调经济社会发展、人民生活保障与生态环境保护，把绿色低碳和节能减排摆在突出位置，提升能源利用效率，降低碳排放强度，在经济发展中促进绿色转型、在绿色转型中实现更大发展。支持企业开展分布式光伏建设、节能技改，实施循环化改造，开展能源管理体系建设，至2023年底，累计扶持400余个节能和循环经济项目，实现节能量9.2万余吨标准煤；支持90余家企业开展能源管理体系认证；4家企业被纳入全国碳排放权交易市场。园区入选国家首批碳达峰试点名单。
　　（宋　雷　褚沛雯）

【建筑节能与绿色建筑】　2023年，园区持续推进建筑节能与绿色建筑工作，新增节能建筑面积265.13万平方米，其中居住建筑74.87万平方米、公共建筑190.26万平方米；新增太阳能光热建筑应用面积215.23平方米；完成既有建筑节能改造面积12.97万平方米；城镇绿色建筑占新建建筑比例100%。苏州星洲大厦项目顺利实施并通过验收，获得2023年度苏州市建筑节能引导资金。完成城市建设领域"零碳园区"建设路径研究初稿，为落实双碳要求提供技术支撑。
　　（於　恒）

【污染物减排】　2023年，园区梳理"十四五"期间完成改造的项目，引导现有工业企业提标改造升级，清退"高污染"、落后企业。主要通过清洁原料替代、产业结构升级、挥发性有机物综合治理、城镇污水治理提标改造等重点工程，实现大气和水主要污染物质削减，分别减排化学需氧量9755.7吨、氨氮化物260.63吨、总磷88.43吨、总氮417.78吨、二氧化硫4.65吨、氮氧化物3.46吨、挥发性有机物335.5吨、颗粒物2.47吨。

【清洁生产】　2023年，园区推进清洁生产审核工作，将实施清洁生产作为企业减污降碳、绿色发展的重要抓手。完成19家企业强制性清洁生产审核，涉及投资7962.22万元，取得年度经济效益2786.32万元。清洁生产取得良好的环境效益，包括减排废水4.92万吨、有机废气27吨、一般固体废弃物488吨、危险固体废物3077吨。（宋　雷）

【园区入选国家首批碳达峰试点名单】
2023年11月28日，《国家发展改革委办公厅关于印发首批碳达峰试点名单的通知》发布，园区入选国家首批碳达峰试点园区。在江苏省、苏州市发展改革委指导下，园区管委会依据《国家碳达峰试点建设方案》要求，摸清现状、谋划路径、细化任务、探索创新，编制园区碳达峰试点实施方案。后续将执行"以产控碳、以碳优产、以新降碳、全社会低碳"方针策略，实施十大降碳行动，努力将园区打造为产业绿色转型模范区、能源高效利用示范区、基础设施绿色先行区、绿色技术创新引领区、低碳生活推广样板区，形成一套园区绿色低碳发展的可复制、可推广的管理模式，树立园区绿色低碳可持续发展的示范标杆。

表36　园区重点耗能企业情况（2023年）

总数 （5000吨标准煤以上）（家）	其中		
	1万—5万吨标准煤（家）	5万—10万吨标准煤（家）	10万—100万吨标准煤（家）
64	29	3	1

（褚沛雯）

污染防治

【概况】　2023年，园区遵循"生态优先，绿色发展"的战略要求，突出精准、科学、依法治污，全区域、全过程、全方位加强生态文明建设。开展工业源、移动源、扬尘源协同治理和深度攻坚，完成治气重点工程167项，有效推动污染物减排。制定水源地长效管理机制，推动断面水质稳步提升，以更大力度推动人居环境改善、健全美丽园区建设，用高品质生态环境支撑高质量发展，为园区加快建设开放创新的世界一流高科技园区厚植绿色底色。

【水污染防治】　2023年，园区先后编制《苏州工业园区推进新一轮太湖综合治理行动方案》《苏州工业园区太湖流域涉磷企业专项整治方案（试行）》，重点围绕绿色发展、水污染防治、水环境治理、水生态修复、水资源利用、生态环境治理等方面开展一系列工作，明确方案目标及具体举措，确保新一轮太湖治理任务落地、落细。加强水源地管理，完善雨污管网和排口"一张图"，落实巡查、监测、交办、整治机制，巡查排口3032处，完成问题整治46个。以半岛度假区35个工业企业为试点，开展雨污管网现场排查、跟踪溯源和问题整治，落实排水排污长效管理机制。完成工业废水分质分类评估专项，对94家生物医药、电镀、化工等重点行业企业开展废水特征因子调查和监测，为工业废水接入城镇污水厂提供数据支撑。

【大气污染防治】　2023年，园区先后实施"夏病冬治""首季争优""大干50天""四季度冲刺""年末攻坚"等8个专项方案，与园区规划建设委、综合行政执法局等部门建立联动机制，开展工业源、移动源、扬尘源协同治理和深度攻坚。167项治气重点工程完成率100%，减排挥发性有机物300余吨；重点排放大户烟尘、氮氧化物、二氧化硫分别下降1.7%、13%、4.5%。淘汰高排放柴油车1137辆，推动100辆柴油叉车完成清洁能源替代。园区污防攻坚办、大气办、工地扬尘办"三办联动"，市质安站、市轨道交通集团有限公司"直接交办"，全覆盖完成国控点2千米内轨交和国资48辆在用挖掘机和破碎机的喷淋改造，新增安装高杆喷淋41台。建立污染高值应对机制，推进落实园区星海实验中学、师惠坊、乐嘉广场餐饮油烟净化改造，完成星海和方洲2个"清洁空气示范社区"建设。强化污染应对，强化交叉执法和夜间执法，加密雾炮洒水抑尘，全年开展清扫保洁72270车次，雾炮作业2920车次，重点区域洗地26670车次。依托智慧城市运营管理平台开展涉气问题巡查整治，发现问题2235个，全部完成整改。

【土壤污染防治】　2023年，园区持续落实建设用地联动监管机制，对139个调查地块开展全过程考核，组织完成32个一类用地标准地块的土壤调查报告技术评审，年度重点建设用地安全利用率100%。强化土壤污染重点单位监管，推进38家土壤污染重点单位隐患排查"回头看"工作。

【固体废弃物污染防治】　2023年，园区指导2351家企业完成年度危险废物管理计划备案，其中1718家企业通过"江苏省危险废物全生命周期监控系统"申报转移危险废物15.4万吨，633家小微产废单位通过小微收集平台申报转移危险废物1599吨，完成危险废物经营许可证换证预审3件，跨省转移预审16件。开展多轮次危险废物处置单位安全生产现场整治，2家企业完成安全提升，104家涉及危险废物单位完成危险废物规范化核查，获全市第二成绩。推动园区无废城市建设工作，"小微巴士""有机废弃物循环利用"等创新工作获肯定，作为创新亮点在全省推广。在2023年苏州市"无废城市"建设成效评估中获评"优秀"。完成731家企业化学物排查，指导261家企业完成国家化学物调查信息系统填报工作。

（宋　雷）

生态环境监管

【概况】　2023年，园区优化生态环境管理体制，持续开展排污许可制和环境影响评价制度有机衔接改革试点，探索限值限量管理应用，强化"信用+环评单位考核管理"应用，建立重大项目动态跟踪机制，推动环评审批由"管理型"向"服务型"转变，推进排污许可提质增效，以生态环境高水平保护推动园区经济高质量发展。

【环境影响评价】　2023年，园区严把建设项目准入关，落实生态红线管控要求，提升环评审批效能，优化营商环境。全年审批建设项目环评514个（含报告书项目14个），总投资约350亿元，增长19%。其中，协同审批项目380个，占比74%；企业开展环评备案登记521家。开展环境影响评价文件编制质量考核2次，覆盖全部在园区开展业务的环评技术单位。"创新'信用承诺+考核惩戒'机制 加强环评单位全流程管理"被市信用建设领导小组评为2023年苏州市十大信用优秀场景案例。编制规划环评跟踪评价，发挥规划环评在空间布局、三线管控和环境准入的指导作用。

【核与辐射环境管理】 2023年，园区审批办理辐射安全许可证160份。督促企业开展放射源进口、送贮等备案工作，全年企业进口Ⅴ类放射源10枚，委托有资质单位收贮Ⅴ类放射源3枚。督促企业开展废旧、闲置放射源送贮工作，企业转移Ⅴ类放射源3枚，参加市级辐射应急演练1次。开展辐射执法检查，检查Ⅴ类放射源单位21家、其他Ⅱ类射线装置单位19家、Ⅲ类射线装置单位98家，完成输变电建设项目核查工作。对辖区内9家放射源单位进行联合检查，发现安全隐患3处，均督促企业完成整改。

【排污许可管理】 2023年，园区强化排污许可管理工作，协同推进建设项目环境影响评价审批与排污许可证核发工作，优化排污许可证核发流程，审核签发时限由原来的1个月缩短至10个工作日。全年核发排污许可证300件，其中首次申请40件、变更申请129件、重新申请91件、延续申请40件。对园区排污单位开展一对一现场辅导72场，组织企业排污许可专项培训7场，惠及园区全部持证单位。完成68家排污单位2023年度执行报告质量审核工作，督促325家排污单位提交2023年度执行报告，实现固定污染源排污许可证质量和执行报

告审核工作全覆盖。园区排污许可重点管理企业90家，简化管理企业235家，登记管理企业4134家。加强重点排污单位自行监测管理，开展持证单位自行监测现场检查50家；线上核查312家，实现全覆盖。完成方洲公园、星海实验中学2个国控站点周边（3千米范围内）19家挥发性有机物重点排污单位现场专项检查，发现问题115处。完成平台手工监测数据录入情况专项检查，手工监测数据录入完成率98%，超过市局高质量发展绩效评价全年考核目标（90%）。全年组织企业自行监测业务培训2次，覆盖全部持证排污单位。

【环境监测】 2023年，园区开展环境空气、饮用水源地、地表水、土壤与地下水、区域噪声及道路交通噪声等环境要素监测，研判环境质量形势，发挥监测参谋作用。每月开展太湖和阳澄湖饮用水源地、"省考"断面、"市考"断面、区内228个水体314个断面水质监测，编制水质月报12份。全年审核环境空气数据356万个，编制空气日报365份、空气质量月报12份、空气专报与分析报告12份，完成空气自动站巡查204次、国控点巡查86次。依据土壤和地下水监测技术规范相关要求，对10个土壤环境质量点位和2个地下水点位开展年度和季度监测。完成区内131个全域声环境质量点位噪声监测，完成区内市级区域噪声82个点位、交通噪声36个点位的监测。建成并投用省内首家"生态环境监测智能实验室"。推动人工智能、物联网等新技术在生态环境监测领域的应用，智能实验室投用于园区地表水高锰酸盐指数、氨氮、总磷、总氮等项目的全流程监测分析，每日可不间断分析样品60组300个有效数据，节约人力成本75%以上，缩减试剂消耗50%—80%，综合成本下降60%以上。高质量保持环境5大类152项451个参数监测能力的同时，采用特色监测

技术，完成重要水体新污染物监测和初评估，完成新污染物监测专项报告，分析园区重要水体的主要特征污染物、空间分布特征，比较阳澄湖养殖区及非养殖区新污染物的赋存情况，并对检出频率及检出浓度较高的近20种新污染物的生态风险进行初步评价，为下一步开展新污染物治理相关工作提供数据支撑。

【环境执法】 2023年，园区利用无人机、走航等新手段、新技术辅助执法，组织各功能区开展三轮交叉执法检查，出动执法人员7489人次，检查企业3552厂次，发现问题1114处。全年做出行政处罚102件，处罚金额879万元。统筹开展专项执法行动，开展涉挥发性有机物原料专项执法行动，对453家涉挥发性有机物原料企业全覆盖检查；对19家涉挥发性有机物储罐企业现场检查，出动执法人员52人次，检查储罐213个，发现问题1处。开展非道路机械尾气检测专项行动，对201辆非道路机械进行尾气检测；开展油气回收单位专项检查，检查加油站119家次，开展油气回收检测27家次；开展涉氟化物企业专项检查，检查企业39厂次，发现问题26处；开展铝灰专项执法检查，检查企业13家，发现问题20处；开展机械加工行业企业专项执法检查，检查企业12厂次；开展医疗机构医废和污水处置专项联合检查，联合园区卫健委对医疗机构开展专项检查，检查医疗机构10家次；开展辐射专项检查，检查重点单位30厂次、一般单位98家次；开展绿色护考专项行动，中、高考期间检查工地24个，组织专人落实考场周边环境噪声污染源巡查与噪声监测。组织开展危废经营单位安全生产整治提升工作，联合园区消防大队，邀请特种设备、环境应急、危化品领域专家，对园区7家危险废物经营单位开展两轮次安全生产帮扶检查，现场发现各类问题191处。开展危险废

物规范化工作,组织开展2023年危险废物规范化评估,104家企业闭环整改问题428处,通过省、市现场核查企业22家,反馈问题39处;开展化学物质调查,组织专题培训5场次,参与企业843厂次,培训人员1265人次,园区580家企业全部完成调查。

【环境信访】 2023年,园区生态环境执法部门强化制度执行,做好24小时信访值班值守,及时调处和化解群众信访问题。完善信访工作流程,提升疑难环境信访问题的处理水平,全年受理各类环境信访2186件,增长19.3%,信访处理率100%。办理建筑场地夜间施工许可1264件次,下降36.4%。园区生态环境执法部门获评2020—2022年全省生态环境信访工作先进集体。

【企业环保主体责任落实】 2023年,园区创新开展454家租赁产业载体规范化建设,建立产业载体环境管理"6+1+1"评估指标体系,指导产业载体内承租企业建立全生命周期环境管理方案。结合日常环境监管实际,对428家载体、4000余家企业划分37个动态管理网格,明确帮扶责任人,帮助承租企业开展自查评估、整改提升;提升产业载体对产业园内整体环境管理统筹协调能力,明确产业载体在环境目标与投入、制度规范建设、环境应急管理、保护宣传等方面的主体责任;明确承租企业在污染防治、突发环境事件应急等方面的主体责任,引导企业成为环保责任的履行者和绿色发展的倡导者。

【环境监管信息化建设】 2023年,园区完成"环保水务一体化平台"二期建设,以"业务补齐、数据服务"为工作重点,强化日常业务应用与环境决策分析两个方面技术支撑。日常事务加快实现数字化覆盖,跨部门业务达成协同联动;企业事务连通一网通办平台,实现服务窗口统一;生态环境与水利水务数据资源进一步融合,强化关联分析和综合研判,实现环保水务智能分析和实时动态管理。该平台在2023年第二十二届中国互联网大会数字政府论坛上,入选中国信息通信研究院联合面向业界征集的15个数字政府业务场景建设先锋实践案例。

【"危废巴士"投运】 2023年,园区投运全省首批"危废巴士",为小微生物医药企业配备专属环保管家和布局信息化监管设备,提供危废规范化、环境隐患排查、环境应急演练、环境管理提升等全方位服务,走出一条符合园区特色的"服务对象增长,处置费用走低,风险管控前置"危险废物集中收运新模式,为苏州在固废废物收集处置工作中的延链、补链提供可参考经验。截至年底,园区开通"危废巴士"专线5条,服务企业619家,转运危险废物1526吨,转运效率增长300%。

(宋 雷)

阳澄湖畔 (冯雁军 摄)

教 育

综 述

2023年，园区出台《苏州工业园区关于立足新时代奋进新征程推进新优质教育行动的实施意见》，聚焦园区教育"优质均衡提升年"主题，实施新优质教育行动，提高基本公共教育服务水平。印发《中共苏州工业园区教育委员会2023年党的建设工作要点》，落实党组织领导的校长负责制，领导班子调整到位且按党组织领导的校长负责制运行的有41家，完成率91.1%。指导各校完成党组织领导的校长负责制议事流程、决策制度修订及党组织改选等工作，理顺党组织领导的校长负责制体制机制。截至年底，园区有各类学校193所，在校生26.5万人，教职工2.48万人。

园区教师发展中心全年开展各类研训755场，综合调研25次。教学质量多点突破，围绕"教—学—评"一致性等研究热点，开展易加分析应用推进现场会2场、"数字化赋能教学"主题研训33场次、数字化平台专题研训6场次，梳理"新型教与学模式"优秀案例400余份，42项成果在"新时代苏州有效教学研究"项目成果征集中获奖，70个案例获"苏州市义务教育质量监测结果运用"优秀案例立项。2所幼儿园完成省、市优质园现

场评估，19所幼儿园通过省优质园复审，在江苏省课程游戏化区域视导中获双优秀成绩。园区中考、高考持续高位发展，领跑全市。组织学生参加五大学科奥赛，有2位学生在数学奥赛中进入决赛并获一银一铜奖项。师资建设方面，更新迭代教师教育课程体系和教育人才指数体系，新增区名师工作坊15个、市"四有"好教师重点培育团队2个，培训教师184135人次。园区中小学、幼儿园教师在江苏省教师基本功和优质课评比中再创佳绩，18人获省一等奖，4人获省二等奖；在苏州市中小学教师专业素养大赛中，园区共有416名教师获奖，占比16.19%。教学改革方面，围绕"国家级信息化教学实验区"建设、工业和信息化部与教育部"5G+智慧教育"实验项目、教育部"利用学籍信息开展基础教育教学大数据研究""科创教育品牌示范区"创建等重大教改项目，开展区域性成果汇报活动"创新月度汇"7次，全面推进信息技术赋能智慧教育的数字化转型升级，区域教学改革成果在全国、全省开展经验分享10余次，接待全国各地参观访问30余次，接受国家、省、市媒体报道20余次。教育科研方面，高度凝练园区智慧教育10年经验，《教育数字化支撑大规模因材施教的区域实践》获国家级教学成果二等奖。2项课题获评江苏省教育科学规划第七批精品课题，

占全市的三分之一。全年省、市级规划课题结题38项，省教育厅立项前瞻性教育教学改革项目3项，省、市规划立项课题54项，各类在研课题667项。园区被教育部确立为"信息技术支撑学生综合素质评价"试点区域，被省教育厅确立为江苏省智慧教育样板区培育区域，获评江苏省教育现代化先行区实践基地，成为省级智库重要实践基地。园区教师发展中心获评2023年度园区教育系统先进党组织。

园区青少年活动中心全年入馆人数超过200万人次，培训服务近2万人次，获评苏州市"园丁先锋"示范党支部、苏州市中小学劳动教育实践基地。依托教育益家持续开展党员服务长廊116期、花季大讲堂40期、红色课堂11期，服务惠民4.5万余人次，打造综合型党建阵地集群。融合新时代文明实践点、青少年社会实践基地功能，提供惠民"菜单式服务"36项。全年志愿服务时长近1000小时，获评园区优秀志愿服务团队。获园区家庭教育指导服务中心授牌，启动公益课堂，公益大篷车走进8个社区，送出亲子课程66节，惠及2500人次。关爱特殊儿童，与市侨联共同举办"星光天使"活动4场。园区青少年活动中心本部、湖西、唯亭分中心稳步发展，湖东分中心发挥省、市示范性普惠托育机构作用，做出亮点；湖西幼儿部首次招生满班率超九成。依托本部及

表37　园区教育事业基本情况（2023年）

学校类型	学校数（所）	班级数（个）	学生数（人）			教职工数（人）	
			毕业生数	招生数	在校学生数	合计	专任教师数
高等教育	31	—	18717	23625	79006	7069	5667
普通中学	29	1124	12030	17893	46978	8430	7649
其中：高中（含十二年一贯制）	7	313	3129	5636	13525	2197	1837
初中（含九年一贯制）	22	811	8901	12257	33453	6233	5812
中等职业学校	2	68	825	689	3793	328	248
小　学	17	2242	14068	17612	98571	3325	3054
特殊教育学校	2	32	96	114	366	105	94
幼儿园	112	1341	16205	10564	36176	5498	2875

（张　琳）

托育资源优势，服务机关、企业和社会，开设暑托班11个，解决园区双职工家庭"看护难"问题。组建园区中外青少年交响乐联盟，在苏州文化艺术中心金鸡湖音乐厅举办周年汇报演出。园区青少年活动中心艺术团走进社区、走入广场开展群众性演出6场，原创作品获市"繁星奖"铜奖。全年开展科普活动60余场，惠及8万余人次。园区少年科学院实施精英人才培养项目，组织师生同训35项，辅导学员100余人次。国际师训项目邀请新加坡国立教育学院导师授课，完成第二期3个阶段150余名教师的培训。冷泉港亚洲DNA学习中心完成第六届"小小生命科学家培养计划"，中科院院士朱敏等专家参加终评活动，学员实验结果首次上传至全球数据库。特色夏令营首次将第三代测序技术用于高中教育领域。因美纳"生命科学进校园"公益项目足迹遍布云南、甘肃、湖南、新疆等10个省区市，服务中小学生3000余人。

（蔡罗蕊　张　嘉　李　越）

基础教育

【概况】　2023年，园区坚持资源增长与优化布局并举，扩大优质增量供给，优化存量资源配置，全年投入建设资金约12亿元，有6个新建、改扩建项目竣工并启用，包括开放大学附属综合高中、文景路实验学校、星海小学星汉街校区、泾园幼儿园4个新建项目和星湾学校东校区、唯亭实验小学2个改扩建项目。全年新增学位11050个，其中学前教育段960个、义务教育段8290个、高中段1800个。印发《苏州工业园区教育系统"优质均衡提升年"实施方案》，在推进"四化"（教育现代化、均衡化、特色化、国际化）、"四区"（教育均衡先行区、素质教育示范区、改革创新先导区和人民满意样板区）、"四个一流"（一流的高素质队伍、一流的创新型学校、一流的开放式校园、一流的品质化教育）建设基础上，进一步

深化教育改革实践和探索，推动园区教育新一轮跨越式发展。实施学前教育管理体制改革，启动街道管理公办幼儿园"达标升级"工作，完成苏艺实验幼儿园"民转公"改制。对照江苏省义务教育优质均衡发展市（县）、区评估反馈要点，在对标中攻坚克难，展现园区内涵建设与特色发展，体现园区教育发展"共建、共治、共育、共享"新样态，完成江苏省义务教育优质均衡现场考察迎检工作。探索完善集团化办学管理模式，印发《2023—2024学年园区义务教育学校发展共同体（集团）调整方案》，园区全域进入集团化办学新时期。优化校外培训机构治理模式，审议通过《苏州工业园区进一步完善校外培训机构治理工作实施方案》，制定《校外培训机构治理工作行动清单及操作办法》，健全常态监管机制，推进"一机构一清单"，实行"一周一简报"，加强各类中小学培训机构管理，推进校外培训机构常态化长效治理。

（蔡罗蕊）

表38　园区基础教育情况（2023年）

学校类型	学校数（所）	班级数（个）	学生数（人）			教职工数（人）	
			毕业生数	招生数	在校学生数	合　计	专任教师数
幼儿园	112	1341	16205	10564	36176	5498	2875

续表

学校类型	学校数（所）	班级数（个）	学生数（人）			教职工数（人）	
			毕业生数	招生数	在校学生数	合计	专任教师数
义务教育	39	3053	22969	29869	132024	9558	8866
小学	17	2242	14068	17612	98571	3325	3054
初中	22	811	8901	12257	33453	6233	5812
其中：初级中学	5	300	3023	4815	12703	1172	1108
九年一贯制学校	17	511	5887	7442	20750	5061	4704
普通高中	7	313	3129	5636	13525	2197	1837
其中：高级中学	5	309	3129	5482	13371	1567	1467
十二年一贯制学校	2	4	0	154	154	630	370

（张　琳）

2023年7月27日，苏州工业园区党工委教育工作领导小组扩大会议暨园区街道公办幼儿园"达标升级"工作启动会议召开　　（园区教育局　供稿）

【学前教育】 2023年，园区有幼儿园112所，在园幼儿36176人，教职工5498人，其中专任教师2875人。园区继续坚持"公益普惠，公民并举"的发展思路，推动各幼儿园形成特色、凝练经验，全面提升区域学前教育内涵水平，推进学前教育优质普惠发展。对标《县域学前教育普及普惠督导评估办法》，靶向发力，有序推进街道公办幼儿园"达标升级"工作。持续增加普惠性学前教育资源供给，创建国家学前教育普及普惠区。

【义务教育】 2023年，园区有义务教育学校39所，其中小学17所、初中22所（含九年一贯制学校17所）。在校生132024人，教职工9558人。园区中小学规范教学常规管理，优化质量监测调研工作。开展违规办学专项治理行动，加强中小学生学籍管理，关注学籍异动情况。依法开展义务教育学校施教区调整、斜塘河南学校学区划分等工作，有效缓解焦点区域资源结构性矛盾。基于学生侧、家长侧、社会侧改革推进"双减"工作，将"减负增效提质"作为重要工作目标，推进"六学""五教"新范式，迭代创新"新课堂新教学新优质"月度汇活动，提升区域整体教学研究质效。持续做好"课后服务"一件事，探索个性化定制课程。推进校外培训机构治理，拓宽预付费资金监管范围，疏堵并举，营造良好的校外培训生态。研究制订教育内涵项目三年推进计划，全面总结教育部"基于教学改革、融合信息技术的新型教与学模式"实验区建设。加强对课程、教学、作业和考试评价等关键环节研究，以出版《数字化背景下新型教与学模式应用实践》图书为基础，总结实验区经验，推出一批数字化应用典型案例。归纳总结STEM科创教学经验，汇总一线教学案例，以"指向创造力"为核心目标，编著低学段、高学段两套丛书，汇集园区STEM教育相关成果，辐射推广园区STEM创新实践。发挥教育大数据应用技术国家工程研究中心长三角分中心战略引领，加快推进江苏省前瞻性项目《大数据促进"适合的教育"实践研究》，引领教育改革研究形成生动实践，打造推进教育数字化转型、具有全国影响力与先进性的"智慧教育样板区"。

【普通高中教育】 2023年，园区有普通高中7所，其中高级中学5所、十二年一贯制学校2所，在校生13525人，教职工2197人。园区大力推动普通高中走精品化、多元化办学之路，高中学校全面推进课改深化工作，突出拔尖创新人才培养,星海实验高级中学迎接四星级高中验收,各高中课程基地建设和国际课程教育实现全覆盖。园区实际参加高考人数3036人,本科达线持续扩大,优秀群体高位攀升。600分以上学生706人,占比23.3%,3名学生进入全省前100名,6名学生被清华大学、北京大学录取。全区本科达线2890人,达线率95.2%;重点本科达线2279人,达线率75.1%,超出全省重点本科计划52.2个百分点。

【园区深化教育综合改革推进会】
2023年5月13日,园区深化教育综合改革推进会暨星海教育集团、星湾教育集团高质量发展授牌仪式举行。该次改革进一步聚焦星海教育集团、星湾教育集团发展,继续从区域层面加强制度设计、强化政策指导和办学保障支持,从更深层次、更高水平上深化集团化办学探索。通过支持星海教育集团、星湾教育集团先行先试,对标世界教育发达地区,在更大格局、更高站位上纵深推进改革,扩大优质教育资源覆盖面,发挥牵头学校的引领示范作用,共享优质教育资源,放大优质学校品牌效应,释放协同联动发展活力,走高起点、集群式、优质化办学之路,带动各学校品质提升和文化重塑,从单个品牌学校走向品牌教育集团,从品牌教育集团走向品牌园区教育,让园区的每一所学校都成为品牌学校,让园区的每一名学生都有机会享受高品质教育。会议明确,园区将建立健全教育集团教师干部招聘、培训、培养、交流、评价和考核机制,支持集团统一组织教师招聘、统一开展教师培训,推动干部教师轮岗交流,鼓励开展兼课、走教、支教等活动,聚合更多骨干力量和优质资源,形成集团课程建设、教学教研、学生活动等运作机制,进一步优化教育发展路径、丰富园区发展经验、提升园区城市品质。
(蔡罗蕊)

中等职业教育

【概况】 2023年9月,园区中等职业教育职能由科教创新区划转至园区教育局,围绕"双高""双优"建设目标,持续推动职业教育高质量发展。推进制度设计、学校管理等方面协调发展,保障苏州科技职业学院(筹)过渡期各项工作平稳开展。以提质培优建设为契机,聚焦专业优化和人才培养,提升教育创新能力和服务经济发展能力,满足园区"2+3+1"产业发展新要求。
(蔡罗蕊)

【苏州评弹学校】 2023年,苏州评弹学校设有戏曲表演(评弹表演方向和昆曲表演方向)专业,为江苏省高等职业示范专业、江苏省五年制高等职业教育特色专业。截至年底,在校学生266人,教职工39人。年内录取戏曲表演(评弹表演方向)学生50人,53名毕业生完成就业派遣,就业率达到100%,为苏州评弹艺术的传承发展贡献力量。贯彻落实苏州市政府《关于加快发展全市现代职业教育的实施意见》精神,推进教育教学改革,加强课程资源建设,促进评弹专业教学资源共享,提高教学资源的利用效率,形成校级特色课程和专业资源库。9月,挂牌"苏州城市学院附属苏州评弹学校",苏州市评弹人才培养联合体正式成立。10月27—29日,江苏省戏曲教育教学观摩研讨活动在苏州评弹学校举行,苏州评弹学校入选首批江苏省中华优秀传统文化传承育人示范基地。探索适合戏曲表演专业人才

培养的师资资源配置方案,逐步调整和完善教师梯队结构,建立"双师型"教师体系。以"名师带徒""青蓝工程"为抓手,打造高水平人才、推进师资梯队建设。学校4组名师带学徒组合体入选第二批江苏文艺名师带徒计划(2022—2025)。学校获2023年江苏联合职业技术学院"毛泽东思想和中国特色社会主义理论体系概论"教学设计比赛一等奖1人、苏州市市区职业学校英语青年教师教学基本功比赛二等奖1人、江苏联合职业技术学院2023年度"优秀教师"称号1人。坚持走产教融合、校企合作发展道路,创新现代学徒制为代表的人才培养模式、培育产教联盟、校企协同育人等项目,先后完成一批教科研项目,建成一批校企共建课程,形成一套较为完善的现代学徒制管理制度。与苏州东方水城旅游发展公司合作设立"水韵姑苏"现代学徒制试点项目,进一步推动评弹表演专业的课程改革和专业建设。学校以各级各类教学、技能大赛为切入点,通过以赛促教,助推教学改革。参加2023年苏州市中华经典诵读大赛市区赛直属(代管)学校复赛,获职业院校组特等奖和职业学校组一等奖;作品《评弹·初遇》获2023年苏州市中等职业学校第十四届"文明风采"才艺展示歌舞类二等奖。组织学生参加中央广播电视总台"中国梦·家国情"2023国庆特别节目、第29届智能交通世界大会闭幕式、第三届"运河情·江南韵"大运河民族民间文化交流展示周展演、苏州市职业学校"汇聚青春力量 奋进伟大征程"文艺汇演等演出活动,弘扬传统文化,展示学生风采。践行"做

表39　园区中等职业学校名单(2023年)

序　号	学校名称	成立时间	主办单位	占地面积(万平方米)
1	苏州评弹学校	1962年	省文化厅	4
2	苏州工业园区工业技术学校	2005年	园区管委会	20.69

(蔡罗蕊)

特、做精、做优"的办学理念，不断推出优秀剧本和优秀演员。学校教师在苏州公共文化中心演绎作品《夜行平江》，赢得社会好评。学生作品《我的评弹心》《春江花月夜》登上"学习强国"平台，展示苏州评弹的魅力，获得科教创新区"宣传工作创新奖"。

（高雅婷）

【**苏州工业园区工业技术学校**】 2023年，苏州工业园区工业技术学校设有电子与信息、装备制造、财经商贸、旅游服务、交通运输、文化艺术、食品药品与粮食7大类专业，其中中职专业2个、五年制高职专业16个。截至年底，有教职工288人，在校学生3527人，其中中职专业1935人、高职专业1592人。年内，学校以优异成绩通过江苏省教育评估院组织开展的五年制高职办学单位人才培养工作水平评估工作。与江苏汇博机器人技术股份有限公司、强生（苏州）医疗器材有限公司联合打造的"'四方联动、六共六化'智能制造专业群建设的创新与实践"项目获2022年职业教育国家级教学成果奖二等奖。学校入选"全国机器人与智能装备行业产教融合共同体"副理事长单位。学校1个专业获批江苏省中等职业学校第二批优质专业，1个专业获批2023年苏州市职业教育优质专业，1个专业群获批江苏省联合职业技术学院第二批五年制高水平专业。坚持"以赛促教、以赛促学、以赛促改、以赛促研"教育理念，推进高水平教师教学团队建设。学校在教师教学能力大赛中获国家级一等奖1项、省级一等奖2项、市级奖项7项，国家级班主任能力比赛获一等奖1项，1名教师获"江苏省教学名师"称号。在全省技能大赛中，获二等奖4项、三等奖4项。学生参加各级各类发明展会或创新比赛共获奖项49个，其中第六届中国（上海）国际发明创新展览会获金奖2个、银奖2个。参加省级创新创业类比赛，获得一等奖

2个、银奖或二等奖2个、三等奖6个、优胜奖1个。参加市级创新创业类比赛，获一等奖9个、二等奖11个、三等奖12个、优胜奖2个。学校学生创业园获评"江苏省大学生创业示范园"。五年制高职毕业生772人，装备制造类、电子与信息类毕业生占毕业生总数的55.31%。学校立项课题14项，其中地市级课题4项、纵向课题4项、横向课题6项。学校以社区教育为抓手，开展各类社区公益课程、社区教室与管理人员培训，营造人人皆学、处处能学、时时可学的终身学习环境，全年开展社区培训6379人次。

（章勤燕）

【**苏州市职业学校创新创业大赛决赛**】 2023年4月27日，苏州市职业学校创新创业大赛决赛在园区举行。大赛由市教育局、市科技局、市人力资源和社会保障局、市总工会、团市委、市科协、科教创新区管委会联合主办，园区工业技术学校、园区服务外包职业学院承办。大赛分为中职学生组、高职学生组、毕业学生组3个组别，设立创新作品专项赛、创业模拟专项赛、创业实践挑战赛3个竞赛项目。大赛于2月启动，全市22所职业学校近1500名师生330件创新创业大赛作品参赛，其中创新类中职组作

品163件、高职组作品77件，创业模拟类中职组作品56件、高职组作品24件，创业实践类在校生组作品4件、毕业生组作品6件。参赛作品涉及机械制造、机电电子、智能网联、文化艺术等多个领域。现场144个创新类项目和58个创业类项目参加决赛展评及答辩，最终决出一等奖33个、二等奖66个、三等奖100个。 （瞿小飞）

高等教育

【**概况**】 2023年，园区围绕产业经济发展主线，以深入推进教育、科技、人才三位一体示范发展为总方向，以推动创新链、产业链、资金链、人才链深度融合为工作发力点，全力推进高校特色发展、内涵提升，做实产教融合，深化协同创新，加强人才引育，打造创新生态。截至年底，入驻高等院校31所，教职工约6400人，在校生近8万人，其中留学生3000余人。

院校发展。继续推进院校重点项目建设，深化专业建设、学科建设。中国科学技术大学苏州高等研究院科研中心等基础设施建设稳步推进，西交利物浦大学慧湖药学院完成桩基工程，职教园区项目完成验收并交

2023年4月27日，苏州市职业学校创新创业大赛决赛在园区举行
（科教创新区 供稿）

付使用，西安交通大学苏州研究院桑田岛科创基地建设持续推进，苏州百年职业学院三期建设完成规划报批。中国人民大学在苏州校区成立智慧治理学院，探索"新文科"与"新工科"交叉融合路径，并启动金融、数字经济、电子信息3个专业硕士研究生和电子信息（人工智能与智慧治理方向）博士专业学位研究生招生。全年，紧贴园区三大新兴产业发展方向，新增招生专业11个（西交利物浦大学新增数据科学、环境科学和国际建筑专业实践3个硕士专业，东南大学苏州校区新增新一代电子信息技术、电气工程、化学工程3个硕士专业方向，园区职业技术学院、百年职业学院增设物联网应用技术等5个专科专业）。

人才服务。推动人才就业服务与产业需要发展同步，促进高校毕业生充分就业。区内高校初次就业率为85.96%，其中苏州全市就业率53.66%。全年举办各类就业活动39场，其中就业联盟活动3场、招聘会18场（区内校招11场、赴外招聘会7场）、参访活动6场、直播带岗活动6场、校企接洽活动2场、就业指导课程2场、品牌活动1场、业务拓展活动1场。围绕生物医药和纳米产业方向，组织园区生物医药及高端医疗器械专场春季双选会暨医疗器械座谈会，提供就业岗位2500余个，参与学生1500余人次；组织园区纳米技术应用产业专场秋季双选会暨半导体行业校企恳谈会，提供就业岗位1000余个，参与学生1000余人次。

科研创新。继续加大高校创新平台建设，提升科技创新能力水平，强化科技人才项目支撑。中国科技大学苏州高等研究院聚焦学科前沿，在生物医药和数据智能方向分别筹建生物医药交叉研究中心和智能计算系统研究中心。中国人民大学苏州校区"人工智能与社会治理技术重点实验室"、中科大苏州高等研究院"医疗传感与

器械重点实验室"获苏州市重点实验室建设项目立项。牛津大学高等研究院（苏州）、洛加大先进技术研究院申报的江苏省国际合作创新能力建设项目获批立项。梅西大学（中国）教育和创新中心中纽奈微激光光谱实验室启动建设，KIT中德再制造技术创新中心揭牌成立。南京大学（苏州）高新技术研究院/研究生院"大地感知与智慧控灾"项目获批中国科协重点支持项目，苏州大学放射医学与辐射防护国家重点实验室入选2023年度科学家精神教育基地。推动高校申报国家级人才57人，其中获评海外优秀青年5人；获评姑苏创新创业领军高校青年创新类10人，增长60%；申报市大院大所引才补贴22人。申报国家自然科学基金197项，获立项26项；申报江苏省自然科学基金236项，获立项67项；申报苏州市科技发展计划51项，获立项26项。山东大学苏州研究院获评青年项目20个。

融合发展。深化校地合作内涵，苏州大学与园区完成校地新一轮深化合作协议签署，园区管委会与新西兰梅西大学签署新一轮合作备忘录。探索高校产业人才联合培养方式，上海交通大学苏州人工智能研究院产教融合联合培养基地启动。中国人民大学苏州校区围绕区域高质量发展主题举办首届"环湖经济圈发展论坛"，中国研究型医院学会医工转化与健康产业融合专业委员会举办2023年春季论坛。新加坡国立大学苏州研究院举办第六届中新国际科技交流与创新大会，联合苏州大学苏州医学院、中国科技大学苏州高等研究院举办"慧聚独墅湖"生物医学工程前沿论坛。沈阳药科大学苏州亦弘商学院举办第二届"药物临床价值"为主题的亦弘苏州论坛。西安交通大学苏州研究院承办《中华人民共和国网络安全法》实施6周年研讨会，苏州百年职业学院举办高职中外合作办学与工业互联网职业教育论坛，中国科技大学苏

州举办高等研究院举办第四届中国生物传感、生物芯片与纳米生物技术高端论坛。科教创新区教育科技人才一体示范发展推进会暨"慧聚独墅湖"品牌发布会举办，建立创新联合体、事业合伙人合作模式，一体推进区域科技创新工作。首届大学生科技文化节开幕，中国人民大学丝路学院举办"一带一路"国家文化节，东南大学—蒙纳士大学苏州联合研究生院举办建院十周年系列活动，提升区域科技硬实力和文化软实力。政校联动开展"慧聚独墅湖"智慧治理产业创新论坛、独墅湖创业咖啡、中新科技项目成果SHOW、高层次人才体育赛事、校园迎新季等活动，打造区域科技人文一体氛围。组织产业创新融合发展联盟到上海、深圳、重庆、太仓等地考察学习。

产学研合作。苏州大学独墅湖校区与中国科学院苏州纳米技术与纳米仿生研究所共建纳米材料界面科学与应用技术实验室。西浦—百度人工智能创新联合体揭牌，西交利物浦大学与国家生物药技术创新中心签约成立国创中心药理国际合作平台。组织产学研交流活动，推动东南大学苏州校区举办集成电路产教融合座谈会，协助西交利物浦大学与国家生物药技术创新中心联合主办"慧聚独墅湖"协同创新校企合作交流会；西浦—百度人工智能创新联合体战略发布仪式暨长三角数智能碳产学研协同峰会举行。"揭榜挂帅"精准对接校企需求，鼓励高校、科研院所与企业高层次人才双向互动交流与合作，推动企业家兼职教授47人、"访问工程师"27人开展校企对接。

创新创业。聚焦创新创业，着力区域专业、就业、产业"三业融合"。创新创业行动提档升级，召开科教创新区高校创新创业工作会议，研讨政校企联动创新培育新模式。联合新建元数科、中国人民大学苏州校区举办智慧治理"AI+X"创业夏令营，聚焦

城市发展方向，贴近产业需求，储备青年人才。推动中国人民大学苏州校区、西交利物浦大学课程共享，区内近200名学生参与学习。以赛引才聚才，以课选才育才，打造创新人才"蓄水池"。对接教育部留学服务中心，宣传推广园区环境与政策，推动"春晖杯"苏州基地落地。连续开展中美青年创客大赛苏州选拔赛，增加智能制造企业参与元素，为青年创业提供平台，苏州赛区推荐7个项目参加全国总决赛，5个项目获总决赛奖项。逐步提升青创港培育项目质量，青创港2家培育企业获园区领军人才称号，11个项目申报园区领军人才。探索国际合作与交流路径，拓宽引才育才渠道。"精英周"期间，组织国际校友园区行活动，联络全球知名院校校友代表走进科教创新区，中国留德计算机学会、科大硅谷等海外组织向园区推荐创新人才和创业项目。开展中新青年实习交流工作，组织中新青年实习交流院校座谈会，为中新双方学生实习工作奠定基础。依托牛津大学高等研究院（苏州），英国大学校长团访问科教创新区，助推中英国际教育与科研合作纵深发展。

校园安全。加强园区第十五安全生产专业委员会各成员单位协调配合，筑牢校园安全防护墙。做深做实高校实验室安全重点工作，落实高校实验室安全责任制，采取自查自纠与专项监督相结合方法，对苏州大学独墅湖校区、西交利物浦大学等11家院校的2252间实验室开展摸底排查、整改完善、复盘巩固等工作，出动检查人员51人次，检查实验单位98个，发现隐患38处，全部完成整改。建立健全实验室安全管理制度，加强实验室安全培训工作。由园区第十五安全生产专业委员会牵头，以苏州大学独墅湖校区为试点，开展科教创新区高校实验室应急管理课程、化学品泄漏综合应急演练及心肺复苏急救员培训等系列活动，帮助高校师生树立安全意识，掌握安全事件处理技能。推广高校心理健康安全教育工作，聘请一批心理健康教育联盟导师，定期在独墅湖图书馆举办专业心理健康咨询、心理研讨、心理沙龙、心理讲座和心理

督导等活动。畅通心理疏导渠道，推广应用园区24小时心理健康关怀热线（4008-12320-4）。优化升级"政警医校"多方沟通联动机制，强化科教创新区心理健康联盟的协调作用，建立高校和卫健委直接沟通渠道，对高校涉精障学生进行点对点沟通与跟踪，全部完成闭环管理。加强法治教育与宣传，开展迎新季"安全第一课"系列活动，将"法治平安校园"平台对接各高校，通过打卡学习、有奖竞答等方式潜移默化提高大学生的反诈意识和能力。

政策引领。发布《关于加快高等教育发展 进一步推动世界一流高科技园区建设的若干意见实施细则》。组织30余所高校进行政策申报，"智能社会治理技术与应用创新平台"等6个科研平台、"百度飞桨产业学院"等2个产业行业学院、"新一代电子信息技术"等13个新增或优化专业获立项支持；14人获"国际学科领军人才"称号，184人获"科教骨干人才"称号，26人获"揭榜挂帅（兼职教授）"称号，18人获"访问工程师"称号。

表40　园区高等院校名单（2023年）

序　号	学校名称	成立时间	主办单位	占地面积（万平方米）
1	苏州工业园区职业技术学院	1997年12月	翔宇教育集团	20.2
2	中国科学技术大学苏州高等研究院	2001年7月	中国科学技术大学、园区管委会	15.1
3	西安交通大学苏州研究院	2004年4月	西安交通大学	4
4	南京大学苏州研究生院、高新技术研究院	2005年6月	南京大学、园区管委会	4.8
5	苏州大学独墅湖校区	2005年7月	苏州大学	99
6	东南大学苏州研究院（软件学院、东南大学—蒙纳士大学苏州联合研究生院）	2005年10月	东南大学	10.7（含使用公共载体部分）
7	苏州百年职业学院	2005年	苏州科技大学、加拿大百年应用文理与技术学院	10（与高博软件共用地块）
8	西交利物浦大学	2006年5月	西安交通大学、英国利物浦大学	26.9
9	中国人民大学苏州校区（国际学院、中法学院、丝路学院）	2007年9月	中国人民大学	12.3
10	四川大学苏州研究院	2007年11月	园区管委会	使用公共载体
11	苏州工业园区服务外包职业学院	2008年5月	园区管委会	28.3

续表

序 号	学校名称	成立时间	主办单位	占地面积（万平方米）
12	武汉大学苏州研究院	2008年9月	武汉大学	使用公共载体
13	SKEMA商学院中国校区	2008年	法国SKEMA商学院	使用公共载体
14	华北电力大学苏州研究院	2010年2月	华北电力大学	使用公共载体
15	苏州工业园区新国大研究院	2011年8月	园区管委会	使用公共载体
16	山东大学苏州研究院	2012年1月	山东大学	使用公共载体
17	乔治·华盛顿大学中国研究院	2012年	美国乔治·华盛顿大学	使用公共载体
18	苏州工业园区洛加大先进技术研究院	2013年10月	园区管委会	使用公共载体
19	苏州工业园区卡鲁生产技术研究院	2014年5月	德国卡尔斯鲁厄理工学院	使用公共载体
20	苏州工业园区代顿先进技术研究院	2014年6月	美国代顿大学	使用公共载体
21	悉尼大学中国中心	2015年11月	澳大利亚悉尼大学	使用公共载体
22	蒙纳士大学中国研究院（苏州）	2016年6月	澳大利亚蒙纳士大学	使用公共载体
23	复旦大学技术转移中心苏州中心	2016年7月	复旦大学	使用公共载体
24	牛津大学高等研究院（苏州）	2016年12月	英国牛津大学	使用公共载体
25	南洋高科技创新中心	2017年8月	新加坡南洋理工大学	使用公共载体
26	天津大学（苏州）技术转移中心	2017年9月	天津大学	使用公共载体
27	南澳大学（苏州）科研成果转化中心	2017年10月	澳大利亚南澳州立大学	使用公共载体
28	梅西大学（中国）教育和创新中心	2019年7月	新西兰梅西大学	使用公共载体
29	中韩产业技术创新研究院	2019年8月	韩国科学技术院	使用公共载体
30	沈阳药科大学亦弘商学院	2021年	沈阳药科大学	使用公共载体
31	苏州工业园区理交医工交叉创新研究院	2021年	上海理工大学	使用公共载体

【科教创新区教育科技人才一体示范发展推进会暨"慧聚独墅湖"品牌发布会】 2023年2月23日，科教创新区教育科技人才一体示范发展推进会暨"慧聚独墅湖"品牌发布会举行，苏州市科技服务中心、园区管委会、科教创新区等相关单位负责人参加。活动旨在进一步深化教育、科技、人才一体化示范发展，加强资源集聚、力量集中、政策集成，加快提升科研创新力度、产业技术密度、成果转化速度。聚力提升营商服务水平，通过打造精简高效的政务环境、优惠宽松的政策环境、保障有力的要素环境，打响"慧聚独墅湖"产业创新集群融合发展品牌，全力打造教育链、创新链、人才链和产业链深度融合发展的科创区样板。会上，由高校、院所、政府、重点实验室各方共同发起的产业创新融合发展联盟成立，科教创新区10家"事业合伙人"签约，"慧聚独墅湖"产业创新集群融合发展品牌发布。

【中国人民大学首届"环湖经济圈发展论坛"】 2023年4月8日，由中国人民大学主办的以"更多美丽色彩：环湖高质量发展与苏州新使命"为主题的首届"环湖经济圈发展论坛"在中国人民大学苏州校区举行。中国人民大学发布《环太湖经济圈协同创新发展研究报告》，6位知名专家学者围绕科技创新和苏州使命、上海都市圈与苏州发展模式、环太湖经济圈协同创新发展、区域高质量发展、太湖湾国土空间治理创新等主题分别做主旨演讲。首届"环湖经济圈发展论坛"以高水平的产学研思想交流，助力推动区域协调发展战略、区域重大战略、主体功能区战略、新型城镇化战略，促进长江经济带发展、长三角一体化发展，构建优势互补、高质量发展的区域经济布局和国土空间体系，致力于打造名城名校融合发展新样板，为环湖经济圈增添"更多美丽色彩"。

2023年4月8日，"一带一路"国家文化节在中国人民大学苏州校区开幕
（科教创新区　供稿）

【"一带一路"国家文化节】 2023年4月8日，"一带一路"国家文化节在中国人民大学苏州校区开幕。"一带一路"国家文化节为期1个月，包括中国传统文化展、国际文化电影赏析、中外文化互学互鉴沙龙、"一带一路"文化嘉年华、国际文化知识竞赛、闭幕式暨颁奖典礼等系列活动。举办文化节，是中国人民大学苏州校区积极落实全球文明倡议、推动中外文明交流互鉴的重要举措，传播中国声音、中国理论、中国思想，让世界更好读懂中国，也将世界各地的优秀文化汇聚到中国，共同领略人类文明的博大精深、丰富多彩。

【高职中外合作办学与工业互联网职业教育论坛】 2023年4月28日，高职中外合作办学与工业互联网职业教育论坛在园区举行。该论坛由中国教育国际交流协会、机械工业出版社主办，苏州百年职业学院承办。该论坛旨在共同研讨新时代、新阶段高等职业教育中外合作办学高质量发展的创新理念、前沿趋势及落地举措，强化高职中外合作办学质量认证，共推全国职业教育工业互联网应用专业教材建设，培养工业互联网与人工智能领域国际化高级应用型人才。重庆工业职业技术学院、广东水利电力职业技术学院国际教育学院、无锡职业技术

学院爱尔兰学院的领导和专家分别做主旨报告。机械工业信息研究院产业与市场研究所、苏州百年职业学院、宜科树人（苏州）教育科技有限公司等机构、高校、企业专家围绕数字时代的工业互联网职业教育等课题开展研讨交流，苏州百年职业学院、天津职业大学、湖南工业职业技术学院领导和专家分别分享工业互联网应用专业教材建设思路、工业互联网相关专业建设经验。

【"慧聚独墅湖"大学生科技文化节】 2023年5月19日，由科教创新区管委会主办，科教创新区团工委、苏州独墅湖创业发展中心、苏州独墅湖科教发展有限公司承办的第一届"慧聚独墅湖"大学生科技文化节开幕。园区管委会、科教创新区管委会相关负责人出席活动，区内21家院校负责人、40余名学生代表出席开幕式。开幕式上，2023年"慧聚独墅湖"大学生科技创新计划正式发布，该计划通过赛事、课程、沙龙、路演等丰富形式，助力实现大学生科技创新创业梦想。"慧聚独墅湖"文化新生态联盟正式揭牌，该联盟由科教创新区管委会牵头，区内各院校参与，旨在搭建文化领域交流、融合、共享、共进的区域性平台组织。开幕式现场，首批科教创新区"青年榜样·校园大使"获颁绶

带。大学生科技文化节从5月19日持续至6月30日，1个主会场活动和N个院校特色科技文化艺术类活动面向区内所有师生开放。

【中美青年创客大赛苏州选拔赛】 2023年6月1日至7月15日，2023年中美青年创客大赛苏州选拔赛举行。大赛以"共创未来"为主题，以数字化技术为手段，探索低碳环保、清洁能源、绿色交通等领域的创新发展，打造兼具社会意义和产业价值的全新作品，共有27所高校的60支团队报名参赛。最终，有20所高校的39支团队晋级苏州赛区决赛，选拔出"'神筒'广大——中国粮食机收智能减损开拓者"等7个项目参与教育部总决赛，与全国其他11个赛区的项目同场竞争。

【东南大学—蒙纳士大学合作办学十周年高质量发展大会】 2023年6月27日，东南大学—蒙纳士大学合作办学十周年高质量发展大会召开。东南大学校长黄如和澳大利维多利亚州第30任总督玛格丽特·加德纳在大会上签署《东南大学与蒙纳士大学关于进一步深化伙伴关系的合作备忘录》，揭牌成立中澳可持续发展研究中心和梦动国际书院，持续拓展中澳两国教育交流合作，深化创新人才培养，开展高水平科学研究，服务中澳共赢发展。

【KIT中德再制造技术创新中心揭牌成立】 2023年10月17日，德国卡尔斯鲁厄理工学院（简称"KIT"）中德再制造技术创新中心揭牌成立，包含1个中德合作研发的动力电池再装配核心设备和9个智能技术赋能的再制造工作站。KIT中国研究院于2014年在科教创新区成立，作为跨学科综合平台，致力于协助将KIT的技术和服务转移到苏州，鼓励KIT到苏州进行科技成果孵化，并开展一系列产业相关的工

程项目和服务,为中外企业在机械制造、生产加工、资源效率等领域提供先进解决方案。KIT中德再制造技术创新中心将致力于打造再制造技术整体解决方案的平台,提高再制造产品的质量、效率和性能,促进再制造产业链的升级和优化,并通过培养人才、推广最佳实践、共享资源和知识等提高再制造产业整体水平,促进再制造产业健康发展。

【第八届世界汉学大会】 2023年11月5—6日,由教育部中外语言交流合作中心和中国人民大学共同主办的第八届世界汉学大会在中国人民大学苏州校区举行,来自40多个国家的170余名汉学家通过线上线下相结合的方式参加。会议围绕"理解中国:互通的过去与共建的未来"主题,通过苏州及园区管窥中国式现代化的发展进程,在汉学研究的交流中联通共享园区、苏州、中国与世界的过去、现在以及未来。大会包含9组主旨演讲和5个平行论坛,中外专家学者围绕"汉学与中外文化对话""汉学与中国典籍译介""海外汉学与本土学术""多元视域的中国道路""汉学与人才培养"等议题进行深入交流研讨。

【首届中国医药行业监管与合规高峰论坛暨紫金医药合规论坛】 2023年11月25日,首届中国医药行业监管与合规高峰论坛暨紫金医药合规论坛在西交利物浦大学举行。论坛聚焦医药行业监管与合规的热点与前沿话题,围绕药品研发、注册、生产和流通全生命周期和流程展开交流研讨,来自药品监管系统领导专家、监管领域学者、行业专家、知名律师、企业负责人及合规负责人等300余人参加线下活动,超过1万人次通过线上观看直播。生物公司牵头成立苏州工业园区生物医药企业合规联盟,联盟首批成员单位包括BioBAY、西交利物浦大学、中

国药科大学等11家机构和科研院所;西交利物浦慧湖药学院和中国药科大学药品监管科学研究院联合启动"生物医药企业全生命周期合规能力提升计划",探索合规领军人才联合培养方案。

【牛津大学高等研究院(苏州)(OSCAR)5周年活动】 2023年12月7日,牛津大学高等研究院(苏州)(OSCAR)5周年活动举行。活动回顾5年来科研创新与产业合作的成果,展望未来新的突破和发展。OSCAR—泰源共生健康技术创新中心揭牌仪式、OSCAR衍生公司开业仪式、"OSCAR未来计划"及"国际微生物教育计划"启动仪式等一批产学研项目签约等活动同步举办。OSCAR三位一体创新平台启动,标志着研究院主要从"创新、孵化、影响力"3个方向引领下一阶段的发展,继承发扬牛津大学悠久传统,开发颠覆性技术和尖端科研成果,加快技术转移,推动新型科研成果在终端市场的应用。

【首届人文经济苏州论坛】 2023年12月24日,首届人文经济苏州论坛在中国人民大学苏州校区举行,论坛以"苏州奇迹的人文经济学"为主题,吸引40多位相关领域知名专家学者参加。中国人民大学人文经济苏州研究中心同步揭牌,主要依托中国人民大学苏州校区平台,开展"苏州人文经济研究"项目研究,深入探讨人文经济学的理论内涵和苏州人文经济的实践经验,进一步深化校地合作,打造人文经济学研究高地。

(瞿小飞)

特殊教育

【概况】 2023年,园区有特殊教育学校2所,有特殊儿童学生757人,其

中持残疾证就读特殊学校26人、送教上门19人、普通学校随班就读488人,义务教育阶段特殊学生入学率100%。根据园区融合教育学校分布情况,按照学前、义务和高中全学段,各街道功能板块全区域、普教特教职教三线全覆盖的思路建设融合教育资源网络框架。截至年底,建成融合教育资源中心57个,实现全覆盖。采用学科教师转岗和上岗培训方式,配齐57个资源中心64名专职资源教师。园区特教指导中心组织巡回指导教师及资源教师编撰出版《融合教育指导手册》。围绕"江苏省融合教育示范区""江苏省肢体障碍儿童教育研究基地"2个省级项目接受江苏省特殊教育发展工程建设项目调研,2个项目在保障水平和专业水平考核指标全部获评"双优"。依据融合教育专项督导考核结果,对全域资源中心管理网络重新架构,初步形成以园区特教指导中心为一级支持,各个街道片区资源中心为二级支持,各资源中心校为三级支持模式。探索教育数字化赋能特殊教育转型发展的可行路径,打造"新特教智慧服务平台",建立融合教育大数据实验室,为高效管理特殊学生的学籍信息,智能应用和分析特殊学生教育评估、课程数据资源提供依据。实现融合教育资源库和个别化教育平台的迭代升级,特需儿童信息资源的共建共享,助力融合教育优质发展。2名教师获苏州市第十届特殊教育(融合教育)青年教师教学基本功大赛一等奖,1名资源教师入选"第五届特教教师和资源教师信息技术应用能力交流与展示活动"融合教育组教学展示。

(蔡罗蕊)

【苏州工业园区仁爱学校·园区特殊教育指导中心】 2023年,苏州工业园区仁爱学校·园区特殊教育指导中心(简称"仁爱学校")有在校学生257人,其中送教上门19人、区内普

通学校随班就读414人，年内招生55人，毕业22人。学校有专任教师73人，其中，博士3人、硕士28人，中级以上专业技术职称者36人。2023年职高毕业生5人，其中，1人入选省残疾人运动队，2人独立就业，2人辅助性就业。学校强化指导中心服务职能，贯彻落实"'十四五'特殊教育发展提升行动计划"要求，进一步推进融合教育示范区建设。召开园区残疾人教育专家委员会会议，为随班就读学生以及其他各类特殊学生提供适合的教育与支持。出版《融合教育指导手册》，编纂《遇见特别的你》融合教育知识口袋书，实现融合资源中心建设全覆盖，建成57个融合教育资源中心，包括学前段19所、小学段15所、初中段6所、九年一贯制16所、职业高中1所，配齐64名专职资源教师。开展融合教育基本功大赛、5次名师工作坊活动、7期融合简报征集活动以及与上海市静安区结对共建开展2批人员跟岗活动，全面提升教师融合教育专业技能。加强"四诊"评估体系、"四能"课程体系和"四步"教学体系建设，推进"四步"教学个性调整模式的实践与研究。优化新生评估模式，形成系统完善、专业便捷的培智学校新生评估、入学安置、课程与教学指导一体化模式，全年接待和评估义务段新生42人、安置转评学生1人、职高学生18人。开发"新特教智慧服务平台"，集成融合教育管理中心、评估安置服务中心、课程教学中心、资源中心、教研中心、数据中心、成长中心七大核心功能版块，助推伙伴课程"个性学、智慧教、科学测、智能评、精准管、高效研"。实践德育先导，探索新形势下德育工作途径和方法，持续完善五常（我有爱、我会做、我懂礼、我爱学、我能行）的养成教育训练。通过"仁爱公益银行"搭建公益对接项目与活动，对接志愿者单位25家，学生外出参加各类实践活动53次，到校公益志愿服务715人次。推

进江苏省"十四五"首批基础教育职业教育对外合作交流重点建设项目工作，芬兰特殊教育专家马尔朱·马克卡宁（Marju Markkanen）与学校展开交流，学校师生代表一行14人赴新加坡开展研学交流活动，学校与香港中华基督教会基顺学校签约结对共建。浙江、陕西、安徽、甘肃4省特校教师到校开展跟岗学习，山东、重庆、四川等地30余所学校、名师工作室、教育考察团到校参观交流。发挥江苏省肢体障碍儿童教育研究基地示范辐射作用，召开2023年度江苏省肢体障碍儿童教育研讨会，举办江苏省普通学校肢障特殊教育需要学生就学专业支持培训，参加培训人数1500余人。学校肢障教育研究成果《肢体障碍儿童教育指南》初稿完成。学校成为苏州市残疾人职业技能培训基地，与尼盛万丽酒店、贝昂科技、新天伦服饰等企业有效对接，新增8家校外实习就业基地。作为江苏开放大学考点，组织特殊学生大专学业学期考试。学校教师成功申报中国教育学会教育科研规划课题和江苏省陶行知研究会重点课题，5项省现代教育技术课题和区规划课题顺利结题；2项科研成果入编苏州市教育科研成果专著。5名教师在江苏省第35届"教海探航"征文竞赛中获奖，其中获一等奖1篇；教师投稿论文被技术促进教育变革国际学术会议（EITT2023）论文集录用，多篇学术文章发表在《现代特殊教育》《中国教育技术装备》等期刊上。江苏省特教发展工程项目"江苏省融合教育示范区""江苏省肢体障碍儿童教育研究基地"在年度省级考核中全部取得"双优"成绩。"仁心手作圆梦职业路"获园区优秀志愿服务项目，《劳动教育让特殊儿童拥有幸福生活的能力》获园区劳动教育优秀课程项目。学校特奥队参加苏州市第五届青少年特殊奥林匹克运动会，获1金6银2铜，学校获"体育道德风尚奖"。学校特奥队在苏州市特奥校园

足球赛上获冠军。《把未来点亮》获评苏州市特殊儿童文艺大赛一等奖。

（吴　军）

【苏州工业园区博爱学校·博爱康复诊所】2023年，苏州工业园区博爱学校·博爱康复诊所（简称"博爱学校"）有在职员工31人，具有教育资质13人，具有医疗资质13人，后勤保障人员5人。具有专业技术职称者30人。全年接收学龄前与学龄期特殊儿童160人（肢体障碍儿童72人、智力障碍儿童36人、孤独症儿童52人）。康复转归学校74人。其中，转归普通学校31人，转归幼儿园43人，融入社会儿童数占在校学生数46.25%。实现义务教育率100%，接受康复有效率100%，康复好转率100%，家长满意率98%。截至年底，学校全员通过智力、孤独症、肢体岗前技能培训并取得合格证。年内，获江苏省残联系统第三届教育康复技能比赛智力康复专业组优秀奖1人，获苏州市残联系统教育康复技能比赛智力组二等奖1人、孤独症组二等奖1人；获苏州市康复技能大赛儿童康复组团队奖二等奖。博爱学校坚持非营利、自筹自支运作，全年收入221.45万元，诊所收入493.06万元。为员工及在训残疾儿童购买团体意外伤害保险，为残障儿童减免费用34.62万元，92%的残疾儿童接受苏州市政府残保支持。年内，博爱学校组织64家爱心企事业单位开展36场次多样化的社会公益融合活动，服务1611人次，为苏南地区和新疆边远地区医疗机构培训儿童康复治疗师19人。校长梁兵教授作为中残联特聘专家，参编《儿童康复7岁—17岁脑性瘫痪康复规范》（T/CARD 049—2024）团体标准。　　（孙亦兵）

【仁爱学校师生赴新加坡开展研学交流活动】2023年7月23—28日，仁爱学校师生代表一行14人赴新加坡

开展研学交流活动。活动以课题及问题化为导向，通过"导—研—行"的模式开展。在新加坡南洋理工大学，仁爱学校特聘导师、南洋理工大学蔡奕渔教授对研学组师生做学校发展情况及其个人研究领域的最新成果专题讲座。在新加坡亚洲妇女福利协会附属特殊教育学校（AWWA学校），双方交流完善《中新特殊教育国际交流项目》，围绕仁爱学校教育部重点课题《基于学习特点的孤独症儿童教育策略研究》开展课题研讨。仁爱学校与AWWA学校自2016年结对友好学校以来，在孤独症儿童教育及课程建设等方面持续开展深入交流。为进一步了解新加坡多元文化和特殊教育，研学组师生参访新加坡朝阳特殊教育学校，参观了解学校校园环境、特殊教育设施设备等情况，走进课堂与学校师生一起开展学习互动活动。该次新加坡研学活动，促进仁爱学校教师提升发展全球视野、尊重差异、共生共享的素养，帮助学生感受多元文化、丰富情感体验，全面提升学校素质能力培养的教育理念和办学竞争力。

（蔡罗蕊）

社会教育

【概况】 2023年，园区制定《苏州工业园区社区教育中心考核细则》，促进社区教育资源共建、共创、共享。继续推进社区标准化居民学校建设，立项4家标准化居民学校，截至年底，区级以上标准化居民学校达96%。发布《苏州工业园区全民终身学习中心建设实施方案》，挂牌建设2家全民终身学习中心，进一步扩充全民终身学习点位，提升社区教育容纳量。优化"公益课程惠民项目"品牌建设。通过多种形式扩大宣传，提升课程覆盖面。全年开设公益课程369门，其中春季开课201门、秋季开课168门。组织优秀课程评选，通过初评、专家评的方式，评选出优秀公益课程20门。

【园区中小学家庭教育和心理进阶培训活动】 2023年10月27—28日，由园区教育局主办，南京师干研培信息技术研究院承办的2023年园区中小学家庭教育和心理进阶培训活动举行。园区中小学家庭教育和心理教育相关教师100余人参加培训。培训班组织教师到张家港市考察研学，参观张家港市青少年社会实践基地、云盘小学家长幸福驿站、家风教育基地。邀请云盘小学校长徐芳做"家校共育：让童年的美好恰逢其时"专题报告；张家港市委党校副校长魏欣做"后疫情时代下心态和情绪管理"主题讲座。为期两天的培训以新理念、新思维、新举措促进园区家庭教育发展，帮助老师以前瞻性的视野和科学的态度，主动实践、创新家庭教育和心理健康教育的理念，探索突破家庭教育和心理健康教育的新思路、新方法、新途径，促进青少年儿童身心健康成长、家庭和谐幸福。

【园区首家全民终身学习中心启用】 2023年11月8日，园区首家全民终身学习中心在斜塘民众服务中心启用。该中心通过建立"塘·幸福""塘·和融""塘·希望"三大课程品牌体系，让居民通过学习不断实现自我发展、创造幸福生活。启用仪式以"绽放"为主线，串联起"春·萌""夏·炽""秋·和""冬·青"4个篇章，分别展示斜塘街道为不同群体提供多样化教育产品。现场，"融合好少年"课程发布，通过开展"融合好少年"特色课程，协同家、校、社，凝聚教育合力，不断提升群众对教育的获得感和满意度。斜塘街道还与园区开放大学签订《全民终身教育合作框架协议书》，首期聘用成长导师5人，双方将以服务"联心"、资源"联享"、工作"联做"、教育"联培"合作模式，

共同服务辖区居民。园区首家全民终身学习中心落户斜塘街道后，将拓展辖区教育资源，将100余门课程奉献给辖区居民，打造全民终身学习典范，不断提升群众获得感、幸福感和满意度。

（蔡罗蕊）

教育合作与交流

【概况】 2023年，园区坚持"走出去"战略，提升更高服务能级、更大贡献力度、更强辐射能力的教育服务。高质量建设星泽实验学校，做好星海教育集团、星湾教育集团等品牌文化输出，深入实施教育示范辐射工程。深化对苏宿工业园区、霍尔果斯开发区等地"组团式"教育帮扶，发展好宿迁苏州外国语学校、霍尔果斯苏港中学、丝路小学等学校，协助建设宿迁苏州外国语学校新校区，打造对口支援地区教育高地，在园区"走出去"战略中做出教育贡献。

【智造之家国际师训项目第二期启动】 2023年3月8日，智造之家国际师训项目第二期在园区青少年活动中心启动。智造之家国际师训项目第二期由园区管委会、新加坡淡马锡国际基金会共同主办，邀请新加坡南洋理工大学国立教育学院教授担任指导，计划在2年内完成6个阶段的培训活动。师训项目第二期导师及园区教育局、各学校项目分管领导、参训教师等近200人参加。项目第二期总体目标是让更多学生具备未来的技能。新加坡南洋理工大学国立教育学院国际业务高级顾问陈伟斌、园区教育局负责人分别讲话，园区教师学员代表上台宣誓。原商务部部长、中国外商投资企业协会会长陈德铭博士为国际师训项目第二期发来寄语。活动邀请新加坡南洋理工大学国立教育学院相关教授进行线上教学直播。截至年底，智造

之家国际师训项目第二期完成培训130余人。

【园区翡翠幼儿园与烟台海河幼儿园签约】 2023年4月20日，在"苏州工业园区—烟台黄渤海新区教育交流合作框架协议签订仪式"上，园区翡翠幼儿园与烟台海河幼儿园签订"姊妹学校"交流合作协议。会后，海河幼儿园园长杨筱丽等一行到翡翠幼儿园参观交流，近距离感受以生态教育理念为指导的园所环境创设与文化建设，对翡翠幼儿园生态启蒙教育理念、幼儿游戏学习痕迹，以及充满自然、温馨与艺术的环境表现浓厚兴趣和由衷赞赏。同时，双方就后续的合作进行讨论，为实现两所幼儿园间的资源共享与优势互补进行交流探讨。

【园区学前教育考察团到新疆霍尔果斯考察交流】 2023年8月5—9日，园区学前教育考察团一行4人到新疆霍尔果斯进行两地签约、专家讲座、骨干交流等活动。苏霍两地幼儿园结对共建签约仪式在新疆霍尔果斯市职业高中举行，霍尔果斯市教育局负责人、苏州援疆工作组代表及霍尔果斯市职业高中教师代表、霍尔果斯市幼儿园教师代表出席活动。园区星慧幼儿园、尚城幼儿园分别与霍尔果斯市3所幼儿园签订结对共建协议，在课程建设、环境优化、文化打造、协同教研等方面进行深度合作，助推两地教育高质量发展。在座谈交流环节，考察团向幼儿园书记、园长、教师代表汇报交流《自由、自主、愉悦、创造——

成就幸福童年》《素养导向下的教与学》《从课程理念到办园文化》《核心经验视野下课程资源挖掘和利用》等课题。在霍尔果斯市教育局领导和老师们共同见证下进行苏霍两地授聘仪式并颁发聘书。其间，考察团一行参观霍尔果斯市第二幼儿园，了解幼儿园的基本情况，并就办园特色、游戏材料投放、游戏场域规划等方面进行现场指导。苏霍两地园长骨干面对面互动交流活动同期举行。

（蔡罗蕊）

【英国大学校长团访问园区】 2023年9月21日，由12所英国大学的校长、副校长及校级领导组成的英国大学校长团访问园区，并到牛津大学高等研究院（苏州）进行考察交流。校长团一行与牛津大学高等研究院（苏州）负责人开展深入交流座谈，共同探讨

未来教学和研究的潜在合作领域，探索在校际合作、跨境教育、科研合作、师生交流等方面的合作思路，助力发展高质量、多元丰富的教育体系。

（瞿小飞）

【园区教育参与长三角教育装备现代化赋能教育高质量发展大会】 2023年12月15—17日，长三角教育装备现代化赋能教育高质量发展大会暨首届江苏（苏州）教育装备展在苏州国际博览中心举行。园区以"区域数字化转型新样态"为主题，分"学教测评研管"等6个方面，涵盖20多个平台系统与应用场景，全面展示园区"易加教育"数字化转型建设成果，并在长三角教育装备现代化赋能教育高质量发展大会上做主旨报告，获江苏（苏州）教育装备展"特别贡献奖"。

（蔡罗蕊）

2023年12月15—17日，长三角教育装备现代化赋能教育高质量发展大会暨首届江苏（苏州）教育装备展在园区举行　　　　（园区教育局　供稿）

文　化

综　述

2023年,园区公共文化事业进一步发展,现代公共文化服务体系持续完善。加快构建"4+N"片区市民中心布局,完成苏州当代美术馆项目主体结构建设。推进草鞋山国家考古遗址公园创建工作,举办草鞋山考古发掘50周年学术论坛,完成20世纪70年代考古发掘点清理。围绕改革开放45周年、园区开发建设30周年等专题创作一批文艺精品,为"五一个工程"储备精品力作。全年举办各层次、各类型文化活动3000余场,服务群众近300万人次。新增文化产业项目56个(其中签约项目7个),数量位居全市第一。围绕金鸡湖、独墅湖等水域,推动水上娱乐繁荣,文旅融合持续发展。强化文化娱乐市场监管,完成营业性演出审批592件(含上级),演出16000余场次。摸排园区正常营业娱乐场所18家,引导行业安全健康发展。

（季已辰）

文化设施

【概况】　2023年,园区加快公共文化载体建设,聚焦重点项目,统筹推进苏州当代美术馆工程建设、运营筹建、展览筹备等各项工作,完成项目主体结构封顶,明确运营模式并完成核心管理团队搭建,拟定开馆大展初步方案。加快构建"4+N"片区市民中心布局,南部市民中心建设基本完工,西部市民中心完成内装及景观方案优化,东部市民中心完成主体结构封顶,北部市民中心"打造2.5级片区文化中心,提升基层公共文化服务能力"获评江苏省文旅厅公共文化服务高质量发展十佳案例。推进草鞋山国家考古遗址公园创建工作,创新打造新型最美公共文化空间,草鞋山考古遗址主题展厅、优艺美术馆(园区馆)获评2023年度江苏省最美公共文化空间,"数字草鞋山"文旅元宇宙应用入选苏州市数字政府优秀案例,首次将AR技术在国内遗址现场应用,再现先民生活场景。苏州文化艺术中心鸟巢演艺集聚区1号国风剧场获评第三批"江苏省示范小剧场"。

（季已辰）

【园区公共文化中心】　2023年,园区公共文化中心增挂"苏州工业园区草鞋山考古遗址公园管理处"牌子,新增草鞋山遗址保护、遗址公园规划建设与运营管理职能。整合独墅湖图书馆、园区文化馆、园区美术馆、草鞋山考古遗址公园"3馆1公园"资源优势,探索满足人民需求、促进区域发展、具有园区特色的公共文化建设之路。开展草鞋山国家考古遗址公园

2023年4月15日,2023第六届苏州·金鸡湖双年展在李公堤开幕
（园区公共文化中心　供稿）

创建工作。推进图书馆、文化馆分馆建设，年内新建图书馆分馆1家、文化馆企业分馆3家。启动楼道美术馆、"读吧SIP"项目，在园区代表性区域，建成10个阅读广场、10辆阅读巴士、10个阅读便利店。截至年底，园区有公共文化各类服务网点369个。举办第六届苏州·金鸡湖双年展，开设3个主题展，全城联动20个平行展，吸引观众超1000万人次。举办第二届园区"云上市民文化节"，发布6个主题200余场全民文化艺术活动，24小时不间断提供各类优质公共文化服务。举办"赖声川大讲堂""丁乃竺的会客厅"两大品牌活动，联合"上剧场""苏州表坊"策划"暗恋桃花源"大会演活动。举办园区第十三届全民阅读季、第五届金鸡湖朗诵大赛、2023"寻找城市选书人"、第九届歌唱大赛、第十届群众健身舞蹈大赛等文化活动。举办"中国当代艺术新学院方式——北京电影学院新媒体艺术实验室群展"、"天际线——管怀宾作品展"、"我画顾我在"顾人德艺术回顾展、园区首届青年美术作品展等大型展览。注重非遗保护与传承，举办"传统最美好，传承一起潮"——2023苏州工业园区"文化和自然遗产日"非遗市集主题活动，同步开展"非遗种草官"系列活动，通过数字影像记录"洋苏州"推广非遗的故事。精心打造原创音乐作品《吴侬芳华》和原创舞蹈作品《水井人家》，分别获得苏州市群众文化"繁星奖"金奖及铜奖。推出"惠民八条"服务举措，创新"全民阅读宣讲行动"，提升场馆错时延时开放实效。大力推进"艺术夜校"项目，升级"园区文化云""书香园区"2.0版，进一步提升便民服务覆盖面。年内，草鞋山考古遗址公园被认定为第一批江苏省省级考古公园，主题展厅入选2023年度江苏省"最美公共文化空间"名单，推动园区在第五届苏州市群众文化"繁星奖"中获得2金4银11铜佳绩，取得"苏州市三八红旗集体"、NSTL优秀服务单位（连续12年）等一系列荣誉。 （田瑛娟）

【苏州文化艺术中心】 2023年，苏州文化艺术中心（简称"苏艺"）演出2150场次，电影放映3.8万场次，服务观众90万人次，艺术培训在籍学员6800人，接待参访团体242批次，全场馆接待服务超过350万人次。坚持主业融合发展，大剧院、喜剧院、音乐厅演出300余场次。引进国内一流、国际领先的高品质演出40余场。全新策划"起风·起舞"系列演出，包括《红楼梦》《只此青绿》等热门舞剧，推动"从伦敦西区到百老汇"系列原版音乐剧落地运营，《玛蒂尔达》连演13场，创造苏州国际引进项目场次之最。完成10部原创及版权作品的市场化制作运营，在国内外演出600余场。打造原创沉浸式感官体验剧《声入姑苏·同里》《声入姑苏·阊门外》，系列演出从全国230个项目中脱颖而出，获评中国旅游协会中国服务——年度旅游产品十大创新案例。坚持"艺术人文影院"品牌建设，举办电影大师帕索里尼作品展、上海国际电影节电影周、香港经典电影展映、俄罗斯电影展、金鸡奖影展苏州站、国际修复电影展等48场。苏艺培训持续打造"国企品牌保障、艺术家授课、国际舞台展示、艺术团品质运营"四大发展优势，年内获新加坡国际合唱节银奖、中央音乐学院全国展演小组唱金奖、澳门国际音乐盛典上海赛区团体一等奖等国际和国家级奖项19项、省级奖项16项。接管苏州吴韵少年艺术团，在保证品牌品质基础上，强化规范管理与高效运营。苏艺演艺文化集聚区"大珍珠"项目完成首年度运营，演出1850场，社会与经济效益并重，获全国城市更新优秀案例；国风剧场获"江苏省示范小剧场"、苏州市旅游创新产品一等奖；魔术剧场获全球行业最高荣誉"梅林奖"，被《光明日报》等媒体专题报道。在苏艺主

动引进、积极策划、全力保障下，中国（苏州）演出交易会于5月举办。发起成立苏州剧院高质量发展联盟，召集各市场主体座谈交流，共同推动苏州演艺市场健康繁荣发展。管理输出项目——金湖文化艺术中心获淮安市宣传思想文化工作先进集体。签订新疆克拉玛依市演艺中心建设顾问咨询与委托管理协议，进一步夯实市场经营与产业拓展能力。开展国内外文化交流合作，彰显苏城亮丽文化名片。唐诗的回响：iSING!Suzhou和费城交响乐团中国新年音乐会分别在美国费城、纽约举行。音乐会作为文旅部"欢乐春节"品牌项目通过中央电视台向全球播出，入选年度江苏省中华文化走出去重点项目，获评第二批江苏省对外文化交流基地。首次作为承办单位，完成第五届江南文化艺术·国际旅游节的组织策划执行工作。11月，"纪念费城交响乐团访华50周年音乐会"全国三城巡演在苏艺上演。联合承办奥地利国际钢琴比赛中国区总决赛、PDE国际舞蹈展演中国总展演。为首届中国—阿拉伯国家动漫产业论坛开幕式、"苏州之夜"大运河文旅嘉年华、世界智能交通大会、金鸡湖半程马拉松赛、警营开放日等重大活动提供场地服务保障，彰显城市客厅、产业平台与复合运营的综合优势。 （惠欣愉）

【园区北部市民中心】 2023年，园区北部市民中心持续丰富文体服务供给，开展"青橙"系列活动1400余场，服务群众超过100万人次，入选江苏省公共文化服务高质量发展十佳案例，被认定为2023年苏州市体育服务综合体。精准投送文化内容，全年推出《圆环物语》《中央舞台系列》《天鹅与山魈》《灰姑娘和水晶鞋》等剧目演出23场。坚持每周至少放映1场公益电影，全年放映公益电影99场，吸引观众1万余人次。引进"央音展演"、小兰花舞蹈大赛等考级汇演，承

办全民阅读工作推进会、唯亭街道首届群众文化艺术节、第八届"温柔的力量"光影艺术展、"星光闪耀善行园区"2023年园区新时代文明实践主题活动等群众性文化活动近80场，每场接待200余人次。为群众健康生活加码，举办苏州市全民游泳系列赛·第二届青橙游泳联赛、东体之星长三角青少年体育系列挑战赛击剑项目苏州赛区赛、苏州青少年足球超级联赛丙组赛等体育赛事。开展全民健身日活动，限时免费开放游泳馆和所有球类场地，发放免费体验券600余张，当日客流5053人次。连续第二年开展国民体质监测，挂牌"苏州工业园区国民体质监测站"，完成园区2000余名市民体质监测，监测内容涵盖幼儿11项、成人16项、老年人17项。强化体育阵地建设，积极承接园区机关党员主题拓展、首届中外居民融合之"望湖杯"羽毛球友谊赛、社区趣味运动会等小型运动会及企事业单位团建活动。拓展文体服务合作广度，相继完成"苏体健身运动促健康主题空间（北部市民中心站）"、苏州市工人文化宫职工培训（文体）服务站等公共服务空间挂牌任务。　　　　（张　祎）

【园区文化馆】　2023年，园区文化馆探索文化建设新思路，提升公共文化服务效能，精心打磨原创作品，开展全民文化艺术普及活动。年内，开展各类公共文化服务活动104场，线上线下参与人数37万余人次。走进机关、企业、消防大队、邻里中心等地举办"春风行动·'兔'个好运带回家"活动10场，线上线下参与群众7200余人次。做好非遗保护与传承，上线原创视频节目《非遗种草官》，以外国友人视角体验苏州传统非遗技艺与民俗。开展传统文化创新品牌"吴地宝藏""吾在苏州逛历史""学问藏在＿里""古今悦动听！DING!"线上线下公益讲座38场，8.5万余人次关注参与。举办园区第九

届歌唱大赛、第十届群众健身舞蹈大赛。开展"鹤发童心"老少书法联展、第三届怡亭雅集书法展等公益展览17场。开展基层群众文艺骨干培训服务，培训学员750余人次。推进"艺术夜校"项目，打造"艺先锋益幸福"园区文化馆企业分馆。打磨原创文艺精品，推动园区在第五届苏州市群众文化"繁星奖"中获得2金4银11铜佳绩。开展理论研究工作，《聚焦焕新创意赋能，推动文化馆传统文化服务品牌高质量发展》入选第五届全国文化馆理论体系构建学术研讨会征文创新实践案例优秀案例，《品牌引领传统文化多元传播的实践探索》入选2023第三十三届苏锡常通群众文化信息交流暨理论研讨会论文汇编。

【园区图书馆】　2023年，园区图书馆新增纸本馆藏图书7.3万册，累计165.2万册。订阅报纸103种1164份、期刊703种3141份，收集地方文献、名人捐赠23册。年内新办借阅证16.85万张，截至年底，累计有效读者证144.41万张。全年服务读者1139.86万人次，图书借阅385.31万册次。开展各类阅读推广活动1893场，吸引113万人次参与。完善基层服务网点建设，年内新增观湖分馆1家，累计建成分馆25家、各类服务网点330个。打造"读吧SIP"项目，在园区代表性区域通过"看、听、观、触"多种形式导入阅读资源，并推出一系列"阅读+"创新品牌，打造国际化创新型城市阅读样本。联合苏州实验室、园区自贸法庭、生物医药产业园、中科纳米所等机构共建专题文献中心9个。与园区政协共建"圆融书房"，收藏苏州地方文献、中新合作发展及新加坡有关文献800余册。坚持以全民阅读季为品牌引领，联合特色书店，聚焦"书籍""读者"两大核心，持续推出"寻找城市选书人"活动。打造园区"城市领读者"队伍，在"读+"阅读现场，

搭建领读者和市民的阅读平台。持续开展"阅读WE巴"城市巡游、阅读巡礼迎新春、金鸡湖朗诵大赛、法国文学阅读周等活动。响应市民诉求，推出"惠民八条"服务新政，进一步放宽读者借阅期限和册数，开通第三代社会保障卡借阅功能，增设自助便民服务设施，完善无障碍服务通道。推行"四个一"全民阅读宣讲行动，通过建立100个宣讲站、聘任100名宣讲员、开展100场宣讲活动、招募100名观察员，创建可持续、可复制的推广模式。依托园区"文化云"平台，创新数字资源服务，推出云端漫读、线上阅读打卡、云展览、云游学、知识竞答等活动。全面升级"书香园区"平台，整合网上借阅、线下投递、自助借还、电子阅读、个性化订制阅读、微书评发布等服务。策划"书里书外·话题社""各书己荐"微书评等云端读者互动活动。深入拓展科技人才创新服务，发挥NSTL（国家科技图书文献中心）苏州站、国家知识产权信息公共服务网点优势，打造"智知"服务品牌，推出智知书香里、智知产业圈、智知云课堂、智知零距离4个专项服务。科技文献服务覆盖各类科技人才5000余人。定期发布生物医药、人工智能等5大产业信息监测月报，为重点企业提供专利监测、深度文献咨询等服务。年内，玲珑湾社区和淞泽社区获评全国"书香社区"，阅读品牌活动"重返'阅'球——迎新年"获评《图书馆报》2023阅读推广典型案例，"玩转星球"科普嘉年华入选2023年度苏州市社科普及惠民扶持项目，科技文献服务获国家科技图书文献中心优秀服务站二等奖及优秀服务站站长称号。

【园区美术馆】　2023年，园区美术馆举办展览10场，观众22.46万人次，其中线上8.77万人次，线下13.69万人次。坚持展览项目现当代艺术定位兼顾传统艺术普及原则，举办"中国

当代艺术新学院方式——北京电影学院新媒体艺术实验室群展"'虹——来自桥的世界'当代艺术展""天际线——管怀宾作品展""金鸡逐梦——中国当代草书名家作品学术研究展"等特色展览。承接第六届苏州·金鸡湖双年展，以"生动江南立体苏州"为主题，在苏州中心、园区美术馆、李公堤文创街区举办三大主题展，全城联动20个平行展，来自17个国家的100余位艺术家共2000余件作品参展；推出300余场美育活动，吸引观众超1000万人次，线上线下多维普及超10亿人次，全球超10种不同语种发布的主题报道近1000篇，各项数据创历史新高。强化公共文化教育，举办"第七届苏州工业园区艺术进社区"活动，启动楼道美术馆项目，以"艺术+楼道""艺术+公园""艺术+载体""艺术+学校"等形式，将艺术融入细微的社会单元。开展"跟我一起来看展""争做小小艺术家""让美遇见你"等公共教育活动，拓展园区美术馆艺术教育的外延，同时开启馆校共建的合作模式。在2022年度江苏美术馆馆际联盟优秀展评中，园区美术馆的"集成——中国当代艺术名家版画展"被评为优秀展览提名项目，"青梅空间文化艺术季"被评为优秀公共教育活动项目。

（田瑛娟）

【苏州当代美术馆】 苏州当代美术馆位于园区湖东CBD片区，右岸街西南侧，紧邻金鸡湖及摩天轮，占地面积4.88万平方米，总建筑面积5.95万平方米，展厅面积1.13万平方米。整个场馆由9个巧妙连接的独栋单体构成，设有4个展厅以及展演空间、多功能厅、艺术品商店、精致餐饮等配套服务空间，兼具展览、美育、文创、国际交流、艺术品收藏、学术研究、休闲旅游等功能。致力于建设成为一个能够体现苏州城市精神和园区风格特征、聚焦现当代艺术展示、世界一流水准的

高品质美术馆。截至2023年底，苏州当代美术馆主体结构建设完成。

（季已辰）

文学艺术

【概况】 2023年，园区坚持以人民为中心的创作导向，围绕改革开放45周年、园区开发建设30周年等重大主题，推出《太湖万物生》《壮丽的云》《离别》《历程的献词》等一批主题突出、特色鲜明、影响显著的文艺创作精品。其中文学、音乐、舞蹈等多个门类的作品获评全国优秀交响乐作品展演优秀作品、江苏重大题材文艺创作项目等奖项，获得国家、省、市级艺术基金扶持，实现思想性、艺术性、观赏性的有机统一，展现出具有国际特色、时代特征、园区风格的"江南文化"品牌。

（季已辰）

【苏州交响乐团】 2023年，苏州交响乐团（简称"苏交"）完成各类演出115场，包括乐季音乐会24场、室内乐11场、政府活动12场、商演22场、艺术普及46场。演出内容涵盖交响乐、歌剧、室内乐和跨界演出等多种类型。苏交频繁与"大咖"合作，包括著名指挥家克里斯托夫·艾森巴赫、梵志登、雷纳托·帕伦波，女高音歌唱家安吉拉·乔治乌，小提琴家马克西姆·文格洛夫，打击乐演奏家白伟岐，钢琴家郝端端，以及享誉世界多年的上海四重奏等艺术家。向观众介绍经典恢弘交响作品，包括柏辽兹《罗密欧与朱丽叶》、巴托克的《六首罗马尼亚民间舞曲》与《乐队协奏曲》、格什温的《蓝色狂想曲》、陈其钢的经典作品《五行》、多曼的《时间冻结》、马勒《第三交响曲》，以及音乐会版歌剧《罗恩格林》。乐季"大师系列"策划男高音歌唱家石倚洁与苏交木管五重奏的"咏叹之夜——石倚洁歌剧名段

精粹"，为观众集中展示歌剧经典唱段的魅力。第三届华夏音乐节创新策划"清·流古琴室内乐音乐会"，邀请上海音乐学院广陵派古琴名家戴晓莲教授，与苏交弦乐四重奏、长笛等乐器共同完成室内乐音乐会。积极开展文化交流，承办中法文化艺术周音乐会、费城交响乐团与苏交室内乐音乐会，参加南京森林音乐节、上海国际艺术节、深圳光明室内乐音乐节、海南岛国际音乐节等活动。苏交再次承办中国交响乐发展峰会，100余位国内各大乐团团长、近20余位音乐学院院长、中国音乐家协会的领导参加峰会。苏交与全国交响乐团同行进行深入交流，并演出朱践耳作品专场音乐会，用经典音乐传承"不能忘却的纪念"，彰显"文艺苏军""文化强市"的苏城名片，推动交响乐中国化、中国交响乐国际化。完成年度重点项目"历程的献词——苏州交响乐团原创委约作品音乐会"首演，邀请著名指挥家朱其元执棒，音乐会曲目由国内著名作曲家徐孟东、崔炳元、权吉浩、郝维亚、陈强斌、田田、梁楠7位作曲家共同打造，其中《丁香花开》《丹曦》——为二胡与大型管弦乐队而作、音乐故事——《孙武》等3部委约作品完成首演。《历程的献词》获全国优秀交响乐作品展演优秀作品、2023紫金文化艺术节优秀大型音乐作品奖及2023年苏州艺术基金奖等奖项。开展艺术普及教育，重点围绕苏州青少年交响乐团（简称"苏青交"）的运营展开。2月5日，苏青交首次登台亮相，与苏交音乐家一起，为1000余名观众带来《拉德斯基进行曲》等经典作品。7月6日，苏青交在指挥家陈燮阳的带领下，首次走出苏州在上海东方艺术中心举办音乐会。7月15日，苏州交响乐团泱泱国风音乐会举行。9月22日，苏青交受邀亮相第五届运博会开幕式。10月1日，苏青交于苏州市级机关大院奏响苏州市庆祝中华人民共和国成立74周年升旗仪式。苏州交

2023年7月15日，苏州交响乐团泱泱国风音乐会在苏州文化艺术中心举行

（苏文投集团　供稿）

响乐团附属合唱团成立，市教育局与苏文投集团举行签约仪式，合作共建附属合唱团及苏青交。

【苏州芭蕾舞团】　2023年，苏州芭蕾舞团（简称"苏芭"）跨时3年完成的大型原创芭蕾舞剧《壮丽的云》成功首演。创新的题材、创新的编排，让该剧迅速走红。作为中国与西班牙建交50周年、中国与阿尔及利亚建交65周年的重要文化交流活动之一，苏芭携特色剧目《忆江南——芭蕾精品荟萃》先后赴西班牙的巴塞罗那，阿尔及利亚的康斯丁与阿尔及尔展开为期13天的两国三城演出和交流活动。举办第二届苏州国际芭蕾艺术节，该届艺术节除演艺板块外，还加强多领域合作，联合苏艺、中法文化艺术交流协会，举办PDE国际舞蹈展演2023—2024季中国总展演（苏州）、第二届中欧舞蹈高峰论坛等系列活动。享誉国际的"芭蕾皇后"谭元元受聘为苏芭艺术总监。改编自加拿大温尼伯皇家芭蕾舞团版本的古典芭蕾舞剧《天鹅湖》完成创排并首

芭蕾舞剧
《天鹅湖》
首演回顾

演。《中央舞台系列4——心光》正式与观众见面，该作品由苏芭演员自编自导自演，集中体现青年编导们在寻求创新与突破中的不懈努力，传递出新一代芭蕾人对于艺术的探索和时代的感悟。

（惠欣愉）

【文艺创作】　2023年，园区依托赖声川、范小青、王尧文艺名家和工作室，实施文艺作品质量提升工程。房伟报告文学作品《太湖万物生》出版。红色革命题材小说《追寻》由园区居民沈华、丁琦历时10年创作出版。魔术戏剧《时间的结晶》、交响乐《历程的献词》2个项目获得苏州艺术基金扶持。苏芭重点围绕新剧《壮丽的云》进行修改打磨，于4月底在苏州首演，并完成杭州、上海、北京等地首轮国内巡演。《离别》《绣娘》《雨帘》等舞段入选中西建交50周年、中阿建交65周年系列文化活动，3个舞段获国家艺术基金、江苏艺术基金、苏州艺术基金"大满贯"资助，入选2023江苏重大题材文艺创作项目。进一步丰富"中央舞台"系列演出作品库，演员自编自导自演的《中央舞台系列4——心光》完成首演。举办第二届苏州国际芭蕾艺术节。开展艺术讲座、大手牵小手艺术普及周、音乐会导聆和

"舞蹈大师""走进排练厅""一起跳舞吧！""芭蕾大师课"等艺教活动。苏交举办大型原创委约作品音乐会《历程的献词》，7部原创交响乐作品同时上演，其中二胡与大型管弦乐《丁香花开》《丹曦》、音乐故事——《孙武》等3部委约作品完成世界首演，获得全国优秀交响乐作品展演优秀作品、2023紫金文化艺术节优秀大型音乐作品奖及2023年苏州艺术基金奖等奖项。

（季己辰）

【艺术展览】　2023年，园区以全民美育为服务宗旨，举办艺术展览35场，吸引观众超过1000万人次。举办第六届苏州·金鸡湖双年展，以"生动江南立体苏州"为主题，在苏州中心、金鸡湖美术馆、李公堤文化创意街区举办三大主题展，全城联动20个平行展办展，吸引来自17个国家的100余位艺术家，共2000余件作品参展。坚持现当代艺术定位兼顾传统艺术普及，携手国内外知名当代艺术家与苏州本地艺术家，举办"中国当代艺术新学院方式——北京电影学院新媒体艺术实验室群展""天际线——管怀宾作品展""'我画顾我在'顾人德艺术回顾展""园区首届青年美术作品展"等大型展览，吸引青年群体观展，以"美育"涵养城市精神美誉度。举办第二届园区"云上市民文化节"，与法国蓬皮杜艺术中心、勒·柯布西耶基金会、比利时勒内·玛格丽特博物馆、中国美术馆、西岸美术馆、嘉德·宥爱艺术中心、优艺美术馆等国内外知名艺术机构联袂直播精品展览。

（田瑛娟）

文化遗产保护

【概况】　2023年，园区草鞋山考古遗址公园核心区建成开放，项目入选第四批国家考古遗址公园立项名单。

斜塘土地庙及永安桥修缮工程、市保单位乙未亭文保修缮工程通过专家验收。推进非物质文化遗产保护，落实"保护为主、抢救第一、合理利用、传承发展"工作方针，坚持创造性转化、创新性发展，秉持"见人见物见生活"非遗工作理念，不断提升非遗保护水平。做好基本建设文物保护工作，进一步探索考古前置委托模式，委托园区土地储备中心进行考古勘探资质单位招标，园区文体旅游局负责业务指导和全过程监管，提升考古前置全流程工作时效。 （季己辰）

【物质文化遗产保护】（参见第12页）

【非物质文化遗产保护】（参见第13页）

【草鞋山考古遗址公园】 2023年，围绕国家考古遗址公园创建，园区文化部门加强草鞋山考古遗址研究阐释、保护利用和文化传承。编制《草鞋山国家考古遗址公园创建实施方案（2023—2025）》，出版《草鞋山出土文物精品图录》。举办纪念草鞋山遗址考古发掘50周年学术研讨会，发布50周年专题片《最初的凝望》，召开专家咨询会，研究优化《草鞋山考古遗址公园规划》《夷陵山本体保护展示工程方案》，完成一期征地工作。实施公园景观提升、展厅展陈更新、数字化空间等项目，提升公园可看性；推进周边交通、公交线路优化，提升公园便捷性；优化预约机制、便民设施，解决高峰期"一票难求"的供需矛盾。举办丰收嘉年华、草鞋山文化大讲堂、春日游园会、公众考古体验等品牌活动，线上开设《寻迹草鞋山》《稻田守望者》《考古进行时》品牌专栏。草鞋山考古遗址公园逐步成为探源江南文化的首选地，展示园区文旅融合的"金名片"，获评2023年度江苏省"最美公共文化空间"省级考古遗址公园、2023年度江苏省科普教育基地。全年接待入园4.6万余人次，线上线下参与活动近30万人次。

【"文化和自然遗产日"非遗市集主题活动】 2023年6月22日，"文化和自然遗产日"非遗市集主题活动在金鸡湖城市广场举行。活动由园区公共文化中心和金鸡湖端午龙舟赛联合举办。活动以"传统最美好，传承一起潮"为主题，以"体育+非遗"为切入点，将中国传统水上竞技运动与非遗文化动静结合充分展示。40个文化展位汇集8项国家级非遗代表性项目、2项省级非遗代表性项目、8项市级非遗代表性项目，以及10项苏州传统端午民俗等，吸引众多市民游客了解体验。

【"纪念草鞋山遗址考古发掘50周年"学术研讨会】 2023年6月28日，"纪念草鞋山遗址考古发掘50周年"学术研讨会在园区举行。国家文物局考古司副司长张凌、中国社会科学院学部委员、中国考古学会理事长王巍，北京大学考古文博学院教授赵辉，江苏省文化和旅游厅二级巡视员孙士泽，苏州市委常委、宣传部部长金洁，园区党工委副书记、管委会主任林小明，以及国家文物局、省文物局相关处室负责人，国内外的文物考古专家学者和媒体代表100余人出席活动。全国各地40余位考古专家通过主旨演讲、交流发言、闭门会议，进一步挖掘草鞋山遗址的考古成果和文化价值，深化苏州地域文明探源、长江下游文明进程、古城发展变迁与江南文化绵延等课题研究，推动文化遗产"活起来"，擦亮苏州史前文化展示的"金名片"。开幕式上，草鞋山遗址考古工作站、中国社会科学院考古研究所环太湖地区古代文明探源研究中心、国家文物局考古研究中心苏州工作站揭牌，《草鞋山出土文物精品图录》发布，中国社会科学院考古所、国家文物局考古研究中心与苏州市文物局签订战略合作协议。中国考古学会新石器时代考古专业委员会年会、草鞋山国家考古遗址公园创建专家咨询会同期举行。 （田瑛娟）

2023年6月28日，"纪念草鞋山遗址考古发掘50周年"学术研讨会在园区举行
（园区公共文化中心 供稿）

文化活动

【概况】 2023年，园区对接国内外高端平台、顶尖资源，提升文化服务效能，开展文化惠民活动，打造具有园

区特色的文化品牌。2023"欢乐春节"——唐诗的回响：iSING! Suzhou和费城交响乐团中国新年音乐会在美国费城、纽约举行。完成第36届中国电影金鸡奖初评工作，苏州金鸡湖电影星光大道正式向公众开放。举办第二届苏州金鸡湖中法文化艺术周，拓展中法文化交流渠道，促进文明互鉴。举办第五届江南文化艺术节、第十三届江苏书展、全民艺术提升季园区系列活动。策划"相约狮城遇见江南"新加坡苏州文化周、园区开发建设30周年等系列活动。2023年iSING!Suzhou国际青年歌唱家艺术节入选《音乐周报》中国音乐艺术推动力量名单，苏州金鸡湖作曲比赛入选中国音乐艺术开拓力量名单。音乐《吴侬芳华》，合唱《路边的童谣》获苏州市第五届"繁星奖"金奖，"重返'阅'球——迎新季"阅读品牌获评全国阅读推广典型案例。

【唐诗的回响：iSING! Suzhou和费城交响乐团中国新年音乐会】 2023年1月6—7日，唐诗的回响：iSING! Suzhou和费城交响乐团中国新年音乐会分别在美国费城、纽约举办。该音乐会由iSING!Suzhou国际青年歌唱家艺术节倾力打造，是"欢乐春节"重点项目。音乐会在延续"国际友人传唱中国经典"的同时，首次在西方主流艺术殿堂与世界级交响乐团合作呈现

中华文化瑰宝——唐诗，为观众奉献一场东方诗歌与西方音乐交相辉映的视听盛宴，用音乐架起桥梁，让世界看见苏州文化名城的活力与中国文化自信。

【纳凉电影夜·优秀电影展映】 2023年8月22日，"纳凉电影夜·优秀电影展映"活动在园区北部市民中心启动。活动由苏州市委宣传部、苏州市文明办主办，园区宣传和统战部、苏州广电总台承办，苏州广电农村数字电影院线有限公司协办。启动仪式上发布展映影片集锦视频，并上演"光影的故事"特别节目——用歌曲串烧的方式回顾苏州人喜闻乐见的优秀电影。活动采用"书·影"相结合的方式，现场设置"光影时刻互动展示区""光影书局""城市读书营地"，供市民打卡互动。活动陆续在园区市民广场、休闲公园、工地、企业等举行，通过20部近年来票房与口碑双丰收的优秀影片为园区市民带来精神文化大餐，突出江南文化内涵，共享露天电影的快乐。

【第36届中国电影金鸡奖初评】 2023年9月22日，第36届中国电影金鸡奖初评在苏艺举行，江苏省电影局副局长王明珠会见中国电影家协会第36届金鸡奖评委会的14位专家评委，江苏省、苏州市、园区相关领导参加仪

式。9月28日于苏艺举行闭门会议。初评过程中，评委们始终坚持"学术、争鸣、民主"的评奖原则，遵循"六亲不认，只认作品；八面来风，自己掌舵；不抱成见，从善如流；充分协商，顾全大局"的评奖方针，集中、完整地审看入选的146部故事片，并先后展开5次讨论，以现场实名投票方式评选产生19个奖项的提名名单。该次会议时间短、任务紧，园区在时间条件紧张的情况下，为中国电影家协会提供专业、细致的服务，充分发挥评奖基地的专业精神和服务至上的精神面貌，为初评会议提供保证，得到协会专家一致好评。

【第二届苏州金鸡湖中法文化艺术周】 2023年10月21—28日，由园区文体旅游局联合巴黎旅游局主办的2023第二届苏州金鸡湖中法文化艺术周在李公堤文化创意街区举行。活动为期1周，推出博物馆对话、芭蕾及交响乐演出、展览、市集、美食节等精彩活动，主要活动包括开幕式、不止"凡尔赛"展览、中法博物馆之间的对话等内容。该活动拓展中法交流渠道，让苏州市民不出国门就能体会地道的法国文化，让法国人民更深入全面了解活力、创新、艺术的苏州工业园区，让更多企业家亲身感受到园区国际一流的居住环境和营商环境，有利于吸引更多优质跨国公司投资。　　（季己辰）

表41　园区重要文化活动情况（2023年）

序　号	活动主题	活动时间	主办单位	活动地点
1	唐诗的回响：iSING! Suzhou和费城交响乐团中国新年音乐会	1月6—7日	苏州市委宣传部	美国费城、纽约
2	全民阅读春风行动——"HAPPY 兔 YOU"阅读巡礼迎新春	1—2月	园区宣传和统战部	园区
3	"春风行动·'兔'个好运带回家"活动	1—2月	园区公共文化中心	园区
4	赖声川大讲堂——文化与城市	2月18日	园区宣传和统战部	苏州文化艺术中心
5	丁乃竺的会客厅——对谈杨明义：道不尽江南情	2月18日	园区宣传和统战部	苏州文化艺术中心

续表

序 号	活动主题	活动时间	主办单位	活动地点
6	第六届园区艺术进社区闭幕式及颁奖活动	3月10日	园区宣传和统战部	明·美术馆
7	"草鞋山文化大讲堂"系列讲座《从草鞋山看良渚文化与中华文明》	3月12日	园区宣传和统战部	园区图书馆
8	"樱味有你"阳澄湖半岛春日赏樱会	3月18日	半岛度假区管委会	半岛度假区
9	意大利电影大师帕索里尼作品展	3月24—26日	中国电影资料馆、苏州市委宣传部	苏州文化艺术中心
10	L+众学空间开放仪式暨园区重点产业科技信息服务站揭牌仪式	4月8日	园区公共文化中心	园区图书馆
11	第六届苏州金鸡湖双年展	4月15日至6月25日	园区管委会	苏州中心、金鸡湖美术馆、李公堤文化创意街区
12	园区第十三届全民阅读季开幕	4月22日	园区宣传和统战部	园区北部市民中心
13	"东方慧湖杯"大学生话剧节	5月10日至12月12日	科教创新区管委会	科教创新区
14	江苏大剧院原创民族舞剧《红楼梦》	5月11—14日	苏州文化艺术中心	苏州文化艺术中心
15	第二届金鸡湖景区中意文化交流节	5月19—22日	园区宣传和统战部	园区
16	大道文化出品 戏台三部曲之《惊梦》	5月25—28日	苏州文化艺术中心	苏州文化艺术中心
17	第五届中国苏州江南文化艺术·国际旅游节开幕活动	5月30日	江苏省文化和旅游厅、苏州市政府	苏州文化艺术中心
18	2023中国（苏州）演出交易会	5月29日至6月1日	中国演出行业协会、苏州市文化广电和旅游局	苏州文化艺术中心
19	2023园区"寻找城市选书人"活动	6月21日	园区公共文化中心	诚品书店
20	2023园区"文化和自然遗产日"非遗市集主题活动	6月22日	园区公共文化中心	金鸡湖城市广场
21	"纪念草鞋山遗址考古发掘50周年"学术研讨会	6月28日	中国考古学会、江苏省文物局、苏州市政府	园区
22	光影再现·香港主题电影展映	7月8—16日	苏州市委宣传部	苏州文化艺术中心
23	话剧《初步举证》	7月21—22日	苏州文化艺术中心	苏州文化艺术中心
24	园区第五届金鸡湖朗诵大赛	7—9月	园区宣传和统战部	湖东市民广场
25	园区第九届歌唱大赛	7—10月	园区宣传和统战部	园区
26	园区第十届群众健身舞蹈大赛	7—11月	园区宣传和统战部	园区
27	"天际线"——管怀宾作品展	8月13日	园区宣传和统战部	园区美术馆
28	2023奥地利国际钢琴（公开组）比赛中国区总决赛	8月19—20日	维也纳钢琴家协会	苏州文化艺术中心
29	纳凉电影夜·优秀电影展映	8月22日	苏州市委宣传部、苏州市文明办	园区北部市民中心

续表

序　号	活动主题	活动时间	主办单位	活动地点
30	舞剧《咏春》	8月25—27日	苏州文化艺术中心	苏州文化艺术中心
31	中国—阿拉伯国家动漫产业论坛	8月30日	中国文化和旅游部、江苏省政府、阿拉伯国家联盟秘书处	苏州文化艺术中心
32	俄罗斯电影展	9月1—3日	国家电影局、俄罗斯文化部	苏州文化艺术中心
33	西班牙曼纽尔·利南弗拉明戈舞团《生命万岁！》	9月16日	苏州文化艺术中心	苏州文化艺术中心
34	2023长三角地区阅读马拉松大赛（园区图书馆赛区）	9月16日	上海图书馆、南京图书馆、浙江图书馆、安徽省图书馆	园区图书馆
35	第36届中国电影金鸡奖初评	9月22日	中国电影家协会	苏州文化艺术中心
36	《斯拉法的下雪秀》	9月27日至10月1日	苏州文化艺术中心	苏州文化艺术中心
37	PDE国际舞蹈展演2023—2024季中国总展演（苏州站）	10月2—4日	中法文化艺术交流协会、苏州芭蕾舞团	苏州文化艺术中心
38	"湖畔的诗意"——金鸡湖美术馆十年馆藏作品展	10月12日至11月12日	园区公共文化中心	园区美术馆
39	第二届苏州金鸡湖中法文化艺术周	10月21—28日	园区宣传和统战部	李公堤文化创意街区
40	伦敦西区原版音乐剧《过去五年》	10月26—29日	苏州文化艺术中心	苏州文化艺术中心
41	第二届草鞋山文化节丰收嘉年华活动	10月28日	园区宣传和统战部	草鞋山考古遗址公园
42	"遇·鉴巴黎"朗诵会	11月3日	园区宣传和统战部	半月湾"一棵树"露营地
43	2023金鸡影展苏州站	11月5—19日	中国文化艺术届联合会、中国电影家协会	苏州文化艺术中心
44	第七届法治院校文艺汇演	11月14日	科教创新区管委会	独墅湖影剧院
45	"艺先锋　益幸福"党建工作推进会暨公益文化集市活动	11月18日	园区公共文化中心	园区公共文化中心
46	俄罗斯圣彼得堡艾夫曼芭蕾舞团《安娜·卡列尼娜》《叶甫盖尼·奥涅金》	11月23—26日	苏州文化艺术中心	苏州文化艺术中心
47	第二届云上市民文化节	11—12月	园区公共文化中心	园区
48	舞蹈诗剧《只此青绿》——舞绘《千里江山图》	12月1—3日	苏州文化艺术中心	苏州文化艺术中心
49	七幕人生出品　伦敦西区原版音乐剧《玛蒂尔达》	12月15—24日	苏州文化艺术中心	苏州文化艺术中心
50	"金鸡逐梦"——中国当代草书名家作品学术研究展	12月30日	园区公共文化中心	园区美术馆

（季已辰　惠欣愉）

文化产业

【概况】 2023年，园区聚焦"数字文化"和"内容版权"两大主攻方向，不断壮大市场主体，优化产业生态。年内，全区规模以上文化企业实现营业收入743.62亿元，居全市第二，增长16.8%；新设立文化企业1361家（其中注册资本1000万元及以上企业146家），注册资本57.94亿元。截至年底，园区有文化产业单位1.2万余家，从业人员近5万人，规模以上文化企业203家（增加22家）。

【文化产业政策】 2023年，园区加大政策保障力度，发挥政策导向作用。出台《苏州工业园区重点游戏企业库管理办法》，为游戏企业提供精准服务和政策保障。建立重点版权企业库，首批评定44家企业入库。推广"文创惠"文化金融服务产品，设立专项风险补偿资金池，首批授信3家企业。园区6家企业获中央文化产业发展专项资金（推动对外文化贸易发展项目）488万元，项目数和资金数均占全省一半。

【文化产业机制】 2023年，园区加强顶层设计，建立文化产业项目评估机制、政策兑付机制，加快项目落地。发挥园区文化产业项目招引培育工作专班作用，全年召开工作会议5次，各成员单位到上海、成都、北京、广州等地开展专题招商推介，新增项目72个，其中落地项目43个、在谈项目22个、已签约项目7个。举办或协办2023年度中国游戏IP生态大会、中国—阿拉伯国家动漫产业论坛、EDC雏菊音乐嘉年华、王者荣耀挑战者杯总决赛等大型产业活动，树立长三角地区数字文化新标杆。参展第十二届苏州文博会并举办分会场活动，园

区文体旅游局获评优秀组织奖，分会场获得三等奖。发挥数字文化产业联合会作用，举办"企业出海""数字孪生""赴美上市"等主题活动，为企业长远发展出谋划策。园区与中国音像与数字出版协会游戏出版工作委员会签订战略合作协议，通过中国游戏IP生态大会、中国游戏IP研究中心、中国游戏档案馆、游戏IP沉浸式展览等合作形式，高标准推进园区游戏产业健康快速发展。苏州自贸片区游戏企业服务中心开展6次国产网络游戏版号申请集中受理，开设版号申请"专家门诊"，为24家企业33款游戏产品开展服务，16款游戏获批版号，省内初审时效得到有效提升。

【文化产业园区建设】 2023年，园区继续实施"一园一策"文化产业园改造提升计划，加速打造一南一北两大文化产业集聚区。阳澄数谷一期顺利交付，苏州旭智营造、完美世界幻塔、Velosolutions泵道公园等一批重点项目签约或入驻。月亮湾文创产业园区争创国家级文化产业示范园区；56文创园获评苏州市文化产业示范园区，打造数字文化沉浸式产业园。友谊时光、大禹集团获评国家级文化产业示范基地，金鸡湖商务区入选江苏省文化和旅游产业融合发展示范区创建单位。

【文化产业重点项目】 2023年，园区聚焦文化产业集聚、文体旅融合发展。中国游戏IP研究中心、华人天澄EDC电音节、半岛足球公园（逸衡酒店）等重大项目落地，趣创文化传媒、HADO运动科技、超级玩家等优质项目投入运营。大禹数字文化产业基地项目、金鸡湖右岸区域提升改造项目、比斯特购物村入选省级重点文化和旅游产业项目，9个项目入选苏州市重点文化产业项目。启迪设计总部大楼、城

发建筑设计总部大楼投入使用，金螳螂文化总部大楼主体封顶。

【重点文化企业培育】 2023年，园区坚持引育并举，重点文化企业持续做大做优做强。园区6家企业入选"2023—2024年度国家文化出口重点企业"，累计入选企业11家。4家企业上榜第五届江苏省民营文化企业30强，占全市的57%；6家企业上榜江苏省重点文化科技企业，占全市的86%，数量蝉联全市第一。2家企业入选江苏省文化产业示范基地创建单位，6家企业获评苏州首届文化产业"东吴奖"，4家企业上榜"苏州市十大数字文化创意企业"。浩辰软件在上海证券交易所科创板上市，全区累计上市文旅版权企业8家。

【文化产业原创精品】 2023年，园区通过鼓励原创产品开发，孵化培育出一批优秀原创精品。3款原创游戏在2023年度优秀游戏评选大赛（金翎奖）中获得佳绩。其中，《幻塔》获评玩家最喜爱的移动网络游戏，《浮生忆玲珑》获评玩家最期待的移动网络游戏，《桃源深处有人家》获评最佳原创移动游戏。五十一区《桃源深处有人家》、完美世界《幻塔》、谜匣数娱《潜阈限界》在第三届中国游戏创新大赛中再获佳绩，其中五十一区《桃源深处有人家》入选2023游戏十强年度榜单。

【文化产业人才】 2023年，园区开展紧缺人才需求调研，梳理园区数字文创紧缺人才目录，建立重点文化人才储备培育名单。发挥各级人才政策作用，提升人才"引、育、用、留"全链条服务，1人入选省"双创"文化创业类人才，1人入选姑苏宣传文化B类特聘人才，5人入选姑苏宣传文化新秀培育计划，4家企业获得苏州市文化产业发展专项资金"高层次文化人才引进奖励"。

（季己辰）

卫 生

综 述

2023年,园区践行"健康中国"战略,以改革创新为动力,以高质量发展为主题,抓业务促发展、抓重点促突破、抓队伍促提升,打造与园区建设开放创新的世界一流高科技园区相匹配的医疗卫生服务体系,持续增加居民健康福祉。苏州市独墅湖医院于3月通过省三级综合医院定级评审,牵头的"1+11+X"医联体"五大区域资源共享中心"建设项目获评苏州市十佳深化医改典型案例。星海医院改扩建项目获评2023苏州十大民心工程。截至年底,全区有医疗卫生机构446个,有执业(助理)医师3788人、注册护士4521人、医疗机构床位4422张。医疗机构总诊疗量915.02万人次。

园区卫生事业宣传片

医疗卫生项目建设。苏州市独墅湖医院二期项目于12月出"正负零"。星海医院改扩建项目于12月竣工。星塘医院二期项目建成并于10月启用。唯亭社区卫生服务中心完成异地迁建项目立项及设计招标等前期工作。启动社区卫生服务站环境改造三年行动计划,完成首年10家改造任务。社会办医院——禧华妇产医院于9月举行落成庆典,君奥肿瘤医院、原一妇产医院等项目建设有序推进。

公立医院高质量发展。苏州市独墅湖医院于4月取得省人类辅助生殖技术资质,8月取得国家药物临床试验机构备案资质。推进"1+11+X"医联体赋能计划,依托独墅湖医院建成检验、影像、心电、病理、消供"五大区域资源共享中心",为11家成员单位提供临床检测、心电图诊断等服务15.24万人次、消毒5.62万件。启动中新苏州医学中心建设,推进"中新医学实验室""中新眼科治疗中心""中新心脏诊疗中心"等建设。

基层医疗服务创新。开展"优质服务基层行"活动,金鸡湖、跨塘、车坊社区卫生服务中心通过省级推荐标准。星海医院获评"江苏省基层医疗卫生机构消化内镜特色科室孵化基地"。星海医院消化内科、星湖医院老年医学科、金鸡湖社区卫生服务中心中医针灸科获评市级基层医疗卫生机构特色科室。金鸡湖社区卫生服务中心中医馆获评江苏省"五级中医馆"。金鸡湖社区卫生服务中心家庭医生团队获市"十佳家庭医生服务团队"称号。娄葑等7家社区卫生服务中心各新建1个家庭医生工作室。久龄护理院入选全国医养结合示范机构,为苏州市唯一入选单位。

公卫服务能力强化。创新推动职业健康工作,成立"职业健康校园联盟",实施"新羽计划"并组织开学开讲活动6场。完成职业病危害企业摸底调查386家。疾病防治中心实验室通过省职业健康重点实验室复评。园区代表队获市职业健康技能竞赛团体一等奖。园区获批国家卫健委第二批儿童青少年近视防控试点区。车坊社区卫生服务中心建成市级妇幼规范化及预防接种示范化门诊。娄葑街道建成苏州市城区首家家庭健康服务中心。星浦医院建成苏州市首批儿童友好医院。星塘医院等22家单位建成省、市健康场所,建成省首批、市首家营养健康社区及市营养餐厅(食堂)11家。

健康惠民服务内涵拓展。落实健康惠民政策,拓展健康惠民服务内涵。12月,成立生育友好促进中心,条块联动、创新借鉴、拓展内涵三位一体,加快建设生育友好型社会环境。开展婚检及孕产妇、新生儿疾病筛查1.21万人次。建成省、市普惠托育示范机构7个,获评全省首批、全市首家医疗机构托育实训基地1个;新增托位数739个,累计4315个,人均指标全市第一。完成妇女"两癌"及老年人、儿童免费检查17.9万人次。完成省民生实事初一女生HPV及儿童水痘疫苗接种15万剂次。新增管理慢性病患者1.3万人。开通24小时居民心理关怀热线，提供专业咨询1513人次。

医疗卫生行业监管治理。优化公立二级及以下医疗机构绩效考核，提升精细化管理水平。推进卫生健康领域"互联网+监管"工作，93%的民营医疗机构纳入云HIS数字化监管。开展托育机构信用评价39家，引导托育行业专业化、规范化发展。开展病原微生物实验室生物安全管理现场督查186家。组织公共场所、医疗机构等各类场所国家、省、市"双随机、一公开"检查755家次，开展园区跨部门"双随机"检查84家次。全年做出行政处罚53件，罚没款80.49万元。开展医药领域腐败问题集中整治工作，开展警示教育124场次2939人参加，修订完善相关制度37项。

数字健康工程建设。推进卫生数字化信息化升级工作，建设园区卫生专网。苏州市独墅湖医院通过国家电子病历五级评审，完成省互联网医院备案并入驻。推进4家公立二级医院信息系统标准化建设，梳理补全5大类18小类共47个业务系统。全面建成二级及以上公立医疗机构"先诊疗后付费"系统。上线试运行卫生人力资源系统，建成园区"三基"考试系统，启动区域信息平台、卫生综合管理系统、双向转诊等信息化项目。

学科人才队伍建设。新增苏州市临床重点专科8个、临床重点专科建设单位1个。招聘医疗卫生人员443人。国家级人才项目、省杰出青年人才项目实现零的突破，入选国家"万人计划"青年拔尖人才1人、省"双创"博士12人、"姑苏卫生人才计划"17人；苏州市独墅湖医院皮肤科张学军教授团队入选江苏省"双创团队"。支持诊疗技术研究与创新，获省科技厅杰出青年科学基金项目1项，其他省部级以上科研项目6项，医学引进新技术一等奖2项、二等奖4项；首次评定园区医学新技术引进奖22项。

医疗质量管理加强。依托苏州市独墅湖医院，成立医院感染管理、护理、药事管理3个区域质量控制中心，加强对院感、护理、药事工作的监管和指导。持续监测、重点监控合理用药情况，下发基层医疗卫生机构基本药物配备使用通报12期。组织开展抗菌药物合理应用培训12场次784人参加。强化医疗机构对患者诉求的重视程度，编发《园区公立医疗卫生机构信访投诉分析报告》6期。委托第三方开展公立医疗卫生机构患者满意度调查3106人次，总体满意度98.7%。强化医务人员专业知识水平考核，组织完成医务人员"三基"集中

考核900人次。

新冠疫情防控平稳转段。落实新冠病毒感染"乙类乙管"措施，采取扩容ICU床位、建立三级发热诊疗体系、做好新冠治疗物资及药品常态化储备及购置等措施，应对第二波感染高峰。妥善处置方舱医院及隔离点物资。开展2.42万名学校师生及重点行业人员、居民新冠病毒监测工作。

（唐超伦）

医疗卫生服务机构

【概况】 2023年，园区新增医疗卫生机构68家，截至年底，有医疗卫生机构446家。其中，疾病防治中心1家，三级综合医院2家，三级专科医院2家，二级综合医院4家，二级专科医院5家，一级综合医院1家，护理院3家，消毒供应中心1家，病理诊断中心1家，健康体检中心2家，社区卫生服务机构61家，急救站7家，护理站3家，门诊部、诊所及医务室339家，医学检验所14家。 （唐超伦）

【苏州工业园区疾病防治中心】 2023年，园区疾防中心优化服务模式，持续做好新冠病毒感染专项监测和肺炎支原体肺炎应急监测工作。指导车坊社区卫生服务中心儿童预防接种门诊示范化创建工作，通过市级验收。推进"先锋引路，健康相伴"书记项目，加强健康宣传教育。创建园区职业病危害企业底数动态更新模式，探索未来蓝领职业健康前置教育新模式，建立园区特色职业健康管理专班。指导星湾学校和翡翠国际幼儿园成功创建"全国营养与健康示范学校"，创建首家"园区集体用餐配送单位营养健康示范屋"。推进国家级青少年近视防控适宜技术试点区工作。依托园区"一网通办"平台，推出"开美容美发店一件事"项目。分析园区公共卫

2023年8月18日，苏州工业园区卫生健康工作推进会召开

（园区卫健委 供稿）

生指标情况,首次开展"苏州工业园区公共卫生重要指标分析比赛"。加强实验室检测能力建设,新增水质、公共场所、放射卫生领域CMA资质检测参数21项,现有CMA资质检测参数672项、CNAS资质检测参数181项。公共卫生科教项目持续推进,江苏省老年病预防与转化医学重点实验室开放课题、市科技发展计划(医疗卫生科技创新——应用基础研究)、市重大疾病及传染病预防和控制关键技术项目立项;申请专利1项;获批苏州市继续医学教育项目4项;获评"姑苏卫生人才计划"重点及青年拔尖人才、"金鸡湖卫生人才计划"青年拔尖人才4人。结题苏州市科技计划(民生科技)项目及省卫健委项目各1项。获评2022年度苏州疾控系统新闻宣传及安全生产先进集体、2022年度传染病防治工作先进单位、2023年苏州市职业健康技能竞赛职业健康检查和职业病诊断专业团体一等奖、2023年"健康苏州"建设典型案例。获评江苏省尘肺病防治项目先进个人1人、江苏省百名卫生防疫之星1人、首届苏州市疾控系统"优秀青年"3人。

（钱艾伦）

【苏州市独墅湖医院】 2023年,苏州市独墅湖医院设有临床科室32个、医技科室7个、研究机构4个,开放床位671张。全年门急诊、体检医疗服务112.19万人次,出院3.2万人次;完成手术1.13万例次、介入手术(DSA)和内镜检查2.18万例次、血透1.87万例次。医院有卫生专业技术人员1206人,其中,高级职称122人、中级职称280人,医师硕、博比例87.4%。全年新增国家"万人计划"青年拔尖人才1人、省"双创计划"人才1人、省"双创博士"项目培养对象12人、省"双创团队"1个、"姑苏卫生人才计划"16人;拥有国家级人才9人、省部级人才58人、市、区级人才84人。有博导25人、硕导70人,全年

招收博士35人、硕士65人。发挥公立医院职责与职能,围绕高水平诊疗服务、人才梯队培养、科研创新和生物医药转化一体化发展体系建设,通过三级综合医院评审,完成国家药物临床试验(GCP)机构认定、国家电子病历五级评审、"大精人工授精技术(AIH)"评审,获评"苏州工业园区五星级党组织""苏州工业园区文明单位"。依托"独墅医帜"党建联盟品牌,推动"1+11+X"医联体建设,"五大区域中心""四大救治中心"实际运行。医院获批国家自然科学基金4项、省重点项目1项、市、厅级项目56项、横向课题23项;发表SCI论文178篇、核心期刊论文95篇,获得专利授权2项;获批江苏省医体融合建设平台1项、苏州市重点实验室1个、园区重点实验室3个。通过四大国家级中心认证,成为胸痛中心、心衰中心、房颤中心、高血压达标中心认证单位,挂牌苏州市危重孕产妇救治中心、园区医院感染管理质量控制中心、园区护理质量控制中心。深化医企融合发展,推动高层次生物医药转化和医工合作,联合企业合作申报建立省级研究生工作站1个,合作申报专利8项,共同开展临床前研究11项,成功实施专利转化2项。

（吴红旭）

【苏州九龙医院】 2023年,苏州九龙医院设有临床医技科室52个、病区35个,开放床位1062张。有卫生专业技术人员1333人,其中,高级职称278人、中级职称433人,医师硕、博比例约53%。有省"双创计划"人才、"省333高层次人才培养工程"人才、姑苏卫生人才、金鸡湖卫生人才等13人。全年门急诊量119万人次,出院4.6万人次,完成手术2.2万例次,体检服务5.6万人次,DSA手术、内镜中心检查3.9万例次,完成血液透析3.8万例次。医院党委获评园区四星级党组织、苏州市卫健委先锋党组织。医院获评"最具社会责任感民营医疗机

构"和"苏州工业园区生育友好服务建设单位"。获中国非公立医疗机构协会授予"国际医疗旅游试点示范基地"和"长三角代表处成员单位"。新增肾内科、老年医学科、普外科为苏州市临床重点专科,新增已备案获批的药物临床试验专业数1个,获批苏州市级科研项目12项。获评省级医学科技奖、医学新技术引进奖2项,市级医学科技奖、医学新技术引进奖3项,区级医学新技术奖9项。发表SCI论文、核心期刊论文76篇,参与《中国介入心脏病学杂志》《临床心电学杂志》专家共识制定,参与"国家卫健委千县工程心电诊断中心建设指南"制定。新增专利授权10项。加强医工合作,科技成果转化取得零的突破,成功实施2项专利转化。中心实验室与东南大学开展联合研究,挂牌"东南大学苏州研究院—苏州九龙医院联合实验室"。参与苏州市产学研协同创新联盟,与苏州博士科技有限公司等40余家企业、研究院所协同互动,推进医院科教产学研一体化发展。住院医师规范化培训结业考核通过率100%。综合楼主体结构封顶,项目占地面积2.5万平方米,建筑面积11万平方米,主要用于医疗科教研发、培训服务。

（张　洁）

【苏州工业园区星海医院】 2023年,苏州工业园区星海医院设有临床医技科室28个、病区2个。有在职职工328人,其中卫生专业技术人员294人。有高级职称102人、中级职称144人,硕、博研究生24人。全年门急诊量19.86万人次,出院2614人次,临床路径管理1469人次,住院手术651人次。成立消化内科,与江苏省人民医院消化内科建立合作关系,授牌"江苏省基层医疗卫生机构消化内镜特色科室孵化基地",被市卫健委命名为苏州市基层医疗卫生机构特色科室。进一步拓展护理服务内

星海医院 （园区卫健委 供稿）

涵，新开设糖尿病、围产期、外周中心静脉导管等3个护理专科门诊。医院改扩建项目入选苏州十大民心工程。医院获评"2022年度脑卒中高危人群筛查和干预项目先进基层单位"；医院健康讲师社团获评园区总工会"2023年度示范职工社团""苏州工业园区第三届企业职工服务创新项目大赛优秀职工社团项目奖"。申报苏州市科技局科研课题2项，其中放射科"磁共振多模态功能成像技术对急性缺血性脑卒中出血转化预测的应用研究"项目为指导性立项；申报医学新技术1项，获评苏州市和园区医学新技术引进项目二等奖。选派62名骨干到上级医院进修，派出1名骨科医生对口支援新疆霍尔果斯人民医院。

（李雪燕）

【苏州工业园区星湖医院】 2023年，苏州工业园区星湖医院核定床位200张，实际开放床位200张，设有临床科室22个、医技科室5个、病区7个。有卫生专业技术人员279人，其中，高级职称55人、中级职称139人、硕士及以上学历20人。全年门急诊量31.77万人次，出院4289人次，完成手

术1237例次。参与《门诊患者人文关怀管理规范》团体标准编制，获批2020—2022年度园区文明单位。获评园区"平安医院先进集体"，新设重症医学科，老年医学科获评苏州市基层医疗卫生机构特色科室。全年组织健康讲座20场次、义诊活动8场次，惠及居民2000余人次。举办苏州市继续教育项目7项，培训400余人次。选派25名医护人员到上级医院进修学习。全年在省级以上学术期刊发表论文30余篇。骨伤科参与苏州市科技计划——民生科技科研项目1项，并完成结题。护理新技术获批专利1项。在园区"医师登台科普秀"比赛中获三等奖，在园区妇幼健康职业技能竞赛及卫生健康系统健康促进技能竞赛中分别获得宫颈癌防治二等奖和优秀组织奖。园区久龄护理院依托星湖医院实施一体化管理，实现医疗资源共享，开设病区6个，开放床位180张，全年住院床日4.84万天。获评苏州市唯一"全国医养结合示范机构"、苏州市第一批市级安宁疗护试点医疗机构、2023年度苏州市护理院卫生健康信用等级评价"A级优秀单位"。

（闫思思）

【苏州工业园区星浦医院】 2023年，苏州工业园区星浦医院核定床位200张，实际开放床位136张，核定人员275人。有职工204人，其中卫生专业技术人员177人。高级职称38人、中级职称92人。硕士研究生11人、本科生143人。设有临床医技科室23个，开设内（儿）科病区、外科妇产科病区。全年门急诊量29.68万人次，出院2946人次，住院手术748例次。完成两癌筛查妇女病普查2760人次、退休人员体检2777人次、老年人体检5810人次、学生体检1845人次。举办院内线上线下业务培训22次，培训1143人次。选派18名医护人员分别至东南大学附属中大医院、苏州大学附属第一医院、苏州市独墅湖医院、苏州市中医医院等医院进修学习。发表核心期刊论文4篇。举办苏州市继续教育项目"基层医院普外科的发展与应用学习班"，参与人数83人。内科徐峰医师赴新疆霍尔果斯医院开展为期半年的医疗帮扶工作。推出有意见"码"上提等一系列暖心服务品牌，不断改善患者就医体验，提高患者满意度。创建苏州市儿童友好医院，获评2023年平安医院先进集体。内科病区获评2023年度园区卫生健康系统"示范病区"。在苏州市家庭药师职业技能竞赛中获得团体一等奖和个人二等奖，在苏州市中医经典技能竞赛中获得团体三等奖和个人优秀奖，在园区第三届职业技能竞赛项目腹腔镜手术基础技能大赛中获得二等奖，在园区妇幼健康职业技能竞赛中获得儿童眼保健二等奖。4名医护人员分别获评园区"医德医风标兵""最美医生""最美护士""最美公卫人"，3名职工获评2023年度"园区优秀工作者"。

（徐 轩）

【苏州工业园区星塘医院】 2023年，苏州工业园区星塘医院核定床位240张，实际开放床位150张。设有临床

2023年10月28日，星塘医院二期启用暨中医药大型义诊活动举行
（园区卫健委　供稿）

科室19个、医技科室4个、病区4个和体检中心、内镜中心、层流洁净手术间。有职工244人，其中卫生专业技术人员225人，高级职称45人、中级职称83人，硕士及以上学历24人。10月28日，医院二期门诊大楼启用，全年门急诊量27.13万人次，出院3129人次，手术826例次，分娩26人次。新开设神经内科和呼吸内科门诊及病区，着重提升甲乳专科和骨伤科新技术。安排9名医师、8名护理人员到上级医院进修学习，选派1名外科业务骨干赴新疆霍尔果斯市开展医疗帮扶工作，获"霍尔果斯市医疗系统优秀援疆工作者"称号。调整公共卫生科室设置，完成失地动迁居民体检5352人，老年人免费体检9316人，妇女普查1246人，"两癌"筛查1091人，退管人员体检3199人，失独老人体检80人。加快筹建园区中医医院，招聘中医师5人、中药师3人，主要为中医肺病、中医心脑病、治未病等专业方向。开展"西学中"课程培训，完成18课次288个学时培训。开展"传承创新，岐黄社区行""中医药文化进校园"等系列活动，惠及群众1000余人次。医院采用微信问卷形式打造"海棠心声"平台，收集职工及患者的建议意见，共收集职工建议128条、患者建议132条。在苏州市中医经典技能竞赛中获团体三等奖和个人优秀奖，在园区第三届职业技能竞赛项目腹腔镜手术基础技能大赛中获第一、二名，在园区妇幼健康服务技能竞赛危重孕产妇救治组中获个人三等奖。成功创建"苏州市健康促进医院"，获评"2023年度平安医院先进集体"，内科病区获评"苏州市优质护理服务先进集体"。

（蔡兰君）

疾病预防控制

【概况】　2023年，园区全力做好疾病应急监测和保障工作，助力新冠疫情防控平稳转段。强化支原体肺炎等呼吸道传染病监测预警，完善慢病防治体系。开展健康教育，提升居民健康水平及健康素养，推进"以治病为中心"向"以健康为中心"转变，为人民群众提供全方位全周期健康服务。

【免疫规划】　2023年，园区完成免疫规划疫苗接种19.33万剂次，非免疫规划疫苗接种16.61万剂次（不含狂犬病疫苗），常规疫苗全程合格接种率均达到95%。完成新冠病毒疫苗接种7448剂次。开展适龄儿童水痘疫苗免费接种24598剂次，65岁以上户籍老年人23价肺炎疫苗免费接种1617剂次，初三学生麻风疫苗免费接种7585剂次。

【传染病预防控制】　2023年，园区法定传染病及时报告率、及时审核率、报告质量综合率、及时响应率均达100%。新冠病毒、猴痘等重点传

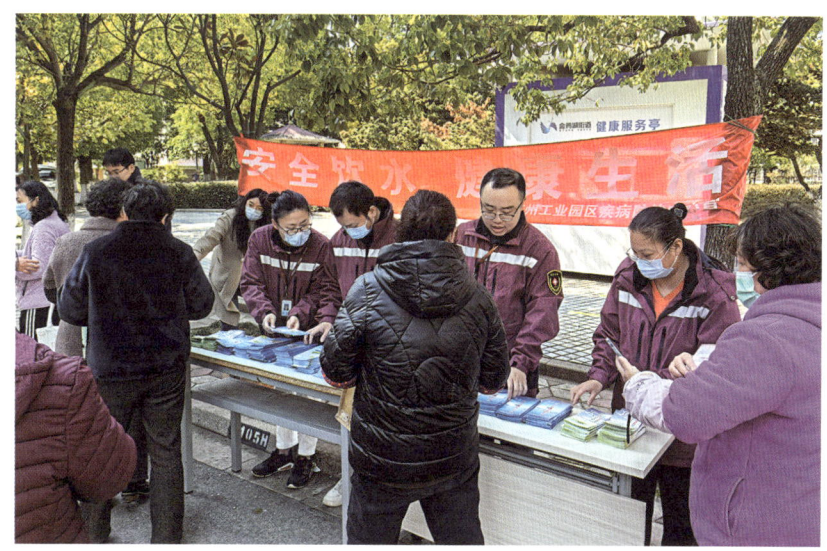

2023年2月27日，园区疾防中心工作人员到社区普及安全饮水和健康生活知识
（园区卫健委　供稿）

染病个案流调率100%。报告乙类传染病11种5632例，发病率489.57/10万，上升373.29%。发病前五位的乙类传染病为新冠病毒感染、病毒性肝炎、梅毒、肺结核、淋病。报告布鲁氏菌病1例，出血热1例，无死亡病例。报告艾滋病死亡病例3例。报告丙类传染病7种42873例，发病率3726.79/10万，上升899.84%，无死亡病例。开展各类人群HIV抗体检测33.9万人次，发现HIV抗体阳性46例。开展艾滋病防治知识讲座20余场，受众3600余人次。开展公共娱乐场所服务人员预防艾滋病综合干预6171人次、男男性行为人群干预1612人次。发现和管理结核病病人146人，病原学阳性病人治愈率98.04%，系统管理率等各项指标均达100%。处理学校结核病散发疫情10起。

【慢性病预防控制】 2023年，园区新增管理高血压14231例、糖尿病6422例、肿瘤2647例、冠心病1479例、脑卒中1520例、慢阻肺1943例，累计管理高血压病85318例、糖尿病26165例、肿瘤10562例、冠心病8676例、脑卒中11525例、慢阻肺2119例。对3个街道68个居委会开展死因监测漏报调查工作，漏报率1.65‰。江苏省多代谢异常和代谢综合征综合防治研究Ⅱ期项目在娄葑、跨塘和胜浦卫生服务中心跟踪随访2608人次。精神病防治培训651人，重性精神障碍累计管理2995例，精神病防治门诊开诊130次，门诊随访15143人次。开展区、街道、居委会三级春季查螺49.58万平方米，未查到钉螺。完成血吸虫病监测2387人，无血清学试验阳性病例。开展疟疾"三热"病人血检546例，未发现阳性病例。完成居民户碘盐监测315份，碘盐覆盖率90.48%。累计建立居民健康电子档案1063445份，成功申报江苏省预防医学及血地寄防科研课题1项。

（钱艾伦）

妇幼保健

【概况】 2023年，园区有产妇6183人，出生活产数6256人，婴儿死亡率2.56‰，5岁以下儿童死亡率3.2‰。产后访视率98.27%，孕产妇系统管理率97.91%，孕产妇艾滋病、梅毒和乙肝筛查率100%。新生儿出生缺陷发生率16.62‰，低出生体重发病率4.80%，巨大儿发生率4.90%，新生儿遗传代谢性疾病筛查率99.36%，新生儿听力筛查率99.31%，7岁以下保健覆盖率98.81%，纯母乳喂养率60.58%。开展计划生育技术服务7747例，均无差错事故发生。流产后关爱项目服务1237人。

【母婴阳光工程】 2023年，园区全面落实免费婚检，开展婚前医学检查1794对，婚检率99.22%。孕前优生健康检查524对。完成孕妇的血清学筛查2374人、外周血无创DNA检测2706人，其中确诊21-三体的8人、18-三体的3人、其他染色体异常20人，均给予遗传指导，未发现重大出生缺陷胎儿。开展先天性心脏病筛查，筛查儿童6240人，确诊先天性心脏病38例。

【妇幼重大卫生项目】 2023年，园区对孕产妇进行艾滋病、梅毒和乙肝检测6072人，孕产妇艾滋病、梅毒和乙肝筛查率100%，无新发HIV感染孕产妇，发现梅毒感染孕产妇23例，其中孕妇11例、产妇12例，梅毒感染产妇分娩活产儿12例。对表面抗原阳性产妇所产婴儿免费注射乙肝免疫球蛋白，及时注射率100%。开展"两癌"筛查，对适龄妇女进行宫颈癌筛查15500人，检出宫颈浸润癌3例、癌前病变62例。乳腺癌筛查15595人，检出乳腺癌10例。

【儿童保健】 2023年，园区对新生儿开展29种新生儿疾病筛查6218人，开展听力筛查6211人，0—6岁儿童视力筛查40265人。开展"六一"儿童节免费体检工作，受检儿童39218人。

【"三网"监测】 2023年，园区监测活产数6256人，监测孕产妇6183人，监测7岁以下儿童数65415人（本地57742人、外地7673人）。

【出生医学证明签发】 2023年，园区签发出生医学证明4097张，其中首次签发3997张、换发38张、补发59张，废证3张，废证率0.07%。建立出生医学证明定期会商工作机制，协助公安机关完成出生医学证明真伪鉴定7张，其中假证2张。

【托育机构卫生保健】 2023年，园区完成托育机构卫生保健评价16家，托育机构备案16家。完成普惠托育机构建设7家，其中江苏省普惠托育机构1家，江苏省、苏州市示范普惠托育机构各1家。

（钱艾伦）

卫生监督与监测

【概况】 2023年，园区开展公共场所等行业卫生监督与执法，完成住宿场所、沐浴场所、美容美发场所、游泳场所等行业国家"双随机"抽检任务296家，省"双随机"抽检任务256家。完成职业卫生用人单位"双随机"抽检250家。开展跨部门"双随机，一公开"联合检查、"关爱民生法治行——托育机构信用评价专项监督行动"等专项检查。

【卫生许可与处罚】 2023年，园区发放公共场所卫生许可617件，办理公共场所卫生备案3件。办理放射诊疗许可145件，办理放射诊疗建设项目职业病危害预评价审核和放射防护设施竣工验收86家。办理管道分质供水单位卫生许可2件。行政处罚决定53件，罚款金额80.48万元，处理投诉举报315起。

【公共卫生监督】 2023年，园区对公共场所开展监督执法检查1626家次，发现问题并提出整改意见193家。监督检查集中式供水单位2家、二次供水单位18家，合格率100%。监督检查消毒产品经营单位18家，检查消毒产品54件，抽检产品8件，合格率100%。对6家消毒产品生产企业进行分类监督综合评价，评价结果均为优秀。监督检查抗（抑）菌产品生产企业1家，出具卫生监督意见书1份。开展公共场所卫生监督量化分级1448家，其中A级56家。开展学校春、秋季专项检查各40家，学校中、高考保障专项检查14家。完成苏州市食品安全风险监测抽样检测任务70批次、食源性疾病主动监测398人次。监测宾馆、理发店、美容店、商场及娱乐场所等公共场所345家，采集样品4696份、17926项次，合格率为99.5%。监测55家公共场所集中空调通风系统，采集样本361份、1420项次，合格率98.8%。对18家公共卫生经营单位环境中的苯系物、甲醛、菌落总数、真菌总数、PM10、PM2.5及嗜肺军团菌等25个重点指标检测2363项次，合格率99.11%。

【医疗卫生监督】 2023年，园区开展打击非法行医专项检查，查处9起，罚款金额39.12万元。医疗机构不良执业行为记分18家，医务人员不良执业行为记分1人。开展中医诊所及中医

（专长）医师依法执业专项检查48家、临床检验机构依法执业专项检查10家。检查人类辅助生殖技术准入机构1家，其他非技术准入机构20家。检查医疗卫生机构临床用血7家、献血屋2家。检查从事母婴保健专项技术服务机构10家，突击检查有妇科诊疗科目的门诊部及诊所11家。

【卫生信用评价管理】 2023年，园区对6家星级酒店进行信用评价，评出A级4家、B级2家。对73家游泳场所进行信用评价，评出A级6家、B级63家、C级4家。对7家涉水产品生产企业开展信用评价，评出A级1家、B级6家。根据托育机构信用评价指标模型，对已备案的39家托育机构开展评分评级，评出B级28家、M级10家、C级1家。

（钱艾伦）

职业卫生和放射卫生

【概况】 2023年，园区加强职业卫生和放射卫生工作，重点做好职业病危害监督、检测与评价、职业病危害专项整治、职业健康体检和职业卫生应急、放射卫生技术服务和评价等工作。发挥江苏省职业卫生重点实验室作用，协助4个区（县）完成80家重点企业的重点岗位、重点职业病危害因素监测及调查，指导其完成省、市级审核，助力全市职业卫生健康发展。

【职业卫生与放射卫生监督】 2023年，园区开展职业卫生与放射卫生监督，检查职业卫生用人单位294家。对2022年度职业病报告9家企业开

展专项检查。对检查中发现20例及以上劳动者存在职业病危害相关健康异常的用人单位开展专项督查，化解存在风险隐患用人单位11家。对9家用人单位开展高温专项检查。与应急、环保、公安、消防等部门对9家放射源单位开展联合检查。

【职业健康专项调查】 2023年，园区开展小微企业职业健康管理帮扶11家。对87例尘肺既往病例和1例新病例职业性尘肺病患者的健康生存状况、医疗保障情况、工伤定级、既往慢阻肺及并发症等信息进行随访。对2006—2023年232名已确诊职业病患者进行职业病病例基本信息、职业病诊断信息及死亡信息调查。对152家非医疗机构放射工作用人单位进行放射卫生工作年度更新。接受企业职业病危害申报咨询392次，账号申诉审核处理72次，完成企业申报情况审核1196家次。

【职业病危害因素检测与评价】 2023年，园区完成职业病危害因素各类现场检测483家次，其中企业委托检测144家次、定期检测27家次、主动监测124家次、监督检测171家次、评价检测17家次。对7441个职业病危害因素及微小气候等作业点进行检测。完成企业建设项目职业病危害评价报告16份。

【职业健康体检】 2023年，园区开展接触或拟接触职业病危害因素作业人员健康检查，服务企业1433家、作业人员7.97万人（8.19万人次），检出职业禁忌证1380例，其中噪声作业494例，占比35.8%。

（钱艾伦）

体 育

综 述

2023年，园区推动体育事业发展，继续举办端午龙舟赛、环金鸡湖半程马拉松赛、金鸡湖帆船赛等品牌赛事，创新办赛方式，激活市场活力。完善全民健身公共服务体系，加快全民健身服务载体建设，举办全民健身大讲堂活动，加强社会体育指导员培训，不断提升科学健身指导服务水平。出台《苏州工业园区关于促进现代服务业高质量发展的若干措施》，从办公用房、品牌打造、经营贡献、赛事活动等多方面支持体育事业发展。东吴足球、苏超体育、奥英足球等获评苏州市体育产业示范基地，苏超足球打造的江苏省五人制足协杯暨苏超联赛总决赛获评江苏省体育场馆自主品牌赛事、苏州市体育旅游精品项目，苏超体育的青少年足球专业化体教融合培训体系建设项目、奥英足球苏州校园足球青少年培训项目分别获得江苏省体育产业发展引导资金支持。（季己辰）

体育设施

【概况】 2023年，园区加快全民健身服务载体建设，构建"4+N"片区市民中心布局，推动公共服务由"普惠均衡"向"优质精准"提升，打造现代时尚的健身场景。北部市民中心接待群众超过100万人次，"打造2.5级片区文化中心 提升基层公共文化服务能力"获评园区公共文化服务高质量发展十佳案例。南部市民中心建设基本完工，西部市民中心完成内装饰及景观方案优化，东部市民中心完成主体结构封顶。启动公共文体设施专项规划编制，为科学规划、合理布局公共文体设施建设提供依据。新安装智慧舞场系统10套、健身路径131套。园区体育场地面积514万平方米，人均4.51平方米，位居全市前列。

（季己辰）

【苏州奥林匹克体育中心】 2023年，苏州奥体中心依托先进的场馆设施和优质的服务品质，保证赛事和演出量质齐升，打响品牌拉动消费。全年举办赛事活动113场，其中国际级、国家级赛事5场，包括苏迪曼杯世界羽毛球混合团体锦标赛、全国青年羽毛球锦标赛、"2034杯"小学生足球大会、"王者荣耀挑战者杯"总决赛、2023"中国足协杯"决赛等赛事。举办演唱会21场，吸引全国各地观众28万余人次。全民健身运营取得突破，全民健身超过850万人次，健身消费220万元。体育培训持续拓展，全年培训学员7000余人次；与5所学校合作开设体育培训课程，全年培训学员近10万人次。着力打造"苏州奥体杯"自主IP赛事，其中青少年游泳挑战赛拓展至长三角区域。致力于搭建体育产业集聚平台，吸引优质体育产业企业入驻，涵盖体育服务、体育培训、体育健身等多个业态，构建"体育+医疗""体育+制造""体育+培训"服务生态圈。引进马术培训、高尔夫球培训、击剑培训和卡丁车、攀岩、滑板等时尚体育特色项目培训，致力于打造时尚体育运动的聚集地。年内，苏州奥体中心获评江苏省体育产业示范单位、平安企业先进集体等，夜经济主题活动获评江苏省体育消费场景典型案例，苏州奥体中心党支部获评苏州市国资系统基层先锋党组织，并晋升为园区五星级党组织。

【独墅湖文体】 2023年，原苏州独墅湖体育中心并入新时代文体会展集团，成立苏州工业园区独墅湖文化体育发展有限公司（又名"独墅湖文体"）。全年场馆服务200万余人次，营收2591万元，入选江苏省第六批体育服务综合体。为辖区内中国人民大学、四川大学、百年职业学院等院校提供公共体育课程教学服务3.8万余人次，开展飞镖、飞盘、冰壶等时尚体育运动进校园活动12场。做好2023年苏州市初中毕业生体育中考及模拟测试保障，服务考生2.5万余人次。服务辖区内三大产业园、科研院所、高等院校，承接户外拓展、露营等团建活动。持续深化自主培训品牌建设，优化培训体系，提升培训品牌整体宣传力度。全年招生850人，其中游泳培训600人（含暑期中考班470人），乒乓球、羽毛球、围棋、篮球合作培训250余人。全年承接各类赛事42场（含省级2场、市级1场、区级6场），承接文体活动120余场（含演唱会2场、商业场租40场）。做好吴江汾湖文体中心日常运营管理工作，全年服务32万余人次，举办文体活动、公益活动100余场，国际级比赛1场，营业收入首年完成既定目标，获得委托方的认可，获苏州市体育服务综合体、苏州市最美职工书屋、园区文化最美空间。与园区公共学院报告厅合作经营，全年承接小型音乐会、话剧及脱口秀等各类小型演出近40场。　　（张　祎）

【园区北部市民中心】（参见第184页）

竞技体育

【概况】　2023年，园区持续打造体育赛事高地，体育品牌赛事影响力进一步扩大。苏迪曼杯世界羽毛球混合团体锦标赛成功举办，金鸡湖半程马拉松获评2023江苏省体育消费场景典型案例，金鸡湖端午龙舟赛入选2023中国体育旅游精品项目，金鸡湖帆船赛入选2023年度中国帆船帆板运动协会优秀大众帆船赛事，中国家庭帆船赛作为唯一以家庭为参赛单位的全国联赛首次在园区独墅湖举办。园区通过丰富的赛事内涵、不断提升的赛事层级、完善的办赛机制，进一步提升现代化城市文化活力。　（季已辰）

【2023年全国青年羽毛球锦标赛】
2023年2月12—18日，2023年全国青年羽毛球锦标赛在苏州奥体中心体育

2023年2月12—18日，2023年全国青年羽毛球锦标赛在苏州奥体中心体育馆举行　　　　　　　　　　　　（新时代集团　供稿）

馆举行。该锦标赛由中国羽毛球协会主办，吸引全国各地24支队伍508名运动员参加。参赛运动员分为甲乙两组，甲组运动员年龄限制为18岁，乙组运动员年龄范围为16—17岁。比赛项目涵盖男子团体、女子团体、男子单打、女子单打、男子双打、女子双打和混合双打7项，赛制采用21分制，三局两胜。经过7个比赛日的激烈争夺，团体赛和单项赛共计13项冠军分别归属6支代表队，其中，浙江队获金牌5枚，上海队获金牌3枚，北京队获金牌2枚，山东、厦门、辽宁队各获金牌1枚。

【环金鸡湖半程马拉松暨大运河马拉松系列赛】　2023年3月12日，第十二届环金鸡湖半程马拉松暨大运河马拉松系列赛在园区文博广场开赛，吸引3万余人参赛。该届赛事由江苏省委宣传部、江苏省体育局、苏州市政府主办，江苏省体育竞赛管理中心、苏州市体育局、园区文体旅游局和苏州汇创体育文化发展有限公司承办，新建元控股集团、新时代集团、苏州文化艺术中心管理公司、园区志愿者协会协办，中国田径协会作技术认证。赛事设置半程马拉松（21.0975千米）、短

程健康跑（约10.5千米）、迷你欢乐跑（约4千米）3个项目。大赛对路线进行优化和升级，通过现代时尚的苏州大道西延赛道，环绕国家5A级金鸡湖景区，囊括苏州中心、东方之门、李公堤、苏州文化艺术中心等知名地标，融入湖东、湖西两大CBD繁华城区。作为2023年大运河系列赛的首站比赛，苏州环金鸡湖半程马拉松开启全年大运河系列赛赛事活动的序幕。最终，半程马拉松项目男子组冠军由中国的沈斌获得，枪声成绩为1小时8分28秒；半程马拉松项目女子组冠军由中国的焦安静获得，枪声成绩为1小时15分50秒。苏州环金鸡湖半程马拉松赛不仅成为展示城市形象的靓丽品牌，也推动文化、体育、旅游的融合发展。

【苏迪曼杯世界羽毛球混合团体锦标赛】　2023年5月14—21日，苏迪曼杯世界羽毛球混合团体锦标赛在苏州奥体中心举行。赛事由世界羽毛球联合会、中国羽毛球协会、江苏省体育局和苏州市政府主办，苏州市体育局、园区管委会承办。苏迪曼杯世界羽毛球混合团体锦标赛是世界最高级别的团体羽毛球赛事之一，由男单、女

单、男双、女双和混双5个项目组成，在小组赛阶段要打满五场比赛，进入淘汰赛阶段则采用五场三胜制。在5月21日的决赛中，中国队3∶0击败韩国队，获得2023年苏迪曼杯世界羽毛球混合团体锦标赛冠军。经过赛事组委会、各级各部门的共同努力，竞赛组织、安保医疗、后勤接待等工作有序周到，受到世界羽毛球联合会、国家体育总局和各方参赛人员的广泛好评，也体现园区大型活动的组织能力。赛事吸引观众近10万人次，产出效益8.85亿元，展示苏州经济社会发展成果和城市形象。

【金鸡湖端午龙舟赛】 2023年6月22日，第十三届金鸡湖端午龙舟赛在金鸡湖月光码头开赛。该届赛事由苏州市委宣传部、苏州市体育局、园区管委会主办，新建元集团旗下苏州圆融体育发展公司承办。赛事作为"我们的节日""假日体育"系列活动以及"第五届中国苏州江南文化艺术·国际旅游节"的主体活动，进一步传承龙舟精神、促进文明互鉴、拉动经济消费，把具有园区特色的"江南文化"品牌全方位、多角度地推向世界。龙舟赛参赛队伍共68支，分为竞赛组和表演组两大板块，参赛人数1384人。赛事继续凸显国际化品牌特色，有9支外籍队伍参赛，人数172人，分别来自法国、德国、美国、俄罗斯、巴西、英国、瑞士等15个国家和地区，占比12.4%。青少年组队伍成员分别来自西交利物浦附属中学、园区外国语学校、园区海归人才子女学校、苏州湾外国语学校以及社会自发组织的青少年队。同时进行皮划艇、桨板、帆船、电动冲浪板等水上运动展示。赛事吸引现场观众6万余人次，各类直播平台覆盖人群超过1亿人次。赛事衍生活动围绕"体育+旅游""体育+文化""体育+数字"三大主题展开，与维也纳多瑙河龙舟赛建立友好赛事进行国际连线互动，同时打造龙舟运动市集、推出龙舟非遗文创、开启"数字龙舟"之旅，呈现多元赛事现场，全方位展现金鸡湖城市名片、龙舟赛民俗名片、端午节中国名片。最终，5支队伍赢得各组别的冠军，分别是22人大龙舟公开组300米直道竞速冠军苏州科技职业学院男子龙舟队、12人龙舟女子公开组300米直道竞速冠军浙江商会吴越队、12人龙舟男子公开组300米直道竞速冠军温州商会吴越队、12人龙舟男子企事业组300米直道竞速冠军友达光电龙舟队、表演组22人龙舟青少年组300米直道竞速冠军西交利物浦AS龙舟队。

【"2034杯"第三届小学生足球大会总决赛】 2023年7月16—23日，"2034杯"第三届小学生足球大会（U12）总决赛在苏州奥体中心体育场举行。2034年世界杯将是2009—2010年龄段球员的"当打之年"，"2034杯"因此得名。赛事旨在发掘足球的明日之星，为奥运年龄段的球员打下坚实基础，从而提高中国足球的整体水平和竞争力，是国内最具影响力的青少年足球品牌赛事之一。该届比赛由苏州市体育局指导，苏州市足球协会、苏州奥体中心、二零三四杯体育发展（苏州）公司共同主办。比赛采取淘汰制，全国37个分赛区的683支球队9907名小球员历经216天1356场比赛，最终有88支强队汇聚苏州总决赛。经过7天紧张激烈的比赛，最终中国足球小将队以2∶1战胜长沙天马德馨园小学队获得冠军。

（张　祎）

【金鸡湖帆船赛】 2023年10月13—15日，第十四届"城际内湖杯"金鸡湖帆船赛在金鸡湖月光码头开赛。该届赛事由中国帆船帆板运动协会和江苏省帆船帆板运动协会指导，苏州市体育局、苏州市体育总会和园区文体旅游局支持，苏州瑞安多媒体公司主办，园区八旗帆船俱乐部和新时代集团承办，苏州市帆船帆板运动协会、科教创新区管委会和园区斜塘街道协办。赛事引进新船型飞虎7.5，航速快、转向灵活。比赛设置场地赛、绕岛长航赛及夜航赛，给选手及观赛者带来全新体验。首次设置主、分赛场，成人组赛队在金鸡湖比赛，青少年组赛队首次在独墅湖月亮湾比赛，拓展园区帆船运动水域新版图。赛事吸引国内外300余名选手参赛，5万

2023年6月22日，第十三届金鸡湖端午龙舟赛在金鸡湖月光码头举行

（园区新闻中心　供稿）

余名市民游客现场观赛，约375万名观众在线观看。赛事设置全民开放日，帆船公益体验专场，形成体育大讲堂系列活动。同时开展帆船进校园活动，设置城市帆船公益课堂，为教师与医护等群体提供专属帆船体验项目，普及水上运动体育精神。经过3天激烈比赛，中麒光电帆船队、企查查队、Suzhou Sailing Fans队分别获得金组、银组、铜组冠军奖项。

【"中国足协杯"决赛】　2023年11月25日，"中国足协杯"决赛在苏州奥体中心举办，赛事由中国足球协会主办。上海申花队以1：0战胜山东泰山队夺得"中国足协杯"冠军。这是继1998年、2017年和2019年后，上海申花队第四次赢得"中国足协杯"冠军。作为2023赛季国内足坛收官大戏，这场足球盛宴吸引3万余名观众入场观赛，彰显苏州城市的激情与活力。

（季己辰）

群众体育

【概况】　2023年，园区深入贯彻《全民健身条例》，加快推进全民健身设施建设，组织各类群众体育活动，推动全民健身运动蓬勃发展。完善园区国民体质监测体系，苏州市体育科学学会—奥体中心科学健身服务站、园区国民体质监测站分别在奥体中心和北部市民中心挂牌成立，常态化开展国民体质监测服务。　　（季己辰）

【2023苏奥培训学员挑战赛】　2023年，苏奥培训分别于4月8日、12月2日举办上半年学员挑战赛和下半年学员挑战赛。该项赛事融入由中国羽毛球协会主办的羽毛球运动水平等级评定测试，吸引学员1000余人。赛事涵盖羽毛球、乒乓球、网球、足球、篮球以及跑酷体适能等多个项目，吸引

运动员600余人。

【北部市民中心第二届青橙游泳联赛】　2023年5月21日，2023苏州市大众体育联赛·苏州市全民游泳系列赛暨北部市民中心第二届青橙游泳联赛在园区北部市民中心举行。该届赛事由苏州市体育局、苏州市体育总会主办，园区北部市民中心、江苏德晖体育科技有限公司承办，园区游泳协会协办。全市8家俱乐部的200余名参赛选手同场竞技。比赛分设自由泳、蛙泳、仰泳、蝶泳、自由泳打腿、亲子接力、4×50米混合泳接力等项目。丰富的项目进一步降低参赛门槛，提升赛事参与度，市民参赛热情高涨，运动氛围浓厚。

【2023东体之星长三角青少年体育系列挑战赛击剑比赛（苏州站）】　2023年6月3日，2023东体之星长三角青少年体育系列挑战赛击剑比赛（苏州站）在园区北部市民中心举行。该项赛事由上海久事体育产业发展（集团）有限公司东体场馆分公司主办，苏州张莹体育文化有限公司（苏州张莹击剑）承办，上海东体青少体育俱乐部、园区北部市民中心协办。赛程为期2天，上海、苏州、宁波等地的307名选手参赛，决出100枚奖牌，其中金牌25枚、银牌25枚、铜牌50枚。

（张　祎）

【中国家庭帆船赛·苏州独墅湖站比赛】　2023年8月4—6日，2023中国家庭帆船赛·苏州独墅湖站比赛在园区独墅湖月亮湾举行，全国各地100余名选手参赛。比赛由中国帆船帆板运动协会主办，苏州市体育局、苏州市体育总会和园区文体旅游局支持，江苏省帆船帆板运动协会、苏州市帆船帆板运动协会、科教创新区管委会、新时代集团、斜塘街道、独墅湖月亮湾文创产业园协办，园区八旗帆船俱乐部承办。比赛设T1、T2两个组别，每组

别有20组家庭。为方便市民朋友观赛，赛事特别提供线上观赛渠道，通过官方直播相册、官方视频号，可实时查看赛事焦点瞬间、回顾赛事精彩片段。同时秉承"一场赛事，一家人的旅行"赛事理念，在月亮湾附近举行帆船"家"年华系列活动，通过动感燃情的音乐晚会、品牌快闪与MINI市集、水手之夜派对，为参赛选手及市民带来美好的湖畔度假休闲体验。通过2天的比赛，最终T1和T2组别冠军分别被吻汐队和风火轮队获得，亚军分别被爱玩元神队和娜魔辣队获得，Lady and the tramp队、老陆与海队分别获得T1和T2组别季军。

【科教创新区第七届趣味运动会】　2023年10月15日，科教创新区第七届趣味运动会在独墅湖文体中心举行，区内企事业单位的14支队伍近200人参加。该届趣味运动会突出"参与度广、趣味性高、运动性强"的特点，集健身、竞技、娱乐于一体，设置拔河、一击必中、鸿运彩球、飞盘九宫格、掼蛋等比赛项目。经过角逐，苏州科技职业学院（筹）一队夺得团体第一名，苏州科技职业学院（筹）二队和园区职业技术学院分别获得团体第二名和第三名。

【2023"润元杯"全球清华之友网球联赛（苏州站）】　2023年10月28日，2023"润元杯"全球清华之友网球联赛（苏州站）在苏州奥体中心举行。联赛由科教创新区管委会、园区文体旅游局指导，清华校友网球协会、清华苏州校友会、苏州润元开发建设公司主办。清华大学、复旦大学、浙江大学、苏州大学等高校校友组成的10支代表队80余人参加比赛。联赛以团体赛形式进行，由男双、混双组成。经过一天的激烈角逐，苏州一队获得冠军，复旦大学校友队获得亚军，清华大学北京校友队、北京航空航天大学校友队获得季军。　（瞿小飞）

【2023"苏州奥体杯"第四届青少年游泳挑战赛暨第一届长三角青少年游泳挑战赛】 2023年11月4—5日，2023"苏州奥体杯"第四届青少年游泳挑战赛暨第一届长三角青少年游泳挑战赛在苏州奥体中心举行。南京、马鞍山、无锡、宁波、苏州的17家场馆、协会和俱乐部的550名小运动员参加比赛。经过2天的激烈角逐，决出71个项目276块奖牌和21只奖杯。其中，2名选手达到国家一级运动员水平，73名选手达到国家二级运动员水平。

（张 祎）

【科教创新区第四届消防运动会】 2023年11月16日，科教创新区第四届消防运动会在独墅湖文体中心举行。由区内企业、科研院所代表组成的16支参赛队270人参加，分别在50米油桶灭火接力、消防服穿戴竞速、消火栓出水操作、拔河4个项目中展开激烈角逐。最终，苏州益而益电器制造有限公司、园区生物产业发展有限公司、苏州独墅湖科教发展有限公司、园区科技发展有限公司、裕廊腾飞房地产服务（苏州）有限公司、苏州纳米科技发展有限公司6家单位获得团体前六名。该届运动会既是提升企事业员工消防业务技能和消防安全意识的一次集中训练，也是对区域各单位安全技能的一次检验，更是科教创新区推进应急保障能力建设的一次有效实践。

【科教创新区第四届网球邀请赛】 2023年11月26日，2023年科教创新区第四届网球邀请赛在独墅湖文体中心举行。政府机关、国企、民企以及电力、科技金融、生物医药相关领域的30余家企事业单位6支代表队参加比赛。比赛以循环赛形式进行，经过1天的激烈角逐，苏州民营企业家代表队获得第一名，苏州国企代表队、苏州生物医药企业家代表队分别获得第二名和第三名。

（瞿小飞）

【"阳澄湖半岛杯"青少年足球邀请赛】 2023年12月23日，"阳澄湖半岛杯"青少年足球邀请赛暨中国足球小将落户仪式在园区星澄学校举行。赛事由苏州市足球协会、苏州阳澄湖半岛文化科技公司主办，苏州阳澄湖半岛体育公园开发公司承办，园区星澄学校和苏州协奥体育文化产业发展公司协办。中国足球小将、杭州足管中心、北京爱踢客俱乐部以及苏州体校女足4支队伍参赛，小球员们在2天赛程内交叉对战。赛事以"体育赛事+旅游"为引擎，打通线上线下传播渠道，树立半岛度假区体育事业新形象。比赛现场中国足球小将落户仪式举办。中国足球小将是由董路组建的少年足球队，面向全国选拔具备足球才华的足球少年开展训练，是集中社会力量开展足球青训的重要组成部分，为苏州青少年足球训练和能力提升带来新的活力。

（曹丽君）

体育产业

【概况】 2023年，园区以城市中心载体项目为抓手，推动体旅融合发展，持续开展体育消费惠民行动，助力国家体育消费试点城市建设。金鸡湖景区入选江苏省体旅融合发展示范基地，苏州奥体中心入选江苏省体育产业示范基地，9家单位通过苏州市体育产业示范基地复核认定，截至年底，园区有省级体育产业示范基地6个、市级体育产业示范基地16个。苏州中心商场、独墅湖文体中心入选江苏省第六批体育服务综合体，园区北部市民中心入选苏州市体育服务综合体，金鸡湖端午龙舟赛入选中国体育旅游精品赛事，决战苏州白领慈善拳击赛等2个项目入选苏州市体育旅游精品项目。13个项目获得共计787万元省、市体育产业引导资金扶持，项目数、资金数保持全市前列。

（季已辰）

【半岛足球公园（逸衡酒店）项目签约】（参见第129页）

【Velosolutions中国总部基地落户】 2023年12月2—3日，在阳澄半岛举行的2023大V苏州泵道嘉年华活动中，Velosolutions中国总部基地落户阳澄数谷核心启动区南岸新地落成仪式举行。Velosolutions中国品牌发布会、Velosolutions品牌特展和中国泵道产业发展研讨沙龙活动同期举行。2023年6月，园区城市重建公司与Velosolutions签署战略合作协议，Velosolutions中国泵道总部落户阳澄半岛，其中包含商业室内泵道骑行俱乐部及户外运动公园泵道场地，10月完成建设，南岸新地商业及运动公园启用。苏州Velosolutions泵道公园由40米入门波浪道、60米初级道和335米国际标准赛道3条专业赛道组成，标准道由波浪道、腾跃道和8个弯墙组成，为山地车、小轮车、轮滑、滑板爱好者及运动员提供专业的运动体验。所有泵道和山地车场地都由世界冠军团队设计，造型专家手工打磨，一流车手现场试车。Velosolutions中国总部基地落户园区，将依托苏州公司与泵道运动公园，承办UCI泵道世锦赛和中国联赛，组建中国泵道协会，与园区城市重建有限公司共同推广国内泵道运动，促进园区文体旅产业融合发展。

（曹丽君）

【阿迪达斯城市运动计划启动】 2023年12月8日，阿迪达斯城市运动计划启动仪式暨苏州慧湖立新教育发展捐助资金签约仪式举行。阿迪达斯城市运动计划旨在聚焦大中小学生及特殊人群的体育运动需求，联合园区大中小学校、运动机构、公益组织等，发扬体育精神，赋能园区体育教育事业。活动现场，阿迪达斯城市运动计划启动。该计划由苏州慧湖立新教育发展基金会和阿迪达斯共同创立，旨在践行阿迪达斯"通过运动改变生活"理

念，积极发扬体育精神、倡导运动文化。现场，阿迪达斯与苏州慧湖立新教育发展基金会签订教育发展资金捐赠协议，由阿迪达斯向苏州慧湖立新教育发展基金会捐赠500万元，用于阿迪达斯城市运动计划，支持园区高等教育、基础教育、特殊教育学校添置运动设施和体育技能培训，支持相关机构组织面向大中小学生的体育赛事，支持学校组建优质运动社团，支持特殊教育机构体育课程和师资，支持品学兼优、家庭贫困大学生生活，为园区添色彩，让青年更活力。

（瞿小飞）

【苏州奥体中心入选省级体育产业基地】 2023年12月25日，江苏省体育局发布《关于认定江苏省体育产业基地（2024—2026年度）的通知》，苏州奥体中心成功入选。苏州奥体中心占地面积约60万平方米，总建筑面积约38.6万平方米，总投资约50.7亿元，建有体育场、体育馆、游泳馆、奥体商业广场、室外公园等设施，是一个集体育竞技、休闲健身、商业娱乐、文艺演出于一体的甲级体育中心。截至年底，园区有省级体育产业基地6个，省、市体育产业基地数量均位居全市前列。

（季已辰）

表42 园区入选省级体育产业（示范）基地名单（截至2023年底）

序 号	类 别	单 位
1	省体育产业基地—示范单位	苏州独墅湖科教发展有限公司
2	省体育产业基地—示范单位	苏州圆融体育发展有限公司
3	省体育产业基地—特色类	苏州阳澄湖半岛体育旅游度假区
4	省体育产业基地—示范单位	银力体育发展（苏州）有限责任公司
5	省体育产业基地—示范单位	苏州箴全科技有限公司
6	省体育产业基地—示范单位	苏州奥体中心管理有限公司

表43 园区入选市级体育产业（示范）基地名单（截至2023年底）

序 号	类 别	单 位
1	单位类示范基地	苏州圆融体育发展有限公司
2	单位类示范基地	苏州独墅湖科教发展有限公司
3	单位类示范基地	苏州汇创体育文化发展有限公司
4	园区类示范基地	苏州阳澄湖半岛旅游度假区
5	单位类示范基地	苏州东吴足球俱乐部有限公司
6	单位类示范基地	苏州英派斯健康管理有限公司
7	单位类示范基地	苏州众奥体育文化发展有限公司
8	单位类示范基地	苏州希奥体育发展有限公司
9	单位类示范基地	苏州体格体育发展有限公司
10	单位类示范基地	苏州奥体中心管理有限公司
11	单位类示范基地	苏州箴全科技有限公司
12	单位类示范基地	江苏德晖体育科技有限公司
13	单位类示范基地	苏州工业园区嘉友运动休闲用品有限公司
14	单位类示范基地	江苏苏超体育发展有限公司
15	单位类示范基地	苏州奥英足球俱乐部有限公司
16	单位类示范基地	苏州张莹体育文化有限公司

（季已辰）

就业与社会保障

就业与创业

【概况】 2023年，园区坚持就业优先战略，落实稳岗返还、一次性扩岗补助等惠及企业政策，全年发放补贴资金2.67亿元。建设首批10个"家门口"就业服务站。启动中新青年实习交流计划（YES），得到人社部认可。制定和出台"引博育匠"人才支持计划实施细则及配套操作办法，新建纳米新材料产业创新集群博士后联合中心，全年引进和培育高技能人才1.33万人。在全省率先开展数字经济（集成电路）工程专业职称评审。举办2023年国际创客大赛英国专场、海外中国学联园区路演、技能人才高质量发展论坛等活动。"应用电子劳动合同信息便捷办理人力资源和社会保障业务"入选国务院自贸试验区第七批改革试点经验，苏州大禹数字文化科技集团有限公司劳动争议调解委员会获评2023年江苏省"金牌劳动人事争议调解组织"。

【高校毕业生就业】 2023年，园区落实青年群体就业帮扶专项行动，强化"一人一档一对一"专人帮扶，园区户籍应届高校毕业生就业率为99.39%。提供见习岗位1888个，36个见习基地吸纳见习学员584人。1个就业见习基地获评省示范基地，1个基地获得2023年度省级大学生创业示范园备案，7个项目获得省大学生优秀创业项目备案，3个创业孵化基地被认定为市创业孵化示范基地。全年落实各项就业、创业、个人技能提升补贴1亿余元。

【"十省百校千企万岗"活动】 2023年，园区继续开展"十省百校千企万岗"活动，与河南、云南、四川等地建立长期人力资源战略合作关系。11—12月，园区人社局组织32家园区重点企业赴云南昆明、湖北武汉、湖南长沙等地高职院校开展校园招聘活动，企业待招岗位合计157个，招聘人数1186人，校园招聘活动期间，企业共收到简历1583份，现场达成就业意向471人。
（朱凯云）

【市场招聘】 2023年，园区人才市场举办各类招聘会285场，其中，降本增效免费专场招聘会23场，重点行业专场招聘会8场。全年园区人才市场服务企业10355家次，共吸引进场求职者近8万人次。园区人力资源开发有限公司承接园区机关遴选、事业单位招聘等项目，开拓园外市场，落地公共招聘项目110余个，报名32600余人，增长42%。新建元人力资源网络招聘全年服务企业2409家，新增网络招聘业务企业903家，企业发布职位数约4.1万条。"苏州好工作O-HR"以及"苏州工业园区人才市场"微信公众号关注人数共计33.4万人，关注人数净增3万人。

【乐签电子劳动合同服务平台推广服务】 2023年，园区人力资源开发有限公司继续推进乐签电子劳动合同服务平台推广服务，为企业提供身份认证、劳动合同发起、员工在线签署、合同报送管理等电子劳动合同在线流程服务。截至年底，该平台服务范围涵盖广西壮族自治区柳州市、四川省成都市、江苏省宿迁市和无锡市及苏州工业园区、苏州市吴江区等地2800余家企业，签订电子劳动合同10万余份。

我和自贸区的故事
——电子劳动合同

【2023第十届大苏州最佳雇主颁奖典礼】 2023年8月4日，2023第十届大苏州最佳雇主颁奖典礼在园区举行。会上，发布《2023大苏州最佳雇主实践案例集》，50家企业获综合奖，40余家企业分别获得"最佳办公环境雇主""最受大学生欢迎雇主"等10个单项奖。该次评选由园区人力资源开发有限公司举办，300余家企业参加评选。

【首届区域国有人力资源机构高质量发展大会】 2023年11月15日，园区人力资源开发有限公司联合重庆两江新区、上海浦东新区、天津经济技术开发区、广州经济技术开发区等国有人力资源机构在园区共同举办首届区域国有人力资源机构高质量发展大会。全国各区域国有人力资源机构、国有人才集团代表，人力资源服务业专家学者近200人参加大会。大会举办主题分享会、专题研讨会13场，为人力资源服务业发展提供前瞻性指引。通过实地参访，全面展示园区推区域和行业发展的经验成果。

【第八届金鸡湖2023中国人力资源高峰论坛】 2023年12月20日，第八届金鸡湖2023中国人力资源高峰论坛在金鸡湖国际会议中心举行。人力资源行业代表、专家学者近800人参加论坛，聚焦人才发展和无界思维，探索融合发展新模式，创新合作新方向。其中，在新建元控股集团旗下苏州圆才管理咨询有限公司主办的金鸡湖2023中国人力资源高峰论坛分会场高层次创新人才供需对接会上，参会代表聚焦新一代信息技术及半导体和集成电路产业，16家区内芯片、算法类相关需求企业和园梦人才服务官团队现场进行深度交流。 （朱凌云）

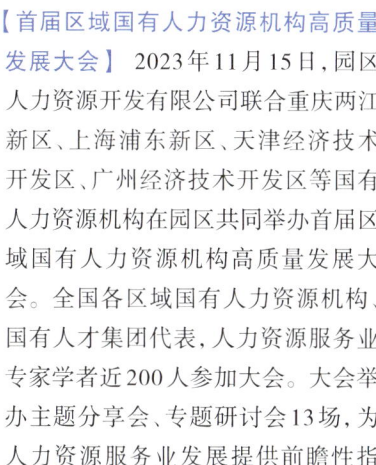

职业技能人才引育

【职业技能提升】 2023年，园区推进职业技能提升三年行动计划，落实《苏州工业园区职业技能提升行动实施操作方案》。全年落实发放企业职工岗位技能提升补贴、项目制培训补贴、新型学徒制培训等各项补贴超过3900万元。完成评估技能人才评价备案企业53家，累计231家。培养高技能人才13324人，增长近18%，其中数字技能人才12167人。推进项

目制培训，全年实施40个项目，涉及集成电路、生物医药、智能制造等重点产业专业（工种），培训5245人次。全年发放失业保险参保职工技能提升补贴28032人次，金额5225.85万元。

【高技能人才重点项目】 2023年，园区在全市率先开展全省试点特级技师评聘工作，完成2家企业4名特级技师的评聘。拓宽社会评价渠道，2家企业常态化开展职业技能等级认定第三方评价机构工作。支持龙头企业、行业组织、各类院校制定技能职业标准和评价规范，承接开发4个职业技能等级认定题库。3个题库和1项江苏省行业评价规范入选苏州市技能人才评价技术资源建设优秀成果，由园区生物产业发展有限公司承担的化学试剂生产工江苏省行业评价规范获人社部批准升格为国家职业技能标准开发项目。

【第十三届高技能大赛暨第五届金鸡湖技能邀请赛】 2023年7—10月，园区第十三届高技能大赛暨第五届金鸡湖技能邀请赛举行。大赛聚焦主导产业、新兴产业，突出数字技能，设置26个赛项，6000余人报名，4181人参赛，3289名选手进入决赛，最终选拔出高技能人才2905名，其中55名为技师。由该届大赛推荐产生的园区代表队在第六届苏州技能状元大赛中获一等奖5个、二等奖4个、三等奖2个，状元数占全市职工组赛项的50%，位列第一。

【园区技能人才高质量发展论坛】 2023年12月20日，园区技能人才高质量发展论坛在金鸡湖国际会议中心举行，技能人才培养重点院校、知名企业、公共实训基地代表以及各级高技能领军人才等200余人出席。与会者围绕技能人才评价技术资源开发、项目制培训课程开发、技能工匠培养等话题进行研讨交流。同时，高技能人才公共实训基地创新发展联盟成立，

旨在培训资源开发、实训平台互补、技能评价扩展等方面实现共建共享。

（朱凯云）

公共就业服务

【"稳岗惠企"政策落实】 2023年，园区落实稳岗返还、一次性扩岗补助、企业慰问补贴及女职工产假期间企业社会保险补贴等惠企政策，发放补贴2.67亿元，惠及企业2.86万家次，职工52.24万人。年内，园区人社局联动园区人才市场及各街道召开降本增效免费招聘会。扩大"直播带岗云聘会"实施规模，组织园区重点企业开展51场直播带岗活动，参与企业217家次，收到简历2.4万份。

（朱凯云）

【园区人力资源服务业发展】 2023年3月1日，园区正式发布上线苏州工业园区"数字人才市场"，打通企业招聘、人才求职、人才能力提升信息壁垒，打造公共就业服务平台。助推园区人力资源服务产业园在市级产业园智慧化建设工作中获评优秀等次，出台园区人力资源服务产业高质量发展支持政策，落实产业园提档升级新址。开展人力资源服务机构设立审批工作，全年完成149家机构行政许可现场核查。园区人力资源产业园累计签约机构110家，其中，全球50强机构4家，全国100强机构8家，获得江苏省诚信、骨干机构称号机构9家，获得苏州市诚信、骨干机构、服务品牌称号机构17家。 （朱凯云 朱凌云）

高层次人才服务

【概况】 2023年，园区加强人才服务工作。出台《苏州工业园区"引博育

匠"人才支持计划实施细则》，新建国家级博士后科研工作站2个、省级博士后创新实践基地7个，累计建立省级及以上博士后工作站63个，招收博士后137人。新增江苏省留学回国人员创新创业示范园2个，累计吸引海外留学回国人员近1.4万人。园区2个基地获评2023年苏州市高技能人才公共实训基地。在苏州市数字技能人才培养示范载体申报中，园区8个基地和3个工作室获评苏州市数字技能人才实训基地和苏州市数字技能首席技师工作室，获评数量居全市第一。

【专业技术人才职称评审】 2023年，园区开展工程系列高、中、初级职称网上申报工作，完成4000余份材料申报审核。完成6次职称初定的审核和发证，初定4546人。指导园区职业技术学院开展机械、数字经济（电子信息）、化工工程中初级职称评审工作，网上申报879人，364人通过评审。802人参与生物医药工程职称评审申报，完成203名生物医药人才的职称评审工作。截至年底，902人通过专家评审获得职称证书。完成37名高层次和急需紧缺人才申报材料的审核和推荐工作。

【博士后人才项目】 2023年，园区继续加大企业博士后载体建设力度，飞依诺科技股份有限公司、苏州纳微科技股份有限公司获批中国博士后科研工作站。58名企业博士后入选首批江苏省卓越博士后计划（全市64名），占全市入选人数的90.63%。园区17名企业博士后入选中国博士后科学基金第74批面上资助拟资助人员名单，占全市入选人数近40%。成立全省首家纳米新材料产业创新集群博士后联合中心，依据"全球引才、联合培育、协同攻关、创新赋能"原则，采用"联合招收、联合培养、联合攻关"3种协同共建方式，赋能产业创新集群发展。依托国家第三代半导体技术创新中心、中国科学院苏州纳米所承接的国家重大任务，通过"揭榜挂帅"等攻关方式征集解决方案、攻克技术难题，集聚博士后304人。

【专业技术人才项目】 2023年，园区探索集成电路领域的专业技术人才评价工作，支持苏州中科集成电路设计中心起草《江苏省数字经济（集成电路）工程专业技术资格条件》。年内，全省集成电路专业职称评审试点落地园区，率先在全省开展数字经济工程职称评审工作，248人通过评审，提升产业创新集群竞争力。完成对江苏驿站教育科技有限公司、苏州中科集成电路设计中心2家专业技术人员继续教育基地的考核评估工作。

【创新创业载体建设】 2023年，园区加强留学回国人员创新创业载体建设，在江苏省人社厅公布的2023年江苏省留学回国人员创新创业园和创新创业示范基地名单中，苏州纳米城留学回国人员创新创业园、苏州纳米技术国家大学科技园留学回国人员创新创业园获批江苏省留学回国人员创新创业示范园（全省共计6家）。苏州沙砾生物科技有限公司刘雅容入选2023年中国留学人员回国创业启动支持计划名单（全省5人入选），获资助经费50万元。

【"赢在苏州·创赢未来"国际创客大赛】 2023年5月17日，园区承办2023"赢在苏州·创赢未来"国际创客大赛（苏州工业园区海外直通赛）暨金鸡湖路演中心英国专场活动，采用"屏对屏"远程路演，在英国与苏州工业园区两地联动展开，实现"双会场"云端实时跨境互动。重点组织人工智能、新一代信息技术、生物医药等产业赛道，遴选10个项目进入决赛，最终6个项目分获一、二、三等奖。（朱凯云）

劳动管理

【概况】 2023年，园区继续推动劳动关系智慧协调工程建设，提升劳动关系数字化治理水平。开展企业职工薪酬年度调查、重点产业集群季度薪酬调查和五大战略性新兴产业薪酬调查，提升对战略性新兴产业的薪酬指导服务水平。分析2023年劳动人事争议治理指数，为提升基层劳动人事争议治理能力、促进劳资关系和谐发展探索新路。完善"裁审衔接"工作机制，优化兼职仲裁员、调解员办案

2023年5月17日，2023"赢在苏州·创赢未来"国际创客大赛（苏州工业园区海外直通赛）暨金鸡湖路演中心英国专场活动举行　　（园区人社局　供稿）

补贴制度。开展人力资源市场秩序专项整治"清朗行动"。建立根治欠薪每日研判机制,定期跟踪重要欠薪动态,欠薪线索办结率、全国平台线索数压降水平全市领先。

【劳动关系管理】 2023年,园区全面推动和谐劳动关系构建工作,推动劳动关系智慧协调工程建设,根据劳动关系大数据动态,推动小微企业载体监测及群体性隐患预测预警,大数据监测分析和可视化等数字化新场景落地,提升劳动关系数字化治理水平。优化劳动关系和谐指数指标体系,对区内1800余家重点企业进行和谐指数测评,通过多维度评估分析,自动推送"一对一"测评报告和改善建议,实现劳动关系精准化服务。年内,"构建全国首个电子劳动合同标准体系"入选苏州市第一批法治政府建设示范项目,"应用电子劳动合同信息便捷办理人力资源社会保障业务"作为国务院发布的自由贸易试验区第七批改革试点经验在全国范围复制推广。培育市级劳动关系和谐企业35家、和谐工业园区1个、和谐乡镇(街道)2个,新增省级模范劳动关系和谐企业2家、和谐工业园区1个,全面提升区域劳动关系和谐水平。组织开展人社政策业务知识合格证考试81场,362人通过考试,累计持证人数5351人。

【劳动争议仲裁】 2023年,园区受理劳动人事争议案件4511件,其中集体争议案件43件,涉及劳动者654人。审结劳动人事争议案件4687件,加上上期未结案294件,结案率为97.54%。推进金牌调解组织建设,依托功能区劳动人事争议仲裁机构,建立以调解、仲裁、诉讼、劳动保障监察、法律援助为基础,多方力量共同参与、线上线下融合贯通,具有园区特色的劳动人事争议联合调处中心。指导新业态企业苏州大禹数字文化科

技集团有限公司建立全市首家MCN机构(多频道网络)劳动争议调解委员会,并获评省级金牌调解组织。分析2023年劳动人事争议治理指数,为提升基层劳动人事争议治理能力、促进劳资关系和谐发展探索新路。加强与苏州劳动法庭和园区法院工作联动,完善"裁审衔接"工作机制,使工作联动常态化。推进繁简分流和要素式审理,提高审理质量和审理效率。全面落实"一窗式"受理和全域受理,实现劳动保障维权业务互联。优化兼职仲裁员、调解员办案补贴制度,加强社会力量参与调解劳动人事争议,促进园区劳动人事争议仲裁机构办案效率和仲裁员办案水平的双提升。

【劳动保障监察】 2023年,园区办理劳动纠纷案件26958件,其中投诉举报案件6004件、各类信访案件14968件、全国欠薪线索核处平台线索4065件、其他渠道线索1921件。欠薪线索办结率、全国平台线索数压降水平在全市领先。辅导1家企业获评市级红榜家装企业。DK20210161、DK20210184地块土建总包工程(苏州一建新加坡中心项目)获评省级"月结月清"交流示范单位。围绕"五个一批""三个维护"总目标,开展人力资源市场秩序专项整治"清朗行动"。建立根治欠薪每日研判机制,定期调度重要欠薪动态。"开工第一课"法治宣传服务品牌作为先进经验被推广。建立工资支付保证金"一窗式"服务窗口,开展工资保证金业务。陆续制定和出台《苏州工业园区劳动保障监察办案指南(2023年第1期)——劳动保障监察案卷材料装订工作指引》《苏州工业园区劳动保障监察办案指南(2023年第2期)——新法新规暨疑难案件办理指引》等文件,提升执法水平。

【薪酬指导服务】 2023年,园区继续开展企业职工薪酬年度调查和重点产

业集群季度薪酬调查,发布包括综合报告和细分报告等共计14份年度报告以及4份重点产业集群季度报告。开展5大战略性新兴产业薪酬调查,提升对战略性新兴产业薪酬指导服务水平。深入生物医药、人工智能、纳米技术应用、集成电路和现代金融领域进行薪酬调查分析,为园区企业特别是新兴产业企业完善薪酬体系、优化薪酬结构、调整薪酬涨幅等提供数据支撑,并帮助相关人员了解园区各产业集群薪酬变化动态。 (朱凯云)

社会保险

【概况】 2023年,园区继续做好社会保险各项工作,完成对原公积金基金账户设置调整及省人社厅一体化平台二期数据转移,累计处理和验证6大类72万条复杂数据,实现原公积金数据一次性全量移交纳入省人社厅平台管理。协同税务部门做好优化调整社会保险费申报缴纳流程。完成生育津贴、财务模块上线国家医保平台,推进职工医保个人账户调整和门诊共济保障等新政实施。协同金鸡湖街道完成"15分钟医保服务圈"省级示范点建设。全年全区社保正常缴费单位57933家,社会保险参保983168人,居民养老保险参保30587人(含领取征地保养金人员28410人),居民医疗保险参保278899人。全年社保基金收入579.15亿元,支出684.54亿元。

【养老保险】 2023年,根据苏州市统筹方案,园区对年度达到养老年龄及低保、特困、重残等免缴人员开展参保动员和动态管理,对"退捕渔民""阳光惠民"等重点保障人群做好参保和待遇享受动态跟踪,按计划完成城乡居民养老保险和城乡居民医疗保险年度参保,推进应保尽保。完成57768名企业退休人员养老保险待遇调整、

6727人年度计发参数调整改办以及1364名居民养老基础养老金调整。

【医疗和生育保险】 2023年，园区根据省、市统一部署，统一职工基本医疗保险个人账户入账比例，阶段性下浮灵活就业医保缴费费率1%。按照《江苏省医疗保障条例》规定，落实门诊共济保障、"门慢特"项目统一新政。根据省、市要求实施医保总额预算和按疾病诊断相关分组（DRG）支付方式改革，对接国家医保小程序、江苏"医保云"开展线上异地就医备案申请。建立定点医疗机构常态化沟通机制，做好"门慢特"及"国谈药"备案线上平台审核，帮助"门慢特""国谈药"定点医疗机构"一站式"办理。实现大病保险和基本医保待遇支付"一单制"结算。全年完成大病保险赔付14136人，赔付金额11476.04万元，单人最高赔付金额122.54万元。

【长期护理保险】 2023年，园区长期护理保险参保122.25万人，受理失能评估申请4043人次，可享受待遇2758人次，居家申请占91.77%，居家待遇占90.43%。全年新增定点服务机构6家，定点护理机构累计46家，开展长期护理保险事中走访，完成居家入户走访775人。

【失业保险】 2023年，园区完成阶段性降低失业保险费率至1%。实现失业保险金申领全省通办、失业保险转移跨省通办。全年发放失业保险金196884人次，支出4.23亿元；发放失业补助金38390人次，支出1453.21万元。

【工伤保险】 2023年，园区根据省、市统一部署，以省统一费率为基础继续实施阶段性降低工伤保险费率50%。以标准化体系建设为目标，进一步优化工伤认定程序，规范文书公告流程，加强工伤认定网上备案定期核查。开展为期3个月的工伤预防公

交轨交宣传视频及广告投放。组织优秀企业样本展演，推广工伤预防管理先进经验。开设菜单式工伤预防培训，开展危险化学品专题培训、职业病防治、新业态平台人员工伤预防线上专题培训，举办5期以工伤保险、环境安全、职业健康、心理疏导等为主题的"园区工伤预防大讲堂"。深化工伤预防企业宣传基地建设，完成4个宣传基地现场观摩交流。完成40家企业现场改善及10家重点企业走访，提出现场隐患改善建议925条、规范管理合规建议242条。完成工伤人员增资561人，其中涉及定期待遇人员440人、非定期待遇补差人员121人。

【基金监管】 2023年，园区对业务流程档案、基金执行规范等进行全方位内部审计，开展全险种疑点数据核实处理。对区内定点医药机构开展现场检查943家次，覆盖率192%。建立门诊类定点医疗机构和定点零售药店医保数据核查模型，重点稽核支出数据异常的定点机构，追回医疗生育违规金额233.25万元。

【综合服务优化】 2023年，园区上线基本医疗保险参保人员医疗费用报销、员工录用登记、灵活就业登记、退休审批4项业务"一件事"集成办理。汇编《社保和公积金对企服务手册》，加强企业点对点精准服务，丰富"百人千企点对点"企业服务品牌内容。组织近3000家企业参加线下"社保公开课"14场，开展"云上社保"专题线上培训1场，召开12家企业座谈会，完成20次企业、社区、学校"社保先锋行"走访调研及政策宣传，招募10家企业组建"社保公积金体验官"队伍，启动"社保小蜜蜂"帮代办工作。协调对接"12333"及"12329"便民服务热线落地园区，完成咨询热线扩容。处理和办理各类业务咨询6.4万件，确保群众诉求事项调查核实和处理答复到位。

（黄溢芝）

社会救助

【概况】 2023年，园区加大民生保障力度，推动民政事业高质量发展。依托"救这么办"线上+线下救助体系，民政"社会压舱石"作用得到充分发挥，全民参与公益活动和开展"指尖慈善"活动成常态。《苏州工业园区：打造智"惠"民生新图景》专题报道获民政部官方微信号推送，"'救这么办'——苏州工业园区探索民生政策服务平台"获评全省社会救助领域创新实践案例，《苏州工业园区率先推出"民生救助计算器"助力实现精准帮扶》得到苏州市委主要领导肯定。截至年底，园区有特困供养对象38人，其中集中供养28人、分散供养10人；分散供养孤儿3人；低保228户329人，低保边缘209人，低收入家庭145户251人；特残（一户多残、依老养残）130人，重残371人，三、四级精神残疾和智力残疾302人；困境儿童584人；临时救助301人。全年向4066人发放各类救助金2669.48万元。

【春节走访慰问】 2023年，园区组织开展党员领导干部春节走访活动，涉及8805户家庭，其中低保对象227户、特困人员38人、低保边缘家庭150户、其他困难家庭189户、优抚对象826户、残疾家庭1771户、困难儿童557人、退休人员困难家庭675户、享受居民基本养老保险待遇人员1363人、其他困难户3009户。走访慰问养老机构1家。发放各类慰问金、慰问品价值1027.89万元。

【"救这么办"智慧救助信息平台完善】 2023年，园区统筹救助资源，增强兜底保障功能，将智慧慈善系统嵌入"救这么办"民生服务品牌之中，以此作为联动政府与社会力量的枢纽，实

现"救这么办"3.0版品牌升级。线上，通过"'救这么办'民生政策计算器"及智慧救助信息平台，实现"政策找人、监测预警、一键申办"；线下，提供"救助管家"温情服务，实现"政策上门、资源链接、个性定制"，进一步构建"政策刚性救助+慈善柔性帮扶"智慧化平台。借助智慧慈善平台，建成底数精准、对接精准、有序高效、监管精准的慈善供需对接机制，通过在线帮扶、"一对一"帮扶、慈善资源共享使用等方式，实现救助供需有效对接，充分发挥社会慈善力量在民生保障、社会救助的作用，以数字化赋能社会救助高质量发展。园区智慧救助信息平台项目入选2023年度苏州市人工智能应用场景示范项目。

链接：兜底保障

兜底保障是一项社会保障制度，旨在为无法依靠产业扶持和就业帮助脱贫的家庭和个人提供必要的生活保障。这项政策特别针对患有重病、重残、无劳动能力的对象，确保其能够获得维持基本生活的必需品和服务，如食物、饮水和电力等。兜底保障是全面建成小康社会的底线制度，确保"不漏一户、不落一人"，是"精准扶贫"和"精准脱贫"的重要组成部分。

【"救助管家"精准救助项目】 2023年，园区全面推广"救助管家"精准救助项目，通过救助网络、实体服务线上线下互动，实现主动精准救助。成立1000余名专业社工和志愿者的"救助管家"团队，根据系统研判结果，为困难群众提供政策帮代办、需求收集、资源链接等全流程跟踪服务，形成"主动发现—核实评估—及时救助—动态监测"的闭环管理，提供优质高效的"组合式"服务。全年"救助管家"团队走访困难家庭11502户次，收集有效需求2500余条，多维度链接社会资源50余家，为1600余户困难家庭提供涵盖就业帮扶、心理疏导、课业辅导等9个方面的全流程跟踪服务。 （薛旭宁）

慈善事业

【概况】 2023年，园区慈善总会（基金会）加大慈善募捐与慈善救助力度，慈善项目推进有序，专项基金继续增加，慈善网络更加健全，受助人员不断增加。全年募集款物价值2771.54万元，救助支出2193.22万元，救助困难群众6.2万人次。园区"慈善植造社"慈善载体项目获评苏州市民政事业高质量发展优秀成果奖并入选首批苏州市十佳"社会组织品牌展示空间"。

【善款募集】 2023年，园区慈善总会（基金会）以"爱心济困·善行江苏"2023年江苏慈善专场和腾讯公益平台发起的"99公益日"活动为主线，在全区范围内开展网络募捐活动。园区5个街道慈善分会、20余家爱心企业和社会组织、6万名热心群众参与其中，募得善款790.37万元。推进新联会爱心基金、触爱联盟专项爱心基金、英有扶轮爱心基金等专项基金慈善资源持续汇聚及学校爱心基金健康发展，在已成立的32个学校爱心基金健康发展的基础上，新增园区星洋学校爱心基金，33个学校爱心基金共计募得善款321.85万元。同时，设立特色专项基金，深化与园区检察院的项目合作，升级成立"园检司法救助专项基金"，新成立园区消费者权益保护基金、钱玉清书法专项基金，共募集爱心基金76.2万元。依托慈善总会枢纽平台，形成慈善总会、街道慈善分会、社区慈善工作站相联动的园区慈善"三级网络"，实现全区各街道、各社区慈善基金全覆盖，362.22万元当地慈善资金在解决群众关切、化解矛盾纠纷、助力基层治理等方面发挥重要作用。

【慈善项目实施】 2023年，园区慈善总会（基金会）推进爱心厨房项目，全年支出37.4万元，为33297人次提供供餐服务，帮助困境老人解决"出门难""买菜难""吃饭难"问题。实施重阳节慰问特困供养对象项目，向园区34名特困供养老人发放1.02万元重阳节慰问金，及时帮助老人解决生活上的困难和需求。实施"益起圆梦公益医嘱"项目，针对老年人开辟房产登记绿色通道，为23名符合条件的老人进行精神评估和遗嘱登记，帮助其家庭解除后顾之忧。实施园区慈善助学项目，向区内符合条件的102名困难学生发放30.78万元助学金，同时链接社会资源拓展助学方式，开展"微心愿"认领、爱心电脑捐赠、公益夏令营等系列活动，其中60名学生收到助学礼包，22名学生收到笔记本电脑，实现"微心愿"。资助20名残疾儿童进行康复训练，资助16名"先心病"患儿的医疗费用。开展"情暖苏城"春节走访慰问活动，向区内475户重病困难家庭及养老机构发放100万元春节慰问金。实施慈善关爱计生特扶困难家庭项目，对区内符合条件的12户家庭发放3.15万元救助金。继续实施低收入家庭慈善医疗救助项目，向符合慈善医疗救助的220名困难对象发放慈善医疗救助金106.14万元。实施情系环卫工人爱心体检项目，支出24万元，为600名一线环卫工群体提供爱心体检服务，争取"早筛查早治疗"，保障环卫工人的身体健康。联合园区宣传和统战部、志愿者协会开展"公益伙伴计划"，全年对接22个公益慈善项目，发放各类慈善公益资金57.72万元。实施"废纸宝宝旅行记"废纸置换厕纸项目，开展废纸回收活动，为园区30所中小学配备免费厕纸，项目支出17.55万元。关注新业态、新就业群体，为20名快递行业、外卖配送行业等新业态优秀员工发放2万元食物营养包，支出1万元为外卖行业骑手代表配备电动平衡车，打通小区外卖配送"最后一百米"。年内，新建35个"慈善空间"和3个慈善实体，园区慈善植造社全年开展44场公益慈善活动，为周边约1.8万人次居民提供便民服务，接待58场调研考察活动，参访630余人次，得到中华慈善总会、省民政厅认可。园区食物分享驿站开业，通过"1个平台+3种路径+N家企业"的运作体系，募集和分发食物约36.65吨，1万余人次受益。

【慈善组织建设】 2023年，园区慈善总会（基金会）建立、健全以《中华人民共和国慈善法》等法律法规为依据、以章程为核心的内部治理结构，明确决策、执行、监督等方面职责权限，完善细化项目管理、专项基金管理、食物捐赠管理等规章制度，严格执行财务管理制度和信息公开制度。落实省民政厅"阳光慈善"工程要求，加强信息公开，率先在全国探索智慧慈善捐赠系统建设，使慈善捐赠、善款去向、项目反馈、慈善义卖"一站即享"，实现慈善项目全生命周期管理。主动在"中华慈善总会""苏州工业园区慈善总会"微信公众号、园区智慧慈善系统等多平台公示财务、年报、项目等信息。园区慈善总会（基金会）通过2023年度年检，获得公募资格，享有税前扣除资格。（薛旭宁）

社会福利

【概况】 2023年，园区通过"大数据+网格化+铁脚板"，常态化做好困境儿童精准排查工作，解决584名在册困境儿童养、治、教、康以及安全健康成长等难点问题。面向以困境儿童为重点的全体未成年人开展普法宣传、政策宣讲、关爱保护、临时监护等服务，全方面维护青少年权益。园区有户籍老年人口101673人，老龄化程度为16.21%。园区构建居家社区机构相协调、医养和康养相结合的养老服务体系，科学应对人口老龄化的挑战，加快推进养老事业和养老产业协同发展，满足全区老年人对美好生活的向往。园区有户籍持证残疾人6514人。围绕"完善残疾人关爱服务体系，进一步提升残疾人幸福感"的总要求，推动政策落实、就业增收、康复服务、权益保障等工作。

【儿童福利】 2023年，园区有困境儿童584人，全年发放困境儿童基本生活费补贴资金750.1万元。新建省级示范性未成年人保护工作站1家（娄葑街道）、市级示范性未成年人保护工作站2家（唯亭街道1家、金鸡湖街道1家）。开展"未星闪耀"园区儿童工作者能力提升计划，设置培训、督导、参访、考评4个模块。园区获得苏州市第二届儿童主任职业技能大赛团体第二名和个人二等奖、三等奖，2名儿童主任在江苏省村（居）儿童主任技能竞赛中获得个人二等奖。针对困境儿童家庭需求，开展"与爱童行·让心喘息"特教康复夏令营、"非视觉·心世界"园区视障群体融合、"碍的漫谈·爱的同在"无障碍意识提升、"智慧护未·安全童行"生命安全体验等系列关爱活动350场，服务5272人次。

【老龄福利】 2023年，园区运营养老机构9家，机构养老床位总数4021张，每千名老年人拥有各类养老床位数超过50张。唯亭、胜浦街道区域性养老服务中心内装工程基本竣工。各街道综合为老服务中心全部投用，社区日间照料中心（助餐点）实现社区全覆盖，100%由专业社会组织连锁化经营，品牌化发展。累计建成各类助餐服务载体132个，每日享受助餐服务的老年人超过2500人。智能化、规模化、个性化的社会福利中心中央厨房送餐半径辐射31个助餐点、90余个小区。苏州市居家社区养老服务提升行动推进会在园区召开，"幸福'食'光 寻味SIP"活动启动，园区乐龄智慧助餐系统、助餐顾问专业指导团队发布。全年为74434名65周岁及以上户籍老年人发放尊老金约4925.34万元。超过1.4万名居家养老援助、补助对象享受"互联网+居家养老"菜单式上门服务，统一调度，人文关怀，系统监管。委托专业社会力量为621户老年人家庭进行"适老化"改造，为1600户老年人家庭开展烟雾报警器安装，为1000户老年人家庭卫生间进行防滑改造。通过定期上门入户、电话视频等方式，及时掌握老年人健康状况、生活情况，全方位关爱老年人身心健康。全区有探访关爱服务在册对象60人，相关人员经常进行探访关爱记录。鼓励符合条件的养老服务人员参与养老护理员职业技能等级认定，举办老年人能力评估员、养老护理技能培训。开设"与认知症快乐相处""家庭照护专业培训"课程，完成31人次失能老年人家庭成员培训、10张家庭养老照护床位建设、40张认知症照护专区床位建设。搭建园区智慧养老服务平台，提升养老服务准确率、覆盖率、满意率。开发"久龄智慧养老院"系统，重点打造"智慧安防""智慧管理""数字孪生"3个模块，进一步提升运营管理效率。年内，园区社会事业局获评"苏州市养老服务工作先进集体"，园区社会福利中心、久龄养老院两个案例入选苏州市老龄工作十佳案例。在全市养老护理职业技能竞赛中，园区成为全市唯一囊括所有奖项的单位，园区企业远也科技（苏州）有限公司的"肌肉外甲在创新养老产业中的实际应用"项目获苏州首届康养创新创业大赛一等奖。

【残疾人福利】 2023年，园区向966名困难残疾人发放生活补贴975.4万元，向1760名重度残疾人发放护理补贴294万元。按照"1+3"社区康复服务模式丰富精神障碍社区康复驿站内

涵，其中娄葑、唯亭、胜浦街道精神障碍社区康复驿站获评省级示范项目。助推就业创业，依托8家残疾人之家等社区助残载体向园区残疾人提供各类就业培训，新增就业培训93人、实名制就业123人，年度托养382人。向261名残疾人发放教育补贴35.8万元。提供精准康复，发放残疾儿童辅助器具等康复补贴1144人次合计956.6万元。维护综合权益，为符合条件的3886名残疾人投保意外伤害综合保险，为331名残疾人车车主购买三者险。在苏州市第三届残疾人创新创业大赛中，由园区户籍残疾人何卓人申报的赫米助听器赋能项目获全市唯一一等奖，园区在"99公益日"助残慈善项目路演中入围数量居全市第一。

（薛旭宁）

住房保障

【概况】 2023年，园区城市居民住房保障、农村动迁居民住房保障的申请、审核、供房和补贴发放人数与上年度基本持平；实体公租房继续保持满租状态，候租率略有下降，虚拟优租房补贴申请、发放人次以及补贴总金额继续呈上升趋势。9月，虚拟优租房补贴南部区域申请暂时关闭。人才优购房供给增加，需求略有下降。保障性租赁住房筹集工作完成上级规定的指标要求。

【保障申请及后续管理】 2023年，园区城市居民住房保障申请、农村动迁居民住房保障申请工作于4月3日开始受理。城市居民住房保障申请受理123户（复审96户），经审核符合住房保障资格107户；农村动迁居民住房保障申请受理50户，经审核符合住房保障资格45户，于10月完成集中摇号、选房。受理保障性住房上市交易申请与审核113户，收取差价收益款2585万余元。

（胡　伟）

【住房公积金管理】 2023年，园区推进灵活就业人员参加住房公积金，执行灵活就业缴存住房公积金人员缴存补贴。实现缴存单位住房公积金托收扣款电子化签约，推广数字人民币场景应用。落实苏州市住房公积金使用政策调整，调整住房公积金贷款额度、首付比例和租房提取方式，开展"筑梦苏城"青年人才贷款和商业贷款转住房公积金贷款，减轻住房公积金缴存人员还贷负担。全年发放住房公积金贷款1.3万笔，完成住房公积金委托摊还提取3.49万笔、租房委托提取2.28万笔。通过长三角住房公积金"一网通办"平台实现长三角异地缴存证明互通。

（黄溢芝）

【人才优购房】 2023年，园区提供21个项目36批次人才优购房，3149套房源，其中，120平方米（含）以内的占33.9%，120平方米至160平方米（含）的占63.5%，160平方米以上的占2.6%。全年受理优购房申请1318人次，审核通过符合条件的人才1237人次，领军或高层次紧缺人才占2.3%，实际选购新房的人才433人。

【公租房管理】 2023年，园区公租房在租小区受理申请9222人次，新增保障5279人，整体出租率为93%，基本处于满租状态。虚拟优租房人才租房补贴受理申请24633人次，经审核符合条件并发放补贴10829人，发放补贴11591万余元。

【保障性租赁住房】 2023年，园区继续筹集保障性租赁住房，截至年底，筹集保障性租赁住房项目3个，分别为芭菲翰林缘公寓、东延四季公寓和星澜乐璟东景社区，房源3394套（间），建筑面积23.8万平方米。10月，保障性租赁住房项目瑞华四季公寓正式投用，该项目由9栋高层组成，包含白领公寓、家庭公寓、合租公寓3种产品，共1058个出租单元，可以满足近1700人的居住需求。

表44　园区公租房保障情况（2023年）

小区名称	房源数量（套）	申请人数（人次）	新增保障人数（人次）	平均候租率
菁华公寓	1076	1267	817	21.56%
明日之星	818	745	323	38.85%
文华公寓	104	252	45	165.96%
菁汇公寓	1082	1036	729	9.91%
菁英公寓	2559	2429	1692	4.12%
锦程之星	864	813	533	6.92%
群星苑	158	250	80	42.32%
菁仁公寓	600	636	277	31.91%

续表

小区名称	房源数量（套）	申请人数（人次）	新增保障人数（人次）	平均候租率
菁源之星公寓	788	912	576	11.76%
菁星公寓B	642	882	207	99.03%

表45　园区虚拟优租房补贴申请及发放情况（2023年）

类　型	区　域	第一季度	第二季度	第三季度	第四季度
申请人次	北部区域	434	590	883	686
	南部区域	2352	3435	5346	962
	西部区域	29	30	28	45
	中部区域	1529	2127	3581	2576
	总计	4344	6182	9838	4269
发放人次	北部区域	135	197	372	420
	南部区域	702	1281	2694	647
	西部区域	0	0	0	0
	中部区域	569	839	1456	1517
	总计	1406	2317	4522	2584

（胡　伟）

【东延四季公寓开业】 2023年6月25日，由恒泰集团开发运营的苏州首个大型综合租赁生活社区——东延四季公寓开业。该公寓位于东延路46号，占地面积7.7万平方米，有房源2980套，包含家庭公寓、白领公寓、合租公寓、企业公寓、服务式公寓5种形式，可满足8400人的居住需求，同时建有4500平方米社区商业配套。该项目配备专业化公寓运营团队，提供全流程线上"零接触"服务，可实现"拎包入住"。

【瑞华四季公寓开业】 2023年10月1日，由恒泰集团开发运营的第二个长租房项目瑞华四季公寓开业。该项目占地面积2.86万平方米，有房源770套，1058个出租单元，包含白领公寓、合租公寓、家庭公寓3种形式，可满足

1700人的居住需求。该项目是园区融入沪苏同城化、虹桥国际开放枢纽建设的阳澄银座片区重要配套项目。

（徐丽丽）

2023年10月1日，瑞华四季公寓开业

（园区住房保障和物业管理中心　供稿）

社会事务

社区建设

【概况】 2023年，园区社区建设工作按照"在推进社会治理现代化上实现新提升"的工作要求，坚持对标对表突出重点，健全体系、整合资源、增强能力，为园区加快构建"高品质生活、高效能治理、高质量发展"的现代社区共同体赋能助力。推进社区基础建设、社工队伍建设、社会组织建设、社区治理效能提升。截至年底，园区建成社区178个、民众联络所21个、社区工作站36个，筹建社区3个。

【社区基础建设】 2023年，园区完善基层治理体系和模式，在全市率先完成社区规模调整优化，完成18个因拆分而新建的社区居委会筹建和选举工作，完成3个新建社区居委会报批设立，全区设立社区居委会累计181个。提档升级社区综合服务设施，推进娄葑街道苏安、斜塘街道敦煌、唯亭街道阳澄湖3个民众联络所标准化建成投用，截至年底，园区建有民众联络所21个。出台《苏州工业园区集宿区社区化管理工作方案》，评选产生19个"示范集宿区"和2个"示范街道"，在全市形成示范带动效应。制定《苏州工业园区社区民生综合台账目录》，减轻社区台账压力，提升基层治理效能。进一步优化"幸福街区"评选指标体系，开展"幸福街区"评选工作，新评选产生以新荟社区为代表的幸福街区31个。截至年底，园区建有幸福街区91个，基层精细化管理和精准化服务水平持续提升。

【社工队伍建设】 2023年，园区围绕社区工作者队伍职业化、专业化、规范化发展目标，促进社工人才添"智"提"质"。修订出台《苏州工业园区社区工作者薪酬体系调整实施办法》和《苏州工业园区社区工作者退职相关规定》。实施基层社工能力提升三年行动，区、街两级联动，健全"选、育、管、用"为一体的社工队伍培养体系，全年区级层面培训社工3500人次，街道层面培训社工16808人次，新增持证社工493人，累计持证社工1748人，持证率全市领先。全方位提升社区书记基层治理能力，梳理各社区攻坚项目清单，营造社区"头雁"比学赶超的干事创业氛围。全年开展法治实训2期、信访实训5期、"社矫安帮"实训3期，培训基层社工115人。创新社工培训管理模式，依托"知社区"空中课堂上线优质培训课程93节，开展在线直播课12场，2778名社工参与在线学习。"课堂搬到'线上'，教学转入'云端'，'空中课堂'按下社工能力素质提升'加速键'"项目获评苏州市城乡社区治理创新案例。

【社会组织建设】 2023年，园区加强社会组织规范化建设，助推社会组织高质量发展。完成"创益+"空间新址升级改造和搬迁，完成625家社会组织年检年报和100家社会组织换届工作，对18家教育类民办非企业单位和3家行业协会商会开展"双随机一公开"抽查工作，引导7家"僵尸型社会组织"办理注销，劝散3家涉嫌非法社会组织。截至年底，园区有注册社会组织594家、备案社会组织1821家，新增等级社会组织6家，全区等级社会组织占比62.5%。召开社会组织管理工作联席会议，发布《苏州工业园区社会组织业务主管单位监管清单（试行）》和《苏州工业园区社会组织廉洁合规建设负面清单（试行）》。全面开展社会组织党建情况调研，通过单独建、联合建、建立功能型党组织方式，推进园区社会组织党的组织和党的工作全覆盖。年内，举办园区第六届社区治理创新交流大会，"创益+"空间获评苏州市社会组织党建工作示范点，3家社会组织及其负责人获得国家级荣誉，1人获评省社会工作领军人才。

【社区治理效能提升】 2023年，园区健全和完善社区治理顶层设计，加快推进社区治理体制、机制、方式优化，促进社区治理能力质效双提升。开拓以"微自治"助力城市"微更新"新路径，在53个社区开展"共享花圃"建设，总面积超过9000平方米，该项目获评苏州市城乡社区治理创新案例。打造"民生专递"品牌，新增"民意诚办"专栏，形成民生政策信息"线上+线下"的宣传矩阵。年内，园区向社区居民推送"民生专递"7期，涉及政策信息42项，线上阅读量11.7万次。召开4次社会工作站（室）建设推进会，打造园区社会工作特色品牌，唯亭街道、金鸡湖街道社工站获评苏州市优秀红色社工站，斜塘街道社工站建成苏州市红色社工站，全区实现红色社工站100%全覆盖。胜浦街道通过苏州市"星火计划"社会工作站标准化试点评估。全面推进"知社区"平台二期开发，完成"空中课堂"、法治社工申报评选等新功能开发上线，该平台获2021—2022年度江苏基层社会治理创新成果提名奖、2022年度江苏民政数字化转型"最佳应用"提名奖并入选市级创新案例、园区数字政府优秀场景示范案例。借鉴新加坡先进社会治理经验，园区在全国首创法治社工评定体系，制定《法治社工分阶培养及评定办法》，完成首批法治社工评定，该项目获评苏州市2023年度改革典型案例。优化"社情民意联系日"活动机制，增强社情民意活动实效，全年开展园区"社情民意联系日"活动730场，接待辖区居民和企业代表2632人，收集群众意见建议2561项，答复率100%。同时，优化社区发展咨询员制度，调整社区发展咨询员的职能和聘任方式，提高社区治理成效。

【动迁社区生活品质提升】 2023年，园区实施区域统筹一体发展战略，提升区街协调发展水平，在改善动迁社区居住生活环境、提高社区便民服务水平、夯实富民增收实效等方面成效显著。启动新一轮园区动迁社区提升改造项目，全面启动动迁社区檐口修复、消防改造、桥梁建设等6大类11项提升改造工程，总投资3135万元。

推进园区动迁社区电动自行车充电桩建设，计划在124个动迁小区建设4.6万平方米充电棚，并为充电桩增设消防设施，合计投资约7507万元，进一步消除社区消防安全隐患。出台《苏州工业园区富民增收专项资金使用管理办法（2023修订版）》，发挥政策引导作用，激励社区集体经济通过载体更新升级、创新经营模式等方式发展壮大，为持续提升动迁居民增收水平打下基础。为动迁居民外出种养，发放补贴资金587.4万元，惠及动迁外出种养殖户1233户。健全和完善园区新一期富民资金经营管理体系，提升园区富民资金的受益面和普惠性。完善园区"动迁无房户"家庭住房保障操作办法，进一步加强园区动迁居民的兜底保障。

（薛旭宁）

民政专项事务

【概况】 2023年，园区围绕江苏省婚俗改革实验区创建目标，打造"非凡园区 幸福家园"品牌，倡导移风易俗，培育婚俗文化新风尚，满足"老苏州、新苏州、洋苏州"对优质婚姻家庭文化和服务供给的多层次需求。园区

社会事业局申报的婚俗改革案例获评2023年度园区改革典型案例和2023年度园区宣传思想文化工作创新奖。落实惠民殡葬政策，全年发放殡葬补贴477.92万元。启动第五轮县级以上行政区域界线联合检查工作，李公堤路、永安桥等2个地名入选苏州市第二批地名文化遗产保护名录。

【婚姻登记】 2023年，园区婚姻登记机关总办件量11278件，居全市前列。内地居民婚姻登记11134件，包括结婚登记6239对、离婚登记1788对、离婚申请2590件、撤回离婚申请9件、补领婚姻登记证496件、出具（无）婚姻登记记录证明12件，其中跨省通办、市域通办4553件；涉外婚姻登记144件，包括结婚登记86对、离婚登记23对、离婚申请30件、补领婚姻登记证5件。建立多元主体参与、全周期覆盖的特色婚姻家庭辅导服务模式，全年为1785对离婚申请居民提供婚姻劝导个案服务，举办12场婚姻团体辅导服务，惠及148人次。

【婚姻服务】 2023年3月，园区作为全国婚姻管理工作示范培训班现场观摩示范点，向民政部，全国各省区市民政厅负责人展示园区婚俗改革和

2023年3月29日，中法爱墙结婚登记户外颁证基地启用

（园区社会事业局 供稿）

婚姻管理工作取得的成效,同时启用"中法爱墙"结婚登记户外颁证基地。园区深化婚俗改革成果丰硕,现代文明与传统文化相得益彰,婚姻家庭辅导服务模式特色鲜明,对增强区域"聚才留才"和促进社会和谐稳定成效显著。创新打造"214"、"520"、七夕等热门结婚登记日"爱意闪耀 为爱奔赴"沉浸式体验场景,结合各街道区域文化特点开展普法宣讲、为爱骑行、婚俗展览、金婚纪念等各具特色的婚俗改革主题宣传活动。在全省率先探索婚姻登记机关与司法部门建立长效协作机制,联合化解重复登记、隐瞒国籍结婚登记引发的行政争议问题,借助各方力量诉源治理、钝化矛盾,为省高院、检察院、公安厅、民政厅4部门于2023年6月出台的《关于妥善处理以冒名顶替或者弄虚作假的方式办理婚姻登记问题的实施意见》提供实例。

【殡葬管理】 2023年,园区全面落实惠民殡葬政策,发放殡葬补贴477.92万元。其中,落实惠民殡葬补贴375.4万元,惠及2737人;落实绿色殡葬补贴11万元,惠及56人。化解殡葬领域信访矛盾,做好清明、冬至等重点时节祭扫服务保障工作。

【区划地名管理】 2023年,园区开展平安边界建设活动,启动第五轮县级以上行政区域界线联合检查工作,联合吴中区完成"吴园线"界限检查工作,维护边界地区和谐稳定。传承发扬地名文化,在斜塘老街历史文化遗产示范街区开展"跟着地名·看园区"系列活动之"风雅斜塘 端阳吴艖"文化主题活动,以江南端午非遗文化为形式载体,穿插情景演绎和游戏互动,吸引居民共同感受民俗风貌。开展地名文化遗产评定,士诚路、琼姬墩路、李公堤路、蠡塘路、夷亭路、永安桥等6个地名入选园区第二批地名文化遗产保护名录,其中李

2023年6月21日,斜塘老街历史文化遗产示范街区"跟着地名·看园区"系列活动之"风雅斜塘 端阳吴艖"文化主题活动举行 (园区社会事业局 供稿)

公堤路、永安桥等2个地名入选苏州市第二批地名文化遗产保护名录。

(薛旭宁)

退役军人事务

【概况】 2023年,园区推进退役军人服务保障体系建设,完成街道退役军人服务站提档升级工作,推进社区退役军人服务站实体化建设。建立三级退役军人服务(中心)站困难帮扶即时机制,协助申请各类慈善帮扶项目11人次。春节、建军节期间,走访慰问退役军人及其他优抚对象2063人次,投入400余万元。

【退役军人接收安置】 2023年,园区接收安置退役军人94人。其中,"阳光安置"符合政府安排工作条件退役士兵及消防员8人,妥善安置计划分配军转干部3人,接收自主就业退役士兵83人。及时做好档案审核、社保转移、教育培训等工作,发放自主就业退役士兵一次性经济补助金超过1000万元。有序做好8名无军籍职工、29名自主择业军转干部、36名

企业退休军转干部的各类服务保障工作。

【军烈属优待抚恤】 2023年,园区有在册管理1—10级伤残军人129人、在乡复员军人7人,享受定期定量补助的烈属、因公牺牲军人遗属、病故军人遗属16人,带病回乡退伍军人9人,在乡"两参"人员225人,享受生活补贴的60周岁以上农村籍退役士兵317人。有享受专项慰问金的企业退休"两参"人员151人。落实遗属生活困难补助托底保障261人。为4名病故军人遗属发放一次性抚恤金190.48万元。推进优待证办理工作。安排47.19万元,为9649名退役军人及其他优抚对象购买定期寿险、补充医疗等商业保险。制定边远服役地区特殊优待措施,为进藏服役义务兵家庭增发3倍基础优待金,进疆服役义务兵家庭增发2倍基础优待金。开展关爱烈属专项行动,为30余名烈属实现"微心愿"。

【退役军人思想引领与权益维护】 2023年,园区完成退役军人事务工作领导小组调整,印发《苏州工业园区建立常态化联系退役军人制度的工作方案

（试行）》，旨在建立、健全联系和服务机制，发挥基层服务站用心解决问题、真心实意帮困、宣传优秀典型的作用。动员退役军人志愿者参与园区社会治理，众勋律师事务所吴洪钢和苏州市电子信息技师学院傅月红分别获"江苏省最美拥军人物""江苏省最美军嫂"提名奖，娄葑街道王海亮获评"全省退役军人服务中心（站）百名优秀主任（站长）"，金鸡湖街道老兵客栈信息科技（苏州）有限公司总经理周品俊获评全省退役军人志愿服务"双百"先进典型。　　（薛旭宁）

关心下一代工作

【概况】 2023年，园区关心下一代工作委员会（简称"园区关工委"）形成园区党工委督察、关工委协调、街道关工委落实的垂直管理机制，关爱工作实现区域全覆盖。围绕立德树人宗旨，结合园区实际，夯实校外教育辅导站平台，在社区面向青少年开展"老少心向党，奋斗新征程"主题教育活动。年内，全区开展各类主题教育活动2000余次，举办青少年道德大讲堂、红色之旅等校外辅导活动1800余次，组织法治常识竞赛、心理健康教育活动245次，开展看红色影片、读经典作品、演红色故事等各种体验活动654次，参与活动的青少年42600余人次。"五老"品牌工作室、"一社一品"、"小小咨询员"等关爱青少年品牌建设初见成效，初步形成活动育人、阵地育人、实践育人的良好局面。

【校外教育辅导站建设】 截至2023年底，园区建有校外教育辅导总站1个、校外教育中心站5个、社区校外教育辅导站154个。园区青少年在家门口就能享受由800余名"五老"志愿者、400余名在职教师及近千名社会志愿者提供的优质校外教育服务。"红葑学堂""冷泉港亚洲基因科学学习中心"以及"道德大讲堂"等40余个涉及农耕体验、机器人制作、数码编程入门以及探索生命奥秘等内容的校外辅导基地，提供涵盖德、智、体、美、劳和学业辅导等内容的社区教育服务，丰富青少年的课余生活。年内，园区建立的"五老"品牌工作室"都市五善工作室""阳光驿站工作室""张白安工作室""红色先锋站""浪花文艺社"等成为优秀"五老工作室"，"五老"志愿者马觐伯获江苏省关工委2023年"最美五老"称号。

【青少年爱国主义教育】 2023年，园区关工委开展青少年喜闻乐见的爱国主义教育活动。"红色管家"、"五老"志愿者在社区以老少"共学""讲学""送学"等方式，给青少年讲述红色故事。组织"五老"编辑"胜浦山歌""娄葑水八仙"等多种体现园区特色的影像、图文资料，帮助青少年树立建设美好家园的理念。节假日组织社区儿童观看爱国主义影片。举办"老少心向党，奋斗新征程"老少同台演讲、亲子共唱红色歌曲、少儿爱党爱国绘画作品展等活动。《祝福祖国》节目获苏州市关工委"老少心向党，奋斗新征程"展演活动一等奖。结合宣讲党的二十大主题，定期举办"红星闪闪照我心""唱响雷锋之歌"等多个红色主题读书活动，常态化开展《关心下一代周报》有奖征文活动。组织青少年在夏季为快递小哥、保洁阿姨送上一杯凉开水及在重阳节为社区日间照料中心的老人扫地、叠被子等活动。开展追寻先烈足迹、致敬科学家、小手绘红旗画党徽等系列体验活动。各街道社区常态化开展"小小咨询员"活动，提升青少年建设和谐社区的治理能力，相关情况被"学习强国"平台报道。

【青少年心理健康教育辅导】 2023年，园区各基层关工委利用辖区的家庭教育指导中心，开展亲子心理辅导、教育经验分享等相关内容的系列活动，营造多方关心家庭教育的良好氛围，帮助少年儿童健康成长。胜浦、娄葑等街道关工委联合辖区派出所成立青少年关爱中心，以大数据的形式将外来务工、单亲家庭、家庭经济困难以及学习困难等不同类型人群的心理健康状况录入数据库，并与相关学校实现数据共享联动，努力做到发现异常及时干预。各学校设立青少年健康成长中心，举办心理聊天活动，缓解学习压力。开展"关爱明天、普法先行"、拒绝校园霸凌、情景剧表演等贴近青少年生活的法治宣传活动。金鸡湖街道关工委成立未成年人保护工作委员会，联合辖区民警、常驻律师构筑未成年人保护网。全区没有出现青少年犯罪现象。

【青少年帮教助困】 2023年，园区关工委实施"点亮微心愿""假日送教上门"等爱心助学工程。斜塘、唯亭、胜浦等基层关工委组织大学生志愿者在节假日进驻社区，帮助学习困难的学生。"周六课堂""第二课堂""乐活学堂"等形式多样的公益辅导活动成为基层校外教育辅导站的常态化工作。年内，园区还开展主旨为"与困难儿童同成长""大手牵小手"等爱心助学活动。爱心单位共捐助8.9万元，受益贫困学生216人，全区没有学生因家庭贫困而辍学。　　（陈高桦）

应急管理

综　述

2023年，园区聚焦基础建设强化推进年和专项整治巩固提升年行动，全面完善预防体系、治理体系、责任体系、应急体系、本质安全体系、队伍能力体系六大体系建设，强化专业支撑，推动数字赋能，使得安全生产管理工作看得见、摸得着、有抓手、更精准，用高水平安全服务高质量发展，全年安全生产形势保持平稳。园区应急管理局获评2023年度江苏省应急管理先进集体、苏州市安全生产先进集体。

"大安全""大应急"体系构建。按照"线上管基本，线下管重点"的思路，将信息化深度融入安全生产工作。创新研发"SIP安全360"综合监管平台，并将平台从工业企业领域向各行业领域延伸，对3506家工业企业和9629家重点行业生产经营单位（包括7677家"九小场所"）实现全面录入，完成企业自查和监督检查，层层压实安全责任。利用系统数据自动描绘"企业、企业安全管理人员、监管执法人员、监管队伍"4个画像，实现动态评分和画像排名，强化数据结果运用，使安全监管更到位、更精准。通过信息化赋能基层，将"抽象化"的职责，具象为具体任务清单，真正实现履职

清单化、明晰化，重点解决一批小单位"不想管、不会管、不懂管"，行业监管"粗放化、不专业"等问题。

"线上+线下"综合监管。依托"SIP安全360"综合监管平台，探索应急管理机制与监管模式的系统集成、流程再造。在线上，横向打通园区法人库、地理信息库、人社职工库等近54万条数据，融合风险库数据与法规标准库近1.6万条数据，对全部生产经营单位细分为40类场所标签和6类风险标签，定制化生成二维码并向社会公示。通过信息查询、单位自查、网格巡查扫码形成"一风险、一检查"事项，自查内容清单化呈现、检查复查自动留痕、待办事项自动提醒。在线下，建立企业画像和"双标色双派单"机制，按画像得分和排名变化，对企业分级标色、分类管理，精准监管执法，实现"对优秀企业无事少扰、对问题企业严管到位"。通过线上数据流通、线下精准监管，真正实现"数据多跑路，政府少上门"，有效营造良好的营商环境。

综合执法业务培训。组织全系统工作人员分两期进行轮训，进一步增强应急管理综合执法队伍的执法形象、执法效能和队员综合素质。精心设计课程，将思想政治建设和纪律建设内容作为培训的首要任务，以提高学员的思想政治水平；将执法检查的常用方法和工作技巧等工作实务作为

培训的基础，以提升学员综合执法业务能力。以学促知、以知促改、以改促干，切实提高应急管理综合执法工作水平。

安全生产工作强化。健全安全生产监管机制，加强安全生产责任体系建设，印发《苏州工业园区2023年安全生产督导工作方案》，通过建立健全"四项机制"，综合采取"八种形式"，深入开展安全生产督导工作。开展安全生产专项整治，推动安全生产治理模式向事前预防转型。制定园区2023年度安全生产重点执法事项清单，明确15大项104小项重点执法事项，提升安全生产精准执法水平。加强安全生产信息化建设，纵向构建"线上管基本、线下管重点"业务新格局，横向拓展重点行业领域和"九小场所"的信息化安全监管应用，实现日常安全生产自查和巡查工作的线上化和数据化。常态化推进安全发展示范城市创建重点任务落实，从"科技、管理、文化"3个维度全面推进城市安全发展。进一步加强危险化学品监管工作，安全监管实现"一个持续，五个更加"的工作成效。

防灾减灾救灾工作加强。不断健全灾害防治体系，有效提升灾害应对能力。制定功能区、街道应急管理和防灾减灾救灾工作任务清单，细化基层应急管理和防灾减灾具体任务。推动科技赋能灾情应对处置，部署9套

移动终端和视频会议系统，提升应急指挥处置效率。加强基层防灾减灾宣传力度，增强全民防灾减灾意识。做好防汛防台工作，有效应对远超常年的降雨量以及特大暴雨天气，平稳安全渡过2023年汛期，保障园区企业和居民的生产生活平稳有序。全面加强消防安全工作，开展消防安全大排查大整治行动，消除各类火灾隐患。强化基层消防监管能力建设，不断提升火灾防控能力，全年未发生亡人火灾事故。

（王皖杰）

应急管理体系建设

【概况】 2023年，园区应急管理局按照"以防为主、防抗救相结合"的工作方针，推进"应急三项准备"和"防灾减灾五项机制"。统筹开展应急指挥、救援协调、预案管理、物资保障等各项工作，完善突发事件应急救援机制，整合抢险救援力量，不断加强应急管理综合能力，推进应急管理体系和能力建设现代化。

【应急预案修编】 2023年，园区应急管理局深化应急预案体系建设。区级层面在完成"1+34"应急预案体系基础上，推动各预案牵头部门制订专项应急预案简本，提升预案的实用性和操作性；板块（街道、功能区）层面不断完善"1+13+X+Y"应急预案体系，更新114项应急预案和157项社区现场处置方案。常态化开展应急救援演练，完成防汛防台、地震紧急避险、金鸡湖景区水上救援、阳澄湖半岛集宿区消防安全疏散和华谊影城大型游客设施救援等26次大型综合应急演练、78次板块应急演练和291次社区应急演练。

【应急物资储备】 2023年，园区应急管理局加强应急物资储备，巩固应急

救灾物资基础。园区减灾办公室印发《关于加强应急物资保障体系建设的通知》，要求区级应急物资储备面积达到600平方米，板块（街道）、社区应急物资储备面积分别不少于300平方米和50平方米的物资仓库。完善以区级应急物资储备为枢纽、板块（街道）为支撑、社区为辅助的"1+5+N"应急物资储备格局。年度区级应急物资增储4543件，价值45.2万元。截至年底，储备通用救灾物资15073件。园区应急管理局与消防救援大队、民兵队伍加强合作，将抢险救援类装备配备到一线专业队伍，提升应急救援处置能力。

【应急队伍建设】 2023年，园区应急管理局加强应急救援力量的有机整合和优化配置，形成全区"一盘棋"的突发事件应对格局。先后印发《苏州市关于支持引导社会应急力量参与减灾救灾等应急工作的指导意见》《关于建立苏州工业园区军地抢险救灾协调联动机制的通知》，构建以消防救援大队综合救援力量为主导、专业化与社会化队伍相结合的救援力量格局，共计落实27支队伍1200余人。极端天气情况下，各支队伍严格落实值班值守制度，确保应对突发事件第一时间人员到位。更新完善应急工作手册，调整更新联系方式和物资资源分布，提升应急救援处置实效。

（王皖杰）

安全生产

【概况】 2023年，园区不断健全安全生产监管机制，牢固树立"零事故"理念和目标，开展基础建设强化、风险巩固提升、重大事故隐患专项排查整治、消防安全攻坚月等工作，及时协调、解决安全生产监督管理中存在的重大隐患和突出问题。全年发生安全

生产事故2起，死亡2人，安全生产形势总体持续平稳向好。

【安全生产责任体系建设】 2023年，园区安全生产委员会办公室（简称"园区安委办"）印发《关于进一步加强安全生产专业委员会工作的通知》，进一步完善组织架构，强化统筹协调。成立第十六专委会，统筹协调医疗卫生机构、职业健康等行业；按照行业相近原则，扩充部分专委会工作范围，进一步提升专委会统筹协调的精准性。推动各专委会充分发挥成员单位专业优势，汇集各方力量，发挥最优作用，确定安全监管工作专题，通过小切口、抓关键，探索亮点做法，总结提炼经验，固化制度成果。印发《苏州工业园区2023年安全生产督导工作方案》，通过建立健全"四项机制"，综合采取"八种形式"，深入开展安全生产督导工作。设立6个督导组，突出专业服务，引入有丰富工作经验和技术能力的专家，为安全生产工作提供专业支撑。全年开展督导115次，检查单位、企业和现场147处，发现并整改隐患198条。

【安全生产专项整治】 2023年，园区安委办进一步统筹发展与安全，对照国家和省、市有关安全生产工作要求，开展重点行业领域安全生产风险专项整治巩固提升年、基础建设强化推进年、重大事故隐患专项排查整治等专项行动，推动安全生产治理模式向事前预防转型。全年查处事故隐患17887处，组织集中约谈42次，约谈企业256家，立案处罚469家，处罚金额551万元。配合省、市巡视督导工作，重视督导反馈问题，做到即知即改。国务院安委会第十三综合检查组对园区督导1次，反馈发现问题隐患9处；江苏省安全生产第二督导组对园区督导2次，反馈发现问题隐患35处；苏州市安全生产第九督导组对园区督导37次，反馈发现问题隐患191

处；园区6个督导组同步对各板块开展督导，反馈发现问题隐患198处，全部整改完毕。

【安全生产执法水平提升】 2023年，园区对安全生产执法办案过程中暴露的共性问题，第一时间分析原因并制定对策措施，配套编制安全生产行政执法案件法制审核重点事项清单、安全生产行政执法案件重要证据要求清单等业务指导规范材料，推动工作制度和业务指导的执行落实。制定园区2023年度安全生产重点执法事项清单，明确15大项104小项重点执法事项，提升精准执法水平。全年办理"一案双罚"案件351件，占案件总数的77.48%；查处重大事故隐患112处，立案154件，立案率100%，全面提升精准执法水平。园区作为应急管理部非现场执法首批试点地区，探索形成3个环节、4个执法案件线索来源的典型应用场景，3个案例入选江苏省非现场执法典型案例，相关工作经验被《中国应急管理报》报道。在基层执法队伍中推行执法大队及内设机构日常定期培训机制，优化打造"园安大讲堂"执法工作经验和业务知识交流学习阵地，组织开展全员脱产业务轮训。通过建立完善多层次、全过程的业务培训机制，提升队伍法治素养、履职能力和专业水平。安全生产执法队伍获评全省先进个人1人、全省重大事故隐患"执法能手"1人、全市"执法之星"6人；园区执法大队通过队伍规范化创建验收，获评2023年度全省应急管理综合行政执法工作先进集体，园区代表队获全市安全生产执法竞赛二等奖。

【安全生产信息化建设】 2023年，园区进一步加强信息技术与应急管理业务融合，在工业企业领域深化构建精细化标签体系，通过"事项库"和"问题库"流程驱动，纵向构建"线上管基本、线下管重点"业务新格局，进一步

落实企业安全生产主体责任；横向拓展重点行业领域和"九小场所"的信息化安全监管应用，推动楼宇、学校、医院、商业载体等各类经营主体"上线纳管"，实现日常安全自查和巡查工作的线上化和数据化。承担应急管理部安全生产非现场执法试点工作，探索新技术、新设备在安全生产监管执法中的新场景。

【安全发展示范城市创建】 2023年，园区安委办印发《关于进一步做好苏州工业园区安全发展示范城市创建工作的通知》，在获评2020—2022年度省级安全发展示范城市创建工作先进地区的基础上，进一步夯实安全发展示范城市创建基础。按照安全发展示范城市创建重点工作任务清单，对照评价标准、创建指南，坚持小切口、抓关键，常态化推进安全发展示范城市创建重点任务落实，建立大安全、大应急框架，推动安全治理模式向事前预防转型，从"科技、管理、文化"3个维度全面推进城市安全发展，提升安全发展水平。

【危险化学品监管】 2023年，园区进一步加强危险化学品（简称"危化品"）监管工作，危化品安全监管达到

"一个持续，五个更加"的工作成效。

"一个持续"。危化品安全生产形势保持稳定。坚持"零事故"理念和目标追求，全力压降事故起数、死亡人数，全年未发生危化品领域亡人事故和有影响的重大事件。

"五个更加"。危化品安全风险管控更加明晰。推动27家化工企业、33家生物医药企业完成年度风险报告上报工作，全面落实风险管控措施和责任人，每日对15家重点企业进行核查，实施24小时在线监管，不定期开展线上风险监测预警巡查和安全生产抽查；关闭一般化工企业1家，取消关键风险装置1处。危化品隐患排查治理更加深入。继续深化"苏州市—园区—功能区"三级联动排险除患体系，做到隐患排查全覆盖，隐患闭环全覆盖，全年办理危化品处罚案件7件，罚金35.4万元。危化品安全生产基础更加扎实。全面夯实主要负责人和关键岗位人员安全生产履职能力水平，组织三类人员（主要负责人、安全总监、班组长）及一线员工参加各类安全培训近300人次；指导27家化工企业全面实行"应急交底箱"制度和编制"应急处置一张图"；进一步优化危化品安全生产联盟互助机制，建立以风险分级管控和隐患排查治理为重

2023年11月7日，园区化工工艺事故综合应急救援演练活动举行
（园区应急管理局 供稿）

点的危化品安全预防控制体系，不断提升危化品企业应急队伍应急能力建设。危化品安全监管举措更加丰富。编制《危化品经营企业安全发展分析报告》调研报告，出台《苏州工业园区危险化学品经营行政许可指南》；创新制定《苏州工业园区危化品企业设备完整性安全管理办法》，全面开展设备完整性评估工作，紧盯重点事项，提前完成3家企业老旧装置更新改造工作；编写生物医药产业安全管理调研报告，助力"一号产业"高质量发展；创新性拓展危化品企业主要负责人"一述四评"活动，完善企业、专家、联盟、监管"四方"共督机制，夯实"第一责任人"责任落实；举办首次化工工艺事故综合应急演练，实现多方救援力量高效联动。行政许可服务效能和综合监管更加高效。坚持危化品许可事项分级分类检查全覆盖，对储存经营等重点许可事项组织专家现场审计；对非储存经营事项开展联合检查，确保行政许可事项合法合规；牵头推进危化品企业重大事故隐患动态清零专项治理、装置及设备带"病"运行专项治理、危化品企业消防安全大排查大整治专项工作，以及双氧水排查、危化品使用治理、冬季安全防范等重点工作。

【工贸企业监管】 2023年，园区工贸领域以落实工业企业风险报告为主线，强化风险辨识管控，推进重点领域专项整治和安全生产信息化建设。推进工业企业风险报告工作。以风险报告为安全生产监管工作基础，以企业风险辨识管控为工作重点，稳步推进监管执法效能提升。制定企业风险报告工作方案、培训方案、督导方案，采用"大数据+网格化+铁脚板"工作机制，逐家比对、实地查验，整理企业清单底数，分解落实到各个网格，确保企业能报、能管。3月20日，园区提前完成年度工业企业风险报告工作，辨识、上报较大以

上风险企业2267家，较大以上风险占比63.24%。持续利用线上平台，推进企业自查、网格巡查，确保风险管控措施有力，隐患整改到位。推进安全生产标准化达标创建。园区两级应急部门持续推动重点企业标准化提质增效，复审通过一级标准化企业1家，初审通过二级企业114家、三级企业791家，重点行业领域安全生产标准化基本"应创尽创"。截至年底，园区累计有一级标准化企业2家、二级企业254家、三级企业1589家。持续做好标准化评审相关工作，推动企业安全生产管理标准化、规范化。推进"小切口、抓关键"专项治理提升。金属熔融领域22家企业区域隔离管控全面完成，开展零点行动32次，发现隐患91处，全部落实整改；有限空间领域42家食品、造纸、电镀重点单位开展专项执法，发现隐患276处，重点企业全面完成"上锁设柜"；电镀加热工业领域全覆盖推进企业自查、网格巡查，2家企业由直接电加热改造为蒸汽或间接加热，1家企业退出。

【安全生产人员培训】 2023年，园区安全生产培训考试中心坚持"教考分离"，秉持"大服务+大监管"理念，组织开展特种作业理论及实操考试218场，服务企业职工10800余人。制定《关于加强生产经营单位安全生产教育培训的实施意见》，指导企业落实安全生产教育培训职责。发挥培训考试中心平台优势，开展3项岗位人员教育培训考核，全年开展各类考试414场，参考人员4600余人次，服务企业2000余家。依托园区"SIP安全360"综合监管平台，打造"安全云学堂"，建立全员安全宣传教育载体，开展每日线上答题，提升安全生产意识和事故应急防范能力。

【安全生产宣传教育】 2023年，园区深入开展安全生产宣传教育，展现安

全生产、应急管理、防灾减灾等工作的特色亮点，提升全社会安全意识、防灾减灾意识和应急避险能力，为安全生产和应急管理各项工作营造良好舆论氛围。拍摄《生命没有下一次，唯有安全每一次》主题宣传视频以及《社区消防》《动火作业》等系列视频，形成内容丰富、特色鲜明的视频宣传矩阵。开展"安全生产月""五进"系列活动，广泛传播安全生产方针政策、法律法规，普及安全应急、防灾减灾知识和自救互救技能，凝聚全社会安全发展共识。组织"一把手说安全"宣讲，通过现场宣讲、直播课堂、短视频等方式说安全、抓安全、促安全；落实"百团进百万企业千万员工"宣讲，强化安全责任落实，推动安全发展理念进一步落实到基层。发布园区应急管理IP"园小安家"，与广大居民、企业员工进行"柔性"对话；创新城市安全全民教育模式，组织开展常态化、实战化、场景式应急演练活动。开设基层安全学校，打造安全精品课程，以城市安全文化体验馆为核心，建设"1+N"安全体验新矩阵，组织中小学学生、社会公众参观和体验。

人人讲安全
个个会应急

全年发布微信推文651篇，在市级以上媒体刊登稿件422篇，全面营造"人人讲安全、个个会应急"的浓厚氛围。

（王皖杰）

防灾减灾

【概况】 2023年，园区按照上级部署和要求，不断健全完善灾情会商研判、应急力量前置、灾情统计评估、应急物资储备调用、基层防灾减灾责任"五项机制"，落实灾前、灾中、灾后各项工作，夯实防灾减灾救灾工作基础。

【防灾减灾体系建设】 2023年，园区应急管理局不断健全灾害防治体系，提升灾害应对能力。制定功能区、街道应急管理和防灾减灾救灾工作任务清单，细化基层应急管理和防灾减灾具体任务。制定《苏州工业园区进一步加强极端气象灾害"叫应"避险工作的通知》《苏州工业园区市政隧道、下穿立交、道路积水点防汛排涝应急处置机制》《苏州工业园区强降雨期间防汛排涝应对工作要求》等多项制度，对极端天气应急措施提出规范性指导意见，确保各相关部门及重要点位防护责任人既要"叫醒"，又要"回应"。牵头与消防、公安、网信等部门建立信息共享平台，提升信息报送时效。在灾后救助方面将保险机制纳入防灾减灾体系，为园区居民购买自然灾害人身意外险和家庭财产险，建立以商业保险为平台的"政府救助、保险保障、社会救济、自救互救"多层次风险灾害救助体系，全年保险赔付150笔，金额26万元。

【灾害风险应对处置】 2023年，园区应急管理局不断推动科技赋能灾情应对处置，提升应急指挥处置效率。完成部署9套移动终端和视频会议系统，100%覆盖各功能区和街道，基本实现以区应急管理局为中心、街道应急管理局为节点、直通直联突发事件现场的一体化应急指挥体系。常态化开展指挥调度抽查，确保灾情的现场传输、远程会商、分析研判以及救援信息政令畅通。依托"SIP安全360"综合监管平台，督促各专委会建立健全相关行业领域的风险管控机制，定期开展安全形势评估、分级分类监管，加强精准指导和服务。落实《苏州工业园区防洪排涝能力提升专项方案》，结合吴淞江整治工程，达到水位可调可控、水体引排灵活的目标，形成园区"青西片"水位可调控制，实现防洪排涝安全达标；结合城市更新和道路改扩建计划，加快雨水管网提标改造，打造韧性城市。

【防灾减灾宣传】 2023年，园区应急管理局加强基层防灾减灾宣传力度，增强全民防灾减灾意识。营造防灾减灾文化氛围，组织"5·12"防灾减灾系列宣传活动，推动街道、社区防灾减灾宣传阵地建设。利用白塘公园城市安全文化多主题体验场馆，通过沉浸式的互动体验，传播防灾抗灾知识和技能，一期场馆接待参观单位35家5600余人。围绕各辖区、各行业领域安全监管情况，通过现场宣讲、直播课堂等方式推动防灾减灾工作走深走实。高标准做好全国综合减灾示范社区创建工作，坚持把示范社区创建作为提升基层防灾减灾能力、完善社会治理体制的重要内容，以创建推进隐患排查治理，加强备灾物资和设施储备，全面提升社区防灾减灾救灾能力。

（王皓杰）

【防汛防台工作】 2023年汛期，园区降雨量1153毫米，较常年同期偏多46.7%，尤其是7月较常年同期偏多169.6%；出现12次局地及区域性暴雨，其中，6月19日、7月10日达大暴雨级，7月16日、7月20日达特大暴雨级，尤其是7月16日金鸡湖街道最大小时雨量达92.6毫米，超过2021年10月10日最大小时雨量（89.2毫米）。面对远超常年的降雨量以及特大暴雨天气，园区充分准备、精心组织，各部门积极应对，平稳安全渡过2023年汛期。汛期前调整园区防汛防旱指挥部组成单位及成员名单，明确职责；推进各街道完成预案修订，强化属地防汛管理体系；制定下发各功能区、街道工作任务清单，确定工作目标。制定《苏州工业园区强降雨期间防汛排涝应对工作要求》《苏州工业园区市政隧道、下穿立交、道路积水点防汛排涝应急处置机制》，明确各部门职责分工，完善预警"叫应"流程，提前布防，预警联动；制定《苏州工业园区特大暴雨城市防洪避险预案》，着力提升特大暴雨城市防洪避险和应急处置能力；建立覆盖指挥部成员、街道主要负责人至一线工作人员的多层级联动网络，确保指令畅通、执行有力。汛期中领导带班、现场值守58次，预警"叫应"45次，调度应对准备20次、强降雨处置11次，启动防汛（防台）Ⅳ级应急响应7次。汛期出动排涝设备440台次、应急人员7143人次、应急车辆2362辆次；疏通市政雨水管网747千米，清理检查井78176座、边井133367座，清理淤泥约1500吨；对反复出现积水的区域制定整改方案，清掏雨水井污泥2936吨，养护小区389个。明确责任单位落实整改措施，为维护园区经济社会秩序、保持生产生活平稳有序提供坚实保障。（宋　雷）

消防安全

【概况】 2023年，园区消防工作针对火灾防控工作"薄弱点"和"阻力点"，推进"生命至上，隐患必除"消防安全大排查大整治行动，以构建立体防控网络、强化基础建设、营造宣传氛围为抓手，不断提升火灾防控水平。全年检查单位2447家次，发现火灾隐患2911处，督促整改火灾隐患2656处；下发责令改正通知书1789份，受案查处269起，罚款284.82万元，临时查封2家，责令"三停"1家，拘留3人，整改销案市级挂牌督办重大火灾隐患单位2家；接处警2000起，出动车辆3929辆次，出动人员22680人次。全年发生火灾520起（其中轻微火灾484起、非轻微火灾36起），抢险救援759起，社会救助334起，公务执勤235起，其他及辖区外出动152起。全年未发生亡人火灾事故。

【消防监管体系建设】 2023年，园区党工委、管委会多次专题研究部署火灾防控和应急救援能力建设工作，主要领导多次批示加强消防工作，并通过会议、约谈、带队检查等多种形式推动落实消防工作责任。强化各街道消防安全委员会实体化运行，完善落实基层消防安全委员会工作制度。完成《苏州工业园区消防专项规划（2020—2035）》编制工作。完善园区安全委员会与消防安全委员会两个平台互补的"消地协同"机制，落实研判评估机制，摸清火灾规律，找准突出问题，定位风险区域，优化防控措施，联合发文16件，推送各类消防安全提示21件。各行业监管部门强化沟通、协调，建立抄告发送、定期通报、约谈会商、督导检查等工作机制；发送各类抄告函、告知函28件，开展各类消防安全联合检查124次，检查单位962家次。对全区88个集宿区综合管理情况开展专项检查，全面营造齐抓共管的良好局面。

【消防监督管理】 2023年，园区消防工作以"生命至上，隐患必除"专项行动为抓手，先后开展劳动密集型工业企业"生命通道"专项执法检查、中小旅馆消防治安隐患专项整治、消防安全集中攻坚月行动、医疗机构消防安全检查工作"回头看"、消防安全重大风险隐患专项排查整治2023行动、城镇燃气消防安全专项整治等专项治理工作，分类施策，综合治理，动员全社会力量，全力消除各类火灾隐患，完成2个市级挂牌重大火灾隐患督改任务。建立分片包干制度，创新监管服务措施，完成大型活动安保工作200余场次，配合做好省委第二巡视组的督导检查和反馈问题的整改落实工作。针对消防监督执法薄弱环节，细化固化执法办案工作标准，定期开展

监督执法程序自查互查，聘请经验丰富、业务熟练的律师团队担任消防救援大队法律顾问，持续推进执法规范化建设。

【消防基层基础建设】 2023年，园区消防工作强化末端治理，探索消防安全治理的新方法、新手段，加强基层消防监管能力建设，综合运用各方资源提升火灾防控效能。

科技赋能强化基层监管。坚持问题导向、目标导向、结果导向，以信息化手段助推消防安全工作。在"智慧应急系统"中增加消防模块，实时采集单位消防安全管理信息。加强火灾风险评估模型应用，分为13大类、18个行业和"九小场所"共27类整治清单，实现单位消防安全管理动态管控、安全风险实时掌握、预警信息精准推送，实现各部委办局、板块（街道）的检查数据互联互通，各类信息、研判结果等可视化呈现，为消防工作提供数据支撑。年内新建300余个充电点位缓解动迁社区充电难题，为2500余个电动自行车充电点位安装灭火、监控、智能烟感等联网配套设施。

隐患排查治理水平提升。推广安装楼道云喇叭、智能烟雾报警器、智能梯控等安全智能"兵器谱"，让安全风险监管向精准化、智能化迈进。试点推广第三方火灾类商业保险，进一步深化"保险+服务"举措，提升安全风险保障系数，夯实基层安全托底功能。消防救援大队协助各板块搭建赋能平台，从消防安全知识专题培训到消防技能轮训比武，不断提升基层消防安全网格员、微型消防站队员的知识素养与专业能力。

消防灭火救援能力提升。落实

"五年五个亿"消防救援能力提升方案，推进自贸区（青丘街）特勤站、消防救援综合基地（含高层消防救援站）等消防站点建设和指挥中心改造，2022年和2023年已装备消防车6辆。突出以战领训、体系练兵、对抗检验等工作，开展13支消防救援队伍之间体能、技能对抗赛和实战化训练考核。开展"三个一百"灭火救援专项行动、高层建筑及大型商业综合体消防设施调查测试工作和油烟管道火灾扑救研训。加强预案管理使用，强化预案在"六熟悉"、训练、演练以及实战中的应用，检验灭火救援准备工作应急响应效率。

【消防安全宣传教育】 2023年，园区消防工作围绕"能警示、可共鸣、有泪点"的宣传工作理念，深入推进消防宣传"五进"工作，开展"千名消防讲师进万家"宣传培训150余次，发动企业员工、社区居民等重点人群注册使用"全民消防学习平台"开展"线上"学习。与教育系统联合组织"开学第一课"，成为雷打不动的消防宣传模式。发动各类宣传资源，联合各部门、街道举办消防运动会、微型消防站比武竞赛等活动；联合公交公司、金龙客车公司等单位，共同手绘以消防安全为主题的公交车和企业班车宣传图文；联合百分茶、茶百道等多家知名饮料品牌创立消防联名限量饮品，将消防知识贴纸随杯贴送；联合顺丰等快递公司开展"平安寄递"消防宣传活动；联合肯德基打造全市首家消防主题餐厅。全年向各级媒体发稿180余篇，中央电视台《新闻直播间》和新闻客户端聚焦园区消防宣传月活动，展示园区消防工作取得的成效。

（崇银凤）

功能区

苏州工业园区高端制造与国际贸易区

【概况】 苏州工业园区高端制造与国际贸易区规划面积约66平方千米，其中37.16平方千米（含苏州工业园综合保税区5.28平方千米）划入苏州自贸片区，占苏州自贸片区面积60%以上。2023年，高贸区实现规模以上工业产值3387.3亿元，下降1.3%；完成全社会固定资产投资197亿元，增长30.5%；一般公共预算收入120.4亿元，增长9.6%；外贸进出口总额562.46亿美元，下降25.45%，占园区的65.3%（剔除三星半导体及其分拨中心数据，实现外贸进出口总额378.96亿美元，下降2.8%）。高贸区获评2022年度苏州市生态环境保护工作先进集体、江苏省优秀劳动关系和谐工业园区和2022年度苏州市劳动关系和谐街道；高贸区应急管理局获评园区危化医药安全监管先进集体，应急与环境执法大队获评园区先进集体。

【产业发展】 2023年，高贸区贯彻新发展理念，坚持稳中求进，积极应对内外环境变化，统筹推进改革发展各项工作，主要经济指标保持稳定，发展质效稳步提升，高质量发展保持良好态势。

产业转型升级。继续深入推进"智改数转"，拥有各类标杆示范企业180家、星级上云企业84家、数据采集企业100家，"灯塔工厂"、市级智能工厂数量占比超过园区的50%。拥有省级智能工厂2家、省级智能车间31家、市级智能车间73家，企业智能化改造与数字化转型诊断转化率50%。新增省级外资总部及功能性机构5家、市级外资总部及功能性机构6家，数量占比均超过园区的50%；SEW—电机（苏州）有限公司成为2023年园区2个入选的省级外资研发中心之一；累计认定各类总部与功能性机构77家，占园区的近50%。苏州金龙、金峰物流、瀚川智能3家企业入选2023年苏锡常首台（套）重大装备名单，占园区的50%。新认定科技型中小企业600余家，增长8%；新增省级准"独角兽"及"独角兽"培育企业10家、省级以上"瞪羚"企业29家、市级"独角兽"培育企业25家，入选园区苗圃企业45家；新增上市企业1家，累计16家。新增国家级专精特新"小巨人"企业12家，累计19家；新增省级"专精特新"中小企业48家，累计95家。855家企业获批研发费加计扣除政策，享受税收减免18亿元，参评企业数、核定研发费用分别增长27.8%、22%。获评制造业企业单项冠军2家，占园区的50%。截至年底，高贸区累计汇聚人才企业180余家，设

有研发机构116家，企业发展动能持续增强。

重点项目建设。推进省、市、园区及功能区76个重点项目建设，全年完成投资135.2亿元，位居功能区第一。系统梳理项目落地、开工、投产等关键环节，优化提升"帮代办"跟踪服务，服务新拿地项目53个。博世汽车、三星全球分拨中心等5个重点项目实现"拿地即开工"，康德瑞恩、SEW—电机等重点外资企业加码投资，迪诺拉、力森诺科等多个项目竣工投产。多措并举开展自主招商，推进智绿科技、利来智造、艾利特等一批民营企业开工建设；重点洽谈佑伦真空、光舵微纳等7个优质国资载体项目，其中已落户2个。贸易功能区医药配送中心、盖茨大中华区商务及物流中心等5个重点国资产业项目主体封顶。

【企业服务】 2023年，高贸区建立"班子领导+网格长+网格员+网格协理员"四级工作框架体系，落实精细化企业服务。举办网格专员综合能力提升活动，打造专业化服务型人才队伍。利用"诉求快递"平台一站式闭环解决企业难题，办结率100%。开展亲商稳商、企业信用修复等工作，举办集成电路企业家沙龙、中外企业迎新交流会和"专精特新"、智能制造应用分享会等活动，激活企业发展内生动力。

2023年10月13日，高贸区企业绿色发展主题沙龙活动举行

（高贸区　供稿）

用好用足企业"高管奖励""一企一策"等服务政策，全年通过"一企一策"拉动82家企业提升产值170.8亿元，占园区总提升量的48.5%。

【开放创新】 2023年，高贸区完成高度自动驾驶智能网联无人车载货物通关验放，解决综合保税区内"小件、高频"等货物配送的痛点难点，获评2023年园区数字政府建设优秀场景入围案例和示范案例。"优化非申报货物进出区监管模式"和"多平台集成助力物流数字化"2个案例入选江苏自贸区第四批创新实践案例。长三角国际空港苏州航空货运中心揭牌启用，实现上海机场口岸服务功能前置，为苏州及周边企业打造高效便捷的航空货运服务。研究推动沪苏查验布控优化、加工账册网上核销等一批全省首创工作机制。推动苏南硕放机场—苏州虚拟空港工业园区货站（简称"SZV硕放园区货站"）完成苏州本地企业货物发运，为企业降本增效提供新选择。苏州园区港集装箱吞吐量106635标准箱，增长54%。综合保税区贸易功能和业态进一步拓展，全年新入区企业18家，累计458家；累计吸引投资44亿美元，吸纳就业近3万

人，发展质量和效益居全国综合保税区前列。推进国际物流分拨中心项目建设，推动制定供应链多仓联动模式，落地英唐智控分拨中心项目，综合保税区累计落地国际分拨中心20余个。完成山姆超市跨境电商1—3期定制化专项服务系统对接，实现保税跨境新零售在苏州自贸片区首次运作。

【资源利用】 2023年，高贸区完成工业企业资源集约利用评价年度任务，完成659宗地块信息排摸，完成率100%，涉及企业2087家。推进产业用地更新联合专班工作，完成蓝思科技、绿地铂选等38个产业用地更新项目161公顷，占园区的40.4%。研究制定《金光科技产业园三年行动方案（2023—2025年）》，推动金光集团自持用地启动建设，产业园累计引进项目43个，其中丹纳赫、康德瑞恩等项目竣工投产。推进动迁回购清零"百日攻坚"行动，加快吴淞工业坊及民营工业区、吴淞江综合整治等40宗用地回购工作进程，完成签约16宗。加强存量工业用地更新项目规范化建设，推动8个项目通过方案技术会审，有效促进建设用地二次开发，提升存量工业用地产出效益。

【综合治理】 2023年，高贸区统筹推进安全环保工作，推动企业安全生产标准化提档升级，1家企业通过一级标准化评审，160家企业通过二级标准化评审，405家企业通过三级标准化评审。打造"安全一帮三""安环练习生""安全源护航"和产业载体综合管理规范化建设等品牌服务项目，惠及辖区载体及企业150余家。组建危险化学品应急救援联盟、"守护者"邻里互助应急救援队及供应链企业安全生产分联盟，构建安全生产共建共治共享新格局。协调落实企业指导服务和职工权益保护工作，7家企业获评江苏省优秀劳动关系和谐企业。打造在全省、全市示范的"人社—公安联动"工作阵地，全年信访交办、调处及回复工作办结率均达100%。

（游　颖）

苏州独墅湖科教创新区

【概况】 苏州独墅湖科教创新区是园区转型发展的核心板块，区域面积约51.85平方千米，致力于构建高水平"产学研"合作体系，重点发展生物医药、纳米技术应用、人工智能产业。2023年，科教创新区实现规模以上工业总产值700.5亿元，增长11.1%；规模以上服务业营业总收入1220.8亿元，增长31.6%；完成全社会固定资产投资97.79亿元，增长21.1%，其中工业投资54.76亿元，增长49.3%；一般公共预算收入72亿元，增长32.3%。全年新增上市企业4家，占园区的80%，累计上市企业42家，占园区的64%；新认定"独角兽"企业124家，占园区的72%；新认定"瞪羚"企业187家，占园区的46%；新认定高新技术企业429家，占园区的40%。全年入选国家级人才项目47个、省"双创计划"人才项目58个、

姑苏创新创业领军人才项目102个。新增省级以上研发机构51家（其中国家级3家），累计292家（扣除失效数）；新增省级以上孵化器（众创空间）13家（其中国家级孵化器2家），累计66家（有效数）；新增有效发明专利2730件，占园区的62.8%。截至年底，科教创新区累计入驻科技企业5000余家，入驻高等院校33所（含职业类院校5所）、"国家队"科研院所15家，有教职工约6400人、在校生近8万人。科教创新区获评苏州市推动数字经济时代产业创新集群发展工作先进集体。

【产业发展】 2023年，科教创新区发挥新兴产业集聚优势，聚焦生物医药、纳米技术应用、人工智能和数字经济"3+1"核心产业，营造一流产业生态，提升产业发展能级，推动经济进位提质。深耕"专精特新"，加快"智转数改"，300余家企业完成"千企升级"入库；28家企业入围国家级专精特新"小巨人"企业，占园区的50%；63家企业入围省级专精特新"小巨人"企业，占园区的35%。189家规模以上工业企业完成智能化诊断及转化全覆盖，25个项目获得省级星级上云企业认定（三星级），5家企业获得市级智能车间荣誉，275家中小企业完成数字化能力评估。聚力区域一体，加速独墅湖科教创新区（东区）项目建设，加快推进启动区动迁清零工作，完成注册落户项目64个，注册资本超过63亿元；开工建设京隆科技等10个项目，其中7个项目实现"五证齐发"拿地即开工，总投资285亿余元，预计达产后年产值158亿元；成立东沙湖基金小镇发展服务中心东区分中心和东吴证券营业部，促进东区资本、科技、人才、产业融合发展。加快科研院所建设，推进苏州系统医学研究所二期转化中心建设，签订三方共建协议，建设免疫与炎症、重大疾病共性机制研究2个全国重点实验室；推

进苏州实验室总部基地开工，与姑苏实验室签订一体化发展协议；支持姑苏实验室与企业合作，推进国家重点研发计划"光子计数能谱CT研发"项目，开展大尺寸碲化镉单晶生长技术研发，与苏州芯三代合作研发6英寸碳化硅半导体设备，订单销售额8亿元；中国科学院苏州纳米技术与纳米仿生研究所牵头申建的半导体显示材料与芯片全国重点实验室取得重要进展，纳米真空互联实验站二期建设项目通过总验收。推进载体建设，科技公司新增招商项目215个，新增上市企业4家，新增国家级人才12人；企查查"一站式企业信用信息平台"获吴文俊人工智能科技进步奖，思必驰发布江苏省首个本土培育的百亿参数语言大模型DFM-2；7家企业入选2023年省大数据产业发展试点示范项目，占全市的40%。苏州国际科技园入选江苏省现代服务业高质量发展集聚示范区、2023年度最佳集成电路园区、第二批长三角G60科创走廊科技成果转移转化示范基地。生物公司新增投用载体25万平方米，落户项目114个，国家生物药技术创新中心总部项目（生物医药产业园八期A区项目）开工建设；累计新药临床批件588张、医疗器械产品注册证714张，5款创新药获批上市；新增市级以上人才项目立项78人。纳米公司新开工载体近65万平方米，新增投用载体9万平方米，注册项目146个；引进集成电路高端材料等重大项目，投资总额超100亿元；成立纳米新材料产业创新集群博士后联合中心，在站博士后304人；20余家企业进入上市梯队；获"中国集成电路高质量发展十大特色园区"等荣誉，助力园区实现"中国MEMS传感器十大园区"三连冠。科教公司获2023年江苏省科技企业孵化器考核A类并获评江苏省中小企业公共服务三星级示范平台，获评省、市级研发机构35家；新引进科技企业146家，15家企业获得融资

8.4亿元。拓展载体发展新空间，苏州纳米技术国家大学科技园二期招商项目预订超10万平方米。

【企业服务】 2023年，科教创新区进一步完善安商稳商暖商机制，依托"独墅一帜"服务品牌，不断完善企业服务八大网格和四大国资载体联动机制，打造企业和院校"长得大、留得住、做得强"的创新生态。全年走访企业2200余家次，围绕企业购地、扩租等再发展需求，协调解决企业发展面临的问题和困难，收集处理企业诉求1000余条，答复率100%，实现诉求"全闭环"。依托"帮代办"团队提供全流程、全方位服务，推进苏州系统医学研究所二期等16个项目报规报建，推进光格科技等30个项目开工，超额完成年度目标，省、市重点项目开工率100%。加大开工项目进度，推行"并联验收"模式，企查查等11个项目竣工，全面完成年度目标；抓竣工项目投产，解决企业用工、用能、环评验收等问题，提高效率、提升效能。稳步推进固定资产投资，全年完成项目投资86.72亿元，以项目建设优势再造产业发展优势。提升人才服务质效，推进科创湾人才社区建设，举办形式多样的人才政策专题辅导和宣讲会，实现市级以上人才项目立项增长35%以上，位居功能区首位。坚持以课选才育才、以赛引才聚才，聚焦未来发展方向，联合举办智慧治理"AI+X"创业夏令营，储备青年人才；组织开展国际校友园区行、中新青年实习交流院校座谈会等活动；连续6年开展中美青年创客大赛苏州选拔赛，年内5个项目获全国总决赛奖项。

【高等教育】 2023年，科教创新区围绕产业经济发展主线，以深入推进教育、科技、人才三位一体示范发展为总方向，以推动创新链、产业链、资金链、人才链深度融合为发力点，推进

高校特色发展、内涵提升，做实产教融合、深化协同创新、加强人才引育、打造创新生态。高质高效推进高校建设，重点推进中国科学技术大学苏州高等研究院、西交利物浦大学慧湖药学院等项目建设。围绕园区重点产业和未来产业发展方向，支持中国人民大学苏州校区智慧治理学院建设，引导西交利物浦大学、东南大学苏州校区等院校，新增与园区三大新兴产业发展相关专业11个；苏州大学独墅湖校区临床医学、药理学与毒理学2个学科列ESI全球排名前1000位，西交利物浦大学环境与生态学科列ESI全球排名前百位。产教融合塑造创新动能，多措并举推动产业人才"引育留用"，促进高校毕业生充分就业。加强校企对接，组织1000余家企业开展各类就业活动，提供岗位约2.3万个。全年举办各类就业活动50余场，高校毕业生在苏州市就业率53.7%。举办教育科技人才一体示范发展推进会暨"慧聚独墅湖"品牌发布会，建立创新联合体、事业合伙人合作模式，推动区域高质量发展。加强校、企、所联动，中国科学技术大学生物医学工程学院"产学研用"融合创新联合体、西浦—百度人工智能创新联合体揭牌。推动高校人才项目建设，申报国家自然科学基金197项，获批26项；申报江苏省自然科学基金236项，获批67项。推动高校创新平台建设，中国人民大学苏州校区"人工智能与社会治理技术重点实验室"、中国科学技术大学苏州高等研究院"医疗传感与器械重点实验室"立项苏州市重点实验室建设项目；牛津大学高等研究院（苏州）、洛加大先进技术研究院联合校本部共建国际合作平台，获批立项江苏省重大科技开放合作平台，全省仅此两家；梅西大学（中国）教育和创新中心中纽奈微激光光谱实验室启动建设，KIT中德再制造技术创新中心揭牌成立。南京大学（苏州）高新技术研究院"大地感知与智慧控灾"项目

获批中国科协重点支持项目；苏州大学放射医学与辐射防护国家重点实验室入选2023年度科学家精神教育基地。深化校地合作内涵发展，与苏州大学签署校地新一轮深化合作协议，与新西兰梅西大学签署新一轮合作备忘录。进一步发挥高校智力资本，中国人民大学苏州校区举办首届"环湖经济圈发展论坛"；新加坡国立大学苏州研究院举办第六届中新国际科技交流与创新大会；牛津大学高等研究院（苏州）举办建立五周年系列活动；沈阳药科大学苏州亦弘商学院举办第二届亦弘苏州论坛；中国科学技术大学苏州高等研究院举办第四届中国生物传感、生物芯片与纳米生物技术高端论坛，助推经济社会高质量发展。

【文化建设】 2023年，科教创新区围绕区域"三位一体"融合发展历程的研究总结、活动举措的统筹推进、未来目标的探索制定，加强文化建设，开展丰富多彩的文化活动和宣传工作。持续擦亮"慧湖独墅湖"品牌，举办"慧聚独墅湖 樱你而精彩"科教创新区首届"樱花节"、首届大学生科技文化节、"慧聚独墅湖 共赴新征程"慧湖之夜文艺汇演、第五届"东方慧湖杯"大学生话剧节与第七届趣味运动会等

大型区域文体活动。组织开展湖畔论坛5期、廉洁文化主题活动2场；打造全新品牌"独墅湖城市艺术客厅"，开展"又见园区"摄影展、"青年美术优秀作品展"等展览4场；丰富完善慧湖书院服务功能，组织"慧湖小剧场"活动2次。实时跟进科教融汇、产教融合、科研创新、产业发展、人才引领、营商服务等领域开展的活动并进行报道宣传，获得良好社会效果。在主流媒体发布新闻稿件近1900篇，其中国家级媒体150篇，省、市级媒体近800篇。依托媒体智库和社会智库资源，围绕产教融合、教育科技人才一体示范发展，进一步总结"三位一体"好经验、好做法，升华为理论成果，为地方高质量发展贡献智慧力量，形成《苏报智库调研录——苏州工业园区独墅湖科教创新区产教融合特辑》《独墅湖科教创新区教育科技人才一体化发展的历史经验梳理总结和未来发展目标及路径》《打造产教融合先行区，发挥跨区域示范效应——园区独墅湖科教创新区如何"出圈"》《从独墅湖科教创新区蝶变，重估"苏州创新"的价值》等理论成果。

【资源利用】 2023年，科教创新区盘活更新存量，做优发展增量，通过自

2023年3月18日，科教创新区首届樱花节开幕　　（科教创新区　供稿）

主更新、民企间合作等多种路径推进存量低效载体更新。更新存量工业用地项目19个,其中福马经济等更新项目6个,面积14.2万平方米;回购腾退项目12个,面积20.4万平方米,合计更新面积34.6万平方米。更新产业园项目7个,新增载体面积32.97万平方米。

【综合治理】 2023年,科教创新区多位一体推进协同治理,深化产城融合发展。全面落实安全生产责任,强化企业安全监管,全年检查企业8319家次,发现隐患22747处,全部整改到位。推进重点企业本质安全提升,取缔2家金属熔融工艺企业,推动44家有限空间企业上锁设柜。着力守好实验室安全底线,开展实验室安全"慧研行动",对217家单位实验室开展帮扶提升。开展高层楼宇、载体和商业综合体消防安全综合整治工作,检查268家次。推进180家载体环保管理规范化建设,打造实验室危险废物管理"样板间"4间,持续提升环保管理水平。探索"慧安全"系列监管服务新模式,规范"慧安载体"项目建设,提升载体环境安全管理水平;启动"慧聚计划",依托安全联盟的区域优势资源,开展全生命周期安全环保管理服务。维护劳动关系和谐稳定,开展高温劳动保护、女职工劳动保护、劳务派遣单位核验等专项检查,常态化开展根治欠薪工作,保障特殊群体合法权益。学习借鉴"枫桥经验",强化基层调解、利用网格化管理及时排查、跟踪、化解群体性隐患。打造"企业人力资源导师"品牌,成立"慧企智"上市企业人力资源服务联盟,精准服务区内各类用人单位。劳动人事争议模拟仲裁庭活动入选2023年度园区"法治为民办实事"优秀项目,大禹科技集团调解委员会被评为省级"金牌劳动人事争议调解组织"。

(瞿小飞)

苏州阳澄湖半岛旅游度假区

【概况】 苏州阳澄湖半岛旅游度假区区域面积约95.55平方千米。2023年,半岛度假区实现规模以上工业总产值508.3亿元,增长1.4%;规模以上服务业(跨月数据)营业收入69.2亿元,下降10.1%;限额以上批发业销售额141.6亿元,增长14.9%。完成全社会固定资产投资70.5亿元,增长6.4%,其中工业投资16.4亿元,增长70.9%;一般公共预算收入32.02亿元,增长2.4%。全年接待游客873.7万人次,增长91.2%;旅游业总收入47.98亿元,增长68.3%。半岛度假区获评2022年度苏州市生态环境保护工作先进集体,获2023年度园区宣传思想文化工作创新奖。

【产业发展】 2023年,园区企业总部基地更名为"阳澄银座",半岛度假区进一步优化招商政策,14个购地项目全部开工。恒泰理想创新中心、中锐具美大厦等4个项目投用;阳澄创新总部园、科特建筑总部大楼2个项目实现"拿地即开工";苏州自贸商务中心、联东大厦、恒泰新裕大厦、金螳螂文化总部大楼、赛芯电子总部大楼等项目加快推进。引进仕净科技华东区研发运营总部、成功人力集团总部、苏州建研院检验检测基地等总部项目。利用更新后的产业载体,新增多个优质医疗器械项目,引进合源锂创(苏州)新能源科技有限公司、苏州赛谱仪器有限公司等重点项目。加快提升文旅产业活力,盘活区域内闲置资产,阳澄农庄商业街引进"半岛体育公园"项目,打造集足球运动公园、品牌IP赛事、洲际逸衡酒店、产业总部于一体的"体育+"综合体;重元寺商业街引进"重云巷宿集"项目,引入"大乐之野""秀隐"等国内头部民

宿品牌和米其林餐厅、潮牌酒吧、滑板体验中心等新业态;新增半岛国际网球中心等文体旅消费项目。10家重点企业获评国家级专精特新"小巨人"企业,13家获评园区"专精特新"企业,新增"专精特新"千企入库155家。完成申报高新技术企业342家,通过220家,获评率64.3%。各级人才申报数140余人次,获评29人次,增长53%。完成数字化能力评估企业342家、"智改数转"诊断转化率企业35家,推动40余家企业申报市、区级示范标杆项目,获评"苏州市智能车间"5家。制定《苏州阳澄湖半岛旅游度假区促进产业载体提升的若干措施》,收集载体数据40条,载体入驻企业数据2616条,评选出星级运营载体14家,其中产业园类载体9家、楼宇类载体5家;获规范管理类奖励3家、空间提升类奖励4家、绩效提升类奖励9家。

【企业服务】 2023年,半岛度假区完善网格化服务机制,做好重点企业走访全覆盖、网格化工作全落实,及时协调妥善处理各类企业诉求,提高企业满意度,通过园区"经济大脑服务平台"协调解决企业各类困难和诉求65个。提升亲商服务水平,举办"企小导"系列活动143场,提升"半岛·企业·家"服务品牌。牵头组织运动健康类企业举办"健康送企业"活动3场次;举办第二届半岛度假区企业趣味运动会,15家企业近300名员工参加;策划组织包括企业出海、新消费领域、医疗器械方向等不同专题企业融通对接活动;协调园区科技创新委员会、人才办公室及企业服务中心举办多场次高新技术企业申报、辅导和上级人才政策宣讲活动;协调专业机构为员工举办多场次"企小导成长营"医疗器械专场培训活动。

【文化建设】 2023年,半岛度假区通过多样化的活动,不断提升品牌声誉

吸引游客，有效带动文旅市场复苏。国庆期间举办的2023EDC雏菊电音嘉年华活动吸引观众近6万人，不仅带动商业旅游消费超过2亿元，还实现线上与线下曝光量高达"15亿+"，成为业界口碑与票房双收的标杆性IP。策划半岛烟花秀活动5场，每场吸引观众3万余人，极大丰富半岛度假区夜游场景的打造。推出"春日艺术行""夏日欢FUN节""秋季潮YOUNG荟"和"暖冬趣享派"一系列四季主题活动，丰富市民游客对活动产品的需求。在市场平台方面，不断完善"惠游园区"平台功能，实现全场景融合互联，为用户提供多样便捷的选择。"惠游园区"平台全年新增用户57万余个，新增交易额2200万余元。在品牌自有平台矩阵建设方面，探索创意策划、线上直播、达人探店等营销方式。通过官方微信、视频号、小红书、抖音等新兴媒体渠道，增加曝光量和活跃度，半岛度假区自有渠道曝光量达230万人次。

【资源利用】　2023年，半岛度假区对陆泾港、金陵东路片区等前期发展不均衡不充分区域的10余个项目启动更新，对东港钢材城等重点地块专题推进，完成产业用地更新项目14个，面积29.4万平方米。合浩玻璃钢工业（苏州）有限公司等产业用地更新创新案例入选《苏州改革》，得到市委、市政府领导签批推广。半岛度假区阳澄丝绸优化整治提升项目入围苏州市年度镇村工业集中区优化整治提升项目拟奖补名单。产业用地更新拆除面积33.16万平方米，新建166.22万平方米，新增载体超过130万平方米。更新后的载体招商重点为科技人才企业、"专精特新"企业和新能源企业，引进苏州赛谱仪器有限公司、瑞仙科技（苏州）有限公司、苏州纵苇科技有限公司、智翼博智能科技（苏州）有限公司、合源锂创（苏州）新能源科技有限公司等新项目。

【综合治理】　2023年，半岛度假区联合唯亭街道不断优化区街联动，在安全、环保、维稳、更新、违建治理等方面深度协作，开展重点行业领域安全生产百日攻坚活动，确保安全监管全覆盖。结合辐射、危险废物、VOCs整治等各类专项执法，开展现场执法检查866厂次，发现环境隐患问题192个，完成整改140个。约见工业企业75家，制作调查询问笔录75份，开具行政指导书5份。组织载体现场培训2次，组织专家和环保执法队员上门指导，完成绿色载体创建5家、蓝色载体创建161家、黄色载体创建14家。全年受理环保类信访775件，属实率72.3%，其中建筑施工类611件、废气类105件、废水类12件、工业噪声22件、其他25件。半岛度假区劳动人事争议仲裁院依法立案受理劳动争议案件770件，结案率96.7%；以调解撤诉等方式结案389件，调撤率50.52%；检查用人单位505家，依法开具用工建议书51家次，协调解决多起群体性劳资隐患。

（韩倾海）

苏州工业园区
金鸡湖商务区

【概况】　苏州工业园区金鸡湖商务区位于苏州自贸片区核心区，区域面积66.07平方千米。辖区内金鸡湖国家AAAAA级旅游景区面积11.5平方千米，是首批国家级夜间文旅消费集聚区、全国唯一"国家商务旅游示范区"集中展示区。2023年，金鸡湖商务区实现规模以上工业总产值1913.5亿元，下降1.3%；限额以上批发业销售额1412亿元，增长21%；限额以上零售贸易额194.5亿元，增长5%；一般公共预算收入152.4亿元，增长1.7%；完成固定资产投资137.8亿元，增长15%。新增省级专精特新"小巨人"企业33家、省市级智能工厂2家、省市级智能车间14个和江苏省智能制造领军服务机构2家。成功申报市级以上领军人才项目44个，获得认定国家级高新技术企业206家、省级总部企业22家、市级总部企业28家。截至年底，有常住人口58.9万人，市场主体7.5万家。累计建成投用商务楼宇98幢，环金鸡湖区域集聚金融及各类金融服务机构1800余家，其中持牌金融机构186家、法人金融机构6家。

【产业发展】　2023年，金鸡湖商务区推动苏新基金管理有限公司注册落户、北京银行股份有限公司苏州分行开业、东吴证券总部新大楼启用，外资银行数量居全省第一。金融业纳税98.09亿元，在金鸡湖商务区各行业中贡献占比31%。东沙湖基金小镇基金管理规模突破3800亿元，纳税15

2023年6月9日，首届金鸡湖咖啡节启幕　　　　（金鸡湖商务区　供稿）

亿元，获第一批江苏省级特色小镇命名。推动特色楼宇经济制度化发展，围绕优服务、强培育、提品质，持续优化楼宇经济发展政策。金鸡湖商务区获评"2023中国楼宇经济标杆商务区"，苏州中心B座、太平金融大厦等获评苏州市高产出楼宇，SWT·未来社获评苏州市招商运营成绩突出楼宇。联合招商部门推进建屋双子楼等重点项目成功拿地，协助东吴证券数创中心、天富利新能源购楼，联合新建元集团推进三角地新能源汽车中心购地项目，完成与杭州颐高集团跨境电商产业项目签约等。阳澄数谷加快建设，完成投资142亿元，开工面积、建筑面积实现"双过半"；华为F5G创新中心等16个项目相继入驻，签约天富利、中苏智慧电力、爱乔医疗等项目50个，在谈项目超100个。57个重点投资项目开工56个，完成投资76亿元；34个四级重点项目开工33个，完成投资71亿元。谋划中新绿色数码港建设，成立ESG产业创新中心，加快布局绿色低碳园区和数字化应用场景。整合环湖商体文旅特色资源，推出首届金鸡湖咖啡节、首届金鸡湖时装秀、第二届金鸡湖景区中意文化交流节等主题促消费活动。拓展首店经济、智慧旅游、数字人民币等新业态，金鸡湖商务区入选第二批江苏省文旅产业融合发展示范区建设单位，金鸡湖景区入选江苏省体旅融合发展示范基地。

【企业服务】 2023年，金鸡湖商务区牢固树立"项目为王"理念，落实"要素跟着项目走"的保障机制，坚持统筹配置与对上争取相结合、存量挖潜和增量优化相结合，为项目落地创造良好环境。推动俐马纺织、元创基金、产融大厦等重点项目落户，苏容电气、开元民生、工业联发、创易技研（日

特）等企业实现拿地，助力江波龙电子收购力成科技。实现储存产业链上下游整合，推动《环金鸡湖楼宇党建三年行动计划》实施见效，楼宇党建共同体成员单位增至63家，税收超过1亿元的楼宇实现全覆盖。"先锋楼长"服务机制扩面至32幢楼宇，20余名园区经济职能部门领导干部担任新"楼长"，创新服务示范阵地楼宇增至7幢，加快打造楼宇"10分钟党群服务圈"。"金鸡湖楼宇荟"党建品牌启动，发布首批"楼里海棠"共建服务项目。推动一支部一品牌建设，开展数字金融人才会客厅、党企联姻会等党建惠企活动60余场。成立绿色低碳产业链党委，以"党建链"带动"产业链"发展。

【科技创新】 2023年，金鸡湖商务区推进"智改数转"及"专精特新"申报工作。新增国家级专精特新"小巨人"企业6家、省级专精特新"小巨人"企业27家，超额完成年度目标。博世智能制造赋能中心落地运营，友达光电等2家企业通过国家级智能制造成熟度评估，通富超威获评国家智能制造标准应用试点项目。247家企业参与中小企业数字化能力评估，近100家企业部署工业云平台应用开发。申报市级以上领军人才项目44个，其中国家级10个、省级13个、市级21个。推动跨国公司设立地区总部，新认定省级总部企业22家、市级总部企业28家。全面推进高新技术企业培育精准服务，累计认定国家级高新技术企业206家。

【资源利用】 2023年，金鸡湖商务区成立用地回购攻坚行动专班，签约企业用地16宗、面积27.9万平方米。以优化产业空间、提升产业能级为着力点，完成产业用地三年更新计划。推

动阳澄数谷、娄南、娄北等六大重点片区地块焕新面积225万平方米，建成载体面积80万平方米，在建载体面积100万平方米。发挥专项资金政策引导作用，从存量中挖掘增量，引导腾飞新苏坊等20家产业载体自主转型升级，苏化科技园二期等改扩建项目进展顺利，泰凌、创世纪等项目开展工业上楼试点。提升阳澄数谷规划品质，对娄北工业片区20宗地块40万平方米土地进行更新方案设计。开展苏虹路沿线片区功能体检研究，为全省首个探索案例。

【综合治理】 2023年，金鸡湖商务区落实常态化金融风险防控工作，推动金融风险防控系统迭代升级，利用算法提升企业风险识别度，精准有效发现和消除风险。按要求排查楼宇商业344家次、企业近3万家次，对339家疑似风险企业实行分类闭环处置。落实园区《金融风险分类分级处置工作方案》，配合完成数字藏品等专项行动6次，压降企业重大风险。加强危险化学品、小型（临时）建设工程、旅游景区、商贸载体、加油站等消防安全重点领域隐患排查治理，组织企业安全检查5380家次，督促整改问题10675个。构建区域应急互助救援联合体，在全市首创开展高层楼宇安全管理标准化工作、老旧企业安全提升行动、"四方八面"共建载体安全脸谱项目等安全创新工作。有序推进全过程环境管理规范化建设，示范先行、以点带面，有效提升企业环境治理能力。开展生态环境领域专项检查，维护区域生态环境安全。推动商务区劳资纠纷调解中心实体化运作，增强诉源治理能力，跟进处置多起涉稳事件，化解各类劳资纠纷案件1.36万件，确保区域平安稳定。

（王　蔚）

街 道

娄葑街道

【概况】 娄葑街道位于园区西部，辖区面积约17平方千米。截至2023年底，有常住人口约22万人，户籍人口约10万人，流动人口约12万人，下辖社区27个，其中动迁社区12个、城市社区15个。2023年，娄葑街道牢牢把握高质量发展首要任务，围绕加快建设开放创新的世界一流高科技园区，紧扣"中心城区·美好娄葑"主题主线，推动街道经济和社会发展各项事业走在前、做示范，获评全省基层党员冬训工作示范街道、苏州市市容环境卫生管理红旗街道、苏州市人大常委会全过程人民民主基层实践基地。

【城市管理】 2023年，娄葑街道把生态宜居环境建设贯穿于城市管理工作的始终，坚持"巩固、提高、延伸、辐射"原则，着力打造"干净、整洁、有序、靓丽"的美丽家园。

城市更新改造。推进东环路沿线环境综合提升、老旧小区改造、商业载体建设、美丽街区提升等重点项目。完成东环路沿线桥下空间示范段整治和桥下空间整治，背街里巷和建筑立面一、二标段进场施工。集中实施东港片区4个社区308幢楼栋83.82

万平方米老旧小区改造，增设多层住宅电梯3台；谋划推进富华苑、黄天荡60号、夏家桥100号等一批老旧小区改造；宏葑四村、徐家浜社区（一村、北二村）、官渎社区（东片区、西片区）改造项目全面完工。持续推进城市"微更新"，开展15处"口袋公园"建设，启动法治公园升级改造，完成葑春街示范路建设工作。东振路获评苏州市2023年度美丽街区。

市容管理。开展户外广告提升整治行动，完成东城世纪广场和南、北摆宴宾酒店招店牌更新改造，拆除店招店牌4586平方米，新建3821平方米。施划非机动车停车线7000余米。开展违法建设专项执法整治，依法拆除违法建设18340平方米，处办城市管理领域事项8220起。完成边角闲置地块整治16处，清理并覆绿1.05万平方米。开展流动摊贩集中整治行动，查纠占道经营、乱堆乱放现象740余起。全年签订市容环卫责任状790份，清理垃圾4060余吨。

文明创建。落实网格化常态长效管理，开展文明城市创建网格巡查164次，发现并整改各类问题1712项；完成苏州市文明办反馈问题整改266项，城市管理工作月度考核反馈问题整改816项。开展文明创建志愿服务活动300余次，集中清理不规范公益广告1258张，更新公益广告1591张。举办"文明出行""文明

养犬"等公共文明宣传教育活动228场，更新文明用餐桌贴400余张，入户宣传5691次。依法处置非机动车违规飞线充电572起，纠处非机动车违法18973起，整治拖移违规停放非机动车4269辆，张贴违停车辆告知单121277张，拖移违停机动车3057辆。

环境保护。围绕打好污染防治攻坚战目标任务，出动293人次，巡查餐饮场所601家次，整改问题18项。开展汽修企业环境保护普查工作，排查辖区汽修单位23家。深入推进河长制各项工作，巡河1488次，清理建筑和桥垛垃圾3.7吨，完成绿化补种200平方米，整治非雨外流8处，清理非法占用河道岸线230米，"两违"专项整治220平方米，打捞河道垃圾660吨、蓝藻330吨。完成徐家浜河、夏家浜河"消劣争优"和一号河、唐庄河美丽河湖建设工作。处办园区区县河道平台巡查整改工单1184件、数字城管整改工单16件、市民信访投诉整改工单43件。

垃圾分类。制定并印发《2023年娄葑街道生活垃圾分类工作行动方案》《娄葑街道生活垃圾分类工作运行细则（试行）》等文件，辖区119个小区签订园区居民小区物业服务企业承担生活垃圾分类管理责任书，在金湖阁、星翠澜庭等6个小区试点安装"5G+AI"智能投放设备。按照五星小区标准，完成6个小区16个垃圾投

放点升级改造。全年开展垃圾分类专题培训145场次，举办各类宣传活动170场次，发动志愿者3000余人，发放垃圾分类宣传册7万余份，入户宣传率100%。

【社会治理】　2023年，娄葑街道坚持统筹发展和安全，深入构建以人为本、多方协同的网格化治理服务体系，推动基层治理体系和治理能力现代化。

社区管理与服务。开展"小区治理面对面""社区治理联席会议"专项活动335场，解决群众"家门口烦心事"536件；举办社情民意活动126场，答复处置各类问题365项。社会工作站启动6个精准民生服务项目，组织开展各类活动328场，服务6000余人次，5个社区入围区2023年度"幸福街区"。欢寓公寓、欢居公寓、菁仁公寓、菁源之星获评园区示范集宿区。完成26个业委会、物管会组建及换届工作，有序开展物业市场化改革调研和物业区域化整合工作。便民服务中心及工作站受理业务11.2万余件，开展各类业务培训30次，提供"帮代办"服务2000余件。成立"娄小米"帮帮团，开展个体工商户开业登记帮办代办创新试点服务，推出"银龄专窗"、"一事一码"、"家门口"的政务服务亭等创新惠民举措，窗口综合评价满意率99.8%。

法治建设。打造"法治新'葑'"普法品牌，开展法治剪纸、夏日法律知识竞赛等普法活动20余场，组织120余名"法律明白人"开展实务技巧学习培训，"法治新'葑'"普法案例被司法部录用。开展社区法律顾问案例选编工作，优选10个案例，汇编成册进行宣传推广。对街道公共法律服务大厅进行提档升级，增设"智能排队管理系统"，拓展服务窗口，提升服务群众能力，接待群众法律咨询450余人次。街道社会矛盾纠纷调处化解中心调处化解矛盾纠纷3703件，街道调解委员会获评苏州市矛盾纠纷调处

重点项目建设示范单位。

安全生产。召开专题会议、联席会议20余次，领导班子带队开展安全检查39批次，检查单位106家，发现并整改隐患50处。制定并实施《娄葑街道突发事件先期处置奖励实施办法》，完成出租房（群租房）巡查工单28890件、"小餐饮"巡查工单631件和隐患工单1869件。全部完成6项三级"挂牌督办"隐患整治工作，动态清零车库出租住人227户，拆改不合规防盗窗2572扇。开展夜间拖移整治违章车辆63批次，拖移违停违充车辆85辆，回收僵尸车450辆。出台电梯梯控以奖代补方案，完成12个动迁小区344台电梯梯控安装。创新宣传教育方式，制作"娄小米"IP形象系列安全公益视频，获评园区2023年安全生产月优秀创新奖。

综合治理。建立街道专职网格员队伍，招聘专职网格员22人，挂牌成立5个片区网格工作站。做好人口积分管理工作，受理各类申请924人次，其中入户申请505人次、入学申请419人次。开展防范非法集资工作，推广"金融啄木鸟"小程序，排查企业、店铺2385家次，发现并上报风险企业4家；开展集中宣传活动3场，创作录制10余个群众身边的防非反诈小故事。落实严重精神障碍患者"以奖代补"政策，申请享受638人，奖补覆盖率96.46%。开展常态化扫黑除恶宣传暨《中华人民共和国反有组织犯罪法》宣传活动6场，发放宣传品2万余份。开展"4·15"全民国家安全教育日和"一法一条例"宣传教育活动，发放宣传折页2500余份，转载宣传标语及视频5000余次。

信访工作。全年接待群众来访206批次，处理领导信箱来信153件、公众监督网站来信87件、"寒山闻钟"论坛事项1553件、便民服务工单9602件。召开维稳安保研判会议26次，研判不稳定事项202件次。10月下旬开始落实"周研判"工作制度，报

送"周研判"动态9期。开展领导干部接访下访5次，报结"治理重复信访专项工作"8件。举办主题宣讲活动1场，组织社区开展集中宣传活动27场。

【民生服务】　2023年，娄葑街道围绕重点群体和关键领域，兜准兜牢民生底线，精准精细提质服务，做优做亮固有特色，以高质量"民生七有"提升城市温度、增强城市引力。

教育工作。在社会教育方面，成立"娄葑家校社区域学习共同体"，整合区域优质教育资源，成立"红葑学堂"区域学习共同体。强化"悦在娄葑——家庭教育大讲堂"品牌建设，启动"多胎家庭养育""心理健康普测"项目。举办老年大学、市民学校公益课63类1862次。新增群力社区综合为老服务南部中心、泾园北社区居民学校、金益社区居民学校"家门口的老年大学"办学点3个，增设学位650个。老年教育项目"银龄创客"获江苏省教育厅特色品牌项目立项，老年大学"银龄乐团"选送的节目《姑苏情》和《百鸟朝凤》获苏州市首届"苏康养杯"中老年才艺大赛一等奖。游学项目"少年红'葑'之旅"获市级立项。开展"千场党史进社区、进校园"活动322场。开展暑托班、暑期七彩夏令营、冬令营328场，全面覆盖各社区。街道关工委获评江苏省关工委先进集体。在幼儿教育方面，"学前教育高质量发展三年行动计划"正式启动，"达标升级"工作全面推进，建成启用文苑路幼儿园，成立运行"优师工作坊"，5所幼儿园通过省优复审，幼儿园及教师个人获得各项荣誉136项，苏安幼儿园新苏分园成功创建普惠性托育机构。开展教学开放展示活动26次，实施"葑宝安心成长乐园"工程，向526名外来儿童开放学位。开展0—3岁婴幼儿亲子活动20场，惠及500余人次；开展0—3岁科学育儿早教活动27场。实施"家门口

的放心驿站"工程，帮助辖区165个家庭解决接送难题。实施"小青鸟暖心驿站"工程，开展活动100余场，服务1260人次。发放民办幼儿园综合奖补资金24.88万元、退休民办教师慰问金33.19万元。

卫生和计划生育工作。完成老年人体检16023人次、妇女病普查69人、"两癌"筛查2454人，完成独生子女父母企业退休人员一次性奖励申请及审核705人。开展省级"暖心家园"系列活动，为174户特殊家庭开展心理疏导、户外郊游、"5·29会员日"、体检慰问等关爱活动。挂牌成立计划生育特殊家庭心理健康服务（工业园区）工作站，上门心理辅导2场4人次，团队辅导4场85人次。参加献血700人，献血量21.03万毫升。完成救护员培训159人，普及性救护培训653人。开展严重精神障碍患者服务管理排查，严重精神障碍患者在册698人，其中同意管理患者在册691人，精神障碍患者报告患病率3.90‰。娄葑街道心理健康服务中心精神障碍康复驿站开展康复活动98场，参与活动1005人次；提供心理咨询服务79人次、电话访视300人次、入户访视22户，服务项目获评"省级精神障碍社区康复服务示范点"。推进国家卫

生城市复审迎检工作，开展专项行动2次，发放宣传材料1000余份。开展病媒生物防治工作，清除四害滋生地90处，组织药物灭杀17次，完善"四害"防治设施300处。完成健康素养入户调查211户，成立苏州城区首家街道级家庭健康服务中心，创建市级健康单位1个、省级健康社区2个。完成无烟党政机关创建。

食品安全。开展国家食品安全示范城市创建工作，张贴创建海报3000余张、桌贴2万余张，发送创建宣传短信1万余条。开展食品安全责任包保工作，包保主体1339家（C级40家、D级1299家），包保完成率100%，包保干部每季度开展一次督导。开展食品安全宣传周活动，为11个动迁社区购买"苏食卫士"责任险，完成民间集体聚餐保险全覆盖。葑塘社区宴会厅被评为2023年苏州市"平安乡宴 放心厨房"。

民政工作。新增低保户12户，退出10户，累计91户，发放生活救助金137.76万元；新增低保边缘户6户，退出9户，累计67户，发放生活救助金53.14万元；为11户特困户发放生活救助金17.59万元。困境儿童在册96人，发放生活救助金116.13万元。开展各类精准帮扶1267次，其中为3名

困境儿童提供课业辅导68次，为低保家庭、特困、重残、无业和"精智残"三、四级家庭提供服务288次，为10户困难家庭提供精神关怀30次，为38户困难家庭提供生活服务863次，为高龄独居老人提供生活照料38次，参加就业年龄段残疾人能力提升活动16人次。街道综合为老服务南部中心建成投用，获评全市首批"五级社区居家养老服务设施"。完成适老化改造186户，为60岁以上空巢独居老人安装烟感器460户；居家养老服务5198人，完成服务4.2万单，增长34%。依规开展老人团体福寿保险理赔，受理27人，理赔11.75万元。"1+5"爱心厨房提供特惠助餐服务6.2万份，被评为"苏州市2023年度最具人气老年助餐点"。

社会保障。发放失地农民生活费1922万元，惠及11882人。受理居民医保、养老等业务近900人次，居民医保年度参保9135人，落实20339名本地户籍参保人员的意外险参保事宜（含学校参保人员）。开展退休人员管理慰问工作，惠及2783人，发放慰问物品价值70.48万元；办理亡故慰问、重病慰问1004人，发放慰问金29.65万元。落实12866名退休人员体检工作，开展"民生杯"退休人员摄影、棋牌、书画比赛以及"乐活之家"系列线上线下培训活动22场。

就业创业。举办招聘会156场，为288家企业发布网站及橱窗招聘信息，提供岗位37647个。开展就业创业培训政策宣传，推荐63人参加SYB和IYB创业培训，其中29人取得培训合格证书。受理线上线下、初审就困认定、灵活就业社保补贴及创业类、培训类补贴超过1万人次，补贴金额1500万元。落实重点群体失业信息排查及就业援助工作，提供就业援助8000余人次。为企事业单位提供人事代理服务514人次，破解用工难题。中标胜浦街道数字城管网格员服务项目（3年），助推园区城市管理高

2023年11月25日，娄葑街道家庭健康服务中心投用。图为社区医生为居民开展中医诊疗服务
（娄葑街道 供稿）

质量发展。做优和茑创业孵化基地"四个一"平台，成功孵化企业16家，培育园区创业带头人8人、创业明星37人。

集体经济。截至年末，娄茑街道集体经济总资产21.7亿元，净资产10.16亿元；全年总收入2.36亿元，其中租赁收入1.76亿元。推进联创产业园建设，建强运营平台，引聚"专精特新"企业17家、科研项目17个。12家动迁社区集体经济组织抱团参与重点项目，梅巷社区社区服务及商业综合体、泾园邻里中心开工建设，中新娄茑新能源（苏州）有限公司揭牌成立，创投工业坊首期屋顶光伏项目启动，"阳澄湖农耕社教基地"建成投用，24万平方米合创产业园开工。深化街道企业改革，出台企业"三定"方案，有效提升企业核心竞争力。谋划启动全国首单街道级集体经济类REITs项目，团结社区启动2.3万平方米集体经济载体提升改造。茑谊、独墅湖、泾园北3家社区股份经济合作社获江苏省"百强股份经济合作社"称号。

文体活动。举办"美好生活　自在娄茑"第二届邻里文化节、第八届全民健身节、首届社区运动会、第五届书画大赛和"茑"潮盛夏文娱节、地道"茑"物生活节等特色活动，惠及居民1万余人。举办传统节日送展进社区5场、送戏进社区20场，配送公共文化服务13次，组织放映公益数字电影308场。协办市级大型赛事，完成苏州马拉松文艺演出及暖场活动演出2次。新增、更新全民健身路径142套，维修器材3件，体育场地更新近900平方米。组织开展非遗项目铜器锤揲工艺和仁和缂丝手工艺进社区、进学校讲座展览23次，观众2000余人。李根福铜器锤揲工艺项目成功申报第五批江苏省非物质文化遗产代表性项目。开展"扫黄打非"专项整治7次，检查出版物和文化市场113次。加强文化市场及校外培训机构监管，

开展校外培训机构监管检查700余次，巡查文化市场单位430家次。

（张　曦）

斜塘街道

【概况】　斜塘街道位于园区南部城市核心区域，辖区面积约52平方千米。截至2023年底，有常住人口约23.5万人，户籍人口10.1万人，流动人口13.4万人，下辖动迁社区20个、城市社区15个。辖区内入驻高校院所31所，在校师生近8万人，其中留学生3000余人，各类领军人才1500余人。2023年，斜塘街道聚焦"推动区域融合，助力园区高质量发展"工作主线，围绕重点项目、民生保障、城市品质提升等要点热点，加强基层社会治理现代化，获国家级荣誉3项，省、市级荣誉37项。

【城市管理】　2023年，斜塘街道加强城市精细化管理，以整治促管理，推动城市品质不断提升。

基础设施建设。全面提升城市发展能级，完成征地16宗，出让用地11宗。星塘医院二期项目建成投用，文荟邻里中心、南部市民中心项目主体完工。推进莲花一区北门桥梁、轨道交通6号线、镀底潭TOD等重点工程建设。完成莲花菜场、甬旺农贸市场和荷韵、彩莲、蔺惠、蔺坊4个民俗宴会厅升级改造。实施荷花公园改造项目，星塘街、金鸡湖大道、松涛街沿线6处口袋公园建成开放，东延四季公寓交付投用。完成斜塘农贸市场关停分流工作，引导195户经营商户搬迁至邻里生鲜星塘菜场。开展车坊动迁区域"扫尾清零"，推动江滨果蔬园易地搬迁。

市容管理。围绕文明城市创建目标，新建流动摊贩疏导点1处，增设非机动车停车位300余个。整治书影

街、东延路等重点路段流动摊贩夜间设摊乱象，处理违规流动摊贩91人，处罚非法占道经营236起。完成蝴蝶湾、星湖尚街、星湖名轩、橄榄湾、蓝岸花园和金色尚城6处商业街区店招广告整治2630平方米，启动实施联丰广场综合提升工程。开展垃圾分类专题培训103场，督促整改问题4500余个。完成48个小区241个垃圾分类"亭改房"，309个点位监控接入园区监管平台，"过时投放"垃圾量减少25%。

生态环境保护。开展"两治一提升"专项治理，处置上级督办事项98件。完成62个住宅小区排水管网疏通养护，排查雨污水管网595千米。实体化运作科教创新区治气专班，检查餐饮点位380批次，查处建筑垃圾工程渣土相关案件96件，罚款17万元。制定《噪声异味污染专项行动实施方案》，整治油烟净化问题48个，销号区级空气质量问题33个。创新"河长领治+协同控源+综合治理"工作模式，开展河湖巡查1132次，发现处置问题134个。完成娄斜港、莲花北河、园区38号河、新华塘4条河道"美丽河湖"创建工作，7条区级消劣整治河道通过销号验收。承接园区市政服务集团荷花公园、星塘街小游园、江滨公园、滨江公园4个公园保洁及绿化养护项目。开展镀底潭、星塘街东闲置地块环境专项整治，清除存量垃圾4500余吨，复绿面积120万平方米。

【社会治理】　2023年，斜塘街道发挥改革创新的牵引作用，强化部门协同、优化资源配置，不断增强社会治理体制机制活力。

社区管理与服务。实施"一办六局一中心"实体化运作模式，完成市容监察队转岗任务。新成立莲塘、蔺坊、林泉等8个社区，完成斜塘便民服务中心搬迁，实现23个业务窗口集成审批，全年受理业务8万余件。发布

便民政务服务事项清单，制定《政务服务体系建设方案》等文件4份。开展社工增能培训26期，获园区首届社工人才技能大赛团体一等奖。启动"五社联动"基层治理项目80个，涉及资金173万元。创建菁英公寓等5个集宿区社区示范小区，获评集宿区社区化管理示范街道，"369框架构建未来社区2.0版"案例获中国社区网刊载。彩莲等11个社区"共享花圃"项目亮点纷呈，美颂社区"花田守护人"项目再度入选联合国大学主办的全球年会分享案例。成立城市管理委员会，协同推进苏州独墅湖科教创新区（东区）社会管理事务。

法治建设。重点开展行政规范性文件、重大行政合同、重大行政决策合法性审核监督，审查合同135份，审计项目28个。培育"法律明白人"400人，拍摄普法微视频、制作民法典宣传微动漫3个，开展法律讲座81次，接待居民法律咨询350余次。开展"法润江苏 情暖民工"等宣教活动100余场，创建省级民主法治示范社区16个。完善内控制度体系建设，修订员工手册、内控操作制度70余项。抓好特殊人群管理，社区矫正在管52人，安置帮教在册113人，完成台账整理82本。开展"融情调解+"矛盾纠纷防控化解行动，调解矛盾纠纷4307件，涉及金额1334.19万元，调解成功率97%。

综合治理。建立社会稳定风险合成处置工作机制，有效处置物业收费、涉渔船舶回购等群体性涉稳事项33起，成功化解20年信访积案1起。开展进企业、进社区、进校园等"八进"宣传活动45场，发送防范非法集资短信42万条。优化街道集成指挥中心平台枢纽，制定网格化社会治理权责清单9大类15小类88条，精准划分微网格702个，配备专职网格员35人，巡查上报问题事项3.91万件，处置率100%。探索"新就业群体"入网格，831名"移动微网格员"正式上岗，

"网格事'码'上办"专属二维码得到广泛应用。

安全生产。举办"4·15"国家安全日活动，12家单位联合成立国家安全教育"六进"共同体。发挥园区"SIP安全360"平台作用，完成出租房屋网格巡查6.27万户、小餐饮场所检查964处，签订消防责任状1900份。合规化改造防盗窗8950扇，清理车库违规出租156处。新建电动自行车充电桩395个，升级改造电动自行车棚1200个。举行政企联动防汛防灾等综合实战演练5次，修订出台《关于完善斜塘街道应急救灾物资储备仓库管理的建议方案》《斜塘街道应急救灾物资管理办法》。开展突发事件总体应急预案桌面推演，组建"星·安·美"商圈共治综合体。

【民生服务】 2023年，斜塘街道聚焦民生关注热点，坚持财力向基层倾斜、向民生倾斜，推进民生实事项目建设，有效增进民生福祉。

教育工作。成立家庭教育指导分中心及家校社协同育人联合体，建立首批工作联络站3个，拓展家庭教育社会实践基地4个，推出家庭教育项目5个。办好社区教育，开设公益课程65门、老年大学课程28门，共计2790个课时。"智慧银龄联盟"入选首批"江苏省社区教育共同体"，淞泽社区获评中国图书馆学会全国"书香社区"。推进公办幼儿园"达标升级"，完成9家幼儿园房屋安全鉴定及5家幼儿园房屋加固工作。常态化开展教育培训机构违规查处工作，关停无证无照学科类培训机构2家、托管机构1家。园区首家全民终身学习中心、首个街道级联名书房启动运营，联合苏州广电合作开办苏州广电老年大学（星塘校区）。以建设特色"五老工作室"为抓手，组织"五育教育"活动52次，惠及青少年2000余人次。

卫生和计划生育工作。开展严重精神障碍患者服务管理排查专项行动，排查居民家庭7.2万户，梳理严重精神障碍患者779人，发放严重精神障碍患者监护以奖代补1961人次，金额69万余元。办理60周岁独生子女父母奖励申请9292人，发放奖励金额780万元。组织开展适龄妇女乳腺癌、宫颈癌筛查工作，惠及2000余人。举办初级救护证培训4场，培训学员269人；应急救护普及培训9场，培训学员2659人。组织献血活动6场，献血总量24.23万毫升。开展爱国卫生运动和健康促进工作，发放"三减三健"宣传册6000份、禁烟海报1500份。强化民间集体聚餐信息化管理，公建宴会厅备案26个，民间厨师登记备案50人。斜塘社区、莲韵社区获评省级健康场所，淞涛社区、星湖幼儿园获评市级健康社区。运用信息化平台，开展食品生产销售巡察4065次，实现辖区1587户食品生产销售单位全覆盖。

民政工作。截至年底，在册低保58户96人、低保边缘重病困难对象92户103人。开展精准帮困服务，建立困难家庭需求档案274份，走访各类困难对象2100余人，发放慰问金324.7万元。联合园区检察院为55名困境儿童和20名就业年龄段肢体残疾人捐款50.7万元，发动企业为18名贫困残疾人捐赠轮椅、助行器等辅具。联丰社区、淞潭社区"残疾人之家"通过达标创建星级评定。完成独墅湖民众联络所等7家"慈善空间"、锦塘社区居委会1家"慈善实体"申报和认定。组织"99公益日"线上募款活动，筹集善款74.5万元。完成132户老年人家庭适老化改造，街道获评苏州市适老化改造先进集体。15个社区日间照料中心实现社会化运营，注册会员2597人。全年发放尊老金1.75万人，金额958.3万元。

创业就业。建成启用街道首个"家门口"就业服务站。举办综合类招聘会129场，提供就业岗位5061个。组织150家企业发布岗位700余

个，求职人数3000余人。依托斜塘人力资源市场，开设咖啡师、中西式面点、中式烹饪等8门技能培训课程，培训学员200余人次。斜塘青创工社累计入驻企业114家、在孵34家，带动新生代居民就业500余人。开办斜塘创业讲堂，举办系列培训课程14期，培训学员502人。加强集体资产管理，公建房年租金增长6.7%。完成集体资产平台交易总额2338万元，交易面积7.6万平方米，街道集体资产交易管理站入选苏州市2022年农村产权交易市场监测评价规范单位名录。

社会保障。修订并出台《动迁居民住房困难家庭租房补贴操作细则》，第一批42户困难家庭完成复审。发放被征地人员基本生活保障待遇3577万元，惠及28.7万人次。完成523名被征地农民退休审批工作。做好居民医保参保、缴费等业务工作，新增参保人员423人，缴费12.4万元，累计参保人员1.73万人。办理低保特困、重残免缴人员参保申请116人。发放退休人员体检通知单8586份，开展各类走访慰问3246人次，发放金额29.6万元。创建"乐活夕阳"退管品牌，吸纳1353名退休人员参加活动。

文体活动。举办第一届"邻里友爱 悦享运动"斜塘甪直区域一体化社区友好运动会，吸引近3000人参与。扩大"文惠斜塘"品牌效应，开展第五届戏曲票友大赛、群众文化艺术节、莲心市集、红旗渠精神图片展等各类活动66场，服务群众近40万人次。大力发展群众文化事业，助力两个文化社团分别获园区歌唱大赛一等奖、广场舞大赛二等奖。原创文艺作品5个，弹词开篇《金鸡起舞》获2023年苏州市"繁星奖"曲艺类铜奖。

【红管"微积分"赋能社会治理】 2023年，斜塘街道党工委立足辖区动迁社区多、流动人口多、新苏州人多的情况，启动建设"友邻党建"书记项目，

全面构建"街道大工委—社区大党委—社区党组织—小区党支部—楼道党小组"五级组织架构，打造"先锋熟人"楼道105个。试点推行红管"微积分"项目，通过"服务换积分"的方式，激励引导731名居民和红管志愿者活跃于小区楼道，全年服务居民2万余人次。该项目通过"先锋进网"引领群众自治、"阵地进楼"助力邻里共融、"服务进门"为民纾困解忧，擘画出"出入相友、守望相助"未来社区的美好图景。 （沈 康）

唯亭街道

【概况】 唯亭街道是园区北部城市副中心和生态门户区，辖区面积95平方千米（含阳澄湖水面36平方千米）。截至2023年底，有常住人口约31.4万人，下辖动迁社区24个、城市社区13个。2023年，唯亭街道先后获2022年度苏州市生态环境保护工作先进集体、苏州市老干部工作先进集体、2023年度苏州市民族团结进步创建示范基地等市级以上集体荣誉47项、市级以上个人荣誉45人次。

【城市管理】 2023年，唯亭街道以"生态宜居"发展为定位，对照园区高质量、精细化管理要求，提升城市管理水平。

基础设施建设。完成张泾市民公园、木沉港地块整治及轨道交通3号线和11号线节点改造，启动7个下穿涵洞"修整、提亮、增色"工程。协调推进青剑湖公园改造、312国道改扩建、娄江大道和夷亭路下穿涵洞维修、长阳街和华池街北延、轨道交通8号线和11号线保障等工程，做好通苏嘉甬铁路建设保障工作。对8条主次干道、12条背街小巷等道路开展重点整治，20处道板停车拥挤路段加装隔离，施划停车线1.1万余米。浅水湾综

合提升改造竣工，完成雨污水管道改造、沟槽路基恢复、停车位施工、监控安装、景观绿化种植、路灯照明修复等工程。开展夷亭一、二村综合治理，安装ETC道闸，规划机动车停车位200个；281套自建房完成合规化改造，68家"九小场所"安装防火门，62户居民安装瓶装煤气罐切断阀，19家商户完成"瓶改电"；1个微型消防站、4座电瓶车充电桩建成投用。

环境保护。实施北部空气质量提升、河道水质提优"双提"行动，完成4条创建生态美丽河湖申报、4条河道提升、7条河道消劣，拆除违建26处1367平方米，清理驳岸乱垦种72处1.3万平方米。开展水源地环境整治，陆（水）域巡查312次，查处整改问题54个，巡河（湖）2144人次。迁建阳澄湖取水口，涉及21处围网、80户养殖户。对浦田民营区6家"散乱污"企业开展专项整治，完成全部签约，其中拆除4家。

动迁安置。开展动迁清零百日攻坚行动，探索建立领导班子"二级包干"制度，动迁剩余户签约7户。针对唯亭老镇、夷陵山、浦田等动迁地块结转动迁户及"散乱污"整治结转户，开展收尾化解，完成8户动迁历史遗留问题化解工作。完成青苑355户519间过渡房清理腾退，房屋全部拆除，地块平整复绿。浦田打工楼腾退房屋247户380间，完成总任务户数、间数的86%和87%。空余动迁房腾退73套，发放告知书和律师函22份。

【社会治理】 2023年，唯亭街道对标园区建设"开放创新的世界一流高科技园区"总体要求，多维度、强力度推进基层社会治理现代化。

平台应用。依托"智慧唯亭"一体化系统平台，新增专职网格、"星骑士"等应用，整合数字城管、综合执法、"12345"便民服务热线、"SIP安全360"和智慧防汛等平台信息，实现环境巡查、安全执法、防汛防台等多

场景应用。搭建综合指挥调度体系，链接公安、交警、市监、安全等部门的协作机制，畅通网格员、执法人员、职能部门的互通渠道，实现工单事项及突发事件迅即响应、快速处置。通过园区数据门户接入人口、房屋、党建、执法、网格等25类数据120余万条，流转工单1.8万余件，处置1.5万余件。

网格管理。在"1+37+336"三级网格体系基础上，将综合执法数字网格与社区网格、专属网格、市政网格有效整合、有机融合，达成多网合一、多端联动，打造城市管理数字化网格体系。完善"苏城网格通"系统"一标三实"和重点人员等基础数据，调整更新网格编码、"三官一律"、微网格等内容，第三方测评网格知晓率87%、网格满意率94%、群众安全感100%。聘用新业态兼职网格员30余人，遴选专职网格员37人，招录社工35人，增强基层治理新活力。

综合治理。开展"331"火灾隐患排查整治，巡查出租房6.4万余套，整治群租房、车库违规住人、"三合一"及"九小场所"等隐患8528处。开展出租房防盗窗专项整治、废旧电动车集中回收、废弃太阳能热水器集中拆除等工作，拆除防盗窗5743扇，消除防盗窗隐患出租房2446户、车库1109户，回收废旧电动车1540余辆，拆除废弃热水器1000余台。开展城镇燃气使用安全专项检查，收缴违规使用液化气钢瓶96个，安装燃气泄漏安全保护装置164个，增设消防设施器材224件。推行"瓶改管"建设，完成27家商户"瓶改管"和"瓶改电"，持续开展大闸蟹交易市场瓶装液化气整治，清理燃气瓶155个。深化"城警联动"协同模式，严查流动摊贩、偷倒建筑垃圾、违法违建等现象，查处案件6576件，整治图斑6个，拆除违建1730平方米，处罚金额149万元。实施疏导点计划，引导设置"碎片化"疏导点5个，疏导流动摊贩741个。

加强宗教场所安全管理，联合安监、消防等部门开展安全检查30余次，发现并整改各类隐患50余处，取缔非法宗教活动场所4处。上门劝导防止诈骗877人次，涉及金额625万元，守护人民群众财产安全。52家艺体类培训机构开通资金监管，监管率100%。

法治建设。举办"以习近平法治思想为指导 全面推进依法行政 加快法治政府建设"主题讲座、"以案释法助推依法行政"培训讲座，正确领会新时代依宪治国、依法行政的内涵。开展"援法议事"，打造"365繁星""融乐浦田""璀璨西湖""泾善泾美""三爱厦亭""乐居龙会"等"援法议事"品牌，构建"一体两翼"式法律援助服务体系。组织社区法律顾问开展普法讲座150场次，为群众提供法律咨询3000余次。建立"三所一站一中心"联动工作机制，街道社会矛盾纠纷调处化解中心提档升级，建成37个社区矛盾调解工作站，成立"澄南就事""澄南家事"品牌调解工作室、2个集宿区企业联合调解工作室、37家社区家事调解工作室，调处矛盾纠纷2700余件，涉及金额610余万元。开展"法润唯亭'典'亮美好生活"法律讲座等主题活动200余场次。打造"泾善泾美"法治小区品牌，形成"组织领导有力、工作机制健全、法治供给充足、治理成效显著"的小区治理新格局。

基层组织建设。推进"根系工程"，以"联合党委发力、三方共治合力、居民自治助力"全链条打造基层治理"聚能环"，成立小区行动支部111个、业委会（物管会）94个，开展社区党组织为民服务项目164个。常态化做好基层党组织星级评定工作，晋级五星党组织3个、四星党组织6个、三星党组织16个。搭建基层党建服务到"家"阵地体系，新建8个党群服务中心，打造睦邻党建共享花圃37个，开展"红管五微"活动280余场、百场服务进社区375场。建立新业态

服务驿站46个、流动党员报到服务站41个，开通新业态绿色通道119个，举办关爱活动近300场。扩大志愿者队伍，招募注册志愿者3.8万余人，组建志愿服务队254支，开展各类服务活动2033场次。

信访工作。成立社会稳定风险合成处置实体化工作专班，常态落实信息处理、风险研判、指令交办、督导督查、办结反馈工作链路，完成国家、省级重复信访交办件8件、历史遗留问题化解12件，研判重点涉稳事项及重点人员300余次，在重要时间节点加强联勤联动，做好赴省进京人员劝返工作。

【民生服务】 2023年，唯亭街道立足群众的"急难愁盼"问题，坚持问需于民、便利于民，高质量推进民生服务，切实提高群众的幸福感和获得感。

教育工作。启动学前教育"7890成长营"教师培养规划，实施街道公办幼儿园"达标升级"工程，完成东亭幼儿园戈巷分园省优创建，悦澜湾、新娄幼儿园通过省优复审，东亭幼儿园总园、跨塘中心幼儿园总园完成省优复审专家现场审核。15个社区教育项目完成立项或结项。唯亭街道老年大学成功申报苏州市家门口的老年大学项目点，开设国画、书法、智能手机应用等各类课程89门，注册学员1100余人，授课2670课时。

卫生健康服务工作。开展爱国卫生、健康促进、基本公共卫生及红十字会工作，3个单位成功创建健康场所，组织1126人进行普及性应急救护培训、254人进行初级救护员培训。动员无偿献血828人次，献血量23.83万毫升。开展国家食品安全示范城市创建，落实食品安全包保工作，开展食品安全协管员聘用、培训及考核，举办食品安全宣传周活动，推进基层食品安全办公室规范化建设。开展妇幼健康工作，做好计划生育特扶家庭结对帮扶工作，完成妇女"两癌"筛查

3686人、老年居民体检14037人。

社会保障。加强困难群体帮扶，走访慰问低保、残疾人、退休老人等2112人，发放慰问金96万余元。"逆风飞翔·相伴成长"困境青少年帮扶2.0计划获苏州市青少年小微关爱项目一等奖，代表苏州市在全省希望工程重点项目实施反馈及结对关爱工作推进会上做交流发言。街道综合为老服务中心建成运营，探索"家门口""嵌入式"社会养老服务新模式，完成老年人家庭适老化改造121户，安装独居老人烟雾报警器314户。推进退役军人服务站建设，成立社区退役军人服务站20个。

创业就业。完成唯亭人力资源产业基地建设，阳澄南岸零工市场正式开业，街道就业服务中心"家门口就业服务站"对外提供基础公共就业服务，街道创新孵化中心"众创空间·唯才汇"启用。开辟社区"红管就业"服务通道，组织专场招聘会30场次，提供就业岗位5500个，帮助居民就业520余人次。

民政工作。完善"一网通办"体制机制，街道便民服务中心增设劳动监察大队窗口，办理劳动监察案件受理、劳动法律法规咨询、劳动仲裁案件受理等业务，观湖、阳澄湖2个民众联络所正式运营。街道便民服务中心设置23个业务窗口，可办理8个单位258项政务服务业务，包括民政、社保、就业创业等街道153项业务及园区7家入驻单位105项业务，全年办件量14.6万余件。打造"唯小亭"公共便民服务品牌，改造175个闲置公用资源，搭建八大服务阵地，为群众提供"家门口"的便捷服务。

文体活动。利用北部市民中心等阵地资源，开展"唯亭街道变迁影像展""唯亭街道古代碑刻拓片展""怡亭雅集书法展"等展览10余场。举办街道首届群众文化艺术节暨2023"清风娄江·水韵唯亭"中秋文艺晚会以及"我行我SHOW""春天的约会"等大型群众文化艺术节系列活动；开展"评弹进社区"、公益电影放映900余场次；举办新春象棋赛、羽毛球赛、乒乓球赛、趣味运动会等体育活动。全年举办各类文体活动1000余场次。探索和研究街道文化活动特色，出版反映唯亭老镇历史风貌的《唯亭印记》书籍，坚持文化为民、文化惠民，不断提高公共文化服务能力，更好满足人民群众精神文化需求。加快推进文化惠民工程，不断优化文化阵地建设，完成乙未亭修缮与周边环境整治工程。重视文化场所监管工作，联合辖区公安、社区、物业等单位，加强巡查力度，确保文化场所安全。辖区登记在册网吧26家、歌舞娱乐场所28家、电影院1家、艺术类培训机构50家。加强文体队伍建设，挖掘、培养多面性人才，壮大文化干部队伍。设立娄江文学社、姑苏书画院、图书馆、羽毛球乒乓球馆、艺术培训等文体场所，管理街道社区文体团队56个。

【基层社会治理"唯亭路径"探索】2023年，唯亭街道致力于基层社会治理现代化改革，探索基层社会治理"唯亭路径"，立足产城融合特色，聚力推进基层社会治理改革。建立区域联合党委体系，搭建"（1+37+336）+111"全要素党建网格体系。整合社区党组织、城管、公安、消防、安全生产、"三新领域"等"多张网"组建联合党委，在综治网格基础上建立336个党员行动组、111个小区行动支部。扩充"党群专员"队伍，纵向整合专职网格员、海棠先锋等"常态"力量；横向吸收各类"三新""五老"人员等"动态"力量，健全"内外结合、纵横贯通"的全链条"党群专员"队伍体系。在网格内组建"一长十员两队伍"（"一长"指党小组长，"十员"指网格巡查员、网格警务员、网格督导员以及志愿者"七员"，"两队伍"指党小组队伍、各类志愿者队伍）。聚焦"六大基础工作"，创新建立"组织联建、管理联动、服务联创、要事共商、矛盾共解、成效共享"工作体系，形成"一核引领、三方联动、多元共治"管理机制，以"清单制+责任制"的工作方式，推进基层社会治理。　　　　　（朱星一）

胜浦街道

【概况】胜浦街道位于园区东部，辖区面积69平方千米。截至2023年底，有常住人口19.6万人，户籍人口7.4万人，流动人口12.2万人，下辖动迁社区8个，城市社区15个。2023年，胜浦街道展现"四敢"担当

2023年9月26日，唯亭街道首届群众文化艺术节开幕式暨2023"清风娄江·水韵唯亭"中秋文艺晚会举行　　　　（唯亭街道　供稿）

"数"说
胜浦2023

精神,奋力谱写"靓丽新胜浦 东部新中心"高质量发展新篇章,获评2020—2022年度园区文明单位、集宿区社区化管理示范街道、园区先进集体。

【城市管理】 2023年,胜浦街道贯彻市域一体化发展理念,把握发展机遇,深化"靓丽胜浦"建设,提升城市品质。

基础设施建设。完成东部市民中心、医养中心项目结构建设和港田路、青丘街、浪花路等道路改造,推进高压线走廊建设,启用锦溪公园舞台。实施电动车充电棚增设、新能源汽车充电桩建设、高层消防系统改造、房屋漏水维修以及吴淞公建房加装电梯等社区民生微实事项目,推进群众期盼的实事工程。

环境整治。开展界浦河沿线环境整治,清除荒地杂草、垃圾110吨,清理乱垦种面积2万平方米,拆除棚屋32间,清理完成河东岸鱼塘21处面积20.53万平方米,涉及养殖户13家,促进板块交界地带跨区缝合。开展"沿河三乱"整治,完成尖浦河(南段)、新浦河沿线等区域环境整治,清理沿岸垦种面积14.27万平方米、复绿面积3.9万平方米,有效提升沿河环境面貌。完成涨江河、胜巷港劣V类河道及金浦公园塘、邓巷港V类河道清淤整治,提升河湖环境。

市容管理。推进户外广告及店招标牌整治工作,拆除、更新违规店招380余块,组织大型广告安全鉴定23处。拆除各类违法建设27处面积8000余平方米。启用西洛巷等处流动摊贩临时疏导点,实行流动摊贩分级管理,进一步提升市容秩序。优化辖区交通出行,在20个社区、企业、产业园新增设置电动车停车点位,有效解决群众出行难题。

土地管理。整治"非农化、非粮化"土地4.28万平方米和无用地手续私搭乱建近500平方米。完成企业临时用地预审43家,交付企业受让用地12家。完成吴淞江滨江绿化景观带及银胜路北高压线走廊违法占用耕地整治,涉及耕地面积2.7万平方米。完成辖区25宗闲置地块和金光产业园地块整治,复绿面积95.33万平方米。

【社会治理】 2023年,胜浦街道紧扣高质量发展内涵,聚焦重点领域风险防范,创新工作方法,推进社会治理体系建设,提升基层治理现代化能力。

社区管理与服务。强化集宿区社区化治理,将"网格化双联户"考核激励工作延伸至集宿区,研究制定积分管理标准28条。进一步优化"社区+"集宿区网格化管理新模式,完成集宿区喷淋改造等实事项目30余项。菁华公寓等6个集宿区通过园区示范集宿区创建评选,胜浦街道获评集宿区社区化管理示范街道。开展社会融入类活动、健康知识类讲座等主题活动166场次,惠及居民8000余人次。承接苏州市"星火计划"社会工作示范项目,探索社会工作规范化、标准化、专业化发展。启动街道第八届公益创投项目,开展各类主题活动55场,服务3120人次。

安全生产。开展商业综合体消防安全专项整治,推动379家小餐饮瓶装液化气动态清零,完成200家管道天然气餐饮场所燃气泄漏安全保护装置加装。对辖区244幢居民自建房开展安全专项检查,完成12项挂牌隐患及闻涛苑、金淞湾高层隐患项目整改,拆除废弃太阳能热水器260台。运用"SIP安全360"综合管理平台,形成四级安全监管联动机制,将辖区23个商业街区、1161家"九小场所"纳入监管。提优"红牌车库"制度管理,加强车库出租住人动态跟踪及整治,其中自行整改819户、集中整治235户。开展出租房(群租房)专项整治,巡查出租房26704套,拆除违规隔断25户,拆改防盗窗995扇。

综合治理。深化"枫桥式社区"建设,完成街道、社区二级矛盾调解中心(站)建设。完成1个区级、2个街道级社会治安重点地区和突出治安问题挂牌项目整治。加强非法集资风险宣传教育和排查,全年排查辖区企业、商铺1385家次,发现并处置风险隐患1处。

法治建设。完成街道、社区两级法律顾问选聘和街道公共法律服务中心驻班律师选任工作,开展社区法律顾问"万场讲法"活动。开展普法宣传40余次,提供法律援助咨询150人次,完成适用社区矫正审前调查48次。开展矛盾纠纷大排查大化解工作,对辖区重点人员做好核查管控、跟踪走访、关爱帮教工作。做好矛盾纠纷调处,受理各类民间纠纷4355起,调结成功率100%,涉及总金额4000万元。

网格管理。启动网格员能力提升"萤烛计划",建立"网格智库",招募蓝马甲讲师70余人,开展业务培训、经验交流、情景演练等活动184场。创新完善"网格化双联户"考核激励方式,推动"慧拍"平台提档升级,网格员上传工作记录约53万条,累计积分115.4万分,发现并解决问题22.27万个。

信访工作。受理各类信访工单5024件,其中便民服务中心4179件、"寒山闻钟"论坛668件、公众监督平台53件、各级领导信箱33件、阳光信访平台36件、省委巡视交办55件。受理群众来访49批144人次。加强重点人员精细化服务管理,落实常态化走访,全年走访4312人次。

【民生服务】 2023年,胜浦街道围绕居民最关心的民生问题,出实招解难题,不断探索保障民生的惠民新路径,有效增进民生福祉。

教育工作。启动胜浦高中建设项目,完成土地证、用地规划许可证、建筑工程规划许可证办理。启动街道管理公办幼儿园"达标升级"工作,吴淞幼儿园瑞翔分园通过江苏省优质幼儿园复查验收。强化社区教育,开设公益课程64门,获评江苏省优质社区教

育视频课程1门，苏州市一等奖1门，园区一、二、三等奖4门。开设老年大学课程17门，惠及居民6050人次。

卫生工作。招募新冠血清抗体监测志愿者，完成血清监测101人。组织应急救护培训19场，培训509人，开展救护员新持证培训184人、复审26人。开展无偿献血活动8场，献血量40.61万毫升。开展老年人惠民健康体检，惠及8435人。开展免费"两癌"检查、妇女病普查，惠及适龄妇女2510人。开展"六一儿童"体检，惠及15所幼儿园6245名儿童。开展爱国卫生运动宣传，完成露头蚊蝇消杀、春季灭鼠行动，消杀840次，使用消杀药1462千克。全年出生人口1139人，出生率9.4‰，自然增长率7.8‰，计划生育符合率100%。办理60周岁独生子女父母奖励申请3818人，发放奖金338.2万元。

民政工作。开展精准帮困服务，春节期间走访慰问低保户、低保边缘户、大病重病家庭等困难家庭1259户，发放慰问金172.88万元。规范最低生活保障的动态管理，新增低保户4户、低保边缘户3户、低收入家庭5户，退出低保2户、低保边缘7户、低收入家庭1户，发放低保户生活救助金29.86万元、低保边缘户生活救助金17.45万元。发放残疾人生活补贴93.8万元、护理补贴47.7万元、困境儿童救助金93.5万元、儿童康复补贴60.6万元、其他残疾人补贴33.2万元、链接园区检察院为61名困境儿童捐赠慈善资金27万元。为30多名困境儿童实现"微心愿"，涉及资金10万元。推出"雪宝爱心小屋"帮扶项目，为白血病患儿提供短期租住服务。为23户无房户发放住房租赁补贴41.1万元。完成城市中等偏低收入以下住房困难家庭住房保障年审1户，发放资金1.1万元，审批农村动迁居民住房困难家庭住房保障申请4户。

为老服务。新建街道综合为老服务中心，提档升级3个社区助餐点，扩

大服务覆盖面。完成居家适老化改造62户，安装烟感报警器154户。增设家庭医生工作室2个，完善"15分钟医疗卫生服务圈"。

就业创业。完成金苑社区、青年汇社区2个"基础+特色"家门口就业服务站建设。对266名户籍应届高校毕业生开展跟踪服务，就业率100%。举办公共就业主题活动14场、现场招聘会105场，提供就业岗位7262个。为重点群体提供就业岗位1384个，解决就业1116人。全年登记失业3962人，认定就业困难70人，受理灵活就业、用人单位社保补贴85人。服务居民技能、创业培训266人。申请创业社保补贴、一次性创业补贴、租金补贴185人次，对创业者开展跟踪服务450余人次。

文体活动。赋能文体事业高质量发展，丰富群众文体生活，全年开展文体活动1599场次，服务群众37.4万人次。打造"红浦清风"廉洁书场，增设"浪花苑宣卷堂"，设立"浦韵书香·书SPA户外阅读空间"，启用锦溪公园舞台。用好红浦雅苑三大演出阵地，举办宣卷演出300余场、戏曲演出20场、评弹演出260场。开展基层公共文化服务40余场次，放映公益电影120余场次，更新健身路径19套。完成《廉洁治家正气扬》《优良家风传万代》《胜浦欢迎你》等原创作品7个，《锦绣园区》获得第五届苏州市群众文化"繁星奖"广场舞比赛银奖、园区第十届群众健身舞蹈大赛一等奖。

【富民载体建设】2023年，胜浦街道启动汇智湾三期富民载体建设。该项目占地面积6.1万平方米，总建筑面积16.8万平方米，投资约7亿元。项目由胜浦街道与新建元集团合作开发建设，围绕园区产业强链补链，重点聚焦生物医药、新一代信息技术和高端装备制造产业，建设集技术研发、生产制造、功能总部为一体的复合型产业载体。通过"街道+国企"模式，

采用"多首层"概念设计，致力于成为园区"工业上楼"的标杆项目。

（袁德平）

金鸡湖街道

【概况】金鸡湖街道位于园区中心城区，辖区面积约45平方千米。截至2023年底，有常住人口近40万人，户籍人口约22.8万人，流动人口约1.15万人。有住宅小区135个、集宿区6个；设立社区居委会57个、民众联络所11个；下辖直属党组织64个、直管党员5959人。2023年，金鸡湖街道落实园区党工委、管委会决策部署，对标城市新中心建设战略定位，围绕街道"三年行动计划"目标，扎实推进各项工作。先后获评2022年度苏州市既有多层住宅增设电梯工作先进单位、2022年度园区城市管理工作成绩突出集体，街道"邻里党建"项目获评长三角城市群基层党建创新案例，街道新时代文明实践所获评2023年度苏州市新时代文明实践示范所，香茂社区获评江苏省民主法治示范社区，方悦社区团支部获评江苏省五四红旗团支部。

【城市管理】2023年，金鸡湖街道精细化打造城市管理体系，启用高效指挥中枢，总结基层文明建设经验，打造污染防治亮点品牌，持续提升城区形象品质。

市容管理。落实市容环卫责任制，排摸辖区1600余家临街商户和单位，签订市容环卫责任书257份。开展非机动车专项整治，出动执法队员680余人次、执法车辆200辆次，处置非机动车违规停放5576起，新增非机动车停车位线20246米，增设非机动车停车指示牌、拖移告示牌等导引、警示标志30余块。妥善处理流动摊贩问题，建立联合惩戒和约束机制，

攻坚"晨商夜摊"无证摊点顽疾，完成73处便民早餐点提档升级试点，查处擅自摆摊设点、无合法固定经营场所无照经营110余起，罚款约1.4万元，维护市容环境秩序。

商业街区管理。持续推进新街口商业街、湖畔天城商业街综合提升项目，深化师惠坊商业街、中天湖畔广场商业街区综合改造方案。开展商业街户外公益广告专项清理及安全隐患整治行动，完成10条商业街（载体）提升改造，启动第二批13条商业街（载体）店招广告整治提升工作。推进辖区主要道路、商业街区周边违法建设治理攻坚任务，完成2处"市挂牌督办项目"拆除，通过市、区两级专班督查验收。落实街道违建巡查发现机制，上报规划认定86件，收到规划认定审批69件、非违建不予认定17件，完成市、区级平台违建信访工单处置结案761件，推动违建治理闭环管理。

垃圾分类。开展"过时投放"精细化治理专项行动，优化93个小区"过时投放"管理，建立健全监督曝光机制，完成128个小区居民"红灰榜"、不文明行为曝光全覆盖，落实小区生活垃圾分类物业管理责任书签订，压实分类投放管理主体责任。利用小区各类宣传平台，依托志愿服务力量，开展专项宣传引导活动50余次；针对垃圾"过时投放"严重小区，开展集中约谈，指导小区物业实施垃圾分类监管"三步工作法"，开展垃圾分类宣传及培训。加大监督执法力度，联动执法2028次，处罚金额157191元，小区垃圾"过时投放"率降至20%以下。

环境保护。落实网格化巡查机制，实现181家重点油烟污染源日常监管全覆盖，全年巡查15000余次，解决问题1000余个，整改工单结案率100%。依托小区管网养护工程，落实控源截污，覆盖辖区107个小区，疏通管道938千米，外运污泥660吨，排查问题18007处。构建"河长+河长办+

网格长+网格员+民间河长"五级立体巡查网络，68名基层河长、108名民间河长巡河1.4万余次，发现问题432个。打造"金净乐道 气治洁出"大气污染防治品牌，优化商业街餐饮油烟污染源日常巡检及多方协商机制，依托现代化智能设备，探索"非现场监管"。以湖东新街口商业街为试点，针对重点餐饮油烟商户，安装在线监测设备，实现排放实时监控，持续提升方洲路国控点周边空气环境质量。

文明创建。开展"文明园区 净美家园"专项行动，制定《金鸡湖街道文明城市建设重点攻坚项目方案》，推进文明创建工作。全年开展专项督查4次、第三方自查9次，接受苏州市集中测评117次、园区第三方测评和专项测评12次、文明街区测评1次，发现并整改问题8767个。建成启用"水坊路文明实践璀璨织圈"，探索形成新时代文明实践"水坊路工作法"。开展"我们的节日""元旦春节志愿服务""七彩夏日"等新时代文明实践主题项目活动。持续壮大文明实践志愿力量，新增"两新"企业志愿服务团队10支，累计建立志愿队伍530支，发布新时代文明实践活动和志愿服务5400余场次。开展"文明楼道"自查行动，提档升级香茂社区文明示范楼道，建设"小楼道大童年""礼润童心文明童行"等文明实践宣传阵地，香茂、星公元、朗科、中塘社区4个楼道获评2023年首批市级文明示范楼道。深化文明单位、文明社区创建工作，金鸡湖街道获评2020—2022年度园区文明单位，荣域社区等28个社区获评2020—2022园区文明社区。

【社会治理】 2023年，金鸡湖街道坚持问题导向，深化治理创新，探索"社区治理合伙人"模式，推动"精网微格"全域网格体系建设，构建协同高效智治系统，筑牢安全稳定屏障，实现多元共治合力聚合。

社区管理与服务。建立物业管理矛盾多元调处机制，深化"家园区"App推广，规范自治组织运作，为业委会组建、换届、重选及日常运作护航。截至年底，"家园区"App注册88810户，注册率69.95%，1495项自治事项实现线上表决。制定加强业委会履职能力建设试点工作方案、业委会履职能力考评办法，建立"业委会学院"，强化法治型业委会建设。指导辖区30个业委会（物管会）的组建和换届，49个业委会依法有序开展物业选续聘、停车管理、公共收益和维修资金使用等业务。推进43家单位金脊物业行业联盟建设，依顿花园、中海花园获评2022年度"红色物业"省级示范点，金湖湾获评市级"美好家园"。做好多层住宅增设电梯工作，街道获评"2022年度苏州市既有多层住宅增设电梯工作先进单位"。排查整治既有建筑结构安全隐患48处，完成老旧小区改造申请8个，开展城市中等偏低收入以下家庭住房申请审核，推进轨道交通建设占地补偿事宜。

安全生产。落实"三管三必须"要求，建立安全生产"1+13"工作架构，印发《金鸡湖街道关于进一步规范安全生产委员会工作的通知》。紧盯高层住宅消防安全、出租房、电动自行车、"九小场所"、燃气、危险化学品等重点领域，聘请第三方专业机构，开展消防设施设备检测，全量摸排10002套出租房底数，整治存在隐患出租房111户，提档升级集中充电桩1128个。对1257家"九小场所"开展检查，发现并整改隐患1357处，整治"三合一"场所32家。运用园区"SIP安全360"综合管理平台，开展"九小场所"安全监管，定期对商业街区"九小场所"公示牌张贴、安全员履职、商户自查等情况开展督导，落实隐患整改闭环。平台系统内录入"九小场所"1257家，开展商户自查11836次，社区巡查7981次，自查和检查隐患399处，全部完成整改。开展燃气安全专项检查，发现并整改隐患37处。

法治建设。强化"标杆司法所"建设，探索矛盾调处制度共建机制。协同园区总工会、金鸡湖商务区成立劳动争议纠纷、物业纠纷人民调解委员会。依托金鸡湖街道法治文化中心阵地，打造"流动说法堂"；成立金楒"VL"普法志愿团，招募中外志愿者，开展"流动说法堂"系列普法活动4次；邀请出入境警官、专业律师讲解法律知识；依托"法润金鸡湖"短视频栏目，围绕道路交通安全、婚姻家庭、创业就业、维护民事权益主题，拍摄4部外籍人士普法短视频。利用全民国家安全教育日、"民法典宣传月""12·4"国家宪法日等重要节点，开展"宪法进万家"、"民法典宣讲团"进社区，举办各类法治主题宣传活动150余次；通过"法润金鸡湖"普法短视频栏目，发布外籍人士普法、反诈、反邪、禁毒宣传等主题视频16个。"金楒号"网格化法治建设项目获评2023年度园区法治为民办实事优秀项目。

网格管理。制定《金鸡湖街道网格化服务管理知晓率和满意率"双提升"工作方案》，加大网格宣传力度，发布"金楒号"全域网格赋能基层治理项目。更新楼道网格化信息公示4300份，通过微网格联络群、意见建议征集二维码等收集社情民意，宣传平安建设、民生服务等信息，利用"知社区"平台发送网格化宣传短信538439条。打造集社工网格员、专职网格员、兼职网格员（微网格联络员）及社会网格员4支队伍为一体的"金楒"网格服务队伍，组织开展网格员技能培训10次，召开专职网格员工作例会37次，开展高考保驾护航、夏季防汛、预付费摸排等专项行动10次。全年有28人获苏州市"十百千"网格员称号，10人获园区最美网格员称号；街道层面表彰"最美网格员"25人和"风火轮"红色骑士5人。试点

打造"风火轮"市域社会治理现代化风景线，加强苏州中心、圆融广场城市客厅2个项目主阵地和4个社区"金楒网格驿站"建设。

信访工作。完善《金鸡湖街道社会矛盾纠纷调处化解中心建设方案》和《金鸡湖街道社会矛盾纠纷调处化解中心工作手册（试行）》，形成"街道—社区"两级矛盾纠纷多元预防调处化解工作机制。整合街道综合治理联动中心、人民来访接待中心、公共法律服务中心、非诉讼服务中心等职能，完成街道社会矛盾纠纷调处化解中心和57个社区社会矛盾纠纷调处化解工作站基础建设。全年受理处办各类信访和便民事项10270件，接待171人次，收到来电35人次、来信2件。依托"苏州市社会矛盾纠纷调处化解平台"，推动矛盾纠纷分级调处，街道及社区调处矛盾纠纷5610余件，开展专门性矛盾纠纷排查2500余次，发现矛盾纠纷222件。依托精网微格，结合网格员"千村万企、千家万户"大走访，摸排群众诉求，通过网格员意见建议二维码，收集居民意见113条，提升社区矛盾纠纷调解成功率。

【民生服务】　2023年，金鸡湖街道打造"便民服务圈"，构建"15分钟养老服务圈"，推进"金楒食安"共治联盟，擦亮"金鸡湖和您在'艺'起"文化品牌，丰富居民文化生活，稳步提升民生福祉。

教育工作。加强终身教育体系建设，打造"金"牌家庭教育指导师团队，联动景城学校、天域幼儿园等，推进"家校社协同育人共同体"建设。启动苏州市第四批社区教育游学"阅行金鸡湖"项目，开展活动6场次，参加150余人次。推动街道老年大学建设，打造多元化师资队伍，开设课程18门，服务学员400余人次。推进社区教育教研工作，"智多星助力社区老人接轨智慧生活"项目获"江苏省社

会教育规划课题"立项；"我来教您用手机"项目作为苏州市老年教育赋能项目，完成第二批结项。承办园区第九届全民终身学习活动周开幕式，开展各类主题活动65场次，推进街道全民终身学习中心建设。

卫生工作。成立街道爱国卫生运动委员会，联合金鸡湖社区卫生服务中心邀请三甲医院专家，开展"健康大咖谈"系列讲座，推进健康讲座和公共义诊进社区、进企业、进楼宇、进家庭，打造良好的健康氛围，提高辖区居民健康素养。启动街道"青梓"育儿CLUB，通过宣传引导、体验式服务、网络互动，宣传科学育儿知识，打造新型育儿教育平台。全年举办线上直播课7场、线下各类亲子活动15场，惠及亲子家庭1236户。完成65周岁以上居民相关体检16591人；开展普及性救护培训18场次，参与人数727人；开展灭鼠灭蚊防病知识培训2次；发动968人参加无偿献血活动，采集总量29.18万毫升。累计创建江苏省健康社区12个、苏州市健康社区15个、苏州市健康单位2个。

民政工作。依托金鸡湖街道儿童关爱之家，打造"童在金鸡湖我们共守护"项目品牌，探索创新"3+4+4+N"困境儿童关爱服务工作法，以"赋能父母、赋能祖辈"等家庭教育课程为着力点，开展服务活动150余场次。推进街道"1+25"养老服务体系建设，提档升级综合为老服务中心及25家日间照料中心，打造"金鸡悦龄　幸福晚晴"养老服务品牌。做好残疾人服务保障，依托精神障碍社区康复驿站，开展入户走访116人次，完成入站登记建档28人，接受规范康复服务624次，开展各种康复活动84场。成立家属互助支持小组，根据服务对象个性化需求，提供互动支持、康复交流平台，开展个案服务。

食品安全。成立"金楒食安"共治联盟，构建"街道指导、部门协同、社区联合、多元参与、资源共享"联动

模式。常态化开展日常巡查、食品安全宣传，培训志愿者团队、食品餐饮单位联盟成员，提升业务工作、食品安全管理能力。落实食品安全属地责任，推进食品安全包保工作，全年完成国家包保系统督导3590家，完成率100%。依托园区食品安全综合协调平台系统，日常巡查11030户次，发现隐患"僵尸户"714户，整改完成率100%。

创业就业。联合圆才企业服务公司，举办金鸡湖街道就创服务中心系列服务活动，深化创业就业服务中心品牌内涵，搭建街道就业创业服务中心线上专区，优化技能培训、创业培训报名、线上线下招聘会等功能。举办返苏人员、高校毕业生、退伍军人、大龄用工、残疾人、高端人才等主题专场招聘会，助力辖区居民充分就业。成立师惠社区家门口的就业服务站，推进就业服务端口前置、重心下沉，打通服务群众就业"最后一米"。

文体活动。建设"遇见金鸡湖"文化共享圈，举办"惠民文化课堂——朗诵培训班"，成立街道首支"魅力新声朗诵队"，夯实居民朗诵、阅读、表演等基础。举办乒乓球团体争霸赛、千人广场舞快闪、馨湖书苑主题画展、"第五届园区金鸡湖朗诵大赛开幕式"、"与你在'艺'起"首届文体嘉年华系列活动，打造街道文化品牌。落实辖区文化市场、全民体育健身设施、校外文体类培训机构日常巡查监管，获评苏州市2023年度"扫黄打非"进基层优秀站点，2个原创文化节目获第五届苏州市群众文化"繁星奖"铜奖。

【"邻里党建"项目实施】 2023年，金鸡湖街道出台《关于深化推进"邻里党建"的实施意见》，实施"邻聚里"工作法，协调签约10家园区直属党工委，以4—5个社区为范围，设立12个邻里党建片区，吸纳458家邻里共同体单位资源下沉至网格。建立走访联系、协商交流、轮值认岗、评价激励"四项机制"，实行"邻里党建共同体+行动支部+先锋团队"行动模式，开展组织联建、队伍联育、活动联办、资源联享、治理联管等共建工作。形成资源清单、需求清单、项目清单102条，策划"叮咚到家"校社联合走访、"'骑'心协力'驿'路同行"等邻里善治创新项目。开展联办联享联育"家门口的红管公益服务"1155场次，受益群众超24万人次。每月以邻里党建片区为单位开展轮值共建活动，街道领导班子成员下沉挂钩联系指导，深化治理主体互商互议、互学互鉴、互促互进。在7月13日举行的长三角城市群枢纽党建超链大会上，"邻里党建"项目入选长三角城市群基层党建创新案例。

【基层智治新模式】 2023年，金鸡湖街道启用街道社会治理现代化指挥中心，建设由指挥端、业务端、移动端构成的指挥中心一体化平台，包含党建引领、审批服务、综合执法、网格管理、指挥调度五大基础模块，内嵌民生服务、生态环境、智慧消防等14个子模块和街道107项业务，接入12个外部系统平台、1000余路监控视频，形成"一网统管、一屏全览、一体指挥"智治新模式。推动辖区安全治理模式向事前预防转型，运用高新技术，打造"金盾云"智慧安全管理平台，通过在线监测、智能预警，构建"场所自查+网格巡查+监测预警+精准执法+隐患整改"全链条监管体系，实现24小时在线监测和智能预警。

（张 莹）

2023年2月17日，金鸡湖街道社会治理现代化指挥中心启用

（金鸡湖街道 供稿）

组织机构和负责人名录

（本名录信息截至2023年12月31日，以机构设置和人事任免文件为准）

中国共产党苏州工业园区工作委员会

书 记 沈 觅
副书记 吴 宏 李朝阳 卢 渊
委 员 叶 新 朱 江 刘 华
　　　 倪 乾 孙扬澄 沈 磊
　　　 陈东安 杨 帆 姚文蕾
　　　 韩 新 邹小伟 张文一
　　　 刘 强
纪工委书记 叶 新

苏州工业园区管理委员会

主 任 吴 宏
副主任 卢 渊 朱 江 刘 华
　　　 倪 乾 孙扬澄 沈 磊
　　　 陈东安 姚文蕾 韩 新
　　　 邹小伟 张文一 刘 强

苏州市人大常委会
苏州工业园区工作委员会

主 任 张永清
副主任 孙燕燕 郭 纲 刘广立

党工委、管委会机构

园区高端制造与国际贸易区党工委、管委会
党工委书记 唐 皓

管委会主任 孟 宏

苏州独墅湖科教创新区党工委、管委会
党工委书记 许文清
管委会主任 陈 莉

苏州阳澄湖半岛旅游度假区党工委、管委会
党工委书记 刘 强
管委会主任 蔡文胤

园区金鸡湖商务区党工委、管委会
党工委书记 朱云磊
管委会主任 朱云磊

园区党政办公室（外事办公室）
党政办公室主任 邹小伟
外事办公室主任 张国文

园区纪工委监察工委
纪工委书记 叶 新
监察工委主任 叶 新

园区组织部（总工会、团工委、妇工委）
组织部部长 杨 帆
"两新"工委书记 （暂缺）
编办主任 （暂缺）
总工会主席 陈 欣

团工委书记 丁令德
妇工委主席 （暂缺）

园区宣传和统战部（文体旅游局）
宣传和统战部部长 朱 江
文体旅游局局长 殷卫东

园区政法委员会（司法局）
政法委书记 姚文蕾
司法局局长 傅 刚

园区经济发展委员会
主 任 王学军

园区投资促进委员会
主 任 蒋卫明

园区科技创新委员会（科协）
科技创新委员会主任 潘 瑜
科协主席 肖诗滔

园区规划建设委员会
主 任 卫 严
管委会总规划师 吴 昊

园区行政审批局
局 长 杜 丰

园区财政审计局
局 长 沈晓明

园区人力资源和社会保障局
局 长 陈 华

园区金融发展和风险防范局
局 长 朱晓焱

园区市场监督管理局
局 长 陶 军

园区教育局
局 长 沈 坚

园区卫生健康委员会
主 任 冯 彬

园区社会事业局
局 长 顾三强

园区综合行政执法局（智慧园区综合
运行管理办公室）
综合行政执法局局长 江晓春
智慧园区综合运行管理办公室主任
吴 烈

园区生态环境局
局 长 严明霞

园区应急管理局
局 长 徐晓明

园区自贸区综合协调局
局 长 祝 欢

园区自贸区制度创新局（借鉴新加坡
经验办公室）
自贸区制度创新局局长 沈卫奇
借鉴办主任 周育才

派驻机构

园区海关
关 长 刘杨武

国家税务总局园区税务局
局 长 陈日生

园区人民法院
院 长 （暂缺）

园区人民检察院
检察长 王 勇

园区公安分局
局 长 张文一

园区消防救援大队
大队长 孙 星

一级监管企业

园区国有资本投资运营控股有限公司
党委书记、董事长 钱晓红
党委副书记、副董事长、总裁 盛 刚

中新苏州工业园区开发集团股份有限
公司
党委书记、董事长、总裁 赵志松

苏州新建元控股集团有限公司
党委书记、董事长 叶晓敏
党委副书记、副董事长、总裁 张 亮

苏州元禾控股股份有限公司
党委书记、董事长、总裁 刘澄伟

新时代文体会展集团有限公司
党委书记、董事长 陆国良
党委副书记、副董事长、总裁 季诩淙

苏州恒泰控股集团有限公司
党委书记、董事长 余国华
党委副书记、副董事长、总裁 王广伟

苏州中方财团控股股份有限公司
董事长 吴庆文
党委书记、副董事长、总裁 李铭卫

园区科技发展有限公司
党委书记、董事长、总经理 张 峰

园区生物产业发展有限公司
董事长 殷建国
党委副书记、副董事长、总经理 董 蕾

苏州纳米科技发展有限公司
党委书记、董事长 张淑梅
党委副书记、副董事长、总经理 刘东军

园区金鸡湖酒店发展集团有限公司
党委书记、董事长 许 红
党委副书记、副董事长、总裁 吴建华

园区市政服务集团有限公司
党委书记、董事长 吕 嵘
党委副书记、副董事长、总裁 吴 激

园区城市重建有限公司
党委书记、董事长 朱银珠
党委副书记、副董事长、总经理 莫军伟

苏州物流中心有限公司
党委书记、董事长、总裁 胡 克

苏州阳澄湖半岛旅游发展有限公司
党委书记、董事长、总经理 刘爱华

苏州独墅湖科教发展有限公司
党委书记、董事长、总经理 姚建新

园区疾病防治中心有限公司
党委书记、主任 俞璐刚

园区机关事务管理中心有限公司
党委书记、主任 壮子阳

直属事业单位（不含学校、医院）

园区工委党校
校 长 杨 帆

园区档案管理中心
主 任 顾振伟

园区机关行政事务管理中心
主 任 （暂缺）

园区培训管理中心
主 任 魏 欣

园区住房保障与物业管理中心
主 任 华 清

园区大数据管理中心
主 任 李飞远

园区党群服务中心
主 任 （暂缺）

园区新闻中心
主 任 单小辉

园区公共文化中心
主 任 戚瑶亮

园区司法工作办公室
主 任 吴硕希

园区社会治理现代化指挥中心（园区
　智慧城市运行管理中心）
主 任 赵海晨

园区经济发展促进中心
主 任 （暂缺）

园区企业发展服务中心
主 任 李 江

园区产业创新中心
主 任 （暂缺）

园区市政建设管理中心
主 任 朱惠来

园区建设工程质量安全监督站
站 长 刘 瑢

园区房地产交易管理中心
主 任 潘海权

园区土地储备中心
主 任 王江洋

园区交通管理中心
主 任 邓扬杰

园区一站式服务中心
主 任 杜 丰

园区公共资源交易中心
主 任 王 峰

园区国库支付中心
主 任 黄鹏霄

园区财政投资评审中心
主 任 柳 晶

园区社会保险基金和公积金
　管理中心
主 任 朱 凌

园区劳动监察大队
大队长 杨晓华

园区市场监督稽查大队
大队长 龙 涛

园区社会事务稽查大队
大队长 俞丽婷

园区食品药品安全稽查大队
大队长 徐 明

园区药品管理中心
主 任 陆 铿

园区医疗卫生管理中心
主 任 巢为农

园区社会事务服务中心
主 任 张 烨

园区综合行政执法支队
大队长 朱 音

园区环境执法大队
大队长 赵 磊

园区水务管理中心
主 任 （暂缺）

园区应急管理综合执法大队
大队长 姚 骏

街 道

娄葑街道
党工委书记 陈习伟
办事处主任 傅 博
纪工委书记 费 岚
人大工委主任 查勤明

斜塘街道
党工委书记 鲁晓辉
办事处主任 杨淑瑾
纪工委书记 朱俊峰
人大工委主任 蒲海燕

唯亭街道
党工委书记 沈 霞
办事处主任 邵 军
纪工委书记 李 锋
人大工委主任 罗宏斌

胜浦街道
党工委书记 杨美芳
办事处主任 刘 兴
纪工委书记 张忠文
人大工委主任 许永春

金鸡湖街道
党工委书记 顾 平
办事处主任 朱利萍
纪工委书记 石学彬
人大工委主任 蒋东宁

（周 静）

247

牢记嘱托　感恩奋进
奋力推动园区走在高质量发展前列

（2023年12月28日）

沈　觅

同志们：

这次党工委（扩大）会议的主要任务是：坚持以习近平新时代中国特色社会主义思想为指导，深入学习贯彻总书记对江苏、苏州工作重要讲话指示精神，认真落实中央经济工作会议，以及省委十四届五次全会、市委十三届六次全会精神，回顾总结2023年工作，研究部署2024年目标任务，动员全区上下更加坚定自觉地牢记嘱托、感恩奋进，加快建设开放创新的世界一流高科技园区，奋力推动园区走在高质量发展前列。根据党工委讨论精神，讲三个方面意见：

一、今年以来园区经济社会发展全面回稳向好

2023年是全面贯彻党的二十大精神的开局之年。在新征程开局起步的关键节点，习近平总书记亲临江苏考察，调研的第一站就是园区，指出"苏州工业园区在科技创新、高质量发展上确实是走在前列"，表示苏州工业园区"值得看，看了让我对实现高水平科技自立自强有了底气"，要求园区"继续扩大国际合作，努力打造开放创新的世界一流高科技园区"，为园区未来发展提供根本遵循。全区上下坚持以习近平新时代中国特色社会主义思想为指导，全面落实中央和省、市决策部署，一体推进三件大事（把深入学习宣传贯彻党的二十大精神，习近平总书记对江苏、苏州工作重要讲话指示精神，和开展主题教育紧密结合起来，作为贯穿全年工作的主线，引领推动园区现代化建设新征程开好局、起好步），紧盯目标任务，强化工作落实，全力以赴推动高质量发展，园区在国家级经济技术开发区综合发展水平考核评价中实现"八连冠"。全年地区生产总值3771.46亿元，增长5.9%；一般公共预算收入411.1亿元，增长6.1%左右；完成规模以上工业总产值6982.84亿元；固定资产投资654.01亿元，增长25.4%；社会消费品零售总额1173.1亿元，增长6.9%；进出口总额862.06亿美元；实际利用外资及港澳台资19.51亿美元。

1. 产业集群实现新提升。精准出台高质量发展、稳增长等系列举措，制订制造业强区行动计划，建立完善经济运行、重大项目统筹调度机制，统筹做好第五次全国经济普查，稳固经济大盘。做大做强产业集群，新一代信息技术、高端装备制造两大主导产业加快升级，生物医药及大健康、纳米技术应用及新材料、人工智能及数字三大新兴产业实现产值超4000亿元，生物医药产业竞争力居全国第一、入选国家级创新型产业集群，纳米新材料、生物医药及高端医疗器械入选国家先进制造业集群；园区入选国家新型工业化产业示范基地（电子信息和工业互联网方向）。加快推进制造业"智改数转网联"，新增全球"灯塔工厂"1家、省智能工厂3家、省5G工厂3家，各级智能车间累计超300家，数量均居省、市第一。全面扩大有效投资，25个产业项目实现"拿地即开工"，46个省、市重点项目完成投资246亿元，超额完成目标任务。推进产业用地更新，如期完成"3年2万亩"攻坚任务。外资总部经济集聚区加快建设，新增省级总部8家，累计67家，占全省的17%；新增金融类机构270家，累计1820家；6家企业上榜省重点文化科技企业，占全市的86%。出台新能源"新三样"（新能源汽车、锂电池、光伏电池）、ESG（环境、社会、治理）产业发展行动计划，成立集成电路产业公司、产业园及总规模50亿元的产业基金，高水平运作国家工业母机产业投资基金，获评首批国家级碳达峰试点园区。

2. 科技创新激发新动能。重大创新平台加快建设，苏州实验室、国家生物药技术创新中心、国家第三代半导体技术创新中心（苏州）总部基地开工，新增3家全国重点实验室、1家国家企业技术中心、6家国家级科技企业孵化器、9家省市级创新联合体，创新策源功能进一步增强。创新主体加速壮大，入库科技型中小企业4623家；认定高新技术企业1073家，有效数近2800家；新增国家级专精特新"小巨人"企业56家，累计85家，占全市的21%；入选中国"独角兽"企业5家，潜在"独角兽"企业49家，占全省的超30%；新增上市公司5家，累计66家。高端人才加速集聚，高层次人才总量达6.3万人，新增国家级重大人才引进工程专家55人，增长25%，占全市的近1/3，累计343人；积极打造"才聚金鸡湖"人才服务品牌，扎实推进高品质人才社区建设，新建人才公寓1930套。科技金融创新服务中心揭牌，苏州科技商学院落户东沙湖基金小镇，元禾控股获国家中小企业发展基金出资5亿元，全区基金管理规模突破3800亿元。鼓励引导企业加大研发投入，全社会研究与试验发展经费支出占地区生产总值比重5.16%，保持全市第一，万人有效发明专利拥有量210.45件，获批省知识产权保护示范区。成功举办纳博会、冷泉港亚州学术会议、医药创新与投资大会等品牌展会，提升放大"园易联"等平台功能，创新生态持续优化。

3.改革开放增添新活力。持续深化中新合作，中新苏州工业园区联合协调理事会第二十四次会议召开，加快建设中新"国际化走廊"，园区新加坡国际商务合作中心、新加坡苏州商务中心累计集聚项目132个，中新绿色低碳产业园、中新生命科学园等标识性项目顺利落地，启动建设中新苏州医学中心，线下赴新培训重启。全面加强招商引资，全年引进1亿元以上项目188个，总投资约1079亿元，50亿元以上项目数位列全市第一，项目投资总额、落地开工率居全市前列，博世新能源汽车核心部件、安踏国际运营中心、大硅片等一批龙头型项目落地开工，园区获联合国"2023年度全球杰出投资促进机构奖"（中国唯一获奖单位）。高水平推进苏州自贸片区建设，新增各类制度创新案例40项，其中全国复制推广3项、全省10项，苏州自贸片区法律服务中心获评2021—2023年度全省法治建设创新项目。全力稳外贸，出台支持批发业高质量发展、核心产业

国际分拨中心建设等系列政策，推动数字贸易、跨境电商、离岸贸易等新业态新模式发展，5个数据跨境流动项目获批，占全省一半。制订国企高质量发展三年行动计划，完善"1+N"国资监管制度体系，国资国企运营质效持续提升。主动融入服务长三角区域一体化发展、虹桥国际开放枢纽建设等重大战略，成功举办第六届中新服贸论坛，落地上海机场苏州城市航站楼、长三角国际空港苏州航空货运中心、苏相合作区、苏州独墅湖科教创新区（东区）加快推进，苏宿、中新苏滁、中新嘉善、苏锡通等合作园区保持良好发展态势。持续提升政务服务效能，"审管执信"获评全国深化改革典型案例，园区荣获"中国政府采购——优化营商环境卓越奖"。

4.城市形象呈现新面貌。环金鸡湖综合提升、阳澄南岸创新城、吴淞湾未来城建设加快推进，金鸡湖右岸中环广场、文华酒店、当代美术馆、摩天轮改造4个项目全面开工；环青剑湖活力提升、吴淞江生态廊道等工程稳步推进。金鸡湖隧道、南湖路快速路东延（园区段）、星塘街南延等建成通车，地铁11号线无缝衔接通达上海，成功争取通苏嘉甬高铁在园区增设4台9线苏州东站。城市活力不断激发，成功举办苏迪曼杯世界羽毛球混合团体锦标赛、EDC雏菊电音嘉年华、首届苏州米其林食遇美食节、金鸡湖半程马拉松、金鸡湖双年展等活动，有力带动人气商气，金鸡湖商圈竞争力、辐射力不断提升，景区接待游客数超过疫情前水平。着力提升城市管理服务水平，城维一体化改革全面落地，城市微更新高质量实施。社会民生持续改善，40个民生实事项目有序推进；组建星海、星湾、金鸡湖3个教育集团，中高考成绩继续领跑全市，获评一批国家级教学成果奖；独墅湖医院通过三级综合医院评定，星塘医院整体建成投用，星海医院改扩建基本竣工，深入实施"1+11+X"公立医联体赋能计划，5个街道综合为老服务中心全部投用。高标准推进空气质量达标攻坚、水环境提质增效行动，区域生态环境持续改善。统筹发展和安全，实施社会治理现代化三年行动计划，安全生产、信访稳定等全面加强，社会保持和谐稳定。

5.党的建设迈上新台阶。深入开展主题教育，坚持把理论学习、调查研究、推动发展、检视整改贯通起来，深化"四下基层"制度，积极开展"千村万企、千家万户"大走访，推动"以学铸魂、以学增智、以学正风、以学促干"取得实效。全面主动接受省委巡视监督，认真抓好整改落实，切实做好巡视"后半篇"文章。扎实推进"强基增效工程"，创新实施产业链党建，生

2023年9月6日，苏州实验室总部基地开工活动举行　　（园区新闻中心　供稿）

物医药产业链党建入选长三角城市群基层党建创新案例，全区党组织规范化运行比例达99%。加强干部队伍建设管理，成立园区工委党校，理顺干教工作体制。选优配强各级干部，统筹调配国企领导班子，举办专业化干部能力提升、党建引领国企高质量发展等培训班，加大"三项机制"运用力度，优化综合考核办法，深化运用风险备案、澄清正名等容错纠错机制，营造激励担当氛围。系统实施"打造人民满意的清廉园区"三年行动计划，纵深推进党风廉政建设和反腐败工作。人大、政协充分发挥代表、委员作用，积极履职，服务大局，推动全过程人民民主实践取得新成效，获评全国开发区人大工作"先进单位"。深化打造"金鸡归巢""石榴抱籽·圆融同心"等工作品牌，工会、共青团、妇联、统战、人武、退役军人事务、民族、宗教等工作取得新成果。

回顾一年来工作，面对外部压力和挑战，全区上下振奋精神、克难奋进，各项工作取得新突破，成绩来之不易。在此，我代表党工委、管委会，向全区广大干部群众、各派驻机构、广大企业和社会各界表示衷心感谢，并致以崇高敬意！在肯定成绩的同时，我们也要清醒地看到发展中存在的问题和挑战：对标硅谷、中关村、深圳南山等世界一流高科技园区，园区发展动能转换还不够快，创新策源能力、创新成果转化能力、创新人才引育能力有待提升，扩内需、促消费潜力有待进一步激发，优质公共产品、民生服务供给存在短板，城市更新改造、精细管理等还需下更大功夫。

二、高质量做好新一年各项工作

即将过去的2023年，是江苏发展史上具有特殊意义的一年，总书记两次亲临江苏考察、三次对江苏工作做出重要讲话指示，为江苏奋进新时代点穴把脉、指航定向。特别是7月初，总书记亲临江苏考察，对园区工作充分肯定，对未来发展提出殷切期望。我们要把这三次重要讲话指示精神与总书记最新的一系列重要讲话指示精神结合起来，深化循迹溯源，着重在"悟"字上下功夫，吃透精神本质、做到心领神会，创造性抓好贯彻落实，确保各项工作最终效果符合党中央决策意图。

明年是中华人民共和国成立75周年，也是园区开发建设30周年，做好明年工作意义重大。我们要强化使命担当。把总书记的重要讲话重要指示作为谋划和推进工作的主题主线、作为现代化建设的目标指引，始终沿着总书记指引的方向砥砺前行，加快建设开放创新的世界一流高科技园区。要聚焦首要任务。坚持高质量发展是新时代的硬道理，带头在高质量发展上挑起大梁，按照"竭尽全力跳一跳够得着""超全国、全省、全市平均水平"的原则，看准了就抓紧干，能多干就多干一些，全力追求更高目标，争取最好结果，为省、市发展大局做出更大贡献。要谱写崭新篇章。把开发建设30周年作为新征程、再出发的新起点，深入谋划"下

一个30年"发展，积极争取新一轮国家政策支持，推动中新全方位深化合作。

做好新一年工作，总体要求是：坚持以习近平新时代中国特色社会主义思想为指导，全面贯彻党的二十大、二十届二中全会精神和习近平总书记对江苏、苏州工作重要讲话指示精神，坚持稳中求进工作总基调，完整准确全面贯彻新发展理念，全面落实"四个走在前""四个新"重大任务，加快服务构建新发展格局，坚定不移推动高科技创新和高质量发展，统筹高质量发展和高水平安全，巩固和增强经济回升向好态势，持续推动经济实现质的有效提升和量的合理增长，在中国式现代化走在前、做示范中当好排头兵。

新一年园区经济社会发展主要预期目标是：地区生产总值增长5%以上，一般公共预算收入同口径增长4%以上，全社会固定资产投资增长10%以上，社会消费品零售总额增长6%左右，进出口总额稳量提质，全社会研究与试验发展经费支出占地区生产总值比重达5.25%左右，每万人高价值发明专利拥有量91件，工业增加值率保持基本稳定，居民人均可支配收入与经济增长基本同步，不发生较大以上安全生产责任事故和有较大社会影响被省安委会挂牌督办的一般事故，节能减排完成上级下达任务。

全区上下要紧盯目标，对照市委全会9个方面工作部署（全力推进产业科技创新、着力构建现代化产业体系、积极扩大有效需求、坚定不移推进改革扩大开放、推动区域协调发展、加快城乡融合发展、推进文化强市建设、坚持生态优先绿色发展、加强民生保障和基层治理）和"5+5"工作体系（全力推进重大产业、科技创新、民生实事、文化、基础设施五类项目，组织实施党建引领、深化改革、法治建设、社会安全、生产安全五大工程），树立大局意识、加强改革创新、注重求真务实、坚决守牢底线，不折不扣落实到位。重点抓好以下工作：

1. 全力以赴加强产业科技创新。以科技创新推动产业创新，落实市委提出的"八大工程"（科技战略平台能级提升、高水平大学建设、产业技术攻坚突破、创新企业培育壮大、创新创业人才集聚、创新成果转化加速、科技金融赋能助力、开放创新合作拓展），加快建设具有国际影响力的科技创新中心。要优化科研服务保障体系。加强苏州实验室要素资源保障，推动三代半国创中心、姑苏实验室服务支持苏州实验室建设，高水平建设"一区两中心"、全国重点实验室等重大创新平台，提升源头创新能力。实施名园名校融合发展战略，推动产教融合。按照产业方向，以科创联盟形式组建创新链，以创新链引领产业链。要发挥企业主体作用。聚焦关键核心技术，支持头部企业牵头组建创新联合体，中小企业、高校、科研院所共同参与，开展有组织的大兵团作战，有序推进"揭榜挂帅"，进一步提升创新效率。优化提升"科技型中小企业—高新技术企业—'瞪羚'企业—

'独角兽'企业—上市企业"梯队,打造更多"专精特新"企业,力争有效高企超2900家,当年认定上级"独角兽"及潜在"独角兽"企业超80家、"瞪羚"企业超250家,新增"专精特新"企业300家左右,推动一批科技企业加快上市,加快培育一批具有国际竞争力的行业领军企业、生态主导型企业。要深化人才开放合作。深入推进人才发展体制机制改革,高标准建设中新人才港、海外人才网、引才矩阵群,着力引进战略顶尖人才、产业领军人才和海外青年人才,力争全年引进园区领军人才300人。完善优化金鸡湖人才计划政策体系,提档升级"才聚金鸡湖"人才服务品牌,不断探索从"真金白银"引才聚才到"量身定制"留才用才的创新机制,始终保持人才生态的综合优势。要营造一流创新生态。多元化加大科技投入,持续推进科技金融创新服务中心建设,不断提升苗圃工程、参天计划服务质效,持续优化"园易融"平台,促进科技、产业、金融实现良性循环。深化知识产权保护示范区建设,推广资产证券化、知识产权证券化、知识产权质押等创新模式,力争全年新增高价值发明专利超1500件,新增发明专利授权超4000件。高水平办好冷泉港亚洲学术会议、中国生物技术创新大会、纳博会、智博会、金博会等会议活动,促进产业创新资源有效对接。强化各类科技服务平台功能,进一步完善全链条服务体系。

2.全力以赴发展壮大实体经济。大力推进新型工业化,加快形成新质生产力,努力形成新的增长曲线。要增强主导产业"支撑力"。实施制造强区行动计划,加快新一代信息技术、高端装备制造两大主导产业向更高端攀升,全力争创首批国家高端仪器产业园区,建设全省车联网汽车高质量发展先行区。落实集成电路产业创新集群发展行动计划,着力攻关"卡脖子"环节,加快建设集成电路产业高地。出台《园区制造业智能化改造数字化转型网络化联接三年行动计划》(2024—2026),深化"5G+工业互联网"融合发展,做大做强新华三、友达智汇等工业互联网重点平台企业,创建国家级"双跨平台"(跨领域跨行业的工业互联网平台),协力苏州市建设集成电路、生物医药"产业大脑",以数字化改革推动产业转型。要提升新兴产业"贡献率"。推动新兴产业集群高质量发展,力争全年产值和税收贡献均增长15%以上。以获批碳达峰试点园区、开展中新数字贸易合作试点等为契机,实施新能源(新三样)、人工智能大模型、ESG产业创新发展行动计划,力争全年新能源(新三样)产业规模突破550亿元,通过算法备案的人工智能大模型企业不少于3家,品牌数据企业不少于6家,ESG规模以上企业超260家,营收超600亿元。优化政策扶持体系,加强信达、盛迪亚、百济神州等头部企业培育,巩固创新药物领域优势,提升医疗器械领域竞争能力,推动生物医药及大健康产业高质量发展。要激发现代服务业"新动能"。实施现代服务业"620行动计划",培育壮大科学研究和技术、软件和信息技术、金融、高端商务等生产性服务业。启动"金鸡湖总部经济"跃升工程,高质量建设外资总部经济集聚区。推动"两业"融合,实现先进制造业和现代服务业双向赋能。要加强资源要素"硬支撑"。聚焦土地、劳动力、金融等核心要素,增强保障能力。实施新一轮产业用地更新行动,全年盘活存量用地333万平方米以上。全面推行"数据得地",加快实施"工业上楼",确保好项目好企业不缺地。推进劳动力供需更加适配,提档升级人力资源产业园,实施职业技能提升行动,加大工程硕士培育力度,深化产业工人队伍建设改革,更好满足高水平技能人才、技术工人需求。积极发展制造业金融、供应链金融、绿色金融,提升金融服务实体经济能力。

3.全力以赴扩大有效需求。聚焦投资、外贸、消费等重点领域,多策并举、协同发力,巩固增强经济向好回升态势。要扩大有效益的投资。落实市委"项目攻坚年"部署,大抓项目、抓大项目,聚力实施"两产两进"攻坚行动,形成经济发展可靠增量。一手抓引进推进,聚焦世界500强、中国500强、行业前5强链主企业以及央企、外企、民企功能性总部,以大型跨国公司在华利润再投资、科技上市公司募资产业化项目等为重点,开展招商"百团会战",全年重点招商批次不少于100场,到账外资保持全市领先。一手抓投产达产,全年新开工1亿元以上项目178个,总投资超1400亿元,当年完成投资273亿元;亿元以上在建项目259个,总投资2307亿元,当年完成投资360亿元;新投产亿元以上项目162个,新增营收348亿元;实施1000万元以上工业企业增资扩产项目166个,全年工业投资增长10%以上。要推动外贸稳量提质。稳定东盟、韩国、中国台湾、欧盟、美国等前五大贸易伙伴基本盘,提升中东地区、印度、俄罗斯、中亚5国等新兴市场增量贡献,支持三星、博世、通富超威、友达等重点企业抢订单,推动民营企业成为外贸恢复增长的生力军。持续优化外贸结构,培育壮大服务贸易、跨境电商、数字贸易、离岸贸易等新型贸易业态,加快区域分拨贸易中心建设。深化贸易便利化创新,推动园区与上海的海关业务协同,建设上海机场前置异地货站。要激发有潜能的消费。加快实施环金鸡湖城市活力提升工程,导入优质资源,不断开发消费新场景,丰富商业业态、街区形态、消费生态。积极发展首店经济、直播经济、网红经济,大力招引连锁商业总部,支持总部型商贸企业做优做强。继续办好各类品牌消费活动,积极拉动汽车、家电等大宗消费。以文旅促消费,提档升级现有游线,持续办好金鸡湖系列赛事和活动。支持刚性和改善型住房需求,推动房地产市场平稳健康发展。

4.全力以赴深化高水平开放合作。充分发挥开放平台叠加优势,全面提升综合竞争能力。要持续深化中新合作。办好园区开发建设30周年系列活动,全面展示开发建设成果。面向未来持续深化中新合作，推动高质量合作十年规划、数字贸易合作试点等重磅政策文件落地。深化双向投资、绿色低碳、数字经济、生物医药、金融科技等前沿领域的合作，持续推进中新"国际化走廊"建设。持续发挥新加坡苏州国际商务中心、苏州新加坡国际商务中心"支点"作用，依托新科研企业合作中心、新国大苏研院等平台，加强联合创新和产业合作，导入更多全球创新资源。加快建设中新生命科学园、中新绿色数码港、来福士综合体等项目，加快推进赴新发行REITs，推动新加坡职业技能比照认定试点落地，形成更多可视化、标识性成果。要持续深化改革创新。深入实施苏州自贸片区提升战略，推动生物医药、集成电路等全产业链创新发展，深化保税维修、电子提单、高风险特殊物品联合监管等创新举措，高质量建设自贸片区法律服务中心，全力争取首次自贸试验区建设考核取得最好结果。深化开展开放创新综合试验，推动工作方案尽早获批，争取国家先行先试政策支持。按照上级部署，结合园区实际，落实机构改革任务。深入实施国企改革深化提升行动，夯实国资监管体系，提高国企运行效率，增强支撑能力。要持续深化开放合作。服务长三角一体化发展、虹桥国际开放枢纽建设，推动创新协同、产业协作、互联互通、民生设施共建共享。提升城市航站楼平台能级，推进与长三角机场合作，叠加更多服务功能。推进苏宿工业园拓园开发，推动中新苏滁、中新嘉善等合作园区提速发展，高质量建设苏相合作区、苏州独墅湖科创区（东区）、中新昆承湖园区等合作项目。扎实推进对口支援，持续做好援疆、援藏工作，加强与信阳、阜阳等结对地区协同合作。要不断优化营商环境。对照世界银行新版营商环境评估体系和先进地区经验，加快补短板、强弱项、增优势。围绕法人和自然人全生命周期，全面深化"一件事""一类事""免证园区""审管执信"等创新实践，不断优化产业项目"拿地即开工"，试点探索"竣工即投产""分层分段验收"，深化"企业开办全链通""个转企"等改革。健全企业动态感知系统，持续完善政企恳谈、挂钩联系、走访调研、企业家沙龙等机制，用好"12345"和企业"诉求快递"平台，积极推广"园易链2.0"平台，切实解决企业实际困难和问题，进一步稳预期强信心。

5. 全力以赴提升城市功能品质。坚持"产城人"融合发展，全面提升城市综合承载力，打造未来城市发展的标杆。要建好重大城建项目。持续优化城市空间布局，完成国土空间总体规划报审，完善"一主两副"系列规划，深入研究"中央河CBD"规划，围绕金鸡湖打造城市新中轴线。加快推进金鸡湖右岸区域改造、环青剑湖活力提升、吴淞江生态廊道建设等重点项目，推进苏州东站、阳澄银座等项目建设、投用，全力服务圆融国际广场、恒力超高层等地标项目建设，不断提升城市功能。大力建设现代交通体系，推进

娄江大道快速化改造、胜浦大桥等重大交通工程，确保娄江快速路"四改六"、星汉街北延、强胜路接312工程建成通车，开工建设阳澄湖星济隧道、独墅湖大道快速化改造等项目，协调推进轨交6号线、7号线、8号线加快建成运营。要做优做细城市管理。深化"大城管"工作格局，强化区街共管，不断提升城市维护质效水平。发挥网格化、数字化管理作用，对背街小巷、毗邻区域、闲置地块等问题易发区域开展专项整治和"回头看"，确保不打折扣、不留死角、不走过场。推进城市微更新三年计划，有机融入"儿童友好""共治共享""全生命周期"理念，加快推进东环路沿线、北部铁路高速沿线生态廊道、胜浦老镇区、唯亭东区片区等区域环境综合提升，持续实施公园和重点道路改造，提升城市管理一体化水平。要推进文化强区建设。以落实"811"计划为主抓手，加快建设苏州当代美术馆、半岛网球中心、半岛足球公园，以及南部、东部市民中心等一批特色文化项目；创新打造苏作园区馆、斜塘印记等一批新型公共文化空间，全力创建草鞋山国家考古遗址公园，构建更多高品质的"人文水岸""艺术商圈""城市书房""文化街角"；深入推进精神文明建设，深化全民阅读，建设书香园区。加强文化产业项目招引，加快引进一批具有影响力、带动力、成长性的文化头部企业；继续推进实施"一园一策"改造提升计划，全力打造月亮湾文创产业园、阳澄数谷两大文化产业集聚区，支持月亮湾文创产业园创建国家级文化产业示范园区。要打造绿色低碳名片。全面推进国家级碳达峰试点园区建设，探索能耗管理向碳排放管理转型，积极应对国际绿色经贸规则，健全分布式能源与碳交易市场化机制。深入打好污染防治攻坚战，加强挥发性有机物和扬尘污染管控，抓好重点时段PM2.5和臭氧协同控制，持续改善大气环境质量；深化阳澄湖联保共治，系统推进园区新一轮太湖综合治理行动方案，完成第二批雨污管网整治试点；深入开展高风险遗留地块风险管控工作，确保安全利用。统筹做好水安全、水资源、水生态、水文化四篇文章，实施园区防洪排涝能力提升工程、圩区达标提升工程，加快吴淞江整治，抓好阳澄湖周边、金鸡湖及周边区域水环境综合治理，加快推进一污厂三期扩建工程。

6. 全力以赴改善社会民生福祉。多站在群众角度看问题，尽力而为、量力而行，多干让老百姓得实惠、涨腰包、暖人心的实事，切实增强群众获得感、幸福感、安全感。要丰富公共服务供给。优化教育资源配置，新建改扩建4所学校，深化教育改革，推进全域集团化办学，创建国家级义务教育优质均衡发展区域，启动省、市（区）合作共建教育现代化先行区。推进中新苏州医学中心建设，扎实做好独墅湖医院三甲综合医院创建，加快建设独墅湖医院二期、唯亭社区卫生服务中心、星湖医院门诊楼等卫生项目，加强卫生人才引进和培养，进一步理顺卫生健康管理体制，推进数字

健康工程。深入实施社区居家养老提升行动，推进唯亭、胜浦区域性养老服务中心按时建成投用，组建园区康养公司，促进养老事业和养老产业协同发展，打造"大城养老"开发区样板。推进"家门口"就业服务站建设，促进高质量充分就业。推进实施动迁社区改造提升工程，探索建立动迁社区改造提升长效机制。完善社会保障体系，推进养老保险国家统筹、园区人才集合年金计划。要创新基层社会治理。坚持和发展好新时代"枫桥经验"，全方位做实区、街道、社区三级矛调中心（工作站），创建一批"枫桥式社区"。全面落实"四下基层"要求，持续深化"千村万企、千家万户"大走访，畅通民意反映途径，完善意见收集、响应、处置闭环机制。充实基层社会治理力量，推进法治社工分阶评定，加强社区治理类社会组织培育。拓展新时代文明实践圈建设，引导全社会力量参与。强化科技赋能治理，高水平打造社会治理现代化指挥中心，完成"知社区"二期、"御盾维稳"等项目开发，推动"一网统管"，让社会治理更智能、城市运行更顺畅。要提升本质安全水平。牢固树立总体国家安全观，坚决捍卫政治安全，统筹抓好生态环境、科技、劳动关系、粮食、数据和重要产业链供应链安全，高度重视意识形态、金融、房地产等领域风险防范，抓紧抓实国防动员工作，坚决做到"六个不发生"。层层压实安全生产责任，加快安全监管网格化、专业化、数字化建设，纵深推进危化品、燃气、交通、建筑工地、消防、"331"等重点领域整治，加强城市新业态监管，提升企业安全管理可视化、标准化、规范化水平。一体推进市场监管智慧化、信用化、法治化建设，筑牢"三品一特"（食品、药品、产品质量、特种设备）安全屏障。未雨绸缪做好极端天气、自然灾害等应对准备，提升城市安全运行能力。推动信访突出问题攻坚化解，抓牢平安创建、常态化扫黑除恶、"精网微格"等基础性工作，促进社会平安稳定。

三、坚定不移推进全面从严治党

深入学习贯彻习近平总书记关于党的建设的重要思想，坚持以党的政治建设为统领，进一步提高党的建设质量，纵深推进全面从严治党，为高质量发展提供坚强保障。

1. 坚持和加强党的全面领导。把习近平总书记重要讲话重要指示批示作为根本遵循，坚持和完善"第一议题"制度，坚定拥护"两个确立"、坚决做到"两个维护"。巩固深化主题教育成果，持之以恒用党的创新理论统一思想、统一意志、统一行动。结合园区实际，贯彻落实市委"1+7"工作清单机制，推动中央和省、市决策部署一贯到底。严守政治纪律和政治规矩，增强党内政治生活的政治性、时代性、原则性、战斗性，强化政治监督，坚决杜绝"七个有之"。充分发挥党委总揽全局、协调各方的核心作用，推动人大、政协有效履职，推进全过程人民民主建设。全面落实党管干部人才、党管政法、党管经济工作、党管意识形态等各项机制，把加强党的全面领导落到实处。

2. 锻造敢为善为的干部队伍。树牢重实干、重实绩鲜明用人导向，落实新时代好干部标准，完善"正负向评价"机制，健全"选育管用"全链条培养体系，注重在重大考验、关键领域、急难任务中考察识别干部，推动干部监督考核多维化、立体化、公开化。贯彻落实新修订的干部教育工作条例，充分发挥园区工委党校干部教育主阵地作用，争创中组部干部专业化能力建设试点单位。严格落实"三个区分开来"，常态化开展"我向组织说句心里话"活动，推动容错纠错、澄清正名、风险备案、回访关爱各项工作效果叠加。建好用好"园区经验"教育基地，丰富"园区经验"时代内涵，激励广大党员干部奋进新征程、担当新作为。

3. 建强全面过硬的战斗堡垒。牢固树立大抓基层、重抓基础鲜明导向，深入实施"强基增效工程"，优化"两新"组织管理架构，常态化开展网上全覆盖巡查和互学互查，标准化、规范化打造党建工作新标杆。围绕产业链党建、楼宇党建、党建引领基层治理等重点领域，构建城市党建工作新格局。聚焦增强党组织政治功能和组织功能，不断丰富自贸区党建内涵，进一步深化政关企党建、长三角毗邻区党建、飞地党建，真正把支部建在开放创新、科技创新、产业创新的第一线，切实把党的组织优势转化为发展优势。

4. 打造人民满意的清廉园区。坚持党性党风党纪一起抓，严格落实中央八项规定精神，持之以恒纠"四风"、转作风。更大力度纠治形式主义、官僚主义，深化拓展基层减负实效。一体推进不敢腐、不能腐、不想腐，聚焦重点领域，紧盯"关键少数"、关键岗位，严肃查处群众身边腐败问题。深入推进廉洁文化建设，常态化抓好政德教育、警示教育、家风教育。充分发挥政治巡视巡察利剑作用，做深做实巡视巡察整改"后半篇"文章，稳步推进新一轮巡察全覆盖，深化巩固审计全覆盖机制。健全完善党委主责监督，强化纪检监察专责监督，加强对"一把手"和领导班子监督，促进各类监督贯通融合，以"大监督"格局巩固发展优良政治生态。

同志们，园区三十而立，未来更加可期。让我们更加紧密地团结在以习近平同志为核心的党中央周围，全面学习贯彻习近平新时代中国特色社会主义思想，在省委、市委的坚强领导下，踏踏实实、扎扎实实，只争朝夕、埋头苦干，加快建设开放创新的世界一流高科技园区，在中国式现代化走在前、做示范中当好排头兵！

（园区自贸区制度创新局）

重要文件题录

表46　中共苏州工业园区工作委员会重要文件题录（2023年）

序　号	文　号	题　名
1	苏园工〔2023〕10号	园区党工委　管委会关于表彰苏州工业园区2022年度先进集体、标兵和先进工作者的决定
2	苏园工〔2023〕14号	园区党工委　管委会关于授予苏州工业园区第十六届第二批金鸡湖科技领军人才称号的决定
3	苏园工〔2023〕15号	园区党工委　管委会关于21世纪经济研究院《全国经开区高质量发展报告2022》营商环境评价相关情况的报告
4	苏园工〔2023〕16号	苏州工业园区2022年度打好污染防治攻坚战工作总结报告
5	苏园工〔2023〕22号	园区党工委关于转发《苏州工业园区人大工委（政协工作联络委）2023年工作要点》的通知
6	苏园工〔2023〕24号	苏州工业园区2022年度法治政府建设工作报告
7	苏园工〔2023〕26号	园区党工委关于学习传达贯彻党的二十届二中全会精神的报告
8	苏园工〔2023〕71号	园区党工委　管委会印发《苏州工业园区关于进一步加强业主委员会履职能力建设的指导意见》的通知
9	苏园工〔2023〕81号	园区党工委　管委会印发《关于进一步加强苏州工业园区海外商务中心管理的办法（试行）》的通知
10	苏园工〔2023〕82号	园区党工委印发《苏州工业园区关于深入开展基层党建"强基增效工程"的实施意见》的通知
11	苏园工〔2023〕84号	园区党工委　管委会关于印发《苏州工业园区建设开放创新的世界一流高科技园区三年行动计划（2023—2025年）》的通知
12	苏园工〔2023〕92号	园区党工委　管委会印发《苏州工业园区关于高效协同全力促进产业项目招引的管理办法》的通知
13	苏园工〔2023〕112号	园区党工委　管委会关于命名表彰2020—2022年度苏州工业园区文明单位、文明社区、文明校园的决定
14	苏园工〔2023〕117号	园区党工委　管委会关于印发《2023年度苏州工业园区高质量发展综合考核实施办法》的通知
15	苏园工〔2023〕150号	园区党工委印发《关于深入开展学习贯彻习近平新时代中国特色社会主义思想主题教育的实施方案》的通知
16	苏园工〔2023〕153号	园区党工委　管委会关于授予苏州工业园区第十七届第一批金鸡湖科技领军人才称号的决定
17	苏园工〔2023〕177号	园区党工委印发《关于加强和改进新时代政协工作的实施意见》的通知
18	苏园工〔2023〕184号	园区党工委　管委会关于印发《苏州工业园区重点产业领域核心团队成员专项奖励实施办法（试行）》的通知
19	苏园工〔2023〕187号	园区党工委　管委会印发《苏州工业园区关于落实省、市促进经济持续回升向好若干政策措施的工作方案》的通知
20	苏园工〔2023〕189号	园区党工委　管委会关于第六届虹桥国际经济论坛分论坛（中新合作服务贸易创新论坛）筹备工作的情况报告
21	苏园工〔2023〕234号	园区党工委关于印发《2022—2026年苏州工业园区党工委巡察工作规划》的通知
22	苏园工〔2023〕243号	园区党工委　管委会印发《关于苏州工业园区优化人才服务若干措施》的通知

（吴沁菊）

表47　苏州工业园区管理委员会重要文件题录（2023年）

序 号	文 号	题 名
1	苏园管〔2023〕1号	园区管委会关于印发《苏州工业园区2023年实事项目》的通知
2	苏园管〔2023〕3号	园区管委会印发《苏州工业园区关于做优做强上市公司实施参天计划的若干意见》的通知
3	苏园管〔2023〕4号	园区管委会　自贸区苏州片区管委会印发《苏州工业园区关于试点开展入境特殊物品联合监管机制的工作方案（试行）》的通知
4	苏园管〔2023〕5号	园区管委会关于印发《苏州工业园区"企业创新积分制"试点工作实施方案》的通知
5	苏园管〔2023〕9号	园区管委会　自贸区苏州片区管委会关于印发《中国（江苏）自由贸易试验区苏州片区法律服务中心建设规划》的通知
6	苏园管〔2023〕11号	园区管委会关于印发《苏州工业园区持续擦亮"亲商服务"金字招牌，以"干部敢为"支持鼓励"企业敢干"的若干意见》的通知
7	苏园管〔2023〕12号	园区管委会　自贸区苏州片区管委会印发《苏州工业园区关于支持核心产业国际分拨中心建设的实施意见》的通知
8	苏园管〔2023〕14号	园区管委会印发《苏州工业园区关于深入推进计量工作的实施意见》的通知
9	苏园管〔2023〕27号	园区管委会印发《苏州工业园区关于支持核心产业国际分拨中心建设的实施细则》的通知
10	苏园管〔2023〕28号	园区管委会　自贸区苏州片区管委会关于印发《苏州工业园区2023年营商环境建设方案》的通知
11	苏园管〔2023〕33号	园区管委会关于印发《苏州工业园区构建以信用为基础的新型监管机制试点实施方案》的通知
12	苏园管〔2023〕34号	园区管委会印发《苏州工业园区关于促进批发业高质量发展的实施细则》的通知
13	苏园管〔2023〕35号	园区管委会印发《苏州工业园区关于支持质量品牌和标准化工作若干政策的实施意见》的通知
14	苏园管〔2023〕40号	园区管委会　自贸区苏州片区管委会印发《关于进一步推进苏州自贸片区金融业高质量发展的若干措施》的通知
15	苏园管〔2023〕42号	园区管委会印发《关于深化质量强区建设的实施方案》的通知
16	苏园管〔2023〕44号	园区管委会关于印发《苏州工业园区富民增收专项资金使用管理办法（2023修订版）》的通知
17	苏园管〔2023〕48号	园区管委会　自贸区苏州片区管委会印发《苏州工业园区关于推进制造业高质量发展的若干措施》的通知
18	苏园管〔2023〕49号	园区管委会印发《苏州工业园区关于促进新消费连锁商业高质量发展的若干措施》的通知
19	苏园管〔2023〕52号	园区管委会印发《苏州工业园区关于促进人力资源服务业高质量发展的实施意见》的通知
20	苏园管〔2023〕53号	园区管委会印发《关于进一步建设苏州工业园区人力资源服务产业园的若干意见》的通知
21	苏园管〔2023〕54号	园区管委会关于印发《苏州工业园区人工智能大模型创新发展行动计划》的通知
22	苏园管〔2023〕57号	园区管委会　自贸区苏州片区管委会关于印发《苏州工业园区制造业智能化改造数字化转型网络化联接三年行动计划（2024—2026年）》的通知
23	苏园管〔2023〕58号	园区管委会　自贸区苏州片区管委会印发《苏州工业园区关于加快制造业智能化改造数字化转型网络化联接的若干措施》的通知

（吴沁菊）

苏州工业园区2023年度先进集体和先进工作者表彰名单

一、先进集体（共72家）

苏州独墅湖科教创新区
苏州工业园区金鸡湖商务区
苏州工业园区苏相合作区
苏州工业园区宣传和统战部
苏州工业园区经济发展委员会
苏州工业园区科技创新委员会
苏州工业园区规划建设委员会
苏州工业园区行政审批局
苏州工业园区财政审计局
苏州工业园区人力资源和社会保障局
苏州工业园区教育局
苏州工业园区综合行政执法局
苏州工业园区人大工作委员会办公室
苏州工业园区胜浦街道
苏州工业园区金鸡湖街道
苏州工业园区投资促进运营有限公司投资促进局
苏州工业园区投资促进运营有限公司科技招商中心
苏州工业园区投资促进运营有限公司CBD招商中心
苏州工业园区投资促进运营有限公司文化产业招商中心
苏州工业园区公安分局
苏州工业园区海关
苏州工业园区消防救援大队
苏州宿迁工业园区
苏州援疆工作组
苏州工业园区一站式服务中心
苏州工业园区大数据管理中心
苏州工业园区新闻中心
苏州工业园区建设工程质量安全监督站
苏州工业园区房地产交易管理中心
苏州工业园区应急管理综合执法大队

苏州工业园区劳动监察大队
苏州工业园区企业发展服务中心
苏州工业园区土地储备中心
苏州工业园区社会事务服务中心
苏州工业园区公共文化中心
苏州工业园区高端制造与国际贸易区应急与环境执法大队
苏州独墅湖科教创新区劳动监察大队
苏州工业园区金鸡湖商务区应急与环境执法大队
苏州工业园区娄葑街道综合执法大队
苏州工业园区金鸡湖街道综合执法大队
苏州工业园区青少年活动中心
苏州工业园区星海实验高级中学
西安交通大学苏州附属初级中学
苏州工业园区星浦实验中学
苏州工业园区景城学校
苏州工业园区星洋学校
苏州工业园区星澄学校
苏州工业园区星汇学校
苏州工业园区星澜学校
苏州工业园区文景实验学校
苏州工业园区莲花学校
苏州工业园区斜塘学校
苏州工业园区第三实验小学
苏州工业园区星洲小学
苏州工业园区星浦小学
苏州工业园区胜浦实验小学
苏州工业园区天域幼儿园
苏州工业园区翰林幼儿园
苏州工业园区翡翠幼儿园
苏州工业园区华林幼儿园
苏州工业园区钟园幼儿园
苏州大学附属第四医院（苏州市独墅湖医院）

苏州工业园区金鸡湖社区卫生服务中心
苏州银行股份有限公司
中国银行股份有限公司苏州分行
中国农业银行股份有限公司苏州工业园区支行
中国建设银行股份有限公司苏州工业园区支行
上海银行股份有限公司苏州分行
中国太平洋财产保险股份有限公司苏州市工业园区支公司
东吴证券股份有限公司
苏州园恒融资租赁有限公司
江苏裕融融资租赁有限公司

二、先进工作者名单（共483名）

（一）功能区（30名）

马志豪 王荣泉 王继纲 邢海军
祁新华 孙利忠 李 侃 李海钰
杨 洁 吴 晋 吴徽辉 何 冰
张 贝 张韧静 陆惠达 陈世峰
陈秋晗 陈晓明 陈海涛 邵晓梅
周 刚 周 游 侯 方 夏前昌
顾 乾 钱晓贺 蒋 云 蒋甲嘉
傅海峰 谢苏苏

（二）部委办局（102名）

丁敏潇 王 锋 王 滨 王小嘉
王志展 王艳兰 王梓源 支宏斌
牛炳秉 毛雅晴 殳周莉 方潇怡
邓 达 石 来 卢 旭 史晓峰
成 瑶 朱 旻 朱 磊 仲国威
刘宝鼎 刘晓玥 许小澜 孙 铭
孙 静 芦 鸽 李 钊 李 晴
李赵龙 李洋洋 李莹斐 杨大威
杨效筠 时 斌 吴 双 吴 箐

吴玉祥　吴芸芸　吴春雷　何小雷
何宛孺　余亦麟　余莹莹　沈若曦
宋 飞　宋 敏　张 安　张 蓁
张敏高　陆万良　陆栋梁　陈 石
陈 谂　陈文龙　陈亚坤　陈依仪
陈海威　陈继洪　陈菊红　范 侃
范雨辰　范凌杰　林红梅　郁 伟
郁继东　郁新华　周 静　周晨越
赵 君　钟 锐　侯绍继　侯跃飞
施源渊　祝 波　胥 涛　姚鹏程
姚蔚萱　秦小平　袁楠奇　顾沈静
顾纯青　钱 峰　徐 唐　徐 煜
凌虹霞　郭依晨　郭金秋　唐国清
唐嘉琪　黄学华　梅甜甜　曹 钧
戚光耀　盛 晶　喻宏伟　程诗祺
焦明飞　储安然　蔡罗蕊　蔡震海
裴苏筠　戴海军

（三）街道（38名）

王 明　王佳东　王舞燕　邓 洁
石学彬　石惠文　归丽娟　成建龙
朱 翔　朱亚骏　朱程炜　江森源
汤 涛　孙小红　李永华　杨 青
吴 宇　吴印花　何斌雅　闵 阳
沈 琰　张 严　张 娟　张正捷
张振鑫　陆建良　陈 宏　陈志杰
陈建伟　金 兰　胡金村　秦 枫
徐毕华　郭 涛　梁亚军　谢 飞
虞睿莲　禤贞兆

（四）招商机构（12名）

于明仁　王 昀　叶 芳　吴丹丹
赵梓榆　柳祖辉　段 圆　徐 健
梅斐然　靳兴隆　詹 倪　蔡 晖

（五）派驻机构（66名）

丁齐天　丁学奎　马 艳　王 娴
王可达　王阳逸　王余杰　王依锦
王春男　云景峰　方 伟　方 芳
方 杰　石 磊　吕 东　朱 彬
朱文峰　刘 升　刘 杰　刘 浩
刘志博　江飞虹　孙晓芳　杜 洋

李百胜　李京天　杨 牧　吴佳静
吴景贤　沙宏军　沈 森　张仁彬
张文峰　张冬青　张 琦　陆 伟
陈 慧　陈建峰　陈晶晶　苗 惠
范云龙　罗 易　季 潇　金 超
金奕儿　周一帆　周锦文　赵立昕
赵健飞　查春敏　钟润土　姚浩磊
耿广航　徐 洁　翁秋婷　高邦亮
郭晓钟　崔星星　蒋 雁　韩公博
韩 健　谢宗炜　虞嘉杰　潘 健
薛苏静　瞿树亮

（六）外派（2名）

张汉华　赵 亮

（七）事业单位（74名）

丁鑫鹏　马 骋　王 林　王少春
王立龙　王钰珏　孔 澍　叶方政
田 锋　冯小玲　邢 奕　朱 霜
向晓燕　刘 玮　刘金桃　刘竞依
刘乾峰　刘路江　闫新战　关玉晶
江卫华　许 洁　许雪锋　苏 毓
李 杰　李 明　李巧云　李维通
杨 央　吴丽萍　邱竹君　邱晨韵
邹 锟　沈 超　沈苏俊　沈丽娟
张 伟　张 彦　张 琛　张亚景
张苏萍　张玲玲　陆 妍　陈 辉
陈 静　陈勇奇　陈智明　范 琦
范成东　周晏然　单 娴　项 军
姜婷瑜　姚 翔　袁 铮　顾瑶华
钱 伉　钱建新　徐成超　徐国来
高 峰　诸志刚　曹 奕　葛超逸
董 顶　蒋翠莺　谢 震　谢志坚
谢晓蓉　蒯向东　雷 婷　谭 杰
翟红月　潘吕华

（八）教育系统（109名）

丁亚童　于 岚　马 莉　马 静
马丽亚　马欣芸　马泽阳　马俊燕
王 红　王 莹　王 浩　王 彬
王 喆　王 遥　王丹婷　王怀基
王金燕　王怡雯　王显文　方 可

卢 毅　卢思敏　叶 烨　申晓菲
成 根　朱 苏　朱佳鑫　朱诗绮
任 猛　任 群　刘 文　刘芯妤
刘晓萍　刘海玲　许晨燕　孙 悦
孙 琳　孙 琼　孙中跃　李 菲
李 甜　李 想　李晨璐　杨 勇
禹 凯　邱月娟　邱婷婷　邹 敏
应斯斯　冷云云　沈 萍　沈同舟
宋海荣　张运嵩　张咏梅　张树统
张馨霞　陆 韬　陈 莹　陈 越
陈 新　陈 聪　陈小舟　陈秀菊
陈旗建　周 莉　周 颖　周海涛
周菊明　宗 涛　宗智智　孟亚莉
赵 雪　赵 越　赵丽萍　赵利民
赵琳琳　赵源林　胡 莹　俞鸿雁
姚叶红　秦呈莹　袁 媛　夏 静
顾美玲　钱嘉欢　徐 军　徐 康
徐文俊　郭 鑫　郭含霁　唐娴婷
唐富强　浦亚琴　黄愉涵　彭 蕾
董 璐　蒋斐雯　童培文　谢小琴
谢异洁　谢素兰　谢硕婧　强晏红
鲍丽云　缪雨婷　薛青明　戴 刚
魏斯化

（九）卫生系统（21名）

丁伟花　毕黎莹　江 森　李 健
李文佳　李培培　李康国　杨建平
张学军　陈亚婷　陈 超　周宝芹
洪建娣　姚永波　姚钰华　徐 峰
奚 丽　彭 涛　傅 强　简晓华
颜 珍

（十）金融机构（29名）

丁 健　王 薇　归 燮　江 洁
江斐斐　汤翔宇　李 艳　杨 泱
吴 凡　张 阳　张 哲　张国辉
张惠红　陆易易　陆建强　陈 艳
陈丽峰　周 彦　赵 亮　姜 蔚
姚世峰　秦伟锋　顾晨宇　倪沈杰
曹海兵　喻 禹　蔡 菁　潘 宁
濮克强

苏州工业园区第十七届第一批金鸡湖科技领军人才名单

（各类别排名不分先后）

一、科技领军人才（重大领军项目）名单

姓　名	项目名称
李永舫	柔性钙钛矿太阳能电池组件技术及产业化
夏强为	全球领先电泳质谱联用系统的研制与规模化生产

二、科技领军人才（领军项目）名单

姓　名	项目名称
陈长清	基于高功率深紫外LED外延生长、芯片研发及产业化
刘华荣	基于原子级电子源的高分辨X射线成像检测技术应用及产业化
XIU LIMING	基于时间摩尔技术的物联网集成电路安全芯片技术研发及产业化
孙丽娜	硅基微显示驱动芯片的研发及产业化
王　鹏	基于超小形低功耗AR技术的数字化物流产品的产业化
袁克亚	机器触觉在地理感知领域的应用研究及其产业化
陈　曦	基于单细胞测序的个体化功能性TCR筛选技术研发及产业化
秦建华	器官芯片药物评价新技术及产业化
祝社民	新型高温高效稀土脱硝催化剂技术的研发与应用
令永卓	D-Hub工业电气行业数据共享及互联协同云平台项目
陈　超	OLED显示用感光聚酰亚胺（PSPI）材料的开发与产业化
邱宇峰	功率半导体测试分析技术开发及设备国产化
周　弘	氮化镓肖特基二极管及应用模块研发与产业化
朱旭光	企业级数据交换和防泄漏平台
邓宏魁	全球首创CiPSC平台技术助力通用型细胞疗法
常炳圣	下一代精准调控，更安全和特异的AAV载体基因治疗研发及产业化
宋相容	基于mRNA平台HBV阳性肝癌的治疗性肿瘤疫苗开发及产业化
YU HAOYONG	面向脑卒中康复的系列化智能柔性机器人的产业化
梁晓怿	球形介孔炭的工业化制备及其应用开发
张烜喆	基于自适应阵列合束的高能激光模组及应用产品的产业化

三、科技领军人才（领军成长项目）名单

姓　名	项目名称
邹晓冬	面向智能汽车的跨域融合Fusion软件计算平台的研发及产业化
赵智亮	超光滑表面无损检测仪的研发及产业化
李朝明	先进半导体EMC封装材料挤出装备的研发
黄启镇	轨道交通闸片、板卡检修和油压减振器的研发及产业化

续表

姓　名	项目名称
俞晓华	基于高精度纳米定位技术与物理机理的半导体设备的研发及产业化
陈志同	纯滚动活齿减速器及其低成本磨削工艺装备产业化
傅　强	高性能SOC车载计算平台研发与产业化应用
吴艳辉	锂电池管理芯片研发及产业化
RONGGUO CUI	高精度ADC/DAC芯片的设计研发及产业化
周建锁	基于超声波技术的燃气计量数模混合SoC芯片及产业化
王文艺	基于大小模型协同技术的AI平台与边缘计算研发与产业化
陈　凯	广州蓝胖子移动科技无人叉车总部落地
常宇飞	基于L4级乘用车自动驾驶技术开发公路级无人配送车
蔡天懿	AIGC驱动基于文字的视频编辑器
邹智元	iWood智慧林业供应链服务平台
LIN PEISEN	基于计算机视觉算法的自动驾驶无人车的研发和产业化
XUEHAI LIANG	利用新型小核酸技术进行新药研发
杨　勇	创新药药物代谢及药物动力学研究综合服务平台建设
王海龙	超小脂质体透皮吸收递送系统技术的产业化应用
张建兴	高安全性分布式储能柜研发与产业化
茹永刚	基于电力电子技术的新能源汽车充电和储能核心变换组件项目
刘　敏	车规级高比能固态电池开发及产业化
张铁岗	基于生物甲烷治理双碳技术及产业化项目
奚海波	新能源锂电池智能防控系统的研发及产业化
李成华	基于声学低压细水雾技术的储能火灾防控系统的研发和产业化
谭生伟	新一代便携式纳米孔基因检测仪研发及产业化
朱　斌	基于边缘计算架构的新一代高性能、实时互动云服务解决方案
DAVID YOUNG	大尺寸硅基超高亮度超高分辨率Micro-LED投影芯片
丁宗苍	新型OLED材料的研发和产业化
孟祥浩	基于不同形貌纳米银的高效导电电极开发、应用及其产业化
梁大功	基于软件成分分析技术的信创保障与供应链安全服务平台
刘　苏	亲爱男友——基于AIGC与大数据驱动的男士理容生活品牌
常　涛	数字化骨关节诊疗管理一体化解决方案
瑕　瑜	精细结构脂质组分析系统的开发及产业化
胡　浩	国产超高分辨显微成像技术及产品研发——感知微观世界的利器
张晓峰	基于工业无人驾驶用集成光学组合导航系统技术研发及产业化
朱红飞	基于单晶硅的透皮导入纳米晶片的研发及产业化
卢红星	磁浮智能输送系列产品的研发及产业化

续表

姓 名	项目名称
邵勇锋	PCBA电子测试技术的研发与产业化
张 帆	基于高功率短波长光纤激光器的研发及产业化
蔺 韬	新能源防爆智能动力机器人项目

四、科技领军人才（领军孵化项目）名单

姓 名	项目名称
王梅洁	新一代AI驱动的原料配方和药物设计平台
HORIMOTO KATSUHISA	SOCIUM药物AI发现平台及潜在管线
万小波	创新靶点的计算智能驱动药物研发平台
李 岱	基于人工智能的精神健康数字疗法诊疗和产业化项目
常延武	用于半导体制造设备的浓度、流量智能传感器的研发与产业化
宁 瑾	车规级MEMS惯性传感器
黄海冰	面向新型高效太阳能电池的工业化离子注入机的研发及产业化
杜思超	基于CMOS技术的硅基超宽光谱（X射线至太赫兹）光电探测器
JAROSLAW MAREK BARAN	基于量子NV色心的磁成像产品的研发和产业化
金东生	环保型晶圆光刻胶清洗装置
周贞宏	IGBT/SIC功率半导体模块在新能源的应用研发及产业化
谢 斌	基于PVD技术的化合物半导体芯片封装用陶瓷基板项目
周 雄	基于高速数据转换技术的高性能信号链集成电路产品
吴敏洁	高传输效率及双频通信智慧单芯片
张 杰	工业视觉智能检测平台与设备
陈 忻	基于跨模态大语言模型的智能材料学家
牛冠冲	基于五波长荧光和流式显微成像技术的粉末材料分析仪及其产业化
史文华	净卫照护机器人的研发及产业化
刘冬林	分子嫁接技术和MG-Ig新一代双抗2.0平台及其系列创新药物
吴 昊	基于环状单链DNA的基因书写技术产品研发和产业化
杨梓梁	细胞培养肉新蛋白产品开发
蒋 岚	基于微流控组合标记的单细胞测序技术
舒永志	基于PROTAC（蛋白降解靶向嵌合体）技术的抗肿瘤新药研发
赵正阳	生物信息学及蛋白质工程技术在生物医药多领域的应用及产业化
郝玉有	高通量数智化发酵转化平台
乔国梁	创新型MNC-TILs免疫疗法治疗恶性实体瘤技术研发和产业化
王 岩	光伏电站电致发光检测与无人机短波红外相机负载设备研发制造项目
孙 建	低成本高转化率光伏行业"铜制程"专用材料和工艺的研发及产业化

续表

姓　名	项目名称
LU NA YU	Genecis：废料转化PHA
张　腾	智慧脊柱健康整体解决方案研发及产业化
吴　迪	高通量、超多因子、单颗粒蛋白组检测技术平台及产业化
郑　锐	空间多组学全自动仪器及试剂盒
李　旦	甲基化富集技术在肿瘤筛查诊断产品的研发产业化
卢国华	基于多组学技术和生物计算的肝脏疾病诊疗靶点挖掘
周　智	单分子、长读长、低成本纳米孔测序仪产业化
张　嵘	孤独症智能诊断与精准治疗一体化创新平台的构建与应用
王一凡	基于Web的开放式工控编译与运行软件
侯　煜	基于星间激光通信的光调制技术
彭彪林	高品质晶圆级铁电/压电薄膜批量化制备及其MEMS应用产业化
姜兴茂	高性能金属氧化物纳米粉体可控制备及其应用
力小安	基于纳米多孔碳膜（NCS）的新一代膜电极的研发与产业化
蒋振宇	基于半导体先进封装的Micro-LED显示项目
张育新	高性能硅藻表界面改性技术的研发及产业化
赵　春	基于第四代宽禁带金属氧化物半导体的高精度传感器芯片产业化
王一曲	融合量子与同态技术的密码统一服务平台
刘靖明	农业农村数字金融体系化建设
胡德斌	基于深度学习和预测模型的电动汽车群电网智能管控技术的产业化
XIONG HAISHAN	基于大数据和AI技术的RNA剪接技术平台建立及创新药物研发
李应中	LNP-samRNA迭代技术及药物管线研发
LIFEN LEE	肿瘤免疫治疗的全球创新靶点开发技术平台
潘雨堃	基于非病毒载体的可重复给药基因治疗药物开发
王海盛	全球原创反义寡核酸药物开发平台
周国庆	溶瘤病毒疫苗OVV-NY-ESO-1和TCR-T联合治疗肿瘤
GELIN WANG（王戈林）	基于NAD代谢调控的治疗神经退行性疾病和抗衰老的药物研发
刘新东	靶向肿瘤免疫微环境的新型抗体药物开发与产业化
LISHAN CHEN	核酸药物研发以及LNP脂质纳米研发
戴东升	增强版环形RNA创新药开发平台及相关创新药物研发
乔海灵	全球首创的抗炎抗肿瘤药-CYP2E1抑制剂研发
吴　昊	非肝靶向小核酸偶联药物
魏文娟	智宠制药——基于CRISPR+AI的全球首家宠物创新药平台
HU ZHILIN	临床多功能三维光学相干成像MF-OCT平台
他得安	基于背散射法超声技术便携超声诊断及诊疗平台的开发和产业化

续表

姓　名	项目名称
张明芳	房颤治疗的创新技术解决方案及应用
黄　凯	高精度显微手术机器人系统的研发和产业化
康怀志	智能数字病理诊断系统研发与产业化
CYNTHIA CHEN	一种介入器械突破急性心衰、急性心衰预防的研发和产业化
HOU ZUJUN	脑部微循环动态增强（DCE）先进诊断设备的研发与产业化
孙　洁	新一代基于生物传感器的自动化细胞培养解决方案
符　强	工业用全自动三维在线X射线检测设备的研发和产业化
MAO JEFF	基于立式垂直起降固定翼无人机研发及产业化
卢志轩	基于极短脉冲压缩技术的激光超精密加工装置及其相关解决方案
BO CUI	大高宽比原子力显微镜探针产业化

五、科技领军人才（创新领军人才）名单

类　别	姓　名	项目名称
创新A类	肖　亮	全人源创新靶点抗体的偶联药物开发
创新A类	RONGHUA CHEN	人工智能驱动的mRNA药物和疫苗设计平台
创新A类	马新朋	新型mRNA递送载体的设计与开发
创新A类	孙少晖	高阶智能驾驶软硬件系统产品研发及量产
创新A类	王　刚	融合深度学习的大尺寸mura检测及修复技术的研发
创新A类	QIANG WANG	国产高端FPGA芯片、EDA工具及高性能密集加速项目
创新A类	祁金伟	基于超级结技术的新型半导体IGBT器件的研发及产业化
创新B类A档	李振韬	基于外泌体捕捉技术的疾病早期诊断产品研发与产业化
创新B类A档	章湘明	心脏电生理诊断治疗平台的研发及产业化
创新B类A档	王永圣	原创一类新药盛格列汀二甲双胍缓释片的开发及其产业化
创新B类A档	HAO RUI	创新腺相关病毒（AAV）血清型用于中枢神经系统疾病的治疗
创新B类A档	赵　宁	小RNA-多肽偶联药物技术平台开发
创新B类A档	SHU YUAN	基于深度学习的半导体3D视觉检测系统研究及应用
创新B类A档	高　安	高精度高产能数字直写光刻设备的研发及产业化
创新B类A档	CHEN XIAOGANG	基于三维光子集成芯片技术的高速硅光模块的研发及产业化
创新B类A档	张　昊	车规级功能安全的隔离驱动芯片研发及产业化
创新B类A档	HU YONGQI	新型显示Micro-LED集成制造的高分子材料的研发和产业化
创新B类B档	BING HE	高浓度抗体递送技术开发及其产业化
创新B类B档	朱祯平	基于人工智能大数据计算和结构预测的生物分子药物发现和设计平台
创新B类B档	兰　璐	基于相干拉曼散射的单细胞成像的体外诊断设备研发及产业化
创新B类B档	侯尚伟	依达拉奉口服片剂TTYP01的研发及产业化

续表

类 别	姓 名	项目名称
创新B类B档	喻学亮	肝外靶向LNP药物递送系统的研发及应用
创新B类B档	YU SIDNEY SIUBUN	靶向蛋白质水解嵌合体（PROTACs）技术开发与应用
创新B类B档	王志强	氢溴酸氘瑞米德韦抗呼吸道合胞病毒的研发和产业化
创新B类B档	吴 晨	iPSC来源的血小板作为药物递送载体制备肝癌疫苗
创新B类B档	章 博	用于治疗晚期实体肿瘤的注射用BGC02288创新药物研发
创新B类B档	韩跃斌	单片8英寸碳化硅外延设备的研发及国产化
创新B类B档	樊 帅	基于语言计算大模型的对话式人机交互技术研发及产业化
创新B类B档	周 军	车载激光雷达项目
创新B类B档	张贵祥	任意摆、高几何兼顾高光谱成像技术的轻小型载荷研发及产业化
创新B类B档	高 龙	基于Wafer Bump 3D检测系统的研发与应用
创新B类B档	WANG ZHICHENG	结构可控的碳微球材料的研发和产业化
创新B类B档	高志帆	高精度光谱分析仪器的研发及产业化

苏州工业园区第十七届第二批金鸡湖科技领军人才名单

（各类别排名不分先后）

一、科技领军人才（重大领军项目）名单

姓 名	项目名称
杨广中	新一代手术机器人研发与产业化
张 杨	生物兼容MEMS在癌症早期治疗上的临床应用

二、科技领军人才（领军项目）名单

姓 名	项目名称
ZIWEI ZHU	微创外科人工智能数字化手术解决方案
王靖方	靶向RNA修饰的创新性药物开发
寿亚平	Syk/Flt3双重抑制剂，靶向EBV驱动肿瘤
周 玮	8-12寸晶圆键合及解键合设备的研发及产业化
曹连雨	自主可控企业级AI开发使能平台及产业化项目
张 星	晶圆级和热沉级宽禁带半导体金刚石衬底材料的研发和产业化
刘冬生	新型生物材料DNA超分子水凝胶的多临床应用
毛 雯	气体造影剂及医学场景下的应用解决方案和技术平台
王文博	基于创新技术平台的TCR相关新药研发与产业化
丁宝全	核酸药物递送DNA纳米机器研发平台和产业化基地
李大江	关节置换手术机器人

续表

姓　名	项目名称
周小春	有序化氢能核心材料的研发和生产
沈文忠	高效叠层太阳能电池产业化项目
沈　峰	基于滑动式微流控技术多重病原体快检产品的开发和产业化
张营营	高端晶圆级光学玻璃元件及模组产业化
官　众	新一代芯片可靠性设计商用EDA软件项目
康　柱	基于人工智能算法和复合高分子材料正畸矫治产品研发及产业化项目
耿永亮	钛合金激光金属增材制造装备的研发及产业化

三、科技领军人才（领军成长项目）名单

姓　名	项目名称
LI JUN	基于AI的海量卫星影像全自动信息提取系统产业化
邱逢弦	基于自迭代专病增强大语言与机器学习的抗感染智能软硬件开发平台
罗承云	以订阅及定制服务模式相结合为工程类企业提供数字化解决方案
YANG WENWEI	国产自主高性能PMD芯片产业化
ZHIGANG WANG	高可靠非易失性存储IP及芯片产品的研究及产业化
许　磊	基于微加热技术的高性能MEMS传感器产业化
关宇昕	车规级大功率数字功放芯片的研发和产业化
李飞飞	高精度惯性导航ASIC芯片项目
张　熠	半导体射频测试系统及核心模块射频宽带收发仪的研发及产业化
刘长青	芯片制造设备的基石——高性能高压电源
BAO QIAOLIANG	用于半导体晶圆量测的深紫外激光器的产业化
朱正宇	双面散热碳化硅塑封功率模块封装测试技术开发与制造
方　粮	基于智能化编程式芯片测试软硬件一体化系统研发及产业化
曹　晶	基于视觉AI-ISP芯片的软硬件一体化智驾平台的研发及产业化
葛　虎	基于AI的药物分子数字化智能计算平台——WeMol
王　郁	"萤火"流动数据一体化智能平台
浦汉来	可用于水下三维空间清洁维护智能机器人的研发及产业化
李华超	基于AI技术的数字化港口智能操控系统
翁禹来	全自动不布线视觉割草机器人
卞　辉	基于人工智能的多领域运维系统一体化解决方案
LEO CHEN	先进磷化铟外延材料及光芯片项目
张　峰	高温高压碳化硅功率器件及产业化
韩　杰	碳基半导体材料及超灵敏传感器的研发和产业化

续表

姓　名	项目名称
高　翔	NeoMab™全人源抗体平台
王　磊	智能化纳升移液工作站和用于生命科学产品研发的高端智能化装备
窦同海	基于iPSC技术的遗传病创新药物筛选研发服务（CRO）平台
熊木地	全透明柔性显示及驱动芯片的研发及产业化
黄志勇	基于合成生物学的低碳绿色合成蛋白的研发与产业化
韩涤非	液态阳光甲醇制氢装备项目
葛明明	基于相变储能的智慧热控产品研发及产业化
耿德刚	环保低碳PCR高性能可循环再生塑料
胡文波	基于人源化抗体技术的创新型心脑血管疾病及肿瘤早筛检测项目
王　磬	基于临床蛋白组学的多病种分子诊断筛查平台的建立
牛晓刚	高新PI功能材料及关键原料一体化项目
刘向阳	光伏太阳能高性能银粉的开发及产业化
顾子旭	光固化热熔压敏胶的开发与产业化
郭滨刚	基于超结构化光子晶体技术的薄膜研发和产业化
张　莉	基于多孔材料的高热流密度散热技术与装备
相鹏伟	高性能改性热塑复合材料（PPS）的研发及产业化
王晓钟	绿色环保的新型电子玻璃产业化项目
刘延宁	基于磷氮系无卤纳米阻燃剂的高阻燃高保温建筑材料
冯　雷	基于云原生虚拟数仓技术的研发及产业化
凌　诚	跨境贸易数字化综合服务平台的研发和产业化
王立峰	基于AI技术的注塑模具设计/仿真/决策一体化智能云平台
张瑞冬	全球领先的网络犯罪治理产品及解决方案提供商
姚海川	思客智能商旅服务SaaS云平台
毛　建	持续血糖监测仪（CGM）的研发与产业化
陈重光	3D打印可吸收骨科植入物的研发及产业化
刘奕辰	急性缺血性脑卒中导航辅助再灌注系统及颅内支架的研发及产业化
郝晓辉	介入超声诊断产品研发及产业化
XIAOSONG DU	可穿戴心音心电同步心脏电机械监测产品的研发及产业化
何雪萦	生命科学自动化设备与数字智能解决方案
游学秋	基于可溶微针技术的新一代药物递送平台的研发及产业化
王世玮	车规级混合固态激光雷达的研发及产业化
刘建立	面向结构力学性能测试的光测力学系统研发及产业化
杨　浩	高解析度彩色喷墨打印头产业化

续表

姓 名	项目名称
庾 涛	基于TOPCon光伏晶硅电池激光微米刻印技术的研发及产业化
YAN AN	基于智能感知和控制算法的巡检和物流无人机
毛世鑫	商用智能清洁机器人研发与产业化
杜 斌	集成路况预瞄的智能空气悬架系统域控制器研发及产业化
陈林华	四向穿梭式智能密集仓储系统的研发及产业化
严国强	先进制造——基于铜栅线高效异质结电池（C-HJT）领域产业化
戴 斌	零耗材超大流量涂胶工站及智能平台的研发与产业化
吴朝光	半导体封装基板飞针测试系统的研发及产业化
牛广升	半导体先进制造工艺晶圆检测设备的研发及产业化
杨 铖	国产大飞机C919IFES航电信息系统研制及产业化应用
曹 华	X-ray与AI机器视觉融合的高速精准缺陷检测设备的产业化
王 盟	超千瓦级激光核心器件——无热聚焦激光在线隔离器
夏玉龙	面向生产过程的机器视觉AI缺陷检测设备的研发及产业化
蔡道生	高效率高性能低成本金属零件喷印3D打印技术及产业化项目

四、科技领军人才（领军孵化项目）名单

姓 名	项目名称
官翰文	基于微流控生物芯片技术应用于液态活检之高通量自动化平台
邱庆华	eCTD申报及药品研发信息化
朱春雷	智能设备零代码开发软件平台
闫冠屹	AR、VR光学显示核心技术与组件
YING HAN	基于KRAS、CDK7、BET等难成药靶点的抗肿瘤药物的开发
黄静峰 （HUANG JING-FENG JENNY）	眼科创新药研发、临床开发与商业化
HOU STEVEN XIANYU	靶向肿瘤干细胞激活免疫微环境的原创免疫疗法
王举波	抗肿瘤免疫STING激动剂药物开发
李 兴	基于SIMO技术的高集成度快充芯片项目
丁 洁	车载以太网交换机芯片的研发和产业化
刘 敏	基于新型仿生类眼传感器的处理技术应用及产业化
汪辰杲	VCSEL芯片和激光光源模组的开发和制造
BAI QIANG	SUNVIP全球AI赋能研发中心
高 伟	模块化视觉导航大模型技术及其产业化
刘英伟	基于刚体和弹性体混合动力学的医学虚拟仿真手术模拟器项目
卢鹰翔	基于深度学习和强化学习技术的非结构化场景自动驾驶系统和载具

续表

姓　名	项目名称
高继扬	基于视觉与操作大模型的社区搬运和零售拣选机器人的研发和产业化
陈　弢	基于可信执行环境的AI与大数据应用
WANG YUCHANG	第三代半导体晶圆缺陷检测与缺陷分类设备
陈　扬	智能化数字电源及其控制芯片的研发和产业化
OLIVER YU	水滴农厂：利用精密发酵技术生产重要高价值营养成分
吴　迪	iPS源仿生微器官平台的研发及产业化
陈焖光	针对黄斑病变双抗大分子眼底创新药的研发及产业化
袁哲凡	核酸药物递送系统的开发与产业化
季泉江	新微型DNA编辑工具Cas12n的基因治疗应用开发
MINGFU ZHU	AI辅助多肽药物开发
刘　密	癌细胞全细胞组分重组装成的纳米疫苗的开发及产业化
YAN SHI	基于调节性T细胞的新型免疫细胞治疗技术开发
张英豪	治疗多种蛋白构象异常相关疾病的首创新型重组蛋白药物开发
王恩秀	免疫细胞技术研发及转化平台——新一代实体瘤CAR-T治疗平台
孔祥银	基于肿瘤新抗原技术的个性化肿瘤治疗疫苗的研发及多肽药物产业化
刘月光	基于ISDP技术的CNS疾病基因治疗药物开发及产业化
XU JUNJOHN	低脱靶的自我递送的膜贴附小RNA药物创制平台
赵丕明	下一代基因治疗药物创新研发与商业应用
钱　陈	基于益生菌多糖提取成分的医疗器械产业化
薛　宏	可降解植物纤维素基双网络水凝胶新产品研制及临床应用
梅乃文	微温感长效产氧凝胶产品及产业化
李骁博	超薄锂离子电池用复合集流体研发及产业化应用
余　焓	芳烃绿色催化氧化共性关键催化剂开发及其产业化
徐　坤	基于高附加值二氧化碳聚合技术的研发及产业化
丁世杰	细胞培养肉产业化关键技术研发与应用
钟晓力	基于人工智能算法的老年痴呆症血液早筛诊断技术
HAN CAO	下代医学级别亚核和亚染色体实时深层多维基因组分析精密智造平台
李　婷	无创光电智能血栓监测仪研发及产业化
陈　磊	应用于最小病残留的超高灵敏度核酸标记物的检测技术的研发
俞　健	金属基陶瓷复合膜材料的产业化
王　然	核能与靶向药领域硼同位素新材料的研发与产业化
赵　朗	超精密CMP稀土纳米氧化铈抛光材料的研发与产业化
邓景月	柔性透明炫彩全光谱变色材料产业化

续表

姓　名	项目名称
李　冬	基于多传感器融合感知及AI大数据的智慧交通系统的研发和产业化
高旭亮	一款多物理场计算流体动力学仿真软件
谷涌泉	创新型神经外周血管介入通路机器人及协同耗材方案
黄建东	新一代高性能TFT阵列X光探测器及颠覆创新的X光医学影像系统
XIE JUN	思埃然医疗高端眼科手术器械
KOH RONGSHENG KEVIN	经自然腔道新型柔性内镜机器人研发与制造
闫宇翔	采一诊一疗一体化脑科学平台
周　伟	基于原研机械结构技术的自主给药产品的研发和全产业链供应商
刘力 LIU LI	半导体等高科技行业用气体检测设备研发及产业化
袁　帅	基于硅基光电芯片技术的调频连续波（FMCW）激光雷达模块
刘业胜	航空级涡轮分子泵研发及产业化
蒋　琦	瞬态光谱成像焊接质量在线监测系统
王如泉	用于脑磁等高端医疗器械装备的SERF光泵原子磁强计产业化
衣　冉	锂离子电池用硅基负极材料的研发及产业化
MIN HU	创新型高效超微干细胞平台：治疗人类重大疾病和抗衰老
JIA ZHUNAN	新型呼气检测和疾病早期筛查平台的研发
曹　冰	新型高性能负极材料在钠离子电池中的应用

五、科技领军人才（创新领军人才）名单

类　别	姓　名	项目名称
创新A类	JI QINGZHOU	应用于基因治疗的表观遗传编辑技术平台的研发及产业化
创新A类	LING XU	新一代抗体偶联药物的分析方法平台
创新B类A档	任德成	长效GLP-1和GCG双受体激动剂创新药的研制和开发
创新B类A档	陈　瑶	细胞基因治疗产品检测平台开发研究
创新B类A档	张业欣	OLED发光与特种材料研发及产业化
创新B类A档	舒　伟	智能电动汽车全生命周期检测平台
创新B类A档	殷　祥	新一代超高性能硅基/薄膜铌酸锂混合集成电光调制芯片
创新B类A档	谷可军	基于AI的一站式创新药物研发服务平台
创新B类B档	LI SHEN	以新一代转化医学平台和生物标记物技术创新指导药物管线的研发
创新B类B档	王贵涛	基于双配体偶联药物平台的技术研发及产业化
创新B类B档	唐崇壮	放射性药物代谢技术平台的建设及产业化研发
创新B类B档	周国清	碳化硅晶锭高精度低损耗激光剥离技术研发
创新B类B档	成煜东	面向AR应用的大尺寸硅基氮化镓外延材料研发及产业化

（吴沁菊）

表48　园区主要经济指标（2018—2023年）

指　标	单　位	2018年	2019年	2020年	2021年	2022年	2023年	历年累计
常住人口	万人	112.45	113.13	113.40	114.37	115.04	116.99	—
户籍人口	万人	54.05	56.97	59.49	61.09	62.02	62.69	—
地区生产总值*	亿元	2610.11	2752.36	2974.71	3402.25	3595.85	3771.46	—
其中:第一产业*	亿元	1.32	1.24	0.95	0.72	0.66	0.76	—
第二产业*	亿元	1337.88	1368.94	1468.14	1726.03	1840.80	1857.32	—
其中:工业增加值*	亿元	1186.82	1205.43	1310.16	1556.06	1665.29	1650.63	—
第三产业*	亿元	1270.92	1382.18	1505.62	1675.50	1754.40	1913.38	—
规模以上工业总产值*	亿元	4674.00	4846.59	5410.99	6420.43	6771.90	6982.84	—
外资及港澳台资项目数*	个	285	285	301	358	298	309	4529
投资总额*	亿美元	26.39	25.75	75.68	72.82	92.36	85.29	1172.81
注册外资及港澳台资*	亿美元	14.61	19.41	37.62	38.56	52.86	51.59	465.77
实际利用外资及港澳台资*	亿美元	9.81	9.82	20.41	19.73	19.80	19.51	401.30
进出口总额	亿美元	1035.71	871.38	941.77	1119.66	1077.91	862.06	—
其中:进口	亿美元	536.17	444.51	503.21	578.71	553.88	434.47	—
出口	亿美元	499.54	426.87	438.56	540.95	524.03	427.59	—
全社会固定资产投资完成额*	亿元	388.92	390.77	453.84	479.81	521.62	654.01	11069.31
其中:制造业*	亿元	98.60	116.03	174.44	186.04	210.80	265.56	3573.34
基础设施*	亿元	15.76	21.77	32.61	35.85	27.13	31.33	1147.67
房地产（含动迁房）*	亿元	151.02	140.76	153.01	137.44	147.21	190.50	3130.45
其他三产项目*	亿元	123.53	112.21	93.78	120.48	136.48	166.61	3210.99
社会消费品零售总额	亿元	849.08	933.41	934.81	1102.70	1097.85	1173.10	—
财政收入*	万元	7295872	7957801	8394581	9558954	9699422	9696630	—
一般公共预算收入*	万元	3500188	3702001	3772832	4000600	3874009	4111093	—
一般公共预算支出*	万元	2106543	2173499	2300105	2688039	2743369	2936959	—
年末金融机构存款余额	亿元	3886.39	4532.10	5231.00	5902.00	6645.70	7030.90	—
其中:城乡居民储蓄	亿元	745.02	901.82	1063.10	1222.80	1608.40	1791.75	—
年末金融机构贷款余额	亿元	3268.41	3809.81	4379.80	5136.40	5789.60	6362.90	—
累计就业人口	人	844298	862233	910942	933839	940755	927037	—
社会保险参保企业数	个	30519	36567	42478	46379	54313	52649	—
其中:外资及港澳台资企业	个	1780	1690	1638	1600	—	1938	—

续表

指　标	单　位	2018年	2019年	2020年	2021年	2022年	2023年	历年累计
社会保险参保人数	人	845206	887387	947098	947840	1015863	942710	—
在岗职工平均工资	元	122420	136667	144040	162550	170426	172023	—
城镇居民人均可支配收入	元	71191	76772	79730	85917	88807	92593.3	—

注：带"＊"指标自2020年起包含苏相合作区数据。

表49　园区外商及港澳台商投资企业按行业分类情况

（截至2023年底）

行　业	项目个数（个）	占　比	注册外资及港澳台资（万美元）	占　比
合　计	4529	100.0%	4657659	100.0%
农、林、牧、渔业	4	0.1%	819	0.0%
制造业	1449	32.0%	2093928	45.0%
电力、燃气及水的生产和供应业	13	0.3%	66470	1.4%
建筑业	49	1.1%	60274	1.3%
交通运输、仓储和邮政业	25	0.6%	26547	0.6%
信息传输、计算机服务和软件业	267	5.9%	150348	3.2%
批发和零售业	701	15.5%	181790	3.9%
住宿和餐饮业	65	1.4%	19636	0.4%
金融业	54	1.2%	142277	3.1%
房地产业	69	1.5%	339407	7.3%
租赁和商务服务业	603	13.3%	859209	18.4%
科学研究、技术服务和地质勘查业	1118	24.7%	674145	14.5%
水利、环境和公共设施管理业	8	0.2%	29100	0.6%
居民服务和其他服务业	40	0.9%	7692	0.2%
教　育	10	0.2%	939	0.0%
卫生、社会保障和社会福利业	5	0.1%	2985	0.1%
文化、体育和娱乐业	49	1.1%	2092	0.0%

表50　园区外商及港澳台商投资企业按国别（地区）分类情况

（截至2023年底）

国别（地区）	项目个数（个）	占　比	注册外资或港澳台资（万美元）	占　比
合　计	4529	100.0%	4657659	100.0%
亚　洲	1228	27.1%	1392181	29.9%
新加坡	444	9.8%	666097	14.3%
韩　国	345	7.6%	185027	4.0%
日　本	306	6.8%	335419	7.2%

续表

国别（地区）	项目个数（个）	占　比	注册外资或港澳台资 （万美元）	占　比
马来西亚	76	1.7%	193816	4.2%
文　莱	9	0.2%	7829	0.2%
印　度	9	0.2%	344	0.0%
泰　国	5	0.1%	54	0.0%
伊　朗	5	0.1%	128	0.0%
以色列	4	0.1%	2274	0.0%
印度尼西亚	5	0.1%	473	0.0%
越　南	3	0.1%	104	0.0%
土耳其	4	0.1%	73	0.0%
乌兹别克斯坦	2	0.0%	148	0.0%
菲律宾	3	0.1%	58	0.0%
巴基斯坦	1	0.0%	16	0.0%
哈萨克斯坦	2	0.0%	214	0.0%
阿富汗	1	0.0%	15	0.0%
格鲁吉亚	1	0.0%	6	0.0%
孟加拉国	1	0.0%	15	0.0%
缅　甸	1	0.0%	68	0.0%
约　旦	1	0.0%	3	0.0%
美　洲	837	18.5%	565466	12.1%
美　国	514	11.3%	202249	4.3%
英属维尔京群岛	124	2.7%	235645	5.1%
加拿大	133	2.9%	10179	0.2%
开曼群岛	43	0.9%	96137	2.1%
巴巴多斯	7	0.2%	18245	0.4%
安圭拉	4	0.1%	175	0.0%
墨西哥	2	0.0%	22	0.0%
伯利兹	2	0.0%	1420	0.0%
巴哈马	1	0.0%	1160	0.0%
智　利	1	0.0%	129	0.0%
圣文森特	1	0.0%	33	0.0%
巴　西	3	0.1%	44	0.0%
哥伦比亚	1	0.0%	15	0.0%
古　巴	1	0.0%	14	0.0%
欧　洲	630	13.9%	379943	8.2%
德　国	148	3.3%	61700	1.3%

续表

国别（地区）	项目个数（个）	占 比	注册外资或港澳台资（万美元）	占 比
英 国	84	1.9%	24444	0.5%
意大利	70	1.5%	19009	0.4%
荷 兰	53	1.2%	78267	1.7%
法 国	50	1.1%	35963	0.8%
瑞 士	35	0.8%	82611	1.8%
瑞 典	36	0.8%	11225	0.2%
芬 兰	21	0.5%	10725	0.2%
比利时	22	0.5%	5017	0.1%
西班牙	18	0.4%	16295	0.3%
丹 麦	21	0.5%	4527	0.1%
奥地利	11	0.2%	7625	0.2%
爱尔兰	11	0.2%	2429	0.1%
卢森堡	10	0.2%	16828	0.4%
斯洛文尼亚	5	0.1%	547	0.0%
挪 威	5	0.1%	802	0.0%
俄罗斯	8	0.2%	172	0.0%
波 兰	5	0.1%	447	0.0%
捷 克	2	0.0%	84	0.0%
希 腊	3	0.1%	17	0.0%
马耳他	2	0.0%	221	0.0%
百慕大群岛	1	0.0%	37	0.0%
塞浦路斯	1	0.0%	515	0.0%
葡萄牙	1	0.0%	270	0.0%
克罗地亚	1	0.0%	10	0.0%
爱沙尼亚	1	0.0%	1	0.0%
立陶宛	1	0.0%	15	0.0%
塞尔维亚	2	0.0%	58	0.0%
白俄罗斯	1	0.0%	2	0.0%
匈牙利	1	0.0%	80	0.0%
大洋洲	147	3.2%	127395	2.7%
萨摩亚	78	1.7%	100113	2.1%
澳大利亚	41	0.9%	19587	0.4%
西萨摩亚	20	0.4%	7389	0.2%
新西兰	7	0.2%	291	0.0%
斐 济	1	0.0%	15	0.0%

续表

国别（地区）	项目个数（个）	占 比	注册外资或港澳台资（万美元）	占 比
非 洲	80	1.8%	84651	1.8%
塞舌尔	38	0.8%	6725	0.1%
毛里求斯	27	0.6%	77613	1.7%
尼日利亚	4	0.1%	21	0.0%
加 纳	4	0.1%	100	0.0%
南 非	3	0.1%	155	0.0%
刚果（金）	1	0.0%	1	0.0%
喀麦隆	1	0.0%	1	0.0%
乌干达	1	0.0%	8	0.0%
埃 及	1	0.0%	26	0.0%
中国港澳台	1586	35.0%	2029255	43.6%
中国香港	1036	22.9%	1964288	42.2%
中国台湾	543	12.0%	64689	1.4%
中国澳门	7	0.2%	278	0.0%
投资性公司投资	21	0.5%	78767	1.7%

表51 园区内资企业按行业分类注册情况（2022—2023年）

行 业	2022年		2023年	
	数量（户）	资本（万元）	数量（户）	资本（万元）
合 计	97803	134139076	103169	138155936
农、林、牧、渔业	107	92349	110	100869
采矿业	5	17913	5	17913
制造业	5283	6393866	5257	5769586
电力热力燃气及水生产和供应业	65	435309	71	452804
建筑业	6709	5288761	6879	5690238
批发和零售业	19430	7693566	19631	7731856
交通运输、仓储和邮政业	1856	1290588	1877	1329363
住宿和餐饮业	1205	500071	1414	536909
信息传输、软件和信息技术服务业	6611	3540296	6675	3547898
金融业	1096	17324499	1287	17670713
房地产业	2918	13067254	2873	14747649
租赁和商务服务业	19790	56091060	21059	56743785
科学研究和技术服务业	27641	19950848	30335	21299130
水利、环境和公共设施管理业	154	157883	162	148528
居民服务、修理和其他服务业	1422	596350	1519	620755

续表

行　业	2022年		2023年	
	数量（户）	资本（万元）	数量（户）	资本（万元）
教　育	593	64210	723	62050
卫生和社会工作	259	140654	310	145612
文化、体育和娱乐业	2659	1493599	2982	1540276

表52　园区境外投资分布情况（截至2023年底）

国家（地区）	项目个数（个）	中方协议出资额（万美元）
合　计	195	94670.48
开曼群岛	20	28875.35
越　南	14	15090
新加坡	41	13054.89
美　国	34	10543.15
澳大利亚	11	8256.04
泰　国	15	4388.84
马来西亚	9	4193.33
德　国	11	3278.58
墨西哥	5	1637.64
俄罗斯联邦	1	1082.89
韩　国	7	1003.61
英属维尔京群岛	1	670
加拿大	2	483.86
英　国	3	433.01
日　本	9	421.56
荷　兰	3	418.22
瑞　士	1	206.33
尼日利亚	1	200
罗马尼亚	1	114.68
匈牙利	1	107.29
土耳其	1	103.70
比利时	1	54.51
意大利	1	33
西班牙	1	10
乌兹别克斯坦	1	10

（褚沛雯）

索 引

说 明

一、本索引依照国家标准《索引编制规则（总则）》GB/T22466—2008的相关规则进行编制。

二、本索引分为主题索引和表格索引。索引按标目词的汉语拼音音序排列。索引标目后的数字表示内容所在的页码，数字后的拉丁字母a、b、c分别表示版面的1、2、3栏。

三、空两个字起排的为上一主题的"附见"。

四、"大事记"未做索引，"附录"只做表格索引。

五、为便于读者检索，在园区的企事业单位和在园区发生的事件名称前的"苏州工业园区"或"园区"，除非产生歧义，均省略。

主题索引

表格索引